Die Behandlung dinglicher Kreditsicherheiten
und Eigentumsvorbehalte nach den Artikeln 5 und 7 EuInsVO
sowie nach autonomem deutschen Insolvenzkollisionsrecht

Europäische Hochschulschriften
Publications Universitaires Européennes
European University Studies

Reihe II
Rechtswissenschaft

Série II Series II
Droit
Law

Bd./Vol. 4011

PETER LANG
Frankfurt am Main · Berlin · Bern · Bruxelles · New York · Oxford · Wien

Claudia Naumann

Die Behandlung dinglicher Kreditsicherheiten und Eigentumsvorbehalte nach den Artikeln 5 und 7 EuInsVO sowie nach autonomem deutschen Insolvenzkollisionsrecht

Zugleich ein Beitrag zur Auslegungstechnik des EuGH

PETER LANG
Europäischer Verlag der Wissenschaften

Bibliografische Information Der Deutschen Bibliothek
Die Deutsche Bibliothek verzeichnet diese Publikation in der Deutschen Nationalbibliografie; detaillierte bibliografische Daten sind im Internet über <http://dnb.ddb.de> abrufbar.

Zugl.: Greifswald, Univ., Diss., 2004

9
ISSN 0531-7312
ISBN 3-631-52693-8

www.peterlang.de

Vorwort

Die vorliegende Arbeit wurde von der Juristischen Fakultät der Ernst-Moritz-Arndt-Universität Greifswald im Wintersemester 2003/04 als Dissertation angenommen. Sie berücksichtigt die rechtliche Entwicklung bis zum Frühjahr 2004.

Zu besonderem Dank bin ich vor allem meinem Doktorvater, Herrn Professor Dr. Helmut Heiss, LL.M., für die engagierte Betreuung dieser Arbeit, die wertvolle Kritik und die bei der Bearbeitung gewährten Freiräume verpflichtet. Herrn Professor Dr. Claus Dieter Classen bin ich insbesondere für die besonders rasche Erstellung des Zweitgutachtens verbunden.

Mein herzlicher Dank gilt auch der Stiftung der Deutschen Wirtschaft, welche mir durch ihre großzügige materielle Förderung das Promotionsvorhaben ermöglicht hat.

Schließlich möchte ich mich bei meinen lieben Eltern, vor allem bei meiner Mutter, bedanken, die mich in der Zeit meiner Promotion sehr unterstützt haben und denen ich die vorliegende Arbeit widme.

Hamburg, 01. August 2004 Claudia Naumann

Inhaltsverzeichnis

A. Einleitung

Am 31. Mai 2002 ist die Verordnung (EG) Nr. 1346/2000 des Rates vom 29.05.2000 über Insolvenzverfahren[1] in Kraft getreten. Sie soll zum einen effiziente und wirksame, grenzüberschreitende Insolvenzverfahren sowie eine gemeinschaftsweite Koordinierung von Maßnahmen in der Insolvenz in bezug auf das Vermögen des zahlungsunfähigen Schuldners schaffen.[2] Zum anderen will die Verordnung dem sog. *forum shopping* vorbeugen. Es soll den Parteien die Möglichkeit genommen werden, sich durch die Verlagerung von Vermögensgegenständen oder Rechtsstreitigkeiten von einem Mitgliedstaat in einen anderen über die Anwendung des Kollisionsrechts insolvenzrechtliche Vorteile zu verschaffen.[3] Geregelt werden im wesentlichen drei Bereiche: die internationale Zuständigkeit für die Eröffnung von Insolvenzverfahren, deren Anerkennung in den anderen Mitgliedstaaten und das anwendbare Recht. Die „Gretchenfrage"[4] dieses europäischen Regelwerks, mit der sich die vorliegende Arbeit beschäftigt, besteht in der Behandlung von Kreditsicherheiten an Vermögensgegenständen des Schuldners, die im Zeitpunkt der Konkurseröffnung nicht im Eröffnungsstaat belegen sind.

Kreditsicherheiten begründen für den Gläubiger das Recht, einen bestimmten Gegenstand des Schuldnervermögens zu verwerten[5] und aus dem Erlös vorrangig befriedigt zu werden, wenn der gesicherte Anspruch nicht erfüllt wird.[6] Der bedeutsamste Sicherungsfall in diesem Sinne ist die Insolvenz. Hier muß das Sicherungsrecht den Sicherungsnehmer nicht nur gegen den Schuldner oder einzelne andere Gläubiger, sondern gegen die Gesamtheit der anderen, mit ihm konkurrie-

1 ABl. EG 2000 Nr. L 160, S. 1 ff. v. 30.06.2000. Im Folgenden abgekürzt mit EuInsVO.

2 Vgl. Erwägungsgrund 2 und 3.

3 Vgl. Erwägungsgrund 4.

4 *Herchen*, S. 18.

5 Die Verwertung erfolgt in der Regel durch Verkauf seitens des Gläubigers oder auf dessen Veranlassung durch staatliche Instanzen. Bei der Sicherung durch abgetretene Forderungen zieht der Gläubiger den Forderungsbetrag beim Drittschuldner ein. Im Fall des Eigentumsvorbehalts dagegen kann der Verkäufer, der die Kaufsache zurückgeholt hat, als Eigentümer auf den Weiterverkauf der Sache auch verzichten und sie behalten.

6 *Potthast*, S. 143; v. *Wilmowski*, EWS 1997, 295 (295).

renden Gläubiger schützen. Gerade für den Insolvenzfall werden Sicherungsrechte bestellt; der Konkurs ist, so gesehen, die Bewährungsprobe[7].

Allgemein wird bei der Klassifizierung zwischen persönlichen und dinglichen Sicherungsrechten unterschieden.[8] Im grenzüberschreitenden Verkehr standen bislang die Personalsicherheiten[9] (v.a. Bankgarantie, Akkreditiv) im Vordergrund.[10] Da Inhalt und Umfang dieser Sicherheiten ausschließlich den Vereinbarungen des Garantievertrages bzw. Akkreditivs zu entnehmen sind[11], mußte man sich nicht mit unbekannten Rechtsordnungen auseinandersetzen und konnte so die Risiken von Auslandsgeschäften vermeiden.[12] Mittlerweile haben sich angesichts des immensen Bedarfs[13] auch die dinglichen Sicherheiten, d.h. gegen jedermann wirkende und mit Ansprüchen durchzusetzende Rechte[14], im internationalen Wirtschaftsverkehr durchgesetzt. So erfreuen sich hier vor allem die Mobiliarsicherheiten wie das Pfandrecht, die Sicherungsübereignung und der Eigentumsvorbehalt zunehmender Beliebtheit.[15] Für den Immobiliensektor sind in erster Linie Hypothek und Grundschuld zu nennen. Bei den Realsicherheiten an Rechten findet insbesondere die Sicherungszession Beachtung.

Abgesehen von den tatsächlichen Schwierigkeiten[16] wurde in der Vergangenheit von Sachsicherheiten in erster Linie aufgrund rechtlicher Unsicherheiten nur zurückhaltend Gebrauch gemacht.[17] Allzusehr fürchtete man die Gefahr, das Recht mangels Anerkennung zu verlieren, wenn bewegliche Sachen als Sicherungsgut die Grenze passiert hatten und damit ausländischem Recht unterlagen. Und selbst dann, wenn die betreffende Sicherheit auch im Ausland anerkannt wurde, konnte sie in ihrer insolvenzrechtlichen Bestandskraft doch grundlegend

---

7 Vgl. *Serick*, Mobiliarsicherheiten, S. 271 (275).

8 Vgl. z.B. *Bärmann/Brink*, Rn. 41f.

9 Eine Aufzählung der gängigen Personalsicherheiten findet sich bei *Summ*, S. 77 mwN.

10 *Drobnig*, RabelsZ 38 (1974), 468 (469); *Hübner*, ZIP 1980, 825 (828).

11 *Summ*, S. 79.

12 *Welter*, Dingliche Sicherheiten I, S. 3.

13 Neben den Banken kommen als Sicherungsnehmer vor allem Lieferanten von Maschinen und Anlagen etc. in Betracht, vgl. *Drobnig*, RabelsZ 39 (1974), 468 (469). *Drobnig* weist in diesem Zusammenhang zu Recht auf den Umstand hin, daß nationale Kredite mit herkömmlichen Kreditsicherheiten ohne weiteres zu internationalen Krediten werden können, wenn der Schuldner in der Folge seinen Wohnsitz im Ausland nimmt, a.a.O., 470.

14 *Schwab/Prütting*, SachenR, § 53 IV 1.

15 Vgl. *Potthast*, S. 143; *Flessner*, FS Drobnig, S. 277 (277); *ders.* RabelsZ 38 (1974), 468 (469).

16 Zu nennen sind hier insbesondere Unsicherheiten über die genaue Belegenheit des Sicherungsgutes sowie über etwaige Zugriffs- und Verwertungsmöglichkeiten.

17 *Summ*, S. 80.

anders beurteilt werden und dadurch ihren Wert für den Sicherungsinhaber verlieren. Dies ist darauf zurückzuführen, daß die mitgliedstaatlichen Insolvenzrechte dingliche Sicherheiten aus ökonomischen und politischen Gründen zahlreichen Einschränkungen unterwerfen. Dahinter steht der Gedanke, die Abwicklung von Insolvenzen „marktkonform" auszugestalten, d.h. die in dem insolventen Unternehmen gebundenen Ressourcen der wirtschaftlich produktivsten Verwendung zuzuführen.[18] Zugleich soll die Krisensituation möglichst im Interesse aller Beteiligten gelöst werden.[19] Die weitgehende Bevorzugung einzelner Gläubigergruppen durch Anerkennung übermäßiger Aus- und Absonderungsrechte widerstrebt nicht nur dem Charakter des Insolvenzrechts und seinem Anliegen. Insolvenzfeste Sicherheiten bergen zugleich auch die Gefahr einer Auszehrung der Masse[20] und führen insbesondere zu einem Wettlauf um die Besicherung anstelle eines Wettlaufs bei der Zwangsvollstreckung.[21] Überdies erschweren sie die Sanierung von Unternehmen.[22]

Die nationalen Insolvenzrechte enthalten deshalb eine Reihe von Bestimmungen, die den individuellen Zugriff dinglich gesicherter Gläubiger im Konkurs zügeln sollen.[23] Entsprechende Einschränkungen richten sich v.a. gegen die Verwertungsbefugnis des Gläubigers, aber auch gegen seinen Vorrang bei der Erlösverteilung. In Frankreich beispielsweise sind die Verwertungsbefugnisse der gesicherten Gläubiger im Insolvenzverfahren weitgehend aufgehoben, und bei der Verteilung müssen sich die gesicherten Altgläubiger Abstriche gefallen lassen zugunsten der Arbeitnehmer und zugunsten derjenigen Forderungen, die durch die Betriebsfortführung während des Verfahrens entstanden sind.[24] In England

---

18 Vgl. *v. Wilmowsky*, Europäisches Kreditsicherungsrecht, S. 229. So jedenfalls die Regelungsphilosophie Deutschlands und Englands. In Frankreich geht es dagegen nicht in erster Linie darum, für eine bestmögliche Verwertung des Schuldnervermögens im Interesse der Gläubiger zu sorgen. Unabhängig von dem Verwertungsinteresse der Gläubiger genießt die Fortführung des Unternehmens auch nach der Insolvenzrechtsreform 1994 Priorität vor der Verwertung durch Auflösung. Von der Erhaltung insolventer Unternehmen verspricht sich der französische Gesetzgeber einen Beitrag zur Förderung konjunktur-, regional-, industrie- und beschäftigungspolitischer Interessen. Vgl. *v. Wilmowsky*, a.a.O., S. 235f.

19 *DAV*, KTS 1975, 59 (61).

20 *Taupitz*, ZZP 111 (1998), 315 (330). Siehe auch *Potthast*, S. 143.

21 *Uhlenbruck*, 100 Jahre KO, S. 3 (25); *Potthast*, S. 143.

22 Entwurf einer Insolvenzordnung (InsO) (Regierungsentwurf), BT-Drucks. 12/2443 (15.4.1992), Allgemeiner Teil der Begründung, S. 72 ff.

23 In Deutschland zum Beispiel war die ungehemmte Wirkungsweise der Sicherungsrechte in der Insolvenz einer der Hauptgründe für die Reform, die zur neuen, am 1. Januar 1999 in Kraft getretenen Insolvenzordnung geführt hat. Vgl. für das deutsche Recht v.a. §§ 165-173 InsO; §§ 30 d-f, 153 b-c ZVG.

24 *Flessner*, FS Drobnig, S. 277 (278).

wiederum richten sich die Bedingungen, unter denen die Verwertungsrechte der Sicherungsgläubiger aufgeschoben oder aufgehoben und Forderungen in ihrem Nominalwert gekürzt oder mit ihrem Befriedigungsrang herabgesetzt werden können, nach dem jeweils eingeschlagenen Insolvenzverfahren.[25]

Die mitgliedstaatlichen Rechtsordnungen variieren jedoch nicht nur bei der konkreten Ausgestaltung der insolvenzrechtlichen Zugriffsbeschränkungen. Vielmehr bestehen erhebliche Regelungsunterschiede bereits im Rahmen der wirksamen Bestellung der Sicherheit und damit in den einzelnen Kreditsicherungsrechten. So existieren von Staat zu Staat zum Teil ganz andere, miteinander nicht vergleichbare Sicherheiten. Nicht selten ist das Sicherungsmittel zwar bekannt, entfaltet Wirkungen im Konkurs aber nur bei Einhaltung bestimmter (Frist-, Form- oder Publizitäts-) Erfordernisse. Ein gemeinschaftsweit geltendes europäisches Sachen- und Insolvenzrecht, welches in jedem Mitgliedstaat hinsichtlich der sachen- und insolvenzrechtlichen Behandlung von Kreditsicherheiten zu einer einheitlichen Bewertung führt, steht bislang aus und ist auch vorläufig nicht zu erwarten. Ein beachtlicher Schritt in diese Richtung wurde jedoch mit der neuen Insolvenzverordnung getan. Als unmittelbar geltendes Recht sorgt sie zumindest in einigen wesentlichen Teilfragen des grenzüberschreitenden Konkurses für Rechtseinheit. Berufen wird in Art. 4 der Verordnung – vorbehaltlich anderweitiger Bestimmungen – das Recht des Eröffnungsstaates. Die Folgebestimmungen der Artikel 5 und 7 enthalten Regelungen zu dinglichen Rechten sowie zum Eigentumsvorbehalt. Danach werden die in diesen Vorschriften bezeichneten Sicherheiten an Gegenständen, die sich zur Zeit der Eröffnung des Insolvenzverfahrens im Gebiet eines anderen Mitgliedstaats befinden, von der Eröffnung des Verfahrens *nicht berührt*.

So klar diese Vorschriften auf den ersten Blick auch scheinen, ist bei näherer Betrachtung genau das Gegenteil der Fall. Abhängig vom Verständnis der Wendung „nicht berührt" variiert die insolvenzrechtliche Behandlung dinglicher Sicherheiten: Setzen die Artt. 5 und 7 EuInsVO als kollisionsrechtliche Ausnahmebestimmungen die lex fori concursus zugunsten der Rechtsordnung eines anderen Staates, etwa des Belegenheitsortes, außer Kraft? Oder soll es auch für den Bereich der Sicherheiten bei der lex fori concursus bleiben und dieser lediglich sachrechtliche Verhaltensmaßregeln, etwa in derartige Rechte nicht einzugreifen, auferlegt werden? Sind in letzterem Fall sämtliche oder nur solche Beschränkungen, die die lex rei sitae nicht kennt, ausgeschlossen? Ist die EuInsVO im Hinblick auf außerhalb des Eröffnungsstaates belegene Kreditsicherheiten unanwendbar? Wird die Eröffnungsentscheidung grds. anerkannt, d.h. werden dingliche Sicherheiten von der Beschlagswirkung erfaßt und damit ins Insolvenzver-

---

25 Vgl. *v. Wilmowsky*, Europäisches Kreditsicherungsrecht, S. 231.

fahren einbezogen, jedoch von bestimmten materiellrechtlichen Folgewirkungen der lex fori concursus freigestellt? Schließlich müssen die Artt. 5 und 7 EuInsVO gar als Bereichsausnahme zum Universalitätsprinzip so verstanden werden, daß der Gestaltungswirkung der ausländischen Eröffnungsentscheidung von vornherein die Anerkennung insoweit verweigert wird, als im Anerkennungsstaat belegene dinglich gesicherte Vermögenswerte betroffen sind mit der Folge, daß sowohl Verfügungen seitens des Schuldners als auch individuelle Rechtsverfolgungsmaßnahmen der Gläubiger ohne Rücksicht auf die Insolvenzeröffnung zulässig wären? Zur Verdeutlichung zwei Beispiele.

Unterstellt, der spätere italienische Schuldner hatte an einen deutschen Gläubiger eine Maschine zur Sicherheit für ein ihm gewährtes Darlehen formlos nach deutschem Recht übereignet, die sich gegenwärtig noch in Deutschland befindet. Nunmehr wird in Italien, dem Mittelpunkt seiner hauptsächlichen Interessen, das Insolvenzverfahren eröffnet. Gilt wegen Art. 4 I EuInsVO uneingeschränkt italienisches Insolvenzrecht, wäre der deutsche Gläubiger so gestellt, als hätte er ein ungesichertes Darlehen bewilligt, da die Figur der Sicherungsübereignung in Italien unwirksam ist. Wendet man zum Schutz des Sicherungsnehmers das deutsche Belegenheitsrecht an, wird die Maschine zwar Massebestandteil. Dem Gläubiger steht jedoch gem. § 51 Abs. 1 Nr. 1 InsO ein Absonderungsanspruch, d.h. ein Recht auf vorzugsweise Befriedigung zu. Hat der italienische Insolvenzverwalter nicht bereits unmittelbaren Besitz an der Maschine begründet, so kann der deutsche Gläubiger diese gem. §§ 173 I, 166 I InsO selbst verwerten und sich aus dem Erlös in Höhe seines Rückzahlungsanspruchs aus § 607 I BGB befriedigen.[26] Bleibt es demgegenüber wegen Art. 4 I EuInsVO bei der Anwendung des italienischen Konkursrechts, könnte man aufgrund der Regelung des Art. 5 EuInsVO denjenigen Vorschriften, aus denen sich die Nichtigkeit des Sicherungseigentums ergibt (Artt. 2744, 1344 c.c.), die Anerkennung versagen und das Sicherungseigentum in ein in Italien zulässiges, funktionsäquivalentes Sicherungsmittel, etwa ein Pfandrecht an beweglichen Sachen (*pegno*), umdeuten unter Verzicht auf die speziellen italienischen Bestellungs- und Wirksamkeitsvoraussetzungen. Erklärt sich die EuInsVO durch Art. 5 für unanwendbar, so würde das italienische Insolvenzgericht nach Maßgabe seines Internationalen Insolvenz-

26 Im Fall der vorherigen Besitzbegründung durch den Insolvenzverwalter kann dieser die Sache anstelle der eigenen Verwertung auch zum Zwecke der Verwertung an den Gläubiger herausgeben. Von dem erzielten Erlös ist dann allerdings vorab in Höhe der Kostenfeststellung sowie der Umsatzsteuer ein Abschlag zu machen, der der Masse gebührt, vgl. § 170 Abs. 2 InsO. Der Insolvenzverwalter kann die Sache aber auch für die Masse weiternutzen, hat dem Gläubiger dann aber Wertersatz zu leisten, § 172 InsO. Eingehend *Frege/Keller/Riedel*, Hdb. InsolvenzR, Rnrn. 1074 ff.

rechts (= IIR)[27] wiederum italienisches Insolvenzrecht anwenden und den deutschen Gläubiger abweisen (s.o.). In Betracht kommt weiter, die im Sicherungseigentum des deutschen Gläubigers stehende Maschine von vornherein vom Insolvenzbeschlag auszunehmen und der freien Verfügung durch den Schuldner bzw. der uneingeschränkten Disposition durch den Sicherungsnehmer ungeachtet der Insolvenz zu überlassen. Interpretiert man die Artt. 5, 7 EuInsVO schließlich als anderweitige Bestimmungen i.S.d. Art. 17 I 2 EuInsVO wäre eine automatische Erstreckung sämtlicher rechtlicher Folgewirkungen der Verfahrenseröffnung in Italien in bezug auf das deutsche Sicherungseigentum ausgeschlossen. Der deutsche Sicherungseigentümer könnte sich im Umfang des dinglichen Rechts aus dem Erlös bei Verwertung des Sicherungsguts befriedigen und den Insolvenzverwalter gegebenenfalls nach allgemeinem Prozeßrecht[28] auf Auszahlung dieses Betrages verklagen.

Angenommen, der deutsche Gläubiger hat die betreffende Maschine unter einfachem Eigentumsvorbehalt in Deutschland an einen französischen Abnehmer veräußert, über dessen Vermögen nunmehr in Frankreich das Insolvenzverfahren eröffnet wird, wobei sich die Maschine nach wie vor in Deutschland befindet. Ebenso wie in Deutschland berechtigt der (einfache) Eigentumsvorbehalt in Frankreich den Verkäufer in der Insolvenz des Käufers zur Aussonderung.[29] Allerdings muß der Vorbehaltsverkäufer die Vereinbarung der Vorbehaltsklausel grds. in schriftlicher Form nachweisen, er darf sein Eigentum nicht zwischenzeitlich verloren haben und das Vorbehaltsgut muß sich gegenwärtig in identifizierbarer und unveränderter Form noch beim Käufer befinden.[30] Käme wegen Art. 7 EuInsVO das deutsche Belegenheitsrecht zur Anwendung, könnte der Verkäufer gem. § 47 InsO ohne weiteres vom französischen Insolvenzverwalter nach § 985

27 Nach der Definition von *Frege/Keller/Riedel*, Hdb. InsolvenzR, Rn. 2642f. bezeichnet der Ausdruck Internationes Insolvenzrecht (IIR) die Gesamtheit der nationalen und internationalen Regelungen, die sich mit den formellen und materiellen Wirkungen im grenzüberschreitenden Konkurs beschäftigen. Ersterenfalls gehe es um die Frage, welche Wirkungen die in einem Land erfolgte Insolvenzeröffnung in einem Land entfalte, während sich die zweite Frage auf das für die einzelnen Rechtsverhältnisse maßgebliche Recht beziehe.

28 Also vor dem vom Insolvenzgericht verschiedenen Gericht.

29 Aussonderungskraft entfaltet jedoch nur der einfache Eigentumsvorbehalt. Dessen Sonderformen, insbesondere der verlängerte Eigentumsvorbehalt, vermitteln nach deutschem Insolvenzrecht nur eine Absonderungsbefugnis, vgl. *Frege/Keller/Riedel*, Hdb. InsolvenzR, Rnrn. 1494 und 1514; *Bäuerle*, in: Braun, InsO, § 47, Rn. 30 sowie § 51, Rn. 20; *Smid*, InsolvenzR, § 2, Rn. 37 und 40.

30 Zur Drittwirksamkeit des einfachen EV in der französischen Insolvenz eingehend siehe unten unter B. I. 2. c) bb) aaa) (II).

BGB die Maschine herausverlangen[31] oder diesen gegebenenfalls vor dem Prozessgericht auf Herausgabe verklagen, bzw. zumindest gem. § 48 InsO die Ersatzaussonderung beanspruchen.[32] Die vorgenannten Erschwernisse des französischen Insolvenzrechts würden gelten, wenn die Verordnung auf ausländische Eigentumsvorbehalte bereits nicht anwendbar wäre. In diesem Fall würde das französische Insolvenzgericht sein IIR befragen und französisches Insolvenzrecht zugrunde legen. Würde die französische Eröffnungsentscheidung als solche bezogen auf den Eigentumsvorbehalt negiert, könnte der französische Schuldner trotz der Verfahrenseröffnung über die Maschiene verfügen, und der deutsche Gläubiger könnte vor dem Prozeßgericht ohne weiteres gegen den Schuldner eine Leistungsklage auf Zahlung des Kaufpreises erheben oder im Umfang seines Anspruchs aus § 433 II BGB aufgrund eines Leistungstitels in dessen Vermögen vollstrecken. Bei der Deutung des Art. 7 EuInsVO als anerkennungsrechtliche Ausnahmevorschrift könnte der französische Insolvenzverwalter die Maschine bereits nicht vom deutschen Territorium entfernen. Dies ergibt sich nicht aus Art. 7 EuInsVO, sondern schon aus Art. 18 I S. 2 EuInsVO. Für die Durchsetzung des Aussonderungsrechts käme es wegen Art. 7 EuInsVO auch bei Anwendung der lex fori concursus wiederum nicht auf die Voraussetzungen an, die einen französischen Vorbehaltsverkäufer zur *revendication* berechtigen. Da der Eigentumsvorbehalt mangels Beachtung dieser Erfordernisse im französischen Hauptverfahren keinen Bestand hätte, wird denjenigen Vorschriften der lex fori concursus, aus denen sich der Ausschluß der Drittwirksamkeit ergibt, in Deutschland die Anerkennung verweigert, da der Vindikationsanspruch nach deutschem Heimatrecht auch nicht von der Einhaltung derartiger Erfordernisse abhängt.

Die Beispiele belegen, daß die Interpretation der Wendung „nicht berührt" nicht nur von wissenschaftlichem Interesse ist, sondern in der Praxis teilweise zu unterschiedlichen Ergebnissen führt. Insbesondere die Rechtssicherheit gebietet es daher, aus den verschiedenen Deutungsmöglichkeiten die nach dem Gesamtkonzept der Verordnung „richtige" Auslegungsvariante herauszufiltern. In der vorliegenden Arbeit soll im Wege einer umfassenden Auslegung dieser Vorschriften unter Zugrundelegung gemeinschaftsrechtlicher Interpretationsmaßstäbe untersucht werden, welche der aufgeführten Interpretationsmöglichkeiten in den

31 Bzw. vor dem Prozeßgericht entsprechend Klage erheben, vgl. *Bäuerle*, in: Braun, InsO, § 47, Rn. 86. Siehe auch *Smid*, InsolvenzR, § 2, Rn. 57.

32 Da die Aussonderungsberechtigten gerade keine Insolvenzgläubiger sind (vgl. § 47 S. 1 InsO), nehmen sie weder am Insolvenzverfahren als solchem, noch an der Erlösverteilung teil. Aus diesem Grund gilt beispielsweise das in § 21 Abs. 2 Nr. 3 InsO angeordnete Vollstreckungsverbot nicht für die Herausgabevollstreckung der zur Aussonderung berechtigten Gläubiger. Vgl. *Frege/Keller/Riedel*, Hdb. InsolvenzR, Rn. 1490.

Artt. 5 I, 7 I EuInsVO Gesetz geworden ist, sowie ob und auf welche Weise die Artt. 5, 7 EuInsVO einen angemessenen Ausgleich zwischen den Individualinteressen der gesicherten Gläubiger einerseits und dem generellen Einbeziehungs- und Verwertungsinteresse andererseits gewährleisten.

B. Die Behandlung dinglicher Sicherheiten und Eigentumsvorbehalte nach autonomem deutschen Insolvenzkollisionsrecht

Erforderlich ist zunächst ein Blick auf das einzelstaatliche, namentlich das deutsche Internationale Insolvenzrecht, da die EuInsVO nicht uneingeschränkt gilt. Vielmehr bleiben außerhalb ihres zeitlichen und sachlichen Anwendungsbereichs die jeweiligen nationalen Insolvenzkollisionsrechte maßgeblich. Entsprechend werden die einzelstaatlichen Grundsätze und insbesondere die von den Mitgliedstaaten geschlossenen bi- oder multilateralen Abkommen zur Bewältigung grenzüberschreitender Konkursfälle mit dem Inkrafttreten der EuInsVO nur in dem durch die Artt. 43, 44 EuInsVO bestimmten Umfang obsolet. Betroffen sind zum einen Insolvenzverfahren, die vor dem 31. Mai 2002 eröffnet worden sind, und zum anderen Konkurskonstellationen unter Beteiligung von Drittstaaten. Eine weitere Ausnahme gilt für Dänemark, das sich auf der Grundlage des in Art. 69 EGV vorgesehenen „opting out" an der Annahme dieser Verordnung nicht beteiligt hat und ihr daher nicht untersteht.

I. Ausgangspunkt: Starke Regelungsunterschiede im Sachen- und Insolvenzrecht der EU-Mitgliedstaaten

1. Allgemeine kollisionsrechtliche Problematik

Die mitgliedstaatlichen Rechtsordnungen weisen bei der Behandlung dinglicher Kreditsicherheiten starke Regelungsunterschiede auf. Namentlich die Mobiliarsicherheiten sind in den nationalen Sachenrechten hinsichtlich Voraussetzungen (v.a. Publizität) und Rechtsfolgen sehr unterschiedlich gestaltet. Anzutreffen sind häufig ein *numerus clausus* sowie eine inhaltliche Typenfixierung der Sachenrechte und damit auch der Mobiliarsicherungsrechte. Verschiedenheiten bestehen dabei nicht nur im jeweiligen Kreditsicherungsrecht, wenn es um die Bestimmung der möglichen Kreditsicherungsformen und die Voraussetzungen ihrer Bestellung geht. Zu erheblichen Abweichungen kommt es vor allem in der Insolvenz. So erfolgt bereits keine einheitliche Zuordnung von Vermögensgegenständen zur Insolvenzmasse. Einigkeit besteht im Grundsatz lediglich darin, daß im Eigentum des Schuldners stehende Positionen erfaßt sind, Dritteigentum im Besitz des Schuldners also zumindest nicht generell der Masse zugeschlagen werden kann. Ob eine solche Position als nicht zur Masse gehörig vom Insolvenzverwalter herausverlangt werden kann (= sog. Aussonderung) oder aber lediglich zur vorzugsweisen Befriedigung berechtigt (= sog. Absonderung), wird in den mitgliedstaatlichen Rechtsordnungen recht verschieden beurteilt. Welche Befugnis die betreffende Rechtsposition in der Insolvenz vermittelt, ist aber von entscheidender Bedeutung, insbesondere dann, wenn die zur Aus- oder Absonderung führende Position auf eine dingliche Kreditsicherheit zurückgeht. Wurde die Sicherheit nach dem Sachenrecht des Belegenheitsstaates wirksam bestellt und begründet diese bei Eintritt des Sicherungsfalls in der nationalen Insolvenz des Schuldners ein Aussonderungsrecht, so kann dies eine ausländische Rechtsordnung, wenn es dort zur Eröffnung eines Insolvenzverfahrens über das Vermögen des betreffenden Schuldners kommt, ganz anders sehen.

Die unter Umständen abweichende Bewertung der betreffenden Sicherheit im internationalen Konkurs hängt mit zwei wichtigen Problemkreisen zusammen. Zum einen stellt sich die Frage der Anerkennung des dinglichen Rechts durch den Eröffnungsstaat in den Fällen des Rechtsgebietswechsels. Im deutschen Internationalen Sachenrecht ist grundsätzlich das Recht des Belegenheitsortes maßgeblich (vgl. Art. 43 Abs. 1 EGBGB).[33] Es entscheidet insbesondere über Entstehung, Übertragung, Änderung, Beendigung sowie Inhalt und Ausübung dinglicher Rechte.[34] Wird das Sicherungsgut vor der Eröffnung des Verfahrens und nach rechtswirksamer Begründung der Sicherheit unter Geltung der ursprünglichen lex rei sitae in den Eröffnungsstaat verbracht, entscheidet überwiegender Ansicht[35] zufolge – bzw. ausweilich des Art. 43 Abs. 1 und 2 EGBGB nach der IPR-Reform – über die nach dem Rechtsgebietswechsel fortdauernde Wirkung das Recht der neuen Belegenheit der Sache. Der Grenzübertritt führt bei beweglichen Sachen[36] mit anderen Worten zu einem Statutenwechsel. Befindet sich das Sicherungsgut nunmehr im späteren Konkurseröffnungsstaat, hängt die Anerkennung der ausländischen Mobiliarsicherheit somit von der Toleranz des Rechts des Eröffnungsstaates als neuer lex rei sitae ab. Zwar werden unter dem früheren Sachstatut wirksam begründete Sicherungsrechte an sich akzeptiert (Grundsatz der wohlerworbenen Rechte).[37] Unklar aber ist bereits, auf welche

33 Die Situs-Regel ist in Deutschland seit dem 01.06.1999 positiv-rechtlich normiert, vgl. Gesetz zum internationalen Privatrecht für außervertragliche Schuldverhältnisse und Sachen vom 21.05.1999, BGBl. I, 1026: Art. 43 Abs. 1 EGBGB. Eingehend dazu Stoll, IPRax 2000, 259 ff.; Pfeiffer, IPRax 270.

34 Die prozessualen Zwangsvollstreckungsvoraussetzungen richten sich nach der lex fori des Belegenheitsstaates, da dessen Hoheitsmacht zur Durchsetzung des Rechts benötigt wird. Vgl. *Riegel*, S. 192.

35 Vgl. *Hanisch*, FS Lalive, S. 63f.; *Herchen*, S. 56.

36 Bei Immobilien stellt sich dieses Problem regelmäßig nicht.

37 Dieser Grundsatz ist fast weltweit anerkannt, vgl. *Münch-Komm-Kreuzer*, nach Art. 38 Anh. I, Rnrn. 62, 84; *Kegel*, in: Soergel, vor Art. 7, Rn, 565; *Heldrich*, in: Pa-

Weise dies geschieht, also in der ursprünglichen sachenrechtlichen Gestalt oder nur in der transponierten, funktionsäquivalenten Form.[38] Wegen der Vorherrschaft der neuen Sachenrechtsordnung kann diese zudem abweichende Voraussetzungen mit *ordre public*-Qualität für das Entstehen oder Fortbestehen festlegen bzw. bei Nichtexistenz eines vergleichbaren Sicherungstyps der ausländischen Mobiliarsicherheit vollständig die Anerkennung versagen.

Selbst wenn die Sicherheit im Falle des Grenzübertritts grundsätzlich vom Konkurseröffnungsstaat anerkannt wird, setzt sich diese deshalb nicht automatisch in Zwangsvollstreckung und Konkurs durch, womit der zweite Problemkreis angesprochen ist. Da die lex fori concursus die Insolvenzmasse definiert, entscheidet sie grundsätzlich auch über die Aus- und Absonderungskraft dinglicher Rechte. Demzufolge ist es möglich, daß das Konkursstatut die Insolvenzfestigkeit des Sicherungsrechts ebenso wie das Insolvenzrecht des ursprünglichen Belegenheitsstaates beurteilt, also beispielsweise gleichermaßen ein Aussonderungsrecht gewährt. Denkbar ist weiter eine nur verminderte Wirkung im Sinne einer bloßen Absonderungsbefugnis. Nicht selten sind aber auch Fälle, in denen die Kreditsicherheit im Konkurseröffnungsstaat keinerlei Wirkungen entfaltet, also wertlos ist. Der Versuch, gleich eine Sicherheit nach dem Recht des Empfangsstaates zu bestellen, hilft insoweit auch nicht weiter, da diese Lösung möglicherweise zur Sicherungslosigkeit im Ausgangsland führt.[39]

Verbleibt das Sicherungsgut dagegen im Herkunftsland, kommt es also nicht zu einem Statutenwechsel, ist die Bewährung dieser Sicherungsform im ausländischen Insolvenzverfahren mit ihren vom Recht des Lageortes vorgesehenen insolvenzrechtlichen Wirkungen ebensowenig abgesichert. Zwar wäre nach dem Kollisionsrecht der ausländischen lex fori regelmäßig die lex rei sitae, also das Recht des Lagestaates, maßgeblich. Auch wenn die Sicherheit nach der lex rei sitae wirksam begründet ist und Wirkungen entfalten kann, ist damit aber noch nicht über die Wirksamkeit der Sicherheit im Insolvenzverfahren entschieden. So kann es dennoch zur Unwirksamkeit der Kreditsicherheit in der Insolvenz kommen, wenn entweder deren Bestand mit Konkurseröffnung entfällt, oder ihr Umfang von vornherein auf die Durchsetzung außerhalb des Konkurses beschränkt bzw. die Durchsetzbarkeit und Vollstreckbarkeit während des Insolvenzverfahrens gehemmt ist.[40] Welche Wirkung konkret ausgelöst wird, hängt vor allem da-

---

landt (IPR), Einleitung v. EGBGB, Anm. 6 b; *Welter*, Dingliche Sicherheiten I, S. 15; *Siehr*, AWD 1971, 10 (17); *Kegel*, IPR, S. 488 ff; *Pfeiffer*, IPRax 2000, 270 (272).

38 Zu diesem Problem siehe unten unter B. I. 2. b) cc).

39 *Drobnig*, RabelsZ 38 (1974), 468 (480).

40 Vgl. *Riegel*, S. 193.

von ab, ob insoweit das (ausländische) Insolvenz- und/oder das Belegenheitsstatut zur Anwendung kommt.[41]

Zusätzliche Schwierigkeiten bei der Behandlung dinglicher Kreditsicherheiten im grenzüberschreitenden Konkurs ergeben sich aufgrund begrifflicher Abweichungen innerhalb der Sicherungsrechte. Zwar unterscheiden alle mitgliedstaatlichen Rechtsordnungen Pfandrechte und Grundpfandrechte.[42] Ausgehend von der deutschen Terminologie besteht ein Absonderungsrecht bei Pfandrechten oder pfandgleichen Rechten, die an einer Immobilie[43] oder einem anderen Gegenstand[44] schon vor Verfahrenseröffnung aufgrund Vertrages bzw. kraft Gesetzes entstanden sind. Nicht vorgesehen sind im deutschen Recht jedoch die speziellen Vorrechte des französischen und italienischen Rechts[45]: Ein gesetzliches,

---

41 Verdeutlicht sei dies an einem Beispiel (entnommen aus *Riegel*, S. 194): Eine belgische Gesellschaft erhält in der Bundesrepublik eine Warenlieferung unter einfachem Eigentumsvorbehalt. Sie fällt in Konkurs. Der Vorbehaltsverkäufer verlangt die in Deutschland belegene Ware gerichtlich heraus. Lex rei sitae ist deutsches Recht. Danach ist der Eigentumsvorbehalt wirksam vereinbart worden. Richtet sich die Durchsetzbarkeit nach der lex rei sitae, sieht die Insolvenzordnung in § 47 InsO ein Aussonderungsrecht vor. Das gleiche Recht hat der Kläger, falls über das Vermögen in der Bundesrepublik ein Parallelverfahren eröffnet wird und die lex fori concursus anzuwenden ist. Dagegen wäre im Fall des Einheitskonkurses und der Anwendung der lex fori concursus belgisches Recht anwendbar mit der Folge, daß der Eigentumsvorbehalt wirkungslos bliebe; vgl. *Callewaert*, RIW 1989, 683 (684-686) mit Nachweisen. Ohne Wirkung bleibt der Eigentumsvorbehalt auch in Luxemburg. In diesen Ländern kann der Verkäufer jedoch eine dem insolvenzfesten Eigentumsvorbehalt nahekommende Sicherheit erreichen, indem er mit dem Käufer eine auflösende Bedingung (sog. Auflösungsklausel) vereinbart: Der Vertrag wird aufgelöst, wenn der Käufer seine Vertragspflichten verletzt. Beruft sich der Verkäufer im Fall einer Vertragsverletzung seines Käufers unmißverständlich auf diese Klausel und verlangt die Kaufsache unverzüglich heraus, erlischt der Vertrag automatisch mit rückwirkender Kraft. Dadurch wird der Verkäufer rückwirkend wieder zum Eigentümer, was ihm die Möglichkeit eröffnet, die Sache als Eigentümer vom Käufer herauszuverlangen. Im Konkurs führt dies zur Aussonderung oder zur Ersatzaussonderung des aus einer Weiterveräußerung erzielten Erlöses. Voraussetzung ist jedoch, daß der Verkäufer die Auflösung des Vertrages vor der Eröffnung des Insolvenzverfahrens erklärt hatte; der nach Insolvenzeröffnung betriebenen Vertragsauflösung versagt Art. 546 des belgischen Konkursgesetzes jede Wirkung. Vgl. *v. Wilmowsky*, Europäisches Kreditsicherungsrecht, S. 125f.

42 Vgl. *Potthast*, S. 145.

43 Z.B. Grundstücke, grundstücksgleiche Rechte, Schiffe, Luftfahrzeuge.

44 Bewegliche körperliche Gegenstände, Forderungen und sonstige Rechte.

45 Vor allem in den romanischen Rechtsordnungen werden bestimmte Forderungen mit sogenannten Vorrechten oder Privilegien versehen. Dies bedeutet, daß mit der Forderung ein Recht auf vorzugsweise Befriedigung aus einer bestimmten Sache oder Sachgesamtheit für den Fall der Zwangsvollstreckung in das Sicherungsgut

spezielles Vorrecht gewährt einem bestimmten Gläubiger an einem Einzelgegenstand ein Verwertungsrecht, ohne daß er es in Besitz hat. Vergleichbar sind diese Vorrechte mit gesetzlichen Pfandrechten.[46]

Erschwerend kommt weiter hinzu, daß zahlreiche Sachenrechte die Besitzbegründung durch den Sicherungsnehmer bei Mobiliarsicherheiten voraussetzen.[47] Insbesondere fiduziarische Sicherungsrechte[48] wie Eigentumsvorbehalt, Sicherungsübereignung, Sicherungszession und Sicherungsgrundschuld stellen im internationalen Rechtsverkehr ein Problem dar. Hier findet eine Übergabe des Sicherungsgutes an den Sicherungsnehmer regelmäßig nicht statt. Unter Verweis auf die fehlende Offenkundigkeit (Publizität) wird daher den Mobiliarsicherheiten im Ausland die Wirksamkeit abgesprochen. Nicht so in Deutschland. Zwar gilt auch im deutschen Sachenrecht das Publizitätsprinzip.[49] Publizitätsmittel sind der Besitz bzw. die Grundbucheintragung. Die unmittelbare Besitzbegründung durch den Sicherungsnehmer kann hier jedoch – anders als im Ausland[50] – durch Surrogate ersetzt werden.[51] Schließlich bewerten die mitgliedstaatlichen Rechts-

---

verbunden ist. Hierbei ist zu unterscheiden zwischen sog. Generalprivilegien, die sich auf die gesamte Fahrnis eines Schuldners erstrecken und sog. Spezialprivilegien, welche nur an bestimmten einzelnen Rechtsgütern des Schuldners ein Vorzugsrecht gewähren. Die Spezialprivilegien können wiederum in zwei Gruppen unterteilt werden: In Privilegien, denen der Rechtsgedanke des Pfandrechts zugrunde liegt und in Privilegien, die darauf zurückgehen, daß dem Gläubiger, der in das Vermögen des Schuldners einen Wert eingebracht hat, darauf auch ein besonderes Befriedigungsrecht zustehen soll. Vgl. allgemein *Hübner*, ZIP 1980, 825 (827); *Kreuzer*, in: MüKo, nach Art. 38 Anh. I, Rnrn. 107 ff.; *Bodenstein/Eberth*, S. 100 ff. Siehe auch *Laut*, S. 211 und 243.

46 *Hübner*, ZIP 1980, 831f.

47 Vgl. dazu *v. Wilmowsky*, Europäisches Kreditsicherungsrecht, S. 127f.

48 Sog. eigennützige Treuhand, vgl. *Gottwald*, Insolvenzrechtshandbuch, § 41, Rnrn. 25 ff.; *Bassenge*, in: Palandt, BGB, § 930 Anm. 4a.

49 *Baur/Stürner*, SachenR, § 4 II. Eine weitergehende, allgemeine Publizität im Sinne einer Transparenz der Kreditsituation fordert *Knieper*, BB 1977, 622 (624).

50 Zwar gibt es auch in England neben dem Besitzpfand (*pledge*) eine Art Sicherungsübereignung (*mortgage*) oder Verfallspfand (*charge*) ohne Besitzübergang, doch bedürfen diese Rechte nicht nur der Bestellung, sondern eines Publizitätsakts zur Wirksamkeit (im einzelnen siehe unten unter B. I. 2. b) bb) ccc) (III)). In den Niederlanden dagegen hatte die Rechtsprechung unter dem Einfluß des deutschen Rechts ohne gesetzliche Grundlage die formlose Sicherungsübereignung entwickelt unter Verzicht auf das Erfordernis der Übergabe der Sache (vgl. *Kreuzer*, IPRax 1993, 157 (158 Fn. 16)). Das neue niederländische bürgerliche Gesetzbuch verbietet jedoch die Sicherungsübereignung und ersetzt sie durch ein besitzloses Pfandrecht, das der notariellen Beurkundung bedarf (*Hartkamp*, RabelsZ 57 (1993), 676f.).

51 Vgl. § 930 BGB. *Bassenge*, in: Palandt, BGB, § 930 Anm. 4a, cc) und f.

ordnungen die Rangfolge der (gesicherten) Gläubiger in der Insolvenz uneinheitlich.

Festzuhalten ist somit: Die Behandlung dinglicher Kreditsicherheiten im grenzüberschreitenden Konkurs weist eine Vielzahl von Problemen auf. Vom Standpunkt des deutschen Rechts ausgehend soll im Anschluß aufgezeigt werden, wie die Aspekte der wirksamen Begründung, der Anerkennung und insolvenzrechtlichen Wirkung außerhalb des Anwendungsbereichs der EuInsVO gehandhabt werden.

2. *Sicherheiten und Vorrechte im grenzüberschreitenden Konkurs – die drei wesentlichen Fragestellungen*

a) *Die wirksame Bestellung der Sicherheit (= Vorfrage)*

Wird über das dinglich gesicherte Vermögen des Schuldners der Konkurs eröffnet und soll anläßlich des Insolvenzverfahrens beurteilt werden, welche insolvenzrechtliche Wirkung den betreffenden ausländischen Sicherungsrechten zukommt, setzt diese insolvenzspezifische Fragestellung die sachenrechtlich wirksame Entstehung des Sicherungsrechts voraus; letztere ist hierfür präjudiziell. Ist das Sicherungsrecht nicht wirksam bestellt, erübrigt sich die Erörterung der eigentlichen insolvenzrechtlichen Problematik.[52] Herkömmlich wird die Untersuchung der sachenrechtlichen Wirksamkeit der Sicherheit als kollisionsrechtliche Vor- oder Erstfrage bezeichnet.[53]

Die sachenrechtliche Vorfrage nach Entstehung und Inhalt des Rechts, auf das eine Aussonderung oder ein Recht auf abgesonderte Befriedigung gestützt wird, ist nicht Gegenstand des materiellen und damit auch nicht des Internationalen Insolvenzrechts.[54] Gegenstand des (Internationalen) Insolvenzrechts sind nur die konkurstypischen Rechtswirkungen des Verfahrens.[55] Eine Anwendung der lex

52 Zutreffend *Hanisch*, FS Jahr, 455 (467); *Drobnig*, in: Fletcher (Hrsg.), Cross-Border Insolvency, S. 216 (217); für einen konkreten Fall *Hanisch*, IPRax 1992, 187 ff.; *Jahr*, in: Jaeger (Hrsg.), KO, §§ 237, 238, Rnrn. 323 ff.; vgl. auch *Metzger*, S. 111f.

53 Vgl. *Hanisch*, FS Jahr, 455 (466); *Herchen*, S. 55.

54 Zutreffend *Metzger*, S. 111f.; sowie *Herchen*, S. 55.

55 Vgl. *Herchen*, S. 55; *Metzger*, S. 36. Sowie *Jahr*, in: Jaeger (Hrsg.), KO, §§ 237, 238, Anm. 10 ff., 26, 278 ff.; *Arnold*, in: Gottwald (Hrsg.), Insolvenzrechtshandbuch, § 122, Rnrn. 13, 34; *Lüer*, in: Kuhn/Uhlenbruck, KO, §§ 237, 238, Rn. 75; *v. Oertzen*, S. 63; *Pielorz*, S. 38; *Trunk*, KTS 1987, 415 (432f.).

fori concursus des Eröffnungsstaates scheidet daher unbestritten[56] aus[57]; zur Konkurrenzsituation mit der lex rei sitae kommt es zu diesem Zeitpunkt regelmäßig noch nicht[58]. Vielmehr beantwortet sich die rein zivilrechtliche Vorfrage nach dem jeweiligen Sachstatut, das in Insolvenzverfahren mit Auslandsbezug gemäß den Regeln des internationalen Sachenrechts zu bestimmen ist.[59] Auszugehen ist hierfür vom allgemein geltenden Kollisionsrecht des Konkurseröffnungsstaates.[60] Nach dem Kollisionsrecht, d.h. dem Internationalen Sachenrecht

---

56 Dies ist allgemeine Ansicht. Vgl. *Herchen*, S. 55; *Gottwald*, in: Gottwald (Hrsg.), Insolvenzrechtshandbuch, § 129, Rn. 20; *Hanisch*, FS Lalive, S. 63. Zu Unrecht geht *Taupitz*, ZZP 111 (1998), 315 (334) davon aus, daß bereits die Vorfrage kollisionsrechtlich uneinheitlich gelöst wird, wenn es heißt: „Der erste Streit beginnt schon bei der Frage, welches Recht denn darüber zu befinden hat, ob überhaupt ein dingliches Recht eines Gläubigers oder eines Dritten an im Ausland befindlichen Gegenständen besteht." In diesem Zusammenhang benennt *Taupitz* als hierzu vertretene Ansicht die Berufung des Insolvenzstatuts des Hauptverfahrens. Nach Kenntnis des Verfassers wird diese kollisionsrechtliche Lösung für die Vorfrage von niemandem vertreten. Zu Unrecht stellt auch *Duursma-Kepplinger*, in: Duursma-Kepplinger/Duursma/Chalupsky (Hrsg.), EuInsVO, Art. 4, Rn. 36, insbes. Fn. 92 und Art. 5, Rn. 19f., fest, daß bereits die Frage des wirksamen Bestehens des dinglichen Rechts umstritten sei. Benannt wird sodann *v. Wilmowsky* als Befürworter der Berufung des Insolvenzstatuts des Hauptverfahrens für die Beurteilung, ob überhaupt ein dingliches Recht vorliegt. Tatsächlich hat sich *v. Wilmowsky* weder an der von *Duursma-Kepplinger* angegebenen Fundstelle (EWS 1997, 93 (97)) noch andernorts in diesem Sinne geäußert; vielmehr geht aus seiner Darstellung der Problematik in § 7 III 1 a) cc) (i) (S. 285f.) eindeutig hervor, daß er für die Vorfrage auf das Sicherungsrechtsstatut abstellt: „Auch im Insolvenzfall bleibt das Sicherungsrechtsstatut maßgebend."

57 Zutreffend *Herchen*, S. 55.

58 Zutreffend *Favoccia*, S. 48.

59 *Metzger*, S. 111f.

60 So die hM: *Duursma-Keppelmüller*, in: Duursma-Keppelmüller/Duursma/Chalupsky (Hrsg.), EuInsVO, Art. 4, Rn. 36 Fn. 92 und Art. 5, Rn. 21 unter Hinweis insbesondere auf Rn. 100 des Erläuternden Berichts zum EuInsÜ; *Duursma-Kepplinger/Duursma*, wbl 2000, S. 63f.; *Taupitz*, ZZP 111 (1998), 315 (334f.); *Leible/Staudinger*, KTS 2000, 551; *Kaufhold*, S. 271; *Sonnenberger*, in: MüKo, Einl. IPR, Rn. 497; *Heldrich*, in: Palandt, Einl. vor Art. 3, Rn. 29; *Melchior*, IPR, S. 256 (258); Jayme, ZblJugR 1976, 395f.; *Neumayer*, RabelsZ 36 (1972), 73 (81); *Wengler*, RabelsZ 8 (1934), 148 (151); *ders.*, Rev. crit. int. priv. 1966, 165 (166); *Böhmer*, FS Firsching, S. 41 (46 ff.); *Potthast*, S. 158 (für den Eigentumsvorbehalt); *Lüer*, KTS 1981, 147 (154); *Eidenmüller*, IPRax 2001, 2 (6 Fn. 29). Nach a.A. soll die lex rei sitae über den Einstieg des IPR der lex causae zur Anwendung kommen, vgl. *Liersch*, S. 46f. ebenso *Wunderer*, WM 1998, 793 (798); *Kegel*, in: Soergel, Vor Art. 3, Rn. 129.

wohl aller (Konkurseröffnungs-) Staaten[61] ist im Grundsatz für Mobilien und Immobilien von der Situs-Regel[62] auszugehen.[63] Danach sind alle sachenrechtlichen Fragen nach dem Recht zu beurteilen, das am Lageort der betroffenen Sache zum Zeitpunkt der Verwirklichung der fraglichen juristischen Tatsache gilt.[64] Insbesondere entscheidet es darüber, welche dinglichen Rechte bzw. Rechtsinstitute überhaupt an einer beweglichen oder unbeweglichen Sache entstehen können.[65] Dem Belegenheitsstatut unterliegen weiter sämtliche Zuordnungsänderungen[66] sowie Fragen des Inhalts, der Ausübung und des Schutzes dinglicher Rechte.[67]

---

61 Vgl. die umfassenden rechtsvergleichenden Nachweise bei *Kreuzer*, RabelsZ 65 (2001), 383 (439 ff.) sowie *Rott*, S. 4f. Fn. 8-10. Für das deutsche Recht (Art. 38 EGBGB a.F. = Art. 43 EGBGB) siehe etwa: BGH, Urt. v. 20.3.1963, BGHZ 39, 173 = NJW 1963, 1200 (Mobilien); Urt. v. 4.7.1969, BGHZ 52, 239 = NJW 1969, 1760 (Immobilien); BGH NJW 1972, 715 (Immobilien); BGH, Urt.v. 8.4.1987, BGHZ 100, 321 (324) = NJW 1987, 3077 (3079) (Mobilien); BGH NJW 1989, 1352 (Mobilien); NJW 1991, 1415 (Mobilien), dazu *Kreuzer*, IPRax 1993, 157; NJW 1992, 362, dazu *Kreuzer*, ebd. (IPRax); NJW 1994, 2022 (Mobilien); KG NJW 1988, 341 (Mobilien); OLG Düsseldorf, NJW 1981, 529 (Immobilien); OLG Hamburg, VersR 1991, 604 (Mobilien); OLG München NJW-RR 1989, 663 (664) (Immobilien). Zu den Artt. 43 ff. EGBGB n.F. nach der IPR-Reform siehe aus der Literatur etwa *Schurig*, FS Stoll (2001), 577 (579 ff.); *Kreuzer*, RabelsZ 65 (2001), 383 (442); *Pfeiffer*, IPRax 2000, 270 (270); *Stoll*, IPRax 2000, 259 (259f.); *Junker*, RIW 2000, 241 (251); *Staudinger*, DB 1999, 1589 (1593); *Spickhoff*, NJW 1999, 2214 (2214); *Kropholler*, IPR, § 54 I 1 (S. 541 ff.); *v. Bar*, IPR II, Rn. 750; *Ferid*, IPR, § 7-4; *Firsching*, in: v. Hoffmann (Hrsg.), IPR, § 12, Rnrn. 7f.; *Kegel*, IPR, § 19 I; *Hohloch*, in: Erman, Art. 38 Anh., Rn. 2; *Heldrich*, in: Palandt, Art. 38 Anh. II, Rn. 2; *Stoll*, in: Staudinger, EGBGB/IPR, Rnrn. 123, 218 mit umfassenden Nachweisen aus Rechtsprechung und Literatur.

62 = lex rei sitae, lex situs, Situs-Recht, Lageortsrecht, Belegenheitsrecht.

63 *Hanisch*, FS Jahr, 455 (467); *ders.* FS Lalive, S. 61 (63f.); *Kirchhof*, WM 1993, 1401 (1403); *Wenner*, in: Mohrbutter (Hrsg.), Rn. XXIII.215; *Kemper*, in: Kübler/Prütting, Art. 102, Rn. 141; *Gottwald*, in: Insolvenzrechtshandbuch, § 129, Rn. 20; *Deipenbrock*, EWS 2001, 113 (116); *Eidenmüller*, IPRax 2001, 1 (6 Fn. 29f.); *Leible/Staudinger*, KTS 2000, 533 (551); *Herchen*, S. 55; *Taupitz*, ZZP 111 (1998), 315 (334f.); *Metzger*, S. 111f.; *Potthast*, S. 148; *Laut*, S. 127

64 *Kropholler*, IPR, § 54 I 1 (S. 541 ff.); *Kreuzer*, in: MüKo, Nach Art. 38 Anh. I, Rn. 12.

65 Vgl. RG HRR 1930, Nr. 2066; *Ferid*, IPR, § 7-9; *Heldrich*, in: Palandt, Art. 38 Anh. II, Rn. 5; *Lüderitz*, in: Soergel, Art. 38 Anh. II, Rn. 16; *Stoll*, in: Staudinger, EGBGB/IPR, Rn. 147.

66 Danach entscheidet sich also insbesondere, unter welchen Voraussetzungen ein bestimmtes dingliches Recht an einer bestimmten beweglichen oder unbeweglichen Sache wirksam entsteht, belastet wird, sich inhaltlich ändert, übergeht (einschl. Erwerb vom Nichtberechtigten) oder untergeht und welche Rechtsfolgen etwaige Mängel (z.B. fehlerhafte dingliche Einigung) haben. Das Sachstatut befindet dar-

Für diese Anknüpfung sprechen insbesondere Aspekte wie Verkehrssicherheit (Sicherheitsbedürfnis im internationalen Rechtsverkehr)[68], Durchsetzbarkeit[69] (Vollstreckbarkeit) einer Entscheidung und interner[70] Entscheidungseinklang. Vor allem aber ermöglicht diese kollisionsrechtliche Lösung eine Vorhersehbarkeit des Sachstatuts und trägt damit Vertrauensschutzinteressen der Sicherungsgläubiger Rechnung.[71] Im Unterschied zur insolvenzrechtlichen Rechtsposition an sich, auf die der Sicherungsgläubiger keinen Einfluß nehmen kann, liegt es in seiner Hand, ob er die Anforderungen an die sachenrechtliche Wirksamkeit erfüllt. Hat der Sicherungsgläubiger alles für das wirksame Entstehen der Sicherheit Erforderliche getan, wäre es nicht angemessen, ihm diese Position deshalb zu verweigern, weil dies nach ausländischem Recht (namentlich der lex fori concursus) nicht ausreichend ist. Dessen Voraussetzungen zu erfüllen, hatte der Sicherungsgläubiger keinen Anlaß.[72]

Diese Gründe treffen uneingeschränkt auf Grundstücke und solche Mobilien zu, die nicht zur Überschreitung von Grenzen bestimmt sind. Die lex rei sitae nimmt insoweit die Funktion des Internationalen Sachenrechts am deutlichsten wahr, jene Rechtsordnung als maßgebend zu bestimmen, die die dingliche Zuordnungsfunktion des innerstaatlichen Sachenrechts am besten erfüllt.[73] Aber auch bei beweglichen Sachen, die Gegenstand internationaler Verkehrsgeschäfte

---

über, ob Rechts- und Geschäftsfähigkeit für die dingliche Rechtsänderung Wirksamkeitsvoraussetzung ist. Dem Sachstatut unterliegen auch die Verfügungsbefugnis sowie die Fähigkeit natürlicher oder juristischer Personen, ein dingliches Recht zu erwerben. Die Sachnormen des Sachstatuts entscheiden ferner, inwieweit Tatsachen, die nach dem Sachstatut Voraussetzung für eine Rechtsfolge bilden, in dessen Geltungsbereich verwirklicht sein müssen. Hinsichtlich der Form für dingliche Rechtsgeschäfte gilt gem. Art. 11 Abs. 5 EGBGB ausschließlich das Sachstatut, dessen Kollisionsnormen allerdings die Ortsform (lex loci actus) ausreichen lassen können. Umfassend dazu *Kropholler*, IPR, § 54 I 1 (S. 541 ff.); *Kreuzer*, in: MüKo, Nach Art. 38 Anh. I, Rnrn. 27 ff.

67 *Kreuzer*, RabelsZ 65 (2001), 383 (442); *Staudinger*, DB 1999, 1589 (1593); *Kropholler*, IPR, § 54 I 1 (S. 541 ff.); *Kreuzer*, in: MüKo, Nach Art. 38 Anh. I, Rnrn. 30f.

68 *Vischer*, S. 176f.; *Kegel*, IPR, § 19 I; *Stoll*, in: Staudinger, EGBGB/IPR, Rn. 126.

69 *Vischer*, S. 177.

70 Die Anknüpfung an die Kollisionsnormen der lex fori concursus wird als selbständige Anknüpfung im Interesse internen Entscheidungseinklangs, die Anknüpfung an die Kollisionsnormen der lex causae dagegen als unselbständige Anknüpfung im Interesse äußerer Entscheidungsharmonie bezeichnet, vgl. *Sonnenberger*, in: MüKo, Einl. IPR, Rn. 497.

71 *Lalive*, S. 114.

72 Zutreffend *Favoccia*, S. 46.

73 *Kreuzer*, in: MüKo, Nach Art. 38 Anh. I, Rn. 14; *Stoll*, in: Staudinger, EGBGB/IPR, Rnrn. 124 ff.

sind und üblicherweise Rechtsgebietsgrenzen passieren, ist im Grundsatz[74] vom Situsrecht auszugehen.[75]

Probleme kann die praktische Umsetzung dieser Regel bereiten, wenn die Vorfrage mit der insolvenzrechtlichen Wirkung zusammenhängt, also bereits spätere konkursrechtliche Aspekte anspricht.[76] Dies ist z.B. der Fall, wenn der Erwerb der Sicherheit kurz vor Eröffnung des Insolvenzverfahrens liegt. Die Sicherheit kann dann anfechtbar oder kraft Rückschlagsperre unwirksam sein. Bei diesen Unwirksamkeitsgründen handelt es sich einerseits um Probleme der wirksamen Begründung, andererseits gehören sie zu den Insolvenzfolgen. Gleiches gilt für Form- und Publizitätserfordernisse, die in Insolvenzgesetzen enthalten sind.[77] Das Konkurrenzverhältnis zwischen lex fori concursus und lex rei sitae

---

74 Bisweilen sucht man die mit der hM verbundenen Schwierigkeiten des Statutenwechsels durch die mehr oder weniger weitgehende Aufgabe der Situs-Regel, insbesondere durch die Bestimmung eines unwandelbaren Sachstatuts für internationale Verkehrsgeschäfte zu vermeiden: Teilweise wird die Situs-Regel bei internationalen Verkehrsgeschäften auf das Verhältnis zu Dritten beschränkt und das Statut für den Eigentumsübergang inter partes nach anderen Regeln, meist jenen für das Vertragsstatut, bestimmt. Zum Teil soll die Situs-Regel aber auch gänzlich ersetzt werden durch die Anwendung der lex validationis (= des erwerbsfreundlicheren Rechts), durch die individuelle Sachstatut-Bestimmung nach dem jeweiligen Schwerpunkt („proper law of the transfer of chattels"), durch die Unterstellung auch der sachenrechtlichen Fragen (= Eigentumserwerb) unter die lex contractus, insbesondere aber durch die generelle Anerkennung einer (beschränkten) Rechtswahl mit erga omnes-Wirkung bei internationalen Verkehrsgeschäften. Eingehend dazu mit Nachweisen vgl. *Kreuzer*, RabelsZ 65 (2001), 383 (443 ff.); *ders.*, in: MüKo, Nach Art. 38 Anh. I, Rnrn. 72 ff. sowie *Stoll*, IPRax 2000, 259 (264 ff.).

75 So die (noch) hM: BGH NJW 1997, 461 (462); WM 1967, 1198; WM 1980, 410 (411); RG, Urt.v. 8.10.1921, RGZ 103, 30 (31); RG Recht 1911, Nr. 3475, 3476, 3497; OLG Celle, JZ 1979, 608; OLG Dresden SächsArch. 8 (1898), 768 (769); OLG Hamburg, ZIR 5 (1895), 268 (287); HansGZ 1916, Beibl. Nr. 124; IPRspr. 1952-53 Nr. 21; OLG Hamm, IPRspr. 1985, Nr. 143; KG NJW 1988, 341 (342); *Kropholler*, IPR, § 54 I 1 (S. 541 ff.) unter Hinweis auf Art. 43 Abs. 1 EGBGB n.F.; *Kreuzer*, RabelsZ 65 (2001), 383 (441); *Spickhoff*, NJW 1999, 2209 (2214); *Lüderitz*, in: Soergel, Art. 38 Anh. II, Rn. 3. Es ist jedoch zunehmend eine Tendenz zur Abkehr von der Situsregel namentlich bei den res in transitu zu verzeichnen, deren Behandlung im EGBGB im Rahmen der IPR-Reform ausgespart wurde und weiterhin der Rechtsprechung und Literatur überlassen ist, vgl. *Kropholler*, IPR, § 54 IV (S. 551f.); *Kreuzer*, RabelsZ 65 (2001), 383 (441); kritisch *Stoll*, IPRax 2000, 259 (259f. und 262f.), nach dessen Ansicht der Gesetzgeber mit der Bestätigung der Herrschaft der Situsregel in Art. 43 EGBGB n. F. über das Ziel hinausgeschossen sei; *Schurig*, FS Stoll (2001), 577 (589f.).

76 Auf dieses Problem weist *Favoccia*, S. 48f., hin.

77 Zum Beispiel fordert Art. 121 al. 2, 2. Satz des französischen InsolvenzG 1985 für den Eigentumsvorbehalt eine schriftliche Vereinbarung.

wird in diesen Fällen schon bei der Vorfrage, ob eine Sicherheit besteht, relevant. Richtigerweise muß es aber auch in solchen Konstellationen bei der Geltung der obigen Regel, der lex rei sitae, bleiben. Die Abgrenzungsfrage läßt sich durch eine Unterscheidung zwischen allgemein-sachenrechtlichen und speziell-insolvenzrechtlichen Unwirksamkeitsgründen lösen.[78] Immer dann, wenn Nichtigkeitsgründe im ersten Sinne einschlägig sind, ist das Recht des Belegenheitsstaates berufen. Ob dies der Fall ist, oder aber eine insolvenzspezifische Aussage vorliegt, hängt davon ab, inwieweit damit die Erreichung der durch das Insolvenzverfahren verfolgten Zwecke gewährleistet werden soll.[79] Insolvenzrechtliche Unwirksamkeitsgründe sind daher solche, die sich nicht per se der Entstehung der Sicherheit in den Weg stellen, sondern die bereits existierenden Sicherheiten zugunsten der Erreichung der Insolvenzzwecke wieder vernichten.[80] Dazu gehört insbesondere die Insolvenzanfechtung. Unter die allgemein-sachenrechtlichen Unwirksamkeitsgründe fallen dagegen vor allem Form- und Publizitätserfordernisse.[81] Diese Anforderungen dienen nicht insolvenzrechtlichen Anliegen, sondern nehmen in erster Linie Warn- und Schutzfunktion[82] wahr und dienen der Beweiserleichterung.[83] Für eine von der Situsregel abweichende kollisionsrechtliche Anknüpfung besteht somit keine Veranlassung.

Über die Vorfrage des wirksamen Bestehens der Sicherheit entscheidet nach allem die vom IPR des Konkurseröffnungsstaates berufene lex rei sitae. Die kollisionsrechtliche Konkurrenzsituation mit der lex fori concursus stellt sich in diesem Stadium in der Regel nicht.

---

78 Im Anschluß an *Favoccia*, S. 48f. In diesem Sinne auch *Homann*, KTS 2000, 343 (360): insolvenztypische Rechtsfolgen.

79 *Homann*, KTS 2000, 343 (360); *Arnold*, in: Gottwald (Hrsg.), Insolvenzrechtshandbuch, § 121, Rn. 13; *Jahr*, in: Jaeger (Hrsg.), KO, Rnrn. 10 ff.; *Schmidt*, S. 14; *Staehelin*, S. 134; *Trunk*, KTS 1987, 415 (432f.); *Hanisch*, ZIP 1985, 1233 (1237).

80 Vgl. *Favoccia*, S. 49.

81 *Favoccia*, S. 49.

82 *Favoccia* führt in diesem Zusammenhang den Schutz der Parteien vor Übereilung sowie den Schutz der Gläubiger vor falscher Einschätzung der Kreditwürdigkeit an, vgl. S. 49.

83 Zu Beweiszwecken dient z.B. die im italienischen Recht zur Wirksamkeit eines EV und einer SÜ gegenüber Dritten erforderliche Beurkundung mit sicherem Datum (*data certa*, Art. 2704 c.c.), vgl. *Mühl*, S. 63.

b) Die Frage der Anerkennung der nach der lex rei sitae wirksam begründeten Sicherheit im Konkurseröffnungssstaat

aa) Grundsätzliches

Steht die wirksame Entstehung der dinglichen Sicherheit fest, d.h. ist die Vorfrage positiv entschieden, so ist im Anschluß über die insolvenzrechtliche Wirkung der Sicherheit im Konkurs zu befinden. Zu dieser als sog. Hauptfrage[84] zu bezeichnenden Problematik kann immer dann sogleich übergegangen werden, wenn das Sicherungsgut bei Eröffnung des Insolvenzverfahrens im Ausland belegen war. In derartigen Fällen ist nach wie vor die lex rei sitae des Nichteröffnungsstaates für die Beurteilung von Zuordnungsänderungen sowie Wirkungen (Inhalt und Ausübung) dinglicher Fahrnisrechte zuständig.[85] Insbesondere kann die lex fori concursus der Sicherheit nicht per se die Anerkennung im Eröffnungsstaat versagen, sondern ist insoweit an die ausländische lex rei sitae gebunden (Art. 43 Abs. 1 EGBGB, s.o.). Lediglich die Entscheidung über die Wirkung des ausländischen Sicherungsrechts in der Insolvenz ist dem Recht des Eröffnungsstaates (d.h. deutschem Insolvenzrecht) vorbehalten.

Wurde dagegen das betreffende Sicherungsgut vom ursprünglichen Belegenheitsstaat in einen anderen Mitgliedstaat, namentlich in den Konkurseröffnungsstaat, verbracht, stellt sich nach Feststellung der wirksamen Begründung des Rechts ein weiteres Problem: das der Anerkennung der Sicherheit.[86] In solchen Fällen führt der Rechtsgebietswechsel der Sache im Anwendungsbereich der Situs-Regel zu einem – schlichten[87] oder qualifizierten[88] – Statutenwechsel[89] ohne

84 Dazu eingehend siehe unten unter B. I. 2. c).

85 Hierbei handelt es sich um einen im Internationalen Sachenrecht allgemein anerkannten Grundsatz. Im einzelnen mit Nachweisen siehe oben unter B. I. 2. a).

86 Die Frage der Anerkennung stellt sich wiederum dann nicht, wenn sich das Sicherungsgut im Zeitpunkt der Konkurseröffnung bereits im Eröffnungsstaat befand und auch nach dessen Sachenrecht wirksam bestellt wurde: Da hier lex rei sitae und lex fori concursus zusammenfallen, ist die Sicherheit automatisch im Eröffnungsstaat anzuerkennen.

87 In diesen Fällen erfolgt der Grenzübertritt der Ware und damit der Statutenwechsel zufällig. Es gelten die allgemeinen Regeln des internationalen Sachenrechts, vgl. *Kreuzer*, in: MüKo, Nach Art. 38 Anh. I, Rn. 71; *Stoll*, in: Staudinger, IntSachenR, Rn. 278. Umfassend zur Situation nach der IPR-Reform *Stoll*, IPRax 2000, 259 (261 ff.); *Pfeiffer*, IPRax 2000, 270 (272 ff.); *Staudinger*, DB 1999, 1589 (1593f.); *Junker*, RIW 2000, 241 (251 ff.); *Spickhoff*, NJW 1999, 2209 (2214).

88 Beim qualifizierten Statutenwechsel ist der mit dem Grenzübertritt der Ware verbundene Statutenwechsel intendiert. Dieser betrifft insbesondere die Fälle, in denen sich der Verkäufer dazu verpflichtet hat, die Kaufsache ins Ausland zu versenden bzw. ein Beteiligter die Sache selbst mit Kenntnis des Partners in ein anderes

Rücksicht darauf, ob die Sache rechtmäßig in das neue Rechtsgebiet gebracht wird.[90] Befindet sich die Ware nunmehr im Konkurseröffnungsstaat, so gilt es vor der Beurteilung der insolvenzrechtlichen Wirkung der Sicherheit zu klären, ob die Sicherheit von der (neuen) lex rei sitae des Konkurseröffnungsstaates als Sicherungsmittel überhaupt akzeptiert wird. Denn nur in diesem Fall kommt man zur Hauptfrage der Wirkung der Sicherheit in der Insolvenz des Schuldners.

Da es sich bei der Frage der Anerkennung ausländischer Sicherheiten durch den Eröffnungsstaat nach vorausgegangenem Grenzübertritt des Sicherungsgutes um ein sehr vielschichtiges Problem handelt, dessen Behandlung den Rahmen dieser Arbeit sprengen würde, soll die Darstellung insoweit auf die Wiedergabe der wesentlichen Anerkennungsgrundsätze beschränkt werden. Im übrigen wird

---

Rechtsgebiet verbringen will. Für diese internationalen Verkehrsgeschäfte (Hauptfall: Versendungskauf) gelten Sonderregeln. Dazu eingehend *Kreuzer*, in: MüKo, Nach Art. 38 Anh. I, Rnrn. 72 ff. sowie *Stoll*, in: Staudinger, IntSachenR, Rnrn. 288 ff. Umfassend zur Rechtslage nach der IPR-Reform *Stoll*, IPRax 2000, 259 (263f.); ferner *Pfeiffer*, IPRax 2000, 270 (272 ff.); *Junker*, RIW 2000, 241 (251 ff.); *Schurig*, in FS Stoll (2001), 577 (579 ff.); *Kreuzer*, RabelsZ 65 (2001), 383 (443 ff.). Kollisionsrechtliche Sonderregeln in Abweichung von der lex rei sitae stehen auch bei Kulturgütern in Rede, vgl. Art. 12 der Kulturgüterrichtlinie (Richtlinie 93/7/EWG des Rates vom 15.03.1993 über die Rückgabe von unrechtmäßig aus dem Hoheitsgebiet eines Mitgliedsstaats verbrachten Kulturgütern, ABl. EG L 74/74 sowie Richtlinie 96/100/EG des Europäischen Parlaments und des Rates vom 17.02.1997 zur Änderung des Anhangs der Richtlinie 93/7/EWG, ABl. L 60/59. Dazu *Fuchs*, IPRax 2000, 281 (285) sowie *Pfeiffer*, IPRax 2000, 270 (280).

89 Zu beachten ist, daß die Frage des Statutenwechsels regelmäßig nur bei beweglichen Sachen relevant wird, ein Lageortswechsel bei Grundstücken grundsätzlich entfällt. Bei Immobilien kommt ein Statutenwechsel im ipr-rechtlichen Sinn nur infolge eines Souveränitätswechsels (Gebietsabtretung) in Betracht. Soweit es sich um größere Gebiete handelt, werden in der Regel ausdrückliche Vorschriften über Fortgeltung oder Ersetzung des alten Rechts getroffen (intertemporales Recht). Wo es daran fehlt, insbesondere also bei Einzelgrundstücken, ist nach allgemeinen Rechtsgrundsätzen das Recht anwendbar, in dessen Geltungsbereich die Sache zum Zeitpunkt der sachenrechtlichen Tatbestandsverwirklichung liegt. Im übrigen stellt der Souveränitätswechsel nicht einen Statutenwechsel im eigentlichen Sinn dar. Vgl. *Kreuzer*, in: MüKo, Nach Art. 38 Anh. I, Rn. 36. Siehe auch *Stoll*, in: Staudinger, IntSachenR, Rn. 254.

90 BGH, Urt.v. 5.6.1957, BGHZ 24, 352 (355) = NJW 1957, 1316 = LM Nr. 1 zu Art. 27 EGBGB; entsprechend OLG Frankfurt, NJW 1954, 111 (112) = RabelsZ 19 (1954), 554 Anm. *Neuhaus* (englisches IPR); KG und ORG Berlin, IPRspr. 1971, Nr. 113 a und 113 b (südafrikanisches Recht); *Kreuzer*, RabelsZ 65 (2001), 383 (444); *Stoll*, IPRax 2000, 259 (261f.); *Kropholler*, IPR, § 54 III (S. 546 ff.); *Junker*, RIW 2000, 241 (251).

auf die umfassende Bearbeitung dieser Thematik insbesondere von *Homann*[91] und *Hoffmann-Klein*[92] verwiesen.

bb) Die Anerkennung deutscher Mobiliarsicherheiten im Ausland

Nur sehr wenige Rechtsordnungen kennen besondere Vorschriften über die Anerkennung ausländischer Mobiliarsicherungsrechte. Ausgegangen wird zwar zumeist vom Schutz wohlerworbener Rechte.[93] Die Anerkennung steht aber in der Regel unter dem Vorbehalt der Kompatibilität des anzuerkennenden deutschen dinglichen Rechts mit der eigenen (ausländischen) Sachenrechtsordnung.[94] Existiert hier der numerus clausus der Sachenrechte[95], so kann grundsätzlich nur mit der Anerkennung solcher Rechte gerechnet werden, die die betreffende ausländische Sachenrechtsordnung als Rechtstyp kennt[96] und denen eine äquivalente Funktion zukommt.[97] Im Grundsatz gehen dabei die meisten fremden Rechte bei den Mobiliarsicherheiten vom Faustpfandprinzip aus, setzen also eine physische Kontrolle des Sicherungsnehmers über das Sicherungsgut voraus.[98] Dies führt dazu, daß jedenfalls besitzlose deutsche Sicherungsrechte als solche, wie insbesondere die Sicherungsübereignung und teilweise auch der Eigentumsvorbehalt, im Ausland häufig nicht anerkannt werden.[99] Zusätzlich müssen die nach dem ausländischen Insolvenzstatut für die Drittwirksamkeit der Sicherheit im Konkurs notwendigen Voraussetzungen – nötigenfalls antizipiert[100] – beachtet worden

91 *Homann*, System der Anerkennung.

92 *Hoffmann-Klein*, Anerkennung. Eingehend zur Anerkennungsfrage im deutsch-italienischen Rechtsverkehr *Neumann*, S. 179 ff.

93 So beispielsweise in Italien, vgl. App. Genua, 2.8.1966, Riv. dir. int. priv. proc., 1967, 139 (147f.); Trib. Torino, 25.03.1982, Riv. dir. int. priv. proc., 1982, 625 (631); *Angelici*, Garanzie reali, S. 7; *Mosconi*, Diritto internazionale, S. 119; *Vitta*, Corso, S. 16; *Maglio/Thorn*, ZfVglRWiss. 96 (1997), 347 (370).

94 Vgl. für Italien *Venturini*, in: Treccani, S. 8; *v. Plehwe*, Warenkreditsicherheiten, S. 163.

95 So insbesondere in den römisch-rechtlich beeinflußten Rechtsordnungen. Vgl. für Italien *Venturini*, Enciclopedia, S. 779; *Mosconi*, Diritto internazionale, S. 119.

96 *Kreuzer*, in: MüKo, Nach Art. 38 Anh. I, Rn. 85.

97 *Rott*, S. 9. Vgl. für Italien die Nachweise bei *Neumann*, S. 185 Fn. 45.

98 *Kegel/Schurig*, IPR, § 19 III, S. 667; *v.Hoffmann*, IPR, § 12 II, Rn. 15; *Kropholler*, IPR, § 43 III, S. 525 unter Hinweis auf die Rechtslage in Österreich, vgl. österreichischer OGH, Urt. v. 14.12.1983, IPRax 1985, 165 mit Anm. *Martiny*, S. 168 ff.

99 Vgl. die Darstellung bei *Stumpf*, Mobiliarsicherheiten, S. 31 ff.

100 Zu beachten ist, daß die Begründung einer Mobiliarsicherheit nach der lex futuri situs keineswegs überall zugelassen wird, vgl. *Kreuzer*, in: MüKo, Nach Art. 38 Anh. I, Rn. 85.

sein, damit sich die deutsche Sicherheit durchzusetzen vermag.[101] Hierunter fallen vor allem Form- und Publizitätserfordernisse. Ergeben sich aus dem Typenzwang oder etwaigen materiellen Beschränkungen[102] keine Hindernisse, so scheitert die Anerkennung deutscher Sicherungsrechte doch sehr häufig daran.[103] Dies sei am Beispiel des Eigentumsvorbehalts und der Sicherungsübereignung verdeutlicht:

aaa) Insolvenzeröffnung in Italien

(I) Einfacher Eigentumsvorbehalt

Soll beispielweise ein in Deutschland wirksam bestellter einfacher Eigentumsvorbehalt im Ausland anerkannt werden, so ergibt sich nach italienischem IPR folgendes: Grundsätzlich findet der einfache EV in Italien (*riserva della proprietà*) eine Entsprechung, so daß seine dinglich zu qualifizierenden Wirkungen nach dem Grundsatz des Schutzes wohlerworbener Rechte[104] anerkannt werden.[105] Bislang war aufgrund des gem. Art. 26 Abs. 2 der Durchführungsbestimmungen zum Codice Civile[106] maßgeblichen italienischen Belegenheitsrechts[107] für dessen Wirksamkeit gegenüber Dritten jedoch die Beachtung der Publizitätsmittel des Art. 1524 c.c. – Ausweisbarkeit in einer Urkunde mit sicherem Datum (*data certa*)[108] – und die Markierung sowie Registereintragung nach Artt. 1 und 3

101 Übersicht bei *Stumpf*, Mobiliarsicherheiten, S. 31 ff.

102 In Betracht kommen beispielsweise Beschränkungen hinsichtlich der Parteien des Sicherungsgeschäfts, hinsichtlich der sicherbaren Ansprüche oder der als Sicherungsgut zugelassenen Gegenstände.

103 In diesem Fall bleibt den deutschen Sicherungsnehmern letztlich nur das Ausweichen auf andere anerkennungsfähige deutsche Sicherheiten.

104 App. Genua, 02.08.1966, Riv. dir. int. priv. proc., 1967, 139 (147f.); Trib. Torino, 25.03.1982, Riv. dir. int. priv. proc., 1982, 625 (631); *Mosconi*, Diritto internazionale, S. 119; *Vitta*, Corso, S. 16; *Maglio/Thorn*, ZfVGlRWiss 96 (1997), 347 (370).

105 *Neumann*, S. 184f. unter Hinweis auf *Bonomi*, Riv. dir. int. priv. proc., 1992, 777 (791f.); *Venturini*, in: Treccani, S. 7. Ebenso *Summ*, S. 181; *Mühl*, S. 143; *Ballarino*, Constituzione, S. 834; *Siehr*, AWD 1971, 10 (15).

106 Diese Vorschrift unterstellt die Form der Publizität dem aktuellen Belegenheitsrecht. Vgl. *Morelli*, Elementi, S. 159; *Venturini*, Diritti reali, S. 30; *Quadri*, FS Pallieri, S. 513; *Pallieri*, Diritto internazionale, S. 254; *Monaco*, Efficacia, S. 257.

107 *Bonomi*, Riv. dir. int. priv. proc. 1992, 777 (788); *Cassoni*, Riv. dir. int. priv. proc., 1983, 429 (466).

108 Ein sicheres Datum ist insbesondere durch die Registrierung der Urkunde gem. Art. 2704 c.c. gegeben. Ausreichend sind aber auch Unterschriftsbeglaubigung und sonstige ebenso sichere Tatsachen, vgl. Art. 2704 c.c.

des Gesetzes vom 28.11.1965, n. 1329 notwendig.[109] Diese Rechtslage hat sich auch nach der Reform des italienischen IPR[110] im Ergebnis nicht geändert.[111] Zwar unterliegt die Publizität von Rechtshandlungen nach dem neuen Art. 55 IPRG nicht mehr dem italienischen Belegenheitsrecht, sondern dem Recht des Herkunftsstaates.[112] Der in Deutschland formlos begründete EV könnte den Gläubigern des Käufers sonach an sich ungeachtet der Publizitätsanforderungen des Art. 1524 c.c entgegengehalten werden.[113] Mit Rücksicht auf die daraus resultierende Privilegierung deutscher Sicherungsinhaber[114] gegenüber italienischen Vorbehaltsverkäufern[115] wird aber auch nach der Reform mit unterschiedlicher Begründung[116] am Erfordernis des sicheren Datums festgehalten.[117] Fehlt dieses, wird dem importierten EV sonach der Status eines drittwirksamen italienischen EV verweigert und dieser damit letztlich nicht anerkannt.[118]

---

109 *Neumann*, S. 185.

110 Riforma del sistema italiano di diritto internazionale privato, Legge vom 31.05.1995, n. 218, G. U. vom 03.06.1995, n. 128.

111 Zu diesem Ergebnis kommt *Neumann*, S. 190.

112 *Neumann*, S. 187. Insbesondere fällt die Publizität der Vereinbarung eines EV nach Art. 1524 c.c. in den Anwendungsbereich des Art. 55 IPRG, vgl. *Ballarino*, Diritto internazionale, S. 568.

113 *Ballarino*, Diritto internazionale, S. 568f.; *Kieninger*, Mobiliarsicherheiten, S. 62.

114 Denn diese sind im Gegensatz zu den italienischen Vorbehaltsverkäufern nicht an die nationalen Publizitätsanforderungen gebunden.

115 Auf den Umstand der Inländerdiskriminierung verweist beispielsweise *Kreuzer*, IPRax 1993, 157 (162).

116 Teilweise wird das sichere Datum als von Art. 17 IPRG erfaßt gesehen, welcher zu einem Ausschluß der Berücksichtigung ausländischer Publizitätsvorschriften für in Italien belegene Sachen führt, vgl. *Ballarino*, Diritto internatzionale, S. 569. Der Kassationshof dagegen führt die Einhaltung des Art. 1524 c.c. auf den italienischen *ordre public* zurück, vgl. Cass. civ., 21.06.1974, Nr. 1860, Riv. dir. int. priv. proc., 1975, 335 (339).

117 *Neumann*, S. 190.

118 Kritisch insoweit *Kieninger*, Mobiliarsicherheiten, S. 189 sowie *v. Plehwe*, Warenkreditsicherheiten, S. 116, die übereinstimmend der Meinung sind, Art. 1524 c.c. diene nicht der Publizität und damit dem Drittschutz, sondern der Vermeidung betrügerischer Manipulationen zum Nachteil der Gläubiger. Im Ergebnis wird das Erfordernis des sicheren Datums für die Drittwirksamkeit des EV als mengenmäßige Einfuhrbeschränkung im Sinne des Art. 30 EGV angesehen und damit für europarechtswidrig gehalten. So insbesondere *Kieninger*, a.a.O., S. 189 und 214; *Basedow*, RabelsZ 59 (1995), 1 (43f.).

(II) Horizontale und vertikale Verlängerungsformen des Eigentumsvorbehalts

Von vornherein für unzulässig erachtet werden in Italien die horizontalen[119] bzw. vertikalen[120] Verlängerungsformen des Eigentumsvorbehalts[121]. Zwar steht der Vereinbarung derartiger Verlängerungsformen angesichts des für Italien am 01.05.1995 in Kraft getretenen UNIDROIT-Übereinkommens über das internationale Factoring[122] ausweislich der in Art. 5 getroffenen Regelung[123] nicht mehr die bislang dort unzulässige Vorausabtretung künftiger Forderungen[124] entgegen.[125] Das eigentliche Problem liegt jedoch darin, daß sich der erweiterte Eigentumsvorbehalt funktional in Sicherungseigentum umwandelt[126], welches nach derzeitiger italienischer Rechtslage als unwirksam erachtet wird.[127]

Gegen die Verlängerung im Fall der Verarbeitung spricht, daß die Parteiabrede, wonach sich der EV nach eigentumsbegründender Verarbeitung am Endpro-

---

119 Die gebräuchlichste horizontale Erweiterungsform aus deutscher Sicht ist der erweiterte EV, wobei sich der Verkäufer das Eigentum an der Sache bis zur Befriedigung noch weiterer Forderungen vorbehält. In der Regel wird die Erfüllung zusätzlicher, über die Begleichung des Kaufpreises hinausgehender Forderungen mit deren Vorausabtretung verbunden. Vgl. *Reinicke/Tiedtke*, KaufR, Rn. 1172; *Honsell*, in: Staudinger, § 455, Rn. 69.

120 Nach deutschem Verständnis soll dem Verkäufer insbesondere für den Fall der Weiterveräußerung oder Verarbeitung durch den Käufer eine Sicherheit in Gestalt des Surrogates verschafft werden. So wird die Befugnis zur Verfügung über die Vorbehaltsware von der gleichzeitigen Vorausabtretung der Forderungen gegen seine Abnehmer bzw. von der Eigentumsbegründung des Verkäufers an den entstehenden Produkten abhängig gemacht. Vgl. *Schwab/Prütting*, SachenR, § 33 III 1 und 4.

121 *Neumann*, S. 70 ff. Siehe auch *Summ*, S. 181; *Mühl*, S. 125; *Siehr*, AWD 1971, 10 (11).

122 UNIDROIT-Abkommen von Ottawa über das internationale Factoring vom 28.05.1988. Ein Abdruck findet sich bei *Jayme/Hausmann*, IPR, Nr. 48b.

123 Dies ergibt sich aus der Regelung des Art. 5 lit. a des Übereinkommens, wonach die Abtretung künftiger Forderungen nicht deshalb unwirksam ist, weil sie im Zeitpunkt des Vertragsschlusses nicht bestimmt oder bestimmbar sind.

124 Bislang hat die Rechtsprechung die Vorausabtretung mit dem Hinweis abgelehnt, daß zur Zeit der Abtretung das der Forderung zugrunde liegende Rechtsverhältnis noch nicht zustande gekommen und daher die künftigen Forderungen als Vertragsgegenstand zu unbestimmt, mithin nichtig (vgl. Artt. 1325 Nr. 3, 1418 Abs. 2 c.c.), seien. Cass. civ., 24.10.1975, Nr. 3519; Giust. Civ. mass., 1975, 1645; Cass. civ., 02.08.1977, Nr. 3421, Giust. Civ. mass., 1977, 1361 (1362). Siehe auch *Bonomi*, Riv. dir. int. priv. proc. 1992, 777 (817).

125 So die Einschätzung von *Neumann*, S. 72 unter Verweis auf *Malatesta*, S 172 Fn. 92.

126 *Neumann*, S. 72; *Kieninger*, Mobiliarsicherheiten, S. 113.

127 Zur Sicherungsübereignung im italienischen Rechtsverkehr sogleich.

dukt fortsetzen soll, aus italienischer Sicht widersprüchlich und damit nichtig ist.[128] Denn der Verkäufer behalte sich das Eigentum vor, um die noch in seinem Eigentum befindliche Sache gegebenenfalls zurückzuerhalten. Willige er aber gleichzeitig in eine eigentumsbegründende Verarbeitung ein, liege darin zugleich ein Verzicht des Verkäufers auf sein vorbehaltenes Eigentum.[129] Zudem entspricht die Interessenlage des Verkäufers in den Verarbeitungsfällen wiederum wirtschaftlich und rechtlich der einer Sicherungsübereignung.[130] Überdies wird der Schutz des Verkäufers durch Art. 1523 c.c. (Rückgabe der Sache) für ausreichend gehalten.[131]

Eine vertikale Verlängerung des EV durch eine erlaubte Weiterveräußerung verbunden mit einer Abtretung der Forderungen gegen die Abnehmer schließlich scheitert neben den bereits gegen eine Weiterverarbeitungsklausel sprechenden Gründen[132] vor allem daran, daß die Veräußerung der dem Käufer (noch) nicht gehörenden Sache als strafbare Unterschlagung (*reato di appropriazione*) gewertet wird und sonach verboten ist.[133]

(III) Sicherungsübereignung

Der deutsche Sicherungsnehmer kann im Fall des Grenzübertritts eines Gegenstands ins italienische Rechtsgebiet, welchen ihn der deutsche Schuldner nach Maßgabe deutschen Sachenrechts zur Sicherheit übereignet hat, vom Sicherungsgeber aber nach wie vor genutzt wird, nicht mit der Anerkennung seines Sicherungseigentums rechnen. Die Figur der Sicherungsübereignung[134] (*trasferimento di proprietà a scopo di garanzia*) wird derzeit in Italien – entgegen ihrer ursprünglichen Akzeptanz seitens der Rechtsprechung[135] – aus Gründen des

---

128 Trib. Salerno, 30.07.1954, Foro it., 1955, I, 618 (619f.); App. Napoli, 05.07.1955, Foro it., 1956, I, 101.

129 Lediglich in einer Entscheidung wurde die Verlängerung des EV auf die neuen Produkte unter Hinweis auf die Vertragsfreiheit für zulässig gehalten, vgl. App. Firenze, 11.07.1941, Monit. trib., 1942, 80.

130 *Neumann*, S. 164 und S. 193.

131 *Neumann*, S. 76f. Etwas anderes soll nur dann gelten, wenn sich der Käufer verpflichtet, die Sachen nicht zu verarbeiten, bevor nicht der ganze Kaufpreis getilgt ist. In diesem Fall soll die Vereinbarung des EV zulässig sein, vgl. die von *Neumann* angegebenen Rechtsprechungsnachweise S. 77 Fn. 51.

132 Vgl. *v. Bonomi*, Eigentumsvorbehalt, S. 76.

133 *Carpino*, in: Rescigno (Hrsg.), S. 321; *Capozzi*, S. 126;*Campobasso*, S. 22.

134 Zur Entwicklung der Sicherungsübereignung in Italien eingehend *Mühl*, S. 42 ff.

135 Zumindest die frühere Rechtsprechung hat die SÜ als Sicherungsmittel für zulässig erachtet, vgl. zuletzt Cass. civ., 12.12.1986, Nr. 7385, Foro it., 1987, I, 799. Siehe ferner die umfangreichen Nachweise bei *Mühl*, S. 55 ff.

Schuldner- und Drittgläubigerschutzes abgelehnt.[136] Ihre Gegner sehen darin einen Verstoß gegen den numerus clausus der Geschäfte mit dinglicher Wirkung und der dinglichen Sicherheiten.[137] Auch sei eine Sicherungsübereignung in einer Rechtsordnung, die wie der Codice Civile das Abstraktionsprinzip nicht kenne[138], systemfremd.[139] Insbesondere stelle die Vereinbarung, dem Gläubiger sofortiges Eigentum zu verschaffen unter dessen gleichzeitiger Verpflichtung zur Rückübereignung auf den Schuldner bei Vertragstreue des Schuldners, in wirtschaftlicher und juristischer Hinsicht die Bestellung einer dinglichen Sicherheit im Sinne eines Verfallpfandrechts nach Art. 2744 c.c. dar, welche jedoch aufgrund des Verbots der Gesetzesumgehung nach Art. 1344 c.c. nichtig sei.[140] Überdies scheitere die Sicherungsübereignung an der fehlenden Publizität.[141]

Das Sicherungseigentum geht in Italien somit ins Leere.[142] An dessen Untergang ändert auch der im italienischen Recht gebräuchliche sog. Kauf mit Wiederkaufsvorbehalt zu Sicherungszwecken[143] (*vendita con patto di riscatto a scopo di garanzia*) nichts.[144] Beim Kauf mit Wiederkaufsklausel „verkauft" der Sicherungsgeber den Sicherungsgegenstand an den Kreditgeber, der sich unter der Bedingung der Rückzahlung des „Kaufpreises" mit der Rückübereignung der Sache einverstanden erklärt. Auf diese Weise wird zwar das Erfordernis der Besitzübertragung auf den Sicherungsnehmer und damit das bewirkte Verbot der Sicherungsübereignung umgangen.[145] Um gegenüber Dritten wirksam zu sein, muß er sich jedoch wie der einfache Eigentumsvorbehalt aus einer Urkunde mit sicherem Datum[146] (*data certa*) ergeben.[147] Selbst wenn sich die deutsche Siche-

---

136 *Neumann*, S. 72; *Kieninger*, Mobiliarsicherheiten, S. 103.

137 *Mühl*, S. 48f.

138 Grundsätzlich geht in Italien das Eigentum schon mit Abschluß des Kaufvertrages bzw. mit Konkretisierung der Gattungssache über, vgl. Artt. 922, 1470, 1376 c.c. bzw. 922, 1470, 1476 Nr. 2, 1378 c.c.

139 *Mühl*, S. 51.

140 Cass. civ., 12.12.1986, Foro it., 1987, I, 799; Cass. civ., 11.01.1988, Foro it., 1988, I, 387.

141 Vgl. dazu *v. Wilmowsky*, Europäisches Kreditsicherungsrecht, S. 105.

142 Ist zwischenzeitlich keine Vermischung, Verbindung oder Verarbeitung der Ware erfolgt, kann das Sicherungseigentum jedoch wieder aufleben, wenn das Sicherungsgut wieder zurück nach Deutschland verbracht wird, vgl. *Bodenstein/Jahn*, S. 150.

143 Artt. 1500 ff. c.c. Vgl. dazu *Bodenstein/Jahn*, S. 142f.; *Schilling*, S. 121f; *Summ*, S. 183.

144 *Summ*, S. 183.

145 Vgl. *v. Wilmowsky*, Europäisches Kreditsicherungsrecht, S. 134.

146 Vgl. Art. 1524 Abs. 1 c.c. Eine *data certa* wird gem. Art. 2704 c.c. insbesondere durch die Registrierung der Urkunde herbeigeführt. Nach dieser Bestimmung kön-

rungsübereignung als italienischer Wiederkaufsvorbehalt zu Sicherungszwecken auffassen ließe, schiede dieser mangels Wirksamkeit aus.

bbb) Insolvenzeröffnung in Frankreich

(I) Eigentumsvorbehalt

Gelangt die nach deutschem Recht unter Eigentumsvorbehalt veräußerte Kaufsache nach Frankreich, so beurteilen sich die Wirkungen der deutschen Mobiliarsicherheit nach französischem Recht.[148] Da der einfache Eigentumsvorbehalt (*réserve de propriété*) auch in Frankreich eine weit verbreitete Form der Kaufpreissicherung ist[149], wird die deutsche Vorbehaltsklausel dort ohne weiteres anerkannt.[150] Sie muß jedoch den französischen materiellen Entstehungsvoraussetzungen genügen.[151] Erforderlich ist insoweit neben der Vereinbarung von Kaufgegenstand und – preis[152] die Einigung der Vertragsparteien (*convention*) über den Eigentumsvorbehalt.[153] Dabei muß der Käufer ausdrücklich[154] oder stillschweigend[155] seine Zustimmung zur Klausel erteilen, wobei es genügt, daß er ihr in Kenntnis der aufschiebenden Bedingung nicht widerspricht[156] bzw. den

---

nen aber auch die Beglaubigung der Unterschrift und sonstige ebenso sichere Tatsachen als ausreichend angesehen werden.

147 *Schilling*, S. 121f.; *Bodenstein/Jahn*, S. 143.

148 *Witz*, Quartalshefte der GZ IV/86, 113 (118); *Endréo*, IFLRev Special Supplement June 1990, 20 (27); *Bodenstein/Eberth*, S. 17 ff.

149 *Schulz*, S. 139.

150 Ganz überwiegend wird der einfache Eigentumsvorbehalt in Frankreich mit Blick auf die Vertragsfreiheit für zulässig gehalten. Teilweise wird gegen dessen Zulässigkeit vorgebracht, daß gem. Art. 1583 CC der Eigentumsübergang auf den Käufer bereits mit Abschluß des Kaufvertrages erfolgt. Hänge der Eigentumserwerb aber vom Eintritt der vollständigen Erfüllung des Kaufpreises ab, so werde faktisch das für den Code Cicvil systemfremde deutsche Abstraktionsprinzip eingeführt. So beispielsweise *Pérochon*, Réserve de propriété, n° 31, S. 36; *de Martel-Tribes*, JCP1977/I, 2875, n° 5 ff.

151 Vgl. *Summ*, S. 233.

152 Vgl. Art. 1583 CC.

153 *Schulz*, S. 144.

154 *Ferid/Sonnenberger*, Rn. 757.

155 Cass. com., 11 mai 1984, RDS 1985, IR, 1 (17e esp.); Cass. com., 12 déc. 1984, RDS.1985.IR.255, 3e esp.; Cass. com., 3 janv. 1995, RDS 1995,IR, 44; JCP 1995, IR, 3841, n° 13.

156 Cass. com., 11 mai 1984, Gaz.Pal. 19.01.1985, 55; Cass. com., 19 févr. 1985, Bull. civ. IV., n° 68.

Vertrag durchführt[157]. Das französische Recht sieht es überdies als wirksam an, wenn der Verkäufer seinen Vorbehaltswillen erst durch ein Schriftstück im Zeitpunkt der dem Vertragsschluß nachfolgenden Auslieferung der Ware kundtut und der Lieferschein von einem nicht abschlußberechtigten Angestellten des Käufers unterschrieben wird [158].[159] Der Einhaltung einer besonderen Form[160] bedarf es demgegenüber nicht.[161] Die materielle Wirksamkeit des einfachen Eigentumsvorbehalts ist außerhalb des Konkurses insbesondere ohne schriftliche Fixierung der Vereinbarung gewährleistet.[162] Der in Deutschland formlos geschlossene Vorbehaltskaufvertrag hat sonach auch in Frankreich Bestand.

(II) Horizontale und vertikale Verlängerungsformen des Eigentumsvorbehalts

Wie in Italien geht auch in Frankreich das Eigentum gem. Art. 1583 CC grundsätzlich mit Abschluß des Kaufvertrages über[163]; das Abstraktionsprinzip ist diesen Rechtsordnungen fremd.[164] Wird der Eigentumsübergang wie im Fall des Eigentumsvorbehalts vom Eintritt einer Bedingung abhängig gemacht, liegt darin eine Durchbrechung dieser Regel. Wegen des Ausnahmecharakters solcher Vorbehaltsklauseln werden die Artt. 121, 122 des Insolvenzgesetzes einschränkend ausgelegt.[165] Daher verwundert es nicht, daß Sonderformen des Eigentumsvorbehalts (*la réserve éntendue*) in Frankreich überwiegend nicht anerkannt werden.[166] Dies betrifft zunächst die horizontale Erstreckung (*la réserve élargie*) der Vorbe-

---

157 Cass. com., 11 mai 1984, RDS 1985,IR, 1 (17e esp.); Cass. com., 19 févr. 1985, Bull. civ. IV, n° 68; Cass. com., 11 juill. 1995, JCP 1995, IV, 2246, 3e arrêt; *Klein*, RIW 1991, 809; *v. Bernstorff*, Vertragsgestaltung, S. 137

158 Cass. com., 11 juill. 1995, JCP.1995.IV.2246, 3e arrêt.

159 Im Fall des nachträglichen EV muß die Sache auf den Verkäufer zurückübereignet werden, da in Frankreich das Abstraktionsprinzip nicht gilt und der Käufer sonach unmittelbar mit Vertragsschluß Eigentümer wird, vgl. Art. 711 c.c. Vgl. *Brödermann*, ZVglRWiss 83 (1984), 178 (202).

160 Zu denken wäre beispielsweise an eine notarielle Beurkundung (*acte authentique*) oder an eine privatschriftliche Niederlegung der Erklärungen (*sous seing privé*) im Sinne des Art. 1582 CC.

161 Vgl. die Stellungnahme des damaligen Justizminsters vom 02.09.1980 (J.O. (A.N.) vom 06.10.1980, n° 31115), wonach die Schriftform nur zur Realisierung des Aussonderungsrechts von Bedeutung ist. Siehe ferner *Scarano*, DPCI 1991, 123 (129).

162 *Rott*, S. 7.

163 Vgl. allgemein zum Eigentumserwerb Art. 711 CC, der insoweit auf die bloße Verpflichtung (*obligation*) abstellt.

164 *Schulz*, S. 138.

165 *Derrida*, RDS 1980, 293 (297, n° 7); *Brödermann*, ZVglRWiss 83 (1984), 178 (218 Fn. 193).

166 *Schulz*, S. 136.

haltssicherung auf über den Kaufpreisanspruch hinausgehende Forderungen aus einer Geschäftsverbindung zwischen den Parteien. So läuft eine Klausel, wonach stets die beim Vorbehaltskäufer vorhandene Ware als nicht bezahlt angesehen wird, nach Ansicht der Rechtsprechung dem Grundsatz der Gläubigergleichbehandlung zuwider.[167] Da diese Maxime dem *ordre public* zugerechnet wird[168], verbiete sich jede dieses Prinzip verletzende vertragliche Abrede.[169] Mit Rücksicht auf die zwingende *par conditio creditorum* sind in Frankreich auch Vertragsklauseln ausgeschlossen, die zum Nachteil anderer Gläubiger des Käufers Ausnahmen vom Identitätserfordernis vorsehen bzw. eine Veränderung des Vorbehaltsgutes im Sinne einer Denaturierung gestatten.[170]

Gewisse Zugeständnisse macht die Rechtsprechung dagegen bei den vertikalen Verlängerungsformen (*la réserve prolongée*). Dies gilt zum einen für die Einbeziehung der aus einem Weiterverkauf erzielten Erlöse.[171] Insbesondere enthält das Insolvenzgesetz mit Art. 122 eine Regelung, die in etwa dem deutschen verlängerten Eigentumsvorbehalt in Gestalt der Vorausabtretungsklausel entspricht.[172] Durch diese Vorschrift wird dem Vorbehaltskäufer gestattet, vom Zweitkäufer den noch nicht an seinen Vertragspartner (= Vorbehaltskäufer) gezahlten Kaufpreis herauszuverlangen. Anders als im deutschen Sachenrecht besteht dieser Anspruch jedoch unabhängig von einer wirksamen Vereinbarung über die Abtretung der künftigen Zahlungsansprüche zwischen den Kaufvertragsparteien.[173] Wegen dieser dinglichen Wirkung[174] vermeidet ein Vorgehen des Vorbehaltsverkäufers aus Art. 122 zwar die Einhaltung der für den Vorbehaltskäufer ungünstigen französischen Zessionsvoraussetzungen.[175] Eine erhebliche Entwertung dieses Rechts ermöglicht jedoch Art. 2279 CC, wonach der Abnehmer des Vorbehaltskäufers bei Unkenntnis bezüglich des Eigentumsvorbehalts lastenfreies Eigentum an den Gegenständen erwerben kann. In diesem Fall verliert der Vorbehaltsverkäufer sein Eigentum[176]. Der trotz der Gutgläubigkeit des Abnehmers bestehende Anspruch aus Art. 122 des Insolvenzgesetzes auf Heraus-

---

167 Vgl. Cass. com., 9 janv. 1990, RDS.1991.J.130.

168 Vgl. *Virassamy*, RDS 1991, 131.

169 Cass. com., 9 janv. 1990, RDS 1991, 130.

170 Cass. com., 7 juin 1980, Bull. civ. IV, n° 193; Cass. com., 17 mai 1988, Bull. civ. IV, n° 166; Cass. com., 6 mars 1990, Bull. civ. IV, n° 60, 73.

171 Cass. com. 1er oct. 1985, Bull. civ. IV, n° 224.

172 *Brödermann*, ZVglRWiss 83 (1984), 178 (212); *Kaiser*, S. 41.

173 *Brödermann*, ZVglRWiss 83 (1984), 178 (211f.); *Hübner/Constantinesco*, S. 170.

174 Vgl. Com., 20 juin 1989, DS 1989, 431 und CA Aix en Provence RDS 1985, IR, 255, wonach die Vorschrift des Art. 122 als *subrogation réelle* bezeichnet wird.

175 *Schulz*, S. 179.

176 *Schulz*, a.a.O., S. 183.

gabe des Erlöses gegen den Ersterwerber[177] gleicht diesen Nachteil nur bedingt aus. Haben Vorbehaltsverkäufer und –käufer dagegen eine ausdrückliche Vereinbarung über die Vorausabtretung der künftigen Zahlungsansprüche des Käufers gegen seine Abnehmer getroffen, so droht dem Vorbehaltsverkäufer nicht nur der Verlust des Eigentums bei Gutgläubigkeit des Abnehmers, sondern sogar der gänzliche Anspruchsverlust, wenn die erheblich schärferen Voraussetzungen des französischen Zessionsrechts von den deutschen Kaufvertragsparteien nicht beachtet worden sind.[178]

Als Mittel der Kaufpreissicherung ebenso unattraktiv ist der verlängerte Eigentumsvorbehalt mit Verarbeitungsklausel. Zum einen ist die im deutschen Recht gebräuchliche Herstellerklausel, also eine Vereinbarung, daß der Verkäufer als Hersteller und damit als Eigentümer der im Zuge der Weiterverarbeitung neu hervorgebrachten Produkte anzusehen ist, unzulässig.[179] Daneben sind auch Verbindungsklauseln, die dem Vorbehaltsverkäufer das Alleineigentum an der Sache in den Fällen der Verbindung bescheinigen, in Frankreich ausgeschlossen.[180] Der Grund für die Ablehnung derartiger Vereinbarungen liegt im Verbot der pfandrechtsähnlichen Sicherungsübereignung[181] nach Art. 2078 CC.[182] Selbst wenn vertikale Verlängerungsformen des Eigentumsvorbehalts in Frankreich künftig in bestimmtem Umfang anerkannt werden sollten[183], versagen diese als Sicherungsmittel jedenfalls in der Insolvenz[184] des Vorbehaltskäufers.[185]

Nach allem empfiehlt sich für deutsche Exporteure bei der Ausfuhr des Vorbehaltsgutes nach Frankreich weder die Vereinbarung horizontaler noch vertikaler Verlängerungsformen des Eigentumsvorbehalts.

---

177 *Schulz*, a.a.O., S. 183.

178 Im einzelnen dazu siehe unten unter B. I. 2. c) bb) aaa) (II).

179 *Brödermann*, ZVglRWiss 83 (1984), 178 (216).

180 *Brödermann*, ZVglRWiss 83 (1984), 178 (216).

181 Zur Frage der Anerkennung des deutschen Sicherungseigentums sogleich.

182 *Schulz*, S. 183f.

183 Da die Vorschrift des Art. 1583 CC, wonach der Eigentumserwerb mit der schuldrechtlichen Verpflichtung einhergeht, abbedungen werden kann (vgl. *Mayer*, JCP 1981, 3019, n° 40; *Hübner/Constantinesco*, S. 170), sind Vermischungs- bzw. Verarbeitungsklauseln in Frankreich an sich zulässig. Siehe dazu *Brödermann*, ZvglRWiss 83 (1984), 178 (215); *Mestre*, RDS 1985, 186.

184 Zur Durchsetzbarkeit in der Insolvenz siehe unten unter B. I. 2. c) bb) aaa) (II).

185 Vgl. *Schulz*, S. 183.

(III) Sicherungsübereignung

Das französische Recht kennt bislang kein der publizitätslosen Sicherungsübereignung entsprechendes Rechtsinstitut.[186] Dieses scheitert insbesondere am Verbot der Verfallabrede.[187] Andererseits ist der nachträgliche Eigentumsvorbehalt in Frankreich durch die Rechtsprechung für zulässig befunden worden.[188] Da dieser eine Rückübereignung der unbedingt verkauften Ware an den Verkäufer bei Lieferung voraussetzt[189], besteht zumindest eine der Sicherungsübereignung ähnliche Situation. Zudem liegt bereits seit 1990 ein Gesetzentwurf zur Einführung eines neuen Art. 2062 Code Civil (*fiducie*) vor, dessen Wortlaut unter anderem die publizitätslose Sicherungsübereignung deutscher Prägung erfassen würde.[190] Es deutet sich also ein Richtungswechsel an.[191] Eine Realisierung dieser Gesetzesänderung ist aber bislang noch nicht erfolgt, und es ist insbesondere aus steuerrechtlichen Gründen zweifelhaft, ob man noch damit rechnen kann.[192] Deshalb wird die deutsche Sicherungsübereignung in Frankreich als ein mit einem Eigentumsvorbehalt versehenes Pfandrecht angesehen[193], bei welchem dann wiederum

186 *Rott*, S. 11; *Kaufhold*, S. 122; *Gerth*, WM 1984, 793 (796); *Depser*, S. 135; *Bodenstein/Eberth*, S. 112; *v. Breitenstein*, RIW 1980, 682 (686); *Gröniger*, S. 80.

187 Dementsprechend kommt ihr in der Praxis keine große Bedeutung zu; vgl. *Mühl*, S. 67. Gebräuchlich ist lediglich der Kauf mit Wiederkaufsvorbehalt zu Sicherungszwecken, vgl. artt. 1500 ff. c.c. Beim Verkauf mit Wiederkaufsklausel "verkauft" der Sicherungsgeber den Sicherungsgegenstand an den Darlehensgeber, der sich unter der Bedingung der Rückzahlung des "Kaufpreises" mit der Rückübereignung der Sache einverstanden erklärt, vgl. *Gravenhorst*, S. 51 ff. Dadurch soll das Erfordernis der Besitzübertragung auf den Sicherungsnehmer und das damit bewirkte Verbot der SÜ umgangen werden. Kritisch *v. Wilmowsky*, Europäisches Kreditsicherungsrecht, S. 134. Um gegenüber Dritten wirksam zu sein, muß er sich jedoch, ebenso wie der EV, aus einer Urkunde mit sicherem Datum ergeben.

188 Siehe oben unter B. I. 2. b) bb) bbb) (I).

189 Wegen der Unkenntnis des Abstraktionsprinzips erwirbt der Käufer das Eigentum grundsätzlich mit Abschluß des schuldrechtlichen Verpflichtungsgeschäfts.

190 Hierzu *Witz*, FS Trinker, S. 795; *Hübner/Constantinesco*, S. 184f.; *Hartkamp*, RabelsZ 57 (1993), 664 (677); *Simler*, in: Hadding/Welter (Hrsg.), S. 385 (391f.).

191 *Schulz*, S. 150f. *Schulz* mißt insbesondere dem Umstand der Anerkennung des nachträglichen Eigentumsvorbehalts indizielle Bedeutung zu.

192 Nach wie vor weist die aktuelle Ausgabe des Code Civil (Stand: September 2003) die Artt. 2062-2070 als vom Gesetzgeber aufgehoben aus (vgl. Titre XVI *„Du compromis"*: Articles 2059 à 2061; Titre XVII *„Du nantissement"*: Articles 2071 à 2072). *Kaufhold*, S. 122f.; *Simler*, in: Hadding/Welter (Hrsg.), S. 385 (391f.).

193 = *gage assorti d'une réserve de propriété au profit du créancier*. Vgl. *Kaufhold*, S. 123.

entweder unter dem Gesichtspunkt des Verbotes der Pfandverfallklausel[194] oder wegen fehlender Besitzübertragung[195] die Wirksamkeit verneint wird.[196]

ccc) Insolvenzeröffnung in England

(I) Eigentumsvorbehalt

Das englische Recht sieht in Übereinstimmung zu den vorgenannten Rechtssystemen ebenfalls den einfachen Eigentumsvorbehalt (*(simple) retention of title*) vor. Dessen Zulässigkeit ergibt sich schon aus der Tatsache, daß der Eigentumsübergang gem. § 17 (1) Sale of Goods Act 1979 bei beweglichen Sachen grundsätzlich zu dem Zeitpunkt erfolgt, zu dem die Parteien dies beabsichtigen.[197] Daneben enthält § 19 (1) Sales of Goods Act 1979 eine ausdrückliche Regelung, wonach der Verkäufer den Eigentumsübergang von der Erfüllung bestimmter Bedingungen abhängig machen kann.[198] Für die wirksame Begründung eines Eigentumsvorbehalts genügt sonach im englischen Recht die bloße Einigung der Kaufvertragsparteien über den durch die vollständige Kaufpreiszahlung aufschiebend bedingten Eigentumsübergang.[199] Eine in Deutschland formlos vereinbarte Vorbehaltsklausel wird daher in England ohne weiteres anerkannt.

---

194 Nach Art. 2078 Abs. 2 c.c. (*pacte commissoire* – Pfandverfallklausel) ist jede Vereinbarung nichtig, die den Pfandgläubiger berechtigt, sich die Sache zwecks Umgehung des gesetzlichen Verwertungsverfahrens anzueignen oder über sie zu verfügen. Entsprechend nimmt die Cour de cassation, 8.7.1969, Rev. crit. dr. int. priv. 60 (1971) 75 = AWD 1969, 454 einen Verstoß gegen den *ordre public* durch die Pfandverfallklausel des Sicherungsvertrages an.

195 Art. 2076 c.c. verlangt zur Entstehung des Faustpfands (*gage*) die Übergabe des Sicherungsgutes an den Sicherungsnehmer oder einen übereinstimmend benannten Dritten.

196 *Witz*, Quartalshefte der GZ IV/86, 113 (115); *Gröniger*, S. 80; *Summ*, S. 234.

197 *Keller*, RIW 1991, 812 (814).

198 § 19 (1) Sale of Goods Act 1979 lautet: Where there is a contract for the sale of specific goods or where goods are subsequently appropriated to the contract, the seller may, by the terms of the contract or appropriation, reserve the right of disposal of the goods until certain conditions are fulfilled; and in such a case, notwithstanding the delivery of the goods to the buyer, or to a carrier or other bailee or custodier for the purpose of transmission to the buyer; the property in the goods does not pass to the buyer until the conditions imposed by the seller are fulfilled.

199 Clough Mill v. Martin [1985] 1 WLR 111, 116f., 119; Armour v. Thyssen Edelstahlwerke AG [1990] 3 All E.R. 481, HL.

(II) Horizontale und vertikale Verlängerungsformen des Eigentumsvorbehalts

Abgesehen vom einfachen Eigentumsvorbehalt ((*simple*) *retention of title*) besteht darüber hinaus seit der Romalpa-Entscheidung[200] grundsätzlich die Möglichkeit, Sonderformen zu vereinbaren.[201] Dies gilt zumindest für dessen horizontale Verlängerungen. Namentlich dem erweiterten EV (*all-monies-clause*)[202], wonach der Eigentumsübergang erst bei Erfüllung aller offenen Forderungen im Verhältnis Verkäufer-Käufer erfolgt, kommt in England eine große Bedeutung zu.[203] Ausgeschlossen ist demgegenüber grds.[204] die dem deutschen weitergeleiteten Eigentumsvorbehalt entsprechende *extended* bzw. *continuing clause*, einer Sonderform der *all-monies-clause*.[205] Bei dieser Abrede soll das Eigentum trotz Weiterveräußerung an einen Abnehmer erst dann übergehen, wenn der Vorbehaltskäufer den Kaufpreis vollständig entrichtet hat oder durch diesen sämtliche weiteren Forderungen des Vorbehaltsverkäufers erfüllt worden sind.[206] Gegen eine solche Vereinbarung streitet die Doktrin der *privity of contract*,[207] wonach schuldrechtlichen Verträgen nur eine relative, nicht aber eine absolute Wirkung auch gegenüber Dritten (= Zweiterwerber) zukommt.[208] Abgesehen von diesem Dogma ist diese Form der Kaufpreissicherung bereits wegen der Möglichkeit des gutgläubigen Eigentumserwerbs durch den Zweiterwerber[209] für den Vorbehaltsverkäufer unattraktiv.[210]

---

200 Aluminium Industrie Vaassen BV v. Romalpa Aluminium Ltd. [1976] 2 AllER 552 (QB, CA). In dieser Entscheidung hat der Court of Appeal erstmals den verlängerten Eigentumsvorbehalt anerkannt.

201 *Schulz*, S. 114.

202 Dieselbe Verlängerungsform bezeichnen die Ausdrücke „*all-liabilities-clause*", „*current account clause*" bzw. „*all sums clause*".

203 *Schulz*, S. 115. *Schulz* verweist hierfür auf einen Aufsatz von *Spencer*, JBL 1989, 220 (227), demzufolge die Hälfte aller Vorbehaltsklauseln diesen Inhalts seien.

204 Zulässig sind *continuing clauses* dagegen bei Immobilien. Teilweise wird aufgrund dieser Ausnahme die Übertragung auf bewegliche Sachen befürwortet, vgl. beispielsweise *Parris*, S. 49.

205 *Schulz*, S. 123f.

206 *McCormack*, S. 2.

207 Vgl. die Entscheidung Port Line Ltd. v. Ben Line Steams Ltd. [1958] 2 Q.B. 146 (166).

208 *Schulz*, S. 124.

209 Vgl. s. 25 Sale of Goods Act 1979 bzw. s. 9 Factors Act 1889, Law Reports, Statutes, 52 & 53 Vict., c. 45.

210 Der Vorbehaltsverkäufer könnte zwar den Käufer dazu verpflichten, seinerseits die Vorbehaltsware wiederum unter EV zu veräußern oder aber den bereits bestehenden EV zumindest offenzulegen. In diesem Fall wäre ein gutgläubiger Zweiterwerb mangels Gutgläubigkeit ausgeschlossen. Allerdings hat der Vorbehaltskäufer regel-

Vertikale Verlängerungsformen in Gestalt der Verarbeitungs- oder Vorausabtretungklauseln sind in England zwar nicht unwirksam. Angesichts des Umstands, daß die *simple retention of title* untergeht, wenn das Vorbehaltsgut vom Vorbehaltskäufer weiterveräußert oder verarbeitet wird[211], besteht für derartige Formen der Kaufpreissicherung in England auch ein beachtliches Interesse.[212] Diese werden jedoch von den englischen Gerichten weithin als registrierungspflichtige[213] (*floating*) *charges*[214] angesehen[215] mit der Folge, daß sie im Konkurs mangels Registrierung regelmäßig nicht durchsetzbar sind.[216] Nach Ansicht der Rechtsprechung kommt es für die Drittwirksamkeit sogar dann auf die Registrierung an, wenn sich die Vertragsparteien auf die Anwendung deutschen Rechts verständigt haben.[217] So nehme der Käufer im Fall der Verarbeitung oder Weiterveräußerung der Ware zumindest für eine juristische Sekunde bereits eine umfassende Rechtsposition ein.[218] Diese Situation entspreche der einer *charge* bezüglich künftigen Eigentums, nicht jedoch einer *retention of title*, weshalb es

---

mäßig kein Interesse daran, gegenüber potentiellen Abnehmern seine Kreditbedürftigkeit kundzutun.

211 Insbesondere führt der Verarbeitungsprozeß nach Ansicht der Gerichte zum Eigentumsverlust auf Seiten des Vorbehaltsverkäufers. Vgl. *Schulz*, S. 124 und 126.

212 *Kessel*, RIW 1991, 812 (812).

213 Bei Gesellschaften als Käufer nach sec 395, 396 Companies Act 1985 (c 6), bei Einzelpersonen nach den Bills of Sale Acts von 1878 und 1882.

214 Die rechtsgeschäftlich bestellte *floating charge* begründet als besitzloses Pfandrecht ein Vorrecht an einem Inbegriff von Gegenständen (Unternehmen). Sie gewährt – anders als ein Pfandrecht – kein besonderes Verwertungsrecht an bestimmten belasteten Gegenständen, berechtigt aber, wenn der Gegenstand in einem Verfahren der Einzel- oder Gesamtvollstreckung verwertet wird, zur bevorzugten Befriedigung aus dem Erlös. Von der Wirkung her ist die englische *floating charge* einem deutschen Absonderungsrecht vergleichbar. Vgl. *Metzger*, S. 143. Allerdings gehen bestimmte bevorzugte Gläubiger den aufgrund einer floating charge gesicherten Gläubigern vor, wie beispielsweise Sozialversicherungsträger und Pensionsfonds. Vgl. *Hofmann*, S. 204.

215 Vgl. *Kaufhold*, S. 129; *Lange*, WM 1990, 701 (708) mit Nachweisen aus der englischen Rechtsprechung; *Stoll*, in: Staudinger, IntSachenR, Rnrn. 331 und 351. Siehe auch In re Bond Worth Ltd (1979), 3 WLR 629; Borden (UK) Ltd v Scottish Timber Products Ltd (1981), Ch 25 = (1979), 3 WLR 672; In re Peachdart (1983), 3 WLR 878; In re Weldtech Equipment Ltd (1991), BCC 16; Modelboard Ltd v Outer Box Ltd (1992), BCC 945; dazu *Klötzel*, RiW 1983, 822 ff.; *Magnus*, RiW 1985, 769 ff.; *Moschinsky*, LQRev 108 (1992), 591 ff.

216 Fehlt es an der bei der *charge* erforderlichen Registrierung nach §§ 395 ff. in § 93 Companies Act 1989 (1989 c 40), so haben andere Gläubiger sowie der Liquidator des Vorbehaltskäufers gegenüber dem Vorbehaltsverkäufer Vorrang.

217 Vgl. In re Weldtech Equipment Ltd. [1990] The Times 7 Dec., [1991] BBC 16 (ChD).

218 *Schulz*, S. 125.

entscheidend auf deren Bestellungsvoraussetzungen ankomme.[219] Insbesondere scheitert die Erstreckung des EV auf Verarbeitungsprodukte (*processing clause*) im englischen Kreditsicherungsrecht wie auch in Frankreich schon an der mangelnden Identifizierbarkeit der Ware.[220] Vielmehr ist eine Sicherung unter Einbeziehung neu hergestellter Produkte nur über eine registrierungspflichtige *charge* erreichbar.[221] Eine Ausnahme wird lediglich für den Einbau von Vorbehaltsgut in andere Gegenstände (*aggregation clause*) sowie bei Verbindung[222] der Ware mit anderen Sachen gemacht, sofern Einbau bzw. Verbindung nicht zu einer Veränderung[223] oder Nichtidentifizierbarkeit der ursprünglichen Gegenstände führen.[224]

Die mit der Weiterveräußerung verbundene Einbeziehung der Verkaufserlöse (*proceeds of sale*) auf der Grundlage einer Vorausabtretung der künftigen Forderungen gegen die Abnehmer wird von der englischen Judikatur[225] gleichfalls als Bestellung einer Sicherheit über *future book debts* gewertet, so daß der Verkäufer auf die Erlöse nur dann zugreifen kann, wenn die Klausel zuvor nach dem Companies Act registriert wurde.[226] In Betracht kommt schließlich eine Ausgestaltung

---

219 Independent Automatic Sales Ltd. v. Knowles and Foster [1962] 1 W.L.R. 974 (985); E. Pfeiffer Weinkellerei-Weineinkauf GmbH & Co. v. Arbuthnot Factors Ltd. [1987] BCLC 522; *Hicks*, JBL 1992, 398 (408).

220 Borden (U.K.) v. Scottish Timber Products and McNicol Brownlie [1981] Ch. 25; Re Peachdart Ltd. [1984] Ch. 131; *Whittaker*, LQR 100 (1984), 35 (35).

221 *Schulz*, S. 126.

222 Demgegenüber schließt die Vermischung regelmäßig die Identifizierbarkeit der ursprünglichen Vorbehaltsgegenstände aus mit der Folge, daß einer derartigen Verarbeitungsklausel mangels Registrierung die Drittwirksamkeit in England abgesprochen wird.

223 Entscheidend ist, ob das Vorbehaltsgut ohne Beschädigung oder Zerstörung der Hauptsache von dieser wieder getrennt werden kann.

224 Voraussetzung für die Wirksamkeit einer solchen Vorbehaltsklausel ist auch hier die Art der konkret zwischen den Parteien getroffenen Abrede. Diese darf inbesondere nicht als Vereinbarung einer Sicherheitenbestellung zu verstehen sein, vgl. Modelboard Ltd. v. Outer Box Ltd. [1992] BCC 945.

225 E. Pfeiffer Weinkellerei-Weineinkauf GmbH & Co. v. Arbuthnot Factors [1987] B.C.L.C. 522 (Philipps, J.); Re Weldtech Ltd. [1991] BCC 16; Re Interview Ltd. [1975] I.R. 382. Vgl. aus der Literatur *de Lacy*, 54 MLR 54 (1991), 736 (736); *Chitty*, Contracts II, § 4798.

226 Insbesondere wird für die Fälle des verlängerten Eigentumsvorbehalts mit Vorausabtretungsklausel eine Treuhandkonstruktion (d.h. Treuhand zwischen dem Verkäufer und dem Erstkäufer bezogen auf den Verkaufserlös, vgl. Court of Appeal, Aluminium Industrie Vaasen BV/AIV v. Romalpa Aluminium LtD 1976, 1 WLR 676 C.A.) abgelehnt, vgl. *Klötzel*, RiW 1985, 460 (462): Fortsetzung am Erlös des Weiterverkaufs nur aufgrund einer wirksamen Pfandvereinbarung, die eintragungspflichtig ist.

der Weiterveräußerungsklausel in der Weise, daß der Vorbehaltskäufer die zu erwartenden Erlöse bis zur vollständigen Begleichung seiner eigenen Schuld für den Vorbehaltsverkäufer verwaltet.[227] In diesen Fällen wird ihm vom Verkäufer oftmals das Recht eingeräumt, auf die betreffenden Erlöse oder Verarbeitungsprodukte nach Art eines Einziehungsrechts zuzugreifen (*tracing clause*).[228] Ein solches vom Verkäufer abgeleitetes Verfolgungsrecht steht dem Käufer aber nur dann zu, wenn zwischen den betreffenden Parteien tatsächlich eine treuhänderische Beziehung besteht.[229] Abgesehen von der Tatsache, daß auch in diesem Fall eine Drittwirksamkeit der Klausel nur bei Zuordenbarkeit der einzelnen Verkaufserlöse gegeben ist[230], wird ein Treuhandverhältnis zwischen den Kaufvertragsparteien verneint.[231] Wiederum bewährt sich eine derartige Vorbehaltsklausel daher nur bei entsprechender Registrierung.[232]

Im Ergebnis wird der Mehrheit der vertikalen Verlängerungsformen des Eigentumsvorbehalts in England die Drittwirksamkeit abgesprochen und diese damit letztlich nicht anerkannt.[233]

(III) Sicherungsübereignung

Zwar existiert auch im englischen Recht eine der deutschen Sicherungsübereignung vergleichbare Sicherungsform.[234] Hierbei handelt es sich um eine *mortgage* an beweglichen Sachen, wobei das *legal interest* (= Eigentum) an der Sache auf den Sicherungsnehmer übertragen wird und die Parteien die ausdrückliche oder konkludente Vereinbarung treffen, daß der Gegenstand zurückübertragen werden

---

227 *Parris*, S. 49f.

228 *McCormack*, S. 32.

229 Aluminium Industrie Vaassen B.V. v. Romalpa Aluminium Ltd. [1976] 1 W.L.R. 676; Hendy Lennox Ltd. v. Grahame Puttick Ltd. [1984] 1 W.L.R. 485; Re Andrabell Ltd. [1984] 3 All E.R. 407.

230 Vgl. *Re Hallett*, Estate, Rn. 696.

231 Insbesondere liegt ein Treuhandverhältnis nicht bereits deshalb vor, weil sich die Parteien als Gläubiger/Schuldner gegenüberstehen, vgl. *Hicks*, JBL 1992, 398 (410). Vielmehr müssen hierfür weitere Umstände hinzutreten. Dies legt jedoch dann wiederum die Bestellung einer Sicherheit in Gestalt einer *charge* nahe, so daß im Ergebnis die Klausel ins Leere geht.

232 Vgl. Tatung (U.K.) Ltd. v. Galex Telesure Ltd. (1985) 5 BCC 325; s.a. Re Weldtech Equipment Ltd. [1991] BCC 16; Modelboard Ltd. v. Outer Box Ltd. (in liquidation) [1992] BCC 945. Siehe ferner *de Lacy*, MLR 54 (1991), 736 (737f.); *Hill-Smith*, NLJ 130 (1980), 529 (530).

233 *Kessel*, RIW 812 (818). *Kessel* empfiehlt daher den deutschen Exporteuren die vorsorgliche Registrierung ihrer Mobiliarsicherheiten nach Maßgabe des englischen Rechts.

234 Vgl. *Hofmann*, S. 45; *Potthast*, S. 146; *Kessel*, RiW 1991, 812 (813).

soll (*bill of sale*), wenn die gesicherte Summe zurückgezahlt worden ist.[235] Anders als beim Besitzpfand (*pledge*) ist gerade nicht erforderlich, daß der Sicherungsgeber dem Sicherungsnehmer ein tatsächliches Besitzrecht oder zumindest mittelbaren Besitz am Sicherungsgut einräumt.[236] Derartigen Klauseln kommt jedoch angesichts der strengen Wirksamkeits- und Publizitätsanforderungen für *mortgages*[237] nur eine geringe Bedeutung zu.[238] Überdies wird diese Form der Sicherheit nicht selten durch die Möglichkeit des gutgläubig lastenfreien Erwerbs durch Dritte entwertet.[239] Zudem liegt der mit der Übertragung des *legal interest* auf den Sicherungsnehmer verbundene Verlust der Eigentümerstellung sowie der Verfügungsbefugnis regelmäßig nicht im Interesse der Sicherungsgeber.[240] Schließlich droht dem Sicherungsnehmer im Fall der *legal mortgage* ein Zahlungsrisiko, wenn der Sicherungsgeber das Sicherungsgut eingelagert, jedoch die Lagerkosten nicht beglichen hat.[241]

Nach allem wird eine in Deutschland formlos vereinbarte Sicherungsübereignung bei Grenzübertritt der Ware in England nicht anerkannt.

ddd) Zwischenergebnis

Wie die Beispielsfälle zeigen, stehen deutsche Exporteure bei Anwendung ausländischen Sachen- und Insolvenzrechts vergleichsweise schlecht da. Entweder wird ihre in Deutschland wirksam bestellte Sicherheit von vornherein nicht anerkannt. Dies trifft vornehmlich für die Sicherungsübereignung zu. Wird dem Sicherungsrecht nicht bereits die Anerkennung verweigert, so fällt der deutsche Sicherungsinhaber doch zumeist im Bewährungsfall, der Insolvenz des Sicherungsgebers, aus, da der Sicherheit nach Maßgabe der ausländischen lex fori concursus regelmäßig die Drittwirksamkeit abgesprochen wird. Verwiesen sei hierfür auf die Verlängerungsformen des Eigentumsvorbehalts.

---

235 *Kessel*, RiW 1991, 812 (813); *Goode*, S. 14.; *Snell*, Equity, S. 389 und 391; *Halsbury*, § 401.

236 *Kessel*, RiW 1991, 812 (813); *Goode*, S. 14; *ders.*, Commercial Law, S. 713 ff. Da eine Besitzübertragung gerade nicht erforderlich ist, kann jede Art von Vermögensgegenstand übertragen werden.

237 Vgl. Bills of Sale Act (1878) sowie Amendment Act (1882), ss. 8, 9. Zur Wahrung der Publizität müssen die Sicherungsgegenstände innerhalb von 7 Tagen nach Bestellung der *mortgage* in einem in London befindlichen Zentralregister eingetragen sein. Zudem setzt die *mortgage* voraus, daß die betreffenden Gegenstände sämtlich dem Sicherungsgeber gehören. Vgl. *Hofmann*, S. 45.

238 *Hofmann*, S. 45.

239 Vgl. Factors Act 1889 s. 2 (1) bzw. Sale of Goods Act 1979 ss. 25 (8), (9).

240 *Hofmann*, S. 45.

241 *Lingard*, Bank Security Documents, Rn. 17.13.

Zumindest für den einfachen Eigentumsvorbehalt schafft nunmehr die Zahlungsverzugsrichtlinie vom 29. 6. 2000[242] Abhilfe, die ein Mindestmaß an Rechtsvereinheitlichung bezogen auf die Anerkennung ausländischer Eigentumsvorbehalte bewirkt. Nach ihrem Art. 4 Abs. 1[243] soll jeder Gläubiger in den Stand versetzt werden, innerhalb des Binnenmarktes einen einfachen Eigentumsvorbehalt im Sinne des Art. 2 Nr. 3 geltend zu machen, falls dieser nach den einschlägigen, durch das Kollisionsrecht berufenen nationalen Vorschriften rechtswirksam vereinbart ist.[244] Zumindest einfachen Eigentumsvorbehalten kann danach im Gemeinschaftsgebiet vom Eröffnungsstaat nicht länger die Anerkennung verweigert werden.

cc) Anerkennung ausländischer Mobiliarsicherheiten in Deutschland

Das deutsche Recht kennt keine besonderen Vorschriften über die Anerkennung ausländischer Mobiliarsicherheiten.[245] Allgemeinen Anerkennungsgrundsätzen zufolge bleiben unter dem alten Sachenrechtsstatut wirksam begründete dingliche Rechte mit Grenzübertritt in Deutschland erhalten, unterliegen aber wegen Art. 43 Abs. 1 EGBGB nunmehr der deutschen Rechtsordnung.[246] Sie können nicht im Widerspruch zum Recht des (deutschen) Anerkennungsstaates ausgeübt werden, vgl. Art. 43 Abs. 2 EGBGB.[247] Uneindeutig ist nach dem Wortlaut des Art. 43 Abs. 2 EGBGB, ob die ausländische Sicherungsform im neuen Situsstaat in

242 Richtlinie 2000/35/EG des Europäischen Parlaments und des Rates vom 29. Juni 2000 zur Bekämpfung von Zahlungsverzug im Geschäftsverkehr, ABl. EG 2000, Nr. L 200, 35; zum Eigentumsvorbehalt im Richtlinienvorschlag insbesondere: *Gsell*, ZIP 1998, 1569 (1576f.); *Kieninger*, WM 1998, 2213 (2219f.); *Lehr*, EWS 1999, 241 (243); *Knapp*, RabelsZ 63 (1999), 295 (326f.); *Schmidt-Kessel*, JZ 1998, 1135 (1140 ff.).

243 Vgl. auch Erwägungsgrund Nr. 21 der Richtlinie.

244 Die in Art. 4 Abs. 1 der Zahlungsverzugsrichtlinie verankerte Pflicht, den einfachen Eigentumsvorbehalt anzuerkennen, ist ein erster wichtiger Schritt zur Angleichung dieses Rechtsinstituts innerhalb des Binnenmarktes. Diese sekundärrechtliche Mindestvorgabe wird im deutschen Recht bereits erfüllt. Der Diskussionsentwurf eines Schuldrechtsmodernisierungsgesetzes (Stand: 4. 8. 2000, einzusehen auf der Homepage des BMJ. *Schmidt-Räntsch*, ZIP 2000, 1639) sieht daher zu Recht keinen Transformationsbedarf. Vgl. *Leible/Staudinger*, KTS 2000, 533 (554).

245 *Neumann*, S. 179; *Kreuzer*, in: MüKo, Nach Art. 38 Anh. I, Rn. 86.

246 Sonach beurteilt sich das rechtliche Schicksal des Sicherungsgegenstandes, namentlich dessen Inhalt, Ausübung und Fortbestand nach der deutschen Sachenrechtsordnung, vgl. *Neumann*, S. 180, der zutreffend feststellt, die beteiligten Belegenheitsrechte würden sukzessive angewendet. So auch *Kreuzer*, FS Overbeck, S. 626.

247 *Pfeiffer*, NJW 1999, 3674 (3677); *Spickhoff*, NJW 1999, 2209 (2214).

ihrer ursprünglichen Gestalt fortbesteht[248] oder aber gegebenenfalls mit Rücksicht auf den nationalen Typenzwang[249] in den funktionsäquivalenten deutschen Rechtstyp überführt werden muß[250] (sog. Transposition)[251]. Überwiegend wird vor allem mit Blick auf die Begründung zum Regierungsentwurf[252] („entsprechenden Rechte" bzw. „inhaltlichen Anpassung")[253] angenommen, Art. 43 Abs. 2 EGBGB habe an der früheren Rechtslage nichts ändern wollen, weshalb er im Sinne der zuvor ganz herrschenden Transpositionslehre[254] auszulegen sei.[255] Da-

---

248 Für eine Übernahme in der bisherigen Form OLG Brandenburg, NVersZ 2001, 171; *Stoll*, IPRax 2000, 259 (262); *Heldrich*, in: Palandt, EGBGB, Art. 43, Rn. 5.

249 Über diesen kann sich das ausländische Recht nicht hinwegsetzen, vgl. *Kegel*, IPR, § 19 III, S. 667; *Pfeiffer*, IPRax 2000, 270 (272); *Sonnenberger*, in: Müko, Einl. IPR, Rn. 614; *Neumann*, S. 180.

250 Eine Transposition auch nach der IPR-Reform halten für erforderlich *v.Bar/Mankowski*, IPR I, § 7, Rn. 246; *Staudinger*, DB 1999, 1589 (1593); *Spickhoff*, NJW 1999, 2209 (2214); *Hohloch*, in: Erman, EGBGB, Art. 43, Rn. 17 und 21. Siehe auch zum RegE *Wagner*, IPRax 1998, 429 (435). Widersprüchlich *Pfeiffer*, IPRax 2000, 270 (272f.), wonach Art. 43 Abs. 2 EGBGB „das Problem der Transposition dinglicher Rechte im Falle eines Statutenwechsels" behandele und eine Transposition insbesondere dann erforderlich sei, wenn die Sachenrechtsordnung des Anerkennungsstaates vom *numerus clausus* beherrscht wird; insoweit bleibe es bei der alten Rechtslage. In der Folge stellt *Pfeiffer* jedoch fest, daß „sie [die unter der ursprünglich maßgeblichen Rechtsordnung begründeten Sachenrechte] sich auch nicht in Rechtsinstitute der neuen lex rei sitae umwandeln". Unklar auch *Kreuzer*, Stellungnahme, S. 72f.; *ders.*, RabelsZ 65 (2001), 383 (444f.) sowie *v. Hoffmann*, IPR, § 12 II, Rn. 31: „nicht notwenigerweise [...] in ein Rechtsinstitut des Lageortes umgewandelt". Zweideutig auch *Kropholler*, IPR, § 54 III, S. 524 („Das neue Belegenheitsrecht übernimmt die Sache grundsätzlich in der sachenrechtlichen Prägung, die ihr das bisherige Statut verliehen hat.") und S. 526 („[...] sie können also nach Maßgabe der im deutschen Sachenrecht bestehenden funktionsäquivalenten Berechtigungen ausgeübt werden.").

251 Die nach einer fremden Rechtsordnung begründeten Rechtsbegriffe oder Rechtsverhältnisse werden also in ein entsprechendes Institut des neuen Belegenheitsrechts umgeformt, *v.Bar/Mankowski*, IPR I, § 7, Rn. 246.

252 Gesetzentwurf der Bundesregierung, BT-Drucks, 14/343 = BR-Drucks. 759/98.

253 Vgl. Begründung des RegE, BR-Drucks. 759/98, S. 16 = BT-Drucks. 14/343, S. 15.

254 BGH, Urt. v. 20.3.1963, BGHZ 39, 173 (175); Urt. v. 2.2.1966, BGHZ 45, 95 (97); Urt.v. 8.4.1987, BGHZ 100, 321 (324, 326); BGH NJW 1991, 1415 (1416); *Lüderitz*, in: Soergel, Art. 38 EGBGB, Anh. II, Rnrn. 50, 53; *Kreuzer*, in: Müko, Nach Art. 38 EGBGB, Anh. I, Rn. 62 und 88, Fn. 383; *Sonnenberger*, in: Müko, Einl. IPR, Rn. 614; *ders.*, Quartalshefte, 1986/IV, S. 24; *Junker*, IPR, Rn. 487. Weitere Nachweise bei *Stoll*, in: Staudinger, EGBGB/IPR, Rnrn. 296 ff., 300 ff.

255 *Hohloch*, in: Erman, Art. 43 EGBGB, Rn. 17; *v.Bar/Mankowski*, IPR I, § 7, Rn. 246.

bei besteht in Deutschland eine überaus anerkennungsfreundliche Haltung.[256] Ist nach fremdem Sachstatut beispielsweise ein drittwirksamer Eigentumsvorbehalt entstanden, so wird dieser in Deutschland akzeptiert[257]. Obiter hat der BGH[258] auch den Weiterbestand eines nur relativ wirkenden ausländischen Eigentumsvorbehalts in Deutschland bejaht.[259] Überwiegend geht auch das deutsche Schrifttum[260] davon aus, daß der auslandsrechtliche Eigentumsvorbehalt nicht erst mit der Übergabe der Ware an den Käufer, sondern bereits mit deren Grenzübertritt den Inhalt eines vollen deutschen Eigentumsvorbehalts entfaltet.[261] Im Ergebnis werden die im Ausland eingetretenen Vorgänge fiktiv als inländische Sachverhalte behandelt, vgl. Art. 43 Abs. 3 EGBGB.[262]

Entsprechendes gilt im Prinzip für die Sicherungsübereignung[263]. So ist eine im Ausland wirksam erfolgte oder eine nach der deutschen lex futuri situs antizipierte Sicherungsübereignung in der BRepD grundsätzlich anzuerkennen Im letzten Fall dürfen die Erwerbsvoraussetzungen des deutschen Situs-Rechts (z.B. Einigung, Verfügungsberechtigung) im Augenblick der Begründung der Inlandsbelegenheit nicht weggefallen sein[264]. Inhalt und Ausübung richten sich nach den von der deutschen Rechtsprechung für Sicherungsübereignungen entwickelten Regeln.[265]

---

256 *V.Hoffmann*, IPR, § 12 II, Rn. 32; *Kreuzer*, IPRax 1993, 157 (159); *Pfeiffer*, IPRax 2000, 270 (273).

257 BGH AWD 1971, 40 (franz. EV); *Reithmann/Martiny*, Rn. 700.

258 BGH, Urt. v. 2.2.1966, BGHZ 45, 95 (97 ff.) = NJW 1966, 879 (880) (ital. EV), dazu *Siehr*, AWD 1971, 10 (17); entsprechend LG Hamburg IPRspr. 1978 Nr. 42. Zustimmend auch LG Köln, ZIP 1992, 851 (852); OLG Hamm, RIW 1991, 155 (156).

259 Zu beachten ist, daß der nach dem Absenderecht lediglich relativ wirkende EV auch in Deutschland grundsätzlich nur relative Wirkung entfalten kann. Etwas anderes gilt jedoch, wenn die Parteien einen absolut wirkenden (= dinglichen) EV für den Fall des Grenzübertritts ins deutsche Rechtsgebiet gewollt haben, vgl. *Neumann*, S. 181.

260 Allerdings mit unterschiedlicher Begründung. Vgl. die insoweit vertretenen Ansichten bei *Kreuzer*, in: Müko, Nach Art. 38, Anh. I, Rn. 91 sowie die Nachweise bei *Neumann*, S. 182, Fn. 21.

261 Oftmals führt die Transposition für den ausländischen Sicherungsrechtsinhaber zu einem Rechtsgewinn, vgl. *Rott*, S. 10.

262 Die unter ausländischem Sachstatut erfolgte Vereinbarung des Sicherungsrechts wird so behandelt, als habe sie unter Geltung der deutschen lex rei sitae stattgefunden.

263 Da besitz- und publizitätsloses Sicherungseigentum nur in sehr wenigen ausländischen Rechten zulässig ist (z.B. in den Niederlanden), spielt die Anerkennung von „importiertem" Sicherungseigentum in der BRepD aber praktisch keine Rolle.

264 *Sonnenberger*, Quartalshefte, 1986/IV, S. 19f.

265 *Kreuzer*, in: MüKo, Nach Art. 38 Anh. I, Rn. 95.

c) *Die Wirkung dinglicher Sicherheiten in der Insolvenz (= Hauptfrage)*

aa) *Die Insolvenzmasse: Aussonderung und Absonderung*

Der Umfang des Konkursbeschlages richtet sich nach der jeweiligen lex fori concursus.[266] Denn die Definition der Insolvenzmasse ist Ausdruck einer insolvenzspezifischen Gesamtabwägung zwischen den Interessen der Konkursbeteiligten, die grundsätzlich für das Verfahren einheitlich getroffen werden muß.[267] Das Recht des Eröffnungsstaates bestimmt sowohl über die Grenzen der Insolvenzmasse in territorialer und zeitlicher Hinsicht[268] als auch grundsätzlich über die Grenzziehung zum insolvenzfreien Vermögen[269] des Gemeinschuldners und zum Vermögen Dritter.[270] Übereinstimmend liegt allen mitgliedstaatlichen Konkursordnungen der Rechtsgedanke zugrunde, daß Dritteigentum im Besitz des Insolvenzschuldners grundsätzlich[271] nicht der Insolvenzmasse zugeschlagen werden kann. Ausgehend von der deutschen Terminologie[272] sehen alle Rechtsordnungen ein der deutschen Aussonderung entsprechendes Rechtsinstitut vor.[273] Hier wird

---

266 Ganz hM; vgl. z.B. BPatG, IPRspr. 1983, Nr. 208; OLG München, IPRspr. 1954/55, Nr. 210; OLG Zweibrücken, IPRspr. 1989, Nr. 255; *Trunk*, S. 291; *Lüer*, in: Kuhn/Uhlenbruck, KO, §§ 237, 238, Rn. 76.

267 Zutreffend *Trunk*, S. 291f.

268 Einbeziehung von Auslandsvermögen, Einbeziehung von Neuerwerb nach Insolvenzeröffnung. Siehe z.B. RGZ 14, 412 (418, 422).

269 Nicht zur Insolvenzmasse zählt insbesondere unpfändbares Vermögen, sofern die lex fori concursus den Umfang der Insolvenzmasse mit dem Einzelzwangsvollstreckungsrecht verknüpft. Denkbar ist aber auch, daß das Insolvenzstatut die Insolvenzmasse autonom bestimmt, d.h. unabhängig vom Einzelzwangsvollstreckungsrecht. Vgl. *Trunk*, S. 292.

270 Vgl. *Trunk*, S. 292.

271 Eine Ausnahme gilt für das Sicherungseigentum Dritter im Konkurs des Sicherungsgebers sowie für den verlängerten Eigentumsvorbehalt mit Vorausabtretungs- bzw. –verarbeitungsklausel wegen des im Vordergrund stehenden Sicherungszwecks. Hier wird dem jeweiligen Sicherungsrechtsinhaber lediglich ein (pfandrechtsartiges) Absonderungsrecht nach den §§ 49 ff. InsO gewährt.

272 Vgl. §§ 47, 48 InsO.

273 Vgl. z.B. Italien: Ein dem deutschen Rechtsinstitut der Aussonderung ähnliches Verfahren sieht art. 103 l. fall. vor, vgl. *Summ*, S. 171. Danach können Herausgabe, Rückerstattung und Abtrennung beweglicher Sachen, die sich im Besitz des Gemeinschuldners befinden, verlangt werden (vgl. art. 103 Abs. 1 l. fall). Ein Herausgabeantrag kann zum einen auf Eigentum des Antragstellers gestützt werden, zum anderen kann es sich um insolvenzrechtliche Herausgabeansprüche auf treuhänderisch vom Gemeinschuldner gehaltenes Vermögen handeln (vgl. art. 103 l. fall). Frankreich: Ein der deutschen Aussonderung vergleichbares Rechtsinstitut stellt im französischen Insolvenzrecht die *revendication* (artt. 115 ff. L 85-98) dar, vgl.

geltend gemacht, das fragliche Objekt gehöre nicht zur Masse, dieses sei ein fremder Vermögensgegenstand, den der Verwalter zu Unrecht beanspruche und daher herauszugeben habe. Sicherheiten gewähren demgegenüber ein – im deutschen Recht als Absonderung[274] bezeichnetes – Recht auf bevorrechtigte Befriedigung vor der eigentlichen Verteilung.[275] Vergleichbare Wirkungen haben Sicherheiten auch nach ausländischen Insolvenzstatuten.[276] Die konkrete Ausgestaltung der Aus- bzw. Absonderung ist im internationalen Vergleich jedoch sehr vielfältig. So wird der Kreis der zur Aus- oder Absonderung berechtigenden Rechtspositionen unterschiedlich bestimmt.[277] Viele Rechtsordnungen beschränken deren Durchsetzung in der Insolvenz stärker als das deutsche Recht[278] oder ordnen die Aus- und Absonderungsrechte in der insolvenzrechtlichen Verteilungsordnung anders ein[279]. Besondere Probleme bereitet daher die Beurteilung der konkursrechtlichen Wirkung solcher dinglicher Sicherheiten, die zugunsten ausländischer Gläubiger an Vermögensgegenständen bestellt wurden und die sich nicht im Eröffnungsstaat befinden. Insbesondere stellt sich angesichts des Zusammentreffens mehrerer Rechtsordnungen die Frage des auf derartige Sicherheiten anwendbaren Rechts.

Summ, S. 218. Diese Vorschriften sind Ausprägung des allgemeinen Grundsatzes, wonach der Eigentümer einer Sache diese stets von dem sie in Besitz haltenden Schuldner herausverlangen kann. England: Im englischen Recht existieren keine der Aussonderung und Absonderung entsprechenden Rechtsinstitute, vgl. *Summ*, S. 138; *Richard*, S. 132. Dennoch besteht in der Sache eine vergleichbare Rechtslage, *Summ*, S. 138. Zur Insolvenzmasse in England gehören nur im Eigentum des Schuldners stehende Gegenstände, vgl. s. 283 (1) IA 1986; *Baur/Stürner*, InsolvenzR, Rn. 39.26. Von ihm treuhänderisch gehaltenes Vermögen fällt allerdings nicht in die Masse (vgl. s. 283 (3) (a) IA 1986). Da der Insolvenzverwalter an die Stelle des Gemeinschuldners tritt, ist er nach Eröffnung des Insolvenzverfahrens ebenso zur Herausgabe von nicht in seinem Eigentum stehenden Vermögen verpflichtet wie zuvor der Schuldner.

274 Vgl. §§ 49 ff. InsO.

275 *Potthast*, S. 144.

276 Vgl. Beispielsweise für England: *Richard*, S. 132; *Summ*, S. 138.

277 Vgl. *Trunk*, S. 292.

278 Zu denken ist insbesondere an zeitweilige Beschränkungen der Rechtsdurchsetzung, Genehmigungsvorbehalte des Insolvenzgerichts, an den Verlust des Vorrechts bei nicht rechtzeitiger Anmeldung etc.

279 So z.B. das vor Sicherungsgläubigern rangierende super-privilège von Arbeitnehmerforderungen im französischen Insolvenzverfahren nach Art. L. 143-11 Code du Travail und Art. 40 InsG 1985/1994; oder der Vorrang von Verfahrenskosten und Arbeitnehmerforderungen vor pfandgesicherten Forderungen nach Art. 25 Punkt 3 des russischen ZGB (1. Teil) vom 21.10.1994 und Art. 65 i.V.m. Art. 64 ZGB (1. Teil).

bb) Die Aus- bzw. Absonderungskraft dinglicher Sicherheiten

Streitigkeiten hinsichtlich des maßgeblichen Rechts bestehen insbesondere deshalb, weil die Anwendung der ausländischen lex fori concursus die Insolvenzfestigkeit inländischer dinglicher Kreditsicherheiten in Frage stellen kann. Je nachdem, ob insoweit die jeweilige lex fori concursus und/oder die bereits für die Entstehung der Sicherheit maßgebliche lex rei sitae berufen ist, ergeben sich für die Stellung des Sicherungsrechtsinhabers erhebliche Unterschiede. Im deutschen Schrifttum finden sich zu diesem Problemkreis regelmäßig nur Ausführungen im Zusammenhang mit einem Statutenwechsel, also bei Grenzübertritt des Sicherungsgutes in das Rechtsgebiet des späteren Eröffnungsstaates. Um die damit verbundene Anerkennungsfrage (s.o.) geht es im Folgenden jedoch nicht. Befindet sich die Ware nach wie vor im Nichteröffnungsstaat, ist dem Recht des Konkurseröffnungsstaates die Entscheidung über die sachenrechtliche Anerkennung der ausländischen Sicherheit entzogen (vgl. Art. 43 Abs. 1 EGBGB für den deutschen Konkurs). Kann der Eröffnungsstaat somit nicht über die sachenrechtliche Wirksamkeit befinden, so steht damit aber noch nicht fest, daß sich die Sicherheit in der Insolvenz auch tatsächlich bewährt. Über die Frage der insolvenzrechtlichen Wirkung entscheidet grundsätzlich die lex fori concursus als verfahrens- und materiellrechtliche Grundnorm.[280] Das daraus resultierende Auseinanderfallen von Sachen- und Insolvenzstatut kann für den betreffenden Sicherungsrechtsinhaber – verglichen mit der Stellung in einem rein nationalen Verfahren unter der Geltung des ihm bekannten Insolvenzstatuts – von gravierendem Nachteil sein. Dabei hängt die Bewertung der insolvenzrechtlichen Wirkung der betreffenden Sicherheit aus deutscher Sicht entscheidend davon ab, ob sie für die Masse eines im Ausland eröffneten Konkurverfahrens beansprucht wird, oder aber umgekehrt bei Insolvenzeröffnung in Deutschland einem ausländischen Gläubiger des deutschen Gemeinschuldners zusteht.

aaa) Inlandswirkungen eines Auslandskonkurses

Art. 102 EGInsO regelte bis März 2003 das deutsche Internationale Insolvenzrecht.[281] Diese Vorschrift wird abgelöst durch die im März 2003 in die InsO neu eingefügten §§ 335-358 mit ihrer Regelung des IIR.[282] Die für die Inlandswir-

280 Genauer dazu mit Nachweisen siehe unten unter B. II. 2.

281 Vgl. die Besprechungen von *Lüer*, in: Kölner Schrift zur InsO, S. 297-322 und *Gottwald*, in: Canaris (Hrsg.), 50 Jahre BGH, S. 819 ff.

282 Gesetz zur Neuregelung des Internationalen Insolvenzrechts vom 14. März 2003, BGBl. I Nr. 10/2003, S. 345 ff. Eingehend hierzu siehe unten unter C. III. 4. d) aa) ggg).

kung des Auslandskonkurses maßgebliche Bestimmung enthielt Art. 102 Abs. 1 EGInsO, wonach ein ausländisches Insolvenzverfahren – vorbehaltlich der Zuständigkeit der Gerichte des Staates der Verfahrenseröffnung nach deutschem Recht (Nr. 1) bzw. des deutschen *ordre public* (Nr. 2) – auch das im Inland befindliche Vermögen des Schuldners erfaßte. Art. 102 Abs. 1 Satz 1 EGInsO[283] war Ausdruck des insolvenzrechtlichen Universalitätsprinzips mit der Folge, daß sich die Wirkungen des Eröffnungsbeschlusses bei internationaler Zuständigkeit des eröffnenden Gerichts des fremden Staates auch auf das deutsche Hoheits- und Rechtsgebiet erstreckten und somit das inländische Schuldnervermögen beanspruchten.[284] Dies galt freilich nur insoweit, als das ausländische Insolvenzverfahren vom Grundsatz der Universalität beherrscht wurde und das in Deutschland belegene Vermögen überhaupt in Anspruch nehmen wollte.[285] Unterlag dagegen das betroffene Verfahren im Ausland dem Territorialitätsgrundsatz, so traten diese Folgen nicht ein.[286]

---

283 Art. 102 Abs. 1 EGInsO ist – verglichen mit der nicht Gesetz gewordenen Vorschrift des § 384 RegE EGInsO („Die Anerkennung der Eröffnung eines ausländischen Insolvenzverfahrens und der in diesem Verfahren ergehenden Entscheidungen ist ausgeschlossen: 1. wenn die Gerichte des Staates der Verfahrenseröffnung nach deutschem Recht nicht zuständig sind; 2. soweit sie zu einem Ergebnis führt, das mit wesentlichen Grundsätzen des deutschen Rechts offensichtlich unvereinbar ist, insbesondere soweit sie mit den Grundrechten unvereinbar ist.") – ungenau formuliert, beinhaltet aber eine inhaltsgleiche Regel und ist deshalb anhand des RegE EGInsO auszulegen. Vgl. *Kirchhof*, in: HK-InsO, Art. 102, Rn. 3; *Wimmer*, in: FK-InsO, Art. 102 EGInsO, Rnrn. 270, 273.

284 *Kirchhof*, in: HK-InsO, Art. 102 EGInsO, Rn. 4; *Smid*, in: Smid (Hrsg.), InsO, Art. 102 EGInsO, Rnrn. 6f; *ders.*, DZWiR 1998, 432 (433); *Liersch*, S. 64.

285 Nach der bisherigen Rechtslage, also vor Geltung der EuInsVO, entschied jeder Staat nach seinem eigenen autonomen internationalen Insolvenzrecht, ob das im Ausland eröffnete Insolvenzverfahren anzuerkennen war und ihm ganz oder teilweise Inlandswirkungen beigemessen wurden. Ein umfassender Überblick über die Rechtslage der einzelnen Mitgliedstaaten findet sich bei *Gottwald*, in: Gottwald, Insolvenzrechtshandbuch, § 130, Rnrn. 113 ff. In Frankreich beispielsweise beansprucht das Insolvenzverfahren nach ständiger Rechtsprechung universelle Geltung, wenn als Gerichtsstand Art. 1 des Dekretes vom 21.10.1994 eingreift, vgl. *Dostal*, ZIP 1998, 969 (971) unter Verweis auf *Coviaux*, JCI Droit International, Fasc. 568, Nr. 48.

286 Anerkannt werden können also nur die Inlandswirkungen eines ausländischen Insolvenzverfahrens, das sich selbst Auslandswirkung beimißt. Ein ausländisches Insolvenzverfahren, das dem Territorialitätsgrundsatz folgt, kann lediglich Tatbestandswirkung im Rahmen einzelner materiellrechtlicher oder verfahrensrechtlicher Normen haben. Vgl. *Gottwald*, in: Gottwald, Insolvenzrechtshandbuch, § 130, Rn. 2; *Favoccia*, S. 11.

Die Frage des anwendbaren Rechts regelte Art. 102 EGInsO indes nicht[287]; dieser enthielt keine Kollisionsnorm[288]. Die Anerkennung des ausländischen Insolvenzverfahrens[289] erfolgte verfahrensrechtlich, nicht kollisionsrechtlich.[290] Aus der Entstehungsgeschichte des Art. 102 EGInsO[291] ergibt sich, daß sich das deutsche Internationale Insolvenzrecht für die grundsätzliche Berufung des Rechts des Verfahrensstaates entschieden hat.[292] Das Verfahren und seine Wirkungen richten sich somit nach dem Recht des Staates, in dem das Verfahren eröffnet wurde.[293] Dieser Grundsatz ist nunmehr in § 335 InsO n.F. ausdrücklich festgeschrieben. Die Maßgeblichkeit der lex fori concursus im Anerkennungsstaat stellt aber lediglich den Grundsatz dar, Ausnahmen davon sind im Einzelfall

---

287 *Smid*, in: Smid (Hrsg.), InsO, Art. 102 EGInsO, Rn. 6; *ders.*, DZWiR 1998, 432 (433); *ders.*, InsolvenzR, § 33, Rn. 12; *Zeuner*, in: Smid (Hrsg.), GesO, § 22, Rn. 7; *Lüer*, in: Kölner Schrift zur InsO, S. 1217; *Homann*, KTS 2000, 343 (361).

288 Art. 102 Abs. 2 EGInsO stellt insofern eine Ausnahme von diesem Grundsatz dar, als dort die Reichweite einer Insolvenzanfechtung durch einen ausländischen Insolvenzverwalter nach dem ausländischen Recht beurteilt wird, aber nur dann durchgreift, wenn das angefochtene Rechtsgeschäft auch nach deutschem Recht keinen Bestand hätte.

289 Anerkennung des ausländischen Insolvenzverfahrens bedeutet „Wirkungserstrekkung" der ausländischen Entscheidungen auf das Inland. Diese Anerkennung enthält somit das Einverständnis des deutschen Staates, daß die Wirkungen des im Ausland eröffneten Insolvenzverfahrens im Inland eintreten. Es erfolgt weder eine Gleichstellung mit den Wirkungen eines inländischen Eröffnungsbeschlusses noch eine Kumulation ausländischer und inländischer Rechtswirkungen. Zugleich enthält die Anerkennung eine Anweisung an die inländischen Gerichte und Behörden, wie im Einzelfall Wirkungen des anerkennungsfähigen Auslandsinsolvenzverfahrens zu berücksichtigen sind bzw. ihnen bei der Rechtsanwendung Geltung zu verschaffen ist. Vgl. *Gottwald*, in: Gottwald, Insolvenzrechtshandbuch, § 130, Rn. 5; *Geimer*, IZPR, Rnrn. 3366, 3511; *Wimmer*, in: FK-InsO, Art. 102, Rnrn. 289, 292; *Kirchhof*, in: HK-InsO, Art. 102, Rn. 4; *Kemper*, in: Kübler/Prütting, InsO, Art. 102, Rnrn. 60f., 91; *Laut*, S. 49; *Trunk*, S. 263 ff.; *Wenner*, in: Mohrbutter, Rn. XXIII.94; *Reithmann/Martiny/Hausmann*, Rn. 1814; *Habscheid*, S. 314 ff.

290 Zutreffend *Gottwald*, in: Gottwald (Hrsg.), Insolvenzrechtshandbuch, § 130, Rn. 5; *Favoccia*, S. 56 ff. und 63 ff.; *Trunk*, S. 263.

291 Vgl. § 379 RegE EGInsO (Grundsatz): „Das Insolvenzverfahren und seine Wirkungen unterliegen, soweit nichts anderes bestimmt ist, dem Recht des Staates, in dem das Verfahren eröffnet worden ist".

292 Vgl. *Homann*, KTS 2000, 343 (361); *ders.*, System der Anerkennung, S. 112 ff. Vgl. auch *Gottwald*, in: Gottwald, Insolvenzrechtshandbuch, § 130, Rn. 6; *Geimer*, IZPR, Rn. 3501.

293 Vgl. *Homann*, KTS 2000, 343 (361); *Schollmeyer*, S. 3; *Metzger*, S. 35; *v. Oertzen*, S. 61; *Trunk*, KTS 1987, 415 (430 ff.); *Favoccia*, S. 71 ff.; *Schlosser*, RiW 1983, 473 (480); *Habscheid*, KTS 1998, 183 (187). Diese Kollisionsregel liegt auch dem französischen Konkursverfahren zugrunde, vgl. *Dostal*, ZIP 1998, 969 (971); *Martin-Serf*, JDI 1995, 36 (41). Siehe auch CA Paris vom 08.07.1992, DS 1992, 476 ff.

möglich.[294] Es bleibt danach für jede konkrete Rechtswirkung zu prüfen, ob deren Geltung im Inland gewollt ist, oder ob es geboten ist, das Recht eines anderen Staates zur Anwendung zu bringen[295] bzw. sonstige Vorkehrungen zum Schutz der inländischen Rechtsordnung zu ergreifen.

Bezogen auf in der BRepD belegene, zugunsten nationaler Sicherungsgläubiger dinglich gesicherte Vermögenswerte des ausländischen Konkursschuldners gilt in kollisionsrechtlicher Hinsicht somit folgendes: Entsprechende Sicherungsgegenstände selbst werden aus deutscher Sicht zur ausländischen Insolvenzmasse gezogen und der Herrschaft der (ausländischen) lex fori concursus unterstellt. Inwieweit dies auch hinsichtlich der dinglichen Sicherungsrechte gilt, also insbesondere das Recht des Konkurseröffnungsstaates über die Wirkung der deutschen Sicherungsformen in der ausländischen Insolvenz entscheidet, ist eine andere, kontrovers[296] diskutierte Frage. Der Wortlaut des Art. 102 EGInsO jedenfalls sah eine Einschränkung des Universalitätsprinzips für dingliche Sicherungsrechte entsprechend des § 390 RegE InsO[297] nicht vor.[298] Das neue deutsche IIR enthält zwar eine eigene, § 390 RegE InsO ähnliche Vorschrift für dingliche Rechte in § 351 InsO n.F. Diese ist jedoch keineswegs so eindeutig, wie es auf den ersten Blick scheint.[299] Die uneingeschränkte Anwendung des fremden Insolvenzstatuts bzw. die automatische Erstreckung sämtlicher Folgewirkungen der lex fori concursus auch insoweit kann jedoch für die deutsche Sicherheit verheerende Folgen

294 Vgl. *Homann*, KTS 2000, 343 (361).

295 BGH, Urt.v. 11.7.1985, BGHZ 95, 256 ff.; *Homann*, KTS 2000, 343 (361); *ders.*, System der Anerkennung, S. 114f.; *Müller-Freienfels*, FS Dölle II, S. 359 (385f.); Hanisch, ZIP 1985, 1233 (1237); *Martiny*, Rnrn. 247f.; *Flessner*, IPRax 1997, 1 (2); *Schollmeyer*, IPRax 1999, 26 (27).

296 Für die Maßgeblichkeit der ausländischen lex fori concursus hinsichtlich der insolvenzrechtlichen Wirkung sachenrechtlich wirksamer ausländischer Rechte Dritter: *Kirchhof*, in: HK-InsO, Art. 102 EGInsO, Rn. 20. Allerdings schränkt *Kirchhof* diese Äußerung unmittelbar im Anschlußsatz wieder ein, wenn es heißt: „Jedoch werden dingliche Rechte an inländischen Gegenständen der ausländischen Insolvenzmasse in begrenztem Maße vor insolvenzrechtlichen Eingriffen geschützt, die über maßgebliches deutsches Recht hinausgehen." Siehe auch *Wenner*, in: Mohrbutter, XXIII. 212f.; a.A. *Kemper*, in: Kübler/Prütting, InsO, Art. 102 EGInsO, Rn. 142.

297 Zur Auslegung dieser Bestimmung eingehend siehe unten unter C. III. 4. d) aa) ddd).

298 Darauf weist auch *Liersch*, S. 64, hin. Problematisch ist daher, ob und inwieweit auf die Regelung des § 390 RegE EGInsO (Dingliche Rechte) zurückgegriffen werden kann. Angesichts des bewußt rudimentären Charakters des Art. 102 EGInsO ist eine Heranziehung der §§ 379-399 RegE EGInsO wohl nicht möglich; diese sind ja gerade nicht Gesetz geworden; vgl. *Smid*, in: Smid (Hrsg.), InsO, Art. 102 EGInsO, Rn. 4; *Leipold*, FS Henckel, S. 533 (538).

299 Ausführlich zur Regelung des § 351 InsO n.F. siehe unten unter C. III. 4. d) aa) ggg) (II).

haben. Dies sei exemplarisch für den im Ausland an sich anerkannten einfachen Eigentumsvorbehalt bei Geltung des italienischen, französischen bzw. englischen Konkursrechts verdeutlicht.

(1) Insolvenzeröffnung in Italien

Besteht man auch nach der Reform auf dem Erfordernis des sicheren Datums für die Drittwirksamkeit des Eigentumsvorbehalts (s.o.), so ergibt sich im italienischen Konkurs des Käufers nachstehendes: Fehlt dieses, kann der Verkäufer seinen Herausgabeanspruch als Eigentümer nach Art. 948 c.c. vom Besitzer der Sache, der zur Aussonderung (Rückgabe) des Kaufgegenstands aus der Konkursmasse berechtigt (vgl. Art. 103 LF), nicht durchsetzen. Statt dessen erlangt er lediglich einen Schadensersatzanspruch gegen den Käufer.[300] Um als deutscher Importeur ein sicheres Datum für seinen Eigentumsvorbehalt durch Registrierung zu erhalten und damit den Ausschluß des Aussonderungsrechts zu vermeiden, muß er eine an sich nicht geschuldete Steuer entrichten.[301]

Neben dem Eigentumsvorbehalt hat der Verkäufer in der italienischen Insolvenz ein Vorzugsrecht (*privilegio*) bezüglich der ausstehenden Kaufpreisraten inne[302], die Drittwirksamkeit der Klausel natürlich vorausgesetzt.[303] Leitet der Verkäufer nicht aus seinem Eigentum, sondern alternativ[304] aus seinem Vorzugsrecht Ansprüche ab, so muß er als Insolvenzgläubiger seine Forderung zur Tabelle anmelden und wird nach Art. 54 LF aus dem Veräußerungserlös der Sache in der entsprechenden Höhe vorzugsweise befriedigt.[305] Fällt er mit der Forde-

---

300 *Neumann*, S. 109 und 154.

301 *Zimmermann*, in: Stumpf (Hrsg.), Mobiliarsicherheiten, S. 210; *Siehr*, AWD 1971, 10 (19).

302 Vgl. *Neumann*, S. 167.

303 Teilweise wird jedoch angenommen, Vorzugsrecht und EV könnten nicht nebeneinander bestehen, da das Eigentum mit der Geltendmachung des Vorzugsrechts auf den Käufer übergegangen und der EV daher hinfällig sei, so etwa *Gravenhorst*, in: Gottwald (Hrsg.), Insolvenzrechtshandbuch, S. 65; *Zimmermann*, in: Stumpf (Hrsg.), Mobiliarsicherheiten, S. 218. Überwiegend wird jedoch davon ausgegangen, daß der Verkäufer in Gestalt des *privilegio* über eine neben den EV tretende weitere Sicherheit verfügt, vgl. die Nachweise aus der italienischen Literatur bei *Neumann*, S. 167 Fn. 28.

304 Daß der Verkäufer nicht sowohl die Herausgabe der Kaufsache als auch den Kaufpreis verlangen kann, versteht sich von selbst. Entscheidet er sich für das Vorzugsrecht, muß er das seinerseits zur Vertragserfüllung Erforderliche, d.h. Verschaffung des Eigentums, getan haben.

305 Die Rangordnung hinsichtlich der Erlösverteilung richtet sich nach der gesetzlichen Rangfolge des Vorzugsrechts, vgl. Artt. 2777 ff. c.c. Vgl. *Neumann*, S. 167.

rung teilweise aus, so ist er hinsichtlich des noch ausstehenden Betrages als normaler Massegläubiger am Verfahren beteiligt.[306]

(II) Insolvenzeröffnung in Frankreich

Wie bereits festgestellt, setzt die materielle Wirksamkeit des einfachen Eigentumsvorbehalts lediglich die Einigung der Parteien über die Klausel voraus. Um jedoch Wirkungen im französischen Konkurs zu entfalten[307], muß sie überdies gem. Art. 121 al. 2, 2. Satz schriftlich („*en écrit*")[308] fixiert sein.[309] Über das Schriftformerfordernis hinaus ist eine Publizität der *réserve de propriété* aber grds.[310] nicht vorgeschrieben.[311] Des weiteren besteht die Drittwirksamkeit (*opposabilité*) und damit das Aussonderungsrecht zugunsten des Vorbehaltsverkäufers nur dann, wenn der Verkäufer nach wie vor Eigentümer der Vorbehaltsware ist[312], sich das Vorbehaltsgut im Zeitpunkt des Herausgabeverlangens (*revendication*) in unveränderter Form (*en nature*)[313] bei dem Schuldner befindet[314] und

306 *Neumann*, S. 167.

307 Dies ist in Frankreich erst seit 1980 mit der Einführung einer eigenständigen Regelung in den Artt. 121, 122 des Insolvenzgesetzes per Gesetz n° 80-335 vom 12. Mai 1980 der Fall. Zuvor wurde seitens der Rechtsprechung die Insolvenzfestigkeit des Eigentumsvorbehalts verneint, vgl. Cass. com., 28 mars 1934, 22 oct. 1934, D.1934.I.151.

308 Die Vorbehaltsklausel muß in einem Schriftstück enthalten sein, das spätestens im Zeitpunkt der Lieferung errichtet wird, vgl. Art. 121 Abs. 2 des Gesetzes no 85-98 vom 25.01.1985 in der Fassung durch Art. 59 des Gesetzes no 94-475 vom 10.06.1994.

309 Der Grund für das Schriftformerfordernis liegt darin, daß Unregelmäßigkeiten zwischen dem Schuldner und einzelnen Gläubigern im Fall der Zahlungsunfähigkeit verhindert werden sollen, vgl. *Rott*, S. 7.

310 Eine Ausnahme macht jedoch Art. 115-1 i.V.m. Art. 85-5 des Ausführungsdekrets in der Fassung des Dekrets 94-910 vom 21. Oktober 1994. Danach ist eine Feststellung des Eigentums entbehrlich, wenn der Kaufvertrag mit der Vorbehaltsklausel entsprechend den dort genannten Voraussetzungen veröffentlicht worden ist. Gibt es andere Publizitätsvorschriften wie etwa bei Handelsunternehmen (*fonds de commerce*) im Sinne des Art. 3 G. vom 17.03.1909 ist die Publizität der *réserve de propriété* fakultativ.

311 *Rott*, S. 7f. Zu beachten ist jedoch Art. 3 al. 3 des Gesetzes n° 80-335 vom 12. Mai 1980, wonach die Parteien die unter Eigentumsvorbehalt gekauften Waren in einem besonderen Posten ihrer Bilanzen aufzuführen haben. Allerdings schließt die Nichtbilanzierung nach Ansicht der Rechtsprechung nicht die Berufung auf den EV aus, vgl. *Schulz*, S. 146f. mit Rechtsprechungsnachweisen.

312 Der Verkäufer trägt insoweit die Beweislast, der regelmäßig durch den die Vorbehaltsklausel enthaltenden Kaufvertrag Genüge getan ist. *Böckenhoff*, RIW 1994, 465 (466); *Pérochon*, Réserve de propriété, n° 211, S. 196.

313 Zur Auslegung dieses Begriffs eingehend *Schulz*, S. 165f.

die dort belegenen, unbezahlten Gegenstände genau diejenigen sind (*identité*)[315], die ihm geliefert worden sind. Insbesondere dürfen die Waren also nicht verarbeitet worden sein.[316] Selbst für den Fall, daß der verlängerte Eigentumsvorbehalt in Gestalt der Verarbeitungsklausel in Frankreich für zulässig befunden wird[317], hat diese Form der Kaufpreissicherung im Konkurs keine Wirkung.[318]

Ist die *revendication* nicht bereits aus diesem Grund ausgeschlossen, scheitert sie insbesondere bei ausländischen Sicherungsnehmern häufig an der Einhaltung von Frist[319] und Verfahren[320].[321] So muß die Herausgabe nach der Neufassung der Artt. 115 ff. in der Regel[322] innerhalb von 3 Monaten geltend gemacht werden.[323] [324] Selbst für den Fall, daß die Aussonderung vom ausländischen Vorbe-

---

314 *Dammann*, ZIP 1996, 300 (304); *Storp*, RIW 1996, 464 (464).

315 Problematisch war bislang der Identitätsnachweis bei Gattungssachen, wenn sich im Warenlager des Käufers gleichzeitig bezahlte oder unbezahlte Waren eines oder mehrerer Lieferanten befinden und die einzelnen Gegenstände nicht durch Marken, diverse Erkennungszeichen oder zuordenbare Seriennummern unterscheidbar sind. Eine Erleichterung bringt insoweit der neue Art. 121 al. 3, wonach vertretbare Sachen (*choses fongibles*) herausverlangt werden können, die gleicher Art und gleicher Güte sind; seit der Reform wird also auf den konkreten Identitätsnachweis verzichtet. Eingehend zum Problem *Storp*, RIW 1996, 464 (465f.); *Schulz*, S. 169 ff.

316 *Stoll*, in: Staudinger, IntSachenR, Rn. 328 mwN.

317 Dies ist umstritten. Für die Zulässigkeit derartiger Klauseln wird vorgebracht, daß die den Eigentumserwerb bei Verarbeitung regelnden Bestimmungen der Artt. 565 ff. CC wegen Art. 565 Abs. 2 abdingbar seien.

318 *Schulz*, S. 183f.

319 Fristbeginn ist gem. Art. 115, al. 1er die Veröffentlichung des das Insolvenzverfahren eröffnenden Urteils.

320 Bei unbestrittenen Herausgabeverlangen genügt ein entsprechender Antrag an den Insolvenzverwalter, Art. 121-1. Einer Geltendmachung der *revendication* durch Herausgabeklage beim Insolvenzgericht ist hingegen erforderlich, wenn der Schuldner den Aussonderungsanspruch nicht anerkennt oder aber innerhalb eines Monats weder die Herausgabe noch eine Einigung mit dem Verwalter erfolgt sind, vgl. *Niggemann/Gramling*, RIW 1995, 329 (334). Ersterenfalls genügen ein an den Verwalter gerichteter Antrag oder vorläufige Sicherungsmaßnahmen nicht, um den Lauf der Frist zu unterbrechen. Vgl. *Schulz*, S. 157 mit Rechtsprechungsnachweisen.

321 *Pérochon*, RDS 1994, 251 (252), bezeichnet das Herausgabeverfahren insbesondere wegen der Rigidität und der Kürze der Frist als „Alptraum der Eigentümer".

322 Die Frist des Art. 115 - 1 gilt ausnahmsweise dann nicht, wenn die Publizierung des Kaufvertrages nebst Klausel nach Art. 85-5 in der Fassung des Dekrets 94-910 erfolgt ist.

323 Für die Anmeldung sonstiger Insolvenzforderungen ist dagegen die Frist des Art. 53 zu beachten: Hier gilt für nationale Gläubiger eine Frist von 2 Monaten, für ausländische Gläubiger beträgt diese 4 Monate, vgl. *Dostal*, ZIP 1998, 969 (972); *Dammann*, ZIP 1996, 300 (303). Andernfalls ist der Anspruch infolge Fristablaufs ausgeschlossen, vgl. Art. 53. Insbesondere sieht das Gesetz im Fall der Forderungsan-

haltsverkäufer im französischen Konkurs verfahrens- und fristgerecht beantragt wurde, ist ein Erfolg nicht garantiert. So wird der Eigentumsvorbehalt oftmals im Rahmen der anschließenden Verteilung entwertet.[325] Privilegiert gegenüber allen gesicherten Forderungen sind namentlich die nach der Verfahrenseröffnung entstandenen Forderungen im Sinne des Art. 40 des Insolvenzgesetzes.[326] Wurde der Eigentumsvorbehalt vorher begründet, was regelmäßig der Fall ist, nimmt er innerhalb der Verteilungsordnung lediglich den fünften Rang ein, weshalb Vorbehaltsverkäufer nicht selten mit ihrer Forderung vollständig ausfallen.[327] Etwas besser stehen diese demgegenüber da, wenn der Kaufvertrag erst nach Eröffnung zustande kam[328]; die Forderung ist dann nach Art. 40, al. 3, 3° als drittrangig zu behandeln.[329]

Wie bereits ausgeführt, kann der Vorbehaltsverkäufer in der Insolvenz des Käufers anstelle der Aussonderung der Vorbehaltsware auch den Anspruch auf Herausgabe des unbezahlten Weiterverkaufspreises gegenüber dem Zweiterwerber unabhängig von einer entsprechenden Abtretungsvereinbarung geltend machen. Ein Vorgehen nach Art. 122 ist jedoch nur unter den Voraussetzungen des Art. 121 des Insolvenzgesetzes möglich.[330] Danach darf der Kaufpreis zum einen

---

meldung nicht die verfahrensrechtliche Möglichkeit einer Wiedereinsetzung in den vorigen Stand vor.

324 Zusätzliche Unsicherheiten resultieren aus der Tatsache, daß das Insolvenzgesetz keine Regelungen zu der Form für das Herausgabeverlangen gegenüber dem Verwalter vorsieht. Es empfiehlt sich daher, die *revendication* gleichzeitig beim Insolvenzgericht geltend zu machen. Vgl. *Pérochon*, RDS 1994, 251 (252); *Storp*, RIW 1996, 464 (467).

325 Vgl. *Schulz*, S. 163f.

326 Insbesondere sind die Forderungen der Arbeitnehmer, die Verfahrenskosten und Darlehen vorrangig zu befriedigen.

327 *Schulz*, S. 164. *Schulz* weist jedoch auf die Möglichkeit hin, die nachteiligen Folgen des Art. 40 im Fall der *revendication* zu vermeiden. Dies ist dann der Fall, wenn sich der Verwalter dafür entscheidet, gem. Art. 121 al. 4 den ausstehenden Kaufpreis zu zahlen und dadurch die Herausgabe abzuwenden. Gewährt der Vorbehaltsverkäufer dem Verwalter hierbei einen Zahlungsaufschub, wozu er gesetzlich keineswegs verpflichtet ist, wird seine Forderung so behandelt, als sei sie erst nach Eröffnung des Verfahrens entstanden mit der Folge, daß ihr der dritte Rang zukommt. Vgl. *Storp*, RIW 1996, 464 (468); *Dammann*, ZIP 1996, 300 (304).

328 Art. 40 will einen Anreiz schaffen, trotz der finanziellen Krise Geschäfte mit dem betreffenden Unternehmen zu tätigen, um auf diese Weise die Insolvenz abzuwenden. Im Gegenzug bevorzugt Art. 40 die abschlußbereiten Gläubiger durch Einräumung einer Vorrangstellung, wenn es letztlich doch zur Verfahrenseröffnung kommt, vgl. *Schmidt*, in: Witz/Bopp (Hrsg.), S. 51 (53).

329 *Pérochon*, RDS 1994, 251 (254); *Storp*, RIW 1996, 464 (468).

330 CA Paris, 5e ch. B, 20 oct. 1982, RDS.1984.IR.1 (3, 6e espèce); Cass. Com., 17 mai 1986, Bull. civ. IV, n° 102.

vom Abnehmer des Vorbehaltskäufers noch nicht vollständig beglichen worden sein.[331] Zum anderen droht die Gefahr des Anspruchsverlustes, wenn das Vorbehaltsgut vor der Weiterveräußerung zwischenzeitlich verarbeitet wurde.[332] Außerhalb des Anwendungsbereichs des Art. 122 kann, auch darauf wurde bereits hingewiesen, der Anspruch auf den Erlös in der Insolvenz des Vorbehaltskäufers zwar auf eine explizite Vorausabtretungsvereinbarung hinsichtlich der künftigen Kaufpreisforderungen gestützt werden. Dieser Abrede kommt im Konkurs aber nur dann Drittwirksamkeit zu, wenn den Besonderheiten des französischen Zessionsrechts entsprochen wurde. Danach kann der Zessionar (= Vorbehaltsverkäufer) die an ihn im voraus abgetretenen Ansprüche gegenüber Dritten[333] (= Abnehmer) ausschließlich dann geltend machen, wenn der Zedent (= Vorbehaltskäufer) die Zession durch eine entsprechende Abtretungsanzeige (*signification*) gegenüber seinen Abnehmern offengelegt[334] hat, vgl. Art. 1690 CC.[335] Nur um den Preis der Aufdeckung seiner Kreditbedürftigkeit ist sonach ein verlängerter Eigentumsvorbehalt in Gestalt einer Vorausabtretungsklausel insolvenzfest. Abgesehen davon steht im Zeitpunkt des Kaufvertragsschlusses zumeist der Abnehmer als Adressat der Mitteilung noch gar nicht fest, so daß schon deshalb die Vereinbarung der Vorausabtretung oftmals unwirksam ist.[336]

Insgesamt erweist sich auch im französischen Insolvenzverfahren die Durchsetzung des nach deutschem Recht vereinbarten einfachen Eigentumsvorbehalts als problematisch.

---

331 Vgl. die Entscheidung zu den wortlautidentischen Vorgängerbestimmungen der Artt. 121, 122 in Artt. 65, 66 des früheren Insolvenzgesetzes CA Toulouse, 27 nov. 1984, RDS.1985.J.185. Andernfalls kann der Verkäufer seine Forderung aus dem Geschäft mit dem Vorbehaltskäufer lediglich als normale Konkursforderung anmelden.

332 Umstritten ist, ob der Verweis des Art. 122 auf den Art. 121 als Rechtsgrundverweis aufzufassen ist. In diesem Fall besteht der Anspruch auf Herausgabe des Erlöses wie für die *revendication* nur dann, wenn die Gegenstände auch noch beim Endabnehmer *en nature* und identifizierbar vorhanden sind. Dies ist nach erfolgter Verarbeitung jedoch regelmäßig nicht der Fall. Zwar hat die Rechtsprechung in einer Entscheidung den Anspruch aus Art. 122 trotz vorausgegangener Verarbeitung zugesprochen. Soweit ersichtlich ist diese Entscheidung jedoch ein Einzelfall geblieben und daher keinesfalls verläßlich. Zweifel insoweit äußert beispielsweise *Schulz*, S. 173 unter Verweis auf *Hübner/Constantinesco*, S. 170.

333 Darunter fallen insbesondere die Gläubiger des Zedenten.

334 Die Offenlegung erfolgt entweder durch eine Abtretungsanzeige (*signification*) an den Schuldner oder aber durch Niederlegung in einer öffentlichen Urkunde, von der er Kenntnis haben muß, vgl. Art. 1690 CC.

335 *Schulz*, S. 180.

336 *Mayer*, JCP 1981, 3019, n° 41; *Hanisch*, IPRax 1992, 187 (189).

(III) Insolvenzeröffnung in England

Nach Ansicht des House of Lords stellt die Vereinbarung eines einfachen Eigentumsvorbehalts kein eigenständiges Rechtsgeschäft zur Bestellung einer Sicherheit in Form des Kaufvertrages dar, weil dem Käufer gerade keine Rechte an der Ware eingeräumt würden.[337] Vielmehr handele es sich hierbei um eine echte und zulässige Bedingung[338], die nicht der für die Sicherheitenbestellung notwendigen Perfektionierung durch Registereintragung bedürfe[339], um Wirkungen gegenüber Dritten zu entfalten.[340] Das Aussonderungsbegehren des Vorbehaltsverkäufers in der Insolvenz des Käufers hängt daher nunmehr nur von der eindeutigen Formulierung der Vorbehaltsklausel im Sinne des § 19 (1) ab.[341] Da dieser Entscheidung[342] nicht nur eine *simple retention of title*, sondern sogar ein erweiterter Eigentumsvorbehalt (*all-monies-clause*)[343], d.h. eine Vereinbarung, wonach der Eigentumsübergang erst nach Befriedigung auch anderer, über den ursprünglichen Kaufpreisanspruch hinausgehender Forderungen des Verkäufers gegen den Käufer erfolgt, zugrunde lag, steht dem Verkäufer auch für den Fall dieser horizontalen Verlängerung seit 1990 der Herausgabeanspruch in der englischen (und schottischen)[344] Insolvenz des Käufers zu, ohne daß es für die Drittwirksamkeit auf die bei der Sicherheitenbestellung einzuhaltenden (Publizitäts-)Voraussetzungen ankommt. Noch in der Vorinstanz zur *Armour*-Entscheidung wurde die Vereinbarung eines Eigentumsvorbehalts unter Bezugnahme auf § 62 (4) Sale of

---

337 Insbesondere hat der Käufer beim Eigentumsvorbehalt nach Ansicht des Gerichts nicht bereits mit Vertragsschluß Eigentum erworben und dieses zur Sicherheit wieder an den Verkäufer zurückübereignet. Vielmehr habe der Verkäufer sein Eigentum zu keinem Zeitpunkt verloren, vgl. Armour v. Thyssen Edelstahlwerke AG [1991] 2 A.C. 339 (340D).

338 Armour v. Thyssen Edelstahlwerke AG [1991] 2 A.C. 339 (354).

339 Vgl. § 93 Companies Act 1989, der eine Aufzählung der registrierungspflichtigen Sicherungsmittel enthält.

340 *Schulz*, S. 121; *Goode*, Legal Problems, S. 112 ff., 118.

341 *Schulz*, S. 120.

342 Armour v. Thyssen Edelstahlwerke AG [1991] 2 A.C. 339 ff. Deutsche Fassung in RIW 1991, 70 m. Anm. *Graupner*; *Mann*, NJW 1991, 608.

343 Sec 19 (subsec 1) Sale of Goods Act sieht ausdrücklich vor, daß der Verkäufer „may reserve the right of disposal of the goods", bis gewisse Bedingungen erfüllt sind. Siehe auch Court of Appeal Clough Mill Ltd v Martin (1985), 1 WLR 111; Armour v Thyssen Edelstahlwerke AG (1991), 2 AC 339 = (1990), 3 WLR 810, dazu RiW 1991, 70-73 mit Anm. *Graupner*; *Roloff*, IPRax 1991, 274 ff.; *Jayme*, FS Serick, S. 241 (247-251); *Hartwieg*, RabelsZ 1993, 607 (629-634).

344 Das schottische Recht stellt gegenüber dem englischen Recht eine eigenständige Rechtsordnung, bestehend aus englischen und vor allem kontinentaleuropäischen Rechtstraditionen dar.

Goods Act 1979[345] dagegen generell als nach schottischem Recht unzulässige[346] vertragliche Begründung einer Sicherheit in Gestalt einer registrierungspflichtigen *charge*[347] bewertet mit der Folge, daß die deutsche Vorbehaltsverkäuferin mit ihrer Herausgabeklage – wie auch sämtliche Verkäufer in gleichgelagerten Fällen – gescheitert war.[348] Auch wenn die Insolvenzfestigkeit des einfachen Eigentumsvorbehalts sowie der der *Armour*-Entscheidung zugrunde liegenden Verlängerungsform inzwischen höchstrichterlich festgeschrieben ist, beansprucht die ursprüngliche Judikatur nach wie vor in bezug auf die übrigen Verlängerungsformen Geltung. Genügt die jeweilige Sonderform nicht den englischen Publizitäts- und Wirksamkeitsanforderungen, so entfaltet sie in der Insolvenz des Sicherungsgebers keine Drittwirkung.[349]

(IV) Zwischenergebnis

Der Rechtsvergleich hat gezeigt, daß die vollumfängliche Berufung der ausländischen lex fori concursus für die Beurteilung der insolvenzrechtlichen Wirkung des nach deutschem Recht wirksamen (einfachen) Eigentumsvorbehalts namentlich im italienischen und französischen Konkurs zu einer Entwertung führt. Regelmäßig wird der deutschen Form der Kaufpreissicherung die Drittwirksamkeit mangels Beachtung der insoweit erforderlichen ausländischen Voraussetzungen abgesprochen. Das ist mit Blick auf den (deutschen) *ordre public* bedenklich. Ob dieser Umstand jedoch zum Schutz der Sicherheiten eine die fremde lex fori concursus zurückdrängende Anknüpfung rechtfertigt, wie dies im deutschen Schrifttum vielfach vertreten wird[350], ist eine zweite Frage. Hinsichtlich der Lösung, die

345 § 62 (4) Sale of Goods Act 1979 lautet: "The provisions of this Act about contracts of sale do not apply to a transaction in the form of a contract of sale which is intended to operate by way of mortgage, pledge, charge, or other security."

346 Abnehmerin der deutschen Stahlproduzentin Thyssen AG war im Fall die schottische Firma Carron Company Ltd.; Armour wurde als Vermögensverwalter der Käuferin bestellt. Die Klage auf Feststellung des Eigentums der Verkäuferin wurde in Schottland erhoben. Nach schottischem Recht kann eine Sicherheit an beweglichen Gegenständen, wie sie von den schottischen Gerichten vorliegend angenommen wurde, grds. nur dann wirksam begründet werden, wenn der Gläubiger diese Gegenstände in Besitz hat, vgl. *Marshall*, Rnrn. 8 ff. Mit dem House of Lords besteht eine gemeinsame oberste Instanz auf Rechtsprechungsebene mit der Folge, daß dessen Entscheidung auch für Schottland bindend war.

347 Wegen § 93 Companies Act 1989 muß eine *charge* über bewegliche Gegenstände, die sich nicht im Besitz des Gläubigers befinden, registriert werden.

348 Vgl. eingehend *Hartwieg*, RabelsZ 57 (1997), 607 (629 ff., 631); *Kessel*, RIW 1991, 812 (817).

349 *Hofmann*, S. 53f.

350 Zum Meinungsstand eingehend unten unter B II. 2.

in § 351 InsO n.F. nunmehr Gesetz geworden ist, wird auf die Ausführungen unter C. III. 4. d) aa) ggg) verwiesen.

bbb) Auslandswirkungen eines Inlandskonkurses

Auf die Frage, welchen Standpunkt das deutsche Recht zur internationalen Reichweite eines in Deutschland eröffneten Insolvenzverfahrens einnimmt, gab das nationale Recht bislang keine Antwort in Form einer ausdrücklichen und eindeutigen Regelung.[351] Insbesondere erfaßte Art. 102 Abs. 1 EGInsO nur den umgekehrten Fall der Reichweite ausländischer Insolvenzverfahren in Deutschland. Dennoch herrscht in Rechtsprechung und Literatur Einigkeit darüber, daß das deutsche Recht für ein inländisches Insolvenzverfahren das gesamte auch im Ausland belegene Vermögen des Insolvenzschuldners beansprucht, mithin vom Grundsatz der Universalität des Verfahrens ausgeht.[352] [353] Diesem extraterritorialen Wirkungsanspruch entspricht in kollisionsrechtlicher Hinsicht die Geltung inländischer Normen, namentlich der deutschen lex fori concursus, im Ausland.[354] Für den Bereich des Insolvenzverfahrensrechts folgt dies schon aus der lex fori-Regel, wonach jedes gerichtliche Verfahren dem Prozeßrecht am Ort der Eröffnung des Verfahrens unterliegt und zwar selbst dann, wenn der Sachverhalt einen Auslandsbezug aufweist.[355] Für das materielle Insolvenzrecht findet diese

351 Nach Ansicht des BGH ist der Universalitätsanspruch des deutschen Rechts aus den §§ 35 und 21 InsO herauszulesen. So beziehe sich § 35 InsO auch auf das im Ausland belegene Vermögen des Schuldners, und § 21 InsO erstrecke ein angeordnetes Verfügungsverbot ebenfalls auf ausländische Vermögenswerte, wobei dies unabhängig von der Frage zu gelten habe, ob die jeweilige ausländische Rechtsordnung das inländische Verfahren anerkennt, vgl. BGH, NJW 1992, 2026.

352 RG, Urt.v. 28.3.1903, RGZ 54, 193 = JW 1903, 182; Urt.v. 5.1.1937, RGZ 153, 200 (206); BGH, Urt.v. 10.12.1976, BGHZ 68, 16 (17); Urt.v. 13.7.1983, BGHZ 88, 147 (150); Urt.v. 11.7.1985, BGHZ 95, 256 (264); OLG Köln, OLGZ 1987, 69 (70). *Ackmann-Wenner*, IPRax 1990, 209; *Bley*, in: Mohrbutter (Hrsg.), § 2, Rn. 61; *Grasmann*, KTS 1990, 157 (159); *Habscheid*, KTS 1989, 593 ff.; *Hanisch*, ZIP 1989, 273 (275); *Heß*, S. 2f. (6); *Jaeger*, in: Jahr (Hrsg.), Rn. 92; *Lüer*, in: Kuhn/Uhlenbruck (Hrsg.), Rn. 57; *Leipold*, FS Waseda, S. 788; *Merz*, ZIP 1983, 136 (137); *Müller-Freienfels*, FS Dölle II, S. 361f.; *Schmidt*, S. 181.

353 Nach französischem internationalen Insolvenzrecht setzte die uneingeschränkte Anerkennung des ausländischen (deutschen) Insolvenzverfahrens in Frankreich vor Inkrafttreten der Artt. 16 ff. EuInsVO die Durchführung eines Exequaturverfahrens voraus, vgl. *Dostral*, ZIP 1998, 969 (970, 974 ff.).

354 *Lüer* spricht daher auch von einem „kollisionsrechtlichen Universalitätsprinzip", vgl. *Lüer*, in: Uhlenbruck, InsO, Art. 102 EGInsO, Rn. 140.

355 Der deutsche Gesetzgeber hat diese Frage nicht geregelt. Dennoch sind Literatur und Rechtsprechung einhellig der Ansicht, daß grundsätzlich deutsches Insolvenzrecht gelten soll, wenn in der BRepD ein Verfahren eröffnet wird. Vgl. BGH, Urt.v.

Grundnorm des Internationalen Insolvenzrechts ihre Berechtigung in dem auch ausländischen Rechtsordnungen[356] bekannten Gebot der Gleichbehandlung aller Gläubiger (*par conditio creditorum*).[357] Eine umfassende Verwirklichung dieses Prinzips ist dann möglich, wenn die gesamte Schuldenregelung einheitlich dem deutschen Insolvenzstatut zugewiesen wird.[358] Die Einheit des Konkurses wird durch die kollisionsrechtliche Grundnorm des (deutschen) Internationalen Insolvenzrechts prinzipiell gewährleistet.[359] Denn die vollumfängliche Schuldenregelung nach der deutschen lex fori concursus erfaßt das gesamte Vermögen des Insolvenzschuldners ungeachtet seiner Belegenheit im In- oder Ausland.[360] Gleichzeitig wird auf diese Weise sichergestellt, daß die einheitliche Insolvenzabwicklung unter in- und ausländischen Gläubigern gleichermaßen ohne Vorrechte oder Benachteiligungen stattfindet und somit eine in sich geschlossene Schuldenregelung erfolgt.[361]

Von zentraler Bedeutung für die Berechtigung der lex fori-Regel auch bezüglich des materiellen Insolvenzrechts ist schließlich noch der internationalprivatrechtliche Gehalt der Zuständigkeitsnormen.[362] Im IPR gilt das „Prinzip der engsten Verbindung".[363] Es soll nicht die qualitativ beste, sondern die dem Fall am nächsten stehende Rechtsordnung berufen werden. Das deutsche Internationale Insolvenzrecht verfährt dementsprechend, wenn es grundsätzlich für die Wirkun-

---

13.7.1983, BGHZ 88, 147 = JZ 1983, 898 (mit Anm. *Grunsky*). *Gottwald*, in: Gottwald, Insolvenzrechtshandbuch, § 129, Rn. 1; *Lüer*, in: Kölner Schrift zur InsO, S. 297 (304f.); *ders.*, in: Kuhn/Uhlenbruck (Hrsg.), Rnrn. 52 ff.; *ders.*, KTS 1990, 377 (398f.); *Geimer*, IZPR, Rnrn. 3364, 3536; *Wenner*, in: Mohrbutter, Rn. XXIII, 169f. (178f.); *Baur/Stürner*, InsolvenzR, Rn. 37.3 ff. (S. 424 ff.); *Habscheid*, KTS 1989, 593 (599f.); *Jahr*, in: Jaeger (Hrsg.), KO, Rn. 120; *Seeliger*, S. 219 ff. Diese Grundregel war in Art. 1 RefE EGInsO ausdrücklich festgeschrieben: „Das Insolvenzverfahren und seine Wirkungen unterliegen, soweit dieses Gesetz nichts anderes bestimmt, dem Recht des Staates, in dem das Verfahren eröffnet worden ist."

356 BGH, Urt.v. 11.7.1985, BGHZ 95, 256 (268).*Gottwald*, in: Gottwald (Hrsg.), Insolvenzrechtshandbuch, § 129, Rn. 6; *Hanisch*, FS 100 Jahre KO, S. 149f.; *ders.* ZIP 1983, 1289 (1296); *Florian*, S. 77; *Baur/Stürner*, InsolvenzR, Rnrn. 37.11 ff. (S. 427f.), *Lüer*, in: Kuhn/Uhlenbruck (Hrsg.), Rnrn. 34f.; *Nadelmann*, KTS 1979, 221; *Spennemann*, S. 86 (109).

357 *Favoccia*, S. 18.

358 *Kuhn/Uhlenbruck* (Hrsg.), KO, §§ 237, 238, Rn. 34.

359 *Kuhn/Uhlenbruck* (Hrsg.), KO, §§ 237, 238, Rn. 34.

360 Vgl. BGH, Urt.v. 10.12.1976, BGHZ 68, 1617; BGH, ZIP 1983, 961 (963).

361 *Gottwald*, in: Gottwald (Hrsg.), Insolvenzrechtshandbuch, § 129, Rn. 6; *Florian*, S. 77.

362 Vgl. *Favoccia*, S. 19.

363 *Hanisch*, FS Jahr, S. 455 (458); *Kegel*, IPR, S. 172 ff.; *Keller/Siehr*, IPR, S. 257f.; *v. Bar*, IPR I, Rnrn. 556 ff.; *Kropholler*, IPR, S. 22 ff.; *Sonnenberger*, in: MüKo, Einl. BGB, Rnrn. 552 ff.

gen eines in Deutschland eröffneten Insolvenzverfahrens auf im Ausland befindliche Vermögenswerte des Schuldners die deutsche lex fori concursus für anwendbar erklärt. Dorthin weist die engste Verbindung insolvenzrechtlicher Sachverhalte, da das Verfahren aufgrund der allgemeinen konsensfähigen Zuständigkeitsnormen in dem Staat eröffnet wird, wo der Schuldner den Mittelpunkt seiner wirtschaftlichen Betätigung oder hauptsächlichen Interessen bzw. sonst seinen Wohnsitz hat (vgl. § 3 Abs. 1 InsO).[364]

Ferner trägt die Einheit des Konkurses, welche die territorial unbeschränkte Anwendung der inländischen lex fori concursus für den Inlandskonkurs erstrebt, den maßgebenden kollisionsrechtlichen Interessen Rechnung. Im Interesse des deutschen Insolvenzschuldners sowie der innerstaatlichen Ordnung liegt die Anwendung des deutschen Insolvenzrechts. Denn der wirtschaftliche Zusammenbruch des Insolvenzschuldners stellt in erster Linie eine Störung der inländischen Wirtschaftsordnung dar, die es zu bereinigen gilt.[365] Gleichzeitig entspricht es allgemeiner Verkehrserwartung, daß in einem solchen Fall auch inländisches Insolvenzrecht vorherrscht.[366]

Diesen Grundsätzen zufolge wird bei Eröffnung eines Insolvenzverfahrens in der BRD im Ausland belegenes dingliches Sicherungsgut vollumfänglich zur nationalen Insolvenzmasse unter Vorherrschaft der deutschen lex fori concursus gezogen. Uneingeschränkt gilt dies zunächst für die Sicherungsgegenstände selbst. Ob auch die an diesen Gegenständen zugunsten ausländischer Gläubiger nach ausländischem Recht bestellten dinglichen Sicherungsrechte dem deutschen Insolvenzstatut unterworfen sind, ist ein anderer Punkt. Letztlich ist dies eine Frage des dort geltenden IIR bzw. der dortigen Praxis. § 351 InsO n.F. regelt nur den Fall der Auslandsinsolvenz. Konsequenterweise müßte es aus deutscher Sicht auch insoweit bei der kollisionsrechtlichen Grundnorm bleiben. In diesem Fall würde das deutsche Insolvenzrecht darüber entscheiden, ob bzw. welche Wirkungen den ausländischen dinglichen Sicherheiten im nationalen Konkurs zukämen und in welchem Maße der ausländische Sicherungsrechtsinhaber bei der Realisierung seiner Sicherheit inländische insolvenzrechtliche Beschränkungen hinzunehmen hätte.

Anders als in der umgekehrten Situation (Anerkennung deutscher Sicherungsrechte in der ausländischen Insolvenz, s.o.) führt die uneingeschränkte Geltung der deutschen lex fori concursus grds. nicht zu einer Entwertung der ausländischen Sicherungsformen. Vielmehr nimmt der ausländische Sicherungsrechtsinhaber im deutschen Konkurs nicht selten eine stärkere Position als im Falle einer

364 *Hanisch*, FS Jahr, S. 455 (458).
365 *Kuhn/Uhlenbruck* (Hrsg.), KO, §§ 237, 238, Rn. 35.
366 *Kuhn/Uhlenbruck* (Hrsg.), KO, §§ 237, 238, Rn. 35.

Insolvenz im eigenen Land ein.[367] Soweit die Aus- bzw. Absonderungskraft von im Ausland begründeten dinglichen Sicherungsrechten, die der deutschen Sachenrechtsordnung unbekannt sind, in Rede steht, läßt das deutsche Recht regelmäßig eine Transposition in bekannte funktionsäquivalente Sicherungsformen zu. Den Boden für die Aufnahme fremder Rechte bereitet die liberale Grundhaltung des deutschen Sachenrechts.[368] Indem es der rechtsgeschäftlichen Bestellung dinglicher Verwertungsrechte grundsätzlich keine Schranken zieht, ermöglicht es die Belastung nahezu sämtlicher Vermögenswerte. Seine Sicherungsrechte unterliegen keinem Typenzwang, sondern sind Produkte freier Vertragsgestaltung, die die im BGB aufgeführten Typen verdrängt haben.[369] Mit dem Sicherungseigentum verfügt das deutsche Recht über ein Sicherungsrecht, welches die am weitesten reichenden dinglichen Verwertungsrechte vermittelt und daher als Auffangtyp für nahezu jedes Sicherungsrecht anderer Staaten fungiert. Mit anderen Worten: Entspricht das überzuleitende ausländische Sicherungsrecht keinem der speziellen deutschen Belastungstypen, übernimmt man es als deutsches Sicherungseigentum.[370] Stellvertretend sei hier auf die besitzlose Auto-Hypothek kraft italienischen Rechts verwiesen. Im Fall hat der BGH[371] eine in Italien bestellte besitzlose Hypothek an einem Pkw in Sicherungseigentum nach Maßgabe des deutschen Rechts umgedeutet. Folglich war die gesicherte Gläubigerin berechtigt, das Fahrzeug vom Besitzer herauszuverlangen, um es nach den für das Sicherungseigentum geltenden Regeln zu verwerten. Nach italienischem Recht hätte aber die Gläubigerin keinen solchen Herausgabeanspruch gehabt, weil ein gerichtliches Verwertungsverfahren vorgeschrieben ist[372]. Weiter hat der BGH[373] entschieden, daß ein nach französischem Recht bgründetes Registerpfandrecht an einem Lkw mit dem deutschen Sachenrecht durchaus verträglich ist und deshalb

---

367 Die Verbesserung der insolvenzrechtlichen Position liegt v.a. daran, daß die Eigentümerbefugnisse, namentlich der Herausgabeanspruch aus § 985 BGB, nicht mit dinglicher Wirkung eingeschränkt werden können.

368 *V. Wilmowsky*, Europäisches Kreditsicherungsrecht, S. 95; *Stoll*, in: Staudinger, IntSachenR, Rn. 359.

369 Vgl. *v. Wilmowsky*, a.a.O., S. 119; *Serick*, Eigentumsvorbehalt I, S. 1-4.

370 Vgl. *v. Wilmowsky*, a.a.O., S. 95 und 105. Z.B. für das englische *trust*; ebenso für das englische und französische Unternehmenspfandrecht.

371 BGH IPRspr 1991, Nr. 70 = NJW 1991, 1415.

372 Vgl. *Jayme*, FS Serick, S. 245; *Kreuzer*, IPRax 1993, 157 (160). Kritisch *Stoll*, in: Staudinger, IntSachenR, Rn. 356, nach dessen Meinung es ausgereicht hätte, die italienische Gläubigerin auf die Erringung eines dinglichen Duldungstitels zu verweisen, mit dessen Hilfe sie die Pfandverwertung nach den Vorschriften über die Zwangsvollstreckung hätte betreiben können (§ 1233 Abs. 2 BGB).

373 BGH, Urt.v. 20.3.1963, BGHZ 39, 173 = IPRspr. 1962-63, Nr. 60 = NJW 1963, 1200 = LM Nr. 20 zu Art. 7 ff. EGBGB; siehe hierzu auch; *Coing*, ZfRVgl 1967, 66f.; *Drobnig*, RabelsZ 1974, 483.

von der deutschen lex fori concursus anerkannt werden muß. In einem anderen Fall[374] schließlich wurde ein nach italienischem Recht nur inter partes wirkender Eigentumsvorbehalt mit Hilfe einer materiellrechtlichen Konstruktion wohlwollend in einen vollgültigen Eigentumsvorbehalt nach deutschem Recht transformiert.

ccc) Zwischenergebnis

Bringt man den Grundsätzen der Universalität und der Einheit des Insolvenzverfahrens entsprechend die lex fori concursus umfassend zur Anwendung, so entscheidet diese nicht nur über das insolvenzrechtliche Schicksal solcher dinglicher Rechte, die an im Eröffnungsstaat befindlichen Vermögensgegenständen bestellt sind. Vielmehr beansprucht diese auch hinsichtlich der im Ausland belegenen Sicherheiten Geltung. Dabei kommt es insbesondere in bezug auf die fiduziarischen Sicherungsformen des deutschen Sachenrechts regelmäßig zum Konflikt zwischen dem Recht des Konkurs- und dem des Belegenheitsstaates mit der Folge, daß die deutschen Sicherungsmittel im Ergebnis in der Insolvenz ins Leere gehen. Demgegenüber behaupten sich die ausländischen dinglichen Sicherheiten zumeist im deutschen Konkurs trotz der Geltung des ihnen unbekannten (deutschen) Konkursrechts. Vor diesem Hintergrund wird zumindest für die Situation des Auslandskonkurses die Berechtigung einer alleinigen Geltung des (ausländischen) Insolvenzrechts in Zweifel gezogen.

II. Die in Deutschland vertretenen Lösungen zur Behandlung dinglicher Sicherheiten und Eigentumsvorbehalte im grenzüberschreitenden Konkurs

1. Die Vorfrage der wirksamen Bestellung der Sicherheit

Über die Frage, ob das dingliche Recht wirksam zur Entstehung gelangt ist, entscheidet die jeweilige lex rei sitae, auf die das IPR des Forumstaates regelmäßig verweist. Diese kollisionsrechtliche Anknüpfung wird – soweit ersichtlich – auch in Deutschland nicht bestritten, sondern ist vielmehr zu Recht als allgemeiner Grundsatz des Internationalen Sachenrechts anerkannt.[375]

374 BGH, Urt.v. 2.2.1966, BGHZ 45, 95 = IPRspr 1966-67, Nr. 54 = NJW 1966, 879 = LM Nr. 29 zu Art. 7 ff. EGBGB; dazu *Kegel*, JuS 1968, 162 ff; *Siehr*, AWD 1971, 10 (15 ff.).

375 Eingehend zu dieser Frage siehe oben unter B I. 1 sowie B. I. 2. a).

2. *Die Hauptfrage der dinglichen Wirkung der Sicherheit im Konkurs*

a) Überblick

Vorgeschlagen wird zunächst, etwaige Beeinträchtigungen hinzunehmen und im grenzüberschreitenden Konkurs die insolvenzrechtliche Wirkung dinglicher Rechte der lex fori concursus zu entnehmen.[376] Unter Hinweis darauf, daß die Sicherheit gerade zur Absicherung des Insolvenzrisikos bestellt werde, eine Entwertung der Kreditsicherheit daher nicht sachgerecht sei, wird im deutschen Schrifttum demgegenüber vielfach eine vom grundsätzlich maßgeblichen Recht des Eröffnungsstaates abweichende kollisionsrechtliche Lösung befürwortet. Als allseitige Kollisionsregel wird teilweise sogleich das Recht des Lageortes berufen. Gefordert wird zum Schutz des dinglichen Rechts andererseits zumindest eine nur beschränkte Anwendung der lex fori concursus. Rechtstechnisch läuft dieser Ansatz im wesentlichen auf eine kumulierte Anwendung des Insolvenz- und Belegenheitsstatuts mit jeweils unterschiedlicher Priorität des einen oder anderen Rechts hinaus.

b) Die Einheitslösungen

aa) Ausschließliche Geltung der lex fori concursus

Nach weit verbreiteter Ansicht soll es auch im internationalen Insolvenzfall bei der Geltung nur einer Rechtsordnung bleiben. Folgt man der Verfahrensmaxime, wonach gegen einen Schuldner idealiter nur ein einheitliches Insolvenzverfahren[377] unter Einbeziehung sämtlichen, auch im Ausland befindlichen Vermögens[378] durchgeführt werden soll, so ist es nur konsequent, auch materiellrechtlich nur eine Rechtsordnung anzuwenden: Das Recht des Konkurseröffnungsstaates als Konkurs- und Gesamtstatut.[379] Sämtliche Verfahrens-[380] und Sachfragen des Insolvenzverfahrens unterstehen bei dieser Lösung der lex fori concursus.

Bezogen auf Sicherungsrechte würde danach das Konkursstatut umfassend über die konkursrechtlichen Wirkungen der Sicherheit entscheiden, namentlich darüber, ob das Recht auch in der Insolvenz Bestand hat, welche Rechte dem In-

---

376 Eingehend zu den verschiedenen Vorschlägen mit Nachweisen sogleich.

377 Hierbei handelt es sich um den Grundsatz der Einheit des Verfahrens.

378 Dieser Grundsatz wird als Universalität des Verfahrens bezeichnet.

379 Vgl. etwa *Lüer*, in: Uhlenbruck, InsO, Art. 102 EGInsO, Rn. 146.

380 Vor allem die Eröffnung des Verfahrens einschließlich der Eröffnungsgründe, seine Organisation, Durchführung und Beendigung.

haber zukommen, und insbesondere welchen Rang die gesicherte Forderung gegenüber anderen bevorrechtigten Forderungen einnimmt. Lediglich bei der Beurteilung der Vorfrage, also der wirksamen Entstehung der Sicherheit, bliebe es der allgemeinen Anknüpfungsregel des (deutschen) Internationalen Sachenrechts (s.o.) zufolge bei der Geltung des Situsrechts.

bb) Ausschließliche Geltung der lex rei sitae

Die zweite mögliche Einheitslösung[381] geht dagegen vom Sicherungsrechtsstatut aus, hält also durchgängig jene Rechtsordnung für maßgeblich, unter deren Geltung das Sicherungsrecht unabhängig vom Insolvenzverfahren besteht. Dies ist grundsätzlich die lex rei sitae. Das Recht des Lageortes regelt danach nicht nur die Voraussetzungen für die Entstehung der Sicherheit, sondern mit seinem Insolvenzrecht auch die Teilfrage der insolvenzrechtlichen Auswirkungen dieses Sicherungsrechts.

c) Kumulationslösungen[382]

Neben diesen beiden Grundpositionen wird weiter eine Kumulation von lex fori concursus und lex rei sitae vorgeschlagen.

Im Kern geht die überwiegende Zahl dieser Kombinationsmodelle wiederum entweder von der grundsätzlichen Maßgeblichkeit des Insolvenzstatuts oder aber der prinzipiellen Berufung des Sicherungsrechtsstatuts aus, gewährt aber dem jeweils anderen Statut ein mehr oder weniger großes Mitspracherecht:[383] Bei Vor-

---

381 *Arnold*, in: Gottwald (Hrsg.), Insolvenzrechtshandbuch, § 122, Rn. 97f.; *ders*. ZIP 1984, 1144 (1146f.); *Ebenroth*, ZZP 101 (1988), 121 (136 ff.); *Heß*, Konkurs und Vergleich, S. 44 ff.; *Lent*, in: Jaeger (Hrsg.), KO, § 50, Rn. 1 (für die abgesonderte Befriedigung); *Ebenroth*, in: MüKo, Nach Art. 10, Rn. 360; *Nussbaum*, S. 193; *Schlosser*, RIW 1983, 473 (479); *Walker*, IPR, S. 506.

382 Vielfach wird im Schrifttum eine kollisionsrechtliche Behandlung dinglicher Sicherheiten in der Weise, die Vorfrage der lex rei sitae und die Hauptfrage der lex fori concursus zu unterstellen, als Kumulationslösung bezeichnet. Die vorliegende Arbeit meint mit Kumulationslösung ausschließlich die parallele Anwendung von lex rei sitae und lex fori concursus im Rahmen der Beurteilung der Hauptfrage.

383 Vgl. *Duursma-Kepplinger*, in: Duursma-Kepplinger/Duursma/Chalupsky (Hrsg.), EuInsVO, Art. 5, Rn. 4; *Taupitz*, ZZP 111 (1998), 315 (332), der jedoch wiederum unzutreffend davon ausgeht, bei Kombination von Insolvenz- und Belegenheitsstatut unter Vorherrschaft der lex fori concursus beschränke sich die Rolle der lex rei sitae auf die Beurteilung der Vorfrage. Da das Recht des Lagestaates nach allgemeinem IPR ohnehin über die Vorfrage entscheidet, kann eine Kumulation nur darin gesehen werden, daß auch dem Belegenheitsstatut Bedeutung hinsichtlich der insolvenzrechtlichen Wirkung der Sicherheit zukommt.

herrschaft der lex fori concursus soll das Konkursstatut zwar primär zuständig sein für die Frage, ob und inwieweit mit dem dinglichen Recht etwa die Befugnis zur Aussonderung oder Absonderung verbunden ist. Dem Belegenheitsstatut wird aber in bestimmten Fällen eine Korrekturfunktion zugemessen. Die umgekehrte Lösung räumt der lex rei sitae eine Vorrangstellung ein und läßt diese grds. (auch)[384] über die insolvenzrechtlichen Wirkungen des Sicherungsrechts entscheiden. Die Korrekturaufgabe wird in diesem Fall der lex fori concursus zugeschrieben.

Uneinigkeit besteht innerhalb dieses Ansatzes über die konkrete Ausgestaltung der Kumulation, namentlich über Art und Umfang der Mitentscheidungsbefugnisse der jeweils anderen Rechtsordnung[385].

aa) Das Prinzip des kleinsten gemeinsamen Nenners

Nach überwiegender Auffassung erschöpft sich die Korrekturfunktion darin, den äußeren Rahmen für insolvenzrechtliche Beschränkungen festzulegen. Insolvenzbedingte Eingriffe sollen danach nur insoweit zulässig sein, als diese nachteiligen Wirkungen auch nach dem Recht des Staates eintreten können, in dem der Gegenstand bei Eröffnung des Verfahrens belegen ist (Korrektur durch das Belegenheitsstatut bei genereller Maßgeblichkeit des Insolvenzstatuts)[386], oder es sollen umgekehrt die vom Recht des Lageortes angeordneten insolvenzrechtlichen Wirkungen nur in dem Maße eintreten, wie sie auch vom Recht des Eröffnungsstaates vorgesehen sind (Korrektur durch das Insolvenzstatut bei grundsätzlicher Berufung der lex rei sitae)[387]. Zulässig sind danach solche Beschränkungen, die vergleichbar auch die andere Rechtsordnung kennt. Gestattet letztere jedoch verglichen mit der primär maßgeblichen schärfere Eingriffsrechte, so soll

384 Die lex rei sitae entscheidet ja bereits über die Vorfrage, s.o.

385 Eingehend zum Meinungsstand *Favoccia*, S. 24f.

386 *Drobnig*, in: Stoll (Hrsg.), Stellungnahmen und Gutachten, S. 177 (180f. und 182) macht einen Vorschlag für die Formulierung einer Kollisionsregel: „Art. 3 (Rechte Dritter): „Die Wirkungen des Insolvenzverfahrens auf das Recht eines Dritten an einem Gegenstand der Masse bestimmen sich nur insoweit nach Art. 2 [= kollisionsrechtliche Grundnorm: Art. 2 (Grundsatz): „Soweit dieses Gesetz nichts anderes bestimmt, unterliegen das Insolvenzverfahren und seine Wirkungen dem Recht des Staates, in dem das Verfahren eröffnet ist"], als diese Wirkungen auch nach dem Recht des Staates eintreten, in dem der Gegenstand bei Eröffnung des Verfahrens belegen ist."

387 Vgl. *Metzger*, S. 131. Zugunsten einer solchen „kollisionsrechtlichen Kumulation" führt *Metzger* an, die Gesamtheit der Gläubiger könne nicht darauf vertrauen, daß dinglich gesicherte Gläubiger insolvenzrechtlichen Einschränkungen unterliegen, die vom Recht des Eröffnungsstaates nicht vorgesehen sind.

es insoweit bei den ursprünglich vorgesehenen Beschränkungen bleiben; schwerwiegendere Eingriffe hält man für ausgeschlossen.

Eine derartige Verknüpfungstechnik von Konkurs- und Belegenheitsstatut kann zutreffend als „Prinzip des kleinsten gemeinsamen Nenners“ [388] bezeichnet werden.

bb) Differenzierung nach der Wirkung des Sicherungsrechts

Das Insolvenzverfahren umfaßt nur das dem Insolvenzschuldner gehörende Vermögen.[389] Drittvermögen unterliegt grundsätzlich nicht dem Zugriff des Insolvenzverwalters. Mit dem Begehren auf Aussonderung wird geltend gemacht, an dem Gegenstand bestehe ein dingliches oder persönliches Recht zugunsten eines Dritten, weshalb dieser nicht Bestandteil der Masse geworden und daher herauszugeben sei.[390] Ob aber der Vermögensgegenstand dem Schuldner gehört und ein solches Recht damit nicht besteht, bestimmt nicht das Insolvenzrecht, sondern das jeweilige Sachstatut.[391]

Da es also bei der Aussonderung im wesentlichen um materiellrechtliche Fragen gehe, seien dingliche Sicherheiten, die zur Aussonderung berechtigten, nach den außerhalb des Insolvenzverfahrens geltenden Sachvorschriften[392], und daher bei einem Auslandsbezug nach den Regeln des Internationalen Sachenrechts, regelmäßig also nach der lex rei sitae, zu bestimmen.[393] Bei Absonderungsrechten, die lediglich ein Recht zur vorzugsweisen Befriedigung aus einem zur Masse gehörigen Gegenstand vermittelten, müsse dagegen aufgrund der verfahrensrechtlichen Prägung dieses Rechtsinstituts die lex fori concursus zur Anwendung kommen.[394] [395]

---

388 So die Bezeichnung von *Favoccia*, S. 42f.

389 Vgl. statt aller *Gottwald*, in: Gottwald, Insolvenzrechtshandbuch, § 40, Rn. 3.

390 *Hess*, InsO, § 47, Rn. 3; *Eickmann*, in: HK-InsO, § 47, Rn. 1; *Lent*, in: Jaeger (Hrsg.), KO, § 43, Anm. 1, 2; *Kuhn/Uhlenbruck*, § 43, Rn. 1 b; *Smid*, InsO, § 47, Rn. 1.

391 *Reithmann/Martiny/Hausmann*, Rn. 1829; *Wimmer*, in: FK-InsO, Art. 102, Rn. 325.

392 Dies ergibt sich für das deutsche Recht aus § 47 Satz 2 InsO.

393 *Gottwald*, in: Gottwald (Hrsg.), Insolvenzrechtshandbuch, § 129, Rn. 20; *Aderhold*, S. 281f.; Jahr, in: Jaeger (Hrsg.), KO, §§ 237, 238, Rnrn. 323 ff. (347); *Heß*, Konkurs und Vergleich, S. 44f.; *Ebenroth*, in: MüKo, Nach Art. 10 EGBGB, Rn. 360; *Geimer*, IZPR, Rn. 3553; *Schlosser*, RIW 1983, 473 (479); *Lüer*, FS Uhlenbruck, S. 843 (852).

394 So die ganz überwiegende Meinung vgl. *Summ*, S. 66f.; *Arnold*, in: Gottwald (Hrsg.), Insolvenzrechtshandbuch, § 122, Rn. 95; *Kuhn/Uhlenbruck*, §§ 237, 238, Rn. 92.

395 Das Reichsgericht sprach sich dagegen in zwei Entscheidungen für die lex fori concursus aus, vgl. RG, Urt.v. 18.2.1880, RGZ 1, 322 und Urt.v. 20.10.1882, RGZ 8,

cc) Sonderanknüpfung vertraglicher Immobiliar- und Mobiliarsicherheiten

Vorgeschlagen wird weiter, für die kollisionsrechtliche Anknüpfung dinglicher Sicherheiten im Konkurs zu differenzieren zwischen Aus- und Absonderungsrechten an (inländischen)[396] Mobilien bzw. Immobilien.[397] Grundsätzlich soll danach die Aus- und Absonderung auch im Auslandskonkurs einheitlich der lex fori concursus unterstellt werden. Mit Rücksicht auf besondere Interessenlagen sei diese kollisionsrechtliche Grundsatzanknüpfung jedoch aufzulockern. Anlaß für eine kollisionsrechtliche Sonderlösung geben nach dieser Auffassung zwei Fallgruppen: Das Bestehen von Aus- und Absonderungsrechten zum einen wegen dinglicher Rechte an (inländischen) Immobilien, und zum anderen an (inländischen) registereingetragenen, beweglichen Gegenständen.

aaa) Aus- und Absonderungsrechte wegen dinglicher Rechte an Immobilien

Eine Sonderanknüpfung unter Berufung des Rechts des Belegenheitsstaates befürwortet *Trunk* zunächst für Aus- und Absonderungsrechte wegen dinglicher Rechte an (inländischen) Immobilien.[398]

Als Grund hierfür wird die besondere Bedeutung von Rechtssicherheit und Verkehrsschutz im Grundstücksverkehr angeführt. So beruhe der Immobiliarkredit darauf, daß der Kreditgeber die Insolvenzfestigkeit der Immobiliarsicherheit im voraus abschätzen könne. Das wirtschaftliche Risiko bei insolvenzrechtlichem Ausfall der Immobiliarsicherheit sei für den Kreditgeber besonders gravierend,

110 (114). Die spätere Instanzrechtsprechung schwankt zwischen lex rei sitae, lex contractus und lex fori concursus, vgl. OLG Hamburg, IPRspr. 1933 Nr. 28; OLG Kiel, IPRspr. 1934 Nr. 1933. Innerhalb der Rechtslehre befürworten einige Autoren die Anwendung der lex rei sitae (körperliche Gegenstände) bzw. der lex causae (unkörperliche Gegenstände), vgl. *Heß*, Konkurs und Vergleich, S. 44 ff.; *Jahr*, in: Jaeger (Hrsg.), KO, §§ 237, 238 KO, Rn. 333; ähnlich *Baur/Stürner*, InsolvenzR, Rn. 37.11; *Seeliger*, S. 240 ff. (259) sowie *Klevemann*, S. 154 mit ausführlicher Übersicht über alle vertretenen Auffassungen S. 145 ff.

396 *Trunk* beschränkt diesen kollisionsrechtlichen Ansatz auf Aus- und Absonderungsrechte an inländischen (deutschen) Mobilien bzw. Immobilien bei Eröffnung eines Insolvenzverfahrens im Ausland. Er formuliert also nur einseitige Kollisionsnormen. Bezüglich der Aus- und Absonderungsrechte an beweglichen bzw. unbeweglichen Gegenständen in Drittstaaten soll es aus seiner Sicht bei der uneingeschränkten Geltung der (deutschen) lex fori concursus bleiben; insoweit eine Sonderanknüpfung zu treffen, sei Aufgabe des ausländischen Belegenheitsstaates. Aus deutscher Sicht sieht *Trunk* keinen Grund, dem Rechtsstandpunkt der betroffenen Drittstaaten vorzugreifen.

397 So der Vorschlag von *Trunk*, S. 293 ff.

398 *Trunk*, S. 294f.

da der Immobiliarkredit typischerweise zur Sicherung hoher Summen eingesetzt werde. Hinzu komme, daß Immobiliarsicherheiten häufig langfristige Darlehen absicherten. Das Konkursforum sei daher bei Vergabe eines Immobiliarkredits schwerer absehbar als bei Sicherheiten, die vorwiegend zur Absicherung kurzfristiger Verbindlichkeiten dienten. Die lex fori concursus berücksichtige diese wirtschaftlichen Besonderheiten nicht in ausreichendem Maße. Die Sicherheit des Immobiliarkredits erfordere daher, das Recht des Belegenheitsstaats der Immobilie zumindest mitzuberücksichtigen.[399]

bbb) Aus- und Absonderungsrechte wegen dinglicher Rechte an registereingetragenen beweglichen Gegenständen

Eine Sonderanknüpfung befürwortet *Trunk* darüber hinaus für Aus- und Absonderungsrechte wegen dinglicher Rechte an (inländischen) registereingetragenen[400], beweglichen Gegenständen[401]. Diese seien in ähnlicher Weise „verstetigt" und verkehrsgeschützt wie Immobilien. Anzuknüpfen sei an den Registerort und damit an inländisches Recht.[402]

ccc) Sonderanknüpfungen im übrigen

Im Anschluß an die soeben beschriebenen Fallgruppen diskutiert *Trunk* weitere Anwendungsfälle für eine kollisionsrechtliche Sonderanknüpfung.[403] In Betracht komme noch eine Ausnahmelösung für Aus- und Absonderung wegen dinglicher Rechte an sonstigen Mobilien sowie für vollstreckungsrechtlich begründete Absonderungsrechte. Beides lehnt *Trunk* jedoch im Ergebnis ab. Im ersten Fall soll

---

399 Nach Meinung von *Trunk* kommen grundsätzlich zwei Lösungen in Betracht: eine (einfache) Sonderanknüpfung an den Belegenheitsort des Grundstücks oder eine Kumulativlösung (lex fori concursus und lex rei sitae). *Trunk* zufolge verdient für das geltende deutsche autonome Recht eine Lösung den Vorzug, die die Elemente aus beiden Modellen verbindet: Eine Sonderanknüpfung allein an den Belegenheitsort des Grundstücks. Da das deutsche Recht bewußt keine gravierenden Eingriffe in Absonderungsrechte an Immobilien vorsieht, bestehe kein Anlaß zu einer Kumulation mit der lex fori concursus. Eine Kumulativanknüpfung ist aus Sicht von *Trunk* nur dann sinnvoll, wenn das ausländische Recht wesentlich geringere Eingriffe vorsieht als das deutsche Recht, vgl. S. 295.

400 *Trunk* meint damit Register, die die sachenrechtlich-örtliche Zugehörigkeit dieser Gegenstände zum Registerstaat dokumentieren sollen.

401 Erfaßt sind insbesondere Schiffe, Flugzeuge, Patente und andere gewerbliche Schutzrechte.

402 Vgl. *Trunk*, S. 295.

403 Vgl. *Trunk*, S. 296f.

es bei der Geltung des Konkursstatuts bleiben, da der kollisionsrechtliche Vertrauenstatbestand bei Mobiliarsicherheiten schwächer sei als bei Immobiliarsicherheiten. Insbesondere bei res in transitu oder anderen vorübergehenden Transfers über die Grenze sei die Sonderanknüpfung an den tatsächlichen Lageort des Sicherungsgutes bei Insolvenzeröffnung fragwürdig. Bei Berufung des Belegenheitsrechts würden eine Reihe von Präzisierungen oder Gegenausnahmen erforderlich. Hinzu komme, daß Mobiliarsicherheiten in der Regel eher zur Absicherung kurzfristiger oder betragsmäßig begrenzter Risiken dienten, dem Gläubiger hier die Einwirkungen einer ausländischen lex fori concursus zum Vorteil der Gläubigergesamtheit eher zumutbar sei als im Bereich des Immobiliarkredits. Die Wertung der konkursrechtlichen Einheit des Verteilungsstatuts verdiene daher grundsätzlich den Vorzug vor dem Vertrauen des Mobiliarsicherungsgläubigers auf Anwendung des Lageortsrechts. Zum Schutz des Sicherungsgläubigers vor unzumutbaren Beschränkungen durch das Insolvenzstatut genüge der *ordre public*-Vorbehalt.

Für eine Sonderanknüpfung im zweiten Fall, also hinsichtlich vollstreckungsrechtlich begründeter Absonderungsrechte[404], fehlt es aus Sicht von *Trunk* bereits an einem Rechtfertigungsgrund. Die Ausnahmeanknüpfung könne keinesfalls auf Vertrauensgesichtspunkte[405] zurückgeführt, sondern allenfalls auf die Wertung gestützt werden, der Ablauf staatlicher Vollstreckungsverfahren solle durch ausländische Insolvenzverfahren unbeeinträchtigt bleiben.[406] Eine solche Wertung entbehre aber jeglicher (gesetzlicher) Grundlage.[407]

dd) Unterscheidung zwischen verwertungs- und verteilungsbezogenen Beschränkungen

Einen anderen Weg hinsichtlich der Behandlung ausländischer Sicherungsrechte beschreitet *v. Wilmowsky*[408]. *V. Wilmowsky* hält es für verfehlt, pauschal auf die Rechtsordnung abzustellen, die über die Einschränkungen von Sicherungsrechten aus Anlaß der Insolvenz bestimmen soll. Anzusetzen sei vielmehr bei einer Auf-

404 Gemeint sind in diesem Zusammenhang v.a. Pfändungspfandrecht, Arrestpfandrecht und das Recht auf vollstreckungsrechtliche Befriedigung aus einem Grundstück.

405 Vor Einleitung der Vollstreckung besteht kein Vertrauen auf die Erlangung eines Absonderungsrechts an bestimmten Gegenständen. Das Vertrauen, ab einem bestimmten Stadium des Vollstreckungsverfahrens ein Absonderungsrecht zu erhalten, ist vergleichsweise schwach und rechtfertigt keine Sonderanknüpfung. Zutreffend *Trunk*, S. 297 Fn. 814.

406 Vgl. *Trunk*, S. 297.

407 *Trunk* stützt sich insoweit vor allem auf § 237 KO.

408 *V. Wilmowsky*, WM 1997, 1461 ff.; *ders.*, EWS 1997, 295 ff. sowie *ders.*, Europäisches Kreditsicherungsrecht, § 7, S. 219 ff.

spaltung des kollisionsrechtlichen Anknüpfungsgegenstands. Hierfür seien zwei Regelungsbereiche zu unterscheiden, die unabhängig voneinander stünden: Zum einen die Entscheidung über das weitere Schicksal des Unternehmens (= Verwertungsentscheidung)[409], und zum anderen die Entscheidung über die Verteilung auf die Geldgeber (= Verteilungsentscheidung)[410].

V. Wilmowsky zufolge ist die Differenzierung nach Verwertungs- und Verteilungsfragen in der Struktur eines jeden Sicherungsrechts angelegt.[411] Jedes Sicherungsrecht vermittele zum einen Verwertungsbefugnisse, die dem Sicherungsnehmer das Recht gäben, zur Befriedigung seiner Ansprüche auf den belasteten Gegenstand zuzugreifen und ihn zu verwerten. Zum anderen verschafften Sicherungsrechte ein Befriedigungsvorrecht. Der Autor geht weiter davon aus, daß die insolvenzspezifischen Einschränkungen dieser Unterteilung folgten und entweder auf die Verwertungsbefugnisse oder das Befriedigungsvorrecht zielten.[412]

Dieser Differenzierung zwischen Verwertung und Verteilung bzw. verwertungs- und verteilungsspezifischen Beschränkungen will *v. Wilmowsky* auch im Kollisionsrecht Rechnung tragen, indem er zwei Fragen aufwirft.[413] Welche Rechtsordnung soll über insolvenzspezifische Einschränkungen der Verwer-

---

409 Bei einem Unternehmen gibt es verschiedene Möglichkeiten der Verwertung. Eine Möglichkeit ist, das Unternehmen zu beenden und die Vermögensgegenstände des Unternehmens einzeln zu verkaufen. Dann werden die Betriebsgrundstücke, die Maschinen, das Mobiliar, die Warenvorräte, die Urheberrechte und Patente und alle sonstigen Gegenstände einzeln veräußert. Das ist die Verwertung durch Auflösung des Unternehmens (sog. Liquidation). Die Alternative ist die Fortführung des Unternehmens. Die Verwertung durch Fortführung kann in der Form erfolgen, daß das Unternehmen als Ganzes an einen Dritten veräußert wird. Dann ist nicht mehr der Schuldner, sondern der Erwerber der Träger des Unternehmens (sog. sanierende Übertragung). Die Fortführung kann auch in der Form erfolgen, daß der Schuldner das Unternehmen selbst fortführt (sog. Reorganisation). Diese Fortführung ohne Wechsel des Unternehmensträgers setzt voraus, daß die Forderungen gegen den Schuldner gekürzt werden; andernfalls bestünde der Konkursgrund der Überschuldung fort.

410 Bei der Frage der Verwertungsverteilung geht es darum, zu entscheiden, wie die Rückzahlungsansprüche der Geldgeber des Schuldners zu befriedigen sind. Zu diesen Geldgebern gehören die Gläubiger, die dem Schuldner Fremdkapital gesichert, ungesichert oder nachrangig zur Verfügung gestellt haben, sowie die Geber der verschiedenen Formen von Eigenkapital. Dazwischen stehen Mischformen wie Genußrechte und Darlehen von Gesellschaftern. Da das Vermögen des Schuldners zur Befriedigung sämtlicher Geldgeber nicht ausreicht, kommt es entscheidend auf das relative Verhältnis der Geldgeber zueinander, also den Rang der Geldgeber untereinander, an.

411 Vgl. *v. Wilmowsky*, EWS 1997, 295 (298).

412 Vgl. *v. Wilmowsky*, EWS 1997, 295 (299).

413 *V. Wilmowsky*, WM 1997, 1461 (1465); *ders.*, EWS 1997, 295 (299).

tungsbefugnisse und welche soll über insolvenzspezifische Einschränkungen der Verteilungsbefugnisse von Sicherungsrechten entscheiden?

Nach Auffassung von *v. Wilmowsky* beantwortet das Recht des Verfahrensstaates alle Fragen der Insolvenzverwertung. Dies betreffe zunächst, ob und inwieweit dem insolventen Schuldner die Verwaltungs- und Verfügungsbefugnis über sein Vermögen entzogen und auf den Insolvenzverwalter übertragen, und andererseits den Gläubigern die Möglichkeit genommen werde, individuell auf das Vermögen des Schuldners zur Befriedigung ihrer Ansprüche zuzugreifen. Vor allem aber beurteilten sich Eingriffe in die durch dingliche Sicherheiten vermittelten Einzelverwertungsrechte der Insolvenzgläubiger nach dem Insolvenzstatut mit der Folge ihrer Einbeziehung.[414]

Zu einem anderen kollisionsrechtlichen Ergebnis kommt *v. Wilmowsky* für die Verteilungsseite. Hier sollen weder das Insolvenzverteilungsrecht des Verfahrensstaates noch die Insolvenzrechte der Staaten, in denen sich Schuldnervermögen befindet, entscheiden. Ausschlaggebend seien vielmehr diejenigen Rechtsordnungen, die als Schutzstatuten für hilfsbedürftige Gläubigergruppen[415] in Betracht kämen. Berufen für insolvenzspezifische Einschränkungen der zivilrechtlichen Befriedigungsrechte dinglicher Sicherungsrechtsinhaber sei das jeweilige Interventionsstatut[416].

d) Wertung

aa) Vor- und Nachteile einer kollisionsrechtlichen Einheitslösung

Unterstellt man die gesamte Abwicklung des Insolvenzverfahrens insbesondere auch in bezug auf dingliche Sicherheiten uneingeschränkt der lex fori concursus als Insolvenz- und Gesamtstatut, so liegt der Vorteil dieser Einheitslösung klar auf der Hand: Alle Sicherungsrechte werden – unabhängig davon, wo sie welt-

---

414 *V. Wilmowsky*, WM 1997, 1461 (1466).

415 *V. Wilmowsky* spricht hier solche Rechtsordnungen an, die aus sozialstaatlichen, umweltpolitischen oder anderen Gründen des Allgemeinwohls rechtlichen Schutz zugunsten bestimmter Gläubiger im Wettbewerb um Befriedigungsrechte am Schuldnervermögen bieten. So entscheidet über eine eventuelle Besserstellung der Verbraucheransprüche in der Insolvenz des Unternehmens das Insolvenzverteilungsrecht desjenigen Staates, in dem der Verbrauchervertrag angebahnt wurde. Eine denkbare Privilegierung von Pflichten gegenüber der natürlichen Umwelt beurteilt sich demgegenüber nach dem Insolvenzrecht des Staates, in dem das beeinträchtigte Umweltgut belegen ist. Vgl. *v. Wilmowsky*, WM 1997, 1461 (1471).

416 *V. Wilmowsky*, WM 1997, 1461 (1471).

weit lokalisiert sind – völlig gleich behandelt.[417] Die internationale Problematik wird damit gewissermaßen ausgeblendet und das Insolvenzstatut wirklich universal zur Anwendung gebracht.[418] Dies fördert die einheitliche Erfassung, Verwaltung, Verwertung und Verteilung der Masse und wirkt der durch fremde Sicherungsrechte befürchteten Masseauszehrung entgegen.[419] Die allseitige Geltung der lex fori concursus dient der Gerechtigkeit und Rechtssicherheit in grenzüberschreitenden Insolvenzfällen und entspricht dem Grundsatz der Gläubigergleichbehandlung (*par conditio creditorum*).[420] Zudem setzt sie in materieller Hinsicht die verfahrensrechtlichen Prinzipien der Einheit und Universalität des Insolvenzverfahrens um. Überdies kann eine einheitliche Anwendung des Rechts des Eröffnungsstaates im Insolvenzverfahren wegen der Ausrichtung am Schicksal des Gemeinschuldners und angesichts der Möglichkeit, auf verschiedene Länder verteilte Verbundwerte einzubeziehen, auch in besonderem Maße einer Sanierung dienlich sein.[421] Darüber hinaus erleichtert diese einheitsfreundliche Lösung die Arbeit des Verwalters, dem nur der Umgang mit dem Konkursstatut vertraut sein muß, nicht aber zusätzlich über umfassende Kenntnisse im Recht der sonstigen Mitgliedstaaten zu verfügen braucht.[422]

Ein entscheidender Nachteil der ausschließlichen Berufung der lex fori concursus bezüglich der insolvenzrechtlichen Wirkungen dinglicher Sicherheiten liegt jedoch in folgender Konsequenz: Nach dieser Lösung stehen Inhaber ausländischer Sicherungsrechte im Vergleich zur Anwendung des ihnen vertrauten Sicherungsrechtsstatuts verhältnismäßig schlecht da, wenn ihr Sicherungsrecht von der lex fori concursus nicht als Vorrecht anerkannt oder aber mit besonderen Beschränkungen versehen wird.[423] In diesem Fall beläuft sich die Sicherungswirkung, deretwegen das Recht gerade bestellt wurde, auf Null. Es bestünde eine nicht unerhebliche Gefahr der Entwertung der Sicherheit insbesondere bei Staaten mit weitreichenden Eingriffsbefugnissen.[424] Berücksichtigt man weiter, daß

417 Zutreffend *Taupitz*, ZZP 111 (1998), 315 (331); *Gottwald*, in: Gottwald (Hrsg.), Insolvenzrechtshandbuch, § 129, Rn. 6.

418 *Duursma-Kepplinger*, in: Duursma-Kepplinger/Duursma/Chalupsky (Hrsg.), EuInsVO, Art. 5, Rn. 3.

419 *Geimer*, IZPR, Rnrn. 3376 ff.; *Gottwald*, in: Gottwald (Hrsg.), Insolvenzrechtshandbuch, § 129, Rn. 6.

420 In diesem Sinne *Gottwald*, in: Gottwald (Hrsg.), Insolvenzrechtshandbuch, § 129, Rn. 6.

421 *Potthast*, S. 153.

422 In diesem Sinne auch *Potthast*, S. 152; *Hanisch*, FS 100 Jahre KO, S. 139 (152).

423 Vgl. *Potthast*, S. 152; *Taupitz*, ZZP 111 (1998), 315 (331); Eine mögliche Schlechterstellung der Gläubiger mit Sicherheiten im Nicht-Eröffnungsstaat räumt auch *Lüke*, KTS 1986, 1 (17), ein.

424 Dazu eingehend siehe oben unter B. I. 2. b) bb).

zum Zeitpunkt der Bestellung der Sicherheit nicht klar vorhersehbar ist, ob, wann und in welchem Mitgliedstaat es zur Eröffnung eines Insolvenzverfahrens kommen wird, ist dieses Risiko – vor allem bei Mobiliarsicherheiten – auch nicht kalkulierbar.[425] Bei dieser ungewissen Rechtslage wird ein Kreditgeber nicht selten von der Bewilligung eines Darlehens absehen. Der Realkredit als sicherste Kreditform wäre in Frage gestellt. Eine Unterkapitalisierung würde nicht nur die Funktionsfähigkeit der nationalen Wirtschaft, sondern auch die internationalen Warenströme beeinträchtigen.[426]

Verkehrssicherungsinteressen, der Schutz wohlerworbener Rechte (und damit letztlich der Vertrauensschutz) sowie das Funktionieren des Wirtschaftskreislaufs streiten daher für eine Geltung des Belegenheitsstatuts bei der Bestimmung der insolvenzrechtlichen Wirkungen dinglicher Sicherheiten.[427] Des weiteren verpflichtet der Grundsatz der *par conditio creditorum* nicht schematisch zur Gleichbehandlung aller Gläubiger, sondern beinhaltet zugleich ein Differenzierungsgebot.[428] Dieses könnte durch die Trennung von ausländischem Sachrecht und seiner Haftungsverwirklichung verletzt sein.[429] Ein Auseinanderfallen von Sachrecht und Haftung entfiele bei durchgängiger Anwendung des am Lageort geltenden Rechts. Der lex rei sitae unterlägen dann Begründung, Bestand und insolvenzrechtliche Durchsetzung der Sicherheit. Das Absonderungsrecht wäre dem Sachenrecht zugeordnet.[430] Auf diese Weise wären gleiche Bedingungen unabhängig vom Eröffnungsstaat garantiert.[431] Vermieden würde eine etwaige Besserstellung des Sicherungsnehmers in der Auslandsinsolvenz.[432] Hinzuweisen

---

425 Weniger groß ist dieses Risiko dagegen bei Immobiliarsicherheiten. Hier ist das Recht des Eröffnungsstaates für den Gläubiger regelmäßig im voraus bestimmbar. Die internationale Zuständigkeit für die Eröffnung eines territorial nicht beschränkten Insolvenzverfahrens ist im allgemeinen bei dem Staat angesiedelt, mit dem der Schuldner am engsten verbunden ist, sei es, daß er dort seinen allgemeinen Gerichtsstand hat oder sei es, daß sich dort der Mittelpunkt seiner wirtschaftlichen Betätigung, seine Hauptniederlassung oder dergleichen befindet. In diesem Sinne *Favoccia*, S. 36.

426 Eine Gefährdung der Kreditversorgung der Wirtschaft befürchtet auch *Wimmer*, in: FK-InsO, Art. 102, Anh. I, Rn. 85. Ebenso *Duursma-Kepplinger*, in: Duursma-Kepplinger/Duursma/Chalupsky (Hrsg.), EuInsVO, Art. 5, Rn. 11.

427 *Favoccia*, S. 23; *Taupitz*, ZZP 111 (1998), 315 (331); *Duursma-Kepplinger*, in: Duursma-Kepplinger/Duursma/Chalupsky (Hrsg.), EuInsVO, Art. 5, Rn. 3.

428 Zutreffend *Baur/Stürner*, InsolvenzR, Rnrn. 5.37, 62, 6.27 ff.; *Potthast*, S. *152; Pape/Uhlenbruck*, InsolvenzR, II, Kap. 14, Rn. 126.

429 *Baur/Stürner*, InsolvenzR, Rn. 37.14; *Taupitz*, ZZP 111 (1998), 315 (332).

430 Vgl. *Potthast*, S. 152.

431 *Potthast*, S. 152. Vergleiche auch *Neuhaus*, RabelsZ 15 (1949/50), 364 (369) Fn. 2.

432 *Duursma-Kepplinger*, in: Duursma-Kepplinger/Duursma/Chalupsky (Hrsg.), EuInsVO, Art. 5, Rn. 18; *Kolmann*, S. 308.

ist überdies auf das Wesen der Dinglichkeit. So besitzt die lex rei sitae die effektive rechtliche Gewalt über die Sache.[433] Von den Befürwortern der einheitlichen Anwendung des Rechts des Lagestaates wird schließlich auf eine Vereinfachung der internationalen Verhältnisse hingewiesen.[434]

Trotz dieser durchaus beachtenswerten Argumente für eine Erstreckung der lex rei sitae auf die Beurteilung der insolvenzrechtlichen Wirkung der Sicherheiten sind auch dieser kollisionsrechtlichen Lösung erhebliche Einwände entgegenzuhalten. Bedenken ergeben sich bereits hinsichtlich der bei Anwendung des Belegenheitsstatuts behaupteten Verfahrensvereinfachung. Diese ist angesichts der Tatsache, daß der Insolvenzverwalter des Eröffnungsstaates ganz unterschiedliche nationale Rechtsordnungen mit ihren jeweiligen Eigentümlichkeiten beachten müßte, eher zu bezweifeln.[435] Zusätzliche Schwierigkeiten resultieren aus der Kumulation verschiedener Sprachen.[436] Der Einsatz von Dolmetschern und Sachverständigen wäre unvermeidlich und würde sowohl die Kosten als auch die Dauer des Verfahrens potenzieren. Zudem verlangt diese Lösung eine hohe Anerkennungsbereitschaft der lex fori concursus, muß sich diese doch auch solche ausländischen Sicherungsrechte entgegenhalten lassen, denen sie selbst an sich keinen Vorrang gewähren würde.[437] Insbesondere stünden nach dieser Auffassung die Inhaber fremder Sicherungsrechte im Vergleich zur Anwendung der lex fori concursus vergleichsweise gut da, wenn ihr Sicherungsrecht zwar vom Sicherungsrechtsstatut einschließlich des dazugehörenden Insolvenzrechts, nicht aber von der lex fori concursus als Vorrecht anerkannt wird. Sie wären jedoch schlechter gestellt, wenn die lex fori concursus ihnen ein gegenüber dem Sicherungsrechtsstatut sogar noch stärkeres Vorrecht einräumen würde. Je nach dem anzuwendenden Recht hätte die Sicherheit somit unterschiedliche Wirkungen.

433 *Nussbaum*, S. 193; *Meili*, S. 142 (§ 40 II 1 i.V.m. § 40 I 1).

434 Als Grund wird angeführt, daß der Ort der Belegenheit der Sache im allgemeinen gut bestimmbar sei, vgl. *Nussbaum*, S. 193.

435 *Duursma-Kepplinger*, in: Duursma-Kepplinger/Duursma/Chalupsky (Hrsg.), EuInsVO, Art. 5, Rn. 3; *Huber*, ZZP 114 (2001), 153.

436 Das Problem der Kumulation verschiedener Sprachen stellt sich strenggenommen auch bei Zugrundelegung des Universalitätsprinzips unter einheitlicher Berufung der lex fori concursus. Zwar bräuchte der Verwalter des Hauptverfahrens nicht über dezidierte Rechtskenntnisse in den übrigen Ländern, in denen der Schuldner Vermögensgegenstände angehäuft hat, verfügen. Allerdings setzen die Ausübung seiner Befugnisse im Belegenheitsstaat und die Verwertung der betreffenden Gegenstände zumindest Sprachkenntnisse voraus, die er in der Regel nicht haben wird, weshalb er jedenfalls insoweit auf die Unterstützung durch Anwälte, Übersetzer und Dolmetscher angewiesen sein wird. Vgl. *Malangré*, Bericht zum Übereinkommen, PE 228.795/end., S. 11.

437 *Taupitz*, ZZP 111 (1998), 315 (332); *Duursma-Kepplinger*,a.a.O., Art. 5, Rn. 3.

Die Rücksichtnahme auf das Belegenheitsstatut verletzt somit den Grundsatz der Gleichbehandlung der Gläubiger.[438]

Darüber hinaus ist zu bedenken, daß auch bei einer einheitlichen Anknüpfung an die lex rei sitae keineswegs sichergestellt ist, daß der Sicherungsgläubiger im Insolvenzfall die Rechte geltend machen kann, auf die er beim Erwerb der Sicherheit vertraut hat.[439] Fraglich ist die Gewährleistung effizienten Vertrauensschutzes insbesondere im Falle eines Lageortswechsels[440] nach Bestellung der Sicherheit.[441] Ein unter dem alten Statut entstandenes Recht kann nach einem Gebietswechsel immer nur in Übereinstimmung mit dem neuen Statut geltend gemacht werden.[442] Die dem Sicherungsgläubiger nach dem neuen Belegenheitsrecht für den Insolvenzfall zugedachte Rechtsstellung kann von den nach der alten lex rei sitae vorgesehenen Befugnissen aber genausostark abweichen wie bei Maßgeblichkeit der lex fori concursus.[443]

Hinzuweisen ist schließlich auf die besonderen Schwierigkeiten, die eine von der lex fori concursus abweichende Sonderanknüpfung an die jeweilige lex causae mit sich bringt, wenn es darum geht, die Rangfolge der Befriedigung von Insolvenzforderungen zu bestimmen.[444] Angesprochen ist damit die insolvenzrechtliche Behandlung sog. allgemeiner Konkursprivilegien. Obwohl die deutsche InsO seit der Reform auf sämtliche allgemeinen Konkursprivilegien verzichtet, stellt sich die Frage nach der auf solche Rechte anwendbaren Rechtsordnung auch künftig, da die meisten anderen Länder entsprechende Vorschriften kennen.[445] Hält man hierfür das Forderungsstatut des in Rede stehenden Anspruchs[446] oder aber das Lageortsrecht[447] für maßgeblich, so ergibt sich folgen-

---

438 Vgl. *Potthast*, S. 161.

439 So der Einwand von *Favoccia*, S. 33. Siehe auch *Metzger*, S. 129; *Riegel*, S. 196.

440 Zum Problem des Lageorts- bzw. Statutenwechsels eingehend oben.

441 In diesem Fall weicht der Belegenheitsstaat zum Zeitpunkt der Eröffnung des Insolvenzverfahrens von demjenigen zur Zeit der Bestellung der Sicherheit ab.

442 Dies ist unstreitig und nunmehr ausdrücklich in Art. 43 Abs. 2 EGBGB verankert. Vgl. BGH NJW 1991, 1415, 1416; *Drobnig*, RabelsZ 38 (1974), 468 (478); *Kropholler*, § 54 III 1 b (S. 452); *Kreuzer*, in: MüKo, Nach Art. 38 Anh. I, Rnrn. 58, 62, 83f., 101; *Stoll*, in: Staudinger, IntSachenR, Rn. 295. Dieser Grundsatz ist international weit verbreitet, vgl. im einzelnen *Schilling*, ICLQ 34 (1985), 87 (91f.) mwN.

443 Zutreffend *Favoccia*, S. 33f. Daß die Vorherrschaft des jeweiligen Lagerechts für die Geltendmachung dinglicher Sicherheiten im Insolvenzverfahren zu einer „kuriosen Umkehrung der Verhältnisse" führen kann, bestätigt auch *Flessner*, ZIP 1989, 749 (754f.).

444 Umfassend zu diesem Problem vgl. *Metzger*, S. 135 ff.

445 Zu den bereits erwähnten speziellen Vorrechten des französischen und italienischen Rechts siehe oben unter B. I. 1.

446 *Baur/Stürner*, InsolvenzR, Rnrn. 37.11, 37.36.

des Bild: Die Anwendung des Rechts am Lageort des Vermögens, aus dem eine bestimmte Forderung zu befriedigen ist, hieße bei allgemeinen Vorrechten, die ein Recht auf vorzugsweise Befriedigung aus der Gesamtmasse gewähren, daß jeweils aus dem in einem Staat belegenen Vermögen alle Insolvenzforderungen gemäß der im jeweiligen Lageort geltenden Privilegienordnung befriedigt würden. Der Aspekt des Vertrauensschutzes vermag eine solche Anknüpfung jedoch nicht zu rechtfertigen.[448] So fehlt es bei den allgemeinen Vorrechten gerade am Bezug der Forderung zu der Vermögensmasse, die in einem bestimmten Staat belegen ist. Gläubiger, die einem ausländischen Schuldner ohne dingliche Sicherheit Kredit gegeben haben, können nicht schutzwürdigerweise darauf vertrauen, aus einer bestimmten Vermögensmasse unter Anwendung einer bestimmten Rechtsordnung befriedigt zu werden. Sie haben bei der Begründung ihrer Forderung nicht die zwangsweise Befriedigung aus einer bestimmten Sache im Auge gehabt und gesichert und können sich daher nicht darauf verlassen, in den Genuß eines allgemeinen Vorrechts zu kommen, das am Lageort gilt.

Als problematisch erweist sich aber auch eine Alternativanknüpfung an das jeweilige Forderungsstatut.[449] Gegen die Berufung des Forderungsstatuts ist zunächst einzuwenden, daß sie nicht auch in rein nationalen Verfahren, in denen Vermögen nur in einem Staat belegen ist, vorgesehen ist. Hier wird das Recht des Eröffnungsstaates angewandt, ohne danach zu fragen, welchem Recht die angemeldeten Forderungen unterliegen. Allein die Tatsache, daß der Schuldner Vermögen im Ausland hat, kann nicht ohne weiteres die Rangfolge derselben Insolvenzforderungen derart radikal ändern, wie das bei einer Verweisung auf das je-

---

447 *Drobnig*, in: Kegel (Hrsg.), Vorschläge und Gutachten, S. 357 (358).

448 Zutreffend *Metzger*, S. 137.

449 Für die Anwendung des Forderungsstatuts wird ins Feld geführt, die par conditio creditorum, die außer dem Gleichbehandlungs- auch ein Differenzierungsgebot enthalte, gebiete nicht die Gleichbehandlung von Forderungen völlig verschiedener Rechtsordnungen, vgl. *Baur/Stürner*, InsolvenzR, Rnrn. 37.11 ff. und 37.36 ff. Die Anwendung der lex causae ermögliche eine einheitliche Anknüpfung von materiellem Recht und Haftungsverwirklichung sowie eine widerspruchsfreie Behandlung aller Privilegien (*Baur/Stürner*, InsolvenzR, Rn. 37.42). Angesichts des Wildwuchses der Konkursprivilegien (*Amonn*, FS 100 Jahre KO, S. 343 ff.) und der erheblichen Unterschiede in den nationalen Rechten auf diesem Gebiet bestehe ein Interesse der Konkursgläubiger an der Anwendung ihrer eigenen Privilegienordnung (*Habscheid*, ZaöRV 50 (1990), 282 (304)). Angesprochen sind damit Gesichtspunkte des Vertrauensschutzes und der Gedanke wohlerworbener Rechte. Ferner seien die so gefundenen Lösungen unabhängig davon, ob im Einzelfall (nur) ein Konkurs mit universellem Geltungsanspruch oder daneben parallele Separatkonkurse durchgeführt würden (*Baur/Stürner*, a.a.O., Rn. 37.42).

weilige Forderungsstatut der Fall sein könnte.[450] Speziell beim Inlandskonkurs würden die ausländischen Konkursprivilegien, die bei Anwendung der jeweiligen lex causae zu berücksichtigen wären, die Insolvenzmasse aufgrund einer Kumulation in zahlreichen Staaten auszehren.[451]

bb) Vor- und Nachteile einer kollisionsrechtlichen Kombinationslösung

Die Abwägung von Für und Wider der kollisionsrechtlichen Grundpositionen ergibt im Ergebnis kein klares Bild im Sinne einer Präferenz der einen oder anderen Lösung. Zwar hat die alleinige Geltung der lex fori concursus bei der Abwicklung des Insolvenzverfahrens mit ihrer Maßgeblichkeit für die insolvenzrechtliche Wirkung dinglicher Sicherheiten viele Vorteile. Sie verursacht aber bei Anwendung in ihrer Reinform auch erhebliche Nachteile, die bei einer Beurteilung dieser Hauptfrage durch die lex rei sitae nicht entstünden. Allerdings wirft dieser zweite kollisionsrechtliche Ansatz seinerseits Probleme auf, weshalb auch diese Lösung keinen eindeutigen Vorzug verdient.

Alternativ wird daher vorgeschlagen, die Schwächen eines kollisionsrechtlichen Einheitsmodells durch eine kombinierte Anwendung von Insolvenz- und Belegenheitsstatut zu vermeiden.

aaa) Ablehnung des Prinzips des kleinsten gemeinsamen Nenners

Weithin vertreten wird eine Kombination der beiden Statuten in der Weise, für die insolvenzrechtlichen Beschränkungen dinglicher Sicherheiten grundsätzlich auf die lex fori concursus oder aber die lex rei sitae abzustellen, dieser Rechtsordnung jedoch durch die nicht primär berufene eine äußere Grenze zu ziehen.

---

450 *Riegel*, S. 210; *Thieme*, in: Kegel (Hrsg.), Vorschläge und Gutachten, S. 213 (282); *Metzger*, S. 139.

451 *Hanisch*, FS 100 Jahre KO, S. 139 (152). Die Gefahr der Masseauszehrung wird insbesondere im deutschen Recht nach Umsetzung der Insolvenzrechtsreform relevant. Im Zuge der Reform wurden alle bisher geltenden allgemeinen Konkursvorrechte abgeschafft, um mehr Verteilungsgerechtigkeit zu erreichen und den einfachen Gläubigern eine Chance der Befriedigung zu gewähren. Bestimmt man dann im internationalen Konkurs die Rangfolge der Befriedigung nach der lex causae, so wird die Masse von den nach ihrer jeweiligen lex causae vorrangigen ausländischen Forderungen ausgezehrt. Alle Gläubiger, deren Forderung deutschem Recht unterliegt, gingen leer aus. (vgl. *Klevemann*, S. 108f.). Unterliegt dagegen die Privilegienordnung dem Recht des Eröffnungsstaates, so wird das deutsche Reformanliegen, Vorrechte abzubauen, auch im deutschen Insolvenzverfahren mit Auslandsbezug gewahrt, ohne diejenigen Gläubiger, deren Forderung deutschem Recht untersteht, zu benachteiligen.

Zum Zuge kommen danach nur solche Eingriffe, die vergleichbar auch das Korrekturstatut vorsieht (s.o.).

Dieser Lösung liegen im wesentlichen Vertrauensschutzerwägungen zugrunde. Den nationalen Sicherungsgläubigern sollen im Falle des Auslandskonkurses nur solche Beschränkungen zugemutet werden, denen sie auch im reinen Inlandsverfahren ausgesetzt wären. Schärfere oder andere Eingriffsmöglichkeiten sind ausgeschlossen. Existieren im Belegenheitsstaat aber strengere Regeln, so soll dennoch das Recht des Eröffnungsstaates maßgeblich bleiben.

In diesem Fall stünden die Sicherungsrechtsinhaber besser da als bei Eröffnung eines Insolvenzverfahrens im Belegenheitsstaat. Der Katalog der zulässigen Eingriffsbefugnisse ist auf diese Weise am Prinzip des kleinsten gemeinsamen Nenners ausgerichtet.[452] Unabhängig davon, welche Beschneidungen der Sicherungsgläubiger im Insolvenzfall erwarten mußte, könnte er sich immer auf die ihm günstigere Lösung berufen. Ein schutzwürdiges Vertrauen der Gläubiger kann aber nur darin liegen, den insolvenzrechtlichen Stellenwert, den die Sicherheit im Inlandskonkurs einnimmt, auch im Auslandskonkurs beizubehalten. Ein Vertrauen darin, im Falle des ausländischen Konkurses auch von den nationalen Beschränkungen freigestellt zu werden, wurde dagegen nie begründet. Richtigerweise rechtfertigen Vertrauensschutzaspekte somit nur einen Ausschluß solcher Eingriffe, die über solche des Situsrechts hinausgehen. Andernfalls würden nationale Sicherungsinteressen über alle Maßen zu Lasten der Insolvenzmasse berücksichtigt – ein Umstand, der weder erforderlich ist noch dem Sinn und Zweck des Hauptverfahrens entspricht.[453]

Gegen die vorgeschlagene kollisionsrechtliche Kumulation streitet aber noch ein zweites, nicht weniger bedeutendes Argument: das der mangelnden Praktikabilität und Realisierbarkeit[454]. So basiert dieser Ansatz auf der Überlegung, die Beschränkungen von Konkurs- und Belegenheitsstatut ins Verhältnis eines Mehr oder Weniger zu setzen. Vermittelt eine Sicherheit nach dem Recht des Belegenheitsstaates ein Aussonderungsrecht, führt die lex fori concursus dagegen nur zu einer Absonderungsbefugnis, so läßt sich eine solche Beziehung noch herstellen. Auch wenn es darum geht, die Ausübung dinglicher Sicherungsrechte von der Einhaltung gewisser Frist- oder Formerfordernisse abhängig zu machen, die die inländische Rechtsordnung für dieses Sicherungsmittel nicht vorschreibt, ist das Recht des Konkurseröffnungsstaates gegenüber der lex rei sitae eingriffsintensiver. Problematisch wird aber die Herstellung eines solchen Mehr-Weniger-Verhältnisses mit Blick auf die Eingriffsintensität, wenn sich die Beschrän-

452 So die treffende Bezeichnung von *Favoccia*, S. 43.
453 Zutreffend *Metzger*, S. 131.
454 In Übereinstimmung mit *Favoccia*, S. 43.

kungsmöglichkeiten nur schwer gegenüberstellen lassen. Das ist zum Beispiel[455] der Fall, wenn ein Verwertungsmoratorium, verbunden mit einem Recht des Verwalters, das Sicherungsgut ohne Wertausgleichspflicht weiter zu benutzen, in Rede steht. Geht ein solches Verwertungsmoratorium nach der lex fori concursus weiter als ein sofortiges Absonderungsrecht, welches die lex rei sitae, verbunden mit der Pflicht zur Zahlung eines Verfahrensbeitrages, einräumt? Dies läßt sich nicht so ohne weiteres sagen. So kann der Sicherungsgläubiger zwar im ersten Fall die Sicherheit erst nach Ablauf einer bestimmten Zeit verwerten. Ob und in welcher Höhe es zu einer nutzungsbedingten Werteinbuße kommt, ist aber zunächst offen. Im zweiten Fall dagegen kann er sofort verwerten, muß aber dafür sogleich einen unter Umständen nicht geringen Verfahrensbeitrag leisten. Vor dem Hintergrund der starken Regelungsunterschiede im Sachen- und Insolvenzrecht der Mitgliedstaaten erweist sich diese kollisionsrechtliche Lösung also als wenig tauglich.[456]

bbb) Ablehnung der Unterscheidung nach der Wirkung des Sicherungsrechts

In Ansatz gebracht werden daher weitere Kumulationslösungen. Zum Teil wird für das auf dingliche Sicherheiten anzuwendende Recht nach der Wirkungsweise der Sicherheit differenziert: Löse die Sicherheit ein Aussonderungsrecht aus, so sei die lex rei sitae berufen, berechtige sie lediglich zur Absonderung, gelte die lex fori concursus.

Richtig ist dagegen, daß die lex fori concursus das insolvenzrechtliche Schicksal der Sicherungsrechte unabhängig davon bestimmt, ob diese ein Aus- oder Absonderungsrecht vermitteln.[457] Dies ergibt sich bereits daraus, daß die Aussonderung letztlich nur die Kehrseite der Festlegung der Insolvenzmasse ist.[458] Zuzugestehen ist der differenzierenden Lösung, daß die Aussonderung konkursspezifische mit nichtkonkursrechtlichen Elementen verbindet. So betrifft sie die Geltendmachung von Rechten gegenüber dem Insolvenzverwalter, wobei sich die Rechtspositionen selbst aber aus den Regeln außerhalb des Konkurses ergeben. Entgegenzuhalten ist diesem Einwand jedoch, daß bei der Aussonderung nicht primär die Ermittlung der Eigentumslage bezüglich des betreffenden

---

455 Dieses Beispiel wurde *Favoccia*, S. 43, entnommen.

456 So auch die Einschätzung von *Favoccia*, S. 43.

457 *Wenner*, in: Mohrbutter (Hrsg.), XXIII.211 ff.; *Kirchhof*, WM 1993, 1401 (1404); *Lüer*, in: Kuhn/Uhlenbruck (Hrsg.), §§ 237, 238 KO, Rnrn. 67 und 92; *Lau*, BB 1986, 1450 (1451); *Riegel*, S. 201; für Mobiliarsicherungen auch *Favoccia*, S. 50 und 86; *Trunk*, S. 136 ff.; *Hanisch*, IPRax 1992, 187 (190); *ders.*, FS Jahr, S. 455 (466); *ders.*, FS Lalive, S. 61 (66); zweifelnd *Prütting*, ZIP 1996, 1277 (1284).

458 Vgl. *Trunk*, S. 136.

Gegenstands und damit ein materiellrechtliches Problem im Vordergrund steht. Sondern bei der Aussonderung geht es hauptsächlich darum, einen verfahrensrechtlichen Weg zur Verfügung zu stellen, die zu Unrecht zur Konkursmasse gezogenen Gegenstände herauszuverlangen.[459] Wenn aber primär verfahrensrechtliche Aspekte in Rede stehen, so muß auch an den nach Internationalem Privatrecht bei Verfahrensfragen geltenden lex-fori-Grundsatz[460] angeknüpft werden.[461] Das bedeutet, daß bei einem ausländischen Konkurs mit Inlandswirkung sich die Frage der Aussonderung grundsätzlich nach der lex fori concursus beurteilt.[462] Das Recht des Eröffnungsstaates bestimmt dementsprechend, ob generell eine Aussonderung möglich ist, welche Rechte zur Aussonderung berechtigen und welche sonstigen verfahrensmäßigen Anforderungen[463] zu erfüllen sind, um einen Aussonderungsanspruch geltend machen zu können.[464] Davon zu trennen ist wiederum die Frage, nach welchem Recht das Entstehen des im Wege der Aussonderung geltend gemachten Sicherungsrechts zu beurteilen ist. Wie bereits dargestellt, beantwortet diese Frage die jeweilige lex causae (s.o.).

Die Vermischung verschiedener Aussonderungsstatute zöge überdies vielfältige Normenkonflikte nach sich.[465] Zu besonderen Schwierigkeiten führt diese Lösung bei Mobiliarsicherheiten, wo die Grenze zwischen Aussonderung und Absonderung verschwimmt.[466] Auch Gesichtspunkte des Vertrauensschutzes

---

459 Zutreffend *Summ*, S. 64; *Sonnenberger*, Quartalshefte der GZ IV/1986, 9 (28).

460 Zur lex fori im Verfahrensrecht vgl. *Kegel*, in: Soergel, Vor Art. 7, Rn. 639; *Sonnenberger*, in: MüKo, Einl., Rnrn. 294 ff.; *Kegel*, IPR, S. 688f.; *Kropholler*, IPR, S. 470 ff.

461 *Sonnenberger*, Quartalshefte 1986/IV, 9 (28f.); *Kegel*, in: Soergel, Vor Art. 7, Rn. 639 (S. 400) führt als Beispiel für die Anwendung der lex fori-Regel ausdrücklich die „verfahrensrechtliche Seite des Konkurses" an, vgl. auch *Kegel*, in: Soergel, Vor Art. 7, Rn. 699.

462 Im Verhältnis BRepD – Österreich wird diese Frage durch den deutsch-österreichischen Konkursvertrag ausdrücklich geregelt. Art. 18 Abs. 1 des Vertrages bestimmt, daß sich die Frage der Aussonderung, Absonderung etc., nach dem Recht desjenigen Vertragsstaates bestimmt, in dem sich die davon betroffenen Vermögensgegenstände zur Zeit der Konkurseröffnung befinden.

463 Vgl. z.B. die Anforderungen nach art. 121 Abs. 2 des französischen Gesetzes vom 25.1.1985 über die Sanierung und Liquidation von Unternehmen.

464 Vgl. *Sonnenberger*, Quartalshefte 1986/IV, 9 (28f.); *Summ*, S. 64.

465 So werden nach manchen Insolvenzrechten aussonderungsberechtigte Gläubiger in das Konkursverfahren einbezogen, unterliegen einem zumindest vorläufigen Zugriffsstopp und müssen unter Umständen einen Beitrag zu den Kosten des Insolvenzverfahrens leisten. Vgl. *Trunk*, S. 137.

466 Vgl. *Trunk*, S. 138, unter Hinweis auf das deutsche Recht. Der Eigentumsvorbehalt berechtigt nach h.M. im Konkurs des Vorbehaltskäufers zur Aussonderung. Sicherungseigentum und Sicherungsabtretung dagegen ermöglichen lediglich die Absonderung.

sprechen nicht zwingend für eine Differenzierung nach einzelnen Aussonderungsgegenständen. Mit der Eröffnung eines Insolvenzverfahrens jedenfalls am Domizil des Schuldners muß gerechnet werden. Zudem wird das Bedürfnis nach kollisionsrechtlichem Vertrauensschutz dadurch relativiert, daß alle Insolvenzrechte eine Aussonderung schuldnerfremder Gegenstände grundsätzlich zulassen.[467] Die Unterschiede der nationalen Rechte beziehen sich eher auf technische Fragen der Durchsetzung des Aussonderungsrechts im Konkurs.[468] Schließlich kann in vielen Fällen im Belegenheitsstaat des Aussonderungsgegenstandes ein Parallelinsolvenzverfahren eröffnet werden, in dem regelmäßig die dortigen Aussonderungsbestimmungen Anwendung finden.

Im Ergebnis ist damit auch der Ansatz, für die Frage des auf dingliche Sicherheiten im Konkurs anwendbaren Rechts nach der Wirkungsweise des Sicherungsrechts zu differenzieren, zu verwerfen.

ccc) Ablehnung der Differenzierung in verwertungs- und verteilungsbezogene Beschränkungen

Sehr viel plausibler erscheint dagegen der differenzierende Ansatz *v. Wilmowsky's*, der die Frage des auf dingliche Sicherheiten anwendbaren Rechts nicht pauschal beantwortet, sondern je nachdem, ob der Bereich der Verwertung oder der Verteilung des Schuldnervermögens betroffen ist, kollisionsrechtlich verschieden anknüpft: Verwertungsbezogene Einschränkungen sollen der lex fori concursus unterstehen, verteilungsbezogene Beschränkungen dagegen diversen Schutzstatuten zugewiesen werden.

Das Anliegen *v. Wilmowsky's* besteht darin, die Differenzierungen, die das Sachrecht macht, auch im Internationalen Insolvenzrecht mitzuvollziehen. Da Sicherungsrechte von ihrem materiellrechtlichen Gehalt zum einen sowohl Verwertungsbefugnisse als auch Befriedigungsvorrechte an Gegenständen des Schuldnervermögens vermitteln, und zum anderen das materielle Insolvenzrecht diese Unterscheidung in verwertungs- bzw. verteilungsspezifische Beschränkungen aufgreift, spricht einiges dafür, dieser Differenzierung auch im Kollisionsrecht bei grenzüberschreitenden Konkursen Rechnung zu tragen. So einleuchtend dieser Ansatz auf den ersten Blick auch sein mag, werden doch bei etwas genauerer Prüfung zum Teil recht erhebliche Schwächen offenbar.

Abgesehen von Einwänden betreffend die Rechtssicherheit und praktische Durchführbarkeit (dazu s.u.) führt diese Lösung meines Erachtens zu einem bedenklichen Eingriff in die jeweiligen mitgliedstaatlichen Rechtsordnungen, so-

467 In diesem Sinne *Trunk*, S. 137.
468 Vgl. *Trunk*, S. 137.

weit über Einschränkungen des durch Sicherungsrechte gewährten Befriedigungsvorrechts weder das Insolvenzverteilungsrecht der lex fori concursus noch der lex rei sitae, sondern vielmehr diejenigen Rechtsordnungen entscheiden sollen, die als Schutzstatuten für hilfsbedürftige Gläubigergruppen in Betracht zu ziehen sind. Da *v. Wilmowsky* für Beschränkungen der Verwertungsbefugnisse der gesicherten Gläubiger das Insolvenzverwertungsrecht der lex fori concursus als maßgebend erachtet, käme es zu einem Auseinanderfallen von Verwertungs- und Verteilungsstatut und damit zu einer Kumulation von unter Umständen gegensätzlichen Rechtssystemen.

Zwar wird im Schrifttum bei der Frage des auf ausländische dingliche Sicherheiten anwendbaren Rechts in internationalen Insolvenzfällen verbreitet eine kumulierte Anwendung von Insolvenz- und Belegenheitsstatut vertreten. Die Konfrontation der Sicherheit mit verschiedenen Rechtsordnungen ist somit nicht neu. Allerdings gilt die parallele Berufung der jeweiligen Statuten für sämtliche insolvenzspezifischen Fragestellungen; beide Regelungsbreiche, also die Entscheidung über das weitere Schicksal des Unternehmens und die Entscheidung über die Verteilung auf die Kreditgeber, werden kollisionsrechtlich einheitlich behandelt. D.h. hierüber befindet primär die lex fori concursus oder die lex causae (lex rei sitae) unter größerer bzw. geringerer Mitsprache des Belegenheits- bzw. Insolvenzstatuts.

V. Wilmowsky dagegen befürwortet die Geltung abweichender Rechtsordnungen für diese beiden Problemkreise, obwohl beide Bereiche insolvenzspezifische Fragestellungen betreffen. Zwar sind die Bereiche der Insolvenzverwertung und Insolvenzverteilung sachlich-logisch trennbar und damit theoretisch auch kollisionsrechtlich gesondert anknüpfbar, sie sind aber zumindest wertungsmäßig aufeinander abgestimmt und damit Ausdruck der Rechtsvorstellungen der lex fori concursus. Ein Teilbereich des materiellen Insolvenzrechts[469] untersteht bei der Lösung *v. Wilmowsky's* somit einer anderen Rechtsordnung als ein anderer Teilbereich[470]. Auf diese Weise wird die zunächst berufene lex fori concursus durch systemfremde Vorschriften für das Verteilungsverhältnis zwischen den Geldgebern ersetzt.

Derartige Übergriffe stellen das Gesamtgefüge der aufeinander abgestimmten, wohl ausgewogenen und gesetzlich verankerten Wert- bzw. Interessenvorstellungen, die jeder (Insolvenz-) Rechtsordnung immanent sind, in Frage. Eine so verstandene Gläubigerordnung, die durch die zugelassenen Sicherungsformen des materiellen Rechts, prozessualen Vorzugsrechte und die insolvenzrechtliche Rangfolge der Gläubiger geprägt ist, geriete bei der von *v. Wilmowsky* vorge-

469 Der Bereich der verwertungsspezifischen Beschränkungen.
470 Der Bereich der verteilungsbezogenen Beschränkungen.

schlagenen Lösung ins Ungleichgewicht und ist damit abzulehnen. Im deutschen Recht etwa ist die weite Zulassung der Sicherungsübereignung nur dann voll verständlich, wenn man sich vergegenwärtigt, daß es kein Pfandrecht an einem Unternehmen oder an einem wechselnden Bestand von Sachen oder Rechten gibt. Eine Rolle spielt wohl auch die rechtspolitische Erwägung, daß der Gläubiger möglichst nicht im Wege der Einzelzwangsvollstreckung gegen einen Unternehmer vorgehen soll, solange dieser seine Verbindlichkeiten im allgemeinen bedient.[471] Der Gläubiger, dessen Pfändung von einem Sicherungseigentümer abgewehrt worden ist (§ 771 ZPO), mag Konkursantrag gegen den Schuldner stellen und Befriedigung im Insolvenzverfahren suchen. Im französischen Recht dagegen ist die generelle Ablehnung der Sicherungsübereignung dadurch mitbedingt, daß einerseits in den wichtigsten Fällen sondergesetzlich geregelte Registerpfandrechte (einschließlich des Unternehmerpfandrechts) zur Verfügung stehen, andererseits die unbeschränkte Zulassung besitzloser Sicherungsrechte neben dem umfangreichen System prozessualer Vorzugsrechte die nicht privilegierten Gläubiger im Insolvenzverfahren vollends entrechten würde.[472] In jedem Fall ist die Zulassung besitzloser Sicherungsrechte Ausdruck eines Interessenausgleichs, bei welchem das Kreditbedürfnis der Wirtschaft oder bestimmter Wirtschaftskreise gegen die Befriedigungschancen nicht privilegierter Gläubiger im Rahmen einer bestimmten Rechtsordnung abgewogen werden.

Abgesehen von dem Hauptkritikpunkt der partiellen Ersetzung wertungsmäßig zusammengehöriger insolvenzrechtlicher Fragen durch die Vorschriften anderer, systemfremder mitgliedstaatlicher Rechtsordnungen, sprechen gegen den kollisionsrechtlichen Vorschlag *v. Wilmowsky's* noch weitere Aspekte. Zunächst bestehen Bedenken an der Praktikabilität dieses Ansatzes. Wie auch bei den im Schrifttum verbreitet vertretenen Kumulationsmodellen wird der Insolvenzverwalter bei dieser Lösung mit verschiedenen Rechtsordnungen konfrontiert. Daß die Kosten und die Dauer des Verfahrens auf diese Weise vermehrt und damit insgesamt die Abwicklung des Verfahrens eher behindert als erleichtert wird, liegt auf der Hand. Zutreffend räumt *v. Wilmowsky* selbst ein, daß die praktische Durchführung dieses Lösungsansatzes im Einzelfall überaus schwierig sein kann.[473] Probleme insoweit bestünden immer dann, wenn das Insolvenzvermögen noch nicht einmal zur Befriedigung der Forderungen ausreiche, zu deren Gunsten nationale Verteilungsnormen intervenierten und bestehende Verteilungsrechte verdrängten. In diesem Fall könne sich die Frage stellen, in welchem Verhältnis die verschiedenen Rechtsordnungen folgenden Verteilungseingriffe zueinander

---

471 *Stoll*, in: Staudinger, IntSachenR, Rn. 360.
472 *Stoll*, in: Staudinger, IntSachenR, Rn. 360.
473 Vgl. *v. Wilmowsky*, Europäisches Kreditischerungsrecht, S. 338.

stünden und welche Rechtsordnung insofern zu gelten habe. Bei Verteilungseingriffen, die auf gleicher Stufe stehen, spricht sich *v. Wilmowsky* für eine anteilige Befriedigung der jeweils geschützten Forderungen aus.[474] Ergibt sich jedoch der Vorrang der Forderungen aus unterschiedlichen Rechtsordnungen, will der Autor doch wieder die Rechtsordnung des Verfahrensstaates für die Anordnung der anteiligen Befriedigung bemühen und damit an die ursprüngliche kollisionsrechtliche Regel anknüpfen.[475]

Daß *v. Wilmowsky* selbst die Sonderanknüpfung an ausländische Schutzstatuten nicht konsequent betreibt, wird auch daraus ersichtlich, daß er es dem Eröffnungsstaat überläßt darüber zu befinden, ob dem Aufwand, den die Durchführung eines Insolvenzverfahrens bereitet, ein Vorrang vor den ungesicherten Forderungen eingeräumt wird (Privileg der Masseforderungen).[476] Legt aber die lex fori concursus fest, ob beispielsweise die Kosten der Insolvenzverwaltung oder jene aus einer eventuellen Betriebsfortführung als Masseverbindlichkeiten anzusehen sind und damit regelmäßig einen höheren Rang als ungesicherte Forderungen der Insolvenzgläubiger genießen, kann es zu einer Korrektur der vom ausländischen Schutzstatut vorgesehenen Rangfolge kommen mit der Folge, daß das von *v. Wilmowsky* angestrebte Schutzniveau zugunsten bestimmter Gläubigergruppen relativiert wird.

Zudem läuft diese Lösung der grundsätzlich wünschenswerten Gleichbehandlung der Gläubiger innerhalb derselben Gläubigerkategorie (*par conditio creditorum*) zuwider. Überdies provoziert der Vorschlag *v. Wilmowsky's* das sog. *forum shopping*. Des weiteren wird durch die Berufung solcher, von der lex fori concursus abweichender ausländischer Schutzstatuten keineswegs die von *v. Wilmowsky* selbst zum Ziel erklärte Vermeidung der „Territorialisierung der anwendbaren Verteilungseingriffsrechte“[477] erreicht. Die Umsetzung des Universa-

---

474 Zur Verdeutlichung verweist *v. Wilmowsky* auf folgendes Beispiel: Mitgliedstaat A räumt den Lohnforderungen der im Inland beschäftigten Arbeitnehmer Vorrang vor den Sicherungsrechten am Vermögen des Schuldners ein; Mitgliedstaat B interveniert nicht zugunsten der Arbeitnehmer, sondern privilegiert (in derselben Technik wie A) die Produkthaftungsansprüche der auf seinem Markt konsumierenden Verbraucher. Reicht das Schuldnervermögen nicht aus, die durch Ranginterventionen geschützten Forderungen vollständig zu bezahlen, stehen die Gehaltsforderungen der Arbeitnehmer in A und die Produkthaftungsansprüche der Verbraucher in B auf derselben Stufe, so daß sie pro rata zu befriedigen sind.

475 Vgl. *v. Wilmowsky*, a.a.O., S. 338.

476 *V. Wilmowsky*, WM 1997, 1461 (1471).

477 Vgl. *v. Wilmowsky*, Europäisches Kreditsicherungsrecht, S. 336: „Von der derzeitigen Rechtslage unterscheidet sich der hier vorgestellte Ansatz insofern, als er sich gegen die Territorialisierung der anwendbaren Verteilungseingriffsrechte wendet.“

litätsgedankens ist nur bei einheitlicher Berufung des Insolvenzstatuts in Verwertungs- und Verteilungsfragen möglich.

Schließlich sind angesichts der Schwierigkeiten zu überblicken, welche Staaten als Schutzstatuten in Betracht kommen, Einbußen der Rechtssicherheit zu Lasten der Parteien einer Sicherungsvereinbarung zu befürchten.[478] Soweit *v. Wilmowsky* formuliert „Interventionen in die zivilrechtlichen Befriedigungsrechte zum Schutz bestimmter hilfsbedürftiger Gläubigergruppen sind den Insolvenzrechten der diversen Schutzstatuten zu entnehmen“[479], ist überdies völlig unklar, welche Kriterien konkret erfüllt sein müssen, um im Einzelfall als besonders schutzwürdig zu gelten. *V. Wilmowsky* macht hierfür selbst keine konkreten Vorgaben und öffnet damit der Rechtsunsicherheit Tür und Tor. Vielmehr verweist er für die Beurteilung der Schutzbedürftigkeit auf die Linien des EG-Vertrages und auf die Rechtsprechung des EuGH zu den legitimen Interventionsinteressen.[480] Als Beurteilungsmaßstab kommen danach insbesondere zwingende Erfordernisse des Allgemeinwohls, d.h. eine wirksame steuerliche Kontrolle, Verbraucherschutz, Lauterkeit des Handelsverkehrs[481], aber auch Umweltschutz[482] sowie die Aufrechterhaltung des finanziellen Gleichgewichts des Systems der sozialen Sicherheit[483] in Betracht. Von Relevanz sind in diesem Zusammenhang ferner die Belange des Art. 30 EGV (v.a. Gesundheitsschutz). Wenn diese unbestimmten Rechtsbegriffe auch durch die Rechtsprechung vielfach konkretisiert wurden, so ist doch zu bezweifeln, daß sie bestimmt genug sind, schutzwürdige von nicht schutzwürdigen Gläubigern zu unterscheiden und damit verläßlich das maßgebliche Schutzstatut festzulegen.[484]

Angesichts dieser erheblichen Einwände scheidet damit auch der von *v. Wilmowsky* befürwortete Ansatz aus.

---

478 Daß die Voraussehbarkeit der Einschränkungen von Sicherungsrechten zu einem Mangel an Rechtssicherheit führt, räumt *v. Wilmowsky* selbst ein, vgl. a.a.O., S. 339.

479 Vgl. *v. Wilmowsky*, WM 1997, 1461 (1471).

480 Vgl. *v. Wilmowsky*, Europäisches Kreditsicherungsrecht, S. 267.

481 EuGH, Rs. 120/81, Slg. 1979, 649 (662).

482 EuGH, Rs. 302/86, Slg. 1988, 4607.

483 EuGH, Rs. C-120/95, Slg. 1998, I-1831.

484 Die Möglichkeit, eine klare Entscheidung über den Vor- oder Nachrang einer Gläubigerklasse zu treffen, bezweifelt auch die Allgemeine Begründung der Bundesregierung zum Entwurf einer Insolvenzordnung (BR-Drucks. 1/92, S. 90). Der Begründung zufolge sind staatliche Schutzanliegen nicht mehr definierbar und einer Überprüfung durch die zwingenden Erfordernisse des Europarechts nicht mehr zugänglich. Weiter geht die Begründung davon aus, daß sich die Entscheidung über den Vor- oder Nachrang einer Gläubigerklasse nicht auf soziale Gesichtspunkte stützen läßt und daß jeder Vorrechtskatalog letztlich willkürlich ist.

ddd) Ablehnung der Differenzierung zwischen Immobiliar- und registereingetragenen Mobiliarsicherheiten einerseits und sonstigen Sicherheiten andererseits

Nicht zu überzeugen vermag schließlich der Vorschlag *Trunk's*, für die Beurteilung der insolvenzrechtlichen Wirkung dinglicher Sicherheiten an Immobilien sowie registereingetragenen beweglichen Sachen die lex rei sitae zu berufen, es für alle übrigen Sicherungsrechte[485] hingegen bei der Anwendung der lex fori concursus zu belassen.

Zuzugeben ist dieser Ansicht zwar, daß vor allem im Grundstücksverkehr Rechtssicherheit und Verkehrsschutz eine besondere Bedeutung haben. So ist das wirtschaftliche Risiko bei Ausfall von Immobiliarsicherheiten im Konkurs wegen der Absicherung in der Regel recht beträchtlicher Kredite besonders gravierend. Entstammen Belegenheits- und Insolvenzstatut derselben Rechtsordnung, so ist für den Sicherungsnehmer und Kreditgeber bereits bei Bestellung der Sicherheit absehbar, mit welchen insolvenzrechtlichen Folgen bzw. Beschränkungen er gegebenenfalls zu rechnen hat. Ihn dagegen mit einer ihm regelmäßig unbekannten ausländischen Insolvenzordnung und der Gefahr der Entwertung zu konfrontieren, wäre diesen Interessen abträglich. Allerdings kommt es – wie gesehen – nicht selten zu einer Entwertung dinglicher Rechte durch das fremde Insolvenzstatut aufgrund eines Grenzübertritts des Sicherungsgutes und des damit verbundenen Statutenwechsels (s.o.). Erfolgt der Rechtsgebiets- und damit der Statutenwechsel zufällig[486], konnte sich der Sicherungsgläubiger zur Zeit der Bestellung der Sicherheit nicht auf das spätere Insolvenzrecht des Eröffnungsstaates mit seinen Beschränkungen einstellen; Beeinträchtigungen treffen ihn überraschend. Zu beachten ist aber, daß ein Statutenwechsel bei Immobilien naturgemäß von untergeordneter Bedeutung ist (s.o.). Vielmehr beschränkt sich diese Gefahrensituation im wesentlichen auf Mobiliarsicherheiten. In einer Vielzahl von Fällen ist eine Entwertung der dinglichen Immobiliarsicherheit somit gar nicht zu besorgen. Eine pauschale Sonderanknüpfung an das Recht des Belegenheitsortes ist zum Schutz dinglicher Sicherheiten an unbeweglichen Sachen somit oftmals nicht erforderlich.

Was die registereingetragenen dinglich gesicherten Fahrnisgegenstände anbelangt, läßt sich diese Gefahr zwar nicht leugnen. Zudem ist die Registereintragung Ausdruck eines gegenüber publizitätslosen Mobiliarsicherheiten gesteigerten Rechtssicherheits- und Verkehrsschutzinteresses. Jedoch muß im Zeitalter

485 Insbesondere an nichtregistereingetragenen Fahrnisgegenständen, s.o.

486 Zu denken ist insbesondere an die Fälle, in denen es ohne Wissen und Wollen des Gläubigers zu einer Lageortsveränderung kommt.

zunehmender Internationalisierung des Wirtschaftsverkehrs und damit wachsender Mobilität von Personen und Gütern mit der Verbringung von Vermögenswerten ins Ausland gerechnet werden, so daß sich zugleich die Vertrauensschutzwürdigkeit bezogen auf ein konkretes Insolvenzstatut relativiert. Auch hier können im Einzelfall entstehende untragbare Rechtsfolgen für den Sicherungsgläubiger auf andere Weise als durch generelle Berufung der lex rei sitae vermieden werden.[487]

Unverständlich ist weiter die einseitige Privilegierung dinglicher Immobiliarsicherheiten sowie durch Registereintragung verstetigter Mobiliarsicherheiten gegenüber allen sonstigen dinglichen Sicherungsformen. Zum einen ist die Gruppe der erstgenannten Sicherungsmittel im grenzüberschreitenden Verkehr keineswegs die gebräuchlichste. Vielmehr wurde hier bislang auf die (nicht-dinglichen) Personalsicherheiten, vor allem Bürgschaft, (Bank-) Garantie und Akkreditiv, im Vergleich zu allen anderen Sicherungstypen zurückgegriffen.[488] Dies beruht auf dem bereits in der Einleitung festgestellten Umstand, daß bei dieser Form der Kreditsicherheit nicht das Risiko besteht, sich mit unbekannten ausländischen Rechtsordnungen und deren Wirksamkeitsvoraussetzungen auseinandersetzen zu müssen.[489] Inhalt und Umfang dieser Personalsicherheiten beurteilen sich ausschließlich nach dem Inhalt des Bürgschafts-/Garantievertrages bzw. des Akkreditivs[490]. Zum anderen kommen im internationalen Rechtsverkehr bei der Auswahl des konkreten Sicherungsmittels – insbesondere bei Lieferantenkrediten – zunehmend Mobiliarsicherheiten zum Einsatz.[491] Dabei wird die klassische Form der Bestellung eines dinglichen Rechts an einer beweglichen Sache, nämlich die Verpfändung durch Übergabe des Pfandstücks an den Gläubiger, weithin verdrängt durch die Vereinbarung besitzloser Mobiliarsicherheiten.[492] Im Vordergrund stehen hier (einfacher) Eigentumsvorbehalt, Sicherungsübereignung sowie – vor allem bei ausländischen Rechtsordnungen – beschränkte Sicherungsrechte ohne Besitzaufgabe mit oder ohne Registrierung.[493] Eine Schlechterstellung der Inhaber einer publizitäts- bzw. besitzlosen dinglichen Sicherheit durch

---

487 Im einzelnen dazu siehe unten unter C. II. 2. d).

488 *Summ*, S. 79; *Potthast*, S. 143; *Drobnig*, RabelsZ 38 (1974), 468 (469); *Hübner*, ZIP 1980, 825 (828).

489 *Welter*, Dingliche Sicherheiten I, S. 3.

490 *Summ*, S. 79.

491 Vgl. *Kreuzer*, in: MüKo, Nach Art. 38 Anh. I, Rn. 82; *Stoll*, in: Staudinger, IntSachenR, Rn. 318; *Potthast*, S. 143; *Drobnig*, RabelsZ 38 (1974), 468 (469f.)

492 Vgl. *Stoll*, in: Staudinger, IntSachenR, Rn. 318; *Kreuzer*, in: MüKo, Nach Art. 38 Anh. I, Rn. 82, der noch weiter geht, indem er ausführt, das Faustpfand als klassisches Sicherungsmittel sei im grenzüberschreitenden Verkehr bedeutungslos.

493 *Kreuzer*, in: MüKo, Nach Art. 38 Anh. I, Rn. 82; *Stoll*, in: Staudinger, IntSachenR, Rn. 318.

Versagung des für sie regelmäßig günstigeren, weil bekannten, Belegenheitsrechts ist bei dieser Entwicklung nicht nachzuvollziehen.

Gegen die Zuweisung der Sicherheiten an beweglichen Sachen an das Insolvenzstatut und derjenigen an Grundstücken (und registereingetragenen Mobilien) an das Sachenstatut spricht weiter, daß bei der Hauptfrage insolvenzrechtlicher Wirkungen solcher Rechte nicht primär die Form der Verwertung im Vordergrund steht, die nach allgemeiner Meinung der lex rei sitae untersteht. Sondern vor allem geht es um Beschränkungen und Stillhaltepflichten der Sicherungsgläubiger. Diese hängen jedoch nicht eng mit der lex rei sitae zusammen[494].

Schließlich ist zu berücksichtigen, daß die kollisionsrechtliche Anknüpfung im Sinne *Trunk's* regelmäßig einseitig zu Lasten deutscher Sicherungsinhaber geht. Denn den meisten mitgliedstaatlichen Rechtsordnungen sind das nach deutschem Recht besitz- und publizitätslose Sicherungseigentum sowie die Verlängerungs- und Erweiterungsformen des Eigentumsvorbehalts[495] unbekannt und daher insolvenzrechtlich wirkungslos (s.o.). Auf die bei diesem Befund aus deutscher Sicht besonders schutzwürdigen Sicherungsformen will *Trunk* aber das ausländische Insolvenzstatut uneingeschränkt anwenden. Wenn überhaupt die Beurteilung der Aus- und Absonderungskraft dinglicher Rechte kollisionsrechtlich abweichend von der lex fori angeknüpft werden sollte, dann erfordern dies gerade diese Fälle unter Berufung des Insolvenzrechts der (deutschen) lex rei sitae.

eee) Zusammenfassung

Festzuhalten ist im Ergebnis, daß auch eine kollisionsrechtliche Kumulation – jedenfalls in Form der vorgeschlagenen Modelle – keinen deutlichen Gewinn gegenüber einer Universalanknüpfung an die lex fori concursus bzw. die lex rei sitae bringt. In dem Bemühen, den Wert- und Interessenvorstellungen der jeweils

---

494 Vgl. *Drobnig*, in: Stoll (Hrsg.), Stellungnahmen und Gutachten, S. 177 (180).

495 Nahezu keine Probleme bereitet dagegen der einfache Eigentumsvorbehalt. Dieser existiert in fast allen ausländischen Rechtsordnungen und löst dem deutschen Recht vergleichbare Wirkungen in der Insolvenz (Aussonderungsrecht im Käuferkonkurs) aus. Lediglich Luxemburg gesteht dem einfachen Eigentumsvorbehalt lediglich inter partes-Wirkung zu, so daß der Verkäufer im Konkurs des Käufers keinen Herausgabeanspruch hat. Wie in Belgien bereits verwirklicht, ist allerdings auch in Luxemburg eine Reform in Anlehnung an das französische Vorbild geplant. Vgl. *Kaufhold*, S. 37; *Kieninger*, Mobiliarsicherheiten, S. 42 ff.; *Wiesbauer*, ZIP 1981, 1063 (1064). In Luxemburg gelangt man bisher nur über ein gesetzliches Auflösungsrecht, das kraft vertraglicher Vereinbarung zu einer automatischen Vertragsauflösung im Falle des Zahlungsverzuges ausgestaltet werden kann (*clause résolutoire expresse oder pacte commissoire exprès*), zu dem gewünschten Ergebnis, vgl. *v. Bernstorff*, Vertragsgestaltung, S. 145 (160).

anderen tangierten Rechtsordnung Rechnung zu tragen, was grundsätzlich als positiv zu bewerten ist, werden bei dieser Lösung nicht weniger bedeutende Aspekte vernachlässigt. So macht die gleichzeitige Anwendung unterschiedlicher Rechtsordnungen zum einen umfangreiche rechtsvergleichende Untersuchungen erforderlich, die die Insolvenzabwicklung erheblich erschweren und damit auch verteuern. Dies wird in besonderem Maße bei der Bestimmung der Befriedigungsreihenfolge der angemeldeten Insolvenzforderungen bzw. bei der Qualifikation der betreffenden Forderung als eine solche oder als Masseverbindlichkeit, aber auch bei der Festlegung des Rangverhältnisses der Masseschulden deutlich. Befürwortet man eine Verknüpfung etwa dergestalt, daß einem Gläubiger die Privilegierung der lex fori concursus nur dann zugute kommt, wenn sie auch dem Recht, dem die Forderung selbst unterliegt[496] bzw. jedem Belegenheitsstaat[497] bekannt ist[498], ergäbe sich folgende Konsequenz: Um wenigstens ansatzweise Verteilungsgerechtigkeit zu erzielen, müßte aus allen einschlägigen Statuten eine gemeinsame, einheitliche Privilegienordnung entwickelt werden, nach der dann alle Forderungen aus dem gesamten, dem Konkurs unterliegenden Vermögen des Schuldners zu befriedigen wären.[499] Praktisch wäre dies nur durch Angleichung an die entsprechenden Kategorien der lex fori concursus möglich.[500] Es ist jedoch zu bezweifeln, ob eine solche Angleichung zur Aufstellung einer sinnvollen Rangfolge führen kann.[501] Dies mag für Vorzugsrechte aufgrund dinglicher Sicherheiten noch zu leisten sein, da der Inhalt eines dinglichen Rechts isoliert bestimmbar ist. Die Rangfolge der Befriedigung in der Insolvenz definiert sich dagegen immer nur in bezug auf das Gesamtsystem. Mit der Aussage, eine bestimmte Forderung nähme den zweiten Rang ein, ist nichts gewonnen, solange nicht feststeht, welche Forderungen erstrangig befriedigt werden. Einzelne Rangstellen können sinnvollerweise nicht aus dem Zusammenhang der Privilegienordnung herausgelöst und in eine andere eingefügt werden; es fehlt der gemeinsame Maßstab.[502] Unter Umständen kann selbst aus sehr ähnlichen Privilegienordnungen keine gemeinsame gebildet werden. Verwiesen sei hier wiederum auf das Beispiel[503] der Arbeitnehmerforderungen: Befriedigt ein System diese vor den

---

496 Für die Maßgeblichkeit des Forderungsstatuts vgl. *Baur/Stürner*, InsolvenzR, Rnrn. 37.11 sowie 37.36 (s.o.).

497 So der Vorschlag von *Riegel*, S. 209. Seiner Meinung nach soll ein Vorrecht nur dann anzuerkennen sein, wenn dieses im Eröffnungsstaat und in jedem Belegenheitsstaat anerkannt ist.

498 Vgl. *Metzger*, S. 136 und 141.

499 *Stummel*, S. 347; *Spahlinger*, S. 280.

500 Vgl. *Baur/Stürner*, InsolvenzR, Rnrn. 37.36 ff.

501 Bedenken insoweit äußert auch *Metzger*, S. 140.

502 *Metzger*, S. 141.

503 Dieses Beispiel zitiert *Metzger* in diesem Zusammenhang, S. 141.

Verfahrenskosten und entscheidet sich ein anderes für die umgekehrte Lösung, wäre hier zwar noch ein Kompromiß durch Gleichbehandlung beider Verbindlichkeiten möglich. Eine vermittelnde Lösung schiede aber bereits bei Hinzutreten eines dritten Rechts mit stärker abweichenden Lösungen aus.

Festzuhalten ist somit, daß die Herausarbeitung einer einheitlichen Privilegien- und Verteilungsordnung angesichts der nationalen Regelungsunterschiede rechtstechnisch äußerst mühsam und kompliziert, wenn nicht im Einzelfall sogar unmöglich ist. Die Privilegien- und Verteilungsordnung bildet damit das größte Problem für die Bildung einer einheitlichen Vermögensmasse und für die Verwirklichung des Universalitätsprinzips. Die einzig mögliche kollisionsrechtliche Lösung besteht darin, die Insolvenzmasse allein nach der am Ort der Verfahrenseröffnung geltenden Privilegienordnung zu verteilen.[504] Zugleich erweist sich die einheitliche Anwendung des geschlossenen Rechtssystems der lex fori concursus gegenüber der Geltung unterschiedlicher Rechtsordnungen als erheblich einfacher, kostengünstiger und vor allem wertungswiderspruchsfreier.[505] Überdies ist die Bewertung der Interessen der Gläubigergemeinschaft wie gesehen stark mit dem Verfahrensrecht verwoben, was auch gegen eine Ausnahmeanknüpfung spricht.[506]

Hinzuweisen ist in diesem Zusammenhang noch auf die Folgen einer Sonderanknüpfung an die jeweilige lex causae für die Bestimmung der Befriedigungsrangfolge bei Geltung deutschen Rechts.[507] Hier wäre die Kumulation wegen der Abschaffung der Konkursprivilegien nur noch für die Bestimmung der Masseforderungen bedeutsam. Den allgemeinen Konkursprivilegien liegt jedoch – ebenso wie der Bestimmung des Kreises der Masseverbindlichkeiten – nicht primär der Gedanke des Vertrauensschutzes zugrunde. Sie dienen vielmehr der Verwirklichung allgemeinpolitischer, wirtschaftlicher und sozialer Zielsetzungen eines Staates sowie der Sicherung der Funktionsfähigkeit des Verfahrens. Im übrigen entstehen die privilegierten Masseforderungen erst in der Insolvenz und in enger Verbindung mit dieser. Daher könnte sich ein eventuelles schutzwürdiges Vertrauen auf eine bevorzugte Position auch nur auf das Recht des Eröffnungsstaates beziehen.[508] Eine kumulative Anknüpfung an die lex causae (namentlich das Forderungsstatut) würde diejenigen Gläubiger ungerechtfertigt benachteiligen, deren Forderung einem Recht unterliegt, das – wie das deutsche Recht – gegenüber Vorzugsrechten generell zurückhaltender ist.[509]

---

504 Zutreffend *Spahlinger*, S. 280.
505 Im Anschluß an *Metzger*, S. 141 sowie *Spahlinger*, S. 280.
506 *Riegel*, S. 200.
507 Auf diesen Umstand macht *Metzger*, S. 142, aufmerksam
508 *Klevemann*, S. 108.
509 *Klevemann*, S. 108f.

Vergleichbare Schwierigkeiten bereitet eine von der lex fori concursus verschiedene Anknüpfung auch bei den im deutschen Recht unbekannten Vorrechten an einem Inbegriff von Gegenständen, die eine Zwischenstellung zwischen den dinglichen Sicherungsrechten an einzelnen Massegegenständen einerseits und den Konkursprivilegien andererseits einnehmen.[510] Da sie sich auf Sachgesamtheiten in ihrem wechselnden Bestand beziehen können, läßt sich im Zeitpunkt der Entstehung noch nicht feststellen, aus welchen Gegenständen der Gläubiger im Sicherungsfall befriedigt werden wird.[511] Die Tatsache, daß sie wie Absonderungsrechte ein Recht auf bevorzugte Befriedigung auch außerhalb des Konkurses gewähren, spricht für die Anwendung der lex rei sitae. So besteht ein schutzwürdiges Vertrauen dahingehend, daß diese Rechtsposition auch im Insolvenzfall erhalten bleibt. Die Anwendung mehrerer Rechte in einem einzigen Insolvenzverfahren ist hier – anders als bei den allgemeinen Konkursprivilegien – auch rechtstechnisch möglich: Spätestens mit Verfahrenseröffnung steht fest, welche Gegenstände dem Vorrecht unterfallen. Das am Lageort des jeweiligen Gegenstandes geltende Recht bestimmt die Rangfolge der daran bestehenden Rechte. Vor allem bei umfangreichen Vorrechten kann die praktische Abwicklung allerdings sehr aufwendig sein, weshalb eine kollisionsrechtliche Kumulationslösung letztlich nicht zu empfehlen ist.[512]

Wie gesehen, sind in jeder Rechtsordnung die einzelnen Sicherungsformen des materiellen Rechts, die prozessualen Vorzugsrechte und die Rangfolge der Gläubiger im Konkurs aufeinander abgestimmt. Dieser enge, wohl abgewogene Zusammenhang, die Gläubigerordnung[513], würde gestört, wenn man die Wirkungen des Insolvenzverfahrens auf Sicherungsrechte einer anderen Rechtsordnung

---

510 Vorrechte an Sachgesamtheiten (Hauptfälle sind die gesetzlichen *privilèges généraux* des französischen Rechts sowie die rechtsgeschäftlich bestellte anglo-amerikanische *floating charge*) gewähren – anders als Pfandrechte – kein besonderes Verwertungsrecht an bestimmten belasteten Gegenständen, berechtigen aber, wenn der Gegenstand in einem Verfahren der Einzel- oder Gesamtvollstreckung verwertet wird, zur bevorzugten Befriedigung aus dem Erlös.

511 Eingehend zu diesem Problem vgl. *Metzger*, S. 143f.

512 Auf die Abwicklungsschwierigkeiten weist auch *Metzger* hin. Im Ergebnis befürwortet sie jedoch eine vermittelnde Lösung: Sie will danach unterscheiden, ob dem jeweiligen Gläubiger aufgrund seiner Rechtsposition ein Befriedigungsrecht auch außerhalb des Insolvenzverfahrens zukommt oder erst im Verfahren. Im ersteren Fall sei das Vorrecht wie ein dingliches Recht eines Dritten nach dem Insolvenzrecht des Lageortes zu behandeln, im zweiten Fall dagegen wie ein allgemeines Konkursprivileg unter Maßgeblichkeit des Rechts des Eröffnungsstaates. Vgl. *Metzger*, S. 144.

513 *Stoll*, in: Staudinger, IntSachenR, Rn. 300; *Stoll*, RabelsZ 38 (1974), 450 (463).

entnähme.[514] Ein ähnlich enger Zusammenhang besteht zwischen der Regelung dinglicher Sicherheiten im Konkurs und den übrigen Normen des Insolvenzrechts. Die Sicherungsrechte sind nicht nur in die Rechts- und Sozialordnung des Gläubigers, sondern auch in die des Schuldners eingebunden. Einen angemessenen Ausgleich zwischen den Interessen aller Gläubiger eines bestimmten insolventen Schuldners zu finden und dazu notfalls auch die Rechtsposition einzelner Gläubiger einzuschränken, obliegt dem Insolvenzrecht. Diese Aufgabe kann das Insolvenzverfahren aber nur erfüllen, wenn die Masse möglichst nach einheitlichen Regeln erfaßt, verwaltet, verwertet und verteilt wird. Das Verfahren „lebt" gerade von dem funktionierenden Zusammenspiel unterschiedlichster Normen. Löste man aus diesem Verbund einzelne Wirkungen heraus und überantwortete sie anderen Rechtsordnungen, so würde sein Funktionieren insgesamt in Frage gestellt.[515] Somit streitet auch die Konzeption des Insolvenzrechts als zusammengehöriger Normenkomplex für die alleinige Geltung der lex fori concursus als Grundnorm des Internationalen Insolvenzrechts.

Eine kollisionsrechtliche Kumulation stößt zudem auf Schwierigkeiten, wenn sich die von der lex fori consursus und der lex rei sitae vorgesehenen Wirkungen, was häufig der Fall sein wird, nicht in ein eindeutiges Verhältnis von „mehr" oder „weniger" bringen lassen.[516] Selbst wo der Vergleich möglich ist, erschwert er die Rechtsanwendung im Einzelfall erheblich.[517] Zudem kann die isolierte Betrachtung einzelner Wirkungen zu Widersprüchen und Ergebnissen führen, die so weder von der lex rei sitae noch von der lex fori concursus gewollt sind.[518] Dies gilt insbesondere dann, wenn durch die Kumulation überhaupt kein insolvenzfestes Sicherungsrecht besteht, obwohl beide Rechtsordnungen grundsätzlich Sicherungsmöglichkeiten eröffnen wollen.[519]

Festzustellen ist nach allem, daß auch die kumulierte Anwendung von Insolvenz- und Belegenheitsstatut mit einer Reihe nicht unerheblicher Nachteile verbunden ist, weswegen ihr gegenüber der alleinigen Berufung dieser Statute nicht eindeutig der Vorrang gebührt. Da somit im Ergebnis keine der vorgestellten Vorschläge das Problem des auf dingliche Sicherheiten in der Insolvenz anwendbaren Rechts vollends zufriedenstellend löst, sollte es im Grunde bei der kollisionsrechtlichen Grundnorm bleiben: Über die insolvenzrechtliche Wirkung von

---

514 Vgl. insoweit auch *Rott*, S. 9. Dieser Grundsatz ist in Art. 43 Abs. 2 EGBGB gesetzlich verankert.

515 Zutreffend *Metzger*, S. 36 und 128 sowie *Großfeld*, ZIP 1981, 925 (933).

516 Darauf verweisen auch *Favoccia*, S. 43 und 76 sowie *Metzger*, S. 131.

517 *Drobnig*, in: Kegel (Hrsg.), Vorschläge und Gutachten, S. 357 (358); *Riegel*, S. 194.

518 *Metzger*, S. 131; *Favoccia*, S. 78; *Riegel*, S. 194f.

519 Auf diese Gefahr verweist *Riegel*, S. 195.

im Nichteröffnungsstaat belegenen dinglichen Sicherheiten entscheidet richtigerweise das Recht des Eröffnungsstaates.

e) *Eigener Lösungsansatz: Korrektur der lex fori concursus durch die Instrumentarien des IPR*

Nicht verschwiegen werden soll der Ansatz zur insolvenzrechtlichen Behandlung von Kreditsicherheiten, den der Verfasser außerhalb des Anwendungsbereichs der EuInsVO für am überzeugendsten erachtet. Daß die Frage der wirksamen Bestellung des Sicherungsrechts der lex rei sitae vorbehalten sein muß, wurde bereits mehrfach ausgeführt.

Die Beurteilung dinglicher Sicherheiten unterliegt mit Eröffnung des Konkursverfahrens dem Insolvenzstatut. Das Recht des Konkurseröffnungsstaates ist dabei nicht auf die Regelung von Verfahrensfragen, also Fragen der Eröffnung des Verfahrens einschließlich der Eröffnungsgründe, seiner Organisation, Durchführung und Aufhebung beschränkt. Wegen des inneren Zusammenhangs von formellem und materiellem Insolvenzrecht sind auch (insolvenztypische) materiellrechtliche Verhältnisse sowie Wirkungen des Insolvenzverfahrens grundsätzlich der lex fori concursus zu entnehmen.[520] Die lex fori ist somit Vermögens[521]-, Verwaltungs[522]- und Verteilungsstatut[523] zugleich.[524] Dies bedeutet zunächst, daß das Recht des Konkurseröffnungsstaates den Umfang der Insolvenzmasse defi-

---

520 Zutreffend *Geimer*, IZPR, Rnrn. 3373, 3536; *Wenner*, in: Mohrbutter (Hrsg.), Rnrn. XXIII.170 ff.; *Wimmer*, in: FK-InsO, Art. 102, Rn. 319.

521 Insolvenzvermögensstatut: Das Recht des Eröffnungsstaates definiert den Umfang des Vermögens des Schuldners, das zur Insolvenzmasse gehört. Dem Insolvenzvermögensstatut unterfallen alle Regeln, welche der Feststellung, dem Schutz und der Heranziehung der Insolvenzmasse dienen, wie z.B. Auskunfts- und Mitwirkungspflichten des Schuldners, die insolvenzrechtliche Anfechtung und die Beschränkung der Aufrechnungsmöglichkeiten im Insolvenzfall. Hierher gehören auch die Sachnormen des jeweiligen Insolvenzrechts, die zur Wiederherstellung der Insolvenzmasse dienen, wie Schadensersatzansprüche oder Ansprüche auf Herausgabe.

522 Insolvenzverwaltungsstatut: Weiter entscheidet die lex fori concursus über die Rechtsmacht des Insolvenzverwalters zur Besitzergreifung, Verwaltung und Verwertung der Gegenstände und Rechte der Insolvenzmasse sowie zur Gestaltung und Abwicklung aller Rechtsverhältnisse, die Gegenstand des Insolvenzverfahrens sind.

523 Insolvenzverteilungsstatut: Zudem reguliert die lex fori concursus die Passiva im Rahmen des Insolvenzverfahrens, sei es durch Ausschüttung der Quote im Falle der Liquidation oder bei Fortführung im Wege der Zuordnung durch einen Insolvenzplan.

524 Vgl. *Geimer*, IZPR, Rn. 3376; *Gottwald*, in: Gottwald (Hrsg.), Insolvenzrechtshandbuch, § 129, Rn. 6.

niert.[525] Denn die Bestimmung der Insolvenzmasse ist Ausdruck einer insolvenzspezifischen Gesamtabwägung zwischen den Interessen der Konkursbeteiligten, die für das Verfahren einheitlich getroffen werden muß. Die lex fori concursus entscheidet sowohl über die Grenzen der Insolvenzmasse in territorialer und zeitlicher Hinsicht[526] als auch über die Grenzziehung zum insolvenzfreien Vermögen des Gemeinschuldners und zum Vermögen Dritter (Aus- und Absonderung).[527] Entsprechend beurteilt sich die Aus- und Absonderungskraft dinglicher Kreditsicherheiten, d.h. deren Insolvenzfestigkeit, grundsätzlich nach der lex fori concursus. Das Recht des Konkurseröffnungsstaates befindet richtigerweise nicht nur über die Rechtsmacht des Insolvenzverwalters[528] sowie über die Frage, welche Rechte dem Sicherungsrechtsinhaber zukommen und insbesondere welchen Rang die gesicherte Forderung einnimmt, sondern auch darüber, ob und in welchem Umfang insolvenzrechtliche Beschränkungen dinglicher Sicherheiten zulässig sind.[529] Eine derartige kollisionsrechtliche Anknüpfung ergibt sich bereits aus der im Internationalen Insolvenzrecht allgemein anerkannten Grundregel, wonach die jeweilige lex fori concursus grundsätzlich über alle insolvenzspezifischen Fragestellungen entscheidet. Ein konkurstypisches Problem liegt bei Beschränkungen dinglicher Sicherheiten im Insolvenzverfahren gerade vor, da entsprechende Eingriffe am Insolvenzzweck der gleichmäßigen Gläubigerbefriedigung orientiert und damit als insolvenzspezifisch zu qualifizieren sind.[530]

Zunächst setzt diese Lösung auch in kollisionsrechtlicher Hinsicht das verfahrensrechtlich wünschenswerte Prinzip der Einheit und Universalität um: Wird im internationalen Insolvenzfall das gesamte, auch im Ausland belegene Vermögen des Schuldners erfaßt und der Verwertung innerhalb eines einheitlichen Verfahrens zugeführt, so ist es nur konsequent, dieses Verfahren nur einer Rechtsord-

---

525 Ganz hM: z.B. BPatG, Beschl. v. 13.9.1983, IPRspr. 1983 Nr. 208, OLG München, Urt. v. 29.9.1955, IPRspr. 1954/55 Nr. 210; *Trunk*, S. 291; *Lüer*, in: Kuhn/Uhlenbruck, §§ 237, 238 KO, Rn. 76.

526 Einbeziehung von Auslandsvermögen sowie Einbeziehung von Neuerwerb nach Insolvenzeröffnung.

527 Vgl. *Trunk*, S. 292.

528 Gemeint sind die Befugnisse des Verwalters zur Besitzergreifung, Verwaltung und Verwertung der Gegenstände, der Insolvenzmasse und zur Gestaltung und Abwicklung aller Rechtsverhältnisse, die Gegenstand des Insolvenzverfahrens sind.

529 Zutreffend *Wenner*, in: Mohrbutter (Hrsg.), Rn. XXIII.211; *Kirchhof*, WM 1993, 1401 (1404); *Lüer*, in: Kuhn/Uhlenbruck (Hrsg.), §§ 237, 238 KO, Rnrn. 67 und 92; *Lau*, BB 1986, 1450 (1451); *Riegel*, S. 201; *Favoccia*, S. 50 und 86; *Hanisch*, IPRax 1992, 187 (190); *ders.*, FS Jahr, S. 455 (466); *ders.*, FS Lalive, S. 61 (66).

530 Zutreffend *Laut*, S. 127; *Favoccia*, S. 86 ff. (97); *Arnold*, in: Gottwald (Hrsg.), Insolvenzrechtshandbuch, § 122, Rn. 95; *Kirchhof*, WM 1993, 1401 (1403); *Hanisch*, FS Lalive, S. 61 (63); *ders.*, IPRax 1992, 187 (190 bei Fn. 42 mwN.); *Metzger*, S. 122.

nung, dem Recht des Konkurseröffnungsstaates als Insolvenz- und Gesamtstatut zu unterstellen.[531] Die allseitige Anwendung der lex fori concursus fördert die einheitliche Erfassung, Verwaltung, Verwertung und Verteilung der Masse. Sie entspricht dem Grundsatz der Gläubigergleichbehandlung, dient damit der Gerechtigkeit und vermeidet unterschiedliche Entscheidungen von Insolvenzrechtsverhältnissen.[532] Gegenüber diesen vorrangigen Konkurszwecken müssen die jeweiligen Individuallösungen nach der lex rei sitae zurücktreten. Demgegenüber greift der bisher für eine Berufung des Belegenheitsrechts ins Feld geführte Schutzgedanke nur bedingt ein. So ist schwer einzusehen, warum die Insolvenzeröffnung im Inland eine tief einschneidende Unterbrechung aller privatrechtlichen Rechtsbeziehungen bewirkt, bei grenzüberschreitenden Sachverhalten aber die Gefahr eines Eingriffs in internationale Warenströme zu einer rechtlichen Sonderbehandlung aufgrund einer kollisionsrechtlichen Ausnahmeanknüpfung führen soll.[533] Die Tendenz zur Europäisierung und Internationalisierung zivilrechtlicher Rechtspositionen und ebenso insolvenzrechtlicher Fragen läßt hier den Wunsch nach einem Vorrang von Individuallösungen mehr und mehr zurücktreten. Zwar mag im Einzelfall die Gefahr einer Nichtanerkennung der durch die Insolvenzgerichte getroffenen Entscheidungen bzw. von im Eröffnungsstaat unbekannten Sicherungsformen (s.o.) bestehen. Dieser Gesichtspunkt dürfte im Rahmen zunehmender internationaler Anerkennungs- und Vollstreckungsverträge bzw. gemeinschaftsweiter Gesetzgebungstätigkeit[534] aber eher an Gewicht verlieren.[535]

Auch für Rechtssicherheit ist bei grundsätzlicher Maßgeblichkeit des Insolvenzstatuts gesorgt. So setzt diese voraus, daß das anwendbare Insolvenzrecht für den Kreditgeber vorhersehbar sein muß, damit er sich bei der Vertragsgestaltung darauf einstellen kann. Zu bedenken ist, daß der Sicherungsnehmer vom ausländischen Sitz des Schuldners in aller Regel Kenntnis hat und diesen Umstand schon bei der Vertragsgestaltung beachten muß. Ist vorgesehen, daß die Sache, die Gegenstand des Sicherungsvertrages ist, im Ausland belegen ist bzw. sein wird, dann erfolgt die Anwendung fremden Rechts nicht überraschend. Gerade

---

531 So auch *Prütting*, ZIP 1996, 1277 (1284).

532 Zutreffend *Gottwald*, in: Gottwald (Hrsg.), Insolvenzrechtshandbuch, § 129, Rn. 2. Siehe auch *Wenner*, in: Mohrbutter (Hrsg.), Rn. XXIII.174.

533 In diesem Sinne die berechtigte Kritik von *Prütting*, ZIP 1996, 1277 (1284).

534 Beispielhaft erwähnt seien hier vor allem die Richtlinie 2002/47/EG über Finanzsicherheiten (ABl. EG Nr. L 168/43 ff. (06.06.2002) sowie die Richtlinie 2000/35/EG des Europäischen Parlaments und des Rates vom 29.06.2000 zur Bekämpfung von Zahlungsverzug im Geschäftsverkehr (ABl. EG Nr. L 200/35 ff. (5.8.2000). Eingehend zu diesen europäischen Gesetzgebungsakten siehe unten C. III. 2. b).

535 *Prütting*, ZIP 1996, 1277 (1284).

weil die dinglichen Sicherheiten für den Insolvenzfall vereinbart werden, ist es nicht unbillig, die Auseinandersetzung mit nationalem und ausländischem Konkursrecht zu fordern.[536] Speziell der von der internationalen Konkurssituation besonders betroffene kaufmännische Verkehr kann bei Verhandlungen mit ausländischen Vertragspartnern durch Ausschöpfung der Informationsmöglichkeiten über die Kreditwürdigkeit des Schuldners[537] selbst zur Vermeidung von Insolvenzfällen beitragen und damit bereits im Vorfeld bestehende Schutzmöglichkeiten wahrnehmen.[538] Im übrigen sind gewisse Nachteile eines Einzelnen im Interesse der Gläubigergesamtheit hinzunehmen.[539]

Des weiteren ist die umfassende Berufung der lex rei sitae auch für insolvenztypische Fragestellungen aus wirtschaftspolitischer Sicht nicht zu empfehlen. Entschiede über die Aus- und Absonderungskraft dinglicher Sicherheiten der jeweilige Belegenheitsstaat, so wäre eine Erhaltung in Konkurs gefallener international tätiger Unternehmen nicht möglich. Spaltete man das Unternehmen in die in den verschiedenen Ländern belegenen (gesicherten) Vermögensteile auf, käme es automatisch zur Zerschlagung. Ausgeschlossen wäre nicht nur eine grenzüberschreitende Sanierung, sondern auch eine einheitliche Verwertung.[540] Würde für jede nationale Partikularmasse ein eigener Insolvenzverwalter bestellt, so wäre jeder einzelne Verwalter auf seine Insolvenzmasse verpflichtet. Keiner könnte das Unternehmen als Ganzes verwerten und dadurch einen Verbundwert, der möglicherweise in dem Unternehmen steckt, realisieren. Das Ziel, das gesamte auf mehrere Länder verstreute Schuldnervermögen der bestmöglichen Verwendung zuzuführen, wäre unerreichbar.[541]

Die Beurteilung der dinglichen Wirkung von Sicherheiten im Konkursfall sollte daher dem Insolvenzrecht des Eröffnungsstaates überlassen bleiben. Zwar ist auch diese kollisionsrechtliche Anknüpfung mit einer Reihe von Nachteilen verbunden (s.o.). Sie ist aber nach dem in nächster Zukunft nicht realisierbaren Ideal der Vereinheitlichung der mitgliedstaatlichen Sachen- und Insolvenzrechts-

536 So auch *Riegel*, S. 197.

537 Neben der Beschaffung von Informationen über die finanzielle Situation des Schuldners ist hier insbesondere auch an seine fortlaufende Überwachung zu denken. In Betracht kommen weiter Risikozuschläge bei der Kalkulation. Vgl. dazu *Riegel*, S. 197f.

538 *Riegel*, S. 198f.

539 Zutreffend *Riegel*, S. 200. Ähnlich *Prütting*, ZIP 1996, 1277 (1284), wonach die Konkurszwecke Vorrang vor der jeweiligen Individuallösung nach der lex rei sitae beanspruchen.

540 *V. Wilmowsky*, WM 1997, 1461 (1465f.).

541 *V. Wilmowsky*, WM 1997, 1461 (1465); *Prütting*, ZIP 1996, 1277 (1284), der bei Geltung der lex rei sitae eine Schmälerung durch im Ausland gewährte Vorzugsstellungen befürchtet.

ordnungen zu einem *loi uniforme européenne* die zweitbeste Lösung. Aufgrund der zum Teil recht gravierenden Ausgestaltungsunterschiede der einzelnen Insolvenzrechte kann die generelle und uneingeschränkte Berufung der lex fori concursus im Einzelfall – wie gesehen – zu einer Entwertung entsprechender Rechte und Rechtsverhältnisse im Nichteröffnungsstaat führen. Angesichts der herausragenden Bedeutung dinglicher Sicherheiten für das Funktionieren des Wirtschaftskreislaufs sowie mit Rücksicht auf Vertrauens- und Verkehrsschutz, Rechtssicherheit und die Bewahrung der nationalen Gläubiger- und Sozialordnung muß diese Kollisionsregel jedoch in solchen Fällen modifiziert werden, in denen diese Interessen konkret gefährdet sind. Daß ein solches Schutzbedürfnis besteht, ist unbestritten.[542] Ausreichend ist aber die Gewährleistung eines Mindestschutzes. Insbesondere sollte hierbei schon deshalb Zurückhaltung geübt werden, um nicht im Ergebnis doch wieder auf eine Kumulationslösung oder einseitige Berufung der lex rei sitae zu verfallen. Praktisch umsetzen läßt sich das Schutzanliegen aus Sicht des Autors auf international-privatrechtlichem Wege. Im Anschluß an *Thieme*[543], *Stürner*[544], *Hanisch*[545] sowie (für den englischen

---

542 Vgl. *Nadelmann/McGill*, L J 27 (1982), 551; *Spahlinger*, S. 279; *Metzger*, S. 21f.

543 *Thieme* geht von der grundsätzlichen Maßgeblichkeit der lex fori concursus auch für materielle Konkurswirkungen aus. Zumindest für alle öffentlich-rechtlichen und vom öffentlichen Interesse geprägten Konkursprivilegien sollen die insolvenzrechtlichen Wirkungen vom Insolvenzstatut beurteilt werden. Den Anwendungsbereich der lex rei sitae will er demgegenüber auf die ipr-rechtliche Vorfrage beschränkt wissen, vgl. RabelsZ 37 (1973), 682 (694 Fn. 32); *Thieme*, in: Kegel (Hrsg.), Vorschläge und Gutachten, S. 213 (278 und 282). Siehe auch *Thieme*, RabelsZ 45 (1981), 459 (496). Bei den rein privatrechtlichen Privilegien dagegen, also insbesondere bei den dinglichen Sicherungsrechten, sei eher an eine Anwendung auch des Konkursrechts der lex rei sitae zu denken, vgl. *Thieme*, Vorschläge und Gutachten, S. 284. Statt direkt zur Ausnahmeregelung zu greifen, müsse aber zunächst versucht werden, im Rahmen der lex fori concursus durch Substitution und Anpassung praktische Abhilfe im Fall von Spannungen zwischen den Sachrechten der beiden Statuten zu schaffen. Gelänge dies, könne man auch für die dinglichen Sicherungsrechte den Grundsatz der lex fori concursus vertreten, vgl. Vorschläge und Gutachten, S. 284. Nicht ganz eindeutig ist, ob *Thieme* bei fehlender Abhilfemöglichkeit durch die Instrumentarien des IPR ausschließlich die lex rei sitae für berufen hält. Darauf deutet die Formulierung „Anwendung des Konkursrechts der lex causae *statt* der primär anwendbaren lex fori concursus" (vgl. S. 278) hin. Denkbar ist aber auch, daß *Thieme* in diesem Fall die lex rei sitae nur kumulativ zur grundsätzlich fortgeltenden lex fori concursus angewendet wissen will. Dafür spricht die Wendung „Anwendung *auch* des Konkursrechts der lex rei sitae" (vgl. S. 284).

544 *Stürner*, in: Baur/Stürner, InsolvenzR, § 37, Rn. 37.11. In eine ähnliche Richtung wie der Vorschlag *Thiemes* geht die kollisionsrechtliche Lösung *Stürners*. Dieser will zwar – anders als *Thieme* – Sicherungsrechte im Ausgangspunkt nach der ausländischen lex rei sitae beurteilen. Übereinstimmend macht er jedoch Anleihen im

Konkurs) *Florian*[546] liegt ein Rückgriff auf allgemeine Instrumentarien des IPR nahe.[547] Statt direkt zur Ausnahmeregelung zu greifen, sollte zunächst versucht werden, im Rahmen der lex fori concursus durch Substitution und Anpassung praktische Abhilfe im Fall von Spannungen zwischen den beteiligten Rechtsordnungen zu schaffen. Mit Hilfe dieser Institute wird dem betreffenden Sicherungs-

---

IPR. So richtet sich aus seiner Sicht die insolvenzrechtliche Wirkung ausländischer Sicherungsrechte nur zunächst nach dem Belegenheitsstatut. Dem betreffenden Sicherungsrecht des Belegenheitsstaates wird sogleich durch Angleichung eine adäquate Kategorie des Konkursstatuts zugeordnet.

545 Davon, daß auch die allgemeinen Regeln des IPR sowie der *ordre public* hinreichende Abwehrmittel bei Härtefällen darstellen, geht auch *Hanisch* aus, vgl. FS Jahr, S. 455 (468f.); *ders.*, in: FS 100 Jahre KO, S. 139 (153) sowie ZIP 1994, 1 (3) und ZIP 1992, 1125 (1129).

546 Einen ähnlichen Ansatz wie *Stürner* vertritt auch *Florian* für den englisch-deutschen Konkurs. Im englischen Recht bestimmt das im Einzelfall „angemessene Recht" den Inhalt des Sicherungsrechts. Das angemessene Recht ist bei beweglichen und unbeweglichen Sachen (*tangible things*) die lex situs. Bei Forderungen u.ä. (*intangible things*) ist zu unterscheiden, ob es sich um eine durch Hoheitsakt geschaffene (*legislative, administrative or judicial intervention*) oder um eine rechtsgeschäftliche Sicherheit handelt. Im ersteren Fall, zu dem auch das Pfändungspfandrecht gehört, entscheidet die lex situs. Bei rechtsgeschäftlichen Sicherheiten ist das „proper law of the debt", also das Schuldstatut, ausschlaggebend. Nach dem zweiten Grundsatz richten sich die Rechtsbehelfe nach der lex fori concursus. Damit ist das Verhältnis von *right* und *remedy*, die Abgrenzung von lex causae und lex concursus, angesprochen: Das Recht wird anerkannt, die konkrete Ausgestaltung der *remedy* bleibt der lex concursus vorbehalten. Über die Anerkennung hinaus hält *Florian* häufig noch die Substitution des ausländischen Sicherungsrechts hinsichtlich seiner Wirkungen durch ein vergleichbares inländisches Recht für erforderlich. Dies gelte insbesondere dann, wenn die Wirkungen der fremden Sicherheit im inländischen Rechtssystem keine unmittelbare Entsprechung fänden. Vgl. *Florian*, S. 94f. Um den angemessenen Rechtsbehelf zu finden, seien das Rechtsverhältnis und die sich daraus ableitenden Rechtspositionen von Sicherungsgeber und Sicherungsnehmer zu untersuchen. Dies könne nur anhand der Regeln der lex causae geschehen. Bei der Frage, auf welche Regeln der lex causae man dabei zu schauen habe, dürfe man sich nicht starr an der Unterscheidung zwischen *right* und *remedy* orientieren. Aus den Rechtsbehelfen, die die lex causae gewähre, ließen sich Rückschlüsse auf das Recht ziehen. Das Verfolgungsrecht, welches die lex causae einräume, müsse auch den Rechtsbehelf der lex concursus bestimmen. Wenn die lex concursus einen vergleichbaren Rechtsbehelf enthalte, so könne ihn der ausländische Gläubiger beanspruchen. Das heiße zwar nicht, daß der ausländische Rechtsbehelf sich zwangsläufig auch im Inlandsverfahren durchsetzen könne, er beeinflusse aber die Entscheidung, welche Rechte im Inland bestünden. Vgl. *Florian*, S. 96.

547 Auf die ipr-rechtlichen Instrumentarien der Anpassung und Substitution bei alleiniger Berufung der lex fori concursus für die Hauptfrage verweist auch *v. Wilmowsky*, Europäisches Kreditisicherungsrecht, S. 285.

recht des Belegenheitsstaates eine adäquate Sicherungsrechtskategorie des Insolvenzstaates zugeordnet. Nach erfolgter Zuweisung ist die im Ausland belegene Sicherheit dann so zu behandeln wie eine Sicherheit des Konkurseröffnungsstaates.[548] Nur wo eine vergleichbare Kategorie im Forumstaat fehlt, ist die alleinige Geltung der lex rei sitae zu erwägen.[549] Zur Verdeutlichung nachstehenden Beispiele:

Gilt es beispielsweise zu beurteilen, ob eine nach ausländischem Recht zugunsten eines ausländischen Sicherungsnehmers durch den deutschen Schuldner bestellte dingliche Sicherheit an einer im Ausland belegenen Sache bei Insolvenzeröffnung über das Vermögen des deutschen Schuldners zur Absonderung berechtigt, so bietet sich folgende Vorgehensweise an: Steht wie hier mit der Beurteilung der Absonderungskraft einer Sicherheit im Konkurs eine insolvenztypische Rechtsfolge in Rede, sind in qualifikationsrechtlicher Hinsicht die deutschen Insolvenzrechtsvorschriften zunächst anwendbar.[550] Sodann ist durch sog. Substitution zu klären, ob und in welchem Umfang die ausländische Sicherheit unter den Begriff „Pfandrecht" im Sinne des § 50 InsO zu subsumieren ist.[551] Dies macht eine Auslegung der deutschen Bestimmung erforderlich.[552] Zu prüfen ist,

---

548 Angewendet am praktischen Fall bedeutet dies folgendes: Wenn ein französischer Gläubiger wirksam unter französischem Recht einen einfachen Eigentumsvorbehalt vereinbart hat, so steht er dem deutschen Vorbehaltsverkäufer gleich, kann also Aussonderung verlangen, und zwar ohne an französische Fristen (Art. 115 InsolvenzG 1985) gebunden zu sein. Falls der Gegenstand weiterverkauft ist, gewährt das französische Recht Ersatzaussonderung für den nicht getilgten Teil der Kaufpreisforderung; sie ersetzt den verlängerten Eigentumsvorbehalt des deutschen Rechts, so daß der französische Gläubiger insoweit ein Absonderungsrecht hat. Hat ein französischer Gläubiger an einem Kfz des Gemeinschuldners wirksam eine Mobiliarhypothek erworben (*gages sans dépossession*), so ist er wie ein deutscher Gläubiger mit Pfandrecht oder ein deutscher Gläubiger einer durch Sicherungsübereignung gesicherten Forderung zu behandeln. Besteht für den ausländischen Gläubiger einer Forderung ausländischen Rechts nach günstigerem Auslandsrecht ein Privileg, sich durch Aufrechnung trotz Konkurs zu befriedigen, so ist dieses Privileg im deutschen Konkurs wie ein entsprechendes unter deutschem Recht entstandenes Privileg zu berücksichtigen, wie umgekehrt sich der Auslandsgläubiger nicht auf besseres deutsches Recht berufen kann, falls sein Recht dieses Privileg versagt. Alle Beispiele gehen zurück auf *Stürner*, in: Baur/Stürner, InsolvenzR, § 37, Rn. 37.13.

549 Vgl. *Stürner*, in: Baur/Stürner, Insolvenzrecht, § 37, Rn. 37.11. So auch *Favoccia*, S. 92.

550 Eingehend zu Qualifikation, vgl. *Kropholler*, IPR, §§ 15-17.

551 Vgl. *Sonnenberger*, in: Müko, Einl. IPR, Rn. 553.

552 *Picone/Wengler*, IPR, S. 424; *Neuhaus*, IPR, § 46 IV; *Ferid*, IPR, Rnrn. 2-29; *Hug*, S. 110 ff.; *Mansel*, FS Lorenz, S. 689 ff.; *Kegel*, in: Soergel, Vor Art. 3, Rn. 164; *Stoll*, FamRZ 1963, 318 (319).

ob eine Ausfüllung dieses Begriffs durch die betreffende ausländische Sicherungsform dem in unserer Norm zum Ausdruck gekommenen Interessengefüge ebenso entspricht, ob Abwandlungen vorzunehmen sind, oder ob die deutsche Sachnorm insoweit gar nicht angewandt werden kann.[553] § 50 InsO muß also durch Auslegung in Richtung auf eine solche Inhaltsbestimmung für fremdes Recht geöffnet werden.

Hierbei gilt es regelmäßig zwei Fragenkomplexe zu unterscheiden:[554] Die erste Frage ist, ob die anzuwendende Sachnorm nach ihrem Sinn und Zweck eine Substitution fremder Erscheinungen etwa gänzlich ausschließt, was jedoch nur im Ausnahmefall bei Vorliegen besonderer Gründe in Betracht kommt[555]. Im Beispiel steht § 50 InsO einer Substitution nicht entgegen. Anschließend muß in einer zweiten Frage ermittelt werden, unter welchen Voraussetzungen die Sachnorm eine Substitution zuläßt. Insoweit kommt es nach nahezu allgemeiner Meinung entscheidend auf die Gleichwertigkeit der fremden Institution mit der inländischen an, wobei weniger die rechtskonstruktive als vielmehr die funktionelle Äquivalenz im Vordergrund steht.[556] Das Kriterium der Gleichwertigkeit bezieht sich dabei nicht nur auf die Voraussetzungen einer Rechtserscheinung, sondern auch auf ihre Wirkungen.[557] In dubio sollte in Anbetracht der Vielgestaltigkeit der Rechtsordnungen bei der Beurteilung der Äquivalenz ein großzügiger Maßstab zugrunde gelegt werden. Dementsprechend ist weder eine völlige Gleichheit der Bezeichnung noch des Rechtsinhalts zu verlangen; eine Übereinstimmung der wesentlichen Merkmale genügt[558].

Angewendet auf den gebildeten Beispielsfall ist demnach eine Substituierung möglich, wenn der fremde Sicherungstyp eine § 50 InsO vergleichbare Wirkung auslöst, d.h. zur vorzugsweisen Befriedigung berechtigt. Ob das ausländische Recht die Sicherheit als „Pfandrecht" bezeichnet, ist gleichgültig. § 49 InsO ermächtigt Gläubiger, die über ein Recht auf Befriedigung aus Gegenständen verfügen, die der Zwangsvollstreckung in das unbewegliche Vermögen unterliegen, zur abgesonderten Befriedigung. Absonderungskraft in diesem Sinne kommt danach insbesondere Grundpfandrechten an Grundstücken zu.[559] Die dem engli-

---

553 *Kegel/Schurig*, IPR, § 1 VIII 2 e).

554 Vgl. *Kropholler*, IPR, § 33 II.

555 Wenn z.B. nach § 129 BGB die öffentliche Beglaubigung durch einen „Notar" erfolgt, genügt dafür nach allgemeiner Meinung auch ein französischer *notaire*, vgl. *Weber*, NJW 1955, 1784 (1784).

556 So auch BGH, Beschl. v. 4.10.1989, BGHZ 109, 1 (6) = IPRspr. 1989 Nr. 19, S. 48 „Funktionsäquivalenz".

557 *Kropholler*, IPR, § 33 II.

558 Zutreffend *Kropholler*, a.a.O.

559 *Gottwald*, in: Gottwald (Hrsg.), Insolvenzrechtshandbuch, § 42, Rn. 7.

schen Sachenrecht bekannte *mortgage* an Immobilien (*legal mortgage* oder *equitable mortgage*), die der deutschen Hypothek vergleichbar ist[560], wäre danach unter § 49 InsO zu fassen. Nämliches gilt, wenn es sich bei der zu beurteilenden ausländischen Sicherungsform um eine *ipotecho*[561] oder *hypothèque*[562] des italienischen bzw. französischen Rechts handelt. Einen Anspruch auf vorzugsweise Befriedigung im Sinne des § 50 InsO gewähren nach italienischem Recht das Vorzugsrecht (*privilegio*)[563] sowie das Pfandrecht (*pegno*)[564]. [565] Eine vergleichbare Rechtslage existiert in Frankreich. Zu nennen sind hier vor allem die Spezialprivilegien (*privilèges spéciaux*) und das Pfandrecht (*nantissement*). So gesicherte Kreditgeber sind daher den in § 50 InsO bezeichneten deutschen Gläubigern gleichzuachten. Den in § 50 InsO genannten Gläubigern stellt § 51 Nr. 2 und Nr. 3 InsO die Inhaber eines Zurückbehaltungsrechts an einer Sache gleich. Für das englische *lien*, das als gesetzliches Sicherungsrecht an einer Sache zur Sicherung einer Forderung bestellt wird und regelmäßig ein Zurückbehaltungsrecht gewährt[566], wäre somit eine Substitution möglich. Ein dem § 51 Nr. 2, 3 InsO entsprechendes Zurückbehaltungsrecht (*droit de retention*)[567] kennt auch das französische Recht.

Die Beispiele lassen sich fortsetzen. Auf diese Weise wird sich der überwiegende Teil der im Belegenheitsstaat bekannten Sicherungsformen in einen funktionsäquivalenten Sicherungstyp des Insolvenzeröffnungsstaates überführen las-

---

560 Vgl. *Brink/Habel*, in: Hadding/Schneider (Hrsg.), Band IV, Rnrn. 268 ff. und 340 ff.

561 Die Hypothek gewährt gem. Art. 2808 Abs. 1 c.c. das Recht zur Zwangsveräußerung der belasteten Sachen und zur vorzugsweisen Befriedigung aus dem hierbei erzielten Erlös.

562 Zur Hypothek allgemein vgl. *Ferid/Sonnenberger*, Bd. 2, Rnrn. 3 D 101 ff.; *Reinekker/Petereit*, S. 110 ff.; *Bodenstein/Jahn*, S. 79 ff.

563 Die Vorzugsrechte sind den dem italienischen Rechtssystem unbekannten gesetzlichen Pfandrechten des deutschen Rechts vergleichbar, vgl. *Bodenstein/Jahn*, S. 111 ff.

564 Das Pfandrecht kann unter anderem an beweglichen Sachen, Wertpapieren, Forderungen und anderen Rechten bestellt werden (vgl. Art. 2784 Abs. 2 c.c.) und berechtigt zur vorzugsweisen Befriedigung aus dem Pfandgegenstand (Art. 2787 c.c.).

565 Vgl. Art. 2741 Abs. 2 c.c. Siehe auch *Summ*, S. 178f.

566 Vgl. *Silvertown*, S. 1 ("right to retain lawful possession"); *Brink/Habel*, in: Hadding/Schneider (Hrsg.), Band IV, Rnrn. 412 ff. In bestimmten Konstellationen gibt das *lien* (z.B. beim *banker's lien*) auch ein Verwertungsrecht, vgl. *Brink/Habel*, a.a.O., Rn. 422; *Fichna*, in: Stumpf (Hrsg.), S. 170.

567 Zurückbehaltungsrechte bestehen beispielsweise für den Pfandgläubiger (*gagiste*; das sog. *gage* begründet ein Pfandrecht an beweglichen Sachen und stellt damit einen Unterfall des *natissement* dar) gem. Art. 2082 c.c., für den Bar-Verkäufer (*vendeur au comptant*) gem. Art. 1612 c.c. und für den Verwahrer (*dépositaire*) gem. Art. 1948 c.c., für den Verarbeiter (*faconnier*) gem. Art. 1570 c.c.

sen. Schwierigkeiten bereitet mit Blick auf die Substitution dagegen die Behandlung dinglicher Mobiliarsicherheiten. Dies gilt insbesondere dann, wenn deutsches Sicherungseigentum bzw. Verlängerungsformen des Eigentumsvorbehalts in Rede stehen, da entsprechende Sicherungsformen im Ausland häufig unbekannt sind (s.o.). Während in den Fällen des mit dem Grenzübertritt des Sicherungsgutes in den Forumstaat verbundenen Statutenwechsels eine Lösung in der Transposition (=Umsetzung)[568] liegt, ist eine Substitution der ausländischen Rechtserscheinung bei Verbleib der so gesicherten Gegenstände im Ausland regelmäßig nicht möglich. Abhilfe kann hier nur der sog. *ordre public* schaffen (dazu sogleich).[569]

Ergibt die Auslegung hingegen, daß die fremde Sicherungsform der an sich gemeinten inländischen substituiert werden darf, kann es dennoch zu Normwidersprüchen mit den grundsätzlich anwendbaren Rechtsvorschriften, im Beispiel also den §§ 49 ff. InsO, kommen. Anders als bei rein innerstaatlichen Sachverhalten unter Geltung nur einer Sachen- und Insolvenzrechtsordnung, wo sachliche Konflikt- und Konkurrenznormen das Zusammenspiel der Rechtssätze regeln und Normenwidersprüche für gewöhlich verhindern, sind bei den in Rede stehenden grenzüberschreitenden Konkursfällen die Konkursordnungen des (ausländischen) Situsstaates und des (inländischen) Verfahrensstaates gerade nicht aufeinander abgestimmt. In einem zweiten Schritt ist es in solchen Konfliktfällen daher erforderlich, der Eigenart der ausländischen Sicherheit durch sog. Anpassung (= An-

568 Bei der Transposition geht es um die Überführung des fremden Sicherungsrechts in ein funktionsäquivalentes Sicherungsrecht des neuen Belegenheitsstaates mit dem Ziel, auf diese Weise das im Ausland wirksam entstandene fremde Sicherungsrecht auch im Inland wirksam werden zu lassen bzw. seine wesentliche Wirkung aufrechtzuerhalten. Anliegen der Transposition ist somit die Wirkungserhaltung. Dies ergibt sich daraus, daß dann, wenn Mobiliar-Sicherungsgut in ein anderes Rechtsgebiet gelangt, Sicherungsrechte, die unter einem früheren Sachstatut gültig begründet sind, mangels besonderer Vorschriften im Inland (nur) dann Wirkung entfalten, wenn sie mit der Sachenrechtsordnung des Empfangsstaates vereinbar (kompatibel) sind, d.h. im Ergebnis, in inländische Sicherungsrechtstypen umsetzbar sind bzw. deren Entstehungs- und Dauervoraussetzungen erfüllen. Kennt dagegen das Empfangsstatut den importierten Sicherungstyp überhaupt nicht oder nur mit wesentlich strengeren Entstehungs- oder Dauervoraussetzungen, so kann nicht damit gerechnet werden, daß der Empfangsstaat ihm dauerhaft Wirksamkeit verleiht. Vgl. *Kreuzer*, IPRax 1993, 157 (158f.). Im wesentlichen läuft die Technik der Transposition auf eine Anpassung hinaus, vgl. *Kreuzer*, a.a.O. sowie *Kreuzer*, in: Müko, Nach Art. 38 Anh. I, Rn. 98.

569 Zutreffend *Favoccia*, S. 90 ff.

gleichung)[570] der entsprechenden Bestimmungen des Forumstaates Rechnung zu tragen.

Für die Aufhebung des Normenkonflikts zwischen den Bestimmungen der Rechtsordnung, unter deren Dach die dingliche Sicherheit bestellt wurde, und denen des Eröffnungsstaates gibt es zwei Wege: einen internationalprivatrechtlichen (modifizierte Anwendung des Kollisionsrechts) und einen materiellprivatrechtlichen (modifizierte Anwendung des Sachrechts)[571]. Während im ersten, eingriffsintensiveren Fall die kollisionsrechtlich grundsätzlich berufene Rechtsordnung (im Beispiel: §§ 49 ff. InsO) nicht angewendet wird, bleibt es nach der zweiten – vorzugswürdigen – Lösung bei deren Geltung, wobei deren Rechtssätze so verändert werden, daß der Normenwiderspruch entfällt. Zur Verdeutlichung folgende Beispiele:

Die zur Zeit der Begründung eines Mobiliarpfandrechts maßgebliche (ausländische) lex rei sitae (z.B. Italien) verlangt keinen Besitzerwerb des Pfandgläubigers, aber Registereintrag. Die Sachenrechtsordnung des späteren Eröffnungsstaates (z.B. Deutschland) schreibt für dessen Fortbestand bei Verbringung nach Deutschland zwar keinen Registereintrag, aber Besitz des Pfandgläubigers vor. Das deutsche Sachenrecht setzt somit Tatbestandsmerkmale voraus, die das für die Entstehung der Sicherheit maßgebliche Recht nicht fordert oder nicht kennt.[572] Der BGH[573] hat diese Situation zunächst unter dem Blickwinkel des *ordre public* gewürdigt und zutreffend ausgeführt, daß der numerus clausus dinglicher Rechte der Hinnahme solcher, nach der maßgeblichen lex rei sitae wirksam entstandener Pfandrechte in Deutschland als Pfandrecht nicht entgegenstehen dürfe. Folglich gerät das Pfandrecht mit Verbringung des Gutes nach Deutschland unter deutsches Recht. Dieses enthält jedoch keine Regeln für den Fortbestand von Registerpfandrechten. Nun wäre es widersprüchlich, das fremde Pfandrecht hinzunehmen, es dann aber an Tatbestandsvoraussetzungen scheitern zu lassen, die auf das inländische Faustpfandrecht zugeschnitten sind. Die Lösung liegt somit in der Modifizierung der deutschen Faustpfandvorschriften:[574] Beschränkung des § 1253 BGB auf solche Pfand-

---

570 Die Bezeichnung "Anpassung" macht deutlicher als das häufig synonym gebrauchte Wort "Angleichung", daß nicht etwa eine Rechtsordnung oder Norm als solche einer anderen "angeglichen", also ihr gleich oder ähnlich gemacht werden soll (wie bei der Rechtsangleichung), sondern nur ihre Anwendung im Einzelfall eine andere Gestalt annimmt. Vgl. *Kropholler*, IPR , § 34 I.

571 Vgl. *Kegel/Schurig*, IPR, § 8 III 1; *Kropholler*, IPR, § 34 IV 1.

572 Dieses Beispiel für einen Fall der Anpassung zitiert *Sonnenberger*, in: Müko, Einleitung IPR, Rnrn. 540 und 546.

573 BGH, Urt.v. 20.3.1963, BGHZ 39, 173 ff. = NJW 1963, 1200 ff.

574 Denkbar wäre eine Beseitigung dieses Normenkonflikts auch durch sog. Transposition. Hierbei wird die ausländische Mobiliarsicherheit mit Rücksicht auf den (deutschen) numerus clausus der Sachenrechte in die funktionsäquivalente Sicherungsform des deutschen Rechts übergeleitet. Bezogen auf das italienische Pfandrecht wäre insoweit an eine Anwendung der deutschen Regeln über das Sicherungseigentum zu denken, vgl. *Sonnenberger*, in: Müko, Einleitung IPR, Rn. 546.

rechte, bei denen die Übergabe des Pfandobjektes Teil des Begründungsaktes ist, um dem italienischen Pfandrecht Absonderungskraft im Sinne des § 50 InsO zu verleihen.

Zweites Beispiel: Die zur Zeit der Begründung maßgebliche deutsche Sachenrechtsordnung läßt für die wirksame Vereinbarung von Eigentumsvorbehalten eine formlose Abrede genügen. Das Recht des späteren Eröffnungsstaates (z.B. Italien) setzt für deren insolvenzrechtliche Wirksamkeit gegenüber Dritten auch nach der Insolvenzrechtsreform besondere Publizitätserfordernisse voraus (Urkunde mit sicherem Datum, s.o.). Da das italienische Recht den einfachen Eigentumsvorbehalt kennt und ein so gesicherter Gläubiger der italienischen lex fori concursus zufolge aussonderungsberechtigt ist (Artt. 45, 103 LF), muß auch dem deutschen Sicherungsgläubiger im italienischen Konkurs eine Aussonderungsbefugnis eingeräumt werden. Die italienischen Publizitätsbestimmungen sind insoweit auf rein innerstaatliche Sachverhalte zu beschränken, da andernfalls die Sicherheit wirkungslos bliebe[575].

Drittes Beispiel: Ein nach deutschem Recht in Deutschland wirksam vereinbarter einfacher Eigentumsvorbehalt berechtigt gem. § 47 InsO bei Insolvenzeröffnung in Deutschland zur Aussonderung. Der deutsche Vorbehaltsverkäufer wäre bei Konkurseröffnung in Frankreich über das Vermögen des französischen Käufers ebenfalls aussonderungsbefugt, und zwar ohne an französische Fristen[576] gebunden zu sein.[577] Falls die Vorbehaltsware in Deutschland bereits weiterverkauft wurde, wäre der deutsche Vorbehaltsverkäufer, obwohl ihm nach deutschem Recht ein Absonderungsrecht gem. § 50 InsO zusteht, in Frankreich an sich entrechtet, da das französische Recht den verlängerten Eigentumsvorbehalt nicht kennt (s.o.). Bevor vorschnell auf den (deutschen) *ordre public* zurückgegriffen wird[578], läßt sich hier Abhilfe durch das französische Recht selbst schaf-

575 Dasselbe Ergebnis – die Nichtanwendung der italienischen Publizitätsbestimmungen – läßt sich rechtstechnisch auch über den *ordre public* erzielen. So Favoccia, S. 92. Da dieser jedoch ultima ratio zu sein hat, d.h. nur im Ausnahmefall zur Anwendung gebracht werden sollte, liegt hier eine Lösung durch Anpassung näher. Davon, daß auch bei Nichtanwendung der beeinträchtigenden Vorschriften des Forumstaates ein Fall der Anpassung und nicht des (ausländischen) *ordre public* vorliegt, geht auch *Sonnenberger*, in: Müko, Einleitung IPR, Rn. 549 aus.

576 Das Herausgabeverlangen aufgrund des Vorbehaltseigentums muß nach französischem Recht innerhalb von 3 Monaten nach Eröffnung der gerichtliche Sanierung geltend gemacht werden, vgl. Art. 115 L 85-98. Bei der ab dem Ergehen des Eröffnungsbeschlusses laufenden Frist handelt es sich um eine Ausschlußfrist, die weder unterbrochen noch gehemmt werden kann. Innerhalb dieses Zeitraums muß die Herausgabeklage förmlich mittels eines Herausgabeantrags geltend gemacht werden. Geschieht dies nicht rechtzeitig, so ist der Gläubiger auf die schlichte Anmeldung seiner Forderung beschränkt.

577 Vgl. *Baur/Stürner*, InsolvenzR, Rn. 37.13. Ob die Nichtanwendung der französischen Fristbestimmungen Ergebnis des deutschen *ordre public* ist, oder aber eine Folge konsequenter Anpassung des französischen Insolvenzrechts (Anpassung in der stärksten Form der Ausblendung von Vorschriften des Forumstaates; dazu, daß auch dies ein Fall der Anpassung ist, vgl. *Sonnenberger*, in: Müko, Einleitung IPR, Rn. 549) an die deutsche Rechtsordnung ist, läßt *Stürner* offen.

578 So aber *Favoccia*, S. 90.

fen; dessen Insolvenzrecht kann beibehalten werden. Eine interessengerechte Anpassung ist dahingehend möglich, im Falle des Weiterverkaufs einer unter Eigentumsvorbehalt gelieferten Ware, sofern diese nicht verändert wird, den aus dem Verkauf erlangten Kaufpreis an die Stelle der Waren treten zu lassen mit der Folge, daß der deutsche Vorbehaltsverkäufer vom ursprünglichen Käufer den Kaufpreis herausverlangen kann[579] und damit im Ergebnis ein Absonderungsrecht hat.[580]

Lassen sich für ausländische Sicherungsgläubiger unzumutbare Folgen bei uneingeschränkter Geltung der lex fori concursus auch nicht durch Substitution und Anpassung (bzw. Transposition in den Fällen des Statutenwechsels) abwenden, so steht schließlich mit dem jeweiligen (ausländischen)[581] *ordre public* ein weiteres Korrektiv zur Verfügung. Der erforderliche sachliche Bezug des sich auf die Vorbehaltsklausel berufenden (ausländischen) Situsstaates[582] ergibt sich aus der dortigen Belegenheit von Schuldnervermögen.[583] Da eine Verletzung des *ordre public* nur bei krassen Verstößen gegen grundlegende Wertvorstellungen[584] in Betracht kommt mit der Folge, daß die Bestimmungen des Insolvenzeröffnungsstaates zugunsten derer des „Rügestaates" auszusetzen sind[585], muß dessen

---

579 Vgl. die Entscheidung der Cour de cassation, vgl. Cass. com. 8.3.1988, Lamy droit économique mise à jour F 1988, S. 13 ; vgl. auch *Durquet/Turek*, RIW 1989, 63 (66); *Summ*, S. 231.

580 Vgl. *Baur/Stürner*, InsolvenzR, Rn. 37.13 mwN.

581 Die Vorstellungen des Insolvenzeröffnungsstaates können nicht maßgebend sein. Der *ordre public*-Verstoß beruht ja gerade darauf, daß sich der Forumstaat weigert, der ausländischen Sicherungsform insolvenzrechtliche Wirkung zu verleihen. Vgl. *Favoccia*, S. 90 Fn. 160.

582 Der *ordre public* ist zeitlich, örtlich und sachlich relativ. Örtliche Relativität meint dabei, daß eine Störung der sich auf den *ordre public* berufenden ausländischen Rechtsordnung nur dann in Betracht kommt, wenn der Sachverhalt einen gewissen Bezug zu dieser Rechtsordnung aufweist. Mit anderen Worten: Nur dann, wenn sachliche Beziehungen zum Belegenheitsstaat bestehen, ist eine Ausblendung der Vorschriften der lex fori concursus zugunsten der Insolvenzbestimmungen der lex rei sitae möglich.

583 Vgl. *Blumenwitz*, in: Staudinger, EGBGB/IPR, Art. 6 EGBGB, Rn. 121; *Wuppermann*, S. 48 Fn. 65f.

584 Vgl. BGH, Urt.v. 11.10.1956, BGHZ 22, 24; Beschl. v. 17.9.1968, BGHZ 50, 370 (375f.); Beschl. v. 18.6.1970, BGHZ 54, 123 (130); Beschl. v. 18.6.1970, BGHZ 54, 132 (140); *Sonnenberger*, in: Müko, Einleitung IPR, Rn. 561; *v. Bar*, IPR I, Rn. 631 ff.; *Martiny*, in: Martiny (Hrsg.), IZVR III/1, Rnrn. 992 ff.; *Kegel*, IPR, § 16 (S. 324 ff., 329). Vgl. *Favoccia*, S. 88 („Durchsetzung elementarer Gerechtigkeitsvorstellungen"). Siehe auch *Heldrich*, in: Canaris (Hrsg.), 50 Jahre BGH, II, S. 733 (749): „eklatante Unvereinbarkeit".

585 Vgl. *Kropholler*, IPR, § 36 V. Siehe auch *Favoccia*, S. 89 mwN. sowie *Summ*, S. 38.

Anwendung auf wenige Ausnahmefälle beschränkt bleiben.[586] Andernfalls konstruierte man im Ergebnis doch wieder eine kollisionsrechtliche Sonderanknüpfung, die aus meiner Sicht gerade vermieden werden sollte.[587] Demzufolge ist es nicht angängig, die Anwendung der lex fori concursus durch die betreffende Vorbehaltsklausel des Belegenheitsstaates einzuschränken, bevor alle Möglichkeiten ausgeschöpft sind, Normenwidersprüche im Wege der Anpassung zu beseitigen[588]. Diese muß zuvor erfolglos durchgeführt worden sein[589].

Bezogen auf dingliche Sicherheiten ergibt sich vor diesem Hintergrund folgendes Bild: Allein die Schmälerung nationaler Sicherungsinteressen durch Konfrontation der ausländischen Sicherungsrechtsinhaber mit den insolvenzrechtlichen Beschränkungen der lex fori concursus, mit denen sie nicht zu rechnen hatten[590], genügt für die Bejahung eines *ordre public*-Verstoßes nicht.[591] Zu denken ist in diesem Zusammenhang beispielsweise an den Fall, daß dem Gläubiger aufgrund seiner Sicherheit statt eines Aussonderungsrechts lediglich ein Recht auf abgesonderte Befriedigung zugebilligt wird. Ebensowenig liegt eine entsprechende Verletzung dann vor, wenn das berufene Insolvenzrecht den in Frage stehenden ausländischen Sicherungstyp zwar nicht kennt[592], aber (aus ausländischer

---

586 So auch *Heldrich*, in: Canaris (Hrsg.), 50 Jahre BGH, II, S. 733 (749). *Heldrich* zufolge darf die Vorbehaltsklausel nicht zu dem Zweck eingesetzt werden, die deutschen Vorstellungen von einer gerechten Sozialordnung auch in Fällen mit Auslandsberührung unbedingt durchzusetzen. Vgl. auch *Raape/Sturm*, IPR I, S. 219; *Wuppermann*, S. 72; *Neumayer*, FS Dölle, S. 20 ff.; *Blumenwitz*, in: Staudinger, EGBGB/IPR, Rn. 135.

587 In diesem Sinne auch *Kropholler*, IPR, § 36 II 3, der es für keinesfalls zulässig hält, die genaue Feststellung, welches Recht an sich anwendbar wäre oder welches der Inhalt dieses Rechts ist, mit der Begründung dahingestellt sein zu lassen, daß im Falle einer Abweichung vom inländischen Recht ja doch die Vorbehaltsklausel Platz greife.

588 Zutreffend *Kropholler*, FS Ferid, S. 279 (288). Für einen Vorrang der Anpassung vor der *ordre public*-Anwendung spricht sich auch *Sonnenberger*, in: Müko, Einleitung IPR, Rn. 562 aus.

589 Vgl. *Sonnenberger*, in: Müko, Einleitung IPR, Rn. 562; *Kropholler*, FS Ferid, S. 279 (288).

590 Handelt es sich um solche insolvenzrechtliche Beschränkungen, die identisch oder zumindest vergleichbar auch das Sicherungsrechtsstatut kennt, scheidet ein Verstoß gegen den *ordre public* von vornherein aus.

591 So auch *Favoccia*, S. 88.

592 Vgl. BGH, Urt.v. 2.2.1966, BGHZ 45, 97 ff. Der BGH hat einen nur relativ, nicht absolut wirkenden Eigentumsvorbehalt, wie er im italienischen Recht anzutreffen ist, als mit deutschen Gerechtigkeitsvorstellungen für durchaus vereinbar erachtet, da dem deutschen Recht zumindest das Institut des relativ unwirksamen Rechtsgeschäfts bekannt ist. Siehe auch BGH, Urt. v. 20.3.1963, BGHZ 39, 173 (177), wonach ebensowenig die Anwendung französischen Rechts, das nur das besitzlose Re-

Sicht) im Insolvenzstaat eine funktionsäquivalente Sicherungskategorie existiert, so daß unter Anwendung der hierfür maßgeblichen insolvenzrechtlichen Bestimmungen dem ausländischen Sicherungsrechtsinhaber eine vergleichbare Stellung[593] auch unter Maßgabe des (neuen) Insolvenzrechts des Konkurseröffnungsstaates zukommt.[594] Die Grenze zur *ordre public*-widrigen Beschränkung dürfte jedoch dann überschritten sein, wenn die ausländische Sicherheit bei Anwendung der lex fori concursus für den Gläubiger rechtlich und/oder wirtschaftlich wertlos ist.[595]

Eine den *ordre public* auslösende Entwertung in diesem Sinne liegt m.E. (nur) in solchen Konstellationen vor, in denen der Insolvenzeröffungsstaat aus Sicht des Auslands auch keine funktionsadäquate Sicherungsform vorsieht. Dann bleibt nämlich nur die Möglichkeit, entweder auf das ausländische Insolvenzrecht zurückzugreifen, mit anderen Worten eine kollisionsrechtliche Sonderanknüpfung an die Konkursvorschriften des Belegenheitsstaates vorzunehmen, oder eine fallbezogene Sachnorm[596] zu entwickeln.[597] Mag die Bildung einer fallbezogenen Sachnorm im Einzelfall ein gangbarer Weg sein[598]. In den hier angedachten Konstellationen, bei denen ein vergleichbarer Sicherungsrechtstyp überhaupt fehlt, erweist sie sich jedoch als untauglich. So ist überaus zweifelhaft, welches die beiden Ausgangspositionen sein sollen, die in dem Maße einander anzunähern sind, bis eine Lösung erzielt wird, die sowohl dem ausländischen Belegenheits-

---

gisterpfandrecht kennt, gegen den deutschen *ordre public* verstoße. Vgl. *Blumenwitz*, in: Staudinger, EGBGB/IPR, Art. 6 EGBGB, Rn. 99.

593 Auch *Thieme*, RabelsZ 37 (1974), 682 (694) stellt für die Beurteilung des *ordre public*-Verstoßes im Fall ausländischer Sicherheiten darauf ab, ob der Insolvenzstaat den Sicherungszweck gewährleistet.

594 Zutreffend *Thieme*, RabelsZ 37 (1974), 682 (694 Fn. 32), der die Grenze zum *ordre public*-Verstoß dann für überschritten hält, wenn das ausländische Sicherungsrecht als systemfremd gar nicht anerkannt wird und damit kein vergleichbarer Sicherungszweck gewährleistet ist. A.A. *Favoccia*, S. 90.

595 Im Anschluß an *Favoccia*, S. 88. Aus meiner Sicht unzutreffend nimmt *Favoccia* einen entsprechenden Verstoß an, wenn die Negierung des Sicherungsrechts darauf beruht, daß nach dem Recht des Insolvenzeröffungsstaates an die Berücksichtigung einer Sicherheit in der Insolvenz über die zivilrechtliche Wirksamkeit hinaus besondere Anforderungen gestellt werden. Nach meinem Dafürhalten kann hier Abhilfe über die weniger eingriffsintensive Anpassung geschaffen werden.

596 Gemeint ist die Herausarbeitung einer Norm, die mit dem inländischen Recht gerade noch vereinbar ist und von dem ausländischen Recht so wenig wie möglich abweicht.

597 Vgl. *Favoccia*, S. 91; vgl. auch *Kropholler*, IPR, § 34 IV 1, § 36 V sowie *Kegel/Schurig*, IPR, § 16 VI S. 473.

598 Vgl. die Beispiele bei *Kegel/Schurig*, IPR, § 16 VI (S. 473f.)

staat als auch dem Insolvenzstaat gerecht wird.[599] Allein in solchen Fällen muß auf die Insolvenzvorschriften der lex rei sitae als Ersatzrecht für die *ordre public*-widrigen Bestimmungen der lex fori consursus bei deren größtmöglicher Schonung[600] zurückgegriffen werden.[601] Auch hier ein Beispiel:

Nach noch unlängst geltender Rechtslage in Belgien[602] und noch gegenwärtig in Luxemburg[603] blieb selbst der einfache Eigentumsvorbehalt im Konkurs ohne Wirkung.[604] Auch eine Ersetzung des deutschen Eigentumsvorbehalts durch funktionsäquivalente ausländische Sicherungsformen erwies sich als schwierig. Während nach luxemburgischem Recht möglicherweise über ein gesetzliches Auflösungsrecht, das kraft vertraglicher Vereinbarung zu einer automatischen Vertragsauflösung im Falle des Zahlungsverzugs ausgestaltet werden kann und zum Herausgabeanspruch des Vorbehaltsverkäufers führt[605], Abhilfe geschaffen werden kann, sah das belgische Recht (bislang) keine Abhilfemöglichkeit vor. Zwar wurde dem unbezahlten Verkäufer ein Verkäuferprivileg eingeräumt. In der Insolvenz des Erwerbers stand dem Verkäufer das Privileg aber grundsätzlich nicht zu.[606] Und ein Rückgriff auf die (Register-) Pfandrechte des belgischen Rechts[607] schied jedenfalls de lege lata ebenso aus.[608] Denn die hM[609] stellt beim einfa-

599 Zutreffend *Favoccia*, S. 91.

600 Vgl. für den deutschen *ordre public*: Begründung zum Regierungsentwurf eines Gesetzes zur Neuregelung des Internationalen Privatrechts vom 20.10.1983, BT-Drucks. 10/504, 44.

601 Vgl. auch *Kropholler*, IPR, § 36 V.

602 In Belgien wurde die Reform zum einfachen Eigentumsvorbehalt nach französischem Vorbild vor kurzem verwirklicht, vgl. *Kaufhold*, S. 37.

603 Geplant ist allerdings auch hier eine Reform in Anlehnung an das französische Vorbild, vgl. *Kaufhold*, S. 37; *Kieninger*, Mobiliarsicherheiten, S. 42 ff.; *Wiesbauer*, ZIP 1981, 1063 (1064). Luxemburg ist somit das einzige Land innerhalb der EU, das den (einfachen) Eigentumsvorbehalt generell nur inter partes anerkennt, so daß der Vorbehaltsverkäufer im Konkurs des Käufers keinen Herausgabeanspruch hat.

604 In Art. 4 III 2 des Geänderten Vorschlags der Kommission vom 30.10.1998 für eine Richtlinie des Europäischen Parlaments und des Rates zur Bekämpfung von Zahlungsverzug im Handelsverkehr, ABl. EG 1998, Nr. C 374, 4 war dagegen die Drittwirksamkeit und insbesondere die Insolvenzfestigkeit des einfachen Eigentumsvorbehalts festgeschrieben. Im Gemeinsamen Standpunkt des Rates vom 29.7.1999, ABl. EG 1999, Nr. C 284, 1 wurde die Regelung über den Eigentumsvorbehalt jedoch ersatzlos gestrichen, da laut Begründung unter anderem Eingriffe in das innerstaatliche Eigentums- und Insolvenzrecht befürchtet wurden.

605 = sog. *clause résolutoire expresse* oder *pacte commissoire exprès*; vgl. *v. Bernstorff*, Vertragsgestaltung, S. 145 (160).

606 Art. 546 loi faillites. Näheres hierzu bei *Stranart-Thilly/Hainz*, S. 366 ff.

607 Siehe dazu *Stranart-Thilly/Hainz*, S. 215 ff.

608 Anders wäre es dagegen, wenn die in § 55 RefE InsO enthaltene Regelung in der neuen InsO Gesetz geworden wäre. Danach steht auch beim einfachen Eigentumsvorbehalt die Funktion der Sicherung des Kaufpreises im Vordergrund mit der Folge, daß das Vorbehaltseigentum in all seinen Erscheiunungsformen insolvenzrecht-

chen Eigentumsvorbehalt die Funktion der Sicherung des Eigentums in den Vordergrund und lehnt die insolvenzrechtliche Gleichstellung des Vorbehaltseigentümers mit einem Pfandberechtigten ab. Die generelle Nichtanerkennung des einfachen Eigentumsvorbehalts verstößt jedoch gegen den deutschen *ordre public*, weshalb dem ausländischen Konkurs insoweit die Anerkennung[610] zu versagen und das Vorbehaltseigentum dem belgischen (bzw. luxemburgischen) Insolvenzverwalter gegenüber als wirksam zu behandeln ist. Was nun die Lücke bezüglich der konkreten Rechtsstellung des Verkäufers anbetrifft, so ließ sie sich – wie gesehen – bisher nicht (oder nur schwer) durch die lex fori concursus schließen. Um den deutschen Vorbehaltsverkäufer nicht unbillig zu entrechten, wird man die (deutschen) Insolvenzbestimmungen der lex rei sitae berufen müssen. Dem Verkäufer steht somit ein Aussonderungsrecht nach § 47 InsO zu.

In welchen Fällen der *ordre public* im übrigen verletzt ist, läßt sich nicht pauschal sagen, sondern muß für jeden Fall gesondert beurteilt werden.[611] Unklar sind insbesondere die Voraussetzungen, unter denen der *ordre public* einzusetzen ist im Hinblick auf Diskriminierungen deutscher Gläubiger[612] oder auf Insolvenzprivilegien bestimmter Gläubigergruppen, welche das deutsche Recht[613] vice versa nicht (mehr) kennt (s.o.).[614] Zusätzliche Unwägbarkeiten bei der Handhabung resultieren daraus, daß eine trennscharfe Abgrenzung der einzelnen ipr-

---

lich wie ein Pfandrecht behandelt wird. Danach könnte V die Rechtsstellung eines belgischen Pfandgläubigers eingeräumt werden. Vgl. *Favoccia*, S. 91 Fn. 168.

609 Vgl. statt aller *Kuhn/Uhlenbruck* (Hrsg.), § 43, Rn. 38 mwN.

610 Der *ordre public*-Verstoß hat zunächst zur Folge, daß dem betreffenden Insolvenzverfahren in toto bzw. einer in diesem ergangenen Entscheidung oder einzelnen Verfahrensfragen die Anerkennung verweigert wird; entsprechende Maßnahmen bleiben ohne Wirkung. Die Wirkungsverweigerung bzw. –begrenzung wird rechttechnisch u.a. durch Nichtanwendung oder Modifizierung der „stoßenden" Normen erreicht.

611 Auf die Schwierigkeiten im Umgang mit dem *ordre public* bei der Beurteilung ausländischer Sicherheiten im grenzüberschreitenden Konkurs weist auch *Lüke*, KTS 1986, 1 (16), hin.

612 Überwiegend wird hier – aus meiner Sicht voreilig – ein *ordre public*-Verstoß angenommen, vgl. *Gottwald*, in: Gottwald (Hrsg.), Insolvenzrechtshandbuch, § 130, Rn. 19; *Summ*, S. 38 und 39 Fn. 58, die eine solche, den *ordre public*-Verstoß auslösende Gläubigerdiskriminierung bereits dann annimmt, wenn für den deutschen Konkursgläubiger die Rechtsverfolgung im Ausland mit extrem hohen Kosten verbunden ist. Zu weitgehend auch *Pielorz*, ZIP 1980, 239 (243: Gläubigerdiskriminierung in „irgendeiner Form"; *Thieme*, RabelsZ 37 (1974), 682 (694). Zu Recht kritisch *Geimer*, IZPR, Rn. 3516 Fn. 256; *Habscheid*, S. 71 (328). Insbesondere widerspricht dem deutschen *ordre public* nicht das Erlöschen von Forderungen wegen Nichtanmeldung im Verfahren.

613 §§ 38, 39 InsO; hierzu BT-Drucks. 12/2443, 90.

614 Vgl. *Geimer*, IZPR, Rn. 3516.

rechtlichen Instrumentarien nicht immer möglich ist.[615] Zu Überschneidungen kommt es vor allem mit dem Institut der Anpassung, da beide Instrumentarien in ihrer Wirkungsweise[616] und Anwendungstechnik[617] weitgehend übereinstimmen[618]. [619] Entsprechende Anwendungsschwierigkeiten im Einzelfall liegen jedoch in der Natur des *ordre public* als ein einzelfallbezogenes Korrektiv und sind daher hinzunehmen.[620]

Zusammenfassend ist folgendes festzuhalten: Eine Korrektur der lex fori concursus sollte nach Meinung des Verfassers nicht durch eine kollisionsrechtliche Sonderanknüpfung, sondern über einen Rückgriff auf die allgemeinen Instrumentarien des IPR des Forumstaates bewerkstelligt werden. Nur dann, wenn sich konkret keine gerechten Ergebnisse erzielen lassen, was jedoch regelmäßig der

---

615 Zu Überschneidungen zwischen der Vorbehaltsklausel und der Anpassung kann es vor allem in den Fällen kommen, in denen eine modifizierte Anwendung des kollisionsrechtlich an sich berufenen Rechts (also die lex fori concursus) nicht möglich oder nicht befriedigend ist und deshalb auf ein Ersatzrecht zurückgegriffen werden muß. Ersatzrecht ist zwar grundsätzlich die lex rei sitae als sachnächstes Recht. Es sind aber – notfalls mit einer gewissen Anpassung an das im übrigen maßgebliche Insolvenzstatut (vgl. *Kropholler*, IPR, § 36 V (S. 249f.)) – jene Bestimmungen des Belegenheitsstatuts anzuwenden, die der ausgeschalteten lex fori concursus am nächsten kommen.

616 Sowohl der *ordre public* als auch die Anpassung wenden sich nicht gegen eine bestimmte Norm als solche, sondern gegen das konkrete Ergebnis ihrer Anwendung im Einzelfall. Vgl. BGH, Urt.v. 11.10.1956, BGHZ 22, 162 (163).

617 Eine Anpassung erfolgt oft, in dem einer der beiden in Rede stehenden Lösungen der Vorzug gegeben und die andere also nicht beachtet wird. Ähnlich verhilft die Vorbehaltsklausel den als vorrangig geltenden inländischen Grundsätzen häufig einfach dadurch zum Sieg, daß eine an sich berufene ausländische Norm nicht angewandt wird. Zwar wird im ersten Falle das eigene Kollisionsrecht, im zweiten das fremde materielle Recht korrigiert; aber die Wirkung der Ausschaltung einer von zwei Lösungen ist in beiden Fällen gegeben. Ferner kann sowohl die Anpassung als auch der *ordre public* dazu führen, daß eine materiellrechtliche Regelung nur mit richterlichen Modifikationen anzuwenden ist. Schließlich ist im Rahmen beider Rechtsfiguren als letzter Ausweg die Wahl eines „Ersatzrechts“ möglich, insbesondere der Rückzug auf die lex fori.

618 Vgl. dazu *Kropholler*, FS Ferid, S. 279 (287). Siehe auch *Sonnenberger*, in: Müko, Einleitung IPR, Rnrn. 561 ff.

619 Überschneidungen bestehen nach Meinung *Kreuzers*, in: Müko, IPR, Nach Art. 38 Anh. I, Rn. 98) auch zwischen der Anpassung und der anerkennungsrechtlichen Transpositionslehre (zur Transposition eingehend s.o.), der die Transpositionstechnik des BGH auf eine Anpassung zurückführt. Richtigerweise besteht eher eine Parallele zur gleichfalls auf die Funktionsäquivalenz abstellende Substitution (s.o.). Siehe auch *Koch/Magnus/Winkler v. Mohrenfels*, § 7 I 3 (S. 147), wonach Anpassung und Transposition gleichgesetzt werden.

620 So auch *Favoccia*, S. 88.

Fall sein wird, muß das Konkursstatut für die insolvenzrechtliche Wirkung der Sicherheit durch das jeweilige Belegenheitsstatut ersetzt werden. Zwar wird auch bei dieser Lösung nicht verkannt, daß eine Bemühung des IPR durch den Insolvenzverwalter verglichen mit einer ausschließlichen Berufung der lex fori concursus die Verfahrensabwicklung verlängern und verteuern kann. Solchen finanziellen und zeitlichen Erwägungen stehen jedoch andere, keinesfalls weniger wichtige Interessen gegenüber, die weitgehend mißachtet würden. Überdies ist die Lösung, im Einzelfall Anleihen im IPR zu machen, sicherlich kostengünstiger als ein sofortiger Ausschluß der lex fori concursus bei gleichzeitiger Berufung der lex rei sitae, wo eine Auseinandersetzung mit solchen, dem Verwalter in der Regel unbekannten ausländischen Rechtsordnungen stets erfolgen müßte. Schließlich trägt diese Lösung dem Umstand Rechnung, daß es sich um einen internationalen Insolvenzfall handelt, also gerade nicht um einen rein nationalen Sachverhalt. Die Berücksichtigung der Wertentscheidung ausländischer Rechtsordnungen über das Instrumentarium des IPR liegt daher nahe. Die sich aus dieser Methode im Einzelfall möglicherweise ergebenden Schwierigkeiten müssen um der ausgewogeneren Ergebnisse willen und damit im Interesse des internationalen Entscheidungseinklangs in Kauf genommen werden.[621]

621 Zutreffend *Baur/Stürner*, InsolvenzR, Rn. 37.11.

C. Die Behandlung ausländischer dinglicher Sicherheiten und Eigentumsvorbehalte im Anwendungsbereich der EuInsVO

Untersucht wird nunmehr die Rechtsstellung, die den (dinglich) gesicherten Gläubigern seit Ende Mai 2002 im Anwendungsbereich der Europäischen Insolvenzverordnung zukommt. Obwohl mit den Artikeln 5 und 7 EuInsVO gemeinschaftsweit ein einheitlicher rechtlicher Rahmen geschaffen wurde, ist die insolvenzrechtliche Behandlung von Kreditsicherheiten keineswegs geklärt. Vielmehr wird der für das deutsche IIR vertretene Streit im wesentlichen nunmehr auf der Grundlage der europäischen Regelungen fortgeführt.

I. Der Regelungsgehalt der Artt. 5, 7 EuInsVO aus Sicht der deutschen Literatur

1. Die rechtliche Qualifikation der Artt. 5 I, 7 I EuInsVO

Uneinigkeit besteht zunächst über die rechtliche Qualifikation der Artt. 5 I und 7 I EuInsVO. In Betracht gezogen werden folgende Deutungsmöglichkeiten:

a) Artt. 5 I, 7 I EuInsVO als Kollisionsnormen

Nach teilweise vertretener Ansicht werden die Artt. 5 I, 7 I EuInsVO als Kollisionsnormen angesehen.[622] Als Rechtsanwendungs- und Verweisungsrecht liege ihre Bedeutung darin, verbindlich festzulegen, nach Maßgabe welcher der bei einem internationalen Insolvenzfall betroffenen mitgliedstaatlichen Rechtsordnungen dingliche Sicherheiten zu beurteilen seien. Als besondere Kollisionsnormen zur Grundkollisionsnorm des Art. 4 I EuInsVO werde in Abweichung zur im übrigen anzuwendenden lex fori concursus (vgl. Art. 4) das die Sicherheit regierende Statut (Sicherungsrechtsstatut), d.h. die lex causae und damit regelmäßig die

---

622 *Flessner*, FS Drobnig, S. 277 (283); *ders.*, in: Stoll (Hrsg.), Vorschläge und Gutachten, S. 219 (222); ders., IPRax 1997, 7; *Kemper*, ZIP 2001, 1609 (1615); *Prütting*, ZIP 1996, 1277 (1284). Siehe auch *Potthast*, S. 151 und 159 zur Entwurfsfassung zu einem EuInsÜ von 1992 (Abdruck in: ZIP 1992, 1192 ff.), die in Art. 4 I (= 5 I EuInsVO) und 5 I (= 7 I EuInsVO) inhaltsgleiche Regelungen trifft: „Recht der Belegenheit" (S. 151) bzw. „An die lex rei sitae knüpft auch Art. 5 des Entwurfs 1992 an" (S. 159).

lex rei sitae[623] bzw. unmittelbar das Insolvenzrecht des Belegenheitsstaates (lex rei sitae)[624] berufen.[625] Zwar sei der Wortlaut der Bestimmungen nicht typisch kollisionsrechtlich formuliert („nicht berührt"), da die maßgebliche Rechtsordnung weder konkret bezeichnet, noch durch Bezugnahme auf ein Anknüpfungsmerkmal umschrieben werde (z.B. „das Recht des Staates, in dessen Gebiet der Gegenstand zum Zeitpunkt der Eröffnung des Insolvenzverfahrens belegen ist"). Die Artt. 5, 7 I EuInsVO seien aber zumindest im Sinne indirekter oder versteckter Kollisionsnormen aufzufassen.[626]

b) Artt. 5 I, 7 I EuInsVO als Sachnormen

Gegenteiliger Ansicht nach kommt den Artt. 5 I, 7 I EuInsVO kein kollisionsrechtlicher Gehalt zu. Diese Vorschriften seien vielmehr materiellrechtlichen Inhalts und daher reine Sachnormen.[627] Im Sinne einer sachlichen Anweisung,

---

623 Vgl. *Flessner*, in: Stoll (Hrsg.), Vorschläge und Gutachten, S. 219 (222): „Recht der Vertragsstaaten".

624 So bereits *Malangré*, Bericht zum Übereinkommen, PE 228.795/end., S. 12; *Lehr*, KTS 2000, 577 (579f); *Flessner*, FS Drobnig, 277 (283). Für einen (indirekten) Verweis auf die lex rei sitae auch *Gottwald*, Grenzüberschreitende Insolvenzen, S. 33, wonach Art. 5 I das Statut des dinglichen Rechts nicht selbst regele, sondern konkludent auf das IPR des Lagestaates, in der Regel also auf dessen lex rei sitae, verweise; ebenso *Keppelmüller*, Internationales Konkursrecht, S. 182f. *Fritz/Bähr*, DZWiR 2001, 221 (227); *Uhlenbruck* (Hrsg.), InsO, Vorb., Rnrn. 6 und 17; *Pape/Uhlenbruck*, InsolvenzR, VI, Kap. 47, Rn. 1088; *Frege/Keller/Riedel*, Hdb. InsolvenzR, Rn. 2677f; *Bork*, ZIP 2002, 690 (692f). Nicht ganz eindeutig *Wimmer*, ZInsO 2001, 97 (100). Vgl. auch für Österreich *Buchberger/Buchberger*, ZIK 2000, 187. Unklar auch *Huber*, EuZW 2002, 490 (493), wonach im Ergebnis die lex rei sitae maßgeblich sein soll, da die VO voraussetze, daß der Verwalter des Hauptverfahrens im Belegenheitsstaat ein Zweitverfahren eröffnet, auf das gem. Art. 28 das Situsrecht Anwendung findet. In diesem Sinne sind auch die Ausführungen zu Art. 7 zu verstehen, wo *Huber*, a.a.O. feststellt, daß sich das anwendbare Recht „nach dem Kollisionsrecht des Belegenheitsstaates" richte, womit er „das materielle Belegenheitsrecht als lex rei sitae" meint.

625 Zurückhaltend *Paulus*, der offenläßt, welche Rechtsordnung durch Art. 5 stattdessen berufen wird und sich lediglich auf die Feststellung beschränkt, die Artt. 5-14 EuInsVO ordneten „für bestimmte Fallkonstellationen die Anwendbarkeit eines anderen Rechtes als das der lex fori concursus" an, vgl. *Paulus*, ZIP 2002, 729 (735).

626 Vgl. *Lehr*, KTS 2000, 577 (579).

627 Vgl. *Herchen*, S. 77 ff. (79); *ders.*, ZInsO, 2002, 345 (347f); *Huber*, ZZP 114 (2001), 133 (154); *Liersch*, S. 63; *Krings*, Uniform Law Review 1997, 657 (667); *Taupitz*, ZZP 111 (1998), 315 (334).; *Trunk*, Internationales Insolvenzrecht, S. 358 ff.; *Virgós*, Forum internationale, No. 25, 1998 (unter Nr. 40); *Leible/Staudinger*, KTS 2000, 533 (551); *Wimmer*, in: FK-InsO, Art. 102 EGInsO Anh., Rn. 85; *Deipenbrock*, EWS 2001, 113 (116 Fn. 80); *Kolmann*, S. 302 ff. (308); *Duursma-*

dingliche Rechte von der Eröffnung des Verfahrens unberührt zu lassen, werde dem Recht des Eröffnungsstaates ein bestimmter Verhaltensbefehl – Verbot der Einschränkung ausländischer Sicherungsrechte aus Anlaß der Insolvenz – erteilt.

c) Artt. 5 I, 7 I EuInsVO als Mischnormen

Ein dritter Ansatz schließlich mißt den Artt. 5 I, 7 I EuInsVO kollisions- und sachrechtliche Bedeutung zugleich zu. So werde kollisionsrechtlich für die insolvenzrechtlichen Wirkungen des Hauptverfahrens auf im Nichteröffnungsstaat belegene Sicherheiten das Insolvenzrecht des Eröffnungsstaates berufen und gleichzeitig in der Sache entschieden, daß weder deren Einschränkungen, noch solche, die das Belegenheitsstatut vorsieht, anzuwenden seien, da letzteres durch Art. 4 I EuInsVO gerade verdrängt sei.[628]

Erschöpfte sich der Regelungsgehalt der Artt. 5, 7 EuInsVO im erstgenannten Sinne in der Normierung einer kollisionsrechtlichen Ausnahmebestimmung unter Berufung der lex rei sitae, so würden dingliche Sicherheiten und ihre etwaige Einschränkbarkeit aus Anlaß der Insolvenz ausschließlich nach Maßgabe des (ausländischen) Situsrechts beurteilt. Die Bedeutung der Formulierung „nicht berührt" läge allein in der Verdrängung der grundsätzlich anzuwendenden lex fori concursus und hätte damit eine reine kollisionsrechtliche Dimension. Eingriffe in außerhalb des Eröffnungsstaates belegene Sicherheiten wären in dem Umfang möglich, wie sie das dortige Insolvenzrecht vorsieht. Verstünde man dagegen diese Wendung (zumindest auch) als sachrechtliche Schutzvorschrift, ergäben sich daraus unmittelbare Vorgaben für die Behandlung ausländischer Sicherungsrechte mit Blick auf insolvenzbedingte Einschränkungen: Derartige Eingriffe durch das auch auf ausländische dingliche Sicherheiten anwendbare Recht des Konkurseröffnungsstaates wären bei Zugrundelegung des dritten Ansatzes gänzlich ausgeschlossen. Bei der Deutung der Artt. 5, 7 EuInsVO im zweiten Sinne als rein sachrechtliche Schutzvorschriften käme es entscheidend auf die Reichweite des besagten Verhaltensbefehls an.

Kepplinger/Duursma, wbl 2002, 63f; *Duursma-Kepplinger*, Eigentumsvorbehalt und Mobilienleasing, S. 211f; *Duursma-Kepplinger*, in: Duursma-Kepplinger/Duursma/Chalupsky, EuInsVO, Art. 4, Rn. 35 und Art. 5, Rn. 18.

628 *V. Wilmowsky*, EWS 1997, 295 (297).

2. *Das auf Sicherheiten im Sinne der Artt. 5 und 7 EuInsVO anwendbare Recht*

In der rechtlichen Qualifikation der Artt. 5, 7 EuInsVO als Kollisions- und/oder Sachnormen liegt eine entscheidende Weichenstellung für die sich anschließende Frage nach dem auf derartige Sicherheiten anwendbaren Recht.

a) Der rechtswirksame Erwerb der Sicherheit (Vorfrage)

Die sachenrechtliche Vorfrage nach Entstehung und Inhalt des Rechts, auf das eine Aussonderung oder ein Recht auf abgesonderte Befriedigung gestützt wird, ist nicht Gegenstand des materiellen Insolvenzrechts und damit auch nicht des Internationalen Insolvenzrechts. Entsprechend findet sich hierzu keine Regelung in der EuInsVO. Der Wortlaut der Artt. 5 I, 7 I EuInsVO setzt die Existenz der Rechte voraus, ohne das über ihre Existenz entscheidende Recht festzulegen.[629] Lediglich insolvenzspezifische Aspekte der lex fori concursus, gleichgültig ob sachenrechtlicher, insolvenzkollisionsrechtlicher oder international insolvenzverfahrensrechtlicher Natur, können von der Regelung der Artt. 5 I, 7 I EuInsVO umfaßt sein.[630] Demgemäß richtet sich der Erwerb der von den Artt. 5 I und 7 I EuInsVO benannten dinglichen Rechte vor Verfahrenseröffnung unstreitig nach dem von den Regeln des allgemeinen Internationalen Privatrechts berufenen Recht und nicht nach der lex fori concursus.[631] Zur Anwendung kommt danach regelmäßig die lex rei sitae. Uneinigkeit besteht allerdings darüber, ob sich die Maßgeblichkeit des Situsrechts aus einem konkludenten Verweis der Artt. 5 I, 7 I EuInsVO auf das IPR des Lagestaates oder aus einer Verweisung des durch Art. 4 EuInsVO berufenen allgemeinen IPR des Eröffnungsstaates auf das Recht der Belegenheit ergibt.[632] Richtigerweise erfolgt der Einstieg in das nationale IPR über das IPR des Verfahrenseröffnungsstaates.[633] Dies ergibt sich daraus, daß sich die Frage nach der Unberührbarkeit ausländischer Sicherungsrechte im Eröffnungsstaat stellt und die Artt. 5 I, 7 I EuInsVO das IPR der lex fori nicht ausschließen.[634] Zwar formuliert die EuInsVO für den Insolvenzbereich einheitliche Kollisionsnormen, die die Vorschriften des Internationalen Privatrechts der ein-

629 Vgl. *Gottwald*, Grenzüberschreitende Insolvenzen, S. 33.
630 Zutreffend *Herchen*, S. 55.
631 *Kolmann*, S. 304; *Herchen*, S. 55; *Taupitz*, ZZP 111 (1998), 315 (335); *Deipenbrock*, EWS 2001, 113 (116); *Eidenmüller*, IPRax 2001, 2 (6 Fn. 29).
632 Zum Meinungsstand allgemein mit umfassenden Nachweisen siehe bereits oben.
633 Eingehend dazu bereits oben.
634 Zutreffend *Herchen*, S. 55; *Taupitz*, ZZP 111 (1998), 315 (335); *Funke*, InVO 1996, 170 (173).

zelnen Staaten ersetzen.[635] Da die Vorfrage aber gerade keine insolvenzspezifische Materie betrifft, sind die Artt. 4 ff. EuInsVO insoweit schon nicht anwendbar.[636]

b) *Die insolvenzrechtliche Wirkung der Sicherheit (Hauptfrage)*

aa) *Berufung der lex rei sitae*

Sieht man die Artt. 5 I, 7 I EuInsVO als kollisionsrechtliche Regelungen an, so gilt die lex fori concursus nicht, da Art. 4 EuInsVO als Grundkollisionsnorm durch die Sonderanknüpfung verdrängt ist.[637] Maßgeblich wäre vielmehr die jeweilige lex causae und damit regelmäßig das Insolvenzrecht der lex rei sitae.[638] Damit entschiede das Belegenheitsstatut u.a. über die Zulässigkeit insolvenzrechtlicher Beschränkungen dinglicher Sicherungsrechte. Da bei dieser Deutung der Wendung „nicht berührt" allein eine kollisionsrechtliche, nicht aber eine sachrechtliche Bedeutung bezogen auf die Reglementierung insolvenzbedingter Eingriffe zukäme, würde sich der Gehalt der Artt. 5 und 7 EuInsVO in der Ausblendung des Konkursstatuts einschließlich seiner Einschränkungsmöglichkeiten erschöpfen. Eine Mäßigung im Umgang mit insolvenzbedingten Eingriffen würde der stattdessen anzuwendenden lex rei sitae durch die Artt. 5, 7 EuInsVO darüber hinaus bei dieser Sichtweise nicht aufgegeben. In dem vom Situsrecht vorgesehenen Maße wären daher Beschränkungen der jeweiligen Rechte möglich. In Mitgliedstaaten mit weitreichenden Eingriffsbefugnissen könnten dinglich gesicherte Gläubiger ihr Recht daher nur entsprechend der dortigen Möglichkeiten realisieren.

---

635 Vgl. Erwägungsgrund 23 der EuInsVO. So auch bereits *Virgós/Schmidt*, Erläuterungsbericht, Nr. 87: „Wenn in diesen Kollisionsnormen von „anwendbarem Recht" die Rede ist, so beziehen sich diese auf das innerstaatliche Recht des durch die Normen bestimmten Vertragsstaates, mit Ausnahme der Vorschriften seines IPR."

636 Auf die Frage der Qualifikation der Grundnorm des Art. 4 I EuInsVO als Sachnorm oder Gesamtverweisung kommt es sonach gar nicht an.

637 *Herchen*, S. 77.

638 Für die Maßgeblichkeit des Belegenheitsrechts vgl. *Fritz/Bähr*, DZWiR 2001, 221 (227); *Flessner*, FS Drobnig, 277 (284); *Gottwald*, Grenzüberschreitende Insolvenzen, S. 33 („konkludenter Verweis auf die lex rei"); *Kemper*, ZIP 2001, 1609 (1616); *Lehr*, KTS 2000, 577 (579); *Mohrbutter/Wenner*, Rn. XXIII. 211; *Prütting*, ZIP 1996, 1277 (1284); *Potthast*, S. 151 und 159 (für den Vorentwurf zu einem EuInsÜ 1992). Vgl. aus der ausländischen Literatur *Westbrook/Trautmann*, in: Rajak (Hrsg.), 655 (661 ff.).

bb) Verpflichtung der lex fori concursus

Attestiert man den Artt. 5 I, 7 I EuInsVO dagegen vordergründig eine sachrechtliche Bedeutung als Verhaltensbefehl, so ist hinsichtlich des auf dingliche Sicherheiten anwendbaren Rechts und der Zulässigkeit insolvenzrechtlicher Einschränkungen noch nichts entschieden.[639] Namentlich die zweite Fragestellung hinge von der Reichweite dieser Immunitätsverpflichtung des Eröffnungsstaates ab. Insoweit kommen wiederum verschiedene Möglichkeiten in Betracht:

Zu erwägen ist zunächst eine Verpflichtung des Eröffnungsstaates, etwaige Eingriffe durch die lex fori concursus gänzlich zu unterlassen.[640] Etwaige verfahrensrechtliche Belastungen, verwertungsmäßige Erschwernisse oder sonstige Eingriffe, die zu einer Beeinträchtigung der Wirksamkeit der Sicherheit aufgrund des Rechts des Eröffnungsstaates führen würden, wären unzulässig. Wegen der Grundkollisionsnorm des Art. 4 EuInsVO greifen bei diesem Verständnis auch keine insolvenzrechtlichen Eingriffe aufgrund des Situsrechts durch.

Ein Nichtberühren im Verordnungssinne könnte die lex fori concursus möglicherweise aber auch nur dazu anhalten, sich für den Umfang insolvenzrechtlicher Eingriffe an der lex rei sitae zu orientieren und Eingriffe lediglich in dem Maße vorzunehmen, wie sie korrespondierend auch das Situsrecht kennt.[641] Erwiese sich die lex rei sitae im Einzelfall als eingriffsfeindlicher, würden dem eingriffsfreundlicheren Insolvenzrecht des Eröffnungsstaates insoweit Grenzen gesetzt. Ließe dagegen umgekehrt die jeweilige lex rei sitae in weitergehendem Umfang Eingriffe zu, schiede demgegenüber eine Korrektur der lex fori concursus aus.

Nicht auszuschließen ist demgegenüber, daß der Eröffnungsstaat durch die Artt. 5, 7 EuInsVO dazu aufgefordert wird, für die Zulässigkeit insolvenzrechtlicher Eingriffe in dingliche Rechte direkt die jeweilige lex rei sitae zu befragen. Kollisionsrechtliche Folge dieses sachrechtlichen Verhaltensbefehls wäre danach eine Sonderberufung der für die Sicherheit jeweils maßgeblichen Rechtsordnung. Vorzunehmen wäre in diesem Fall also nicht ein Vergleich der Insolvenzrechte des Eröffnungs- und Belegenheitsstaates mit ggf. nachfolgender Korrektur der lex fori concursus durch das Situsrecht. Vielmehr richteten sich mögliche Beschränkungen dinglicher Rechte unmittelbar nach dieser Rechtsordnung. Erwiese

---

639 Vgl. *Taupitz*, ZZP 111 (1998), 315 (334).

640 Einschränkend *Herchen*, S. 91 und 93f.; *ders.*, ZInsO 2002, 345 (348), der den Schutz der Artt. 5, 7 EuInsVO auf spezifisch sicherungsrechtsbezogene, wesentliche Beeinträchtigungen des wirtschaftlichen Wertes der betreffenden Sicherungsrechte begrenzt, womit im Ergebnis die auch insoweit maßgebliche lex fori concursus „sachlich geändert" werde.

641 So offenbar *Kirchhof*, in: HK-InsO, Art. 102 EGInsO, Rn. 22; *Wimmer*, in: FK-InsO, Art. 102 EGInsO, Rn. 327f.

sich die lex rei sitae als eingriffsfeindlicher, wären dingliche Sicherungsgläubiger im Ergebnis genauso gestellt wie in der Vergleichslösung. Schlechter stünden sie jedoch dann da, wenn das Situsrecht in weitergehenderem Maße Eingriffe als das Recht des Eröffnungsstaates vorsieht, weil in diesem Fall eine Korrektur der lex rei sitae auf das nach der lex fori concursus eingriffstechnisch gerade noch zulässige Maß ausschiede.

Im Ergebnis näherte man sich bei dieser Deutung der Artt. 5 I, 7 I EuInsVO stark dem obigen kollisionsrechtlichen Ansatz an, lediglich der Ausgangspunkt der Prüfung der Artt. 5, 7 EuInsVO wäre über den Verhaltensbefehl („nicht berührt") ein sachrechtlicher. Insolvenzspezifische Eingriffe in dingliche Sicherungsrechte und der Umfang der zulässigen Verwertung des Sicherungsgutes selbst wären je nach weiter oder enger Interpretation des Verhaltensbefehls unter alleiniger oder kumulativer[642] Maßgabe des Insolvenz- bzw. Belegenheitsstatuts zu beurteilen.

cc) Anerkennungsrechtliche Lösung

Vertreten ließe sich ferner, der sachlichen Anordnung, dingliche Rechte von der Eröffnung des Verfahrens unberührt zu lassen, eine anerkennungsrechtliche[643]

---

642 Hinzuweisen ist im Zusammenhang mit den Schlagworten „kumulative Anwendung der Statuten" bzw. „Kumulationslösung" darauf, daß sich innerhalb der Literatur hinter diesen Ausdrücken ganz verschiedene kollisionsrechtliche Lösungen verbergen. Zum Teil werden diese Bezeichnungen für eine parallele Anwendung von Insolvenz- und Belegenheitsstatut in der Weise verwendet, über die Vorfrage der wirksamen Entstehung der Sicherheit die lex rei sitae entscheiden zu lassen, dagegen für die Beurteilung der Aus- und Absonderungskraft des Sicherungsrechts ausschließlich die lex fori concursus zur Anwendung zu bringen. Richtigerweise bezieht sich der Ausdruck der Kumulation dieser Rechtsordnungen jedoch allein auf die Hauptfrage der Wirkungen des fraglichen Rechts in der Insolvenz, da die EuInsVO naturgemäß auch nur insoweit Regelungen trifft. Von diesem zweiten Begriffsverständnis geht auch die vorliegende Arbeit aus.

643 Über den konkreten Gegenstand der (nach herrschender Ansicht verfahrensrechtlichen) Anerkennung besteht in Rechtsprechung und Literatur große Unsicherheit. Dies macht es auch so schwierig, die praktischen Auswirkungen dieses Interpretationsmodells zu benennen. So ist beispielsweise – zum Teil auch kumulativ – von der Anerkennung der Wirkungen des Konkurses (*Spennemann*, S. 82; *Habscheid*, KTS 1989, 593 (612)), von der Erstreckung der Wirkungen der Insolvenz (*Flessner*, IPRax 1997, 1 (3); *v. Oertzen*, S. 61), von der Anerkennung der Befugnisse des Insolvenzverwalters (BGH, Urt.v. 11.7.1985, BGHZ 95, 256 (261); *Förger*, S. 83), der Anerkennung der Verfahrenseröffnung (*Ebenroth*, ZZP 101 (1988), 121 (123); *Pielorz*, S. 37; *Geimer*, IZPR, Rn. 2367), der Anerkennung der Gestaltungswirkungen des Eröffnungsbeschlusses (*Homann*, S. 22, 32, 36), der Anerkennung der Beschlagnahme des schuldnerischen Vermögens (*Flessner*, FS Heinsius, S. 111

Bedeutung zu entnehmen und die Artt. 5 I, 7 I EuInsVO als Sonderregel zu den anerkennungsrechtlichen Bestimmungen der Artt. 16f. EuInsVO, namentlich der Artt. 17 I, 2. HS („sofern diese Verordnung nichts anderes bestimmt"), 18 I 2 EuInsVO, zu begreifen.[644] Art. 17 Abs. 1 EuInsVO müßte bei dieser Sichtweise et-

---

(118)), der Anerkennung der Sperre der individuellen Rechtsverfolgung (*Flessner*, FS Heinsius, S. 111 (119)) oder auch allgemein von der Anerkennung des Verfahrens (BGH, Urt.v. 11.7.1985, BGHZ 95, 256 (265 und 269)) die Rede. Oftmals wird die Folgefrage des auf dingliche Sicherheiten anwendbaren Rechts bereits auf die Anerkennungsebene vorverlagert. Häufig wird auch von der Anerkennung der unmittelbaren (direkten, primären) bzw. mittelbaren (indirekten, sekundären) Folgewirkungen (*Kolmann*, S. 22 und 31), von der Anerkennung der insolvenztypischen im Gegensatz zu den insolvenzuntypischen Wirkungen (*von Oertzen*, S. 62 ff.; *Trunk*, KTS 1987, 415 (432f.)) gesprochen. Dabei erfolgt die konkrete Zuordnung nicht selten gegenläufig (Vgl. etwa *Habscheid*, KTS 1999, 59 (63) und KTS 1989, 593 (611), der a.a.O. den Verlust der Verwaltungs- und Verfügungsbefugnis des Schuldners als *un*mittelbare Wirkung der Verfahrenseröffnung bezeichnet, wogegen es sich hierbei nach Meinung von *Homann*, S. 38f. lediglich um eine mittelbare Folgewirkung handeln soll.) Teilweise wird sogar vertreten, die Anerkennung müsse sowohl die prozessualen und materiellen Wirkungen der Eröffnungsentscheidung umfassen, da eine Trennung nicht möglich sei, so *Trunk*, KTS 1987, 415 (431f.). Wo die genaue Trennlinie liegt, ist in der Tat schwierig zu beurteilen und wird (daher) zumeist offengelassen. Auch die EuInsVO regelt nicht, welche Wirkungen unmittelbar auf den Eröffnungsbeschluß zurückgehen und welche erst das Ergebnis der Anwendung des Sachrechts sind, zutreffend *Kolmann*, S. 46. Eine eingehende Betrachtung der Anerkennungsproblematik würde den Rahmen dieser Arbeit bei weitem übersteigen. Verwiesen sei insoweit auf die instruktive Analyse von *Homann*, wenn ihr im Ergebnis auch nicht gefolgt wird. Ausgegangen wird in der vorliegenden Arbeit – vorsichtig gesprochen – von einem weit verbreiteten Verständnis des Inhalts der Anerkennung.

644 *Habscheid*, S. 451f; *Kemper*, ZIP 2001, 1609 (1616) „daß die Wirkungen des Insolvenzverfahrens sich nicht automatisch auf den mit einem dinglichen Recht belasteten Gegenstand erstrecken"; *Mohrbutter-Wenner*, Rn. XXIII. 172; *Huber*, ZZP 114 (2001), 133 (152) „von den Wirkungen des Insolvenzverfahrens ausgeschlossen"; *v. Wilmowsky*, EWS 1997, 293 (297) „vor jedweden Wirkungen der ausländischen Konkurseröffnung zu immunisieren"; *ders.*, Europäisches Kreditsicherungsrecht, S. 291; *Deipenbrock*, EWS 2001, 113 (116); *Wimmer*, in: FK-InsO, Rn. 85 „das EuInsÜ schützt die inländischen dinglichen Rechte umfassend gegen die Wirkungen eines ausländischen Insolvenzverfahrens"; *ders.*, ZInsO 2001, 97 (100) „schließt die VO bestimmte Rechte an im Ausland belegenen Vermögenswerten von den Wirkungen des Insolvenzverfahrens aus"; *Girsberger*, Rn. 899; *Strub*, EuZW 1996, 71 (73): „dingliche Rechte werden von den Wirkungen des ausländischen Verfahrens nicht berührt"; *Herchen*, S. 95 „so sind dessen [Eröffnungsbeschluß] Wirkungen auf Sicherungsrechte im Wege der sachrechtlichen Zurückhaltung der lex fori concursus einer Wirkungserstreckung durch die Artt. 16 I, 17 I von vornherein zu entziehen" sowie 69, 80 „daß gewisse (Aus-) Wirkungen der lex fori concursus die dinglichen Sicherungsrechte nicht treffen", wobei *Herchen* zwischen

wa wie folgt formuliert werden: „Die Eröffnung eines Verfahrens nach Artikel 3 Abs. 1 entfaltet in jedem anderen Mitgliedstaat mit Ausnahme dort belegener dinglicher Rechte Dritter bzw. Eigentumsvorbehalte die Wirkungen, die das Recht des Staates der Verfahrenseröffnung dem Verfahren beilegt." Der Eröffnungsbeschluß würde verfahrensrechtlich gesehen grundsätzlich im Belegenheitsstaat (= Anerkennungsstaat) volle Wirkung entfalten, und zwar auch soweit dinglich gesicherte Vermögensgegenstände in Rede stehen. Wegen Art. 4 Abs. 1 EuInsVO richteten sich die materiellrechtlichen Folgen der Verfahrenseröffnung nach der lex fori concursus.[645] Zum Schutz der Sicherungsrechte würden die Artt. 5 I, 7 I EuInsVO jedoch bestimmten mittelbaren Folgewirkungen die Anerkennung verweigern.[646] Namentlich in dem Maße, wie die Drittwirksamkeit des Ab-

---

spezifisch sicherungsrechtsbezogenen Wirkungen, die auf die insolvenzrechtliche Einschränkung dinglicher Rechte gerade abzielen, und solchen Wirkungen differenziert, die zwar auch insolvenzrechtlich motiviert sind, die Sicherheiten aber lediglich auch (reflexartig) beeinträchtigen, vgl. S. 91. Seiner Ansicht nach würden durch die Artt. 5, 7 EuInsVO nur erstere abgeschirmt, die sich bei wirtschaftlicher Betrachtung zugleich als wesentliche Beeinträchtigungen des Kernbestandes des dinglichen Rechts erweisen müßten, vgl. S. 93f. *Flessner* hält eine anerkennungsrechtliche Deutung der Artt. 5 I, 7 I EuInsVO zumindest für möglich, vgl. *ders.*, in: Stoll (Hrsg.), Vorschläge und Gutachten, S. 219 (222).

645 A.A. *Herchen*, S. 79f, wonach bei anerkennungsrechtlicher Deutung der Artt. 5, 7 EuInsVO die Frage des für dingliche Sicherungsrechte maßgeblichen Rechts unklar bliebe. So sei nicht vorstellbar, in den Artt. 5, 7 EuInsVO neben ihrer Einordnung als Anerkennungssondervorschriften zugleich Verweisungsnormen zu erblicken. Nach Meinung *Herchens* sind ohne besondere Regelung die verordnungsunabhängigen Internationalen Insolvenzrechte berufen, die jedoch regelmäßig die lex fori concursus für anwendbar erklären. In der Folge werde dadurch „widersinnig [...] die Anerkennungsverweigerung umgangen", weshalb die Artt. 5, 7 EuInsVO kein besonderes Insolvenzanerkennungsrecht enthielten, vgl. S. 80. Unzutreffend geht *v. Wilmowsky* (Europäisches Kreditischerungsrecht, S. 291), der die Artt. 5 I, 7 I EuInsVO im Gegensatz zu *Herchen* als Anerkennungssonderregln begreift, davon aus, daß der Sicherungsrechtsstaat die Geltung seines eigenen Rechts anordnet. Richtigerweise beinhalten die Artt. 5 I, 7 I EuInsVO neben der anerkennungsrechtlichen Sonderregelung nicht zusätzlich Verweisungsrecht; vgl. auch *Herchen*, S. 79. In die gleiche Richtung geht die Ansicht *Kempers*, ZIP 2001, 1609 (1615f.), der offenbar den Artt. 5 I, 7 I EuInsVO kollisionsrechtlichen Gehalt („Art. 5 EuInsVO enthält eine Kollisionsnorm für die dinglichen Rechte Dritter", vgl. S. 1615) beimißt, zugleich aber davon ausgeht, daß sich die Wirkungen des Insolvenzverfahrens nicht automatisch auf den mit einem dinglichen Recht belasteten Gegenstand erstrecken.

646 *Flessner* zufolge ist eine anerkennungsrechtliche Deutung der Artt. 5 I, 7 I EuInsVO allenfalls in der (einschränkenden) Weise angängig, daß Insolvenzwirkungen, die das Recht des Verfahrensstaates vorsieht, nicht anerkannt werden *müssen*, aber nicht, daß sie (oder Insolvenzwirkungen aus dem Recht des Lagestaates) nicht angenommen werden *dürfen*. Er begründet seine Ansicht mit der für internationale

sonderungsrechts und damit die tatsächliche Durchsetzung der Sicherheit durch Vorschriften der lex fori concursus (spezielle Existenznachweise, Fristen, Nachrangigkeit etc.) in Frage gestellt oder zumindest nicht nur unerheblich erschwert würde, entfalteten diese im Situsstaat keine Wirkungen.

Der Schutz ginge jedoch nicht soweit, die unmittelbaren[647] Folgewirkungen nach Maßgabe der lex fori concursus, etwa der Ausschluß der Verfügungsbefugnis des Schuldners, der Verlust des Einzelverwertungsrechts und des Rechts zur Zwangsvollstreckung durch dessen Gläubiger[648], von der Anerkennung auszunehmen. Vielmehr würde auch das Sicherungsgut vom Insolvenzbeschlag erfaßt, und die ausländischen Sicherungsnehmer würden dem Insolvenzverfahren unterworfen. Sofern also der Sicherungsinhaber nicht geltend macht, gerade kein Insolvenzgläubiger zu sein, weil der betreffende Sicherungsgegenstand nicht der Insolvenzmasse unterfalle (= Aussonderung), könnte er sein Recht, falls es zur vorzugsweisen Befriedigung berechtigt, nur im Wege der Absonderung realisieren. Entsprechend beschränkte sich sein Befriedigungsrecht auf den haftenden Gegenstand. Wäre er zudem aufgrund einer persönlichen Forderung gegen den Schuldner auch Insolvenzgläubiger, müßte er seine Forderung in voller Höhe zur Insolvenztabelle anmelden und könnte in dem Umfang, in dem er im Rahmen der Absonderung ausgefallen ist, anteilige Befriedigung aus der Insolvenzmasse verlangen.

Anerkennungsverträge geltenden Auslegungsmaxime, wonach die Vertragsstaaten lediglich auf einen Mindeststandard verpflichtet würden, ihnen aber nicht verwehrt werden solle, gegenüber ausländischen Entscheidungen auch großzügiger zu sein, also in der Anerkennungsbereitschaft über die Vorschriften des Anerkennungsvertrages *hinauszugehen* (vgl. *Schack*, IZVR, Rn. 807; *Kropholler*, IPR, S. 552; *Geimer*, IZPR, Rn. 2766). Diese Auslegungsregel, die für das EuGVÜ in der deutschen Literatur überwiegend vertreten wird (vgl. *Schack*, IZVR, Rn. 808; *Kropholler*, Art. 25, Rn. 8; *Geimer/Schütze*, Art. 25, Rn. 24), will *Flessner* auch für das EuInsÜ (und damit die insoweit wortlautidentische EuInsVO) angewendet wissen, vgl. *Flessner*, FS Drobnig, 277 (282f.). Daß die in den Artt. 5 I, 7 I EuInsVO genannten Sicherungsrechte von den Wirkungen des Verfahrenseröffnungsbeschlusses ausgenommen werden, vertreten auch v. *Wilmowsky*, Euopäisches Kreditsicherungsrecht, S. 291; *Duursma-Kepplinger*, in: Duursma-Kepplinger/Duursma/Chalupsky (Hrsg.), EuInsVO, Art. 5, Rn. 28 und 36 unter Hinweis darauf, daß die „Immunisierungsregel" des Art. 5 I gegenüber solchen im Laufe eines Insolvenzverfahrens eintretenden Rechtswirkungen keinen Schutz gewähre (a.a.O., Rn. 37); *Herchen*, S. 94 ff.; *Deipenbrock*, EWS 2001, 113 (116f.); *Eidenmüller*, IPRax 2001, 2 (6 Fn. 29); wohl auch *Gottwald*, Grenzüberschreitende Insolvenzen, S. 34.

647 Vgl. zur Qualifizierung sowie zum Problem allgemein die Nachweise der vorausgegangenen Fußnote.

648 Vgl. für das deutsche Insolvenzrecht die Vorschriften der §§ 80, 87, 89 InsO.

dd) *Beschränkung des sachlichen Anwendungsbereichs der EuInsVO*

Nicht von vornherein ausgeschlossen werden kann eine Einordnung der Artt. 5, 7 EuInsVO als spezielle Regelungen des sachlichen Anwendungsbereichs der Verordnung, der allgemein in Art. 1 EuInsVO niedergelegt ist. Die Artt. 5, 7 EuInsVO wären danach quasi als dritter Absatz des Art. 1 EuInsVO zu lesen („[...] (3) Diese Verordnung gilt nicht für das dingliche Recht eines Gläubigers [...]"). Dasselbe Ergebnis wird erzielt, wenn man die Wendung „von der *Eröffnung des Verfahrens* nicht berührt" gedanklich durch die Formulierung „von der *Verordnung* nicht berührt" ersetzt. Das insolvenzrechtliche Schicksal solcher im Nichteröffnungsstaat belegener dinglicher Sicherheiten unterläge dann den mitgliedsstaatlichen Internationalen Insolvenzrechten. Diese berufen zumeist die lex fori concursus[649], die auch im Anwendungsbereich der Verordnung maßgeblich ist (vgl. Art. 4 EuInsVO). Praktische Folge dieser Interpretation wäre eine Rückverweisung auf das Recht des Eröffnungsstaates; die Artt. 5, 7 EuInsVO wären sinnlos[650]. Nach Maßgabe der lex fori concursus könnten Eingriffe in dingliche Rechte aus Anlaß der Insolvenz unbegrenzt vorgenommen werden. Dieses fragwürdige Ergebnis würde nur vermieden, wenn das IIR des betreffenden Mitgliedstaates das Belegenheitsinsolvenzrecht beriefe.[651] In diesem Fall läge die Bedeutung der Artt. 5, 7 EuInsVO letztlich darin, eine Sonderanknüpfung an die lex rei sitae zu ermöglichen und damit die dort ansässigen Sicherungsgläubiger vor Überraschungen zu bewahren.

ee) *Bereichsausnahme vom Universalitätsprinzip*

Des weiteren ließe sich bei Zugrundelegung eines nicht-kollisionsrechtlichen Verständnisses der Artt. 5 I, 7 I EuInsVO vertreten, diese Bestimmungen normierten eine Ausnahme vom Grundsatz der Universalität[652] des Insolvenzverfah-

---

649 *Herchen*, S. 79 und S. 87 unter Verweis auf das deutsche, französische, belgische und englische Recht.

650 Zutreffend *Herchen*, der eine solche Interpretation für widersinnig hält, S. 81.

651 So beispielsweise Italien, die Niederlande und Schweden, vgl. *Herchen*, S. 87 mwN.

652 Wie auch der Gegenstand der verfahrensrechtlichen Anerkennung ist auch der Inhalt der Universalität bzw. das Begriffspaar Universalität/Territorialität des Verfahrens unklar. So wird teilweise vertreten, diese Termini wiesen zwei Aspekte auf: einen „gegenständlichen" und einen „räumlichen". Durch den ersten werde das außerhalb des Eröffnungsstaates belegene Vermögen – unabhängig davon, wo es weltweit belegen sei – für die inländische Insolvenzmasse beansprucht (Universalität) oder eben nicht beansprucht mit der Folge, daß nur diejenigen Gegenstände des Schuldners dem Insolvenzbeschlag unterfallen, die im Eröffnungsstaat situiert sind

rens. Dingliche Sicherheiten wären danach vom universellen Geltungsanspruch des Eröffnungsstaates ausgenommen.[653] Soweit im Ausland belegene, dinglich

---

(Territorialität). Der zweite Aspekt betreffe die Frage der Wirkungserstreckung und damit der (verfahrensrechtlichen) Anerkennung: Entweder werde die Eröffnungsentscheidung (einschließlich ihrer unmittelbaren Folgewirkungen) im Ausland anerkannt (Universalität) oder ihr werde die Anerkennung verweigert (Territorialität). Dieser Unterscheidung folgt beispielsweise *Homann*, S. 60 ff. Teilweise wird demgegenüber die gegenständliche Komponente mit der räumlichen, um bei der Terminologie *Kolmanns* zu bleiben, begründet und umgekehrt, vgl. etwa *Lüer*, KTS 1978, 200 (206). Ein anderer Ansatz bezieht die Frage des anwendbaren Rechts in die Abgrenzung mit ein: Universalität des Verfahrens sei anzunehmen, sofern sich alle Wirkungen des Verfahrens nach der lex fori concursus richteten, während bloße Territorialität vorliege, falls die Wirkungen dem Recht eines anderen Staates zu entnehmen seien, vgl. *Reinhart*, S. 123; *Habscheid*, KTS 1999, 59 (64f.); *Wenner*, in: Mohrbutter/Mohrbutter, Rn. XXI-II.20 ff. Vereinzelt wird sogar vertreten, der Terminus Universalität sei verfehlt und müsse durch „Extraterritorialität" ersetzt werden, vgl. *Jahr*, in: Jaeger, KO, §§ 237, 238, Rnrn. 30 und 49f. Nach Meinung *Prüttings* wiederum sei beim Prinzip der Universalität zwischen der personellen und der internationalen Insolvenz zu unterscheiden. Erstere beinhalte, daß sämtliche Gläubiger hinsichtlich ihrer vermögensrechtlichen Ansprüche am Verfahren teilnehmen, ihre Forderungen also nur noch nach den Vorschriften des Insolvenzverfahrens verfolgen können. Insbesondere sei es dem Gläubiger verwehrt, sich aus dem Insolvenzverfahren auszuklinken und Befriedigung außerhalb des Verfahrens zu suchen. Demgegenüber stehe die internationale Universalität im Gegensatz zum Territorialitätsprinzip, weshalb ein in Deutschland eröffnetes Insolvenzverfahren zugleich auch Auslandswirkungen zeitige bzw. umgekehrt ein Auslandsverfahren Inlandswirkungen entfalte, vgl. *Prütting*, in: Kölner Schrift zur InsO, S. 241 ff., Rnrn. 64 ff.; zustimmend *Pape/Uhlenbruck*, InsolvenzR, II, Kap. 14, Rnrn. 131 ff.

653 Für ein solches Verständnis der Artt. 5 I, 7 I EuInsVO vgl. *Kolmann*, S. 303 „wenn Art. 5 I bereits den Geltungsanspruch des Eröffnungsstaates einschränkt und nicht erst bei den Anerkennungswirkungen eines Hauptinsolvenzverfahrens ansetzt"; *Liersch*, S. 59 „diese Sicherungsrechte dürfen nicht in das Verfahren einbezogen werden"; *Eidenmüller*, IPRax 2001, 2 (6 Fn. 29) „ein verfahrensrechtlicher Zugriff ist nur möglich, wenn im Ausland ein Sekundärinsolvenzverfahren eröffnet werden kann"; *Taupitz*, ZZP 111 (1998), 315 (333) „Das EuInsÜ gibt nämlich bezogen auf ausländische Sicherungsrechte schon den Ausgangspunkt des Einheits- und Universalitätsgedankens – ein Insolvenzverfahren über ein einheitlich verstandenes Vermögen des Gemeinschuldners – auf" und (342) „Territorialisierung dinglicher Sicherungsrechte"; *Laut*, S. 129 für den Entwurf zu einem EuInsÜ 1992 „die Masse auf mit Sicherheiten belastete Vermögensgegenstände des Schuldners verzichten, wenn sich diese nicht im Eröffnungsstaat befinden" und „Pfandrechte[...]nicht in das Verfahren einbezogen werden"; wohl auch *Leible/Staudinger*, KTS 2000, 533 (552) „Für einen effektiven Schutz hätte es bereits genügt, Sicherungsrechte an Auslandsvermögen direkt dem Recht des Belegenheitsorts zu unterwerfen, sie ansonsten aber in das ausländische Hauptinsolvenzverfahren mit einzubeziehen", vgl. aber auch „geschützt wird das dingliche Recht allein vor den Wirkungen des Ver-

gesicherte Vermögenswerte des Schuldners in Rede stehen, würden diese nicht für die inländische Insolvenzmasse beansprucht. Insoweit würde der Tatbestand der Insolvenz geleugnet und bereits die Eröffnungsentscheidung als solche negiert. Diese Lösung setzt also nicht erst beim Umfang der Erstreckung der Anerkennungswirkungen eines grundsätzlich akzeptierten Hauptinsolvenzverfahrens an, sondern schränkt bereits den Geltungswillen des Eröffnungsstaates ein.[654] Abgesehen von der Möglichkeit, bei Vorhandensein einer Niederlassung des Schuldners in einem Zweitstaat über dort belegenes dingliches Sicherungsgut die Eröffnung eines Sekundärverfahrens zu beantragen, schiede eine Einbeziehung ausländischer Sicherungsrechtsinhaber ins Verfahren aus.[655] Ein Zugriff auf die Sicherheit wäre nicht nur in Höhe des die Sicherheit übersteigenden Betrages, sondern gänzlich ausgeschlossen. Die Gläubiger könnten trotz des anhängigen Hauptinsolvenzverfahrens individuelle Rechtsverfolgungsmaßnahmen (Klage, Zwangsvollstreckung) unter Zugriff auf vom haftenden Gegenstand verschiedene Masseobjekte wegen aller persönlichen Forderungen gegen den Schuldner betreiben. Korrespondierend bliebe der Schuldner im Belegenheitsstaat über dort situiertes Vermögen verfügungsbefugt. Da der Eröffnungsstaat nach dieser Lösung – wenn auch erzwungenermaßen aufgrund der Artt. 5, 7 EuInsVO – in jeder Hinsicht auf eine Verwertung ausländischer dinglicher Sicherheiten verzichtet, bestünde für eine Anwendung der lex fori concursus einschließlich ihrer Einschränkungsmöglichkeiten dinglicher Sicherungsrechte keinerlei Raum. Ob und auf welche Weise so gesicherte Gläubiger insolvenzbedingte Eingriffe in ihre Rechte zu befürchten hätten, beurteilte sich im Falle eines dortigen Territorialverfahrens allein nach dem Insolvenzrecht der lex rei sitae.

ff) Zwischenergebnis

Die in der rechtswissenschaftlichen Literatur vertretenen Ansätze zur Deutung der Arttt. 5, 7 EuInsVO sind vielfältig. Je nach Sichtweise ergeben sich zum Teil erhebliche Unterschiede für die insolvenzrechtliche Behandlung dinglicher Sicherheiten. Im Wege einer grundlegenden Analyse dieser Vorschriften soll versucht werden, Licht in dieses „Auslegungschaos" zu bringen.

---

fahrenseröffnungsbeschlusses" (S. 551); wohl auch *Trunk*, S. 157f. „territoriale Selbstbeschränkung, Artt. 5, 7 EuInsÜ" und „territoriale Beschränkung der Sollgeltung des Domizilverfahrens".

654 *Kolmann*, S. 303.

655 In diesem Sinne *Duursma-Keppelinger*, in: Duursma-Kepplinger/Duursma/Chalupsky (Hrsg.), EuInsVO, Art. 4, Rn. 36 und Art. 5, Rn. 24 unter Hinweis auf Rnrn. 23, 97 und 98 des Erläuternden Berichts zum EuInsÜ; *Duursma-Kepplinger/Duursma*, wbl 2002, 65; ferner *Taupitz*, ZZP 111 (1998), 315 (336).

II. Die Artt. 5, 7 EuInsVO als supranationale Regelungen – Exkurs zur Auslegung des Gemeinschaftsrechts

Im Zusammenhang mit der Auslegung, d.h. Sinnerschließung[656] der Artt. 5, 7 EuInsVO gilt es zunächst zweierlei zu beachten: Zunächst steht mit der Insolvenzverordnung ein Gesetzgebungsakt der EG in Rede, der in einem supranationalen Gesetzgebungsverfahren einer supranationalen Organisation entstanden ist. Die Auslegung aber ist eng verknüpft mit dem geschichtlichen und geistigen Hintergrund einer Rechtsordnung oder eines Rechtskreises.[657] Für Rechtsakte des primären Gemeinschaftsrechts weist der EG-Vertrag (EGV) die Auslegungskompetenz dem Gerichtshof der europäischen Gemeinschaften zu. Als Gemeinschaftsorgan sichert er die Wahrung des Rechts bei der Auslegung und Anwendung des Vertrages (vgl. Artt. 220 EGV, 136 EURATOM). Über den zu engen Wortlaut hinaus obliegt dem EuGH nicht nur die Handhabung der Vertragsbestimmungen des EG-Vertrages, sondern des gesamten Rechts.[658] Eingeschlossen sind damit u.a. die aus der Rechtssetzungsgewalt der Gemeinschaft abgeleiteten Rechtsakte[659] im Sinne des Art. 249 EGV, namentlich der Verordnungen des Rates der EG (vgl. auch Art. 31 EGKS: „Durchführungsvorschriften"). Insbesondere ist es Aufgabe des Gerichts, dafür Sorge zu tragen, daß die im einzelnen mit europäischen Sachverhalten befaßten nationalen Behörden und Gerichte die Rechtsnormen in ihrem Sinngehalt „richtig" erfassen und fehlerfrei anwenden.[660] Daraus ergeben sich Besonderheiten für den auf Gemeinschaftsrechtsakte anzuwendenden Interpretationsmaßstab. Eng damit verknüpft ist auch die Frage nach den Auslegungskriterien, sofern Vorschriften des sekundären Gemeinschaftsrechts in Rede stehen. Insbesondere gilt es zu klären, ob über die herkömmlichen „klassischen" Kanones hinausgehend europaspezifische Aspekte in die Überlegungen eingestellt werden müssen.

1. Anwendung europarechtlicher Maßstäbe

Seit Jahrzehnten wird in der rechtswissenschaftlichen Literatur diskutiert, ob eine Interpretation des Gemeinschaftsrechts anhand mitgliedstaatlicher oder völker-

656 *Lutter*, JZ 1992, 593 (595).

657 Vgl. *Fikentscher*, Methoden des Rechts, III, S. 789; *Lutter*, JZ 1992, 593 (598).

658 *Buck*, S. 32, 36 und 40; *Dumon*, Kritische Prüfung, S. III-59; *Kutscher*, Thesen, S. I-8 und 12; *ders.*, EuR 1981, 392 (400); *Olbertz*, StVj 1992, 37 (37); *Geiger*, EG-Vertrag, Art. 164, Rn. 10; *Chevallier*, CMLR 1964/65, 21 (21).

659 Vgl. EuGH, Urt. V. 15.06.1976, Rs. 113/75; *Buck*, S. 40.

660 Sinngemäß *Buck*, S. 34.

rechtlicher Auslegungsgrundsätze erfolgen muß oder aber möglicherweise eigenständigen, europarechtsspezifischen Regeln unterliegt. Recht umfangreiche Untersuchungen aus neuerer Zeit[661] zur Auslegungstechnik des EuGH belegen, daß sich der Gerichtshof im Laufe seiner Rechtsprechungstätigkeit immer mehr von nationalstaatlichen bzw. völkerrechtlichen Auslegungsmaßstäben gelöst und eine eigenständige Methode zur Auslegung des Gemeinschaftsrechts entwickelt hat. Das hat seinen Grund vor allem in der eigentümlichen Stellung des Gemeinschaftsrechts zwischen dem nationalen Recht der Mitgliedstaaten[662] und dem Völkerrecht.[663] Als eine auf Dauer angelegte und nur innerhalb eines formal qualifizierten Verfahrens abänderbare Staatengemeinschaft verfügt die Gemeinschaft über eine „eigenständige Rechtsordnung"[664], die unabhängig von der Hoheitsge-

---

661 Vgl. insbesondere die Arbeiten von *Grundmann*, Die Auslegung des Gemeinschaftsrechts durch den Europäischen Gerichtshof (1997); *Buck*, Über die Auslegungsmethoden des Gerichtshofs der Europäischen Gemeinschaft (1998); *Anweiler*, Die Auslegungsmethoden des Gerichtshofs der Europäischen Gemeinschaften (1997); siehe auch *Potacs*, Auslegung im öffentlichen Recht (1994) und *Röttgen*, Die Argumentation des Europäischen Gerichtshofs – Typik, Methodik, Kritik (2001). Davon, daß der EuGH eine eigenständige Auslegungsmethode entwickelt hat, geht auch *Metallinos*, S. 159 aus.

662 Insbesondere ihrem Staatsrecht.

663 *Hoffmann-Becking*, S. 157 und 240; *Oppermann*, EuropaR, S. 1f. und 152; *Grundmann*, S. 48; *Bredimas*, S. 13: „midway between organisations of simple cooperation and federal system".

664 Nach ständiger Rechtsprechung des EuGH ist durch die Errichtung der Gemeinschaft eine neue Rechtsordnung entstanden, die nicht rein völkerrechtlicher Natur ist: "Das Ziel des EWG-Vertrages ist die Schaffung eines gemeinsamen Marktes, dessen Funktionieren die der Gemeinschaft angehörigen einzelnen unmittelbar betrifft; damit ist zugleich gesagt, daß dieser Vertrag mehr ist als ein Abkommen, das nur wechselseitige Verpflichtungen zwischen den vertragsschließenden Staaten begründet. Diese Auffassung wird durch die Präambel des Vertrages bestätigt, die sich nicht nur an die Regierungen, sondern auch an die Völker richtet. Sie findet eine noch augenfälligere Bestätigung in der Schaffung von Organen, welchen Hoheitsrechte übertragen sind, deren Ausübung in gleicher Weise die Mitgliedstaaten wie die Staatsbürger berührt.", vgl. EuGH, Rs. 26/62, Slg. 1963, 1 (24f.). Siehe auch das Urteil des EuGH Rs. 6/64, Slg. 1864, 1251 (1269) zum Unterschied und Völkerrecht: „Zum Unterschied von gewöhnlichen internationalen Verträgen hat der EWG-Vertrag eine eigene Rechtsordnung geschaffen, die bei seinem Inkrafttreten in die Rechtsordnungen der Mitgliedstaaten aufgenommen worden und von ihren Gerichten anzuwenden ist. Denn durch die Begründung einer Gemeinschaft für unbegrenzte Zeit, die mit eigenen Organen, mit der Rechts- und Geschäftsfähigkeit, mit internationaler Handlungsfähigkeit und insbesondere mit echten, aus der Beschränkung der Zuständigkeit der Mitgliedstaaten oder Übertragung von Hoheitsrechten ausgestattet ist, haben die Mitgliedstaaten, wenn auch auf einem begrenzten Gebiet,

walt der Mitgliedstaaten eigene Konturen annimmt.[665] Im Unterschied zum Völkerrecht, dem nur eine bewahrende und statische Ordnungsfunktion zukommt, nimmt das Gemeinschaftsrecht, wenn auch im Völkerrecht wurzelnd[666], eine evolutiv-dynamische Funktion ein und steht damit ganz im Dienste der politischen und wirtschaftlichen Integration.[667] Während sich der Inhalt völkerrechtlicher Verträge zumeist in eng umgrenzten Sachbereichen erschöpft, erstreckt sich das Gemeinschaftsrecht über die statuierten wirtschaftlichen Beziehungen hinaus zumindest potentiell auf wesentliche politische Bereiche. Überdies verpflichtet das Völkerrecht grundsätzlich nur die Mitgliedstaaten als solche. Im europäischen Rahmen hingegen normieren insbesondere Verordnungen[668] unmittelbar Rechte und Pflichten für die einzelnen Bürger.[669] Korrespondierend unterscheiden sich auch die Schutz- bzw. Zielgüter[670]: Im Gegensatz zu den Verfassungen der Mitgliedstaaten, die eher das einzelne Individuum ins Blickfeld nehmen, ist die europäische Verfassung[671] in erster Linie der Verwirklichung des Gemeinsamen Marktes verpflichtet.

Hinzu treten weitere konzeptionelle Unterschiede. Einer im Integrationsprozeß befindlichen, immer stärker auf Veränderung drängenden, durch Elastizität und Flexibilität gekennzeichneten Gemeinschaft einerseits stehen Staaten gegenüber, die ihre rechtsstaatliche Verfaßtheit und Geformtheit schon mit größerer Verläßlichkeit gefunden haben.[672] Entsprechend übernimmt die mitgliedstaatliche Verfassung hauptsächlich eine bloße Stabilisierungsfunktion und wird daher tendenziell statisch interpretiert.[673] Die europäische Verfassung dagegen ist strukturell auf einen fortwährenden Wandel hin ausgerichtet und erfordert daher in stär-

---

ihre Souveränitätsrechte beschränkt und so einen Rechtskörper geschaffen, der für ihre Angehörigen und sie selbst verbindlich ist."

665 *Buck*, Auslegungsmethoden, S. 133.

666 Die europäischen Gemeinschaftsverträge sind völkerrechtliche Verträge mit materiellem Verfassungscharakter, vgl. *Bleckmann*, in: Ress (Hrsg.), S. 61f.; *Ress*, in: Bieber/Ress (Hrsg.), S. 49 (53).

667 *Bleckmann*, GS Constantinesco, S. 61 (63); *Klein*, S. 336; *Ipsen*, § 5/72; *Kutscher*, EuR 1981, 392 (400).

668 Unter bestimmten Voraussetzungen entfalten auch Richtlinien unmittelbare Wirkung.

669 *Dorn*, S. 70; *Lecourt*, Ann. Eur. 1976, S. 19 (22).

670 Dies hebt vor allem *Buck*, S. 136 hervor.

671 Vergleichbar dem deutschen Grundgesetz wird vielerorts dem EG-Vertrag Verfassungsrang zugesprochen.

672 In diesem Sinne *Buck*, S. 135f.

673 *Bernhardt*, FS Kutscher, S. 17 (18f.) unter Hinweis auf die österreichische Versteinerungstheorie, nach der insbesondere die Kompetenznormen auf Dauer im Einklang mit ihrem Verhältnis zur Zeit der Verfassungsgebung ausgelegt werden sollen; *Buck*, S. 135f.

kerem Maße eine dynamische Auslegung.[674] Auch was die strukturelle Geschlossenheit und Vollständigkeit angeht, steht v.a. das Vertragsrecht mit seinen Rahmenregelungen[675] den mitgliedstaatlichen Rechtssystemen deutlich nach.[676] Zwar ist die Konkretisierung dieses rechtlichen Rahmens in erster Linie den Gemeinschaftsorganen über die Schaffung abgeleiteten Rechts vorbehalten.[677] Mangelnde Konsensbereitschaft im Rat, fehlende Initiativen der Kommission, kurz: das insgesamt immer noch zu schwerfällige Gesetzgebungsverfahren[678], führen dazu, daß der EuGH die Organe bei der Wahrnehmung ihrer Integrationsaufgabe unterstützen muß.[679] Das Bedürfnis nach richterlicher Rechtsfortbildung ist daher ungleich größer als im komplexen Staatenrecht.[680] Entsprechend ist dem Begriff der Auslegung – anders als beispielsweise in der deutschen Methodenlehre[681] – ein weiterer, gemeinschaftsrechtlicher Sinn zu geben[682], der auch den Bereich der Lückenausfüllung umfaßt.[683] Besonderheiten gelten zudem nicht nur für den Umfang, sondern auch für die Art und Weise der Auslegung. Während die Interpretation einer nationalen Verfassung auf eine einheitliche Rechtstradition, eine ein-

---

674 *Bleckmann*, GS Constantinesco, S. 61 (65f.).

675 Für eine Qualifizierung des EG-Vertrages als bloßen „Rahmenvertrag“ spricht sich *Stein*, FS Universität Heidelberg, S. 619 (629, 631), aus.

676 *Constantinesco*, Rechtsprechung, S. 808; *Everling*, RabelsZ 50 (1986), 193 (206).

677 *Anweiler*, S. 36.

678 *Everling*, RabelsZ 50 (1986), 193 (207); *Krück*, in: v. der Groben/Thiesing/Ehlermann, EWG-Vertrag, Art. 164, Rn. 58; *Anweiler*, S. 36f.

679 Zutreffend *Bleckmann*, GS Constantinesco, S. 61 (65f.); *Anweiler*, S. 36f. So auch *Dänzer-Vanotti*, FS Everling I, S. 205, der von „arbeitsteiliger Hervorbringung von Recht durch Gesetzgeber und Gerichtshof“ spricht. Siehe auch *Kutscher*, Thesen, S. I-7, nach dessen Ansicht es „beinahe eine Selbstverständlichkeit“ sei, daß sich die Auslegung des Rechts nicht auf das geschriebene Recht beschränken könne.

680 *Constantinesco*, Rechtsprechung, S. 808; *Streinz*, EuropaR, Rn. 496; *Bleckmann*, GS Constantinesco, S. 63f.

681 Nach deutschem Rechtsverständnis wird zwischen der eigentlichen Auslegung eines vorhandenen Gesetzestextes und der Rechtsfortbildung unterschieden. Vgl. *Larenz*, Methodenlehre, S. 351 ff.; *Hoffmann-Becking*, S. 150; *Zippelius*, Methodenlehre, S. 72 ff.; *Hassold*, FS Larenz, S. 211 (216); *Müller*, FS Universität Heidelberg, S. 65 ff. Die französische Methodenlehre dagegen macht diese Unterscheidung nicht, sondern bezeichnet sowohl die Auslegung (im engen Sinn) als auch die Rechtsfortbildung als *interprétation*, vgl. *Hoffmann-Becking*, a.a.O., S. 151; *Constantinesco*, Recht der EG I, S. 807; *Dumon*, Kritische Prüfung, S. III-13; *Schweitzer/Hummer*, EuropaR, S. 105.

682 Überzeugend *Anweiler*, Auslegungsgrundsätze, S. 38.

683 *Krück*, in: v. der Groeben/Thiesing/Ehlermann, EWG-Vertrag, Art. 164, Rn. 51; *Daig*, FS Kutscher, S. 79 (85); *Tomuschat*, S. 78; *Kutscher*, Thesen, S. I-10. Die Lückenausfüllung durch den EuGH betrifft den Bereich des ungeschriebenen Gemeinschaftsrechts und hier speziell die allgemeinen Rechtsgrundsätze, vgl. *Krück*, a.a.O., Art. 177, Rn. 39.

heitliche, gewachsene Rechtswissenschaft und darauf aufbauend auf eine Rechtsmethodik mit einem System von Auslegungsregeln zurückgreifen kann, steht die Gemeinschaftsrechtsordnung noch verhältnismäßig am Anfang einer solchen Entwicklung.[684] Der mit der Normendeutung des Gemeinschaftsrechts befaßte Spruchkörper des EuGH setzt sich aus Richtern zusammen, die den einzelnen EU-Mitgliedstaaten entstammen. Die Rechtstraditionen der Mitgliedstaaten der Europäischen Gemeinschaften differieren zum Teil jedoch erheblich.[685] Wesensmäßige Unterschiede sind nicht nur zwischen dem angelsächsischen und dem kontinentalen Rechtskreis[686], sondern auch innerhalb der kontinentalen Rechtsordnungen[687], speziell dem mitteleuropäischen und dem romanischen

684 *Dorn*, S. 68 ff.

685 Eine recht ausführliche Gegenüberstellung der deutschen, englischen und französischen Auslegungsmethodik findet sich bei *Grundmann*, S. 17 ff. und *Buck*, S. 91 ff.

686 Zwischen der Auslegungspraxis deutscher und englischer Gerichte bestehen grundlegende Unterschiede: Während in Deutschland dem Sinn und Zweck der Regelung (teleologische Auslegung) herausragende Bedeutung zukommt, die im Einzelfall sogar ein Hinausgehen über den Wortlaut einer Norm ermöglicht, ohne daß dadurch eine verfassungswidrige Interpretation contra legem vorliegt (vgl. BGH, Urt. v. 23.5.1951, BGHZ 2, 176 (184f.): „'Höher als der Wortlaut des Gesetzes steht sein Sinn und Zweck.[...]Demgemäß ist die Auslegung nach Sinn und Zweck des Gesetzes auch gegenüber einem sprachlich unzweideutigem Wortlaut nicht ausgeschlossen; denn die Worte sind nur der möglicherweise unvollkommene Ausdruck der maßgebenden Gedanken'"), kann die Intention des Gesetzgebers in England immer nur insoweit eine Rolle spielen, als sie in den im Gesetzestext verwandten Worten oder Redewendungen einen Ausdruck gefunden hat; die grammatische Auslegung somit steht eindeutig im Vordergrund. Dem Buchstaben des Gesetzes soll auf jeden Fall gefolgt werden, soweit dem Text ein klarer Sinn zu entnehmen ist. Ein klarer Wortlaut bedarf keiner Auslegung, so daß der eindeutige Wortlaut keinen Raum für eine Zweckforschung zuläßt (vgl. *Lord Scarman* in der Entscheidung Stock v. Frank Jones (Tipton) Ltd., W.L.R. 1978, 231 (239): "If the words used by parliament are plain there is no room for the anomalies test, unless the concsequences are so absurd that without going outside the statute, one can see that parliament must have made a drafting mistake."). Auch ein Rückgriff auf die Entstehungsgeschichte des Gesetzes ist nur in geringem Maße möglich.

687 Unterschiede bestehe z.B. zwischen der deutschen und der schwedischen Auslegungspraxis: In Schweden wird zwar ebenfalls auf die Gesetzesmaterialien abgestellt, um die Zielsetzung des Gesetzgebers zu ermitteln, eine objektiv-teleologische Auslegung wird aber noch als „radically teleological method" kritisiert, deren umfängliche Anerkennung durch die Gerichtspraxis noch ungeklärt ist, vgl. *Peczenik/Bergholz*, in: McCormick/Summers (Hrsg.), S. 311 (316f.). Nach französischem Auslegungsverständnis sind sowohl die Auslegung als auch die Rechtsfortbildung insbesondere durch die Ausfüllung von Gesetzeslücken Aufgabe des Richters. Anders als im deutschen Recht ist diese Rechtsfortbildung nicht durch eine Wortlautgrenze beschränkt, sondern nur der System- und Sachgerechtigkeit verpflichtet, vgl. *Buck*, S. 102 mwN. zur französischen Auslegungstechnik.

Rechtsraum, zu verzeichnen. Aufgrund dieser Unterschiede, die in mehr oder weniger starkem Maße zwischen allen Mitgliedstaaten gegeben sind, weicht auch die Methodik der Rechtsanwendung und vor allem der Rechtsauslegung von Mitgliedstaat zu Mitgliedstaat deutlich ab. Den Gemeinschaftsrichtern, die durch ihre jeweilige Rechtsordnung geprägt sind, ist es deshalb für die Auslegung des Gemeinschaftsrechts nicht möglich, auf *die* (nationalstaatliche) Methodenlehre bzw. auf *das* einheitliche System mitgliedstaatlicher Interpretationsregeln zurückzugreifen. Dies ergibt sich bereits aus der Notwendigkeit, allen Mitgliedstaaten und allen Rechtsordnungen bei der Auslegung gerecht zu werden und deren Rechttraditionen gleichmäßig zu berücksichtigen.

In Anbetracht der wesensmäßigen Unterschiede zwischen dem Europäischen Gemeinschaftsrecht einerseits und dem klassischen Völkerrecht bzw. mitgliedstaatlichen Recht andererseits ist es zu begrüßen, daß sich der EuGH bei der Interpretation des Gemeinschaftsrechts einer spezifisch europäischen Auslegungstechnik bedient. Dies heißt jedoch nicht, daß den Auslegungsmethoden des völker- bzw. nationalstaatlichen Rechts insoweit keinerlei Bedeutung zukommt. Vielmehr weist die Auslegungspraxis des EuGH erkennbare Bezüge zur Interpretationsmethodik v.a. der Beitrittsstaaten auf.[688] Angeführt sei hier folgende Formulierung des EuGH[689]: „Nach ständiger Rechtsprechung sind bei der Auslegung einer Gemeinschaftsvorschrift nicht nur der Wortlaut, sondern auch der Zusammenhang, in dem die Vorschrift steht, und die Ziele zu berücksichtigen, die mit der Regelung, zu der sie gehört, verfolgt werden." Ebenso kann auch den in den Artt. 31-33 WVRK[690] kodifizierten völkerrechtlichen Auslegungskanones ein gewisser tatsächlicher[691] Einfluß nicht abgesprochen werden.[692] Der Ge-

---

688 *Lutter*, JZ 1992, 593 (598); *Bleckmann*, EuR 1979, 239 (241); *Kutscher*, Thesen, S. 33; *Rasmussen*, S. 210; *Schwarze*, EuR 1983, 33; *Oppermann*, EuropaR, S. 216, Rn. 577. Vgl. auch *Krück*, in: v. der Groben/Thiesing/Ehlermann, EWG-Vertrag, Art. 164, Rn. 53.

689 EuGH, Rs. C-136/91, EWS 1993, 287 (288); ebenso Rs. 292/82, Slg. 1983, 3781 (3782); Rs. 337/82, Slg. 1984, 1051 (1062).

690 Eine umfangreiche Auseinandersetzung mit den völkerrechtlichen Auslegungsmethoden des StIGH bzw. des IGH sowie zur WVRK findet sich insbesondere bei *Grundmann*, S. 47 ff. (zum Völkerrecht allgemein) und S. 142 ff. (zur WVRK); zur WVRK siehe auch *Ress*, in: Bieber/Ress (Hrsg.), S. 49 ff.

691 Eine rechtliche Bindung des EuGH an die Auslegungsregeln der WVRK kommt jedoch – wie *Anweiler*, S. 140f zutreffend feststellt – nicht in Betracht. Zwar stellen die Gründungsverträge völkerrechtliche Verträge im technischen Sinn dar. Eine direkte vertragliche Bindung an die WVRK scheidet aber dennoch aus, da die Union die WVRK nicht ratifiziert hat. Auch eine „quasi-rechtliche" Bindung wäre nur möglich, wenn die Mitgliedstaaten der EG selbst Vertragspartner der WVRK geworden wären, was jedoch nicht der Fall ist. Abgesehen davon ist die WVRK auf die Gemeinschaftsverträge auch deshalb nicht anwendbar, weil sie sich gem. Art. 4

richtshof[693] hat zudem klargestellt, daß diese Auslegungsmethoden gleichzeitig anzuwenden sind, das Interpretationsergebnis also möglichst unter Ausschöpfung aller zur Verfügung stehenden Methoden gefunden werden soll.

2. *Die Auslegungsmethodik des EuGH*

Generelle, vor die Klammer gezogene Äußerungen zur Art und Weise der Auslegung sind in den bisher vom EuGH entschiedenen Fällen nur ganz vereinzelt anzutreffen.[694] Vielmehr erfolgt die Nennung der angewendeten Auslegungsmethode in unmittelbarem Zusammenhang mit der zu entscheidenden Sache. Eine Ableitung aufeinander abgestimmter allgemeingültiger Regeln, die stets in gleicher Reihenfolge und Gewichtung zur Anwendung gebracht werden, ist daher so ohne weiteres nicht möglich.[695] Dies bedeutet jedoch nicht, daß die Interpretation völlig beliebig ist. Eine Gesamtschau der Rechtsprechung des EuGH ergibt nämlich, daß auch die Auslegungstätigkeit des Gerichtshofs gewissen, in der mitgliedstaatlichen und völkerrechtlichen Tradition stehenden Gesetzmäßigkeiten unterliegt. Abweichungen ergeben sich jedoch aus einer spezifisch gemeinschaftsrechtlichen Gewichtung. Zusätzlich wird der traditionelle Methodenkanon um europarechtliche Kriterien erweitert[696]. Eine grundlegende Auseinandersetzung mit der europäischen Auslegungspraxis ist daher vor der konkreten Sinnermittlung der Artt. 5, 7 EuInsVO erforderlich und sinnvoll.

WVRK nicht auf Verträge bezieht, die vor ihrem Inkrafttreten am 27.01.1980 abgeschlossen worden sind. Da sich der EuGH in seinen Urteilen nie ausdrücklich auf die Vorschriften der Artt. 31 ff. WVRK bezogen hat, können diese Regeln auch nicht als Bestandteil des Völkergewohnheitsrechts für den EGV maßgebend sein. Vgl. *Anweiler*, S. 140f.

692 *Ress*, in: Bieber/Ress (Hrsg.), S. 49 (51); *Bernhardt*, FS Kutscher, S. 17 (20f.); *Buck*, S. 134; *Olbertz*, StVj 1992, 37 (37); siehe auch *Ophüls*, FG Müller-Armack, S. 279 (286f.). A.A. offenbar *Krück*, in: v. der Groeben/Thiesing/Ehlermann, EWG-Vertrag, Art. 164, Rn. 56, der feststellt, daß die spezifisch für das Völkerrecht entwickelten Auslegungsgrundsätze im Gemeinschaftsrecht „kaum anwendbar" seien.

693 EuGH, Rs. 337/82, Slg. 1984, 1051 (1062).

694 *Bleckmann* zufolge finden sich Ausführungen des EuGH zur verwendeten Auslegungsmethode im Bereich des Sekundärrechts häufiger als für den des Primärrechts, vgl. *ders.*, NJW 1982, 1177 (1178) und *ders.*, Studien, S. 4.

695 *Anweiler*, S. 143. Siehe auch *Everling*, in: Kruse (Hrsg.), S. 51 (60f.).

696 Ähnlich *Oppermann*, EuropaR, Rn. 577f.; zustimmend *Anweiler*, S. 377. Ferner *Krück*, in: v. der Groeben/Thiesing/Ehlermann, EWG-Vertrag, Art. 164, Rn. 53.

a) Die grammatikalische Auslegung

Gegenstand der grammatikalischen Methode ist die Ermittlung des Sinngehaltes einer Rechtsnorm anhand ihres veröffentlichten Wortlautes.[697] Sie steht regelmäßig am Anfang des Auslegungsvorgangs.[698] Nach Auffassung des EuGH ist zur Bestimmung des Bedeutungsinhalts vom „üblichen Sinn“[699] eines Wortes, Satzteils oder Satzes („gewöhnlicher Sprachgebrauch“) auszugehen.[700] Bisweilen kann es aber auch auf den besonderen Sprachgebrauch ankommen.[701] Dabei sind die Worte nicht isoliert, sondern in ihrem Zusammenhang mit dem ganzen Satz, Absatz und Artikel, in den sie eingebettet sind, zu betrachten[702], wodurch die grammatische Auslegung eine systematische Dimension erhält.[703]

Besondere Schwierigkeiten bereitet die Ermittlung des gewöhnlichen Wortsinns im Gemeinschaftsrecht durch die Sprachenregelung der EG, derzufolge die Texte des Vertrags- und Sekundärrechts in allen Amtssprachen vorliegen (vgl.

---

697 *Buck*, S. 152.

698 Vgl. Generalanwalt *Roemer* in seinen Schlußanträgen zu der Rechtssache Rs. 16/70, Slg. 1970, 921 (938): „Beginnen wir deshalb – wie stets bei Interpretationsbemühungen – mit dem Wortlaut der fraglichen Bestimmung, um zu sehen, welche Aussage ihm entnommen werden kann.“ Daß eine Interpretation des Gemeinschaftsrechts vom Wortlaut auszugehen hat, entspricht der gängigen Praxis des EuGH und wird insbeondere in der Rechtssache Rs. 107/84, Slg. 1985, 2655 (2666) deutlich: „Für die Entscheidung dieses Rechtsstreits ist zunächst der Wortlaut der streitigen Bestimmung der Richtlinie in allen sprachlichen Fassungen zu prüfen.“ Für Nachweise aus der Literatur siehe z.B. *Zuleeg*, in: v. der Groeben/Thiesing/Ehlermann, EWG-Vertrag, Art. 1, Rn. 30; *Everling*, in: Kruse (Hrsg.), S. 51 (59); B/B/P/S, S. 245; *Constantinesco*, Recht der EG I, S. 820.

699 Vgl. EuGH, Rs. 25/62, Slg. 1963, 211 (237): "grammatikalischer Sinn"; Schlußanträge des GA *Roemer* zur der Rs. 36/77, Slg. 1977, 2059 (2077): „landläufige(n) Sinn dieser Wendung“. Regelmäßig spricht der EuGH bei der Ermittlung des Sinngehalts lediglich von „dem Wortlaut“ der Bestimmung bzw. des Artikels, ohne ausdrücklich auf den allgemeinen, gewöhnlichen oder natürlichen Bedeutungs-/Sinngehalt einzugehen.

700 EuGH, Rs. 1/54, Slg. 1954/55, 7 (27); Rs. 53/81, Slg. 1982, 1035 (1048): "ausgehend vom gewöhnlichen Sinn der Begriffe"; Rs. 51/76, Slg. 1977, 115 (125); siehe insbesondere auch EuGH, Rs. 107/84, Slg. 1985, 2655 (2666): „zunächst der Wortlaut der streitigen Bestimmung[...]zu prüfen“; Rs. 105/84, Slg. 1985, 2639 (2652); Rs. 349/85, Slg. 1988, 169 (205). Für die Literatur *Kutscher*, Thesen, S. 1-18f.; Dauses/Bleckmann, in: Dauses (Hrsg.), B 1-5 ff.; *Hoffmann-Becking*, S 297 ff.; *Lenz/Erhard*, in: Lenz (Hrsg.), S. 45 ff. (78).

701 Vgl. EuGH, Rs. 43/75, Slg. 1976, 455 (475).

702 EuGH, Rs. 32/74, Slg. 1974, 1201 (1207).

703 Der EuGH spricht vom „Artikel in seiner Gesamtheit“ bzw. dem „Aufbau einer Vorschrift“, Rs. 24/62, Slg. 1963, 142 (154) bzw. Rs. 59/75, Slg. 1976, 91 (100).

Artt. 314 EGV, 53 EUV) und jeder Text gleichermaßen verbindlich ist[704].[705] Denn jede Fassung verwendet Rechtsbegriffe der nationalen Rechtsordnung, die sich aufgrund ihrer Einbettung in das jeweilige mitgliedstaatliche Normengefüge und abhängig von Stand und Entwicklung des betreffenden Rechtssystems zum Teil spürbar unterscheiden. Nicht selten stellen sich die einzelnen Sprachfassungen für den nationalen Rechtsanwender daher im mitgliedstaatlichen Vergleich, aber auch gegenüber der in der Urfassung zum Ausdruck kommenden eigentlichen Absicht des europäischen Gesetzgebers[706] ganz anders dar.[707] Entsprechend wird es in der überwiegenden Zahl der Fälle keine einheitliche, in allen Sprachen gleichlautende übliche Wortbedeutung der auszulegenden Gemeinschaftsrechtsbestimmung geben.[708] Vor diesem Hintergrund kann ein unkritisches Abstellen auf solche, aus dem systemspezifischen Kontext herausgelöste nationale Bedeutungsgehalte auf europäischer Ebene zu einer Sinnentstellung bzw. –entwertung der Norm führen. Diesem Umstand trägt der EuGH dadurch Rechnung, daß er die Begriffe des Gemeinschaftsrechts nicht allein unter Hinweis auf den Sprachgebrauch eines Mitgliedsstaats ausdeutet[709], sondern vielmehr die betreffende gemeinschaftsrechtliche Bestimmung in allen ihren sprachlichen Fassungen vergleicht.[710] Insbesondere verbiete es die Notwendigkeit einheitlicher Anwendung

---

704 Vgl. Art. 1 des Beschlusses des Rates vom 1.1.1995 zur Anpassung der Dokumente betreffend den Beitritt neuer Mitgliedstaaten zur EU, ABl. EG v. 1.1.1995, Nr. L 1/1. Auf dieses Problem verweisen insbesondere *Potacs*, S. 48; *Buck*, S. 152; *Grundmann*, S. 207 und *Anweiler*, S. 146. Eine Ausnahme macht insoweit der EGKSV, der allein der französischen Fassung autoritative Kraft verleiht, vgl. Art. 100 EGKS.

705 Die Schwierigkeiten bei der Ermittlung des Bedeutungsgehalts verschärfen sich dabei mit zunehmender EG-Erweiterung, was schon sehr früh erkannt wurde, vgl. *Donner*, RdC 1965 II, 1 (45); *Kapteyn/Verloren van Themaat*, S. 328 Fn. 294; *Luttermann*, EuZW 1999, 401 (404).

706 Bisweilen sogar bei übereinstimmender Schreibweise.

707 In diesem Sinne *Buck*, S. 154.

708 So auch *Anweiler*, S. 147. *Anweiler* geht davon aus, daß bei mehrsprachigen Vertragswortlauten die Möglichkeit voneinander abweichender Textdeutungen gewissermaßen vorprogrammiert sei.

709 So die Formulierung aus den Schlußanträgen des GA *Roemer* in der Rechtssache Rs. 51/70, Slg. 1971, 121 (129 und 141f.). Vgl. UCH EuGH, Rs. 64/81, Slg. 1981, 13 (24).

710 Grundlegend EuGH in der Sache *Codan*, EuZW 1999, 154 (Rn. 25), EuGH, Rs. 90/74, Slg. 1975, 1123 (1136). Siehe auch EuGH, Rs. C-327/91, EuZW 1994, 566, wo der Gerichtshof feststellte, daß die durch systematische Interpretation gefundene Inhaltsbestimmung den übrigen mitgliedstaatlichen Vertragsfassungen entspricht. Eine vergleichende Untersuchung der verschiedenen sprachlichen Fassungen findet sich auch in der Rechtssache Rs. 238/84, Slg. 1986, 795 (807); Rs. 283/81, Slg. 1982, 3415 (3430); Rs. 291/87, Slg. 1988, 6449 (6465f.).

und Auslegung sowie der Grundsatz der Gleichberechtigung aller Vertrags- bzw. Amtssprachen, die Vorschrift in einer ihrer Fassungen isoliert zu betrachten bzw. einseitig den Vorrang einzuräumen, sondern gebiete vielmehr, sie im Lichte aller anderen Fassungen auszulegen.[711]

Im Falle sprachlicher Divergenzen zwischen authentischen Fassungen geht der EuGH zur Auflösung derartiger Widersprüche wie folgt vor: Betrifft die Streitigkeit technische Fachausdrücke, soll tendenziell die Mehrheit der sprachlichen Fassungen entscheiden.[712] Geht es dagegen um die Definition unbestimmter Rechtsbegriffe, wird zum Teil auf den Urtext bzw. die Urfassung[713] oder aber auf den klareren Text[714] abgehoben. Die Bevorzugung der Mehrzahl unter Außerachtlassung der abweichenden Fassungen ist jedoch problematisch, wenn die Bürger gutgläubig auf die Richtigkeit des Textes in ihrer Landessprache vertraut und dementsprechend bereits Dispositionen getroffen haben.[715] Mit Blick auf die Rechtssicherheit muß sich der einzelne gerade auf die eigene Formulierung ver-

---

711 EuGH, EuZW 1999, 154 (Rn. 26); EuGH, Rs. 816/79, Slg. 1980, 3029 (3038): "Gesamtbetrachtung sämtlicher amtlicher Fassungen"; Rs. 9/79, Slg. 1979, 2717 (2724); Rs. 55/87, Slg. 1987, 3845 (3871); Rs. C-372/88, Slg. 1991, 1345 (1367); Rs. 29/69, Slg. 1969, 419 (425); Rs. 19/67, Slg. 1967, 461 (473).

712 *Anweiler*, S. 153 unter Verweis auf die Entscheidungen des EuGH in den Rechtssachen Rs. 98 und 99/75, Slg. 1976, 241 (253); Rs. 49/81, Slg. 1982, 1917 (1930); Rs. 816/79, Slg. 1980, 3029 (3038) sowie Rs. 283/84, Slg. 1986, 795 (807).

713 Für das Völkerrecht: Die internationalen Gerichte haben in Zweifelsfällen wiederholt auf den Ur-, Arbeits- oder Originaltext des Vertrages abgestellt, vgl. StIGH, PCIJ Series B No. 10, S. 18; StIGH, PCIJ Series A/B No. 50, S. 379; StIGH, PCIJ Series A No. 2, S. 19; IGH, ICJ Reports 1959, S. 161f. Streitig ist, ob durch den in Art. 33 I WVRK niedergelegten Grundsatz der Gleichwertigkeit aller Texte ein Vorrang des Urtextes gänzlich ausgeschlossen sein soll, vgl. dazu *Grundmann*, S. 123 und S. 177 ff. Für das Europarecht: GA *Gand* in der Rechtssache EuGH, Rs. 31/64, Slg. 1965 (I), 111 (125); *ders.* zu der Rechtssache EuGH, Rs. 19/67, Slg. 1967, 461 (483). Ebenso GA *Roemer* in der Rechtssache EuGH, Rs. 51/70, Slg. 1971, 121 (140). So auch *Ophüls*, FG Müller-Armack, S. 279 (284f.); *Coing*, ZHR Bd. 125 (1963), 271 (281 ff.).

714 Nach diesem Ansatz soll unter einer Mehrzahl von authentischen Vertragstexten dem in klarer Sprache redigierten gegenüber dem unklaren Text der Vorzug gegeben werden. Dieser Lösungsvorschlag ist in § 147 (1) (i) des American Law Institutes verankert: „Different languages: If an international agreement is concluded in two or more languages, each of which is equally authentic, ambiguities in the text in one language may be clarified by a reference to a more precise formulation in another language."; zustimmend *Rosenne*, CJTL 5 (1966), 205 ff. *Lipstein*, TLR 48 (1974), S. 907 (911) attestiert dem EuGH eine solche Vorgehensweise.

715 Auf den Umstand der Vertrauensschutzfunktion des semantischen Singehalts weist auch *Potacs*, S. 136, hin.

lassen können. Dies stellt auch der EuGH[716] in Rechnung durch eine Suche nach Lösungen, die es ermöglichen, alle Fassungen gleichmäßig zu berücksichtigen. So wird beispielsweise der Textfassung der Vorrang eingeräumt, die den einzelnen am wenigsten belastet.[717] Vor allem in der Literatur wird vorgeschlagen, den kleinsten gemeinsamen Nenner aller Sprachfassungen zu bilden.[718] Überwiegend geht der Gerichtshof[719] jedoch davon aus, daß bei sprachlicher Inkongruenz die grammatische Methode allein nicht weiterhilft und daher einer Ergänzung durch andere Auslegungstechniken – insbesondere der systematischen und/oder teleologischen sowie der rechtsvergleichenden[720] – bedarf.[721]

Im Ergebnis muß sich der EuGH, um die Einheitlichkeit der Auslegung des Gemeinschaftsrechts und damit auch dessen gleichmäßige Anwendung zu gewährleisten, von den nationalen Terminologien lösen und eine spezifisch gemeinschaftsrechtliche Begriffsbedeutung durch „Synthese" der inkongruenten Texte herausarbeiten.[722] In diesem Sinne führt das Gericht aus, daß es bei integrationsfördernden primär- oder sekundärrechtlichen Begriffen insbesondere in Bereichen starker mitgliedstaatlicher Regelungsunterschiede[723] weder auf den allgemeinen, üblichen, natürlichen oder speziellen[724] Wortlaut, sondern auf eine su-

---

716 So räumt auch der EuGH ein, daß die Bevorzugung bestimmter Textfassungen möglichst zu vermeiden ist, vgl. Rs. 80/76, Slg. 1977, 425 (435),

717 EuGH, Rs. 29/69, Slg. 1969, 419 (425).

718 Für das Völkerrecht: *Dahm*, Völkerrecht III, S. 44; *O'Connel*, International Law I, S. 258; *Berber*, Völkerrecht I, S. 444; *Verdross/Simma*, Völkerrecht, S. 501; *Mössner*, Völkerrecht, S. 125; *Brötel*, Jura 1988, 343 (349); *Vagts*, EJIL 4 (1993), 473 (488). Siehe auch die in Art. 33 III WVRK verankerte Auslegungsregel, wonach bei einer durch Wortlautauslegung ermittelten Mehrdeutigkeit des Vertragswortlautes die Bedeutung maßgebend sein soll, die bei allen authentischen Vertragssprachen vorhanden ist. Für das Europarecht: GA *Capotorti* in der Rechtssache EuGH, Rs. 250/80, Slg. 1981, 2465 (2486). Vgl. auch die Argumentation des GA *Roemer* in seinen Schlußanträgen zu der Rechtssache EuGH, Rs. 32/65, Slg. 1965, 457 (506). Ebenso *Coing*, ZHR 125 (1963), 271 (284), der im Ergebnis – mangels ermittelbarer Urfassung – die Methode der Begriffsreduktion heranzieht.

719 EuGH, EuZW 1999, 154 (Rn. 26); EuGH, Rs. 30/77, Slg. 1977, 1999 (2010); Rs. 100/84, Slg. 1985, 1169 (1182); Rs. 18/76, Slg. 1979, 343 (383). Siehe auch EuGH, Rs. 6/74, Slg. 1974, 1287 (1293); Rs. 803/79, Slg. 1980, 2015 (2024); Rs. 136/80, Slg. 1981, 2233 (2241).

720 So ausdrücklich *Kropholler*, Internationales Einheitsrecht, S. 268.

721 Zu diesem Ergebnis kommen *Grundmann*, S. 230f. und *Anweiler*, S. 159; ebenso *Karl*, JZ 1991, 593 (596); *Kropholler*, Internationales Einheitsrecht, S. 268; *Luttermann*, EuZW 1999, 401 (404).

722 Zutreffend *Grundmann*, S. 212 sowie *Anweiler*, S. 164.

723 Dies betont *Grundmann*, S. 211.

724 Teilweise stellt der EuGH auf die in der Fachsprache übliche Bedeutung ab EuGH, Rs. 816/76, Slg. 1980, 3029 ff.; Rs. 14/59, Slg. 1958, 465 (488). Ein Beispiel für

pranationale Inhaltsbestimmung ankomme.[725] Der innerstaatliche Bedeutungsgehalt sei nicht maßgeblich, da andernfalls eine ernsthafte Gefährdung der Regelungsziele zu besorgen sei bzw. – im Fall von Richtlinien oder Verordnungen – deren einheitliche Wirkung und Anwendung verfälscht würde.[726] Nach Möglichkeit ist der zu interpretierende Text also autonom, d.h. aus sich selbst heraus zu erfassen.[727]

Die Entwicklung originär europarechtlicher termini unter Berücksichtigung des Regelungszusammenhangs und Regelungsziels ist nach Ansicht des EuGH[728] selbst dann erforderlich, wenn der Vergleich der Textfassungen ausnahmsweise ergibt, daß alle Texte ihrem Wortlaut nach dieselbe Bedeutung haben, so daß von einer Klarheit oder Eindeutigkeit des Wortlauts gesprochen werden kann. Als Begründung führt das Gericht an, daß sogar bei genauer Übereinstimmung aller sprachlicher Fassungen der Mitgliedstaaten beachtet werden müsse, daß das Gemeinschaftsrecht eine eigene Terminologie verwende, Rechtsbegriffe im Gemeinschaftsrecht und in den verschiedenen nationalen Rechten nicht unbedingt den gleichen Inhalt hätten. Der EuGH hat demzufolge die aus dem Völkerrecht bekannte Klarheitsregel, wonach sich bei einem klaren Wortlaut grds.[729] alle

---

eine Heranziehung der Rechtssprache bildet die Entscheidung EuGH, Rs. 32/74, Slg. 1974, 1201 (1297).

725 *Grundmann*, S. 208.

726 EuGH, Rs. 26/66, Slg. 1967, 153 (167); Rs. 75/63, Slg. 1964, 379 (395 ff.); Rs. 14/70, Slg. 1970, 1001 (1008); Rs. 53/81, Slg. 1982, 1035 (1049); Rs. 66/85, Slg. 1986, 121 (144); Rs. 149/79, Slg. 1980, 3881 (3903) und 1982, 845 (851). Zustimmend *Bleckmann*, ZGR 1992, 364 (367); *Constantinesco*, EuropaR, S. 575 und 820. Speziell für Sekundärrechtsakte siehe EuGH, Rs. 64/81, Slg. 1981, 13 (24); Rs. 41/74, Slg. 1974, 1337 (1350); Rs. 69/79, Slg. 1980, 75 (84); Rs. 36/74, Slg. 1974, 1405 (1419f.); vgl. auch *Pernice*, in: Grabitz/Hilf, Art. 164, Rn. 29; *Kutscher*, EuR 1981, 392 (401).

727 Bisweilen wird wird die autonome Auslegung sogar als eigenständige Auslegungsmethode angesehen. So beispielsweise *Coing*, Methodenlehre, S. 25.

728 Vgl. EuGH, Rs. 6/60, Slg. 1960, 1163 (1193f.) sowie Rs. 283/81, Slg. 1982, 3415 (3430).

729 Eine Ausnahme von der *in claris non fit interpretatio*-Maxime (= *acte claire*-Theorie = *ordinary meaning-rule*) war nur dann möglich, wenn die gewöhnliche Wortbedeutung zweifelhaft war, oder zu unangemessenen Ergebnissen führte. Vgl. StIGH, PCIJ Series B No. 11, S. 39: "the text would lead to something unreasonable or absurd" und Competence of the General Assembly for the Admission of a State to the United Nations, ICJ Report. 1950, S. 4 (8). Eine weitere Ausnahme von einem "unreasonable" bzw. "absurd result" war noch für den Fall vorgesehen, daß die Parteien den im Vertrag verwendeten Begriffen übereinstimmend eine andere – unübliche – Bedeutung beimessen wollten, vgl. StIGH, PCIJ Series A/B No. 53, S. 49: „The geographical meaning of the word ‚Greenland'[...]must be regarded as the ordinary meaning of the word. If it is alleged by one of the Parties that some un-

weiteren Auslegungsbemühungen verbieten bzw. zumindest erübrigen (*in claris non fit interpretatio*)[730], nicht übernommen.[731] Im Gegenteil befürwortet das Gericht[732] – nicht zuletzt im Interesse der Funktionsfähigkeit der Gemeinschaft[733] – zum Teil eine Interpretation, die über den eindeutigen Wortlaut hinausgeht. Das im Völkerrecht und auch im Recht der Mitgliedstaaten vielfach anzutreffende Verständnis vom Wortlaut als Grenze der richterlichen Auslegungstätigkeit entfaltet im Gemeinschaftsrecht keine vergleichbare Bindungswirkung.[734]

Nach allem ist der Wert der grammatischen Auslegung im Gemeinschaftsrecht eher gering.[735] Ihre Bedeutung erschöpft sich im wesentlichen darin, ein auf

---

usual or exeptional meaning is to be attributed to it, lies on the Party to establish its contention."

730 StIGH, PCIJ Series A. No. 10, S. 16: „there is no occasion to have regard to preparatory work if the text of a convention is sufficiently clear in itself"; StIGH, PCIJ Series B No. 14, S. 28. Zustimmend *Berber*, Völkerrecht I, S. 179; *Hunnings*, S. 50. In jüngeren Entscheidungen des IGH ist allerdings ein Wandel in der Auslegungspraxis insoweit zu verzeichnen, als es über die gewöhliche Wortbedeutung hinausgehend (auch) entscheidend auf „spirit, purpose and context" ankomme, vgl. IGH, ICJ Reports 1962, S. 336; IGH, ICJ Report 1973, S. 9f. und IGH, ICJ Report, 1978, S. 22. Vgl. dazu *Grundmann*, S, 72 ff.

731 Überzeugend *Grundmann*, S. 192 ff. (200); *Potacs*, S. 58 ff. (61f.); *Anweiler*, S. 162; *Buck*, S. 163; *Weber*, in: v. der Groeben/Thiesing/Ehlermann, EWG-Vertrag, Art. 248, Rn. 11; *Zuleeg*, EuR 1969, 97 (100). A.A. *Degan*, RTDE 1966, 189 (198) sowie *Bleckmann*, EuropaR, Rn. 251 (S. 126); *ders.*, in: Bieber/Ress (Hrsg.), S. 161 (161); *Oppermann*, EuropaR, Rn. 579; einschränkend *Bredimas*, S. 34f., die davon ausgeht, daß der EuGH zumindest in einigen von ihm entschiedenen Fällen auf die *in claribus-verbis*-Regel zurückgegriffen habe.

732 Vgl. insbesondere die Entscheidung des EuGH in der Rechtssache Rs. 67/79, Slg. 1980, 535 (544f.), in der der Gerichtshof eine über den Wortlaut der fraglichen Verordnung hinausgehende Auslegung unter Beachtung der sich aus den Begründungserwägungen und Art. 51 EWG-Vertrag ergebenden Zielsetzung gewann. Vergleichbar verfährt der EuGH in der Rechtssache Rs. 6/72, Slg. 1973, 215 (245). Siehe auch EuGH, Rs. 107/84, Slg. 1985, 2655 (2667); Rs. 349/85, Slg. 1988, 169 (205); Rs. 292/82, Slg. 1983, 3781 (3792); Rs. 231/78, Slg. 1979, 1449 (1459); Rs. C-369/89, Slg. 1991, I-2971 (I-2984f.).

733 *Everling*, in: Kruse (Hrsg.), S. 51 (63).

734 Aus der Rechtsprechungstätigkeit des EuGH ergibt sich jedoch, daß das Gericht grds. um ein Auslegungsergebnis bemüht ist, das noch mit dem Wortlaut der zu interpretierenden Norm vereinbar ist. Vgl. EuGH, Rs. 7/56 und 3/57-7/57, Slg. 1957, 83 (127); Rs. 429/85, Slg. 1988, 843 (852); ebenso *Zuleeg*, in: v. der Groeben/Thiesing/Ehlermann, EWG-Vertrag, Art. 1, Rn. 30; *Everling*, ZGR 1992, 376 (388) mwN.

735 Ebenso *Anweiler*, S. 168; *Grundmann*, S. 367, wonach „die Eigenart des Gemeinschaftsrechts und die Gleichwertigkeit aller Gemeinschaftssprachen es unsinnig erscheinen" ließen, „sich auf längere Erörterungen des Wortlauts zu stürzen". Vielmehr diene der Wortlaut lediglich „als Einstieg für die Auslegung". Ferner *Kut-*

der Grundlage anderer Methoden gefundenes Interpretationsergebnis zu bestätigen.[736]

b) Die systematische Auslegung

Anliegen der systematischen Auslegung ist es, den Sinngehalt einer Norm durch eine Betrachtung des Rechtstextzusammenhangs, in den sie eingebettet ist, zu ermitteln.[737] Ein Ausdruck oder Rechtssatz muß dabei so gedeutet werden, daß Widersprüche mit den übrigen Regelungen vermieden werden.[738] Herangezogen wird hierfür zum einen der engere Kontext[739], namentlich die weiteren Absätze der unklaren Bestimmung („Aufbau der Vorschrift"[740]), sowie die ihr direkt vorausgehenden und nachfolgenden Vorschriften.[741] Abgesehen von den unmittelbaren Nachbarvorschriften fallen darunter auch die übrigen Artikel des Abschnitts,

---

scher, Thesen, S. I-21; *Ewert*, S. 49; *Oppermann*, EuropaR, Rn. 580; *Everling*, in: Kruse (Hrsg.), S. 51 (59).

736 Vgl. beispielsweise die Schlußanträge des GA *Lenz* in der Rechtssache Rs. 93/85, Slg. 1986, 4011 (4022f.), in denen der GA betont, daß die Texte nicht mit der gleichen Sorgfalt ausgearbeitet werden könnten wie nationale Kodifikationen, Überlegungen zu Sinn und Zweck einer Regelung bzw. zu ihrem Gesamtzusammenhang gegenüber dem Wortlaut deshalb eindeutig im Vordergrund stünden. In diese Richtung deutet auch die Äußerung des EuGH in der Rechtssache Rs. 6/60, Slg. 1960, 1163 (1194), wonach sich das Gericht „nicht mit einer wörtlichen Auslegung begnügen" könne.

737 *Ewert*, S. 50; *Potacs*, S, 72.

738 *Kropholler*, Internationales Einheitsrecht, S. 271.

739 Vor allem in der Literatur wird im Rahmen der systematischen Methode zwischen einer Auslegung im engeren bzw. im weiteren Zusammenhang unterschieden. Vgl. *Bernhardt*, S. 69; *Bredimas*, S. 43; zustimmend *Grundmann*, S. 93; *Potacs*, S. 73. Teilweise wird auch von einer horizontalen (verglichen werden Vorschriften derselben Normstufe) und vertikalen (verglichen werden Vorschriften verschiedener Normstufen) Betrachtungsweise gesprochen, vgl. *Buck*, S. 184; siehe auch *Grundmann*, S. 295f.

740 Vgl. EuGH, Rs. 236/86, Slg. 1988, 3761 (3786); Rs. C-155/89, Slg. 1990, 3225 (3306) „System der genannten Vorschrift"; Rs. 31 und 33/62, Slg. 1962, 1027 (1042): Rs. 358/87, Slg. 1989, 891 (919) Vgl. auch Rs. 32/67, Slg. 1968, 67 (75); Rs. 2 und 3/60, Slg. 1961, 281 ff.; Rs. 27, 28 und 29/58, Slg. 1960, 513 (537f.); Rs. 59/75, Slg. 1976, 91 (100): „Zusammenhang dieser Bestimmung mit den übrigen Absätzen".

741 Auf den engeren Rechtstextzusammenhang hat der EuGH abgestellt in den Rechtssachen Rs. 136/80, Slg. 1981, 2233 (2242f.); Rs. 122/80, Slg. 1981, 2781 (2794); Rs. 36 und 71/80, Slg. 1981, 735 (750); Rs. 231/81, Slg. 1982, 2259 (2267f.); Rs. C-342/87, Slg. 1989, 4227 (4246); Rs. C-222/91 = EuZW 1993, 640, Rnrn. 22 ff.

Titels oder der Überschrift.[742] Zum anderen bildet in einem weiteren Sinne der Gemeinschaftsrechtsakt im ganzen, also die Wechselbezüglichkeit[743] seiner Einzelbestimmungen und der ihm zugrunde liegenden Prinzipien, wie auch sein Verhältnis zu anderen Sekundär- bzw. Primärrechtsakten[744], den Gegenstand der Untersuchung.[745] Abgestellt wird in diesem Zusammenhang auf die allgemeinen Rechtsgrundsätze[746], die Präambeln[747] und das in den Eingangsbestimmungen verankerte Zielsystem.[748]

---

742 Vgl. EuGH, Rs. 187/87, Slg. 1988, 5013 (5040); siehe auch Rs. C-351/89, Slg. 1991, 3317 (3348).

743 Auf die Wechselbezüglichkeit der systematischen Auslegung weist beispielsweise *Anweiler*, S. 174, hin. So lasse sich durch den Rückgriff auf andere Artikel eines Kapitels nicht nur der Inhalt der im konkreten Fall relevanten Norm entwickeln, sondern deren Auslegung könne wiederum der Auslegung der Nachbarnormen dienen. An anderer Stelle stellt *Anweiler* fest, daß aus dem Inhalt der Norm B negativ auf den Inhalt der Norm A geschlossen werden könne und umgekehrt, a.a.O., S. 178. Vgl. auch *Bleckmann*, in: *Dauses* (Hrsg.), Bd. I, Rn. 31.

744 Vgl. EuGH, Rs. 36/77, Slg. 1977, 2059 (2072): Vergleich der auszulegenden Bestimmung einer Verordnung mit den auf ihrer Grundlage erlassenen Vorschriften einer anderen VO; Rs. 78/74, Slg. 1975, 421 (431): Feststellung, daß die fragliche Verordnung im Gesamtzusammenhang der Regelungen zu sehen und zu werten sei, deren Bestandteil sie ist. Siehe auch EuGH, Rs. 35/74, Slg. 1974, 1241 (1247). Siehe auch EuGH, Rs. 51/70, Slg. 1971, 121 (129).

745 Auf den weiteren Rechtstextzusammenhang hat der EuGH abgestellt in den Rechtssachen Rs. 167/73, Slg. 1974, 359 (369f.) „Gesamtrechtssystematik des Vertrages"; ähnlich Rs. 24/62, Slg. 1963, 141 (153f.); Rs. 59/75, Slg. 1976, 91 (100f.); Rs. 149/78, Slg. 1979, 2523 (2540). Siehe auch Rs. 231/87 und 129/88, Slg. 1989, 3233 (3275): Untersuchung einer Sekundärrechtsvorschrift „im Gesamtzusammenhang der Richtlinie". Siehe auch EuGH, Rs. 30/70, Slg. 1970, 1197 (1207): Interpretation eines Artikels einer Agrarverordnung entsprechend dem „System des Vertrages"; Rs. 231/78, Slg. 1979, 1449 (1459f). Ferner EuGH, Rs. 24/86, Slg. 1988, 379 (402f.); Rs. 249/86, Slg. 1989, 1263 (1290): „System(s) der Verordnung und deren Gesamtzusammenhang"; Rs. 50/88, Slg. 1989, 1925 (1952).

746 Das Gericht spricht selbst von den „vertragsprägenden allgemeinen Grundsätzen" und bezieht sich dabei auf die Regelungen des ersten Teils des EG-Vertrages, vgl. EuGH, Rs. 167/73, Slg. 1974, 359 (369f.). Vgl. EuGH, Rs. C-177/90, Slg. 1992, 35 (62); Rs. C-90/90 und 91/90, Slg. 1991, 3617 (3637). Nach Ansicht von *Grundmann* bemüht der EuGH die Grundsätze vor allem in den Fällen, in denen der Wortlaut der Bestimmungen und die engere Systematik nicht in der Lage waren, den auszulegenden Vorschriften eine gemeinschaftsfördernde Auslegung zu geben, vgl. *Grundmann*, S. 314. Weitere Beipiele für eine Heranziehung der allgemeinen Vorschriften oder der Grundsätze des Vertrages finden sich in den Rechtssachen Rs. 33/74, Slg. 1974, 1229 (1311); Rs. 1/61, Slg. 1961, 525 (566); Rs. 15/81, Slg. 1982, 1409 (1431).

747 Vgl. beispielsweise EuGH, Rs. 32/65, Slg. 1966, 457 (483): „Die gesamten Bestimmungen des Art. 85 EWGV sollen deshalb im Zusammenhang mit den in der

Durch die Betrachtung der den Gesetzgebungsakten zugrunde liegenden Wertentscheidungen und Zielvorstellungen, an denen sich die zu interpretierende Norm orientieren muß, kommt es im Rahmen der systematischen Analyse v.a. des weiteren Kontextes zu Überschneidungen mit der teleologischen Auslegungsmethode.[749] So lassen sich die grundlegenden Prinzipien oftmals erst aus einer Gesamtschau aller relevanten Bestimmungen ableiten. Umgekehrt wird aus der Systematik des jeweiligen Abschnitts per se der Gehalt einer Einzelvorschrift erst dann transparent, wenn die Zielsetzung des Gemeinschaftsrechtsakts, dem die einzelnen Teilbereiche dienen, hinzugezogen wird. Hermeneutisch exakter müßte daher an sich von einer systematisch-teleologischen Auslegung[750] des EuGH[751] gesprochen werden.

Während für das Primärrecht angesichts seiner redaktionellen Unvollkommenheit und seiner unzureichenden Normendichte[752] systematische Rückschlüsse

---

Präambel zum Vertrag niedergelegten Grundsätzen gesehen und von ihnen her ausgelegt werden".

748 Siehe beipielsweise die Entscheidungen EuGH, Rs. C-202/88, Slg. 1991, I223 (1269); Rs. 9/74, Slg. 1974, 773 (779); Rs. 293/83, Slg. 1985, 593 (613) sowie Rs. 242/87, Slg. 1989, 1425 (1456). Vgl. auch EuGH, Rs. C-260/89, Slg. 1991, 2925 (2961 und 2963): Feststellung, daß der Inhalt des Art. 85 EWGV nur dann zutreffend erschlossen werden könne, wenn er in konsequenter Fortführung des in der Präambel und in Art. 3 EWGV verstandenen Gedankens der Wettbewerbsfreiheit hin interpretiert werde.

749 B/B/P/S, S. 247f.; *Kutscher*, Thesen, S. 42; *Oppermmann*, EuropaR, S. 218; *Bredimas*, S. 73; *Zuleeg*, EuR 1969, 97 (103); *Grundmann*, S. 297. Nach Ansicht *Grundmann's* erhellt sich der Regelungsgehalt der fraglichen Bestimmungen auf Grundlage der Gesetzessystematik erst durch eine Heranziehung der Regelungsziele, a.a.O., S. 299; *Buck*, S. 201; *Olbertz*, StVj 1992, 37 (39).

750 Diese interpretatorische Vorgehensweise des EuGH wird in der Literatur auch als Auslegung nach dem „systematisch-logischen Sinnzusammenhang", als functional-systematic interpretation" bzw. als „teleosystematic criteria" bezeichnet. Vgl. *Ossenbühl*, DÖV 1965, 649 (654); *Bredimas*, S. 73; *Bengoetxea*, S. 250.

751 Vgl. EuGH, Rs. 283/81, Slg. 1982, 3415 (3430): Feststellung des Gerichts, daß "jede Vorschrift des Gemeinschaftsrechts in ihrem Zusammenhang zu sehen und im Lichte des gesamten Gemeinschaftsrechts auszulegen" sei. Siehe ferner EuGH, Rs. 26/62, Slg. 1963, 1 (24 ff.); Rs. 142/77, Slg. 1978, 1543 (1557); Rs. 33/74, Slg. 1974, 1229 (1310f.); Rs. 6/72, Slg. 1973, 215 (244 ff.); Rs. 43/75, Slg. 1976, 455 (479).

752 Auf die Unvollständigkeit und Lückenhaftigkeit des primären Gemeinschaftsrechts weist beispielsweise *Röttgen*, S. 62, hin. Siehe auch *Schwarze*, S. 184 ff. und 216 ff.; *Ukrow*, Richterliche Rechtsfortbildung durch den EuGH, S. 105 ff.; *Everling*, S. 36; *Borchardt*, GS Grabitz, S. 29.

nur unter Vorbehalt gezogen werden können[753], hat sich diese Auslegungsmethode für die Interpretation des Sekundärrechts fest etabliert.[754] Anders als im Recht der Gründungsverträge, deren Normen unter großem Zeitdruck geschaffen wurden und eher dem Anspruch an wirtschaftspolitische Funktionalität als an eine in sich stimmige, rationalisierte Gesetzesstrukturierung genügen[755], wird hier kontinuierlich ein flächendeckendes, originär gemeinschaftsrechtliches Normengefüge herausgebildet, das dem mitgliedstaatlichen Rechtsschöpfungsprozeß in puncto Sorgfältigkeit und Genauigkeit im wesentlichen gleichzuachten ist. Die Feststellung innerer Gesetzmäßigkeiten der aufeinander aufbauenden Normenkomplexe und deren bewußte inhaltliche Verknüpfung ist daher im organschaftlich gesetzten Recht der Gemeinschaftsorgane viel verläßlicher.[756]

Zu Rückschlüssen auf den Bedeutungsgehalt der auszulegenden Bestimmung – eine hinreichende normative Strukturierung vorausgesetzt – berechtigen etwa

---

753 Vgl. *Wolf*, KSE 1 (1965), 193 (193); *Behrens*, Beiträge, S. 39; *Hoffmann-Becking*, S. 396f; *Buck*, S. 179f. Vgl. auch die Äußerung des GA *Roemer* in seinen Schlußanträgen zu den verbundenen Rechtssachen 73 und 74/63, Slg. 1964, 1 (42).

754 Vgl. beispielsweise EuGH, Rs. 59 und 71/69, Slg. 1970, 623 (631); Rs. 33/69, Slg. 1970, 93 (105f.); Rs. 27/70, Slg. 1970, 1035 (1045f.); Rs. 36/70, Slg. 1970, 1107 (1115); Rs. 25/70, Slg. 1970, 1161 (1174f.); Rs. 4/68, Slg. 1968, 561 (573 und 575f.); Rs. 238/84, Slg. 1986, 795 (806); Rs. 19/67, Slg. 1967, 461 (472); Rs. 40/76, Slg. 1975, 1669 (1677). Siehe ferner EuGH, Rs. 16/64, Slg. 1965, 187 (200); Rs. 61/65, Slg. 1966, 583 (603); Rs. 6/67, Slg. 1967, 293 (299f.); Rs. 2/67, Slg. 1967, 263 (287f.); Rs. 21/74, Slg. 1975, 221 (228); Rs. 53/79, Slg. 1980, 273 (282); Rs. 61/81, Slg. 1982, 2601 (2616); Rs. 48/75, Slg. 1976, 497 (515). *Buck*, S. 178. *Buck* zufolge dokumentiert sich der herausragende Stellenwert der systematischen Auslegung in der Tatsache, daß im Entscheidungszeitraum 1988-1992 nahezu 75 % aller Urteile systematische Ausführungen beinhalteten. Nach Ansicht von *Bleckmann* greift der EuGH in 50 % seiner Entscheidungen auf den Zusammenhang der Gemeinschaftsrechtsnormen zurück. Vgl. *Bleckmann*, in: Dauses (Hrsg.), Bd. I, Rn. 30.

755 *Rabe*, S. 90; *Kleffens*, FS Riese, S. 45f.; *Peruzzo*, S. 74; *Schwarze*, S. 259f. Siehe ferner *Grundmann*, S. 338. *Grundmann* weist darauf hin, daß die Ausarbeitung der Gründungsverträge zum Teil von Praktikern aus dem Bereich der Wirtschaft erfolgte, weshalb „die allgemeinen, aus dem nationalen Recht herrührenden Erfahrungen über das Verhalten der Normsetzenden beim Aufbau von Normensystemen nicht ohne weiteres übertragbar" seien.

756 In diesem Sinne auch *Buck*, S. 181. In diese Richtung weist auch die Äußerung *Grundmann's*, wonach im Sekundärrecht bestimmte, eng umgrenzte Bereiche durch nebeneinander bestehende oder aufeinander aufbauende Verordnungen oder Richtlinien geregelt würden, so daß sich eine systematische Betrachtung zum Zwecke der Auslegung geradezu anbiete und aufgrund der Widerspruchsfreiheit dieser einen bestimmten Teilbereich regelnden Bestimmungen geradezu geboten sei, vgl. *Grundmann*, S. 329f.

folgende verallgemeinerbaren Aussagen[757]: Jedes Kapitel und jeder Abschnitt hat einen unterschiedlichen Inhalt und ist auf die Verwirklichung divergierender Zielvorstellungen gerichtet.[758] Entsprechend muß sich, ausgehend von der positiven Bestimmung des Regelungsgehalts eines Kapitels, ein anderes Kapitel auf einen anderen Sachkomplex beziehen.[759] Die Vorschriften innerhalb desselben Kapitels beschäftigen sich mit derselben Materie, nehmen dabei aufeinander Bezug[760] und konkretisieren die in der Überschrift abstrakt formulierte Thematik. Regelmäßig kommt dem jeweils ersten Artikel eines Kapitels grundlegende Bedeutung zu, der durch die nachfolgenden Bestimmungen präzisiert wird. Wie im nationalen Recht untergliedert sich auch das Gemeinschaftsrecht in allgemeine, vor die Klammer gezogene Vorschriften, die für die nachfolgenden Kapitel Bedeutung haben, und in besondere Regelungen. Verschränkungen zwischen diesen allgemeinen und besonderen Teilen entstehen beispielsweise durch Legaldefinitionen oder durch gleichgelagerte, sämtliche Teile umspannende Zielvorstellungen.[761] Auf diese Weise läßt sich nicht nur eine Wechselbezüglichkeit im Sinne eines lex generalis/lex specialis-Verhältnisses, sondern auch eine Regel-Ausnahme-Verknüpfung zwischen der auszulegenden Bestimmung und einer anderen herstellen.[762] Weitere Anhaltspunkte für den Inhalt der unklaren Regelung ergeben sich aus einem Rückgriff auf den weiteren Kontext aufgrund eines Vergleichs identischer oder wesensgleicher Bestimmungen innerhalb desselben Rechtsakts oder im Verhältnis zu anderen Rechtsakten gleichrangiger bzw. höherrangiger Kategorie[763]: Der Terminologie innerhalb der Regelung bzw. des

---

757 Vgl. etwa *Buck*, S. 182f; *Grundmann*, S. 327.

758 *Anweiler*, S. 173f.; *Bleckmann*, in: Dauses (Hrsg.), Bd. I, Rn. 31. Zutreffend weist jedoch *Grundmann* darauf hin, daß auch innerhalb des abgegrenzten Systems von einzelnen Regelungsbereichen die gleichgelagerte Zielsetzung einzelner Bestimmungen der abgeschlossenen Bereiche kein Garant dafür sei, daß die Bestimmungen auch unter allen denkbaren Teilaspekten einen gleichgelagerten Norminhalt hätten, vgl. S. 306 unter Hinweis auf EuGH, Rs. 28/67, Slg. 1968, 215 (234f.).

759 *Anweiler*, S. 177; *Bleckmann*, in: Dauses (Hrsg.), Bd. I, Rn. 32.

760 Die Rechtsprechungspraxis des EuGH verdeutlicht, daß das Gericht bemüht ist, die Regelungen eines Abschnitts miteinander in Einklang zu bringen, um eine widerspruchsfreie und geschlossene Systematik im jeweiligen Abschnitt oder Kapitel herzustellen, vgl. *Grundmann*, S. 304f.

761 *Grundmann*, S. 307.

762 Vgl. etwa EuGH, Rs. 36/75, Slg. 1975, 1219 (1231): Feststellung, daß der Begriff der „öffentlichen Ordnung eng zu verstehen sei; Rs. 222/84, Slg. 1986, 1651 (1684): Feststellung, daß die Regelungen der Artikel 36, 48, 56, 223 und 224 einer extensiven Auslegung nicht zugänglich seien. Vgl. noch EuGH, Rs. 231/78, Slg. 1979, 1447 (1460).

763 Auf diese, in der Literatur kaum beachtete Technik des EuGH (vgl. beispielsweise in der Rs. 9/61, Slg. 1962, 433 (477): „Vergleich mit anderen, verwandeten Tex-

Abschnitts liegt grds. eine einheitliche Bedeutung zugrunde[764]; Formulierungsunterschiede indizieren einen anderen Sinn[765]. Lückenhafte Vorschriften können mitunter denselben Regelungsgehalt aufweisen wie eine vergleichbare Sachverhalte behandelnde, vollständige Norm.[766] [767] Des weiteren geht der EuGH[768] zuweilen vom Grundsatz der engen Interpretation von Ausnahmebestimmungen aus.[769] Jedenfalls könnten die zugelassenen Ausnahmen nicht weiter reichen, als

---

ten") im Rahmen der systematischen Auslegung weist *Grundmann*, S. 316, hin. Vgl. auch die Entscheidungen des EuGH in den Rechtssachen Rs. 6/60, Slg. 1960, 1163 (1184f. und 1196); Rs. 13/60, Slg. 1962, 177 (214f.); Rs. 155/79, Slg. 1982, 1575 (1612); Rs. 101/63, Slg. 1964, 417 (431f.). Eindeutig auch EuGH, Rs. 108/63, Slg. 1965, 1 ff.

764 Vgl. EuGH, Rs. 24/68, Slg. 1969, 193 (203) und Rs. 16/65, Slg. 1965, 1151 (1168): In diesen Entscheidungen hat das Gericht Begriffen im Sekundärrecht denselben Inhalt wie gleichlautenden Begriffen im Primärrecht beigemessen. Vgl. auch die Schlußanträge des GA *Gand* zu den Rs. 12 und 29/64, Slg. 1965, 147 (180f.). Siehe auch die Äußerung des GA *Roemer* zu der Rechtssache Rs. 1/63, Slg. 1963, 653 (694).

765 EuGH, Rs. 122/80, Slg. 1981, 2781 (2794). Allerdings kommt dieser Vermutungsregel in der Rechtsprechung des EuGH keine uneingeschränkte Bedeutung zu, vgl. EuGH, Rs. 30/59, Slg. 1961, 1 (45); Rs. C-370/89, Slg. 1992, I-6211 (I-6248); Rs. C-124/92, Slg. 1993, I-5061 (I-5091); Rs. 92/71, Slg. 1972, 231 (242). Vgl. auch die Äußerung des Generalanwalts *Roemer* in seinen Schlußanträgen zu den verbundenen Rechtssachen 73 und 74/63, Slg. 1964, 1 (42), wonach nicht vergessen werden dürfe, daß Abweichungen im Wortlaut und in der Redaktion einzelner Vertragsbestimmungen für die Interpretation der Europäischen Verträge nicht dieselbe Bedeutung haben könnten wie für die Exegese sorgfältig redigierter nationaler Kodifikationen. Da GA *Roemer* diese Aussage auf das Vertragsrecht beschränkt, kann daraus geschlossen werden, daß die Vermutungsregel für das Sekundärrecht Geltung beansprucht.

766 Dies gilt allergings nur unter der Voraussetzung, daß nicht gegenteilige Formulierungen oder anders geartete Regelungszwecke dagegen sprechen. Vgl. EuGH, Rs. 35/67, Slg. 1968, 489 (512 ff.).

767 Vgl. EuGH, Rs. 102/63, Slg. 1964, 1471 (1502).

768 EuGH, Rs. 11/82, Slg. 1985, 207 (245); Rs. 58/83, Slg. 1984, 2027 (2033); Rs. 222/84, Slg. 1986, 1651 (1686): „als Ausnahme von einem in der Richtlinie verankerten individuellen Recht eng auszulegen". Weitere Nachweise für eine dahingehende Auslegungspraxis des EuGH finden sich etwa bei *Dumon*, Kritische Prüfung, S. 128 ff.; *Bredimas*, S. 109 ff.; *Bleckmann*, NJW 1982, 1177 (1180); *Pernice*, in: Grabitz/Hilf , Art. 164 EWGV, Rn. 26. Allerdings wendet der EuGH auch diesen Auslegungsgrundsatz nicht uneingeschränkt an, vgl. Rs. 173/88, Slg. 1989, 2763 (2781).

769 Nicht einheitlich wird in der Literatur in diesem Grundsatz zum Teil eine eigenständige Auslegungsmethode gesehen (s.u.) oder aber dem Bereich der systematischen (so *Potacs*, S. 79 ff.; *Grundmann*, S. 314 ff.) bzw. teleologischen (so *Anweiler*, S. 231 ff.; *Buck*, S. 217 ff.) Interpretation zugeordnet.

der Zweck es erfordere, um dessentwillen sie vorgesehen seien.[770] Der Berufung der Mitgliedstaaten auf Ausnahmebestimmungen sind mit anderen Worten gemeinschaftsrechliche Grenzen gesetzt, durch die verhindert werden soll, daß der Gemeinschaftsrechtsakt im ganzen einseitig seiner Wirksamkeit beraubt wird.[771]

Speziell für das abgeleitete Gemeinschaftsrecht ist hervorzuheben, daß der EuGH[772] im Interesse der Einheitlichkeit der Auslegung für die Deutung der Sekundärrechtsbestimmungen häufig auf die Gründungsverträge sowie das sonstige Primärrecht zurückgreift.[773] Aufgrund der Vermutung, daß bei der Schaffung rangniedrigerer Normen die Vorschriften ranghöherer Ordnung gewahrt werden[774], sind die in den Sekundärrechtsvorschriften verwandten mehrdeutigen Begriffe im Lichte der Regelungen des Primärrechts zu interpretieren[775]. Die Notwendigkeit einer primärrechtskonformen Auslegung ergibt sich aus dem EG-Vertrag selbst, da die Gemeinschaftsorgane nur „zur Erfüllung ihrer Aufgaben" Recht setzen können (vgl. Art. 249 EGV). Aufgabe des Rates ist es unter anderem, „für die Abstimmung der Wirtschaftspolitik der Mitgliedstaaten" im Interesse der „Verwirklichung der Ziele[...]dieses Vertrages" zu sorgen (Art. 202, erster Spiegelstrich). Die Ziele des EGV wiederum ergeben sich vor allem aus Art. 2 EGV. Sekundärrechtsakte sind daher so auszulegen, daß ihre Vereinbarkeit mit dem übergeordneten Vertragsrecht und vor allem auch dem – gleichfalls ranghöheren – ungeschriebenen Primärrecht, namentlich den allgemeinen Rechtsgrund-

---

770 So ausdrücklich in EuGH, Rs. 152/73, Slg. 1974, 153 (162); ebenso Rs. 2/74, Slg. 1974, 631 (654); Rs. 72/83, Slg. 1984, 2727 (2752). Siehe insbesondere auch EuGH, Rs. 90/83, Slg. 1984, 1567 (1581), wo der EuGH eine enge Auslegung eines Verordnungsartikels u.a. damit begründet, daß dieser Ausnahmen von der Geltung der allgemeinen Vorschriften der Verordnung vorsehe und daher nicht so ausgelegt werden könne, daß seine Wirkung über das hinausgehe, was zum Schutz der Interessen, deren Wahrung er diene, erforderlich sei. Ähnlich EuGH, Rs. 61/86, Slg. 1988, 431 (463).

771 Vgl. EuGH, Rs. 2/74, Slg. 1974, 631 (655) in bezug auf die Auslegung des Art. 55 EGV.

772 EuGH, Rs. 11/67, Slg. 1967, 505 (518); Rs. 7/75, Slg. 1975, 679 (689); Rs. 53/81, Slg. 1982, 1035 (1049); Rs. 3/70, Slg. 1970, 415 (421), Rs. 9/67, Slg. 1967, 308 (314); Rs. 184/73, Slg. 1974, 517 (525); Rs. 50/75, Slg. 1975, 1473 (1481); Rs. 10/78, Slg. 1978, 1915 (1923); Rs. 100/78, Slg. 1979, 831 (844); Rs. 47/79, Slg. 1979, 3639 (3649); Rs. C-202/88, Slg. 1991 I, 1223 (1261 ff.).

773 *Grundmann*, S. 331f.

774 Vgl. EuGH, Rs. 48/75, Slg. 1976, 497 (512). Davon gehen auch *Bleckmann*, NJW 1982, 1177 (1181) und *Ophüls*, in: Kaiser (Hrsg.), S. 229 (230), aus.

775 Vgl. EuGH, Rs. 25/67, Slg. 1968, 311 (330); deutlich EuGH, Rs. 218/82, Slg. 1983, 4063 (4075); ebenso Rs. 15/81, Slg. 1982, 1409 (1434); Rs. 201 und 202/85, Slg. 1986, 3477 (3510); Rs. 205/84, Slg. 1986, 3755 (3812). *Kutscher*, Thesen, S. 40, bezeichnet dies als harmonisierende Auslegung.

sätzen und den Gemeinschaftsgrundrechten[776], gewährleistet ist.[777] Mit anderen Worten: Das Primärrecht bildet die Grenze für die Auslegung des Sekundärrechts.[778] Dabei muß der für die Vorschriften des abgeleiteten Rechts ermittelte Inhalt nach Ansicht des Gerichts zwar innerhalb der Vorgaben des höherrangigen Rechts liegen[779], jedoch gleichzeitig dessen Zielsetzung soweit wie möglich berücksichtigen.[780] Auf diese Weise kommt dem Primärrecht neben seiner Grenz- auch eine Hilfsfunktion bei der Auslegung des abgeleiteten Gemeinschaftsrechts zu.[781]

---

776 EuGH, Rs. 264/82, Slg. 1985, 849 (868f.): Auslegung einer Norm des Sekundärrechts unter Beachtung des allgemeinen Vertrauensgrundsatzes; Rs. 29/69, Slg. 1969, 419 (425): Hinweis auf den Schutz der Menschenwürde; Rs. 212 bis 217/80, Slg. 1981, 2735 (2750f.): „Diese Auslegung gewährleistet die Beachtung der Grundsätze der Rechtssicherheit und des Vertrauensschutzes, nach denen die Gemeinschaftsgesetzgebung klar und für die Betroffenen vorhersehbar sein muß"; Rs. 130/75, Slg. 1976, 1589 (1599): Gleichheitsgrundsatz; Rs. 41, 121 und 796/79, Slg. 1980, 1979 (1997): Verhältnismäßigkeit; Rs. 94/75, Slg. 1976, 153 (159): Vernunfts- und Billigkeitsgründe. In der Rs. 116/76, Slg. 1977, 1247 (1264) hat der EuGH eine Verordnung unter Berufung auf den Verhältnismäßigkeitsgrundsatz und das Diskriminierungsverbot für ungültig erklärt.

777 Zutreffend *Steindorff*, EuZW 1990, 251 (252f.); *Wolf*, WM 1990, 1941 (1944); *Pernice*, in: Grabitz/Hilf, Art. 164, Rn. 30; *Everling*, ZGR 1992, 376 (387); *Lutter*, JZ 1992, 593 (603); *Bleckmann*, NJW 1982, 1177 (1181). In diesem Sinne auch *Dorn*, S. 75, der jedoch der primärrechtskonformen Auslegung die Bedeutung als „zusätzliche Interpretationsmethode" beimißt. Zur Bedeutung der allgemeinen Rechtsgrundsätze in der Rechtsprechung des EuGH und zur gemeinschaftskonformen Auslegung auch *Gündisch*, in: Schwarze (Hrsg.), S. 97 ff. (107) und *Rüber*, Der Gerichtshof der Europäischen Gemeinschaften und die Konkretisierung allgemeiner Rechtsgrundsätze. Siehe auch *Everling*, in: Kruse (Hrsg.), S. 51 (61 ff.).

778 *Grundmann*, S. 334.

779 EuGH, Rs. 69/79, Slg. 1980, 75 (85f.).

780 EuGH, Rs. 1/67, Slg. 1967, 239 (250): Feststellung, daß eine Verordnung im Zweifel so auszulegen ist, wie es den primärrechtlich festgelegten Zielen am ehesten entspricht.

781 *Lutter*, JZ 1992, 593 (603); *Buck*, S. 183 ff. (184); *Potacs*, S. 210 ff. (210); *Anweiler*, S. 185 ff.; *Grundmann*, S. 336 ff. Eine eigenständige Auslegungsmethode sollte daraus jedoch nicht abgeleitet werden, da die Orientierung am ranghöheren Recht bei der Auslegung der unklaren Bestimmung einerseits Gegenstand der systematischen (Betrachtung des weiteren Rechtstextzusammenhangs), andererseits der teleologischen Auslegung (Berücksichtigung der gemeinschaftsrechtlichen Zielsetzungen) ist. Zu weitgehend mE *Dorn*, S. 71 ff., der nicht nur davon ausgeht, daß die Grundprinzipien des Gemeinschaftsrechts die anderen Interpretationsmethoden ergänzen und ein bereits ermitteltes Auslegungsergebnis bestätigen können (a.a.O., S. 75), sondern der darüber hinaus in der Heranziehung der allgemeinen und besonderen Rechtsgrundsätze eine „zusätzliche Interpretationsmethode" ausmacht, vgl. S. 75.

Insgesamt hat die systematische Auslegung im Gemeinschaftsrecht eine große Bedeutung.[782] Dies verdeutlicht die Vielzahl der Entscheidungen mit systematischen Ausführungen und folgt nicht zuletzt aus der Feststellung des EuGH[783], wonach im EG-Recht „jede Rechtsvorschrift nach ihrem Gesamttext auszulegen" sei.

c) Die teleologische Auslegung

Neben dem äußeren Zusammenhang der Gemeinschaftsrechtsnormen ist nach Ansicht des EuGH[784] für die Auslegung v.a. auf den diesen Normen innewohnenden „Sinn und Zweck", deren „Ziel" bzw. „Geist" abzustellen.[785] Üblicherweise versucht das Gericht, die ratio legis aus den im Rechtstext ausdrücklich erwähnten Zielen abzuleiten.[786] Wichtige Anhaltspunkte enthalten für das Primärrecht die Präambeln der Gründungsverträge und der Einheitlichen Europäischen Akte (EEA), die Grundsatzartikel der Artt. 2, 3 EGV, Artt. 1, 2 EAGV, Artt. 2, 3 EGKSV sowie die diese Rahmenvorschriften konkretisierenden, mit ihnen in Wechselbeziehung[787] stehenden Einzelbestimmungen der speziellen Vertragsteile.[788] Eine gewisse Bedeutung kann mitunter auch den zahlreichen Ent-

---

782 *Potacs*, S. 72; *Buck*, S. 200; *Anweiler*, S. 340; *Olbertz*, StVj 1992, 37 (39).

783 EuGH, Rs. 30/65, Slg. 1966, 49 (81).

784 Vgl. etwa EuGH, Rs. 11/63, Slg. 1964, 131 (147); 22/67, Slg. 1967, 429 (437); Rs. 29/69, Slg. 1969, 419 (424f.); Rs. 31/70, Slg. 1970, 1055 (1062); Rs. 25/70, Slg. 1970, 1161 (1174); Rs. 61/72, Slg. 1973, 301 (310); Rs. 6/74, Slg. 1974, 1287 (1293); Rs. 139/77, Slg. 1978, 1317 (1332); Rs. 9/79, Slg. 1979, 2717 (2724); Rs. 232/82, Slg. 1982, 583 (596); 53/81, Slg. 1982, 1035 (1048); Rs. 283/81, Slg. 1982, 3415 (3430); 337/82, Slg. 1984, 1051 (1062); 13/83, Slg. 1985, 1513 (1592); 55/87, Slg. 1988, 3845 (3871); 187/87, Slg. 1988, 5013 (5040); Rs. 291/87, Slg. 1988, 6462 (6466); Rs. 68/86, Slg. 1988, 855 (897); Rs. 6 und 7/88, Slg. 1989, 3639 (3673); Rs. C-301/88, Slg. 1990, 3803 (3835); Rs. C-337/88, Slg. 1990, 1 (19); Rs. C-228/88, Slg. 1990, 531 (554); C-341/89, Slg. 1991, 25 (38); C-117/90, Slg. 1992, 35 (61); C-193/91, Slg. 1993, I-2615 (I-2634); Rs. C-41/93, Slg. 1994, I-1841 (I-1847 ff.).

785 Überwiegend wird die teleologische Auslegung als die im Gemeinschaftsrecht entscheidende Methode gewertet, vgl. beispielsweise *Schmidt*, RabelsZ 59 (1995), 569 (579); *Lutter*, JZ 1992, 593 (602f.); *Oppermann*, EuropaR, S. 218 sowie *Anweiler*, S. 364 mit umfangreichen Nachweisen aus der Literatur.

786 *Potacs*, S. 97.

787 Zur Wechselbezüglichkeit der allgemeinen und speziellen Vertragsziele vgl. *Anweiler*, S. 207f. Siehe auch *Constantinesco*, Recht der EG I, S. 821.

788 Vgl. beispielsweise Entscheidungen des EuGH, in denen das Gericht auf die Eingangs- bzw. Leitartikel der Verträge abgestellt hat, EuGH, Rs. 1/54, Slg. 1954, 7 (23f.); Rs. 7 und 9/54, Slg. 1954/55, 53 (90f.); Rs. 27, 28 und 29/58, Slg. 1960, 513 (537f.); Rs. 30/59, Slg. 1961, 1 (42f.); Rs. 9 und 12/60, Slg. 1961, 427 (466f.); Rs.

schließungen und programmatischen Aussagen vor allem des Rates der EG zukommen, sofern darin Zielvorstellungen für eine von der Gemeinschaft künftig zu verfolgende Politik formuliert werden.[789] Entscheidende Bezugsquellen für die Zielermittlung des Sekundärrechts finden sich neben den Präambeln und Einzelvorschriften insbesondere in den Begründungserwägungen der Richtlinien und Verordnungen.[790] Auch die Rechtsgrundlage des betreffenden Gemeinschaftsrechtsakts sollte nicht unbeachtet bleiben.[791] Eine Betrachtung des engeren und weiteren Rechtstextzusammenhangs ist also unabdingbare Voraussetzung für die Feststellung der Regelungsziele.[792] Erst aufgrund einer Gesamtschau der auszu-

---

13/60, Slg. 1962, 177 (214f.); Rs. 9/61, Slg. 1962, 433 (477); Rs. 111/63, Slg. 1965, 893 (910); ausdrücklich Rs. 30/59, Slg. 1961, 1 (43); Rs. 6/72, Slg. 1973, 215 (246); Rs. 167/73, Slg. 1974, 359 (369f.); Rs. 36/74, Slg. 1974, 1405 (1418); Rs. 15/81, Slg. 1982, 1409 (1431); Rs. 299/86, Slg. 1988, 1213 (1235); Rs. C-202/88, Slg. 1991 I, 1223 (1269); Rs. 6/72, Slg. 1973, 215 (245); In den folgenden Rechtssachen hob der EuGH z.B. auf die Präambel ab, EuGH, Rs. 26/62, Slg. 1963, 1 (24); Rs. 56 und 58/64, Slg. 1966, 321 (388); Rs. 32/65, Slg. 1966, 457 (483); Rs. 43/75, Slg. 1976, 455 (473); Rs. 1/78, Slg. 1978, 2151 (2175); Rs. 154, 205, 206, 226-228, 263, 264/78 und 31, 39, 83, 85/79, Slg. 1980, 907 (1004); Rs. 136/79, Slg. 1980, 2033 (2057); Rs. 12/82, Slg. 1982, 4089 (4100); 249/86, Slg. 1989, 1263 (1290). *Anweiler*, S. 200f.; *Grundmann*, S. 343; *Buck*, S. 204 ff.

789 *Everling*, in: Bieber/Ress (Hrsg.), S. 417 (425). Derartige Entschließungen könnten – so *Everling* – zur Auslegung der auf ihrer Grundlage erlassenen Rechtsakte herangezogen werden, sofern deutlich werde, daß sich der Rat tatsächlich von ihnen leiten ließe. Allerdings seien derartige außervertraglichen Beschlüsse nur dann beachtlich, wenn sie sich auf die Sicherung, Förderung und Verstärkung der mit den Vertragsbestimmungen verfolgten Ziele richteten, während ihnen jede die Anwendung der Vertragsbestimmungen hindernde oder beschränkende Wirkung abgesprochen werden müsse, a.a.O., S. 426.

790 Vgl. beispielsweise EuGH, Rs. 3/71, Slg. 1971, 577 (587f.); Rs. 77/79, Slg. 1980, 247 (258); Rs. 105/84, Slg. 1985, 2639 (2653); Rs. C-300/89, Slg. 1993, I-2867 (I-2899); Rs. C-207/91=EuZW 1993, 515, Rn. 15. Weitere Nachweise finden sich bei *Bernhardt*, S. 91; *Dumon*, Kritische Prüfung, S. 106; *Plender*, YEL 1983, 57 (100f.); *Potacs*, S. 97f.; *Buck*, S. 203; *Grundmann*, S. 369. *Grundmann* ist der Ansicht, daß die Ermittlung der Zielsetzung sekundärrechtlicher Normen prinzipiell aus dem Sekundärrecht selbst zu erfolgen habe und es aufgrund der sachnäheren und speziellen Ausgestaltung weder eines Rückgriffs auf die allgemeinen noch konkreteren Artikel der Gründungsverträge bedürfe, vgl. a.a.O., S. 369.

791 Zutreffend *Lutter*, JZ 1992, 593 (603).

792 *Grundmann* zufolge läßt sich – ähnlich wie bei der systematischen Auslegung – auch bei der teleologischen Auslegung zwischen der Beachtlichkeit von Zielsetzungen im engeren und weiteren Rahmen unterscheiden. Die einzelne Norm, ein Abschnitt, eine Vielzahl von über einen oder mehrere Verträge verteilten Regelungen, die gesamte Regelung oder die Ausrichtung eines oder aller Verträge im Verein könnten für eine bestimmte Auslegung stehen. Vgl. *Grundmann*, S. 368.

legenden Bestimmung im Kontext des gesamten[793], bisweilen sogar höherrangigen Rechtsakts einschließlich seiner Kapitel und Abschnitte wird die Zielsetzung des Normgebers transparent[794], wodurch die teleologische Auslegung weitgehend durch systematische Aspekte überlagert wird.[795] Eine klare Trennung beider Methoden ist daher kaum möglich und wird vom Gericht auch nicht praktiziert.[796]

Geht es also bei der teleologischen Interpretation darum, sich den Sinngehalt einer Vorschrift durch Offenlegung ihrer Ziel- und Zweckrichtung zu erschließen, so stellt sich zwangsläufig die Frage nach dem Auslegungshorizont: Maßgeblich könnte zum einen der (subjektive) Sinn sein, den die Vertrags- bzw. Normgeber der Vorschrift zur Zeit ihres Erlasses beigemessen haben. Entscheidungserheblich könnte demgegenüber aber auch der (objektivierte) Sinn der Bestimmung aus aktueller Sicht sein, ungeachtet der Motive des historischen Gesetzgebers. Während der EuGH diese Grundsatzfrage nach einem subjektiven[797] oder objek-

---

793 In der Rs. 73/79, Slg. 1980, 1533 (1546f.) hat der EuGH beispielsweise ganz allgemein auf Sinn und Zweck des EG-Vertrages abgestellt.

794 *Grundmann*, S. 368.

795 *Kutscher*, Thesen, S. I-42; *Ewert*, S. 51; *Buck*, S. 201 und 221; *Grundmann*, S. 299 und *Anweiler*, S. 200.

796 *V. der Groeben/Thiesing/Ehlermann*, EWG-Vertrag, Art. 164, Rn. 57; *Anweiler*, S. 200; *Grundmann*, S. 297; *Blomeyer*, NZA 1994, 633 (636); B/B/P/S, S. 247; *Kutscher*, Thesen, S. I-42; *Oppermann*, EuropaR, Rn. 582 sowie *Potacs*, S. 75. Siehe ferner *Buck*, S. 201. Nach Meinung *Buck's* ist eine klare Unterscheidung für die Auslegungspraxis auch unbedeutend, da die Urteile des EuGH ohnehin eine Kombination systematischer und teleologischer Erwägungen aufwiesen.

797 Die Grundsätze der subjektiven Theorie gelten vornehmlich im Völkerrecht. Dahinter steht die Überlegung, daß die Vertragspartner als Normsetzer und gleichzeitige Träger der Rechte und Pflichten aus dem Vertrag das Maß der von ihnen freiwillig eingegangenen Souveränitätsbeschränkungen selbst bestimmen können müssen. Der Gedanke der Souveränitätswahrung führt zu einer restriktiven, am Wortlaut des Vertrages grds. streng haftenden Methode der Auslegung. Zwar ist die Auffassung, daß es bei der Auslegung eines völkerrechtlichen Vertrages vorrangig auf die Feststellung des hinter dem Vertragstext stehenden gemeinsamen subjektiven Willens der Vertragsparteien zur Zeit des Vertragsschlusses ankomme, nach dem Inkrafttreten der Wiener Vertragsrechtskonvention weitgehend aufgegeben worden (vgl. Art. 31 I WVRK, wonach ein völkerrechtlicher Vertrag nach Treu und Glauben in Übereinstimmung mit der gewöhnlichen, seinen Bestimmungen in ihrem Zusammenhang zukommenden Bedeutung und im Lichte seines Zieles und Zweckes auszulegen ist.). Statt dessen wird nunmehr dem im Vertrag selbst zum Ausdruck gekommenen gemeinsamen Willen der Vertragspartner entscheidende Bedeutung für die Auslegung beigelegt. Wenngleich das Völkerrecht, wie die WVRK bestätigt, auf weitreichende Anleihen bei der objektiven Theorie nicht verzichten kann, richtet sich die Auslegung letztlich doch auf die Erforschung des Parteiwillens (vgl. auch Art. 31 IV WVRK, wonach einem Ausdruck eine besondere Bedeutung beizumessen ist,

tiven[798] Auslegungsmaßstab für den Bereich der grammatikalischen Auslegung wohl im Sinne des ersten Ansatzes löst[799] – ausschlaggebend ist die entstehungszeitliche Semantik[800] – soll hier, jedenfalls für den Bereich des Primärrechts[801],

---

wenn ein dahingehender übereinstimmender Wille der Parteien zu verzeichnen ist). Zur Auslegung im Völkerrecht und zur Bedeutung der WVRK vgl. insbesondere *Anweiler*, S. 106 ff.; *Grundmann*, S. 47 ff. und 142 ff.; *Buck*, S. 83 ff.; siehe auch *Ress*, in: Bieber/Ress (Hrsg.), S. 49 ff.

798 Eine objektive Auslegungsmethode ist überwiegend im (Verfassungs-)Recht der EU-Mitgliedstaaten zu verzeichnen, vgl. *Bernhardt*, FS Kutscher, 17 (18f.); *Rüber*, S. 61, der von einer „objektiv-historischen Auslegungsmethode" spricht und darunter „die Funktion der Norm zum Zeitpunkt ihres Erlasses" versteht; *Anweiler*, S. 64. Speziell für Deutschland vgl. beispielsweise ausdrücklich BVerfGE 1, 299 (312); 11, 126 (130); 45, 272 (288); 48, 246 (256); 53, 207 (212): „Maßgebend für die Auslegung einer Gesetzesvorschrift ist der in dieser zum Ausdruck kommende objektivierte Wille des Gesetzgebers, so wie er sich aus dem Wortlaut der Gesetzesbestimmung und dem Sinnzusammenhang ergibt, in den diese hineingestellt ist. Nicht entscheidend ist dagegen die subjektive Vorstellung der am Gesetzgebungsverfahren beteiligten Organe oder einzelner ihrer Mitglieder über die Bedeutung der Bestimmung." Dieser Ansatz geht auf die Vorstellung zurück, daß Gesetze im Zuge ihrer Anwendung ein Eigenleben entfalten, in sich wandelnde Lebensverhältnisse eingreifen, Antwort auch auf bei Normerlaß noch nicht bedachte Konstellationen geben müssen und sich auf diese Weise immer mehr von den Vorstellungen der Normgeber entfernen. Bezugspunkt für die Auslegung müsse sonach die Gegenwart, nicht die Vergangenheit sein. Allerdings verzichtet auch die objektive Auslegungstheorie nicht gänzlich darauf, die Regelungsabsichten und konkreten Normvorstellungen des historischen Gesetzgebers in den Auslegungsvorgang einzustellen, vgl. *Grundmann*, S. 105. Siehe zur mitgliedstaatlichen Auslegungspraxis v.a. die Ausführungen von *Buck*, S. 90 ff.; *Grundmann*, S. 12 ff.; *Anweiler*, S. 82 ff.

799 Ausführungen zu der Frage, ob der EuGH den Auslegungskanones eine historische oder aktuale Betrachtungsweise zugrunde legt, finden sich in der europarechtlichen Literatur zumeist nur im Zusammenhang mit der teleologischen oder historischen Auslegungsmethode. Dasselbe Problem stellt sich jedoch gleichermaßen im Rahmen der grammatikalischen Auslegung. Soweit ersichtlich, nimmt nur *Potacs*, S. 49f., zu dieser Frage ausführlicher Stellung.

800 *Potacs*, S. 49f. Zur Begründung verweist *Potacs* auf das wiederholte Abstellen auf den „Willen" eines Rechtssetzers durch den EuGH. Nur der zur Zeit der Setzung des Willensaktes übliche Wortsinn sei dem Normgeber bekannt; nur dieser könne daher von seinem Willen umfaßt sein. Ein entstehungszeitliches Verständnis des EuGH ergibt sich nach Meinung *Potacs* überdies aus dem häufig anzutreffenden Rückgriff auf historische Erwägungen.

801 Verfehlt wäre es, den EuGH generell dem „Lager" der objektiven Auslegungstheorie zuzuordnen. Dies mag zwar für die Auslegung des geschriebenen Primärrechts zutreffen, kann jedoch – wie die zahlreichen Entscheidungen des Gerichts belegen (siehe unten unter C. II. 2. d) bb)) – für das Sekundärrecht so nicht bestätigt werden. Richtigerweise ist die Auslegungspraxis des EuGH bei Rechtsakten des Primär- und Sekundärrechts nicht einheitlich. So entnimmt der EuGH die Normziele

das Normziel aus der Perspektive der dem Gemeinschaftsrechtsakt selbst innewohnenden Vorstellungen definiert werden.[802] Dies belegt exemplarisch eine Äußerung des EuGH[803], wonach „jede Vorschrift des Gemeinschaftsrechts nach Maßgabe seines Entwicklungsstandes zur Zeit der Anwendung der betreffenden Vorschrift auszulegen" sei. Herauszuarbeiten sind also die sich aus einer Gesamtschau der im Vertrag bzw. Sekundärrechtsbestimmung selbst festgelegten objektiven Ziele; auf die subjektiven Ziele und Absichten der Vertrags- bzw. Normgeber zur Zeit der Rechtsschöpfung kommt es grds. nicht an.[804]

Die Betonung einer objektivierten Betrachtungsweise durch den EuGH unter weitgehender Ablösung von den subjektiven Vorstellungen der Normgeber bei Erlaß ist der besonderen Interessenlage im Gemeinschaftsrecht geschuldet. Namentlich die Gründungsverträge – darauf wurde bereits im Rahmen der gramma-

---

im Rahmen der telelogischen Auslegung in erster Linie den Begründungserwägungen der abgeleiteten Rechtsakte und läßt sich damit von den Absichten des Normgebers leiten. Eine differenzierte Betrachtung der Auslegungspraxis befürworten auch *Bleckmann*, Studien, S. 1 und 3; *ders.*, NJW 1982, 1177 (1177f.) sowie *Buck*, S. 143 ff. (148). Auch *Grundmann*, S. 257 und 293, hält eine undifferenzierte Betrachtung des Gemeinschaftsrechts bei der Analyse der Auslegungspraxis des EuGH für nicht sachgerecht und bejaht im Rahmen des Sekundärrecht eine „subjektive Einfärbung der Auslegung durch den Gerichtshof". A.A. *Anweiler*, S. 142f., der sich mit Blick auf die Einheit des Gemeinschaftsrechts klar gegen eine getrennte Betrachtung der Auslegungsmethoden ausspricht. Erforderlich seien sonach „gleiche Auslegungsregeln für alle wesensgleichen Arten des Gemeinschaftsrechts". Ob allerdings das primäre und sekundäre Gemeinschaftsrecht in diesem Sinne tatsächlich wesensgleich sind, ist m.E. zu bezweifeln. Eine Unterscheidung der Auslegungspraxis nach der Quelle des Rechtsakt lehnen ferner grds. ab *Hoffmann-Becking*, S. 234; *Ipsen*, S. 133; *Zuleeg*, EuR 1969, 97 (98) und B/B/P/S, S. 245.

802 *Anweiler*, S. 202; *Grundmann*, S. 341; *Everling*, in: Kruse (Hrsg.), S. 51 (60). A.A. *Potacs*, S. 27, der davon ausgeht, der EuGH stelle auf den historischen Willen ab; im Ergebnis ebenso *Bleckmann*, Studien, S. 1 (1), wonach der EuGH die im Völkerrecht üblichen Auslegungsmethoden verwende; vgl. auch *Ophüls*, FG Müller-Armack, S. 279 (286).

803 EuGH, Rs. 283/81, Slg. 1982, 3415 (3430). *Potacs* will diese Äußerung des EuGH jedoch keinesfalls als Absage an die subjektive Auslegungstheorie verstanden wissen. Vielmehr könne auch die sich am historischen Willen der Normgeber orientierende Auslegungsmethode der Forderung und Notwendigkeit dynamischer Auslegung dann Rechnung tragen, wenn man berücksichtige, daß nach dem historischen Willen der Vertragspartner eine zukunftsorientierte Auslegung im Einzelfall beabsichtigt war., vgl. *Potacs*, S. 27f. Als Argument für die Maßgeblichkeit der subjektiven Auslegungsmethode verweist er darauf, daß die Aufhebung und Änderung von Rechtsvorschriften grundsätzlich durch die dafür zuständigen Rechtssetzungsorgane erfolgen müsse. Sofern keine Änderung vorgenommen werde, liege darin eine Bestätigung des Willens und der Wertungen des historischen Gesetzgebers, S. 26f.

804 *Bleckmann*, EuropaR, Rn. 258; *Meyer*, Jura 1994, 455 (455); *Anweiler*, S. 203.

tischen Auslegung hingewiesen – umschreiben keinen statischen Zustand, sondern sind konzeptionell auf die Schaffung einer zukunftsorientierten, auf das Zusammenwachsen des mitgliedstaatlichen Rechts- und Lebensraums gerichteten Gemeinschaft angelegt.[805] Diesem Verständnis von der EU als Integrationsgemeinschaft steht eine den status quo bewahrende, streng am historischen Willen der Vertragsparteien orientierte Auslegung entgegen.[806] Die Interpretation muß vielmehr beim jeweiligen Stand der Integration ansetzen und den Sinn der Vorschriften aus der aktuellen Situation heraus ermitteln.[807] Dabei darf jedoch nicht übersehen werden, daß zwischen dem primären und sekundären Gemeinschaftsrecht grundlegende strukturelle Unterschiede bestehen, die sich auch in der Auslegungspraxis widerspiegeln müssen.[808] Eine unreflektierte Anwendung der objektiven Auslegungsmethode ist vor diesem Hintergrund nicht sachgerecht und wird auch vom EuGH – wie noch gezeigt werden wird – nicht praktiziert. So beinhalten die Rechtsakte des abgeleiteten Gemeinschaftsrechts im Gegensatz zu den Gründungsverträgen als Verfassungen der EG keine dauerhaften, allgemeine Bereiche betreffenden und die Ziele daher abstrakt formulierenden Regelungen, sondern füllen das lückenhafte Primärrecht konkret und materienspezifisch aus.[809] Der gesetzgeberische Wille ist dem Verordnungs- oder Richtlinientext in Gestalt der Begründungserwägungen unmittelbar vorgeschaltet und gibt dem EuGH eine direkte Interpretationshilfe an die Hand.[810] Dies berechtigt und

---

805 *Ophüls*, FG Müller-Armack, S. 279 (285); *Grundmann*, S. 293. Siehe auch *Buck*, S. 145. Siehe auch *Kutscher*, Thesen, S. 22.

806 Zutreffend *Anweiler*, S. 67.

807 *Anweiler*, S. 67; *Buck*, S. 145. Siehe auch *Bleckmann*, EuR 1979, 239 (241) sowie *Everling*, in: Kruse (Hrsg.), S. 51 (53).

808 Für eine differenzierte Betrachtung des Gemeinschaftsrechts im Rahmen der Auslegung *Bleckmann*, NJW 1982, 1177 (1177f.); *ders.*, in: Studien, S. 1, (1und 3); *Grundmann*, S. 257 und 293.

809 Vgl. auch *Bleckmann*, Studien, S. 1 (3). Nach Ansicht *Bleckmann's* kommt dem Sekundärrecht nur eine politische Bedeutung zu, weshalb die Funktion der Rechtsprechung notwendigerweise zurücktreten müsse. So sei es angesichts der zahlreichen vom Vertrag vorgesehenen Ziele und Mittel der Wirtschaftspolitik Aufgabe der politischen Organe der EG und nicht des EuGH, die konkreten Ziele und Mittel der Politik zu bestimmen.

810 Von dieser Interpretationshilfe macht der EuGH auch Gebrauch, vgl. EuGH, Rs. C-215/88, Slg. 1989, 2789 (2808). In dieser Entscheidung hat das Gericht ausdrücklich festgestellt, daß die Begründungserwägungen einer VO dazu beitragen können, Aufschluß über die Auslegung einer Verordnungsbestimmung zu geben, auch wenn sie nicht selbst eine solche Vorschrift darstellten. Diesen zweiten Halbsatz versteht *Anweiler*, Auslegungsgrundsätze, S. 206, „als Indiz dafür, daß der EuGH den Begründungserwägungen[...]eher eine untergeordnete Rolle im Auslegungsprozeß zukommen läßt". Vgl. ferner EuGH, Rs. 45/86, Slg. 1987, 1493 (1520); EuGH, Rs. C-300/89, Slg. 1991, I-2867 (2898). Meines Erachtens sind die-

zwingt ihn zugleich dazu, bei der Deutung des Sekundärrechts verstärkt subjektive Überlegungen in Rechnung zu stellen und den Regelungssinn und –zweck vornehmlich aus dem im Rechtsakt selbst verankerten Willen des Normgebers zu ermitteln.[811] Dagegen streitet auch nicht das Postulat der Einheit des Gemeinschaftsrechts, alle wesensgleichen Arten des Gemeinschaftsrechts nach Maßgabe gleicher Auslegungsmethoden zu interpretieren, da das Vertragsrecht und das organschaftlich geschaffene Recht sonach gerade nicht in diesem Sinne wesensgleich sind.[812]

Im Rahmen der systematischen Auslegung wurde bereits das Prinzip der primärrechts- bzw. vertragskonformen Auslegung des Sekundärrechts angesprochen.[813] Wie gesehen, erschöpft sich die Bedeutung dieses Grundsatzes nach der Rechtsprechung des EuGH nicht nur darin, diejenige Auslegungsvariante auszuwählen, die mit den Gründungsverträgen vereinbar ist[814] bzw. diese angemessen verwirklicht[815].[816] Vielmehr soll die unklare Bestimmung auch so ausgelegt werden, daß sie die Zielvorstellungen des Primärrechts maximal berücksichtigt.[817] Da die Gründungsverträge eine Vielzahl von Zielen aufstellen, die einander mitunter widersprechen[818], und auch der auszulegende Sekundärrechtsakt vielfältige, zum Teil diametrale Interessenlagen im Auge hat, sind Zielkonflikte gewissermaße

se Urteile entgegen *Anweiler* kein Beleg dafür, dem EuGH eine subjektivierte Sichtweise bei der Auslegung des Sekundärrechts abzusprechen. Nach Auffassung des Gerichts sollen die Motive und Absichten gerade berücksichtigt werden, sie sollen nur nicht alleinentscheidend sein.

811 Weitgehend *Grundmann*, S. 369, der die Zielsetzung der sekundärrechtlichen Normierung prinzipiell aus der Sekundärrechtsregelung selbst entnehmen und aufgrund der sachnäheren und spezielleren Ausgestaltung der Zielsetzung weder auf die allgemeinen oder grundlegenden, noch auf die spezielleren Artikel der Gründungsverträge zurückgreifen will. Vgl. auch *Kropholler*, Internationales Einheitsrecht, S. 276f. Da in die Ermittlung des Gesetzeszwecks vor allem Wertungen des Auslegers einflössen, sei der formale Aspekt einheitlicher Interpretation zu berücksichtigen, weshalb stets auch der Wortlaut und die Entstehungsgeschichte beachtlich seien, vgl. S. 275 und 277.

812 So aber *Anweiler*, S. 142f.

813 Siehe oben unter C. II. 2. b).

814 EuGH, Rs. 16/65, Slg. 1965, 1151 (1168); Rs. 56 und 58/64, Slg. 1966, 321 (394); Rs. 246/80, Slg. 1981, 2311 (2329).

815 EuGH, Rs. 173 und 174/78, Slg. 1979, 1851 (1860).

816 *Grundmann*, S. 334.

817 Vgl. EuGH, Rs. 1/67, Slg. 1967, 239 (250): Feststellung, daß eine Verordnung im Zweifel so auszulegen sei, wie es den primärrechtlich festgelegten Zielen am ehesten entspricht; ähnlich auch die Schlußanträge des GA *de Lamothe* in der Rs. 11/70, Slg. 1970, 1125 (1159).

818 Vgl. beispielsweise EuGH, Rs. 154, 205, 206, 226-228, 263, 264/78 und 39, 31, 83, 85/79, Slg. 1980, 907 (1002f.).

ßen vorprogrammiert.[819] Insbesondere Einzelvorschriften beispielsweise einer Rechtsverordnung können solche Zielvorstellungen zugrunde liegen, die auf der Primärebene zugunsten anderer Erwägungen vernachlässigt werden. Ist es unmöglich, der Sekundärrechtsbestimmung im Wege der Auslegung einen Sinngehalt zu geben, der zum einen deren Regelungszweck wahrt, zugleich aber noch mit den Primärzielen in Einklang steht, so muß nach der Rechtsprechung des EuGH[820] in Kauf genommen werden, daß das eine oder andere Ziel im konkreten Fall zurücktritt.[821] Dem Gemeinschaftsorgan[822] steht bei der Auflösung des Zielkonflikts ein weiter Beurteilungsspielraum zu.[823] Eine Beanstandung dieser Wertentscheidung durch das Gericht kommt nur bei einem eindeutigen Mißbrauch, namentlich bei einer offensichtlichen Verkennung der Vertragsbestimmungen, in Betracht.[824] Die Auflösung der Zielkonflikte ist also grds. Sache des Gemeinschaftsgesetzgebers.[825]

Im Zusammenhang mit der Darstellung der teleologischen Auslegungsmethode finden sich in der europarechtlichen Literatur zudem vielfach Ausführungen zur „Sachgemäßheit[826] bzw. Praktikabilität[827] der Regelungen", zum *„effet utile"* und *„effet nécessaire"*, zur Einheitlichkeit der Auslegung, zur vertragskonformen und rechtsvergleichenden Interpretation, zum Grundsatz der restriktiven Deutung von Ausnahme- und extensiven Deutung von Rechtsschutzbestimmungen, zur *implied powers*-Doktrin, zur dynamischen oder auch evolutiven Auslegung des Gemeinschaftsrechts bzw. Auslegung *„in dubio pro communitate"* sowie zum „Prinzip der Funktionsfähigkeit der Gemeinschaften"[828]. Teilweise haben diese Grundsätze einen identischen Inhalt. Vielfach werden einige dieser Prinzipien aber auch als dogmatisch-verselbständigte Interpretationsmethoden angesehen.[829]

---

819 Vgl. *Zuleeg*, in: v. der Groeben/Thiesing/Ehlermann, EWG-Vertrag, Art. 2, Rn. 17; *Anweiler*, S. 217.

820 Vgl. EuGH, Rs. 154, 205, 206, 226-228, 263, 264/78 und 31, 39, 83, 85/79, Slg. 1980, 907 (1002f.). Siehe auch EuGH, Rs. 5/73, Slg. 1973, 1091 (1112); Rs. 29/77, Slg. 1977, 1835 (1843f.); Rs. 139/79, Slg. 1980, 3393 (3421).

821 *Anweiler*, S. 218.

822 Im Beispiel also der Verordnungsgeber.

823 EuGH, Rs. 139/79, Slg. 1980, 3393 (3421), wo allerdings von einem Ermessen gesprochen wird. So auch *Zuleeg*, in: v. der Groeben/Thiesing/Ehlermann, Kommentar zum EWG-Vertrag, Bd. 1, Rn. 17.

824 EuGH, Rs. 154, 205, 206, 226-228, 263, 264/78 und 31, 39, 83, 85/79, Slg. 1980, 907 (1005 und 1007).

825 *Anweiler*, S. 219.

826 Vgl. *Buck*, S. 207 ff.

827 Vgl. *Potacs*, S. 106 ff.

828 Vgl. *Anweiler*, S. 227 ff.

829 Eine plausible Einteilung der Auslegungsmethoden nimmt *Rüber* vor. Seiner Ansicht nach existieren neben den klassischen (besonderen) Auslegungsmethoden

Darstellerische Einigkeit besteht nur im Hinblick auf die vier „klassischen", *Savigny*'schen Auslegungskanones. Wegen der Einordnungsschwierigkeiten wird dieser Bereich gesondert unter dem Abschnitt „Europarechtsspezifische Auslegungskriterien" abgehandelt.

Insgesamt nimmt die teleologische Auslegung in der Auslegungspraxis des EuGH einen enormen Stellenwert ein. So findet sich kaum ein Urteil, in dem das Gericht nicht auf Zweck, Gegenstand und Ziel abgestellt hat.[830] Dies resultiert aus der Eigenart des Gemeinschaftsrechts als auf einen stetigen Wandel und Entwicklung angelegte, im Dienst des Integrationsprozesses stehende Rechtsordnung.[831] Die Frage nach dem Sinn und Zweck liegt im Hinblick auf diese Finalität näher als eine Betrachtung des buchstäblichen Sinns oder der Entstehungsgeschichte der Vorschrift.[832] Eine Alleinherrschaft im Sinne eines allgemeinen „Zweck- und Utilitätsdenkens"[833] kommt der teleologischen Interpretation trotz dieses Umstands nicht zu, wenn man sich vergegenwärtigt, daß der EuGH[834] insbesondere in den Fällen, in denen die verschiedenen sprachlichen Fassungen ei-

---

noch „allgemeine Auslegungsgrundsätze", die als allgemeine Rechtsgundsätze anzusehen seien, ihre Wirkung allerdings nur als ein Gesichtspunkt bei der Auslegung gewönnen. Als solchen kommen *Rüber* zufolge zwei Gruppen in Betracht: „*effet utile*" und „*implied powers*" einerseits, alle anderen „*in dubio*"-Prinzipien (namentlich „*in dubio pro communitate*", „*in dubio mutius*", „im Zweifel verfassungskonform" und der Grundsatz, daß eine Rechtsschutznorm „im Zweifel nicht zuungunsten des Rechtsunterworfenen eingeschränkend ausgelegt werden darf") andererseits. Die Prinzipien dieser zweiten Gruppe sollen nach Meinung *Rübers* nur dann zur Geltung kommen, „wenn nach Abwägung aller Interpretationsgesichtspunkte noch Zweifel an einer bestimmten Auslegung bestehen". Vgl. *Rüber*, S. 83.

830 *Müller-Graff*, in: Dauses (Hrsg.), Teil A I, Rn. 69; *Geiger*, EG-Vertrag, Art. 164, Rn. 11; *Rabe*, S. 93; *Herdegen*, ZHR 155 (1991), 52 (52); *Kutscher*, EuR 1981, 392 (400); *Ehle*, Art. 164, Rn. 33; *Hillgruber*, in: v. Danwietz/Heintzen (Hrsg.), S. 31 (39); *Olbertz*, StVj 1992, 37 (40); *Brown/Jacobs*, S. 286 ff.; *Bleckmann*, Methoden des Völkerrechts, S. 106; *Dumon*, Kritische Prüfung, S. 88 ff.

831 *Pescatore*, FS van der Meersch II, S. 325 (325 und 327f.); *Buck*, S. 221.

832 Ähnlich *Anweiler*, S. 236; *Bleckmann*, EuR 1979, 239 (242).

833 *Bernhardt*, S. 89. Kritisch *Grundmann*, S. 117. *Grundmann* zufolge werde die Grenze zur Rechtsschöpfung dann überschritten, wenn nicht der Gesetzestext und die in ihm enthaltenen Grundgedanken, sondern ein allgemeines Zweck- und Effektivitätsdenken den Maßstab der Zweckerreichung bildeten. Ein allgemeines, vom gesetzlichen Grundgedanken abstrahierendes Utilitätsdenken verlasse den Bereich der Auslegung und überschreite die Grenze zur Legislation.

834 Vgl. EuGH, Rs. C-158/90, Slg. 1991, 6035 (6045): "Nach ständiger Rechtsprechung des Gerichtshofs muß eine gemeinschaftsrechtliche Bestimmung, wenn zwischen den einzelnen Sprachfassungen Unterschiede bestehen, nach Maßgabe der allgemeinen Strukturen und des Zwecks der Regelung ausgelegt werden, zu der sie gehört."; Rs. C-372/88, Slg. 1991, 1345 (1376).

ner Vorschrift voneinander abweichen und es zur Begründung einer einheitlichen Auslegung durschlagender und überzeugender Argumente bedarf, zugleich auf den Rechtstextzusammenhang abstellt.[835]

d) Die historische Auslegung

Die historische Auslegung erweitert den Kreis der Interpretationskriterien über Text, Kontext und Telos hinaus um die Entstehungsgeschichte der Norm.[836] Sie soll Aufschluß geben über die Regelungsabsichten, Zwecke, Ziele und Normvorstellungen, die der Vertrags- oder Gesetzgeber im Zeitpunkt der Rechtsschöpfung im Auge hatte.[837] Als mögliche Quellen kommen für den Bereich des Primärrechts v.a. die Vorarbeiten zu den Gründungsverträgen (*travaux préparatoires*) mitsamt ihrer amtlichen Begründungen durch die Regierungen der Mitgliedstaaten in den Länderparlamenten in Betracht.[838] Im abgeleiteten Gemeinschaftsrecht ist insbesondere zu denken an die den Rechtsakten vorangestellten Erwägungsgründe bzw. sonstigen Begründungen, früheren Fassungen der Verordnung oder Richtlinie sowie an Protokollerklärungen und Stellungnahmen, die im Rahmen des Rechtssetzungsverfahrens von einem der Gemeinschaftsorgane oder den Mitgliedstaaten abgegeben wurden. Daß diese Kriterien für die Ermittlung des gesetzgeberischen Willens zur Zeit des Vorschriftenerlasses geeignet sind, steht außer Zweifel. Die Frage aber ist zum einen, in welchem Umfang diese Aspekte zulässigerweise berücksichtigt werden dürfen und zum anderen, ob und inwieweit sie der EuGH bei der Interpretation des Gemeinschaftsrechts tatsächlich heranzieht. Hierbei muß zwischem dem Primär- und Sekundärrecht unterschieden werden.[839]

---

835 *Buck*, S. 221f.

836 *Potacs*, S. 136f.; *Anweiler*, S. 246f.; *Kutscher*, EuR 1981, 392 (393); *Grundmann*, S. 77.

837 *Oppermann*, EuropaR, Rn. 584; *Anweiler*, S. 247; *Kutscher*, Thesen, S. I-22; *Zuleeg*, EuR 1969, 97 (101f.); *Buck*, S. 143; *Grundmann*, S. 238.

838 *Grundmann*, S. 241; *Buck*, S. 143; *Anweiler*, S. 247f.

839 Nachdrücklich *Grundmann*, S. 257. Auch *Bleckmann* hält eine getrennte Betrachtung von Primär- und Sekundärrecht für zwingend, da sich die Auslegungspraxis des EuGH unterscheide, vgl. *Bleckmann*, NJW 1177 (1177 und 1187) und *ders.*, Studien, S. 1 und 4f; ferner *Meyer*, Jura 1994, 455 (455).

aa) Primärrecht

Bei der Auslegung der Gründungsverträge spielen entstehungsgeschichtliche Erwägungen nur eine untergeordnete Rolle.[840] Zwar hat der EuGH[841] in zumeist älteren Entscheidungen wiederholt von der historischen Auslegungsmethode Gebrauch gemacht.[842] In der Folgezeit hat das Gericht diese Praxis jedoch aufgegeben.[843] Das hat seinen Grund vor allem darin, daß aussagekräftige und verwertbare Materialien praktisch nicht existieren.[844] So sind die wesentlichen Punkte in den Arbeitsgruppen oftmals mündlich erörtert und entschieden worden.[845] Die im Zuge der Vertragsverhandlungen abgegebenen Parteierklärungen wurden regel-

---

840 *Potacs*, S. 142; *Kutscher*, EuR 1981, 392, (393); B/B/P/S, S. 247; *Buck*, S. 146; *Rabel*, in: Laser (Hrsg.), S. 92; *Bredimas*, S. 15 ff. und 75 ff.; *Schlochauer*, FS Hallstein, S. 431 (449); *Grundmann*, S. 255. Anders dagegen die Einschätzung von *Kranz*, S. 250, der in den Vorentwürfen zu Art. 45 Abs. 1 EGV (= 55 I EWGV) eine „aufschlußreiche Erkenntnisquelle über die in den endgültigen Vertragstext eingeflossenen Rechtsvorstellungen der an der Textformulierung beteiligten Mitgliedstaaten" erblickt und schon aus diesem Gesichtspunkt auf die Darstellung der *travaux préparatoires* nicht verzichten will.

841 EuGH, Rs. 6/60, Slg. 1163 (1194); Rs. 2 und 3/60, Slg. 1961, 281 (311): Rückgriff auf die Erörterungen im niederländischen Parlament; Rs. 10/61, Slg. 1962, 1 (20); Rs. 9/56, Slg. 1958, 9 (27); Rs. 14/59, Slg. 1958/59, 465 (489 ff.); Heranziehung der nationalen Begründungen GA *Lagrange* in der Rs. 3/54, Slg. 1954/55, 130 (154 ff., 158, 183); ders., Rs. 13/57, Slg. 1958, 270 (317 ff., 342); ders., Rs. 14/59, Slg. 1959, 465 (501 ff., 509); ders., Rs. 2 und 3/60, Slg. 1961, 283 (315 ff., 327); GA Roemer zur Rs. 6/54, Slg. 1954/55, 211 (243 ff., 258); ders., zur Rs. 1/55, Slg. 1955/56, 9 (31 ff., 135); ders., Rs. 41 und 50/59, Slg. 1960, 1024 (1069 ff., 1106); GA *Vesterdorf* in der Rs. T-1/89, Slg. 1991, 867 (869, 927).

842 *Grundmann*, S. 292; *Anweiler*, S. 247.

843 *Anweiler*, S. 251; *Grundmann*, S. 254 und 256; *Kranz*, S. 246; *Kutscher*, Thesen, S. I-22; *Bleckmann*, NJW 1982, 1177 (1178); *ders.*, Studien, S. 5; ebenso *Everling*, in: Bieber/Ress (Hrsg.), S. 417 (426); *ders.*, in: Kruse (Hrsg.), S. 51 (59). A.A. *Valentine*, S. 370.

844 Dies belegt die Äußerung des GA *Lagrange* in seinen Schlußanträgen zu der Rs. 8/55, Slg. 1955/56, 197 (254): „Was den Vertrag vom 18. April 1951 angeht, so sind vorbereitende Arbeiten praktisch nicht vorhanden – oder sie sind geheim (was auf das gleiche hinausläuft)". Diese Aussage bezieht sich zwar auf den EGKS, trifft aber gleichermaßen für den EG-Vertrag und den EURATOM-Vertrag zu, vgl. *Kutscher*, Thesen, S. I-22; *Zuleeg*, EuR 1969, 97 (101); *Anweiler*, S. 248; *Buck*, S. 143; *Grundmann*, S. 255; *Waelbroeck*, in: Mégret (Hrsg.), Commentaire, Artt. 164, Rn. 13; *Pescatore*, KSE 1 (1965), 209 (209f.); *Strauss*, in: Recht und Wirtschaft im nationalen und überregionalen Recht, S. 203 (217). Siehe auch *Küsters*, der als Quellen auch Interviews, Tonbandaufzeichnungen, Wortprotokolle und persönliche Aufzeichnungen heranzieht.

845 So die Einschätzung des früheren EuGH-Präsidenten *Kutscher*, EuR 1981, 392 (393).

mäßig nicht schriftlich niedergelegt. Zum Teil hat man von einer Veröffentlichung der offiziellen Dokumente auch bewußt abgesehen.[846] Konzipiert als Kompromißformeln sollte der Einigungsprozeß durch die Offenlegung der ausgetragenen Debatten nicht gefährdet werden.[847] Angesichts des oftmals taktischen Abstimmungsverhaltens der Parteien hätte eine Publizierung des Verhandlungsprozesses für die Ermittlung ihrer wirklichen Absichten auch nur geringe Aussagekraft.[848] Selbst in den Fällen, in denen die Gesetzesmaterialien trotz der Geheimhaltung gerichtsbekannt sind, verbietet sich eine Berücksichtigung der *travaux préparatoires* durch den EuGH schon aus rechtsstaatlichen Gründen.[849]

Abgesehen von den Berichten der damaligen Verhandlungsteilnehmer[850] stehen als Interpretationshilfe lediglich die amtlichen Vertragsbegründungen und -erläuterungen der mitgliedstaatlichen Regierungen gegenüber ihren Parlamen-

---

846 Der Ausschuß der Ständigen Verteter (COREPER) beschloß bereits 1959, daß die Verhandlungen über die Gründungsverträge nicht zu Rate gezogen werden dürfen, es sei denn auf Anfrage eines Kommissionsmitglieds oder speziell bei Zustimmung der Ständigen Vertreter, vgl. Dokument 157/59. *Buck*, S. 146; *Meyer*, Jura 1994, 455 (456).

847 Vgl. GA *Lagrange* zur Rs. 8/55, Slg. 1955/56, 197 (267). Ähnlich GA *Warner* in der Rs. 81/72, Slg. 1973, 575 (596). Ferner *Grundmann*, S. 242 unter Hinweis auf *Pescatore*, KSE 1 (1965), S. 202f.; *Buck*, S. 145f.; GA *Warner* in der Rs. 136/79, Slg. 1980, 2033 (2061 ff., 2063). Ferner *Hoffmann-Becking*, S. 245; *Gayk*, S. 7; *Anweiler*, S. 249.

848 *Anweiler*, S. 249. Ebenso *Zuleeg*, EuR 1969, 97 (101).

849 Entsprechend läßt der EuGH bei der Auslegung von Primärrecht die nicht veröffentlichten und unzugänglichen Vorarbeiten zu den Gründungsverträgen außer Betracht, vgl. *Potacs*, S. 142; *Everling*, in: Bieber/Ress (Hrsg.), S. 417 (426); *Buck*, S. 143; *Kutscher*, Thesen, S. I-22; *Bernhardt*, S. 120; eingehend *Anweiler*, S. 249f.; *Ipsen*, S. 134. A.A. *Ophüls*, FG Müller-Armack, 279 (287f.), der bei der Auslegung der Gründungsverträge auch die unveröffentlichten Protokolle, sonstigen Vorarbeiten und „Auslegenden Beschlüsse“ des Interimsausschusses heranziehen will.

850 Zu nennen ist hier v.a. der von den Verhandlungsführern nach Abschluß des ersten Verhandlungsabschnitts zu den Römischen Verträgen erstellte *Spaak*-Bericht. Dieser behandelt jedoch nicht den gesamten EG-Vertrag, sondern nur einzelne Teile. Abgesehen von diesem Dokument sei hier noch auf den *Schuman*-Plan verwiesen, der vom französischen Außenministerium veröffentlicht wurde. Allerdings geben diese Berichte nur den subjektiven Standpunkt der jeweiligen Delegation wieder, sind also keinesfalls objektiv. Vgl. *Grundmann*, S. 241f. und 257, der eine Heranziehung der Berichte der Delegationsteilnehmer gänzlich ablehnt; *Everling*, FS v. der Groeben, S. 111 (112); *Bredimas*, S. 59; *Ophüls*, FG Müller-Armack, S. 279 (288) und *ders.*, NJW 1951, 289 ff., 381 ff., 693 ff.

ten[851] sowie Unterlagen über die parlamentarischen Kontroversen anläßlich der Ratifizierung zur Verfügung.[852] Ihr Wert für die Rechtsauslegung dürfte jedoch über eine bloße Indiz- und Ergänzungsfunktion nicht hinausgehen.[853] Das liegt zum einen daran, daß die amtlichen Begründungen nur den Willen und die Vorstellungen einer einzigen Vertragspartei ausweisen.[854] Zum anderen handelt es sich hierbei um politische Erklärungen, die schon im Hinblick auf das nationale Ratifizierungsverfahren den Verhandlungsverlauf nicht objektiv und authentisch nachzeichnen.[855] Die Verläßlichkeit dieser Materialien relativiert sich überdies dadurch, nicht mit Sicherheit feststellen zu können, wessen Wille innerhalb der mitgliedstaatlichen Regierungsvertretungen eigentlich ausschlaggebend war.[856] Zudem kann angesichts der ständigen Erweiterung der Europäischen Gemeinschaften um neue Mitgliedsstaaten der ursprüngliche Wille der sechs Gründerstaaten nicht mehr als repräsentativ angesehen werden.[857]

---

851 Vgl. für Deutschland beispielsweise: Erläuterungen der Bundesregierung, Anlage 5 der BT-Drucks. Nr. 146/57, Anlage C zur BT-Drucks. 3440, 2. Wahlperiode, S. 110 ff.

852 *Grundmann*, S. 242; *Mosler*, FS Hallstein, S. 335 (354 ff.); *Anweiler*, S. 250; *Buck*, S. 144.

853 *Potacs*, S. 142; *Olbertz*, StVj 1992, 37 (38) ist der Auffassung, daß die *travaux préparatoires* bei der Auslegung des Gemeinschaftsrechts überhaupt nicht herangezogen werden. Ebenso für die Erklärungen zur EEA: Toth, CMLR 23 (1986), 803 (810 ff.). Ferner *Buck*, S. 145f.; *Behrens*, Umweltgestaltung, S. 38; *Riese*, FS Dölle II, S. 507 (515); *Grundmann*, S. 244; *Böhm*, S. 32f. A.A. für die Erklärungen zur Schlußakte der EEA: Bewertung als „Vereinbarungen mit interpretativer Bedeutung“: *Glaesner*, EuR 1986, 119 (122f.); *Grabitz*, in: Grabitz/Hilf (Hrsg.), EEA, Rnrn. 26 ff.; *Langeheine*, in: Grabitz/Hilf, Art. 100 a, Rn. 13; *Herdegen*, ZHR 155 (1991), 52 (58). Auch GA *Lagrange* äußerte in seinen Schlußanträgen zu der Rs. 8/55, Slg. 1955/56, 197 (254) die Ansicht, den Begründungen der einzelnen Nationen komme – mit Blick auf die Nichtveröffentlichung der *travaux préparatoires* – eine große Bedeutung zu, da diese in gewisser Weise aufeinander abgestimmt seien. Insbesondere hält *Lagrange* es für unzulässig anzunehmen, daß eine Regierung, die ihrem Parlament einen Vertrag zur Ratifizierung vorlegt, sich erlauben würde, eine Meinung zu äußern, von der sie wüßte, daß diese von den anderen Unterzeichnerstaaten nicht geteilt wird.

854 Vgl. *Anweiler*, S. 252 unter Hinweis auf EuGH, Rs. 6/60, Slg. 1163 (1194).

855 Deutlich *Grundmann*, S. 242f. Ferner *Maasch*, FS Raisch, S. 417 (422). A.A. *Ophüls*, FG Müller-Armack, S. 279 (287f.); ähnlich GA *Lagrange* zur Rs. 8/55, Slg. 1955/56, 197 (254).

856 Riese, FS Dölle II, S. 507 (514f.); *Anweiler*, S. 248; *Grundmann*, S. 243; *Zuleeg*, EuR 1969, 97 (101); *Everling*, in: Kruse (Hrsg.), S. 51 (59). Wie *Everling* auch *Plender*, YEL 1982, S. 57.

857 Vgl. GA *Mayras* in seinen Schlußanträgen zu der Rs. 2/74, Slg. 1974, 631 (666f.); *Bredimas*, S. 59; *Grundmann*, S. 244; *Anweiler*, S. 252; *Buck*, S. 145; *Everling*, FS v. der Groeben, S. 111 und 126.

bb) Sekundärrecht

Einen ganz anderen Stellenwert hat die historische Auslegung im abgeleiteten Gemeinschaftsrecht. Hier bildet sie eine feste Größe in der Judikatur des EuGH.[858] Der Grund ist darin zu sehen, daß die Vorarbeiten zu den Sekundärrechtsakten im Unterschied zu den Gründungsverträgen allgemein zugänglich sind.[859] Ist das Gericht mit einer Verordnungs- oder Richtlinienbestimmung befaßt, enthalten insbesondere die nach Art. 253 EGV den Rechtstexten voranzustellenden Begründungserwägungen[860] entscheidende Hinweise auf die gesetzgeberischen Motive und Zielvorstellungen.[861] Ihre Aufgabe besteht vornehmlich darin, die gerichtliche Nachprüfung zu erleichtern.[862] Zu diesem Zweck spiegeln

858 Vgl. beispielsweise EuGH, Rs. 18/57, Slg. 1958/59, 89 (114); Rs. 15/60, Slg. 1961, 239 (262); Rs. 24/62, Slg. 1963, 141 (155); Rs. 11/76, Slg. 245 (278); Rs. 215/88, Slg. 1989, 2789 (2808); Rs. 29/69, Slg. 1969, 419 (425); Rs. 14/69, Slg. 1969, 349 (357); Rs. C-117/90, Slg. 1992, 35 (65); Rs. 181 und 229/78, Slg. 1979, 2041 (2079); Rs. 260/78, Slg. 1979, 2693 (2701); Rs. 130/87, Slg. 1989, 865 (866f.); Rs. 305 und 142/86, Slg. 1988, 467 (486); Rs. 189/87, Slg. 1988, 5565 (5583) und Rs. C-351/89, Slg. 1991, 3317 (3350) sowie Rs. C-190/89, Slg. 1991, 3855 (3900); Rs. C-292/89, Slg. 1991, 745 (778); Rs. C-182/89, Slg. 1990, 1 (19); Rs. C-14/91, Slg. 1992, 441 (455): In dieser Entscheidung hat der EuGH einen im Anhang der Verordnung enthaltenen Begriff „im Hinblick auf die Umstände, die zu seiner Fassung geführt haben“, ausgelegt. *Buck*, S. 148 hebt hervor, daß der EuGH im Entscheidungszeitraum 1988-1992 in mehr als 50 % auf die Begründungserwägungen abgestellt hat. Ferner *Bleckmann*, NJW 1982, 1177 (1178) und *ders.*, Studien, S. 5; *Meyer*, Jura 1994, 455 (456).

859 *Kutscher*, Thesen, S. I-22; *Buck*, S. 147; *Anweiler*, S. 252; *Grundmann*, S. 257 und 293.

860 In folgenden Entscheidungen etwa hat der EuGH auf die Begründungserwägungen abgestellt EuGH, Rs. 124/79, Slg. 1980, 813 (823); Rs. 152/79, Slg. 1980, 1495 (1507); Rs. 292/82, Slg. 1983, 3781 (3791, 3793); Rs. 65/76, Slg. 1977, 29 (35); Rs. 138/78, Slg. 1979, 713 (721); Rs. 34/74, Slg. 1974, 1217 (1230); Rs. 35/78, Slg. 1978, 2543 (2554f.); Rs. 118/79, Slg. 1980, 1183 (1190); Rs. 300/82, Slg. 1983, 3643 (3652); Rs. 105/84, Slg. 1985, 2639 (2653); Rs. 278/84, Slg. 1987, 1 (42f.); Rs. 36/77, Slg. 1977, 2059 (2070); Rs. 69/74, Slg. 1975, 171 (174 ff.). Siehe auch Rs. 131/86, Slg. 1988, 905 (932).

861 Vgl. EuGH, Rs. 131/86, Slg. 1988, 905 (935): Feststellung, die Begründung sei "wesentlicher Bestandteil eines Rechtsakts". Vgl. auch *Bleckmann*, NJW 1977 (1978) und *ders.*, Studien, S. 4; *ders.*, RIW 1987, 929 (931); *Herdegen*, ZHR 155 (1991), 52 (62); *Potacs*, S. 141; *Lutter*, JZ 1992, 593 (600). *Everling*, in: Kruse (Hrsg.), S. 51 (59f.); *ders.*, in: Bieber/Ress (Hrsg.), S. 417 (427).

862 Vgl. EuGH, Rs. C-213/87, Slg. 1990, I-221 (222); Rs. 106/81, Slg. 1982, 2885 (2918); Rs. 203/85, Slg. 1986, 2049 (2058). Ferner *Hetmeier*, in: Lenz (Hrsg.), EG-Vertrag, Art. 190, Rn. 3; *Schmidt*, in: v. der Groeben/Thiesing/Ehlermann, EWG-Vertrag, Art. 190, Rnrn. 3 ff.

sie die wichtigsten rechtlichen und tatsächlichen Gründe wider, auf denen der Rechtsakt beruht[863] und sind damit – neben ihrer teleologisch-systematischen Relevanz – auch Bestandteil seiner Entstehungsgeschichte.[864] Über die auszulegende Verordnung oder Richtlinie hinaus läßt auch das historisch-politische Gesamtgeschehen Rückschlüsse auf die Beweggründe und den Willen der Normgeber zu.[865] Als wesentliche Erkenntnisquellen sind in diesem Zusammenhang vor allem die früheren Fassungen bzw. Vorentwürfe von Sekundärrechtsakten anzusehen.[866] Namentlich in den Fällen, in denen der Wortlaut der aktuellen Version mit dem der Vorgängermodelle übereinstimmt oder von ihm nur unwesentlich

---

863 Dahingehend hat der EuGH die Begründungspflicht konkretisiert, vgl. EuGH, Rs. 41/69, Slg. 1970, 661 (693); Rs. C-213/87, Slg. 1990, I-221 (222).

864 *Kutscher*, Thesen, S. I-23; *Anweiler*, S. 253. Auch *Olbertz*, StVj 1992, 37 (38) ordnet die Analyse der Begründungserwägungen der historischen Auslegungsmethode zu, stellt jedoch fest, daß diese im wesentlichen nur den Sinn und Zweck der Rechtsakte erhellen sollen. Ähnlich *Karl*, JZ 1991, 593 (596). Vgl. auch *Lutter*, JZ 1992, 593 (600), der die Analyse der Erwägungsgründe sowohl dem Bereich der historischen als auch der teleologischen Auslegung zuordnet. Ebenso *Buck*, S 148 und 151. Als Bestandteil der Entstehungsgeschichte werden die Erwägungsgründe auch angesehen von GA *Lenz* in der Rs. 290/84, Slg. 1985, 3909 (3918) sowie *Brown/Jacobs*, S. 202f. Vgl. auch *Grundmann*, S. 258f., der auf die Erwägungsgründe im Rahmen der historischen Auslegung des Sekundärrechts eingeht.

865 *Grundmann*, S. 263. *Grundmann* betont, daß der EuGH die Materialien zur Ermittlung des von den Rechtsaktgebern verfolgten Ziels als wichtiges Kriterium schätze. Als Beleg verweist er auf die Entscheidungen des EuGH in den Rs. 29/69, Slg. 1969, 419 (425); Rs. 292/82, Slg. 1983, 3781 (3794); Rs. 260/78, Slg. 1979, 2693 (2701); Rs. 131/86, Slg. 1988, 905 (932); Rs. 81/72, Slg. 1973, 575 (583); Rs. 36/77, Slg. 1977, 2059 (2071). Wesentlich häufiger zögen allerdings die Generalanwälte die *travaux préparatoires* heran, vgl. GA *Roemer*, Schlußanträge zur Rs. 51/70, Slg. 1971, 121 (142); *ders.*, Rs. 29/69, Slg. 1969, 419 (429f.); *ders.*, Rs. 28/68, Slg. 1969, 125 (141); GA *Reischl*, Schlußanträge zur Rs. 229/78, Slg. 1979, 2063 (2090); GA *Lenz*, Schlußanträge zur Rs. 290/84, Slg. 1985, 3909 (3918); ders., Rs. 33/75, Slg. 1975, 1323 (1337); *ders.*, Rs. 70/74, Slg. 1975, 795 (817). A.A. ersichtlich nur GA *Warner* in seinen Schlußanträgen zu der Rs. 28/76, Slg. 1976, 1639 (1665).

866 Vgl. beispielsweise EuGH, Rs. 23/75, Slg. 1975, 1279 (1305). Siehe weiter Rs. 23/68, Slg. 1969, 43 (51); Rs. 15/60, Slg. 1961, 239 (246f.); Rs. 94/75, Slg. 1976, 153 (160); Rs. 14/70, Slg. 1970, 1001 (1009). Siehe auch Rs. 30/71, Slg. 1971, 919 (927f.); Rs. 21/71, Slg. 1971, 1069 (1077); Rs. 159/80, Slg. 1981, 2161 (2175); Rs. 292/82, Slg. 1983, 3781 ff.; Rs. 294/82, Slg. 1984, 1177 (1185f.); Rs. 4/68, Slg. 1968, 561 (574); Rs. 290/84, Slg. 1985, 3909 (3930). Vgl. auch GA *Gand* in seinen Schlußanträgen zu der Rs. 31/64, Slg. 1965, 111 (125); *Bleckmann*, NJW 1982, 1177 (1178f.); *ders.*, in: Dauses (Hrsg.), Rn. 40; *Potacs*, S. 138; *Lutter*, JZ 1992, 593 (600); *Buck*, S. 151; *Anweiler*, S. 255; *Kranz*, S. 244; *Grundmann*, S. 263 und S. 288 ff.

abweicht, gebietet der Grundsatz der Kontinuität der Rechtsstrukturen[867], die geltende Version auch im Sinne der vorausgegangenen Verordnungs- bzw. Richtlinienfassung zu verstehen.[868] Umgekehrt indiziert ein abweichender Wortlaut ein anderes Auslegungsergebnis.[869]

Bestandteil der Entstehungsgeschichte organschaftlich geschaffenen Rechts sind ferner die Erklärungen seitens des Rates[870], der Kommission[871] oder der Mitgliedstaaten.[872] [873] Auch Vorschläge und Stellungnahmen des Europäischen

---

867 Vgl. EuGH, Rs. 23/68, Slg. 1969, 43 (51). In dieser Entscheidung hat der EuGH ausdrücklich festgestellt, daß es einen in allen nationalen Rechtsordnungen bekannten, auf das römische Recht zurückgehenden allgemeinen Rechtsgrundsatz gebe, nach dem bei einer Änderung der Gesetzgebung mangels eines ausdrücklichen entgegenstehenden Willens des Gesetzgebers diejenige Auslegung zu wählen sei, welche die Kontinuität der Rechtsstrukturen gewährleiste.

868 EuGH, Rs. 6/67, Slg. 1967, 293 (300); Rs. 4/68, Slg. 1968, 561 (574); Rs. 294/82, Slg. 1984, 1177 (1185f.); Rs. 290/84, Slg. 1985, 3909 (3930). *Bleckmann*, NJW 1982, 1177 (1179); *Potacs*, S. 138; *Lutter*, JZ 1992, 593 (600); *Grundmann*, S. 290f.

869 Vgl. EuGH, Rs. C-342/87, Slg. 1989, 4227 /4246f.); Rs. 15/60, Slg. 1961, 239 (261), wonach bis zum Beweis des Gegenteils angenommen werden müsse, daß jeder Textunterschied auch einen Bedeutungsunterschied in sich berge. Ebenso Rs. 292/82, Slg. 1983, 3781 ff. *Potacs*, S. 139; *Anweiler*, S. 256.

870 In folgenden Entscheidungen etwa hat der EuGH die Protokollerklärungen des Rates berücksichtigt Rs. 204/86, Slg. 1988, 5323 (5359); Rs. 324/82, Slg. 1984, 1861 (1887); Rs. 136/78, Slg. 1979, 437 (449f.); Rs. 429/85, Slg. 1988, 843 (852); Rs. 237/84, Slg. 1986, 1247 (1256); Rs. 38/69, Slg. 1970, 47 (57).

871 Soweit ersichtlich, hat der EuGH bislang in nur einer Entscheidung auf die im Rat abgegebenen Erklärungen der Kommission zurückgegriffen, vgl. *Grundmann*, S. 283 unter Hinweis auf die Rs. 237/84, Slg. 1986, 1247 (1256). *Grundmann* befürwortet eine zumindest untergeordnete Berücksichtigung der Kommissionserklärungen angesichts ihrer wesentlichen Beteiligung am Gesetzgebungsverfahren. Für eine Berücksichtigung im Fall ihrer Veröffentlichung auch *Lutter*, JZ 1992, 593 (601). A.A. *Pechstein*, EuR 1990, 249 (253); *Dreher*, EuZW 1994, 743 (744).

872 Siehe z.B. EuGH, Rs. 38/69, Slg. 1970, 47 ff.; Rs. 143/83, Slg. 1985, 427 (436); Rs. 237/84, Slg. 1986, 1247 (1256). In diesen Entscheidungen widersprachen die jeweiligen Protokollerklärungen bereits eindeutig dem Wortlaut, so daß es auf die Frage nach deren auslegungsmäßiger Verwertbarkeit nicht mehr ankam. Daraus leitet *Grundmann*, S. 288, ab, daß jedenfalls dann, wenn die mitgliedstaatliche Erklärung mit dem Wortlaut der auszulegenden Bestimmung vereinbar ist, der EuGH durchaus gewillt sei, diese zu berücksichtigen. Auch *Karl*, JZ 1991, 593 (596f.) geht offenbar davon aus, daß Protokollerklärungen im allgemeinen – somit auch solche der Mitgliedstaaten – bei Einhaltung bestimmter Voraussetzungen berücksichtigt werden können. A.A. *Everling*, in: Bieber/Ress (Hrsg.), S. 417 (428); *Pechstein*, EuR 1990, 249 (253); *Herdegen*, ZHR 155 (1991), 52 (66); *Lutter*, JZ 1992, 593 (601); *Bleckmann*, NJW 1982, 1177 (1179); *Dreher*, EuZW 1994, 743 (744). Die ablehnende Haltung stützt sich insbesondere darauf, daß die Mitgliedstaaten am

Parlaments[874] sowie der den Rat und die Kommission beratenden Ausschüsse[875] (vgl. Art. 7 II EGV) sind in diesem Zusammenhang zu erwähnen. Zu den Voraussetzungen, unter denen die vielfältigen Äußerungen der Beteiligten des Rechtssetzungsverfahrens im Rahmen der historischen Auslegung berücksichtigt werden können, bezieht der Gerichtshof nicht eindeutig Stellung.[876] Daß der Inhalt der jeweiligen Protokollerklärung nicht dem Rechtsakt, auf den sie sich bezieht, zuwiderlaufen darf, versteht sich von selbst.[877] Klar ist weiter, daß bloße Interessensbekundungen oder rein politische Absichts- bzw. Vorbehaltserklärungen insbesondere der Mitgliedstaaten außer Betracht bleiben müssen.[878] Unbestritten ist auch, daß eine Zurechnung überhaupt nur dann in Betracht kommt, wenn die Erklärungen spätestens bis zum Abschluß des Gesetzgebungsverfahrens erfolgt sind.[879] Nach diesem Zeitpunkt geäußerte Standpunkte können allenfalls unter den Aspekten der Selbstbindung[880] oder der nachfolgenden Praxis[881] von Rele-

---

Gesetzgebungsprozeß nicht beteiligt seien und daher nicht autoritativ die den Rechtsakten zugrunde liegenden Vorstellungen wiedergeben könnten.

873 Zur rechtlichen Relevanz dieser Auslegungsmittel stellte der EuGH in der Rs. 14/70, Slg. 1970, 1001 (1009) fest, diese seien auch für die Auslegung des Gemeinschaftsrechts ein „brauchbares" und für die Angleichung der Vollzugspraxis „förderliches" Mittel.

874 Der EuGH hat z.B. in der Rs. 36/77, Slg. 1977, 2059 ff. eine Stellungnahme des EP berücksichtigt. Zur Relevanz von Stellungnahmen des EP vgl. *Lutter*, JZ 1992, 593 (601); *Grundmann*, S. 294.

875 In Betracht kommen – abgesehen von den Stellungnahmen des Ausschusses der Regionen – namentlich die Stellungnahmen des Wirtschafts- und Sozialausschusses. Ihr Wert für die historische Auslegung wird jedoch als gering bewertet, vgl. *Lutter*, JZ 1992, 593 (601).

876 *Everling*, in: Bieber/Ress (Hrsg.), S. 417 (427); *Herdegen*, ZHR 155 (1991), 52 (62); *Karl*, JZ 1991, 593 (596); *Grundmann*, S. 269, S. 281, 285 und 293. Grundsätzliche Äußerungen zur möglichen Heranziehung von Ratserklärungen finden sich jedoch in den Schlußanträgen des GA *Darmon* in der Rs. C-292/89, Slg. 1991, 745 (764f.).

877 *Karl*, JZ 1991, 593 (597); *Grundmann*, S. 277.

878 *Potacs*, S. 141; *Grundmann*, S. 273, der reine Tatsachenfeststellungen und Absichtserklärungen jedoch unter dem Aspekt der Selbstbindung diskutieren will. Ferner *Karl*, JZ 1991, 593 (597); *Herdegen*, ZHR 155 (1991), 52 (53); *Everling*, in: Bieber/Ress (Hrsg.), S. 417 (427) und *Lutter*, JZ 1992, 593 (601).

879 Vgl. nur die Äußerung des GA *Darmon* zur Rs. C-292/82, Slg. 1991, 745 (764).

880 Diesen Gesichtspunkt gilt es vor allem dann zu bedenken, wenn lediglich bloße politische Absichtserklärungen oder Tatsachenfeststellungen in Rede stehen, die – wie bereits gesehen – als interpretatorische Hilfsmittel im Rahmen der historischen Auslegung ausscheiden, vgl. *Grundmann*, S. 273.

881 Zum Problem der Berücksichtigung einer nachfolgenden Praxis der Gemeinschaftsorgane bzw. der Mitgliedstaaten siehe unten unter C. II. 2. e) dd) bei der Darstellung der „dynamischen" Auslegung.

vanz sein.[882] Überdies sind sicherlich einstimmig vertretene Ansichten von größerem Gewicht als lediglich ein- oder mehrseitige[883] Überzeugungen.[884] Rechtsstaatliche Überlegungen sprechen ferner dafür, nur die veröffentlichten und somit allgemein verfügbaren Vorarbeiten und Stellungnahmen in den Auslegungsvorgang einzubeziehen[885]. Regelmäßig werden die Beratungen und die dazugehöri-

882 *Grundmann*, S. 278.

883 Siehe dazu *Grundmann*, S. 273 und 277.

884 *Herdegen*, ZHR 155 (1991), 52 (53f., 56, 60, 66); *Potacs*, S. 138 geht davon aus, daß der EuGH einseitige Protokollerklärungen einzelner Mitgliedstaaten überhaupt nicht als auslegungsrelevant berücksichtigt, was selbst dann gelte, wenn sie unwidersprochen blieben. Als Beleg verweist *Potacs* auf die Entscheidungen des EuGH in der Rs. 143/83, Slg. 1985, 427 (436); Rs. 38/69, Slg. 1970, 47 (57); Rs. 39/72, Slg. 1973, 101 (115); GA *Capotorti*, Rs. 11/76, Slg. 1979, 245 (291). *Anweiler*, S. 261; *Everling*, in: Bieber/Ress (Hrsg.), S. 417 (428). *Pechstein*, EuR 1990, 249 (253) und *Karl*, JZ 1991, 593 (597) wollen Protokollerklärungen des Rates nur dann berücksichtigen, wenn sie vom Rat einstimmig abgegeben wurden. *Lutter*, JZ 1992, 593 (600); *Herdegen*, ZHR 155 (1991), 52 (63) und *Grundmann*, S. 270, 276f. hingegen stellen auf die Einhaltung des für den Erlaß des Rechtsakts erforderlichen Stimmenquorums ab. Eine „wesentliche Funktion" für die Auslegung nimmt aber auch *Grundmann* nur im Falle einmütiger Willensbekundungen an, vgl. S. 293.

885 Eine Berücksichtigung nicht veröffentlichter Ministerratsprotokolle hat der EuGH in den Rs. 9/56, Slg. 1958, 9 (35) und Rs. 10/56, Slg. 1958, 51 (74) abgelehnt. Vgl. auch Rs. 159/80, Slg. 1981, 2161 (2175); Rs. 14/70, Slg. 1970, 1001 (1009); Rs. 30/71, Slg. 1971, 919 (927f.); Rs. 21/71, Slg. 1971, 1069 (1077) sowie GA *Warner* in seinen Schlußanträgen zu der Rs. 28/76, Slg. 1976, 1639 (1665); *Bleckmann*, NJW 1982, 1177 (1178) und *ders.*, Studien; S. 5; *Plender*, YEL 1982, S. 94f.; *Meyer*, Jura 1994, 455 (457); *Buck*, S. 148; *Anweiler*, S. 258; *Böhm*, S. 35; *Behrens*, Beiträge, S. 38; *Everling*, in: Kruse (Hrsg.), S. 51 (60) und *ders.*, in: Bieber/Ress (Hrsg.), S. 417 (428); *ders.*, EuR 1990, 195 (219); *Lutter*, JZ 1992, 593 (600). A.A. *Potacs*, S.140, wonach es dem EuGH zumindest freistehe, auf nichtveröffentlichtes Material bei der Auslegung zurückzugreifen. Vgl. auch *Pechstein*, EuR 1990, 249f. zu der Frage, ob zumindest den betroffenen Rechtsunterworfenen zugängliches historisches Material Relevanz für die semantische Interpretation von Gemeinschaftsrecht besitzt. Er versteht die Rechtsprechung so, daß die Veröffentlichung für die grundsätzliche Inbetrachtziehung von Protokollerklärungen jedenfalls dann nicht erforderlich ist, wenn es sich um ein Verfahren zwischen EG-Organen und/oder Mitgliedstaaten handelt, a.a.O., 254f.; ebenso *Herdegen*, ZHR 155 (1991), 52 (63); *Dreher*, EuZW 1994, 743 (744); *Grundmann*, S. 274. Ferner GA *Roemer*, Schlußanträge zur der Rs. 51/70, Slg. 1971, 121 (142), der dem maßgeblichen Entwurf trotz seiner Nichtveröffentlichung für die Auslegung eine „gewisse Bedeutung" beigemessen hat. Eine Veröffentlichung hält offenbar auch GA *Darmon* nicht für erforderlich, da in seinen grundsätzlichen Äußerungen zur möglichen Berücksichtigung von Ratsprotokollen die Frage der Offenlegung ausgespart bleibt, vgl. Schlußanträge zu der Rs. C-292/89, Slg. 1991, 745 (764f.).

gen Aufzeichnungen allerdings als Internum behandelt.[886] Speziell die Protokollerklärungen[887] des Rates[888], der Kommission[889] oder der Mitgliedstaaten[890] werden grds. weder im Amtsblatt der EG noch auf sonstige Weise offengelegt.[891] Lediglich die von der Kommission eingebrachten Vorschläge sowie die Stellungnahmen des Parlaments und der Ausschüsse werden im Amtsblatt abgedruckt.[892]

---

886 *Karl*, JZ 1991, 593 (596); *Everling*, in: Kruse (Hrsg.), S. 51 (60); *Grundmann*, S. 272.

887 Überlegungen, die in den Erwägungsgründen und den einzelnen Artikeln des Rechtsakts keinen Niederschlag gefunden haben, werden häufig in Protokollerklärungen des Rates, der Kommission oder der Mitgliedstaaten, mitunter aber auch in einer gemeinsamen Erklärung aller Beteiligten, festgehalten. Darin wird zumeist dargelegt, in welchem Sinn die Erklärenden einzelne der zu erlassenden Vorschriften verstehen. Es geht vordergründig um Definitions- und Interpretationsfragen, aber auch um politische Absichtserklärungen. Die Erklärungen erfolgen im Zusammenhang mit Verordnungen, Richtlinien oder Entscheidungen. Eingehend zum Problem *Karl*, JZ 1991, 593 ff.

888 Protokollerklärungen unterliegen – wie die gesamten Beratungen im Rat – gem. Art. 18 der Geschäftsordnung des Rates (ABl. Nr. L 268/1 v. 24.07.1979, ABl. Nr. L 291/27 v. 20.07.1987) der Geheimhaltung, es sei denn, daß der Rat ihrer Veröffentlichung zustimmt. Dies ist jedoch relativ selten der Fall. Art. 18 II sieht die Möglichkeit einer Vorlage der Beratungsniederschrift beim EuGH vor. Auch dies dürfte zur Wahrung des Veröffentlichungserfordernisses nicht ausreichen. Ebenso *Lutter*, JZ 1992, 593 (601).

889 Zwar fehlt für Protokollerklärungen der Kommission eine Art. 18 der GO des Rates vergleichbare Vorschrift; die Sitzungsvorschriften der Artt. 10-12 der GO der Kommission sehen gerade keine Erklärungen der Kommission zu Protokoll vor. Gem. Art. 7 I der GO des Rates kann die Kommission jedoch Erklärungen zu Protokoll des Rates geben, die einzelne Normen der Rechtsakte erläutern. Regelmäßig werden aber derartige Erklärungen nicht publiziert und bilden auch die Ausnahme. Überdies sind Erklärungen der Kommission, verglichen mit den Protokollerklärungen des Rates, nur von untergeordneter Bedeutung, vgl. *Lutter*, JZ 1992, 593 (601); *Herdegen*, ZHR 155 (1991), 52 (64); *Pechstein*, EuR 1990, 249 (254); *Karl*, JZ 1991, 593 (597). A.A. *Grundmann*, S. 285; *Lutter*, JZ 1992, 593 (601).

890 Auch die Protokollerklärungen der Mitgliedstaaten bleiben regelmäßig unveröffentlicht. Derartige Erklärungen werden überwiegend für unbeachtlich gehalten unter Hinweis darauf, daß die Mitgliedstaaten gerade keine Beteiligten des Rechtssetzungsverfahrens als solche seien, vgl. *Karl*, JZ 1991, 593 (597); *Lutter*, JZ 1992, 593 (601). A.A. *Herdegen*, ZHR 155 (1991), 52 (55, 57) für gemeinsame Erklärungen der Mitgliedstaaten.

891 Dies ist auf Art. 18 der GO des Rates zurückzuführen, der sowohl die Beratungen als auch die darüber geführten Protokolle grds. zur „Verschlußsache" erklärt. *Karl*, JZ 1991, 593 (597); *Bleckmann*, NJW 1982, 1177 (1179). Ferner *Lutter*, JZ 1992, 593 (600); *Everling*, in: Bieber/Ress (Hrsg.), S. 417 (428).

892 Vgl. beispielsweise Art. 51 I der GO des Wirtschafts- und Sozialausschusses: *Lutter*, JZ 1992, 593 (600); *Grundmann*, S. 258.

Die weitgehend unzugänglichen Protokollerklärungen können sonach ein im Wege anderer Interpretationsmethoden aufgefundenes Ergebnis allenfalls bestätigen[893], es jedoch nicht widerlegen.[894] Dies gilt nicht zuletzt im Hinblick auf die zur EG neu hinzukommenden Staaten, die im Falle rechtlicher Verbindlichkeit geheimer Materialien diskriminiert würden.[895] Als vertretbar erscheint es, eine über den Normtext oder die Erwägungsgründe hinausgehende Deutung zumindest dann zuzulassen, wenn sie nicht zum Nachteil der Betroffenen gereicht.[896] Auch wenn die Protokollerklärungen aus den genanten Gründen keine Bindungswirkung für die Auslegungstätigkeit des EuGH entfalten[897], kann ihnen je-

893 *Anweiler*, S. 260 unter Hinweis auf EuGH, Rs. C-310/90, Slg. 1992, I-177 (201) *Lutter* ist der Ansicht, daß in den Fällen, in denen der Rat bewußt von einer Veröffentlichung absieht, er seine Überlegungen ausdrücklich nicht zur Grundlage der Auslegung machen will und seinen Erklärungen gerade keine rechtliche Wirkung zumißt. Sie würden auf diese Weise zu einer „Interpretationshilfe ohne jede Autorität, gleichrangig mit der Meinung des Auslegenden", vgl. *Lutter*, JZ 1992, 593 (600).

894 EuGH, Rs. C-292/89, Slg. 1991, I-745 (778); Rs. 429/85, Slg. 1988, 843 (852). *Everling*, in: Bieber/Ress (Hrsg.), S. 417 (428); *Herdegen*, ZHR 155 (1991), 52 (63); *Karl*, JZ 1991, 593 (597); *Grundmann*, S. 277. Allerdings ist nach einem Urteil des EuGH eine vom Text abweichende Auslegung unter Bedachtnahme auf Beratungsprotokolle gestattet, wenn diese einen entsprechenden Willen des Rechtssetzers offensichtlich erkennen lassen, vgl. Rs. 112/73, Slg. 1974, 957 (983). *Bleckmann*, NJW 1982, 1177 (1179) und *ders.*, Studien, S. 5f. geht davon aus, daß der EuGH bei der Auslegung der Gemeinschaftsrechtsakte die im Zusammenhang mit ihrem Erlaß abgegebenen Erklärungen der Mitgliedstaaten überhaupt nicht berücksichtigt. Diese gelte selbst dann, wenn die anderen Mitgliedstaaten diese Erklärungen akzeptiert hätten. Ebenso *Lutter*, JZ 1992, 593 (600f.); *Olbertz*, StVj 1992, 37 (38); GA *Ver Loren van Themaat* zur Rs. 324/82, Slg. 1984, 1861 (1885, 1887) sowie *Anweiler*, S. 258. *Potacs*, S. 138 zufolge rekurriert der EuGH generell eher selten auf Protokollerklärungen. Ebenso *Pechstein*, EuR 1990, 249.

895 *Lutter*, JZ 1992, 593 (600); *Grundmann*, S. 270 und S. 294. A.A. *Dumon*, Kritische Prüfung, S. 101.

896 Befürwortend *Grundmann*, S. 270 und S. 275; *Karl*, JZ 1991, 593 (598); *Everling*, in: Bieber/Ress (Hrsg.), S. 417 (428) und *ders.*, in: Kruse (Hrsg.), S. 51 (60). Ablehnend *Lutter*, JZ 1992, 593 (600); *Herdegen*, ZHR 155 (1991), 52 (63f.); *Pechstein*, EuR 1990, 249 (255); GA *Reischl*, Schlußanträge zu der Rs. 229/78, Slg. 1979, 2063 (2090).

897 Dies ergibt sich zum einen daraus, daß die Protokollerklärungen nicht Bestandteil des verabschiedeten Rechtsakts werden. Zum anderen beschränkt sich die Kompetenz der Mitgliedstaaten und Organe der Gemeinschaft auf die Rechtssetzung in den Grenzen des Art. 249 EGV. Die Auslegung des organschaftlich geschaffenen Rechts ist demgegenüber Sache des EuGH, vgl. Art. 220 EGV. Zutreffend *Pechstein*, EuR 1990, 249 (250); *Karl*, JZ 1991, 593 (596); *Herdegen*, ZHR 155 (1991), 52 (56f.). Siehe auch GA *Darmon*, Schlußanträge zu der Rs. C-292/89, Slg. 1991, 745 (764).

doch letztlich eine gewisse Bedeutung für die Interpretation des Sekundärrechts nicht abgesprochen werden.[898]

cc) Das nationale Herkommen einer Gemeinschaftsnorm

Im Rahmen der Auslegung wird gelegentlich diskutiert, ob und inwieweit auch das nationale Herkommen einer Gemeinschaftsnorm in den Interpretationsvorgang einfließen muß.[899] Ausgangspunkt dieser Fragestellung ist die Überlegung, daß bei der Formulierung von Richtlinien- oder Verordnungsbestimmungen nicht selten Anleihen im Recht der Mitgliedstaaten gemacht werden, namentlich einzelne Vorschriften mitunter im Vergleich zu ihrer nationalen Erscheinung wortlautidentisch sind. Insbesondere dann, wenn sich nach Anwendung sämtlicher Auslegungsmethoden und ihrer europarechtsspezifischen Ausformungen[900] für die Deutung der auszulegenden Gemeinschaftsrechtsnorm kein klares Bild ergibt, liegt der Gedanke nahe, auf das im Herkunftsstaat der Vorschrift maßgebliche Verständnis zurückzugreifen.

Gegen eine solche Vorgehensweise werden allerdings vielfältige Bedenken vorgebracht. So erweise sich eine Berücksichtigung der Herkunft beispielsweise als wenig hilfreich, wenn auch dort die Auslegung keinesfalls eindeutig ist.[901] Dann bestünde die Unsicherheit, entscheiden zu müssen, ob es auf der Gemeinschaftsebene auf die Sichtweise der Rechtsprechung oder der (herrschenden, vermittelnden etc.) Literatur ankomme. Selbst wenn die Norm in ihrem Herkunftsland einmütig ausgelegt werde, könne ihr Verständnis möglicherweise falsch sein.[902] Existierte die authentische Gemeinschaftsrechtsnorm gar in mehreren Mitgliedstaaten, potenzierten sich die Schwierigkeiten, die „richtige" Inhaltsbestimmung herauszufiltern[903]; sie hinge vom Zufall ab. Zudem sei nicht auszuschließen, daß die spezifischen Interessenlagen, die den nationalen Gesetzgeber

---

898 *Everling*, in: Bieber/Ress (Hrsg.), S. 417 (426 ff.); *ders.*, EuR 1990, 195 (219f.); *Klein/Bleckmann*, DÖV 1990, 179 (187); *Möwers/Schmidt-Vockenhausen*, EuGRZ 1990, 121 (123); *Pechstein*, EuR 1990, 249 (251f.); *Lutter*, JZ 1992, 593 (600f.); *Herdegen*, ZHR 155 (1991), 52 (57); *Grundmann*, S. 273, 276.

899 Nicht einheitlich erfolgt die auslegungsdogmatische Einordnung dieser Fragestellung. Teilweise wird sie der historischen Auslegung (so *Lutter*, JZ 1992, 593 (599 ff.), der grammatischen (vgl. *Kropholler*, Internationales Einheitsrecht, S. 265, siehe aber auch 278 ff.) oder aber der rechtsvergleichenden Interpretation (vgl. *Anweiler*, S. 280; *Kropholler*, Internationales Einheitsrecht, S. 278 ff.; *Pernice*, in: Grabitz/Hilf, Art. 164, Rn. 28) zugeordnet.

900 Dazu sogleich.

901 *Kranz*, S. 222 ; *Lutter*, JZ 1992, 593 (601f.).

902 *Canaris*, JZ 1987, 543 (549).

903 *Lutter*, JZ 1992, 593 (602).

zum Erlaß der betreffenden Regelung veranlaßt hätten, im Zeitpunkt der Ausarbeitung ihres europäischen Pendants gar nicht mehr aktuell seien.[904] Schließlich wird gegen eine Betrachtung des Ursprungs eines Richtlinien- oder Verordnungsartikels der autonome und supranationale Charakter des EG-Rechts ins Feld geführt.[905] So gehe es bei der Schaffung internationalen Einheitsrechts darum, primär autonomes Gemeinschaftsrecht zu schaffen und nicht einer nationalen Rechtsordnung zu internationaler Herrschaft zu verhelfen.[906]

Trotz dieser berechtigten Bedenken kann meines Erachtens bei der Interpretation einer Gemeinschaftsnorm die Herkunft unter engen Voraussetzungen (dazu sogleich) eine Rolle spielen.[907] Denn den Zweifeln an der Zulässigkeit einer solchen Auslegungspraxis lassen sich Argumente entgegensetzen, die diese Methode durchaus zu rechtfertigen in der Lage sind. Zunächst einmal spricht die besondere Natur des Gemeinschaftsrechts als eine aus dem Recht ihrer Gründerstaaten hervorgegangene Rechtsordnung eher für als gegen eine solche Vorgehensweise. Zwar hat der EuGH in seinen Entscheidungen immer wieder darauf hingewiesen,

---

904 *Lutter*, JZ 1992, 593 (601).

905 *Lutter*, JZ 1992, 593 (602).

906 *Kropholler*, Internationales Einheitsrecht, S. 265.

907 Ebenso *Lutter*, JZ 1992, 593 (602); deutlich *Kropholler*, Internationales Einheitsrecht, S. 279f. Die Ausführungen *Krophollers* beziehen sich zwar unmittelbar auf Internationales Einheitsrecht, können aber auf das Verordnungsrecht übertragen werden, da seiner Ansicht nach EG-Verordnungen als eine „besondere Form des internationalen Einheitsrechts" zu betrachten seien (a.a.O., S. 116). Befürwortend ferner *Anweiler*, S. 280. Er berücksichtigt das Herkommen einer gemeinschaftsrechtlichen Bestimmung allerdings im Rahmen der rechtsvergleichenden Auslegungsmethode. Ähnlich auch *Pernice*, in: Grabitz/Hilf, Art. 164, Rn. 28. Einen interessanten Ansatz zur Auslegung unbestimmter Rechtsbegriffe in Gemeinschaftsakten vertritt *Wittkopp*. Er will solche termini weder ausschließlich autonom aus der Sicht des Gemeinschaftsrechts noch einseitig nach mitgliedstaatlichem Verständnis interpretieren. Vielmehr geht *Wittkopp* von der Überlegung aus, daß im konkreten Einzelfall ein zunächst auf der nationalen Stufe nach den Kriterien des jeweiligen Mitgliedstaatsrechts gefundenes Auslegungsergebnis anschließend darauf überprüft wird, ob es „gemeinschaftsrechtlichen Bestand" habe oder von entgegenstehendem und höherrangigem Gemeinschaftsrecht aufgehoben oder verdrängt werde, vgl. *Wittkopp*, S. 26. Der Mangel an entsprechenden, in den Gemeinschaftsakten enthaltenen Hinweisen zum Inhalt der unklaren Begriffe ist für ihn ein Grund, bei der Auslegung nicht auf einen nationalrechtlichen Ausgangspunkt zu verzichten, vgl. S. 93. Siehe ferner für das Internationale Einheitsrecht *Canaris*, JZ 1987, 543 (548f.) insbesondere unter Rückgriff auf die nationale Rechtsprechung Vgl. auch *Adler/Düring/Schmalz*, § 264 HGB, Rn. 50, der der nationalen Auslegungspraxis zumindest einen gewissen Wert für die Interpretation der auf sie zurückgehenden Gemeinschaftsnorm beimißt. A.A. *Claussen*, in: Zöllner, AktG, § 264 HGB, Rn. 27.

daß der EG-Vertrag eine „eigenständige Rechtsordnung“[908] mit eigenen Organen ins Leben gerufen habe und daß dessen Rechtsvorschriften autonom auszulegen seien.[909] Zweifellos ist eine Verselbständigung der EG in organisatorischer Hinsicht zu verzeichnen. Was hingegen die Struktur ihres Rechtssystems angeht, trifft dies so ohne weiteres nicht zu.[910] So wurden die Rechtsgrundlagen der Gemeinschaft in Gestalt der Römischen Verträge in zahlreichen Beratungen der Außenminister, Delegationsleiter und speziellen Arbeitsgruppen, bestehend aus Angehörigen der sechs Schöpferstaaten, ausgehandelt. Dabei hat man sich jedoch nicht durchgängig auf Vertragsinhalte geeinigt, die im Recht dieser Länder völlig unbekannt sind. Vielmehr wurden die Verträge aus den mitgliedstaatlichen Rechtssystemen, namentlich den gemeinsamen Verfassungsüberlieferungen, auf der Grundlage eines umfassenden Rechtsvergleichs zusammengeschmolzen. Das gemeinsame Extrakt an Strukturen und Leitvorstellungen hat man auf eine europäische Bühne gehoben und den Bedürfnissen, Besonderheiten und speziellen Zielen einer supranationalen Staatengemeinschaft angepaßt.[911] Als Quasi-Verfassungen nehmen die Gründungsverträge einen den mitgliedstaatlichen Verfassungen ähnlichen Stellenwert ein.

Daß im Zuge der Schaffung der EG die Inhalte des primären Vertragsrechts keineswegs neu, also originär EG-rechtlichen Ursprungs sind, belegen beispielsweise die Regelungen zu den Gemeinschaftsorganen, die – trotz beachtlicher Unterschiede zu den nationalen Verfassungen – Ausdruck eines Systems von „checks and balances“ sind.[912] Parallelen beispielsweise zu deutschen Klageformen und Rechtsbehelfen treten auch im Rechtsschutzsystem der EG zutage. Eindeutig ist dies für die außervertragliche Haftung der Gemeinschaft gem. Artt. 235, 288 Abs. 2 EGV, deren Voraussetzungen der EuGH unter anderem aus den

---

908 Nach ständiger Rechtsprechung des EuGH ist durch die Errichtung der Gemeinschaft eine neue Rechtsordnung entstanden, die nicht rein völkerrechtlicher Natur ist, vgl. EuGH, Rs. 26/62, Slg. 1963, 1 (24f.). Siehe auch das Urteil des EuGH Rs. 6/64, Slg. 1864, 1251 (1269) zum Unterschied gegenüber dem Völkerrecht.

909 Vgl. EuGH, Rs. 1982, Slg.1982, 13 (24); Rs. 49/71, Slg. 1972, 23 (35): Einheitliche Auslegung und Anwendung der vom Gemeinschaftsrecht verwendeteten Begriffe in der gesamten Gemeinschaft. Vgl. auch die Äußerungen des GA *Reischl* in seinen Schlußanträgen zu dieser Rechtssache, a.a.O., 13 (30).

910 Zutreffend wird in der Literatur der Aspekt der Verwurzelung des Europarechts in den nationalstaatlichen Denkstrukturen und Methodologien herausgearbeitet, vgl. *Buck*, S. 234; *Anweiler*, S. 280; *Lutter*, JZ 1992, 593 (601) und *Hopt*, ZGR 1992, 265. Vgl. auch *Wittkopp*, S. 205; *Kranz*, S. 297.

911 Siehe auch *Buck*, S. 233, wonach sich die Gemeinschaftsinteressen weitgehend den einzelstaatlichen Interessen gleichsetzen ließen und insbesondere hinsichtlich ihrer Zielstellung parallel liefen.

912 *Classen*, Einführung, S. XVI.

Art. 34 GG, § 839 BGB ableitet. Weiter gilt dies z.B. für das Vorabentscheidungsverfahren nach Art. 234 lit. a) EGV im Hinblick auf das (konkrete) Normenkontrollverfahren nach Art. 100 Abs. 1 GG. Die Nichtigkeitsklage des Art. 230 EGV, die im Sinne des Art. 230 Abs. 3 EGV von einer natürlichen oder juristischen Person erhoben werden kann, erinnert aufgrund der Formulierung „unmittelbar und individuell betreffen" an die Rechtssatz-Verfassungsbeschwerde, die auch nach ständiger Rechtsprechung des BVerfG[913] eine eigene, gegenwärtige und unmittelbare Beschwer des Rechtsbehelfsführers voraussetzt. Übereinstimmungen zum Recht der Mitgliedstaaten sind überdies im Gesetzgebungsverfahren der EG zu verzeichnen. Speziell das Europäische Parlament spielt im Verfahren der Mitentscheidung (Art. 251 EGV) bzw. der Zusammenarbeit (Art. 252 EGV) eine ähnliche Rolle wie der deutsche Bundesrat bei Zustimmungs- oder Einspruchsgesetzen (Art. 77 Abs. 2a, 3 GG). An einigen Stellen sieht der EG-Vertrag sogar direkte Verweisungen auf das Recht der Mitgliedstaaten vor.[914] Angeführt sei hier insbesondere der bereits erwähnte Art. 288 Abs. 2 EGV, der eine Haftung der EG „nach den allgemeinen Rechtsgrundsätzen, die den Rechtsordnungen der Mitgliedstaaten gemeinsam sind", anordnet. Zu nennen sind weiter die Bestimmungen der Artt. 256 Abs. 2 und 295 EGV, die unmittelbar das nationale Recht berufen, welches auch für die Interpretation der unklaren Begriffe anzuwenden ist. Aber auch ohne ausdrücklichen Verweis bestimmen sich einige Vertragstermini nach mitgliedstaatlichem Verständnis[915], so z.B. die „Staatsangehörigkeit" im Sinne der Artt. 39, 43 EGV.[916] Zum Teil wird auch der Begriff der „öffentlichen Gewalt" in Art. 45 EGV nach einzelstaatlichem Vorbild interpretiert.[917] Nicht vergessen werden sollte in diesem Zusammenhang schließlich die Gewährleistung des Grundrechtsschutzes, wobei in Ermangelung eines kodifizierten Kataloges grundrechtlicher Verbürgungen nach der Rechtsprechung des EuGH „von den gemeinsamen Verfassungsüberlieferungen der Mitgliedstaaten"[918] auszugehen ist.

Bereits diese kurze Aufzählung belegt, daß das Vertragsrecht vielfältige Bezüge zum Recht seiner Gründerstaaten aufweist und gelegentlich sogar explizit einen Rückgriff auf seine mitgliedstaatlichen Quellen vorschreibt. In noch stärke-

---

913 BVerfG, st. Rspr. Seit E 1, 97 (101f.); zuletzt E 90 128 (135f.).

914 *Kranz*, S. 181.

915 *Kranz*, S. 181.

916 *Constatinesco*, Recht der EG I, Rn. 580 (S. 644); *Wägenbaur*, in: v. der Groeben//Thiesing/Ehlermann, EWG-Vertrag, Art. 7, Anm. II 2 (S. 112).

917 Befürwortend: *Daillier*, Rev. trim. droit eur. 1976, 439 (457); *de Dorlodot*, Rev. Marché Com. 1974, 473 (478f.); *Laguette*, Rev. trim. droit eur. 1966, 242 (245 und 247).

918 EuGH, Rs. 44/79, Slg. 1979, 3727 (3745); Rs. 46/87, Slg. 1989, 2859 (2923).

rem Maße als im Primärrecht sind Anleihen in den Rechtsordnungen der Mitgliedstaaten für den Bereich des Sekundärrechts zu verzeichnen.[919] So werden bei seiner Aufgabe, die lückenhaften, rahmenähnlichen Vertragsbestimmungen auszufüllen, zu vervollständigen und zu konkretisieren, oftmals inhaltsgleiche, nicht selten sogar wortlautidentische Vorschriften übernommen. Teilweise hat man auch ganze Rechtsinstitute importiert. So diente beispielsweise dem in Art. 2 Abs. 3 niedergelegten Einblickspostulat der 4. EG-Richtlinie[920] der englische Grundsatz des „true and fair view" als Vorbild.[921] Und Art. 23 Abs. 1 der 2. Richtlinie wurde nahezu wörtlich section 54 des englischen Companies Act von 1948 entnommen.[922] Dabei werden einzelne Rechtsbegriffe bzw. –grundsätze keineswegs nur dann für Rechtsakte des organschaftlich geschaffenen Rechts aktiviert, wenn diese vergleichbar auch in den Rechtsordnungen der übrigen Mitgliedstaaten anzutreffend sind. Der Fall der soeben zitierten 2. Richtlinie beweist für die Vorschrift des Art. 23 Abs. 1 das Gegenteil, dessen Regelung damals in England einzigartig war.[923]

Wenn man sich verdeutlicht, wie Richtlinien und Verordnungen zustande kommen, ist nur allzu verständlich, daß das Gemeinschaftsrecht auch hier nicht völlig neu „erfunden" werden kann.[924] Speziell die Verordnung dient dazu, punktuell einheitliches und unmittelbar geltendes Recht zu setzen. Zu diesem Zweck werden im Vorfeld des Rechtssetzungsprozesses Fachkommissionen beauftragt, die auf der Grundlage umfassender rechtsvergleichender Tätigkeit Kodifikationsvorschläge zu einer konkreten Materie machen. Die Aufgabe, eine möglichst optimale europäische Regelung auszuarbeiten, ist allerdings mit erheblichen Hindernissen verbunden. So haben die zu vereinheitlichenden Fragen häufig im Recht der Mitgliedstaaten eine stark voneinander abweichende, mitunter auch gar keine Ausgestaltung gefunden. Genausogut kann es sein, daß einige Rechtsordnungen hierzu bereits mit recht weit entwickelten, fortschrittlichen Lösungen aufwarten, während in anderen Ländern die Bewältigung dieses speziellen Pro-

---

919 Ausdrücklich für das Richtlinienrecht *Lutter*, JZ 1992, 593 (601); *Hopt*, ZGR 1992, 265.

920 Jahresabschlußrichtlinie, RiL 78/660 EWG, ABl. Nr. L 222/11 v. 14. 8. 1978.

921 *Adler/Düring/Schmalz*, § 264 HGB, Rn. 50; *Claussen*, in: Zöllner, AktG, § 264 HGB, Rn. 27; *Tubbesing*, AG 1979, 91 (92f.).

922 *Lutter*, JZ 1992, 593 (601).

923 *Lutter*, JZ 1992, 593 (601).

924 Vgl. Auch *Canaris*, JZ 1987, 543 (551), der ausführt, Rechtsvereinheitlichung [im Gemeinschaftsrecht durch EG-Verordnungen] sei nur auf der Grundlage von Kompromissen mit fremden Rechtsvorstellungen möglich. Diese Kompromißfähigkeit sieht *Canaris* über Gebühr beeinträchtigt, wenn der Gesetzgeber entweder bestimmte Regelungen überhaupt nicht übernehmen könnte oder das gesamte übrige Recht an das internationale Einheitsrecht anpassen müßte.

blems erst am Anfang steht. Abgesehen von den zum Teil gravierenden Rechtsunterschieden zwischen den Mitgliedstaaten wird eine europäische Konsensfindung zusätzlich durch die nationale Borniertheit erschwert. So scheitern europäische Kodifikationsbemühungen nicht selten an Verhandlungstaktiken oder politischen Erwägungen der Regierungsvertretungen, die das eigentliche Regelungsanliegen in den Hintergrund treten lassen. Die nationale Nabelschau und Ignoranz gegenüber unbekannten Rechtsordnungen tun ihr übriges. Nur dem eigenen Rechtsystem traut man sachgerechte Lösungen zu, weshalb um jeden Preis versucht wird, die vertrauten Bestimmungen auf europäischer Ebene „durchzuboxen". Identifizieren will man sich nur mit einer Gemeinschaftsregelung, die im wesentlichen den eigenen Bestimmungen entspricht. Demgegenüber wird der Verzicht auf nationale Rechtserscheinungen oftmals als zu großes Opfer empfunden.

Insbesondere dann, wenn zwischen den Mitgliedstaaten bereits seit Jahren erfolglos um eine europäische Lösung gerungen wird, die Fronten jedoch so verhärtet sind, daß der Annäherungsprozeß zum Stillstand gekommen ist, muß das Ziel, noch eine Gemeinschaftsregelung auszuarbeiten, die sämtliche Vorstellungen vereint, als unrealistisch bewertet werden. Um das Kodifikationsvorhaben nicht endgültig zu Fall zu bringen, kann nicht länger auf Regelungsvorschlägen beharrt werden, die mehrheitlich für wenig überzeugend gehalten werden. Vielmehr sollte zugunsten einzelner nationalstaatlicher Vorschriften oder Rechtsinstitute, die die betreffende Materie einer fortschrittlichen und interessengerechten Lösung zuführt und insbesondere auch auf europäischer Ebene sachgerecht ist, entschieden werden.[925] Dies gilt um so mehr, wenn diese Bestimmung im jeweiligen Mitgliedstaat das Ergebnis einer intensiven Suche nach einer optimalen Bewältigung des Problems darstellt. Gegenüber einem Scheitern der Vereinheitlichungsbemühungen in Bereichen, die dringend einer europäischen Regelung bedürfen, erweist sich der Rückgriff auf einzelstaatliche Lösungsmuster als milderes und zugleich erforderliches Mittel. Daß eine solche Praxis nicht den Regelfall bilden sollte und keineswegs dazu führen darf, daß – abhängig vom mitgliedstaatlichen „Kodifikationseifer" – abwechselnd dem einen oder anderen Recht eines Mitgliedstaates zum europäischen Durchbruch verholfen wird, versteht sich von selbst.

Eine solche Vorgehensweise kann natürlich nicht ohne Folgen für die Auslegung bleiben. Soll sich der übertragene mitgliedstaatliche Rechtssatz effektiv

925 *Canaris*, JZ 1987, 543 (551) will einer einzelstaatlichen Lösung selbst dann den Ausschlag geben, wenn die Übernahme dieser Lösung bei anderen Staaten zu schweren Wertungswidersprüchen mit ihrem Recht führen würde, da in diesem Fall die Einheitlichkeit „nur für einen beschränkten Problemkreis beeinträchtigt" werde.

auch in Gestalt eines Verordnungs- oder Richtlinienartikels bewähren, ist es nur konsequent, wenn der EuGH bei der Deutung der transformierten Norm nicht allein einen autonom-europäischen Maßstab anlegt, sondern auch die Interpretation berücksichtigt, die dieser Vorschrift im Herkunftsstaat zugrunde gelegt wird. Erst recht muß dies gelten, wenn eine einzelstaatliche Regelung für eine Verordnungs- bzw. Richtlinienbestimmung Pate stand, die ohne größere Kontroversen allgemein als praktikabel angesehen wurde.[926] Gäbe der EuGH in solchen Fällen, in denen sich der Gemeinschaftsgesetzgeber ganz gezielt aus dem Fundus der mitgliedstaatlichen Rechtsvorschriften bedient, der Richtlinien- oder Verordnungsbestimmung im Wege der Auslegung einen vollkommen eigenständigen Inhalt, würde er sich über dessen Entscheidung hinwegsetzen. Insbesondere wenn es ohne weiteres möglich gewesen wäre, statt den Wortlaut mehr oder weniger abzuschreiben, die Bestimmung originär europarechtlich zu formulieren, muß sich das Gericht auch mit ihrer herkömmlichen Bedeutung auseinandersetzen. Eine ausschließlich autonome Inhaltsbestimmung durch das Gericht verbietet sich überdies dann, wenn dem auszulegenden Sekundärrechtsakt verschiedene Vorentwürfe vorausgegangen sind und für die Lösung des betreffenden Problems zahlreiche Formulierungsvorschläge unterbreitet wurden. Hat der Verordnungs- oder Richtliniengeber jedoch immer wieder die nach mitgliedstaatlichem Vorbild gefaßte ursprüngliche Version bestätigt und bewußt darauf verzichtet, sich anders zu artikulieren, kann es nicht Aufgabe des Gerichts sein, interpretatorisch eine abweichende Lösung zu kreieren. Denn die Frage, ob die bestmögliche europäische Lösung gerade in der Kopie der einzelstaatlichen Rechtserscheinung lag, entzieht sich der Beurteilung der EuGH-Richter. Nicht selten wird das Gericht ohne eine nationalstaatliche Quellenanalyse auch gar nicht auskommen, da sich eine autonome Begriffsbildung im Gemeinschaftsrecht erst allmählich entwickelt. Auch der Umstand, daß der EuGH nicht grundsätzlich abgeneigt ist, im Rahmen der historischen Auslegung einseitigen Stellungnahmen und Protokollerklärungen der mitgliedstaatlichen Regierungsvertretungen Gehör zu verleihen, sofern sie nicht offensichtlich mit dem Wortlaut der Gemeinschaftsnorm unvereinbar sind, be-

---

926 Vgl. *Lutter*, JZ 1992, 593 (602). Lutter befürwortet eine Übernahme der einzelstaatlichen Auslegungspraxis, wenn sich aus einer veröffentlichten Erklärung bzw. einem veröffentlichten Protokoll des Rates ergibt, daß man allein sie für sachgerecht hielt. Ähnlich auch *Adler/Düring/Schmalz*, § 264 HGB, Rn. 50. Zwar wird festgestellt, daß „der Rückgriff auf das englische Recht für die Auslegung der 4. EG-Richtlinie nicht überbewertet werden" sollte. Ein gewisser Wert kommt der englischen Auslegungspraxis aber demnach zu. A.A. *Claussen*, in: Zöllner, AktG, § 264 HGB, Rn. 27.

weist, daß die einzelstaatlichen Rechtsansichten bei der Sinnermittlung durchaus eine Rolle spielen.[927]

Nach allem kann folgendes festgehalten werden. Grundsätzlich sollte der EuGH in Anbetracht der oben angeführten Bedenken die unklaren Verordnungs- bzw. Richtlinienbestimmungen aus sich selbst heraus, d.h. aus der Perspektive des Europarechts, interpretieren. Nur dort, wo das Gemeinschaftsrecht nachweisbar nationale Vorschriften oder Rechtsinstitute rezipiert und nicht nur allgemeine Rechtsgedanken übernimmt, kommt es zusätzlich auf das Verständnis des Herkunftslandes an.[928] Die einzelstaatliche Regelung muß also bewußt als Vorlage für die überregionale Bestimmung gedient haben.[929] Zugleich ist erforderlich, daß die übernommene Vorschrift im Gemeinschaftsrecht dieselbe Funktion wie im Herkunftsstaat erfüllt.[930] Das Recht des betreffenden Mitgliedstaates kann für die Begriffsauslegung ferner nur in den Fällen maßgebend sein, in denen sich hinsichtlich der Vorschrift, wenn auch keine einmütige, so doch zumindest eine gesicherte Auslegungspraxis im Ursprungsland feststellen läßt. Überdies kann der Sekundärrechtsnorm keine Bedeutung beigelegt werden, die der europäischen Idee zuwiderläuft und die Gemeinschaftsziele in Frage stellt.[931] Insbesondere scheidet ein Auslegungsergebnis aus, das mit dem Wortlaut, der Systematik und dem Sinn und Zweck der Regelung unter keinen Umständen in Einklang zu bringen ist.[932] Im Gegenteil muß die einzelstaatliche Sichtweise im übrigen Gemeinschaftsrechtsakt selbst eine Stütze finden. Darüber hinaus darf eine solche Auslegungspraxis nicht als generell anzuwendende Methode mißverstanden werden. Vielmehr sollte sie als ultima ratio nur dann zur Anwendung kommen, wenn der klassische Interpretationskanon einschließlich seiner europarechtsspezifischen Ausformungen[933] (v.a. *effet utile*) keine zweifelsfreie Inhaltsbestimmung ermög-

---

927 Im Ergebnis ebenso *Buck*, S. 233.

928 Ähnlich *Kropholler*, Internationales Einheitsrecht, S. 265.

929 *Focsaneanu* weist darauf hin, daß die Übernahme nationalstaatlicher Terminologien oftmals unfreiwillig oder unbewußt und aufgrund der noch nicht durchgängig ausgebildeten europäischen Begriffsbildung erfolgt, vgl. *Focsaneanu*, Ann. fr. dr. int. 16 (1970), 256 (263). Sinngemäß auch *Bayer*, RabelsZ 20 (1955), 626f. Ähnlich *Canaris*, JZ 1987, 543 (549), wonach „der blanke Zufall der Priorität einer ausländischen Gerichtsentscheidung nicht den Ausschlag für oder gegen eine bestimmte Auslegung geben" könne.

930 Dies ergibt sich aus der Tatsache, daß die Regelungen eingebettet sind in das jeweilige Normengefüge und ein in sich stimmiges, geschlossenes System bilden. Vorschriften, die allein in einer einzelstaatlichen Rechtsordnung sinnvoll sind, können nicht ohne eine Sinnentstellung oder –verzerrung auf die supranationale Ebene übertragen werden.

931 *Canaris*, JZ 1987, 543 (548).

932 *Kropholler*, Internationales Einheitsrecht, S. 279.

933 Dazu sogleich.

licht, zumal wenn der Vorschrift diametrale Regelungsziele und Interessenlagen zugrunde liegen. In solchen Fällen bietet die Heranziehung der nationalen Rechtsordnung, nach deren Ebenbild die unklare Gemeinschaftsnorm ausgearbeitet wurde, eine Orientierungshilfe.[934] Bestätigt das einzelstaatliche Verständnis eine der bereits aufgefundenen Deutungsvarianten, sollte auch der EuGH den Verordnungs- oder Richtlinienartikel in diesem Sinne verstehen.

dd) Zwischenergebnis

Festzuhalten ist, daß die Bedeutung der historischen Auslegung bei der Interpretation einer Gemeinschaftsnorm nicht unterschätzt werden sollte.[935] Dies gilt zwar weniger für das Primärrecht[936], um so mehr jedoch für den Bereich des Sekundärrechts. Dies hat seinen Grund nicht nur in der Verfügbarkeit der Materialien, sondern auch in dem sehr viel konkreteren, auf die Behandlung spezieller Einzelfragen bzw. ausgewählter Teilbereiche zugeschnittenen Regelungsanspruch.[937] Gleichzeitig weist das organschaftliche Rechtssetzungsverfahren erkennbare Parallelen zum Rechtsschöpfungsprozeß der Mitgliedstaaten auf.[938] In

---

934 *Kropholler*, Internationales Einheitsrecht, S. 280; *Lutter*, JZ 1992, 593 (602); *Canaris*, JZ 1987, 543 (548f.).

935 Zutreffend *Ophüls*, FG Müller-Armack, S. 279 (286f.), der sich für eine stärkere Heranziehung der historischen Interpretation ausspricht. Ähnlich *Potacs*, S. 136f.; *Herdegen*, ZHR 155 (1991), 52 (58). Daß auch der EuGH der historischen Auslegung eine nicht unerhebliche Bedeutung zuweist, verdeutlichen die zahlreichen Entscheidungen, in denen das Gericht auf die Enstehungsgeschichte Bezug genommen hat. Gerade die Tatsache, daß historische Überlegungen – wie gesehen – nur unter engen Voraussetzungen herangezogen werden können, sich der EuGH aber immer wieder mit entstehungsgeschichtlichen Argumenten auseinandersetzt, belegt deren Existenzberechtigung im Auslegungskanon. A.A. *Buck*, S. 151; *Plender*, YEL 1982, 57 (102); ebenso *Grundmann*, S. 250; ferner *v. der Groeben/Thiesing/Ehlermann*, EWG-Vertrag, Art. 164, Rn. 56.

936 Daß die historische Auslegung bei der Interpretation des Primärrechts in der Literatur oftmals nicht erörtert wird, liegt weniger an der Ablehnung dieser Methode im Gemeinschaftsrecht als solcher, als vielmehr an der geringen Materialmenge, die als Quelle für die Ermittlung des Willens der Vertragsgeber zur Verfügung steht, vgl. *Grundmann*, S. 240 und S. 244 ff. (245) mit Vorschlägen zur Aufwertung der Bedeutung der historischen Auslegung für die Interpretation des Primärrechts.

937 *Grundmann*, S. 293. *Bleckmann*, NJW 1982, 1177 (1178) und *ders.*, Studien, S. 3 unter Hinweis auf die politische Funktion des Sekundärrechts, weshalb es Aufgabe der politischen Organe und nicht des EuGH sei, die konkreten Ziele und Mittel der Politik zu bestimmen.

938 Parallelen zwischen dem europäischen und dem nationalen Rechtssetzungsverfahren mit Blick auf eine Berücksichtigung der Gesetzgebungsmaterialien geht beispielsweise *Everling*, in: Bieber/Ress (Hrsg.), S. 417 (428), ein. Die Abweichungen

den kontinentalen Rechtsordnungen, zumal in der deutschen[939], sind die entstehungsgeschichtlichen Aspekte der zu interpretierenden Vorschrift essentieller Bestandteil der Auslegungsmethodik.[940] Historische Erwägungen sollten daher auch bei der Interpretation des sekundären Gemeinschaftsrechts keinesfalls vernachlässigt oder gering geachtet werden.[941] Insbesondere bei unbestimmten Rechtsbegriffen bietet sich die Protokollerklärung als Interpretationsinstrument geradezu an.[942] Der vom Autor befürworteten Aufwertung der historischen Auslegungsmethode steht auch nicht der vielerorts zitierte dynamische Charakter des Gemeinschaftsrechts entgegen.[943] So wird befürchtet, eine auf den Zeitpunkt des

---

des europäischen von den mitgliedstaatlichen Gesetzgebungsverfahren sollten nicht überbetont werden. Im Gemeinschaftsrecht ergeben sich Besonderheiten insbesondere aufgrund der Tatsache, bei der Ausarbeitung einer Verordnung oder Richtlinie die Rechtslage in den verschiedenen Rechtsordnungen berücksichtigen zu müssen, so daß die Gemeinschaftsrechtsakte noch stärker durch einen Kompromißcharakter gekennzeichnet sind. Auch sind die Gesetzesmaterialien nicht so übersichtlich wie im nationalen Recht und zudem oftmals unzugänglich. Vgl. *Lutter*, JZ 1992, 593 (599). Übereinstimmung mit nationalen Verfahren dürfte darin bestehen, daß einseitige Erklärungen einzelner Beteiligter grds. nicht berücksichtigt werden und auch gemeinsame Erklärungen, die zu dem Text des betreffenden Rechtsaktes in Widerspruch stehen, unbeachtlich sind. Vgl. *Everling*, in: Bieber/Ress (Hrsg.), S. 428.

939 Zu denken ist beispielsweise an die umfangreichen Gesetzesmaterialien wie Referenten- und Regierungsentwürfe mit ihren Begründungen, aber auch an die Protokolle der Parlamentsausschüsse etc.

940 *Lutter*, JZ 1992, 593 (599); *Anweiler*, S. 264.

941 Insbesonderere sollte die Entscheidung des EuGH in der Rs. 45/86, Slg. 1987, 1493 (1520), worin das Gericht bemerkt hat, entscheidend für die Ermittlung der zutreffenden Rechtsgrundlage eines Gemeinschaftsrechtsakts sei nicht die subjektive Auffassung des rechtssetzenden Organs, sondern das objektiv mit der Regelung verfolgte Ziel, nicht überbewertet werden. So aber *Anweiler*, S. 254 und 264. Gerade in den Fällen, in denen es um die Bestimmung der Ziele eines Sekundärrechtsakts geht, fallen teleologische und historische Auslegung regelmäßig zusammen, da sich der EuGH hierfür maßgeblich von den Begründungserwägungen leiten läßt. Diese sind aber einerseits Bestandteil der Entstehungsgeschichte, legen aber andererseits auch Zeugnis über den Telos ab.

942 Vgl. auch die Äußerung des EuGH in der Rs. 14/70, Slg. 1970, 1001 (1009), wonach die Protokollerklärungen für die Auslegung des Gemeinschaftsrechts ein „brauchbares“ und für die Angleichung der Vollzugspraxis „förderliches“ Mittel darstellten. Siehe auch *Karl*, JZ 1991, 593 (596).

943 *Ophüls*, FG Müller-Armack, S. 279 (289) unter Betonung, daß der historische Parteiwille gerade auf eine fortschreitende Entwicklung angelegt sei. Tendenziell *Rüber*, S. 61f. Siehe auch *Herdegen*, ZHR 155 (1991), 52 (59), wonach in der Beachtung eines förmlich bekundeten Konsenses der Mitgliedstaaten gerade eine wichtige integrationspolitische Dimension liege; ferner *Karl*, JZ 1991, 593 (595). Siehe auch *Kranz*, S. 249.

Normerlasses fixierte, „statische“ Auslegung laufe dieser Natur zuwider.[944] Offensichtlich resultiert diese Überzeugung aus einer mangelnden Unterscheidung zwischen Rechtsakten des Primär- und Sekundärrechts.[945] Diese Befürchtung mag sicherlich bei der Interpretation der Gründungsverträge mit Blick auf ihre eher rahmenrechtliche Struktur und vor allem angesichts des ständig größer werdenden Kreises der Mitgliedstaaten ihre Berechtigung haben.

Geht es darum, den Sinn und normativen Gehalt einer Verordnungs- oder Richtlinienbestimmung herauszuarbeiten, so können, ist man um „richtige“[946] Auslegungsergebnisse bemüht, die Vorstellungen und Zielsetzungen, die den Gemeinschaftsgesetzgeber zum Erlaß gerade dieser Norm mit diesem Inhalt veranlaßt haben, nicht von vornherein ausgeblendet werden.[947] Andernfalls würde verkannt, daß auch nach den Prinzipien der teleologischen Auslegungsmethode die für die Umsetzung der verfolgten Ziele notwendigen Mittel primär nicht durch eine eigene Analyse der EuGH-Richter, sondern durch die Entscheidung der Normgeber bestimmt wird.[948] Diese kommt bei Sekundärrechtsakten v.a. in den Begründungserwägungen als Bestandteil der Entstehungsgeschichte zum Ausdruck und ist auch für das Gericht bei seiner Auslegungstätigkeit verbindlich.[949] Bei der Ermittlung der möglichen Auslegungsvarianten müssen historische Überlegungen somit in gleichem Maße eine Rolle spielen wie eine Betrachtung des Wortlautes, des Rechtstextzusammenhangs oder des angestrebten

944 *Olbertz*, StVj 1992, 37 (38); *Bleckmann*, EuropaR, S. 74; *ders.*, EuR 1979, 239 (241); ferner *Everling*, in: Bieber/Ress (Hrsg.), S. 417 (426f.); *Buck*, S. 145; *Kutscher*, Thesen, S. I-22; *Anweiler*, S. 264; *Grundmann*, S. 255f.

945 Für eine getrennte Betrachtung von primärem und sekundärem Gemeinschaftsrecht bei der Erörterung der historischen Auslegung *Grundmann*, S. 257; *Everling*, in: Kruse (Hrsg.), S. 51 (59); *B/B/P/S*, S. 247; *Bleckmann*, NJW 1982, 1177 (1178f.); *ders.*, EuropaR, S. 130; *Böhm*, S. 35; *Buck*, S. 143 ff. Widersprüchlich *Anweiler*, der sich mit Blick auf die Einheitlichkeit des Gemeinschaftsrechts grundsätzlich gegen eine getrennte Behandlung der Auslegung von Primär- und Sekundärrecht ausspricht (S. 142f.), innerhalb seiner Ausführungen zur historischen Interpretation aber doch unterscheidet (vgl. S. 246 ff.). Eine einheitliche Darstellung erfolgt dagegen bei *Potacs*, S. 136 ff. Ebenso *Hoffmann-Becking*, S. 234; *Ipsen*, S. 133; *Zuleeg*, EuR 1969, 97 (98); B/B/P/S, S. 245.

946 So *Bleckmann*, in: Bieber/Ress (Hrsg.), S. 161 (185).

947 *Kropholler*, Internationales Einheitsrecht, S. 275; sowie für den Bereich des Primärrechts *Ophüls*, FG Müller-Armack, S. 279 (286f.).

948 Zutreffend *Bleckmann*, in: Bieber/Ress (Hrsg.), S. 161 (219). Ähnlich *Kropholler*, Internationales Einheitsrecht, S. 260.

949 Vgl. EuGH, Rs. 290/84, Slg. 1985, 3909 (3931): Feststellung, daß eine Interpretation der fraglichen Norm in einer Weise, die den in den Begründungserwägungen verankerten Zielvorstellungen zuwiderläuft bzw. gefährdet, unzulässig sei. Vgl. auch *Grundmann*, S. 262f.

Zwecks.[950] Gerade die historische Methode sorgt durch ihren Rückgriff auf konkrete, nachweisbare legislative Willensentscheidungen gegenüber einer wertenden entwicklungs- und integrationsorientierten Betrachtung des Normzwecks für ein gewisses Maß an Rechtssicherheit und Verläßlichkeit des Interpretationsbefundes.[951] Im Anschluß an den EuGH[952] sollte auf „Zusammenhang“ und „Ziel“ einer Bestimmung nicht zurückgegriffen werden, ohne ihren üblichen Wortsinn in ihren verschiedenen sprachlichen Fassungen „im Lichte der Entstehungsgeschichte der Vorschrift und der Vorarbeiten, auf die die Parteien ihre Argumentation im Laufe des Verfahrens gestützt haben“[953] zu untersuchen. Dies gilt erst recht in den Fällen, in denen die teleologische Auslegung zu keinem eindeutigen Ergebnis führt.[954] Eine Korrektur kann und sollte erst bei der Auswahl der Auslegungsalternative und damit bei der Gewichtung der Auslegungsmethoden, nicht aber bereits während des Interpretationsvorgangs erfolgen.[955] Hier muß mit Blick auf den zukunftsorientierten Charakter des Gemeinschaftsrechts bei mehreren Deutungsmöglichkeiten im Zweifel diejenige ausschlaggebend sein, die den Integrationszielen am ehesten und zugleich am besten Rechnung trägt. Ein Verständnis, das zwar mit den Vorstellungen des historischen Normgebers auf einer Linie liegt, den Vergemeinschaftungsprozeß aber tendenziell hemmt, muß demgegenüber zurücktreten.[956]

e) Europarechtsspezifische Ausprägungen der klassischen Methodenlehre

Wie bereits erwähnt, greift der EuGH bei der Auslegung gemeinschaftsrechtlicher Bestimmungen nach Auffassung der europarechtlichen Literatur nicht nur auf die *Savigny*'sche Methodenlehre[957] zurück. Vielmehr werden im Schrifttum

---

950 Vgl. *Buck*, S. 150; *Grundmann*, S. 261. Vgl. auch *Bleckmann*, NJW 1982, 1177 (1178) und *ders.*, Studien, S. 3; *Kropholler*, Internationales Einheitsrecht, S. 275; noch weiter gehend *Potacs*, S. 298, der die Entstehungsgeschichte selbst dann nicht für völlig belanglos hält, wenn sie einen vom Text nicht mehr vollständig getragenen Willen des Rechtssetzers zum Ausdruck bringt.

951 Überzeugend *Buck*, S. 239; *Kropholler*, Internationales Einheitsrecht, S. 276.

952 EuGH, Rs. 11/76, Slg. 1979, 245 ff. und Rs. 18/76, Slg. 1979, 343 ff. Vgl. auch EuGH, Rs. 15/60, Slg. 1961, 239 (262): „In Ermangelung von Materialien, aus denen der Wille der Urheber der Vorschrift zweifelsfrei hervorginge, muß der Gerichtshof von dem Text in seiner vorliegenden Fassung ausgehen und ihm den Sinn entnehmen, der sich bei wörtlicher und logischer Auslegung ergibt.“

953 Vgl. EuGH, Rs, 11/76, Slg. 1979, 245 (278); Rs. 18/76, Slg. 1979, 343 (383).

954 *Karl*, JZ 1991, 593 (596). Ähnlich *Kranz*, S. 249.

955 Zutreffend *Buck*, S. 237.

956 Im Ergebnis ebenso *Anweiler*, S. 254.

957 Vgl. *Savigny*, System, S. 213 ff.

darüber hinaus weitere Prinzipien ausgemacht, die zum Teil als dogmatisch verselbständigte, neben den klassischen Viererkanon tretende Auslegungsmethoden angesehen werden. Einige dieser Interpretationsgrundsätze haben ihren Ursprung im Völkerrecht, andere dagegen erinnern an mitgliedstaatliche Traditionen. Mitunter sind sie aber auch das Ergebnis genuin europäischer Rechtsprechungstätigkeit. Im Laufe der Darstellung dieser Grundsätze wird sich zeigen, daß es sich hierbei vielfach nur um europarechtsspezifische Ausprägungen bzw. Fortentwicklungen der bekannten Methoden handelt, um die Auslegungspraxis auf die Besonderheiten des Gemeinschaftsrechts abzustimmen. Die Mehrzahl dieser Grundätze läßt sich daher ohne weiteres der teleologischen und/oder systematischen Auslegung zuordnen. Nicht selten werden auch nur neue Begrifflichkeiten für Interpretationsweisen entwickelt, die bereits unter anderen Termini bekannt sind.[958] Was die übrigen Prinzipien angeht, muß ihnen gleichfalls eine methodische Eigenständigkeit abgesprochen werden, da sie teilweise direkt einzelnen Sätzen der Urteilsbegründungen des Gerichts entstammen oder aus diesen herausgelesen und zu allgemeinen Auslegungsregeln des EuGH erklärt werden. Bei der Ableitung allgemeiner Auslegungsprinzipien aus Einzelentscheidungen sollte jedoch Zurückhaltung geübt werden. So hat sich im Gemeinschaftsrecht eine den Mitgliedstaaten ähnlich gefestigte, immer wiederkehrende Rechtssprechungspraxis und Auslegungsdogmatik (noch) nicht herausgebildet, sondern entsteht erst. Zwar finden sich in den Urteilen Verweise auf Standpunkte, die der EuGH in älteren Fällen eingenommen hat. Speziell zur Auslegungstechnik des Gerichts sind solche Hinweise in den Entscheidungsbegründungen jedoch eher die Ausnahme. Das Anliegen des Gerichtshofes besteht in erster Linie darin, die streitige Rechtssache einer sachgerechten Lösung zuzuführen. Aus den Ausführungen des Gerichts sollten daher keine zu weitreichenden Schlüsse gezogen werden.

aa) Der „effet utile"*-Grundsatz*

Einen festen Bestandteil der Rechtsprechung des EuGH[959] bildet mittlerweile das aus dem Völkerrecht[960] stammende Effektivitätsprinzip. Es bezeichnet an sich[961]

---

958 Zutreffend *Grundmann*, S. 380 – für den sog. Grundsatz des *„effet nécessaire"*.

959 EuGH, Rs. C-260/90, Slg. 1992, 643 (670); Rs. C-244/89, Slg. 1991, 163 (191); Rs. C-292/89, Slg. 1991, 745 (777); Rs. 131/88, Slg. 1991, 825 (870); Rs. C-251/89, Slg. 1991, 2797 (2840); Rs. C-357/88, Slg. 1990, 1669 (1683); Rs. C-301/88, Slg. 1990, 3803 (3835); Rs. 254/87, Slg. 1988, 4468 (4472); Rs. 187/87, Slg. 1988, 5013 (5042). Siehe auch frühere Entscheidungen wie EuGH, Rs. 229/83, Slg. 1985, 1 (30); Rs. 33/74, Slg. 1299 (1309); Rs. 2/74, Slg. 1974, 631 (655); Rs. 3/70, Slg. 1970, 415 (421); Rs. 34/62, Slg. 1963, 287 (318).

die Suche nach einer Auslegung, bei der die unklare Vorschrift ihre „nützliche Wirkung“ (= „*effet utile*“) entfalten kann.[962] Insbesondere darf der Anwendungsbereich einer Norm nicht in einer Weise beschränkt werden, die ihre praktische Wirksamkeit auf Null reduziert.[963] Im Laufe seiner Judikatur hat der Gerichtshof den Effektivitätsgrundsatz ständig erweitert und in den Dienst einer Sicherung der Funktionsfähigkeit der Gemeinschaft gestellt.[964] Mittlerweile ist eine unklare Bestimmung nicht nur so zu interpretieren, daß der intendierte Nutzeffekt eintreten kann. Vielmehr soll von mehreren denkbaren Auslegungsalternativen derjenigen der Vorrang eingeräumt werden, bei der der praktische Nutzen der Regelung am größten ist und sich ihre Wirkung am stärksten entfaltet.[965] Auszuwählen ist also die Interpretationsvariante, die die Verwirklichung der Vertrags-/Gesetzeszwecke am besten fördert[966] und damit „am ehesten zum Gelingen des Integrationsvorhabens beiträgt.“[967] Aufgrund dieser direkten Ausrichtung an den Gemeinschaftszielen stellt der Effektivitätsgrundsatz nicht etwa ein eigenständiges Auslegungsprinzip, sondern eine besondere Ausprägung der teleologischen Auslegungsmethode dar.[968]

In der europarechtlichen Literatur sind über den unmittelbaren Kontext von *effet utile* bzw. teleologischer Methode hinausgehend zuweilen Ausführungen

---

960 Vgl. StIGH, PCIJ Series A No. 1, S. 24f.; StIGH, PCIJ Series A No. 22, S. 13: erstmalige Verwendung des Begriffs „*effets utiles*“; IGH, ICJ Report 1949, 1 (24). Der Effektivitätsgrundsatz wird im Völkerrecht zumeist mit dem Schlagwort „*ut res magis valeat quam pereat*“ umschrieben. Danach ist ein völkerrechtlicher Vertrag grds. so auszulegen, daß derjenigen Auslegung der Vorzug gebührt, bei der der erkennbare Zweck des Vertrages und seiner Einzelvorschriften am besten erreicht wird. Vgl. *Bernhardt*, S. 96; *Verdross/Simma*, § 780, Rn. 494.

961 Der Effektivitätsgrundsatz wurde in der Rechtsprechung des EuGH ursprünglich zu dem Zweck entwickelt, die unmittelbare Wirkung von Richtlinien im Einzelfall zu begründen, vgl. EuGH, Rs. 9/70, Slg. 1970, 825 (838); ähnlich Rs. 41/74, Slg. 1974, 1337 (1348).

962 *Bleckmann*, NJW 1982, 1177 (1180); *Dumon*, Kritische Prüfung, S. 90.

963 *Grundmann*, S. 369.

964 *Schwarze*, European Court of Justice, S. 25 (30); *Buck*, S. 208. So auch *Grundmann*, S. 378.

965 *Kutscher*, Thesen, S. 43; *Lutter*, JZ 1992, 593 (603); *Brown/Jacobs*, S. 212f. und 290; *Oppermann*, EuropaR, S. 219; *Borchardt*, in: Lenz (Hrsg.), EG-Vertrag, Art. 164, Rn. 17; *Böhm*, S. 84; *Pernice*, S. 230 ff.; *Röttgen*, S. 150: "wirkungsverstärkende Auslegung".

966 *Buck*, S. 209.

967 *Zuleeg*, EuR 1969, 97 (107); *Krück*, in: v. der Groeben/Thiesing/Ehlermann, EWG-Vertrag, Art. 164, Rn. 57.

968 Zutreffend *Buck*, S. 211; *Grundmann*, S. 375; *Anweiler*, S. 120; *Meyer*, Jura 1994, 455 (457); in diesem Sinne offenbar auch *Krück*, in: v. der Groeben/Thiesing, Ehlermann, EWG-Vertrag, Art. 164, Rn. 55. A.A. *Röttgen*, S. 149.

zum „Prinzip von der Funktionsfähigkeit der Gemeinschaft“[969], zur „Sinnhaftigkeit“[970] bzw. „Praktikabilität“[971] sowie zur „restriktiven und extensiven Auslegung“[972] zu lesen, die vielfach als eigenständige Auslegungmethoden bezeichnet

---

969 *Ipsen*, S. 280f. Das Prinzip der Funktionsfähigkeit der Gemeinschaft bildet nach *Ipsen* ein für die Auslegung des Gemeinschaftsrechts tragendes Rechtsprinzip, welches sich an dem leitenden Maßstab der vertraglichen Zielsetzung der Integration orientieren und damit die Errichtung und das Funktionieren des Gemeinsamen Marktes gewährleisten soll. Insbesondere vergleicht *Ipsen* dieses Prinzip mit dem völkerrechtlichen „*principle of effectiveness*“, was nach dessen Wirkungs- und Anwendungsbereich *Ipsen* zufolge aber nur in Ansätzen dessen gemeinschaftsrechtlicher Bedeutung entspricht. Damit geht also *Ipsen* selbst von der Verschränkung dieser Prinzipien aus. Der Begründung einer auslegungsmethodischen Sonderform „Funktionsfähigkeit der Gemeinschaft“ bedarf es sonach nicht. Eine Verselbständigung im Sinne eines eigenständigen Auslegungskriteriums lehnen auch *Grundmann*, S. 375 und *Oppermann*, EuropaR, Rn. 583, ab. Vgl. auch *Everling*, in: Kruse, S. 51 (64): (bloße) „Leitlinie der Rechtsprechung“. A.A. *Anweiler*, S. 227f.

970 *Potacs*, S. 98 ff., wonach keine Auslegungsvariante gewählt werden dürfe, derzufolge eine Vorschrift ihre Wirksamkeit gänzlich verliere. Dieses Kriterium ordnet er aber nicht dem *effet utile*, – *Potacs* bezeichnet dieses Prinzip als „größte Wirksamkeit“ (vgl. S. 109 ff.) und betrachtet es als Anwendungsfall des Grundsatzes „*in dubio pro communitate*“ (vgl. S. 112) – sondern dem Prinzip der „Sinnhaftigkeit“ zu (S. 109 Fn. 256), welches auch vom EuGH unter Hinweis auf Rs. 81/87, Slg. 1988, 5483 (5510); Rs. 33/74, Slg. 1974, 1299 (1309); Rs. 205-215/82, Slg. 1983, 2633 (2666); Rs. 94/87, Slg. 1989, 175 (192); Rs. C-5/89, Slg. 1990, I-3437 (I-3458); Rs. C-290/91, Slg. 1993, I-2981 (I-3005) anerkannt sei. Tatsächlich behandeln diese Entscheidungen den Effektivitätsgrundsatz in seiner ursprünglichen Bedeutung (s.o.), begründen aber kein eigenständiges Auslegungskriterium. Auch *Grundmann*, S. 378, sieht die Frage nach der Wahrung des Sinngehalts einer Norm als unmittelbaren Bestandteil des *effet utile* an.

971 Vgl. *Potacs*, S. 106 ff.; ebenso *Bleckmann*, NJW 1982, 1177 (1180); *Röttgen*, S. 149; ähnlich *Kaiser*, S. 17f. und *Schwarze*, S. 19f. Tatsächlich handelt es sich aber auch hier nicht um ein eigenständiges Auslegungsprinzip, sondern letztlich um Inhalte, die den Effektivitätsgrundsatz ausfüllen. Vgl. *Bleckmann*, wonach zur Effektivität auch die Praktikabilität der Entscheidung gehöre, S. 1180 und *ders.*, in: Dauses (Hrsg.), Rn. 48. Ebenso *Anweiler*, S. 393 ff.

972 Vgl. *Anweiler*, S. 231 ff.; *Buck*, S. 217 ff.; *Pernice*, in: Grabitz/Hilf (Hrsg.), Art. 164, Rn. 26. Siehe auch *Potacs*, S. 79ff., der den Grundsatz der engen Auslegung von Ausnahmebestimmungen jedoch der systematischen Auslegung zuordnet. Der EuGH vertritt eine enge Interpretation v.a. bei Ausnahmebestimmungen zu den grds. weit auszulegenden Grundfreiheiten, vgl. Rs. C-292/89, Slg. 1991, I-745 (777); Rs. 2 und 3/62, Slg. 1962, 867 (881); Rs. 46/76, Slg. 1977, 5 (15); 11/82, Slg. 1985, 207 (245); Rs. 58/83, Slg. 1984, 2027 (2033). Auch bei diesem Grundsatz geht es in erster Linie um den *effet utile* und damit um die Gewährleistung der effektiven Verwirklichung der Gemeinschaftsziele. Dies bestätigen auch Entscheidungen des EuGH, in denen ausdrücklich auf den „Zweck“ (Rs. 2/74, Slg. 1974, 631 (654) Rs. C-261/90, Slg. 1992, 2149 (2182); Rs. 152/73, Slg. 1974, 153 (162);

werden. Auch die Erweiterung des klassischen Methodenkanons um eine Vermutungsregel „*in dubio pro communitate*"[973] respektive „*in dubio pro libertate*"[974] oder – etwas schlichter: „gemeinschaftsfreundliche Auslegung"[975] – wird von einigen Stimmen in der Wissenschaft gefordert. Diese Prinzipien ähneln jedoch weitgehend dem Grundsatz des *effet utile* bzw. sind Ausfluß desselben und können daher als von diesem umfaßt angesehen werden.[976] Entsprechendes gilt für den „Grundsatz des Vorrangs des Gemeinschaftsrechts"[977], wie die Äußerung

---

Rs. C-351/89, Slg. 1991, 3317 (3348); Rs. 92/87, Slg. 1989, 143 (169) bzw. die „(praktische) Wirksamkeit" (Rs. 2/74, Slg. 1974, 631 (655); Rs. C-292/89, Slg. 745 (777) abgestellt wird. Vgl. auch *Anweiler*, S. 234 und *Buck*, S. 218.

973 So *Bleckmann*, Studien, S. 10; *Ipsen/Nicolaysen*, NJW 1964, 339 (342); *Ipsen*, Europäisches Gemeinschaftsrecht, § 5, Rn. 74, S. 132; *Zuleeg*, EuR 1969, 89 (106); *Oppermann*, EuropaR, S. 445 und 465. *Potacs* zufolge stellt die Auslegung nach dem *effet utile* einen „weiteren Anwendungsfall des Grundsatzes in dubio pro communitate" dar, vgl. S. 112. M.E. verhält es sich jedoch genau umgekehrt, da der Grundsatz des *effet utile* dazu verpflichtet, sich für eine Auslegungsvariante zu entscheiden, die die Ziel- und Zwecksetzung der fraglichen Bestimmung am besten verwirklicht und dadurch den Vergemeinschaftungsprozeß am ehesten vorantreibt. Da dieses Zweifels-Prinzip letztlich nur ein am *effet utile* orientiertes Auslegungsergebnis umschreibt und im übrigen viel zu unbestimmt ist, kommt ihm kein methodischer Eigenwert zu. Ebenso *Buck*, S. 221.

974 So ausdrücklich *Bleckmann*, S. 665 (667); *ders.*, Studien, S. 10, wonach das allgemeinere Prinzip „in dubio pro communitate" im Bereich der Grundfreiheiten als „in dubio pro libertate" zu bezeichnen sei. Meines Erachtens handelt es sich auch hierbei nicht um eine selbständige Auslegungsmethode. Ebenso *Rüber*, S. 83 und 95 ff.

975 So *Anweiler*, S. 236, worunter eine Auslegung durch den EuGH zu verstehen sei, bei der die Ziele der Normen am besten verwirklicht bzw. gefördert würden, die aber nicht zu den grundlegenden Prinzipien des Vertrages in Widerspruch stehen dürfe. Im Kern geht es also nicht um eine eigenständige Auslegungsmethode, sondern nur um eine Bewertung der im Zuge der teleologischen Auslegung und des *effet utile* gefundenen Auslegungsvariante als „gemeinschaftsfreundlich". Ähnlich *Buck*, S. 214 unter Hinweis auf EuGH, Rs. C-146/89, Slg. 1991, 3533 (3576): Herausarbeitung einer Deutungsweise, die die Erreichung der Ziele der fraglichen Verordnung ermögliche.

976 Zutreffend *Meyer*, Jura 1994, 455 (457) für den Grundsatz der Sicherung der Funktionsfähigkeit der Gemeinschaft.

977 Teilweise wird auch dieser Grundsatz als eigenständige Auslegungsmethode angesehen. Vgl. *Anweiler*, S. 228. Nach Meinung von *Anweiler*, a.a.O. und *Ipsen*, Europäisches Gemeinschaftsrecht, S. 282 habe der EuGH das Prinzip von der Funktionsfähigkeit der Gemeinschaft v.a. dazu herangezogen, um den Anwendungsvorrang des Gemeinschaftsrechts gegenüber dem nationalen Recht der Mitgliedstaaten zu begründen. Eine methodische Eigenständigkeit befürwortet offenbar auch *Röttgen*, S. 142: „einheitliche(n), vorrangige(n) und effektive(n) Geltung des Gemeinschaftsrechts". Daß der Anwendungsvorrang des Gemeinschaftsrechts ohne weiteres mit dem Grundsatz des *effet utile* begründet werden kann, verdeutlicht jedoch die

des EuGH in der Rs. 106/77[978] eindeutig belegt. Darin heißt es: „Die Effektivität der mitgliedstaatlichen Verpflichtungen umfaßt die Gewährleistung des Vorrangs des Gemeinschaftsrechts sowie die Vorbehaltslosigkeit, mit der die Mitgliedstaaten die Verpflichtungen aus dem Vertrag übernommen haben". Auch die gelegentlich als gesonderte Auslegungsmethoden eingeordneten Grundsätze von der „Einheitlichkeit"[979] bzw. „Rechtsschutzfreundlichkeit"[980] sind letztlich spezielle Ausformungen des Effektivitätsgrundsatzes und damit der teleologischen Interpretation.

Entscheidung des EuGH in der Rs. 6/64, Slg. 1964, 1251 (1270), in der das Gericht ausführt, daß die in Art. 189 EGV verankerte verbindliche und unmittelbare Geltung einer Verordnung ihrer praktischen Wirksamkeit beraubt würde, wenn die Mitgliedstaaten einseitig Rechtsvorschriften erlassen könnten, die solchen Verordnungen nach der lex posterior-Regel vorgingen. Vgl. auch *Everling*, in: Kruse, S. 51 (64), der den Grundsatz der vorrangigen und unmittelbaren Geltung des Gemeinschaftsrechts nicht als eigenständige Auslegungsmethode, sondern nur als „Leitlinie der Rechtsprechung" ansieht.

978 Vgl. EuGH, Rs. 106/77, Slg. 1978, 629.

979 So *Potacs*, S. 112 ff.; offenbar auch *Röttgen*, S. 142, 156. Die Einheitlichkeit der Auslegung bezeichnet die im Rahmen der grammatikalischen Auslegungsmethode bereits aufgezeichnete Praxis des EuGH, für die Interpretation gemeinschaftsrechtlicher Begriffe grds. nicht auf deren nationalstaatlichen Bedeutungsgehalt abzustellen, sondern derartige Begriffe autonom, d.h. genuin europarechtlich zu verstehen. Die Herausarbeitung gemeinschaftsrechtlicher Begriffsbedeutungen ist damit wiederum dem *effet utile* geschuldet. Zutreffend *Everling*, in: Kruse (Hrsg.), S. 51 (63): „Leitlinie der Rechtsprechung".

980 Vgl. *Potacs*, S. 102 ff.; *Röttgen*, S. 152 ff.; *Dumon*, Kritische Prüfung, S. III-132; *Anweiler*, S. 234; *Schwarze*, S. 216 ff.; *ders.*, NJW 1992, 1068f.; *Bredimas*, S. 114 ff. Ein solcher Grundsatz wird aus einigen Urteilen des EuGH gefolgert, in denen das Gericht die Zielsetzungen der Vorschriften über die Klagearten und deren Voraussetzungen extensiv ausgelegt hat, vgl. z.B. EuGH, Rs. 6/60, Slg. 1960, 1163 (1189); Rs. 25/62, Slg. 1963, 211 (237); Rs. 8-11/66, Slg. 1967, 99 (123f.); Rs. 43/72, Slg. 1973, 1055 (1070); Rs. 14/81, Slg. 1982, 749 (763); Rs. 135/81, Slg. 1982, 3799 (3808). Zu beachten ist, daß der EuGH eine extensive Auslegung der Klagevoraussetzungen keineswegs immmer vornimmt, so daß sich bereits mangels durchgängiger, einheitlicher Rechtsprechungspraxis die Existenzberechtigung einer so gearteten Auslegungsmethode relativiert. Dies räumt auch *Potacs*, a.a.O., S. 104f. ein und konstatiert lediglich eine „rechtsschutzfreundliche(n) Tendenz des EuGH". Vgl. EuGH, Rs. 12/63, Slg. 1963, 187 (199f.); Rs. 40/64, Slg. 1965, 295 (312); Rs. 307/81, Slg. 1982, 3463 (3472f.); Rs. 231/81, Slg. 1983, 2559 (2566). Darüber hinaus geht es dem Gericht auch bei der Interpretation von Rechtsschutzbestimmungen in erster Linie darum, die jeweils zugrunde liegenden Zielvorstellungen möglichst effektiv umzusetzen, vgl. EuGH, Rs. 13/83, Slg. 1985, 1513 (1592). Die grundsätzlich weite Auslegung solcher Vorschriften sollte auch aus diesem Grund nicht zum eigenständigen Auslegungsprinzip erklärt werden.

bb) Der „effet nécessaire"-Grundsatz

Bisweilen wird dem Effektivitätsprinzip der sog. *„effet nécessaire"* zur Seite gestellt. Was dieser Grundsatz genau beinhaltet, ist nicht klar. Ursprünglich bezeichnete dieses Prinzip die sich zunehmend von völkerrechtlichen Traditionen lösende Entscheidungspraxis des EuGH[981], wonach im Rahmen der teleologischen Auslegung nicht mehr die Zielvorstellungen der Normgeber, sondern in erster Linie die im Gesetz selbst verankerten Ziele den Auslegungsmaßstab bilden.[982] In der jüngeren Literatur wurde dem *„effet necéssaire"* ein weitergehendes Verständnis als „Interpretationstechnik"[983] im Rahmen der objektiv-teleologischen Auslegung zugrunde gelegt.[984] Durch die Zusammenfassung und Kombination mehrerer Vertragsbestimmungen sollten – quasi aus einer teleobjektiven Perspektive heraus[985] – nicht nur nützliche (= *utile*), sondern auch notwendige (= *necéssaire*) Auslegungsergebnisse ermittelt werden.[986] Als Beispiel wird die Entscheidung des EuGH in der Rs. 22/70 genannt, in der das Gericht eine in den Gründungsverträgen nicht ausdrücklich normierte Zuständigkeit der Gemeinschaft für den Abschluß internationaler Abkommen aus dem „Gesamtsystem des Vertrages" bzw. aus den „in ihrem Rahmen ergangenen Rechtsakten" abgeleitet hat.[987] Entsprechend habe „die Inkraftsetzung der Verordnung [...] *zwangsläufig*[988] die Zuständigkeit der Gemeinschaft für alle Abkommen mit diesen Staaten nach sich gezogen, welche das in der Verordnung geregelte Sachgebiet treffen."[989] Bemerkenswerterweise wird diese Urteilsbegründung andernorts

981 Daß der EuGH im Rahmen der teleologischen Auslegung bei der Ermittlung der Ziele in erster Linie auf die unklare Gemeinschaftsnorm selbst bzw. das sie enthaltende Gesetzeswerk abstellt, die subjektiven Vorstellungen des Gesetzgebers im Zeitpunkt des Normerlasses dagegen nur von untergeordneter Bedeutung sind, wurde oben bereits ausführlich erläutert.

982 Vgl. *Chevallier*, CMLR 1964, 21 (34f.).

983 Vgl. *Bredimas*, S. 78.

984 *Grundmann*, S. 377.

985 Von einer so verstandenen "interprétation téléobjective" spricht *Lecourt*, S. 63.

986 Die Notwendigkeit einer bestimmten Folgerung sollte dabei – in Anknüpfung an *Chevallier*, a.a.O. – aus den Zielsetzungen der Verträge und nicht aus denen der Vertragsgeber entnommen werden, vgl. *Grundmann*, S. 377.

987 EuGH, Rs. 22/70, Slg. 1974, 263 (274f.). Auch *Bredimas* und *Kutscher* sehen in diesem Urteil einen Anwendungsfall des vom *effet utile* zu unterscheidenden *effet necéssaire*, vgl. *Bredimas*, S. 79; *Kutscher*, Thesen, S. 44. Nicht eindeutig *Mengozzi*, der diese Entscheidung einerseits dem „hermeneutic criterion of ‚effet necéssaire'" zuordnet (*Mengozzi*, S. 256f.), dasselbe Urteil andererseits aber im Zusammenhang mit der *implied powers*-Doktrin zitiert (vgl. *Mengozzi*, S. 50).

988 Hervorhebung durch den Autor.

989 Rs. 22/70, a.a.O., 263 (275f.).

als Beleg für eine Inhaltsbestimmung des *effet nécessaire* angeführt, die von der soeben dargestellten abweicht.[990] Dort wird vertreten, dieses Prinzip sei dadurch gekennzeichnet, im Rahmen der Auslegung die „zwangsläufige Folge des Regelungsgehalts einer Gemeinschaftsbestimmung zu beachten".[991] Orientierungspunkt für die Auslegung sei nicht die Sicherung der Effektivität und Funktionsfähigkeit der Gemeinschaft, sondern die Frage nach den Zwangsläufigkeiten, die sich aus einer bestimmten Konstellation zum jeweiligen Integrationsstand ergäben, die der EuGH unabdingbar zu vollziehen habe.[992] Als weiteres Beispiel wird das zu der Rs. C-301/88[993] ergangene Urteil benannt. Darin stellte das Gericht fest, daß die auslegungsbedürftigen Normen zwar ausdrücklich keine Ausgleichsregelung vorsähen, „es sich doch aus den mit der Einführung derartiger Normen verfolgten Ziele(n)" ergebe, „daß die Nichteinhaltung dieser Normen[...]die Nichtgewährung des finanziellen Ausgleichs zur Folge haben *muß*[994]".[995] Unter den Grundsatz des *effet nécessaire* wird teilweise[996] auch die Rs. 294/83 subsumiert, in der der EuGH betonte, „daß dem vom Vertrag geschaffenen[...]Recht keine wie immer gearteten innerstaatlichen Rechtsvorschriften vorgehen können, wenn ihm nicht sein Charakter als Gemeinschaftsrecht aberkannt und wenn nicht die Rechtsgrundlage der Gemeinschaft selbst in Frage gestellt werden soll".[997]

Welcher Inhalt dem *effet necéssaire* auch konkret zugeschrieben wird, so ist doch eines offensichtlich: dessen Nähe zur *implied-powers*[998]- und zur *effet-utile*-Rechtsprechung.[999] So geht es letztlich um die ratio der auszulegenden Bestimmung und deren optimale Umsetzung im Interesse eines voranschreitenden Vergemeinschaftungsprozesses.[1000] Ein eigenständiger, über die Ausprägungen der teleologischen Methode hinausgehender Regelungsgehalt kommt dem *effet necéssaire* somit nicht zu.[1001]

---

990 Eine abweichende Inhaltsbestimmung des *effet necéssaire* findet sich beispielsweise bei *Buck*, S. 212.

991 *Buck*, S. 212 unter Verweis auf *Kutscher*, Thesen, S. I-44; *Dumon*, Kritische Prüfung, S. III-93; *Chevallier*, S. 459 (464f.); *ders.*, CMLR 1964/65, 21 (32f.); *Bredimas*, S. 77-80; *Cintura*, RTDE 1970, 272 (283); *Plender*, YEL 1982, 57 (62); *Mégret*, in: Waelbroeck (Hrsg.), Commentaire, Art. 164, Rn. 21.

992 *Buck*, S. 212.

993 EuGH, Rs. C-301/88, Slg. 1990, 3803 ff.

994 Hervorhebung durch den Autor.

995 Rs. C-301/88, a.a.O., 3803 (3835).

996 So *Bredimas*, S. 79.

997 EuGH, Rs. 294/83, Slg. 1986, 1251 (1339).

998 Zum *implied powers*-Grundsatz sogleich.

999 Zutreffend *Grundmann*, S. 380.

1000 Vgl. *Mengozzi*, S. 202. Siehe auch *Buck*, Auslegungsmethoden, S. 213.

1001 So ausdrücklich *Buck*, S. 213 sowie *Grundmann*, S. 380.

cc) Der Grundsatz der „implied powers" *bzw.* „necessary implication"

Bereits in den Anfangsjahren der EU hat sich der EuGH[1002] zum völkerrechtlichen[1003] Auslegungsgrundsatz der *„necessary implication"* bzw. zur – gleichbedeutenden – *implied-powers*-Doktrin[1004] bekannt.[1005] Nach dieser Regel werden den Einrichtungen und Organen der Gemeinschaft die zu ihrer Aufgabenerfüllung notwendigen Kompetenzen und Rechte selbst dann zugesprochen, wenn sich den vorhandenen Befugnisnormen insoweit nichts entnehmen läßt.[1006] Als „notwendigerweise impliziert" umfassen die expliziten Zuständigkeitsvorschriften stillschweigend v.a. solche Rechte, „bei deren Fehlen diese Vorschriften sinnlos wären oder nicht in vernünftiger und zweckmäßiger Weise zur Anwendung gelangen könnten".[1007] Im wesentlichen geht es bei der Auslegungsregel der *„implied powers"* also um eine effektive Verwirklichung der Vertragsziele[1008], weshalb sie letztlich als Ausprägung der teleologischen Interpretation[1009] bzw. des *effet utile*[1010] anzusehen ist.

1002 Vgl. beispielsweise EuGH, Rs. 8/55, Slg. 1955/56, 197 (312); Rs. 20/59, Slg. 1960, 681 (708); Rs. 25/59, Slg. 1960, 743 ff.; Rs. 22/70, Slg. 1971, 263 (274f.); Rs. 25/70, Slg. 1970, 1161 (1175); Rs. 267/78, Slg. 1980, 31 (55); Rs. 792/79, Slg. 1980, 119 ff.; Rs. 281, 283-285, 287/85, Slg. 1987, 3203 (3253f.); Rs. 165/87, Slg. 1988, 5545 (5560); Rs. C-295/90, Slg. 1992-I, 4231 (4233f.).

1003 Vgl. IGH, ICJ Rep. 1949, 174 (182f.); IGH, ICJ Rep. 1954, 47 (56f.). Der Grundsatz der *implied powers* wurde in Anlehnung an das innerstaatliche Verfassungsrecht, insbesondere der Vereinigten Staaten entwickelt. Zur Entwicklung der Lehre von den *implied powers*, vgl. *Peruzzo*, S. 24 ff.

1004 Der Auslegungsgrundsatz der *„necessary implication"* wird im Zusammenhang mit der Tätigkeit internationaler Organisationen auch als *„implied powers"* bezeichnet, vgl. *Anweiler*, S. 120.

1005 *Oppermann*, EuropaR, S. 219; *Zuleeg*, EuR 1969, 97 (107); *Bredimas*, S. 117f.; *Valentine*, S. 399 ff.; *Mengozzi*, S. 50f.; *Breier*, EuR 1993, 340 (343f.); *Brown/Jacobs*, S. 212f. Ausführlich zu den *implied powers* im Gemeinschaftsrecht *Peruzzo* sowie *Becker* und *Böhm*.

1006 *Grundmann*, S. 384; *Anweiler*, S. 122.

1007 Ausdrücklich EuGH, Rs. 8/55, Slg. 1955/56, 197 (312). Ferner EuGH, Rs. 20/59, Slg. 1960, 681 (708).

1008 Vgl. EuGH, Rs. 281, 283-285, 287/85, Slg. 1987, 3203 (3253f.): "Weist eine Bestimmung des EWG-Vertrages[...]der Kommission eine bestimmte Aufgabe zu, so ist davon auszugehen, daß sie ihr dadurch notwendigerweise auch die zur Erfüllung dieser Aufgabe unerläßlichen Befugnisse verleiht; andernfalls würde der Bestimmung jede praktische Wirksamkeit genommen." Ähnlich EuGH, Rs. 25/70, Slg. 1970, 1161 (1175); Rs. 792/79, Slg. 1980, 119 (131) und GA *Trabucchi* in der Rs. 8/73, Slg. 1973, 897 (913).

1009 So ausdrücklich *Anweiler*, S. 120; siehe auch *Grundmann*, S. 384.

1010 Die Lehre von den *implied powers* wird dem *effet utile* zugerechnet beispielsweise von *Dörr*, EuZW 1996, 39 (40); *Chevallier*, CMLRev. 1964, 21 (32f.). Auf den en-

dd) Die dynamische bzw. evolutive Auslegung

Überwiegend wird in der europarechtlichen Literatur die Existenz und Notwendigkeit einer sog. „evolutiven“[1011] bzw. „dynamischen Auslegungsmethode[1012]“ des EuGH[1013] hervorgehoben. Eine einheitliche Inhaltsbestimmung erweist sich jedoch als problematisch.[1014] Eines Teils der Wissenschaft zufolge bezeichnen diese Topoi eine Interpretation gemeinschaftsrechtlicher Vorschriften unter Berücksichtigung der Entwicklung, die sie von ihrer Entstehungszeit an genommen

---

gen Zusammenhang zum *effet utile* weisen beispielsweise hin: *Zuleeg*, EuR 1969, 97 (107); *Anweiler*, S. 225.

1011 Ausdrücklich *Bernhardt*, in: FS Kutscher, 17 (20). *Bernhardt* verwendet diesen Ausdruck aber in erster Linie im Zusammenhang mit der Auslegung völkerrechtlicher Verträge und nicht primär für das Gemeinschaftsrecht. Für das Gemeinschaftsrecht *Anweiler*, S. 238 ff.; *Grundmann*, S. 381 ff.

1012 *Buck*, S. 213 ff.; *Anweiler*, S. 239; *Bleckmann*, in: Bieber/Ress (Hrsg.), S. 161 (165 ff.); *ders.*, NJW 1982, 1177 (1180f.); *ders.*, EuR 1979, 239 (255 ff.); *ders.*, Studien, S. 10 ff. Folgende Autoren treten ohne weitere Begründung für eine „dynamische Auslegung“ des Gemeinschaftsrechts ein: *Maasch*, FS Raisch, S. 417 (427); *Schlochauer*, FS Hallstein, S. 431 (450); *Nicolaysen*, EuropaR I, S. 49; *Ipsen*, S. 131; *Schweitzer/Hummer*, EuropaR, S. 106; *Ophüls*, FG Müller-Armack, 279 (288 ff.).

1013 EuGH, Rs. 283/81, Slg. 1982, 3415 (3430): „Schließlich ist jede Vorschrift des Gemeinschaftsrechts in ihrem Zusammenhang zu sehen und im Lichte des gesamten Gemeinschaftsrechts, seiner Ziele und seines Entwicklungsstands zur Zeit der Anwendung der betreffenden Vorschrift auszulegen.“ *Anweiler*, S. 23, ist der Ansicht, daß der EuGH in diesem Urteil erstmals die dynamische Auslegungsmethode ausdrücklich als eigenständige Methode neben der wörtlichen, systematischen und teleologischen Auslegung erwähnt habe. Dies belege vor allem die Äußerung des Gerichts, „daß das Gemeinschaftsrecht sich im Laufe der Zeit fortentwickelt haben kann.“ In der Rs. 59/85, Slg. 1986, 1283 ff. soll das Gericht – so *Anweiler*, S. 240 – zu den Voraussetzungen Stellung genommen haben, unter denen die dynamische Auslegung eines Rechtsbegriffes erfolgen könne. Als besonders deutliches Beipiel, das die Existenz einer dynamischen Auslegungsmethode des EuGH belegen soll, bezeichnen *Anweiler*, S. 242 und *Bleckmann*, NJW 1982, 1177 (1181) die Rs. 1/78, Slg. 1979, 2871 ff. Gerade diese Entscheidung des EuGH beweist m.E. eher, daß es der Begründung einer sog. „dynamischen Auslegungsmethode“ nicht bedarf. Vielmehr hat das Gericht das Auslegungsergebnis unter Herausarbeitung der Regelungsziele des geplanten Übereinkommens, die bei einer restriktiven Auslegung der Kompetenznorm des Art. 113 EGV (= Art. 133 EG) nicht verwirklicht werden könnten und damit dieser Norm die praktische Wirksamkeit nehmen würde, sie also sinnentleeren würde, ermittelt. Im Ergebnis hat der EuGH sonach konsequent die teleologische Methode und ihre Ausprägung in Gestalt des *effet utile* angewendet.

1014 Dies betont v.a. *Bleckmann*, in: Bieber/Ress (Hrsg.), S. 161(165); *ders.*, NJW 1982, 1177 (1180); ebenso *ders.*, Studien, S. 10. Insgesamt verweist allein *Bleckmann*, a.a.O., auf vier Deutungsmöglichkeiten. Siehe auch *Grundmann*, S. 382.

haben.[1015] Insbesondere bei unbestimmten Rechtsbegriffen[1016] müsse sich eine zwischenzeitliche Änderung der wirtschaftlichen, gesellschaftlichen, politischen, sozialen oder moralischen Anschauungen auch auf der Ebene der Auslegung durch eine Anpassung dieser Begriffe an die neuen Werte niederschlagen.[1017] Anzulegen sei ein hypothetischer Maßstab: Gefragt werden müsse, welchen Sinn und welche Tragweite die Normgeber der Bestimmung zugrunde gelegt hätten, wenn sie zur Zeit der Rechtssetzung die aktuellen Verhältnisse bedacht hätten.[1018] In eine ähnliche Richtung geht ein Ansatz, der den Sinn der dynamischen Auslegung darin sieht, Sachverhalte, die urspünglich nicht unter das Gemeinschaftsrecht fielen, entsprechend der fortschreitenden Integration unter das Gemeinschaftsrecht zu fassen.[1019] Einen deutlich weitergehenden Inhalt erfährt die dynamische Auslegung, wenn man mit Blick auf die Präambel des EG-Vertrages[1020] („einen *immer engeren Zusammenschluß*[1021] der europäischen Völker“) davon ausgeht, daß der EuGH nicht an seine Auslegungen gebunden ist, sondern mit fortschreitender Integration die Einzelbestimmungen der Verträge und Sekundärrechtsakte unter Rückgriff auf deren Ziele stets weiter auslegen, die Souveränität der Mitgliedstaaten zunehmend einschränken muß.[1022] Bereits be-

---

1015 Vgl. *Oehmichen*, S. 132; *Anweiler*, S. 238; als eine von insgesamt vier Inhaltsbestimmungen auch *Bleckmann*, NJW 1982, 1177 (1180); *ders.*, Studien, S. 10f.; *ders.*, in: Ress/Bieber (Hrsg.), S. 161 (165); ebenso *Stewing*, S. 88; *Dröll*, S. 124. A.A. *Bernhardt*, FS Kutscher, S. 17 (20 ff.), wonach der EuGH die Gemeinschaftsverträge „jedenfalls in dem Sinne ‚statisch'“ interpretiere, als er sich eher an ihrer ursprünglichen ‚gemeinschaftsfreundlichen' Tendenz als daran orientiere, was die Mitgliedstaaten im Laufe der Entwicklung aus ihnen zu machen versuchten. Ebenso *Rüber*, S. 62.

1016 Für eine Anpassung unbestimmter Rechtsbegriffe an die aktuelle Gemeinschaftsrechtsentwicklung *Dumon*, Kritische Prüfung, S. III-90; *Anweiler*, S. 238; *Bleckmann*, in: Bieber/Ress (Hrsg.), S. 161 (165).

1017 *Dumon*, Kritische Prüfung, S. III-93; *Anweiler*, S. 238.

1018 Vgl. *Dumon*, Kritische Prüfung, S. III-94; *Anweiler*, S. 238.

1019 So *Bleckmann*, Studien, S. 11; *ders.*, in: Ress/Bieber (Hrsg.), S. 161 (166) und *ders.*, NJW 1982, 1177 (1180) als eine weitere Inhaltsbestimmung von seiner Ansicht nach insgesamt vier Möglichkeiten. Auch nach *Anweiler*, S. 245 kann die dynamische Auslegung einen solchen Inhalt haben.

1020 Zur Rechtfertigung einer so verstandenen dynamischen Auslegungstechnik des EuGH verweist *Bleckmann*, EuR 1979, 239 (255), zum einen auf die Präambel, zum anderen auf die Tatsache, daß der EWGV selbst seine Verpflichtungen in mehreren Stufen verschärfe und kein Grund dafür bestehe, diese Methode nach Ablauf der Übergangszeit aufzugeben.

1021 Hervorhebung des Autors.

1022 Vgl. *Bleckmann*, EuR 1979, 239 (255). Im Ergebnis hält er eine solche Auslegungspraxis aber für nicht akzeptabel, da andernfalls keine endgültigen abstrakten Antworten auf eine bestimmte Rechtsfrage möglich seien, S. 256. Gleichfalls ablehkannte Auslegungsstrukturen weist die dynamische Auslegung dagegen auf, wenn sie in den Dienst der fortschreitenden Integration gestellt wird. Quasi als „Katalysator“ des Vergemeinschaftungsprozesses würde sie dazu verpflichten, diejenige Auslegungsvariante auszuwählen, die am ehesten zur Umsetzung des Integrationszwecks beiträgt und damit eine Stärkung der Gemeinschaft erwarten läßt.[1023] Als wesensimmanent wird der dynamischen Auslegung überdies die Eigenschaft zugeschrieben, Auslegungsmethoden zu entwickeln, die – „unter Überwindung der eher statischen Auslegungsregeln des Völkerrechts“[1024] – eine Verwirklichung der Integrationsziele der Gemeinschaft garantieren.[1025] Verwiesen wird in diesem Zusammenhang vor allem auf eine am Zweck der Norm orientierte Auslegung, auf die vorrangige und unmittelbare Geltung des Gemeinschaftsrechts, auf die autonome Begriffsbildung und die Vermutungsregel *„in dubio pro communitate bzw. libertate“*.[1026] Als Ausdruck einer evolutiven Auslegung wird es schließlich angesehen, die dem Erlaß eines Gemeinschaftsrechtsakts oder insbesondere der Gründungsverträge nachfolgende tatsächliche Praxis der Mitgliedstaaten zu berücksichtigen.[1027]

---

nend *Anweiler*, S. 245, unter Hinweis darauf, daß der Gerichtshof berücksichtigen müsse, daß primär der Gemeinschaftsgesetzgeber die Möglichkeit habe, durch den Erlaß entsprechenden Sekundärrechts vor allem auf der Grundlage der Artt. 100, 100a und 235 EGV den gemeinschaftsrechtlichen Anwendungsbereich zu erweitern bzw. den veränderten Rahmenbedingungen anzupassen. Insofern sei jedenfalls bei der dynamischen Auslegung von Sekundärrechtsbestimmungen richterliche Zurückhaltung angebracht. Kritisch auch *Meyer*, Jura 1994, 455 (457).

1023 So insbesondere *Buck*, S. 214. Ferner *Bleckmann*, Studien, S. 10; ebenso *ders.*, NJW 1982, 1177 (1180); *ders.*, in: Bieber/Ress (Hrsg.), S. 161 (166); vgl. auch *Anweiler*, S. 239.

1024 *Bleckmann*, Studien, S. 10; *ders.*, NJW 1982, 1177 (1180); *ders.*, EuGRZ 1981, 257 ff.; *ders.*, EuR 1981, 101.

1025 So ausdrücklich *Bleckmann*, Studien, S. 10; *ders.*, NJW 1982, 1177 (1180).

1026 *Bleckmann*, Studien, S. 10; *ders.*, NJW 1982, 1177 (1180).

1027 Die dogmatische Einordnung dieses Problems ist nicht eindeutig. Früher galt die spätere Praxis vornehmlich als Hilfsmittel, um den historischen Vertragswillen zu ermitteln, vgl. beispielsweise Schiedsgericht, ILR 45 (1972), 419. Dem steht die Auffassung gegenüber, daß die spätere Praxis auf das aktuelle Vertragsverständnis ausgerichtet ist, vgl. *Stein*, in: Bieber/Ress, S. 113 (115f.); ebenso *Karl*, in: Bieber/Ress (Hrsg.), S. 81 (83). *Ress*, in: Bieber/Ress (Hrsg.), S. 49 (59 ff.) sieht die Berücksichtigung der nachfolgenden Praxis als „selbständige(n) Auslegungsfaktor“ und zugleich grds. als „Vertragsgestaltungselement“ an und ordnet ihn dogmatisch der teleologischen Auslegung zu. Eine Vertragsumgestaltung durch Berücksichtigung der tatsächlichen Organpraxis soll jedoch in den Bereichen ausgeschlossen sein, in denen individuelle Rechte von Einzelpersonen, die das Primär- oder Sekundärrecht einräumt, begründet würden, S. 72f. Für eine eigenständige Bedeutung als „Auslegungsmethode“ auch *Anweiler*, S. 272. Eingehend zum Problem auch

Wenn man überhaupt von einer dynamischen Auslegung seitens des EuGH sprechen will[1028], dann sollte dies meines Erachtens nicht unter dem Etikett einer eigenständigen Methode geschehen, sondern allenfalls als Charakterisierung eines Interpretationsergebnisses dienen, welches durch eine Kombination der klassischen Regeln unter besonderer Berücksichtigung der teleologischen Methode[1029] und ihrer speziellen Ausprägungen (v.a. *effet utile*)[1030] ermittelt wurde. Der dynamische Charakter der Auslegung ist also gewissermaßen die notwendige Folge einer flexiblen, der besonderen Dynamik des EG-Rechts selbst geschuldeten Auslegungspraxis, hat aber keinen methodischen Eigenwert.[1031] Dies ergibt sich zum einen daraus, daß in der Judikatur des EuGH nur wenige Urteile existieren, die die eine oder andere Deutungsvariante belegen[1032]; insbesondere hat sich das Gericht diesen in der Wissenschaft geprägten Begriff[1033] nicht zu eigen gemacht. Zum anderen bereitet eine eindeutige und unmißverständliche Bestim-

---

Bleckmann, in: Bieber/Ress (Hrsg.), S. 161 ff. *Bleckmann* zufolge spielt die Praxis der politischen Organe der EG und der Mitgliedstaaten bei der Auslegung des Gemeinschaftsrechts insgesamt eine nur untergeordnete Rolle, wobei allerdings eine solche praxisbezogene Auslegung im Bereich des Sekundärrechts häufiger als im Primärrecht sei, NJW 1982, 1177 (1179) und *ders.*, Studien, S. 6 unter Verweis auf EuGH, Slg. 1962, 97 ff.; Slg. 1965, 140 ff.; Slg. 1970, 452 ff.; Slg. 1970, 1172 ff.; Slg. 1975, 1440 ff.; Slg. 1976, 153 ff.; Slg. 1976, 250 ff.; Slg. 1977, 47 ff.; Slg. 1977, 231 ff.; Slg. 1977, 414 ff.; Slg. 1978, 1953 ff.; Slg. 1978, 1977 ff. Ebenso *Anweiler*, S. 273 ff. *Ress*, in: Bieber/Ress (Hrsg.), S. 49 ff.; *Karl*, in: Bieber/Ress (Hrsg.), S. 81 ff. und *Klein*, in: Bieber/Ress (Hrsg.), S. 101 ff. Auch *Rüber* gesteht der Praxis der Gemeinschaftsorgane und Mitgliedstaaten eine Bedeutung im Rahmen der Auslegung zu, verneint jedoch eine entsprechende Bindung des EuGH, vgl. *Rüber*, S. 64. Die hL geht davon aus, daß die nachfolgende Staatenpraxis im Gemeinschaftsrecht gar nicht anwerndbar ist, vgl. *Slynn*, in: Bieber/Ress (Hrsg.), S. 137; *Karl*, a.a.O., S. 95. *Dumon*, Kritische Prüfung, S. III-112; *Blank*, S. 101; *Bernhardt*, FS Kutscher, S. 17 (21).

1028 Dies stellt offenbar auch *Bleckmann*, NJW 1982, 1177 (1181), in Frage.

1029 Zutreffend *Karl*, in: Bieber/Ress (Hrsg.), S. 81 (83) unter Hinweis auf den dynamischen Charakter der teleologischen Methode. Daß die Förderung der Integration in methodischer Hinsicht eine starke Unterstreichung der teleologischen Auslegung bedingt, betont auch *Grundmann*, S. 383.

1030 So auch *Nicolaysen*, EuropaR I, S. 49, der die dynamische Entfaltung der Gemeinschaft auf dem Wege einer Auslegung nach dem *effet utile* sicherstellen will.

1031 Ebenso *Grundmann*, S. 383; vgl. auch *Schochauer*, FS Hallstein, S. 431 (431); deutlich *Dröll*, S. 124; und *Stewing*, S. 88.

1032 Auf diesen Umstand weisen *Anweiler*, S. 242 und *Bleckmann*, NJW 1982, 1177 (1181); *ders.*, Studien, S. 11, hin, wonach der EuGH keinesfalls den Standpunkt einnehme, mit wachsender Integration automatisch neue Grundsätze zur Anwendung zu bringen.

1033 Der Begriff der dynamischen Auslegung findet sich erstmals bei *Ophüls*, FS Müller-Armack, S. 279 (288 ff.).

mung dessen, was den Gegenstand einer „dynamischen Auslegungsmethode" bilden soll, wie gesehen, nicht unerhebliche Probleme. Je nachdem, ob von einem engeren oder weiteren Verständnis ausgegangen wird, verschwimmen die Konturen v.a. zur teleologischen Auslegung, was die praktische Handhabbarkeit als Auslegungsmethode in Frage stellt.[1034] Zugleich sind im Falle der Kreation einer neuen, „dynamischen" Auslegungsmethode Gewichtsverlagerungen innerhalb des Kompetenzgefüges der Gemeinschaftsorgane zu befürchten. Dem dynamischen Charakter des EG-Rechts wird v.a. durch die Schaffung abgeleiteten Gemeinschaftsrechts, durch Vertragsänderungen, Beschlüsse oder Entschließungen des Europäischen Rates bzw. der im Rat vereinigten Vertreter Genüge getan.[1035] Die Beförderung des Vergemeinschaftsungsprozesses ist mit anderen Worten in erster Linie Sache des Gemeinschaftsgesetzgebers. Demgegenüber obliegt es dem Europäischen Gerichtshof, durch eine an den Vertrags- und Integrationszielen orientierte Auslegung dem „gegenwärtigen Stand der Integration"[1036] auch im Einzelfall Rechnung zu tragen[1037], nicht aber, sich zum Ersatzgesetzgeber aufzuschwingen.[1038] Die von den Befürwortern einer dynamischen Auslegung geforderte Anpassung des Europäischen Gemeinschaftsrechts an neue Werte und tatsächliche Entwicklungen kann durch das Gericht ohne weiteres mit Hilfe der bereits bekannten Auslegungsmethoden und ihren Ausformungen bzw. durch eine europarechtsspezifische Gewichtung dieser Methoden bewerkstelligt werden.[1039] So ist speziell der teleologischen Methode ein dynamisches Element zu eigen, wenn die Regelungsziele des Primär- bzw. Sekundärrechts aus aktueller, objektiver Perspektive heraus ermittelt werden und man mit Rücksicht auf die Besonderheiten des Gemeinschaftsrechts den ursprünglichen, möglicherweise nicht mehr zeitgemäßen (subjektiven) Konsens der Normgeber zurücktreten läßt.[1040] Eine flexible, dem jeweiligen Integrations- und Entwicklungsstand gerecht werdende Deutung der auszulegenden Vorschrift kann weiter dadurch erreicht werden, daß zusätzlich zur besonderen Betonung der teleologischen Methode und

---

1034 Ähnlich *Grundmann*, S. 383, unter Hinweis darauf, daß sich genaue Kriterien für eine speziell dynamische-teleologische Auslegung nicht finden und auch nicht aufstellen ließen.

1035 Zutreffend *Dröll*, S. 124; *Bleckmann*, NJW 1982, 1177 (1178) und *ders.*, Studien, S. 3.

1036 Vgl. EuGH, Rs. 293/83 = NJW 1985, 2085 ff.; EuGHE 73, 339 (387).

1037 Eine integrationsorientierte Rechtsprechungspraxis im Einzelfall befürwortend *Bleckmann*, EuR 1979, 239 (257).

1038 Sinngemäß *Bleckmann*, a.a.O.

1039 Zutreffend *Bleckmann*, EuR 1979, 239 (257) unter Bezug auf die teleologische Methode.

1040 Ebenso *Karl*, in: Bieber/Ress (Hrsg.), S. 81 (83). Vgl. auch *Bleckmann*, EuR 1979, 239 (258).

des *effet utile*, der Wortlaut der Norm insbesondere in den Fällen des Wertewandels gerade nicht als Grenze der Auslegung verstanden, sondern der Norm eine über ihren buchstäblichen Sinn hinausgehende Bedeutung beigelegt wird. Zusätzlich werden fortschrittliche Auslegungsergebnisse auch dann gewährleistet, wenn man – vergleichbar der völkerrechtlichen Auslegungsmaxime des Art. 31 Abs. 3 lit. b) WVRK[1041] – den EuGH bei seiner Auslegung verpflichtet, Tendenzen zur Verwirklichung neuer oder abgewandelter Ziele, die sich in allen Mitgliedstaaten und überdies in den Organen der EG selbst zeigen, zu respektieren.[1042] Über diese Bindungswirkung hinaus wird der EuGH als „Integrationsmotor"[1043] stellenweise sogar dazu aufgefordert, bei der Durchsetzung eines neuen Konsenses aktiv mitzuwirken, so daß eine Anpassung der veralteten Bestimmung auch dann möglich ist, wenn nicht alle Mitgliedstaaten ihre Praxis geändert haben.[1044] Auf diese Weise kann mitunter sogar der historischen Auslegung, die u.a. die spätere Praxis der Normgeber ins Blickfeld nimmt, eine Anpassungsfunktion übernehmen. Schließlich spielt auch die systematische Auslegungsmethode unter Betrachtung des weiteren Rechtstextzusammenhangs, insbesondere des ungeschriebenen Primärrechts in der Gestalt der allgemeinen Rechtsgrundsätze, eine nicht unbedeutende Rolle bei der Wahrnehmung der Integrations- und Anpassungsfunktion gemeinschaftsrechtlicher Bestimmungen. Namentlich die den allgemeinen Rechtsgrundsätzen zugehörigen Gemeinschaftsgrundrechte können zu einem anderen Normenverständnis zwingen. Einer weiteren, „dynamischen" Auslegungsmethode bedarf es im Ergebnis sonach nicht.[1045]

1041 Nach Art. 31 Abs. 3 WVRK müssen in gleicher Weise wie der Kontext bei der Auslegung berücksichtigt werden: lit. a) „jede spätere Übereinkunft zwischen den Vertragsparteien über die Auslegung des Vertrages und die Anwendung seiner Bestimmungen"; und v.a. lit. b) „jede spätere Übung bei der Anwendung des Vertrags, aus der Übereinstimmung der Vertragsparteien über seine Auslegung hervorgeht". Zur Auslegung dieser Vorschrift eingehend *Ress*, in: Bieber/Ress (Hrsg.), S. 49 ff.

1042 *Bleckmann*, EuR 1979, 239 (258). Tendenziell ebenso *Bernhardt*, FS Kutscher, 17 (21).

1043 Der EuGH ist verschiedentlich als Motor der Integration bezeichnet worden, vgl. *Oppermann/Hiermaier*, JuS 1980, 782 (783); kritisch *Streinz*, EuropaR, Rn. 494; *Stein*, Am. J. Int. L. 75 (1981), 1 ff.

1044 So *Bleckmann*, EuR 1979, 239 (258).

1045 *Blank*, S. 100: Einordnung als Unterart der teleologischen Auslegung. Ebenso *Grundmann*, S. 383f; Meyer, Jura 1994, 455 (457). Siehe ferner *Schlochauer*, FS Hallstein, 431 (431); *Ipsen*, S. 131. Vgl. auch *Ress*, in: Bieber/Ress, S. 49 (52); sowie *Bengoetxea*, S. 252f, der die Ausprägungen der teleologischen Auslegungsmethode als "dynamic criterias" zusammenfaßt; ferner *Karl*, in: Bieber/Ress (Hrsg.), S. 81 (82f.).

ee) Die rechtsvergleichende Auslegung

Nicht wenige rechtswissenschaftliche Abhandlungen zur Auslegungsmethodik des EuGH beschäftigen sich mit der sog. rechtsvergleichenden Auslegung.[1046] Das Wesen der Rechtsvergleichung ist es, die verschiedenen nationalen Rechtsordnungen entweder im ganzen[1047] oder im Detail[1048] miteinander zu vergleichen[1049] und aus einer Gegenüberstellung verschiedener Lösungsmöglichkeiten für das konkrete Problem die beste, zweckmäßigste und gerechteste auszuwählen.[1050]

Vor dem Hintergrund, daß die EU als Integrationsgemeinschaft die einzelnen Mitgliedstaaten nicht nur auf wirtschaftlichem und sozialem, sondern auch auf rechtlichem Gebiet zusammenführen will[1051], liegt es nahe, den Grundsätzen und Vorstellungen Rechnung zu tragen, die den Rechtsordnungen dieser Staaten gemeinsam sind.[1052] In gewisser Weise gewährleistet dies bereits die Zusammensetzung des EuGH. Bestehend aus derzeit 15 Richtern[1053] und 9 Generalanwälten[1054] (vgl. Artt. 221, 222 EGV) verschiedener Mitgliedstaaten, die als Juristen

---

1046 Siehe beispielsweise die Arbeiten von *Anweiler*, S. 277 ff.; *Daig*, Zu Rechtsvergleichung und Methodenlehre im Europäischen Gemeinschaftsrecht; *Bleckmann*, Studien, S. 96 ff. und S. 105 ff; *Kropholler*, Internationales Einheitsrecht, S. 278 ff.; *Canaris*, JZ 1987, 543 (549 ff.).

1047 Hier werden Geist und Stil verschiedener Rechtsordnungen und die in ihnen gebräuchlichen Denkmethoden und Verfahrensweisen miteinander verglichen. Gegenstand der sog. Makrovergleichung ist also nicht das konkrete Problem und seine Lösung, sondern die allgemeine Methodik bzw. Arbeitsweise im Umgang mit dem Rechtsstoff, vgl. *Rheinstein*, S. 31; *Strupp/Schlochauer*, S. 79; *Zweigert/Kötz*, Rechtsvergleichung I, S. 5.

1048 Die sog. Mikrovergleichung nimmt demgegenüber ein bestimmtes Problem oder einen Interessenkonflikt ins Blickfeld und stellt auf ganz spezielle Rechtsinstitute zur Lösung dieser Fragen ab. Vgl. *Rheinstein*, S. 31; *Zweigert/Kötz*, Rechtsvergleichung I, S. 5.

1049 *Zweigert/Kötz*, Rechtsvergleichung I, S. 2.

1050 *Kutscher*, Thesen, S. I-31; *Anweiler*, S. 279.

1051 Vgl. Art. 2 Spiegelstrich 4 EUV: „Erhaltung und Weiterentwicklung der Union als Raum der Freiheit, der Sicherheit und des Rechts", Art. 3 Abs. 1 lit. h) EGV: „Angleichung der innerstaatlichen Rechtsvorschriften" bzw. Art. 61 EGV: „schrittweise(r) Aufbau eines Raums der Freiheit, der Sicherheit und des Rechts".

1052 Mit dieser Argumentation hat auch der EuGH in der Rs. 155/79, Slg. 1982, 1575 (1610) die Heranziehung der rechtsvergleichenden Auslegungsmethode begründet.

1053 Vgl. Art. 10 des Beschlusses 95/1 des Rates der Europäischen Union vom 1.1.1995 zur Anpassung der Dokumente betreffend den Beitritt neuer Mitgliedstaaten zur Europäischen Union, ABl. (EG) vom 1.1.1995, Nr. L 1/4.

1054 Vgl. Art. 11 des Beschlusses 95/1 des Rates, ABl. (EG) vom 1.1.1995, Nr. L 1/4. Aufgabe der Generalanwälte ist es, den Spruchkörper durch das Stellen begründeter durch die unterschiedlichen Traditionen, Wertungen und Ordnungsvorstellungen ihrer Rechtsordnung geprägt sind, ist eine ständige Rechtsvergleichung im Interesse möglichst einheitlicher Willensbildung unerläßlich.[1055] Überdies existiert mit der Abteilung „Forschung und Dokumentation", der gleichfalls Juristen aller Mitgliedstaaten angehören, ein Gremium, das eigens für die Rechtsvergleichung geschaffen wurde.[1056] Dessen Aufgabe ist es, in sog. Länderberichten die Rechtslage in den Mitgliedstaaten zu speziellen Fragestellungen darzustellen, die anschließend vom EuGH ausgewertet werden.[1057]

Trotz dieser günstigen Rahmenbedingungen spielt die Rechtsvergleichung – wohl aufgrund der Eigenständigkeit der Gemeinschaftsrechtsordnung gegenüber den Rechtsordnungen der Mitgliedstaaten[1058] – entgegen verschiedentlicher Annahme[1059] eine relativ geringe Rolle.[1060] Während der EuGH sich dieser Methode zur Ausfüllung von Lücken im Recht der Gründungsverträge wiederholt bedient hat[1061], trifft dies für die Interpretation von Textbegriffen des abgeleiteten Ge-

---

Schlußanträge am Ende einer mündlichen Verhandlung zu unterstützen. An den Urteilsberatungen und Abstimmungen nehmen die GAe indes nicht teil.

1055 Zutreffend *Borchardt*, in: Lenz (Hrsg.), EG-Vertrag, Art. 164, Rn. 23; *Kutscher*, Thesen, S. I-30; *Anweiler*, S. 281.

1056 *Borchardt*, in: Lenz (Hrsg.), EG-Vertrag, Art. 164, Rn. 22; *Daig*, FS Zweigert, S. 395 (414).

1057 Die Erstellung einer sog. *„note de recherche"* kann auf Vorschlag des Berichterstatters, des GA oder eines anderen EuGH-Mitglieds in jeder Rechtssache geschehen, vgl. *Borchardt*, a.a.O., Rn. 22.

1058 *Anweiler*, S. 291.

1059 So v.a. *Daig*, FS Zweigert, S. 395 (415), der den EuGH als „Hochburg der angewandten Rechtsvergleichung" betitelt. Ferner *Metallinos*, S. 160: Feststellung, daß der EuGH die Rechtsvergleichung für die Auslegung des Gemeinschaftsrechts „weitgehend" heranziehe; *Pernice*, in: Grabitz/Hilf, Art. 164, Rn. 29, geht zumindest von einer tendenziell steigenden Bedeutung der rechtsvergleichenden Auslegung in der Judikatur des EuGH aus. Diese Fehleinschätzung resultiert vermutlich aus der unzureichenden Unterscheidung zwischen der grammatikalischen Auslegung, die insbesondere bei divergenten Fassungen sprachlich authentischer Texte zur Sinnermittlung alle Versionen miteinander vergleicht, und der Rechtsvergleichung im technischen Sinn, vgl. *Anweiler*, S. 285. *Pernice*, in: Grabitz/Hilf, Art. 164, Rn. 29, geht zumindest von einer tendenziell steigenden Bedeutung der rechtsvergleichenden Auslegung in der Judikatur des EuGH aus. Ferner *Luttermann*, EuZW 1999, 401 (404), wonach der Sprachenvergleich als *„die* zentrale Auslegungsmethode der rechtsvergleichenden Sinnermittlung" anzusehen sei.

1060 So die Einschätzung von *Anweiler*, S. 284; *Kutscher*, Thesen, S. I-27; *Olbertz*, StVj 1992, 37 (38).

1061 In diesem Bereich hat die rechtsvergleichende Auslegung Bedeutung etwa im Rahmen der außervertraglichen Haftung der Gemeinschaft, vgl. Art. 288 Abs. 2 EGV (= ex Art. 215 Abs. 2) und der Gewährleistung der im Gemeinschaftsrecht selbst ungeschriebenen Grundrechte, vgl. EuGH, Rs. 44/79, Slg. 1979, 3727 (3745); Rs. 46/87, meinschaftsrechts nur ganz vereinzelt zu. Auszumachen ist danach eigentlich nur ein Fall, in dem das Gericht ausdrücklich – und gleichberechtigt neben den klassischen Auslegungsmethoden – eine rechtsvergleichende Untersuchung bei seiner Entscheidungsfindung vorgenommen hat.[1062] So hat der Spruchkörper in der Rs. 155/79[1063] die betreffende Verordnungsvorschrift „bei wörtlicher, systematischer und am Verordnungszweck orientierter Auslegung *sowie unter Berücksichtigung des Rechts der Mitgliedstaaten*"[1064] gedeutet. Zumindest ansatzweise wurde die rechtsvergleichende Auslegungsmethode in der Rechtssache 6/60[1065] angewandt. Wenn sich den Urteilsbegründungen regelmäßig auch keine Hinweise auf eine rechtsvergleichende Auslegungstechnik des EuGH entnehmen lassen, sollte dies jedoch nicht darüber hinwegtäuschen, daß der interne rechtsvergleichende Aufwand, zumal in den Schlußanträgen der Generalanwälte[1066], zum Teil erheblich ist.[1067] Nicht umsonst besteht die Bibliothek des EuGH zu 70 % aus Publikationen zum innerstaatlichen Recht der Mitgliedstaaten.[1068] Darüber hinaus greift das Gericht im Rahmen der grammtikalischen Auslegung bei der Interpretation divergierender sprachlicher Fassungen der Gemeinschaftsrechtsakte auf rechtsver-

Slg. 1989, 2859 (2923). Auch bei anderen Fragen, für deren Lösung das Gemeinschaftsrecht keine (ausreichende) Lösung bereit hält, wird die Rechtsvergleichung relevant. Derartige Lücken – v.a. im allgemeinen Verwaltungs- und Prozeßrecht sowie im Agrar- und Wettbewerbsrecht – füllt das Gericht in der Regel durch allgemeine Rechtsgrundsätze aus, die der EuGH aus den Rechtsordnungen der Mitgliedstaaten ableitet.

1062 Ähnlich *Anweiler*, S. 290.

1063 EuGH, Rs. 155/79, Slg. 1982, 1575 ff.

1064 EuGH, Rs. 155/79, Slg. 1982, 1575 (1612).

1065 EuGH, Rs. 6/60, Slg. 1960, 1163 (1195): Vergleich der Besteuerungssituation in Frankreich und Deutschland.

1066 Vgl. insbesondere die Schlußanträge des GA *Lagrange* in den verbundenen Rechtsachen 3 und 4/54, Slg. 1954/55, 151 (157-187). In diesen Rechtssachen hat der GA die Bedeutung des Begriffs „détournement de pouvoir" (= Ermessensmißbrauch) anhand der Regelungen der damaligen 6 Mitgliedstaaten in einem zwanzigseitigen Bericht erläutert, S. 157f. Wenn sich der EuGH in seinen Urteilsbegründungen auch mit den umfangreichen rechtsvergleichenden Untersuchungen insbesondere der Generalanwälte nicht auseinandersetzt, sondern lediglich das Ergebnis der Analysen präsentiert, so nimmt er diese jedoch im Rahmen seiner Beratung sehr wohl zur Kenntnis und bezieht sie in den Prozeß der Entscheidungsfindung ein vgl. z.B. EuGH, Rs. 13/61, Slg. 1962, 97 (109f., 129 ff.); Rs. 56-60/75, Slg. 1976, 711 (742 und 752) Vgl. *Kutscher*, Thesen, S. I-28.

1067 Dies hebt *Kutscher* als früherer Präsident des EuGH ausdrücklich hervor, vgl. *Kutscher*, Thesen, S. I-30; *Everling*, ZGR 1992, 376.

1068 So die Angabe bei *Daig*, FS Zweigert (1981), S. 395 (414); *Anweiler*, S. 282.

gleichende Elemente zurück[1069], auch wenn es sich hierbei nicht um Rechtsvergleichung im technischen Sinne handelt.[1070]

Die angeführten Beispiele belegen, daß der EuGH auf eine rechtsvergleichende Betrachtung keineswegs verzichtet. Zwar bildet sich in der Europäischen Gemeinschaft zunehmend eine eigenständige, vom Recht der Mitgliedstaaten abgelöste Rechtsordnung heraus.[1071] Diese ist jedoch mit den nationalstaatlichen Rechtstraditionen verwurzelt, was sich unter anderem daran zeigt, daß die verwendeten Rechtsbegriffe häufig dem innerstaatlichen Recht entliehen sind (s.o.).[1072] Überdies ist die rechtsvergleichende Auslegungsmethode in den Gründungsverträgen ausdrücklich vorgesehen (vgl. Artt. 288 Abs. 2 EGV, 188 Abs. 2 EAGV). Zu Recht wird daher geäußert, daß die EuGH-Richter bei der Interpretation des Gemeinschaftsrechts Regelungen aus den Mitgliedstaaten heranzuziehen hätten, die bei der Formulierung der auszulegenden Vorschrift Pate standen.[1073] Dies gebietet nicht zuletzt das Interesse, einheitliche, gerechte, nachvollziehbare und gemeinhin akzeptierte Auslegungsergebnisse zu erzielen.[1074] Insge-

---

1069 Eingehend zur Problematik s.o.

1070 Über das Maß des reinen Sprachvergleichs hinausgehend (darauf beschränkt sich aber die grammatikalische Auslegung) setzt die Rechtsvergleichung eine umfassende Auseinandersetzung mit den betreffenden Rechtsordnungen voraus, beschränkt sich also gerade nicht auf einzelne Begriffe. Entscheidend kommt es auf die Lösung des dahinter stehenden Rechtsproblems an. Überdies ist eine rechtsvergleichende Auslegung – anders als eine bloße Wortlautanalyse – allein bei Rechtsbegriffen, nicht aber auch bei beispielsweise technischen Ausdrücken möglich. Vgl. zur Abgrenzung *Anweiler*, S. 285f.

1071 Diesen Aspekt hat der EuGH erstmalig in der Rs. 6/64, Slg. 1964, 1251 (1269) herausgearbeitet und er ist inzwischen ständige Rechtsprechung, vgl. nur Rs. 106/77, Slg. 1978, 629 (643f.) und Gutachten I-1/91, Entwurf eines Abkommens zwischen der Gemeinschaft einerseits und den Ländern der Europäischen Freihandelsassoziation andererseits über die Schaffung des Europäischen Wirtschaftsraums, S. 6079 (6102).

1072 *Anweiler*, S. 280; *Zweigert/Kötz*, Rechtsvergleichung I, S. 22; *Pernice*, in: Grabitz/Hilf, Art. 164, Rn. 28. Kritisch auch *Bieber*, S. 283 (285), der vor einer „Überbetonung der Eigenständigkeit" des Gemeinschaftsrechts warnt.

1073 Ausdrücklich *Anweiler*, S. 280.

1074 *Anweiler*, S. 292. Für *Pernice* ist die Rechtsvergleichung sogar conditio sine qua non für die Wahrung der Rechtseinheit im Gemeinschaftsrecht und Grundlage des Verständnisses der Begriffe des Gemeinschaftsrechts, vgl. *Pernice*, in: Grabitz/Hilf, Art. 164, Rn. 28. Vgl. ferner *Blomeyer*, NZA 1994, 633 (638). Instruktiv auch *Lutter*, JZ 1992, 593 (603f.), der für eine rechtsvergleichende Vorgehensweise unter Berücksichtigung der einzelstaatlichen Lehre und Rechtsprechung insbesondere im Bereich der Auslegung von Richtlinien plädiert. Ähnlich *Hommelhoff*, AcP 192 (1992), 71 (98) und *Steindorff*, ZHR 156 (1992), 1 (16).

samt spricht einiges dafür, rechtsvergleichenden Untersuchungen methodische Eigenständigkeit innerhalb des Auslegungskanons zuzumessen.[1075]

3. *Zusammenfassung zur Auslegungsmethodik des EuGH*

Eine Gesamtschau der Entscheidungen des EuGH hat gezeigt, daß sich der Gerichtshof bei der Normauslegung mit dem Wortlaut, dem systematischen Zusammenhang sowie dem Sinn und Zweck auseinandersetzt. Dies bestätigt auch die ausdrückliche Feststellung in der Rechtssache 53/81[1076], wonach der Bedeutungsgehalt der auszulegenden Vorschrift „unter Rückgriff auf die allgemein anerkannten Auslegungsgrundsätze, und zwar ausgehend vom gewöhnlichen Sinn der Begriffe im Kontext und im Licht der Ziele des Vertrages" zu ermitteln ist. Auch historische Erwägungen spielen – jedenfalls für den Bereich des Sekundärrechts – eine Rolle. Neben diese vor allem in der mitgliedstaatlichen Tradition stehende Auslegungspraxis treten weitere Interpretationskriterien, die ihren Ursprung zum Teil im Völkerrecht haben und dem Auslegungsvorgang ein spezifisch europarechtliches Gepräge geben. Entgegen vielseitiger Annahme sind diese Sonderformen nicht als selbständige, dem Viererkanon gleichzuachtende Auslegungsmethoden anzusehen.[1077] Eine methodische Eigenberechtigung ist allenfalls für die rechtsvergleichende Sinnermittlung zu erwägen.[1078] Eine eigenständige Bedeutung, wenn auch nicht methodischer Art, kommt ihnen jedoch in zweifacher Weise zu. Zunächst ist es ihre Aufgabe, die „klassischen" Regeln auf die besondere Natur des Gemeinschaftsrechts als einer sich ständig fortentwikkelnden und auf einen immer enger werdenden Zusammenschluß angelegten, supranationalen Rechtsordnung abzustimmen. Zu diesem Zweck ergänzen und konkretisieren sie die herkömmlichen Interpretationsgrundsätze bzw. formen diese aus. Dies betrifft in erster Linie die teleologische Methode, die sich bei der Herausarbeitung der (objektiven) Ziele weniger am ursprünglichen Regelungsanliegen der Vertrags- oder Normgeber als vielmehr – dynamisch – am jeweiligen Integrationsstand orientieren muß.[1079] Der unklaren Bestimmung soll im Wege der Auslegung ein Inhalt gegeben werden, bei der ihr praktischer Nutzen am größten

1075 So ausdrücklich *Kropholler*, Internationales Einheitsrecht, S. 260f.

1076 EuGH, Rs. 53/81, Slg. 1982, 1035.

1077 Zutreffend *Buck*, S. 237. *Buck* hält es für überflüssig, einen speziellen europäischen Methodenkanon zu entwickeln. Vielmehr erweise sich der klassische Viererkanon als „flexibles Argumentationsgerüst", wobei die Sinnermittlung an den spezifischen Bedürfnissen der auszulegenden Gemeinschaftsrechtsnorm auszurichten sei.

1078 So ausdrücklich *Kropholler*, Internationales Einheitsrecht, S. 260f.

1079 *Buck*, S. 228.

ist (*effet utile*), der die Gemeinschaftsziele optimal verwirklicht, die Funktionsfähigkeit der EG gewährleistet und den Vergemeinschaftungsprozeß am stärksten befördert. Aber auch auf die übrigen Methoden haben diese speziellen Kriterien Einfluß. So bildet der Wortlaut der Vorschrift grds. nicht die Grenze des Auslegungsprozesses[1080], zumal in den Fällen, in denen der buchstäbliche Sinn ein eher integrationshemmendes Normenverständnis indiziert. Etwas anderes gilt jedoch dann, wenn der fragliche Rechtsakt die Gemeinschaftsorgane zu Eingriffen in die Rechte der Marktbürger ermächtigt. Zugleich kommt es grds. auf ein autonomes Begriffsverständnis an. Die Inhaltsbestimmung einer Gemeinschaftsnorm unter systematischen Aspekten zwingt zu einer Betrachtung des weiteren, über den engeren Normenkontext hinausgehenden Rechtstextzusammenhangs, namentlich des Primärrechts. Und was die historische Methode angeht, so können entstehungsgeschichtliche Erwägungen mit Rücksicht auf den dynamischen Charakter der EG und der ständigen Erweiterung ihres Mitgliederkreises für den Bereich der Gründungsverträge nur von untergeordneter Bedeutung sein. Zusätzlich zu dieser Einwirkung auf die klassischen Interpretationsregeln wird der Auslegungsprozeß durch die speziellen Kriterien um die Facette der Rechtsvergleichung erweitert. In ganz anderem Maße als bei der Sinnerforschung rein nationaler Bestimmungen kommt es im EG-Recht als oftmals auf mitgliedstaatliche Rechtsvorstellungen zurückgehende und auch der rechtlichen Integration verpflichtete Rechtsordnung auf einen Systemvergleich an.[1081]

Abgesehen von der soeben beschriebenen Funktion, den Auslegungsvorgang unter Anwendung des klassischen Methodenkanons den Besonderheiten des Gemeinschaftsrechts anzupassen und ihn gleichsam abzurunden, besteht die zweite Aufgabe der europarechtsspezifischen Auslegungsprinzipien darin, für eine besondere, ebenfalls dem Charakter des EG-Rechts geschuldete Gewichtung der klassischen Regeln zu sorgen.[1082] Zwar vermeidet es der EuGH, sich für die Sinnermittlung auf eine stringente, immer gleichbleibende Auslegungstechnik festzulegen. Insbesondere läßt sich weder eine eindeutige Hierarchie innerhalb des Methodenkanons, noch eine strikte Trennung bzw. klare Bezeichnung der angewandten Regeln ausmachen.[1083] Vielmehr entsteht aus den auslegungstechnisch oftmals wenig ergiebigen Urteilsbegründungen der Eindruck, das Gericht steuere sogleich auf die integrationsorientierte ratio legis der Norm unter weitestgehender Vernachlässigung der übrigen Methoden zu. Daß die Auslegungspraxis

---

1080 Vgl. EuGH, Rs. 107/84, Slg. 1985, 2655 (2667): "zwingende Gesichtspunkte für eine weite, über den Wortlaut der Bestimmung hinausgehende Auslegung."

1081 Ebenso *Buck*, S. 236, der dies schon aus Gründen der Akzeptanz der EuGH-Urteile für geboten hält.

1082 *Buck*, S. 237; *Kropholler*, Internationales Einheitsrecht, S. 263.

1083 *Potacs*, S. 297; *Kropholler*, Internationales Einheitsrecht, S. 261.

etwas willkürlich erscheint, erklärt sich unter anderem daraus, daß diese sehr auf die interpretatorische Bewältigung des Einzelproblems und dessen sachgerechte Lösung zugeschnitten ist. Zusätzlich variiert die Norminterpretation abhängig davon, ob es um die Auslegung der Verträge oder des organschaftlich gesetzten Rechts geht, wodurch der Eindruck der Beliebigkeit noch verstärkt wird. Tatsächlich sind die EuGH-Richter in vergleichbarer Weise wie ihre nationalstaatlichen Kollegen grds. bemüht, gleichmäßig alle Auslegungskriterien in den Interpretationsvorgang einzustellen, um diesen nicht von vornherein abzukürzen.[1084] Für umfangreiche auslegungsdogmatische Betrachtungen sorgen schon die den Spruchkörper unterstützenden Generalanwälte, deren Ausführungen in die Überlegungen des Gerichts einfließen. Überdies kann der Judikatur gerade mit Blick auf die interpretatorischen Sonderformen auch ein gewisses Rangverhältnis entnommen werden.[1085] Die größte Bedeutung mißt das Gericht offenbar der teleologischen Methode zu. Dabei beschränkt sich der Spruchkörper nicht nur auf eine reine (objektive) Sinn- und Zweckermittlung, sondern stellt diese Methode zunehmend in den Dienst des Vergemeinschaftungsprozesses.[1086] Ihr verleiht das Gericht unter Anwendung vor allem des *effet utile* ein integrationspolitisch-dynamisches Element.[1087] Auch systematische Erwägungen haben regelmäßig eine das Auslegungsergebnis konstituierende Funktion und werden in ähnlicher Weise für die europäische Idee in die Pflicht genommen, wie beispielsweise die primärrechtskonforme Ausdeutung von Vorschriften des abgeleiteten Gemeinschaftsrechts zeigt.[1088] Demgegenüber neigt das Gericht dazu, den Wortlaut der unklaren Vorschrift zumindest dann zurücktreten zu lassen, wenn dieser ein Verständnis der Bestimmung nahelegt, das dem Integrationsvorhaben zuwiderläuft. Relativ wenig Beachtung schenkt der EuGH überdies der historischen Interpretation, sofern es um die Interpretation der Gemeinschaftsverträge geht. Eine deutliche Aufwertung erfährt die Entstehungsgeschichte hingegen bei der Sinnermittlung von Sekundärrechtsnormen, die in diesem Fall ein anderweitig gefundenes Auslegungsergebnis nicht nur bestätigt, sondern gleichberechtigt neben die Analyse der Regelungsziele tritt. Dies gilt um so mehr, wenn die teleologische Methode keine Klarheit schafft, da der auszudeutenden Bestimmung verschiedene, einander widersprechende Zielvorstellungen zugrunde liegen.[1089] Insofern ist es unzutreffend, von einer generellen Vorrangstellung der Teleologie auf der einen

---

1084 Für eine parallele Anwendung der Auslegungsmethoden *Zuleeg*, EuR 1969, 97 (99); *Anweiler*, S. 382.
1085 So auch *Anweiler*, S. 384.
1086 *Kropholler*, Internationales Einheitsrecht, S. 277 Fn. 62 und *Ipsen*, S. 132.
1087 *Grundmann*, S. 399.
1088 Ähnlich *Buck*, S. 227 und insbesondere S. 239.
1089 Deutlich *Bleckmann*, in: Bieber/Ress (Hrsg.), S. 161 (202).

und einem bloßen Schattendasein der Historie auf der anderen Seite zu sprechen.[1090] Im übrigen sollte bei der Aufstellung einer festen Rangfolge innerhalb des Methodenkanons Zurückhaltung geübt werden, um nicht von vornherein bestimmte Auslegungsergebnisse zu zementieren und sich dadurch der gebotenen Flexibilität und Offenheit zu begeben.[1091]

Ergeben sich nach Anwendung der einzelnen Auslegungsmethoden einschließlich ihrer europarechtsspezifischen Ausformungen verschiedene Deutungsvarianten, die miteinander unvereinbar sind, gilt es in einem letzten Schritt, auf der Grundlage einer abschließenden Wertung die „richtige" Interpretation herauszufiltern. Zur Auflösung dieser Widersprüche gibt der EuGH nicht pauschal und abstrakt einer Interpretationsalternative den Vorzug, sondern nimmt eine umfassende, den Besonderheiten des Einzelfalls Rechnung tragende Interessenabwägung vor.[1092] In diesen Abwägungsvorgang sind die Belange der Gemeinschaft und der Mitgliedstaaten sowie Individualinteressen einzustellen.[1093] Tendenziell entscheidet das Gericht hierbei zugunsten der schwächeren Partei, namentlich der Bürger der Mitgliedstaaten.[1094] Auch die integrationsfreundlichste Lösung gibt oftmals den Ausschlag.[1095] Insgesamt ist der EuGH unter Bedachtnahme der Folgewirkungen um gerechte, praktikable und sinnvolle Ergebnisse bemüht.[1096]

III. Der Regelungsgehalt der Artt. 5 I, 7 I EuInsVO auf Grundlage europäischer Auslegungsmaßstäbe

Auf der Grundlage dieser recht ausführlichen Untersuchung zur Auslegung des Gemeinschaftsrechts soll nun im Folgenden der Sinn der Artt. 5 I, 7 I EuInsVO ermittelt werden.

1090 Zu diesem Ergebnis gelangt auch *Anweiler*, S. 386.

1091 Zutreffend *Buck*, S. 236 und *Zuleeg*, EuR 1969, 77 (99).

1092 Dies fordert insbesondere *Zuleeg*, EuR 1969, 77 (99). Ferner *Buck*, S. 234; *Kropholler*, Internationales Einheitsrecht, S. 261.

1093 Vgl. EuGH, Rs. 15/57, Slg. 1958, 159 (194, 197); Rs. 14/59, Slg. 1958/59, 465 (496); Rs. 6/60, Slg. 1960, 1163 (1187).

1094 Vgl. *Rasmussen*, S. 212; *Anweiler*, S. 388.

1095 *Rasmussen*, S. 210.

1096 Vgl. beispielsweise EuGH, Rs. 6/60, Slg. 1960, 1163 (1196f.); Rs. 14/81, Slg. 1982, 749 (763).

1. Wortlaut

Nach Art. 5 I EuInsVO wird das dingliche Recht eines Gläubigers oder eines Dritten an körperlichen oder unkörperlichen Gegenständen des Schuldners, die sich zum Zeitpunkt der Eröffnung des Insolvenzverfahrens im Gebiet eines anderen Mitgliedstaats befinden, von der Eröffnung des Verfahrens „nicht berührt". Eine vergleichbare Regelung enthält Art. 7 I EuInsVO für den Eigentumsvorbehalt. Hinsichtlich der Vorfrage setzen die Bestimmungen übereinstimmend die Existenz des jeweiligen Rechts bei Konkurseröffnung bereits voraus; dessen zivilrechtlich wirksame Begründung wird unterstellt. Welches Recht über die Vorfrage entscheidet, bleibt sonach unklar. Geregelt werden soll durch die Artt. 5, 7 EuInsVO demgegenüber offenbar die Frage der insolvenzrechtlichen Wirkung des dinglichen Rechts in der Auslandsinsolvenz. Doch auch insoweit gibt der Wortlaut nicht viel her. Eine Erläuterung oder nähere Inhaltsbestimmung erfolgt nicht. Vielmehr beschränken sich die Vorschriften auf die neutrale Formulierung „von der Eröffnung des Verfahrens nicht berührt". Diese läßt bei unbefangener Lektüre nachstehende Deutungsmöglichkeiten zu:

Ausgehend vom üblichen Sinn könnte die Formulierung „nicht berührt" zunächst dahingehend verstanden werden, daß dingliche Rechte vom Hauptverfahren „nicht erfaßt" bzw. „nicht betroffen" werden sollen, die EuInsVO sich insoweit für sachlich unanwendbar erklärt, für dingliche Rechte also nicht gilt. Mit anderen Worten: Entsprechende Sicherheiten würden von der *Verordnung* und damit vom europäischen Insolvenzrecht nicht berührt. Maßgeblich wären dann die jeweiligen mitgliedstaatlichen Internationalen Insolvenzrechte. Diese berufen überwiegend die lex fori concursus, teilweise aber auch die lex causae.[1097] „Nicht erfaßt" würden dingliche Sicherheiten aber auch dann, wenn der Verfahrensstaat in Ausnahme zum insolvenzrechtlichen Grundsatz der Universalität bereits gegenständlich auf die Beanspruchung der im Ausland belegenen Sicherungswerte für die inländische Insolvenzmasse verzichtete und der Eröffnungsentscheidung als solcher zugleich in räumlicher Hinsicht durch den Belegenheitsstaat die Anerkennung versagt bliebe. Negiert würde bei diesem Verständnis der Artt. 5, 7 EuInsVO bereits der Tatbestand der Insolvenz, nicht erst die Erstreckung der rechtlichen Folgewirkungen der gundsätzlich akzeptierten Eröffnungsentscheidung in den Situsstaat. Der Schuldner könnte im Nichtanerkennungsstaat weiterhin über sein Vermögen verfügen. Die Sicherungsinhaber wären nach wie vor zu individuellen Rechtsverfolgungsmaßnahmen (Klage, Zwangsvollstreckung) wegen ihrer persönlichen Forderungen berechtigt; sie wären keine Insolvenzgläubiger. Ihrer Einzelverwertungsrechte gingen sie erst bei Eröffnung eines dortigen

1097 Siehe oben unter C. I. 2. b) dd).

Insolvenzverfahrens verlustig. Zumindest gewisse Einwirkungsmöglichkeiten erhielte der Insolvenzverwalter des Hauptverfahrens allein für den Fall der Beantragung eines Sekundärverfahrens im Belegenheitsstaat nach Maßgabe des dortigen Rechts (vgl. Artt. 31 ff. EuInsVO).

Andererseits ist es denkbar, die Formulierung („von der Eröffnung des Verfahrens nicht berührt") gedanklich um den Begriff „von den *Wirkungen* der Eröffnung des Verfahrens nicht berührt" zu erweitern. In diesem Fall wäre die Verfahrenseröffnung als solche für das Ausland verbindlich. Auch dinglich gesicherte Vermögensgegenstände des Schuldners würden vom Insolvenzbeschlag erfaßt und die ausländischen Sicherungsnehmer dem Hauptverfahren vorbehaltlich etwaiger Aussonderungsrechte unterworfen. Wegen der Artt. 5, 7 EuInsVO i.V.m. Artt. 16 I, 17 I EuInsVO wären jedoch bestimmte Folgewirkungen der nach Art. 4 EuInsVO auch insoweit maßgeblichen lex fori concursus, die die insolvenzrechtliche Durchsetzung der Sicherheit im Eröffnungsstaat wesentlich erschweren oder gar unmöglich machen würden, von der automatischen Anerkennung ausgenommen.

In Betracht kommt aber auch, die Formulierung „nicht berührt" so zu verstehen, daß dingliche Rechte durch das Hauptverfahren nicht beeinträchtigt werden sollen. Die Wendung „nicht berührt" ließe sich danach durch „*nicht beeinträchtigt*" ersetzen. In diesem Falle würden die im Ausland belegenen Sicherheiten – ebenso wie in der vorausgegangenen Deutungsvariante – ohne weiteres vom inländischen Konkurs erfaßt. Dieser dürfte sich jedoch in bezug auf derartige Positionen nicht nachteilig auswirken bzw. diese nicht in Mitleidenschaft ziehen. Unklar wäre bei dieser Deutung weiter, unter welchen Voraussetzungen eine Beeinträchtigung der Rechte durch den Hauptkonkurs anzunehmen wäre, zumal welche Folgerungen sich daraus für das anzuwendende Recht ergäben.

Ob der Wortlaut der Artt. 5, 7 EuInsVO ferner eine kollisionsrechtliche Interpretation in dem Sinne trägt, die in diesen Vorschriften genannten Rechte *vom Recht* des Eröffnungsstaates unberührt zu lassen, ist zweifelhaft. Nach dem reinen Wortsinn deutet nichts darauf hin, daß mit den Artt. 5, 7 EuInsVO eine Ausnahme zur nach Art. 4 EuInsVO grundsätzlich geltenden lex fori concursus gemacht und/oder andere Statuten berufen werden sollen.[1098] Vielmehr enthalten

---

1098 Ebenso *Duursma-Kepplinger*, in: Duursma-Kepplinger/Duursma/Chalupsky (Hrsg.), EuInsVO, Art. 5, Rn. 5. Vgl. auch *Kolmann*, S. 308, der aus der im Passiv formulierten Fassung des Art. 5 Abs. 1 EuInsVO schließt, daß diese Vorschrift gerade nicht aus Sicht des Eröffnungs-, sondern der Anerkennungsstaaten heraus zu verstehen sei.

die Artt. 5, 7 EuInsVO eine Formulierung, die für Kollisionsnormen untypisch ist.[1099]

Soweit in der deutschsprachigen europarechtlichen Literatur überhaupt auf den Wortlaut der Artt. 5 I, 7 I EuInsVO eingegangen wird, wird dieser weitgehend im Sinne der zuletzt genannten Auslegungsvariante[1100] gedeutet, ohne dieses Ergebnis näher zu begründen oder anzuzweifeln. Zwingend ist eine solche Interpretation jedoch keineswegs. Ganz im Gegenteil. Angesichts ihrer neutralen Formulierung spricht die Wendung „nicht berührt" nach ihrem natürlichen Sprachgebrauch eher für die Sichtweise, dingliche Sicherungsrechte vom Konkurs gänzlich unbeeinflußt zu lassen. Jedenfalls der Wortlaut der deutschen Fassung der Artt. 5, 7 EuInsVO führt zu keinem eindeutigen Ergebnis. Angesichts des Umstands, daß der unklare Satzteil weder einen technischen (Fach-) Ausdruck darstellt oder als unbestimmter Rechtsbegriff anzusehen ist, noch diesem in allen Sprachen gebräuchlichen Verbum eine originär europarechtliche Bedeutung zugeschrieben werden kann, hilft auch eine supranationale Inhaltsbestimmung nicht weiter. Vielmehr kann im Rahmen der grammatischen Auslegung allein ein Vergleich der maßgeblichen Wendung in den Amtssprachen der EG für das eine oder andere Verständnis sprechen.[1101]

In der englischen Version des Verordnungstextes ist die entscheidende Passage mit „*shall not affect*" (vgl. Artt. 5 I, 7 I EuInsVO) übersetzt. ‚*To affect*' meint in seiner ersten Bedeutung ‚beeinflussen', ‚ein- bzw. auswirken', ‚betreffen', ‚berühren', ‚angehen', ‚beeinträchtigen', ‚in Mitleidenschaft ziehen', ‚belasten', ‚beschlagnahmen'.[1102] ‚Die Rechte berühren' wird danach mit *‚to affect the rights'* übersetzt.[1103] Andererseits bedeuten die Verben *‚to encroach'*, *‚to prejudice'* bzw. *‚to infringe' (sb. in his rights)'* ‚(jdn. in seinen Rechten) beeinträchtigen'.[1104] ‚Störend einwirken auf' heißt *‚to interfere with'* und *‚to detract from'* meint ‚schmälern'.[1105] Dagegen wird ‚freie Kündigungsrechte des Vermieters weitgehend einschränken' mit *‚to affect in considerable measure the rights of landlords'*.[1106] Daß dem Verb *‚to affect'* offenbar eine negative Bedeutung anhaftet, belegt auch die nachstehende Aufzählung. Es wird beispielsweise verwen-

---

1099 Noch weitergehend *Herchen*, ZInsO 2002, 345 (347), wonach der Wortlaut einem Verständnis des Art. 5 Abs. 1 EuInsVO als Kollisionsnorm gerade entgegenstehe.

1100 Also als kollisionsrechtliche Ausnahmeanknüpfung.

1101 Die folgenden Übersetzungen der jeweiligen mitgliedstaatlichen Wendung ist gängigen Wörterbüchern entnommen.

1102 *Dietl/Lorenz*, Wörterbuch für Recht, Bd. I; *v. Eichborn*, Der große Eichborn; *Hamblock/Wessels*, Wirtschaftsenglisch.

1103 *Dietl/Lorenz*, Wörterbuch für Recht, Bd. I.

1104 *v. Beseler/Jacobs-Wüstefeld*, Deutsch-Englisch.

1105 *v. Beseler/Jacobs-Wüstefeld*, Deutsch-Englisch.

1106 *V. Eichborn*, Der große Eichborn.

det um auszudrücken, daß sich etwas ‚nachteilig auf den Gemüts- oder Gesundheitszustand ausgewirkt' bzw. diesen ‚angegriffen' hat. Zugleich stellt *‚to affect'* die englische Entsprechung für die deutschen Verben ‚beeinträchtigen' und ‚schädigen' sowie für die Wendung ‚in Mitleidenschaft ziehen' dar. In zweiter Bedeutung meint das Verb vortäuschen, sich verstellen.[1107]

In den Artt. 5 I, 7 I EuInsVO des französischen Textes ist die Formulierung *„n'affecte pas"* zu lesen. *‚Affecter'* hat zahlreiche Bedeutungen. Zunächst steht es für die deutschen Verben ‚verwenden', ‚bestimmen', ‚vorsehen', ‚bereitstellen'; ‚setzen', ‚schicken', ‚beordern', ‚versetzen'; ‚zuteilen', ‚zuweisen', ‚überstellen', ‚abkommandieren'; aber auch ‚einwirken'.[1108] ‚Sich auf etwas auswirken' heißt *‚qc affecte qn/qc'*.[1109] Wie im Englischen kann es auch ‚vortäuschen', ‚heucheln', ‚sich verstellen' etc. bedeuten. Drittens ist unter *‚affecter'* ‚jm. Betrüben', ‚schmerzlich berühren', ‚traurig machen' zu verstehen. Im Zusammenhang mit Empfindungen oder dem Gemüt meint es auch ‚in Mitleidenschaft ziehen' bzw. ‚angreifen'. ‚Jdn/etwas beeinflussen' heißt *‚qn/qc influence/prévient'*.[1110] Dieses Verb ist also in seiner dritten Bedeutung negativ geprägt. Insbesondere bedient man sich im Französischen dieses Ausdrucks, um zu umschreiben, daß etwas ‚mit einem Minuszeichen versehen' ist oder ‚beeinträchtigt' wird. Die direkte Übersetzung für ‚jm. in seinen Rechten beeinträchtigen' lautet allerdings *‚léser les droits'*, und ‚eine beeinträchtigende Wirkung haben' wird ausgedrückt durch *‚avoir en effet préjudicable'*. ‚Jdn./etwas beeinträchtigen/stören/behindern' bedeutet andererseits *‚qn/qc nuit à/préjudice à qc/gêne/contrarie qn'*.[1111] Auch ‚beeinträchtigen' allgemein wird nicht mit *‚affecter'*, sondern mit *‚porter atteinte à'*, *‚léser'*, *‚désavantager'*, *‚diminuer'*, *‚réduire'*, *‚restreindre'*, *‚limiter'* übersetzt.[1112]

Die spanische Version *„no afectará"* stimmt mit den beiden vorausgegangenen Deutungsvarianten insoweit überein, als das Verb *‚afectar'* zunächst ‚vorgeben', ‚sich verstellen', ‚heucheln' etc. meint. Weiter heißt es ‚betreffen', ‚einverleiben', ‚schlagen zu'; ‚zu gewissem Zweck bestimmen', ‚widmen', ‚berühren' bzw. ‚sich bewegen'.[1113] Des Verbs *‚afectar'* bedient man sich auch, um auszudrücken, daß ‚etwas, beispielsweise ein Grundstück, belastetet' ist.[1114] In medizinischer Hinsicht bedeutet *‚afectar'* ‚befallen' oder ‚angreifen' und ist

---

1107 *Hamblock/Wessels*, Wirtschaftsenglisch.
1108 *PONS*, Großwörterbuch.
1109 *PONS*, Großwörterbuch.
1110 *PONS*, Großwörterbuch.
1111 *PONS*, Großwörterbuch.
1112 *Doucet/Fleck*, Wörterbuch der Rechtssprache, Bd. II.
1113 *Becher*, Wörterbuch der Rechtssprache, Bd. I.
1114 *Becher*, Wörterbuch der Rechtssprache, Bd. I.

beispielsweise im Kontext mit ‚auf den Gesundheitszustand einwirken' (vgl. ‚*afectar el estado de salud*') anzutreffen. Dieses Verb findet sich auch als erste Angabe für die deutsche Wendung ‚in Mitleidenschaft ziehen'. Ergänzt um die Präposition ‚*a*' (vgl. „*no afectará al*" in Artt. 5 I, 7 I EuInsVO) umschreibt der Ausdruck ‚betreffen', ‚anlangen', ‚sich beziehen auf', aber auch ‚beeinträchtigen' und ‚schädigen'. Und in seiner substantivierten Form (‚*afectado*') meint das Wort ‚Betroffener'.[1115] ‚Nachteilig auf etwas einwirken' drückt man im Spanischen dagegen mit dem Verb ‚*perjudicar*' aus.

Ähnlich dem spanischen Verb ‚*perjudicar*' ist der relevante Satzteil der italienischen Fassung der Artt. 5 I, 7 I EuInsVO mit „*non pregiudica*" umschrieben. ‚*Pregiudicare*' hat im Italienischen relativ wenige Bedeutungen und wird übersetzt mit ‚(etwas) beeinträchtigen', ‚sich negativ auf etwas auswirken', ‚negativ belasten', ‚Abbruch tun', ‚präjudizieren' aber auch ‚schaden' und ‚benachteiligen'.[1116] Insbesondere heißt ‚*pregiudicare un diritto*' ‚ein Recht beeinträchtigen'.[1117] Demgegenüber ist die Wendung ‚*le presenti disposizioni non pregiudicano le norme di legge*' zu verstehen als ‚diese Bestimmungen berühren nicht die Gesetzesvorschriften', während ‚*sono salve le disposizioni*' mit ‚die Bestimmungen werden hiervon nicht berührt' ausgedrückt wird.[1118] Das Adverb ‚*pregiudizievole*' läßt sich ins Deutsche mit ‚schädlich' oder ‚nachteilig' übertragen. Und ‚nachteilig auf etwas einwirken' bedeutet im Italienischen ‚*agire pregiudicar*'. Andererseits wird ‚(Rechte) beeinträchtigen' mit ‚*ledere*' bzw. ‚*limitare*' übersetzt.[1119]

Der spanischen Fassung sehr nahe steht auch die portugiesische Formulierung „*não afecta*" in den Artt. 5 I, 7 I EuInsVO. ‚*Afectar*' heißt abgesehen von ‚vorgeben', ‚heucheln' zunächst wiederum ‚betreffen', ‚beeinflussen', (das Gemüt etc.) ‚berühren' bzw. ‚beeinflussen' und im medizinischen Kontext ‚angreifen' oder ‚befallen'.[1120] Der Wendung ‚in Mitleidenschaft ziehen' sowie dem Verb ‚beeinträchtigen' entspricht im Portugiesischen direkt das Wort ‚*afectar*'.[1121] ‚Beeinträchtigen' kann aber auch ‚*prejudicar*' heißen, weshalb ‚*prejuízo aos direitos*' eine ‚Beeinträchtigung der Rechte' meint.[1122]

Die Eröffnung des Hauptkonkurses soll die im Ausland belegenen Sicherungsrechte nach Maßgabe der niederländischen Ausgabe der Artt. 5 I, 7 I Eu-

---

1115 *Becher*, Wörterbuch der Rechtssprache, Bd. I.
1116 *Strambaci/Mariani*, Wörterbuch für Recht, Bd. I; *PONS*, Wörterbuch.
1117 *Strambaci/Mariani*, Wörterbuch für Recht, Bd. I.
1118 *Strambaci/Mariani*, Wörterbuch für Recht, Bd. I.
1119 *PONS*, Wörterbuch.
1120 *Langenscheidt*, Taschenwörterbuch.
1121 *PONS*, Standardwörterbuch.
1122 *Jayme/Neuss*, Wörterbuch der Rechtssprache, Bd. I.

InsVO *„laat onverlet"*. *‚Onverlet'* heißt ‚ungestört', ‚unge- bzw. unbehindert', ‚unverletzt', ‚unversehrt' sowie ‚aufrechterhalten oder beibehalten'.[1123] ‚Beeinträchtigen' bedeutet dagegen *‚benadelen'*, *‚afbreuk doen aan'* und *‚beïnvloeden'* meint ‚beeinflussen'.[1124]

Die schwedische Entspechung lautet *„inte påverkas"*. Sie geht zurück auf das Verb *‚påverkatt'* bzw. ‚påverka' und bedeutet ‚beeinflussen' bzw. ‚in Mitleidenschaft ziehen'. *‚Inte påverkas'* meint ‚nicht beeinflußt' oder auch ‚unbeeinflußt'.[1125] ‚Beeinträchtigen' wird dagegen übersetzt mit *‚göra intrång på'*, *‚vara till men för'* bzw. *‚skada'*.[1126] Entsprechend wird die Wendung ‚den Wert/die Wirkung beeinträchtigen' mit *‚sänka verdet'* bzw. *‚minska verkan'* übertragen.[1127]

Die dänische Formulierung *„berører ikke"* hat ihren Ursprung im Verb *‚berøre'*, das dem deutschen Wort ‚berühren' nahekommt und auch so verstanden wird. *‚Berøre'* kann jedoch neben seinen Bedeutungen ‚berühren', ‚erwähnen' und ‚betreffen' noch den Sinn ‚angreifen' haben.[1128] ‚Beeinträchtigen' oder ‚schädigen/schaden' bedeutet aber *‚gøre indgreb/skade'* und ‚beeinflussen' wird übersetzt mit *‚påvirke, praege, indvirke på'*.[1129]

Die maßgebliche finnische Formulierung lautet *„ei vaikuta"* und läßt sich auf das Verb *‚vaikuttaa'* zurückführen, worunter ‚(ein)wirken', ‚beeinflussen', ‚beeindrucken' oder ‚sich auf etwas auswirken' bzw. ‚wirken auf' zu verstehen ist.[1130] ‚Beeinträchtigen' heißt dagegen *‚haitata'*/ *‚häiritä'*, *‚tunkentua'*, *‚loukata'*, *‚vähentää'*, *‚sortaa'* sowie *‚vahingoittaa'*.[1131] Die finnische Entsprechung für ‚jdn. in seinen Interessen beeinträchtigen/schädigen' wird mit *‚vahingoittaa jnk. etuja'* umschrieben.[1132]

In der griechischen Fassung schließlich ist der entscheidende Passus mit *„δικαιώματα"* , zu deutsch: (die Rechte sind) ‚beeinträchtigt', übersetzt. Insbesondere in seiner substantivierten Form (*‚δικαιώματος·*) meint das Wort ‚Rechtsverlust'.[1133] ‚Beeinträchtigen' allgemein bzw. ‚beeinflussen' bedeuten da-

---

1123 *Cox*, Van Dale, Bd. II.
1124 *Cox*, Van Dale, Bd. I.
1125 *Prisma*, Handwörterbuch.
1126 *Prisma*, Handwörterbuch.
1127 *Prisma*, Handwörterbuch.
1128 *Langenscheidt*, Taschenwörterbuch; *Bergstrøm-Nielsen/Lange/Larsen*, Munksgaards Store Ordbøger; *Bork*, Ordbog.
1129 *Langenscheidt*, Taschenwörterbuch.
1130 *Katara/Schellbach-Kopra*, Großwörterbuch; *Langenscheidt*, Universal-Wörterbuch.
1131 *Hirvensalo*, Großwörterbuch; *Langenscheidt*, Universal-Wörterbuch.
1132 *Hirvensalo*, Großwörterbuch.
1133 *Favis*, Rechts- und Wirtschaftsterminologie II, S. 336; *ΚΑΪΣΗΣ*, Rechtswörterbuch.

gegen *‚θίγω'*, *‚επηρεάζω'*, *‚ελαττώνω'*, *‚εμποδίζω'*.[1134] ‚Jds. Rechte (oder jdn. in seinen Rechten) beeinträchtigen' wird ausgedrückt durch *‚προξενώ βλάβη στα δικαιώματα κάποιου, παραβλάπτω τα δικαιώματα κάποιου'*, bzw. die griechische Entsprechung für ‚Beeinträchtigung eines Rechts' lautet *‚βλάβη/ προσβολή δικαιώματος'*.[1135]

Zusammenfassend führt der Vergleich der unklaren Textpassage der Artt. 5 I, 7 I EuInsVO in den einzelnen Amtssprachen zu folgendem Ergebnis: Die mitgliedstaatlichen Fassungen lassen überwiegend – ähnlich der deutschen – verschiedene Auslegungsvarianten zu. Insbesondere die dänische Übersetzung ist mit der deutschen sprachlich und inhaltlich weitgehend identisch und damit für alle Interpretationsvarianten offen. Eindeutig sind dagegen die italienische und griechische Formulierung einerseits, sowie die finnische andererseits. So ist nach den ersten beiden Versionen nur eine Deutung der Artt. 5, 7 EuInsVO möglich, dinglichen Rechten durch die Eröffnung des Hauptverfahrens keinen Schaden zuzufügen, die Kreditsicherheiten also *nicht* zu *beeinträchtigen*. Demgegenüber kann die finnische Fassung allein so verstanden werden, daß die betreffenden Rechte von der Konkurseröffnung *nicht beeinflußt* werden sollen, dieser also (überhaupt) *nicht* auf sie *einwirkt*. Die französische Version der Artt. 5, 7 EuInsVO scheint ebenfalls auszudrücken, daß der Konkurs hinsichtlich der genannten Rechte *keine Wirkungen* entfaltet. Tendenziell so zu verstehen ist ferner die niederländische Formulierung, die ausländischen Sicherheiten vom Verfahren *ungestört*, *unversehrt* bzw. *unverletzt,* kurz: *unbeeinträchtigt* zu lassen. Sollen diese dagegen lediglich *unangetastet* bleiben, läge die eigentliche Bedeutung der Artt. 5, 7 EuInsVO darin, die Rechte generell zu immunisieren, deren Inhaber also in Ausnahme zum Universalitätsprinzip bereits von vornherein aus dem Verfahren herauszunehmen. Bei der englischen Entsprechung können zwar nicht von vornherein bestimmte Auslegungsvarianten ausgeschlossen werden. Es scheint der relevanten Wendung aber eher ein negativer Sinn anzuhaften, dingliche Sicherheiten vor Schäden infolge der Insolvenzeröffnung zu bewahren. Umgekehrt überwiegt offenbar bei der spanischen Übersetzung die Interpretation als *nicht berührt* bzw. *nicht betroffen.* Die portugiesische und schwedische Fassung schließlich sind wiederum unentschieden. Danach können die Artt. 5, 7 EuInsVO sowohl dahingehend verstanden werden, die fraglichen Rechte vom Verfahren *unbeeinflußt* bzw. *unberührt* zu lassen, als auch in der Weise, daß diese *nicht in Mitleidenschaft gezogen* werden dürfen, also *keine Einbuße erleiden* sollen.

Nach allem hat eine Gesamtschau der mitgliedstaatlichen Fassungen ergeben, daß ein kleinster gemeinsamer sprachlicher Nenner im Sinne einer einheitlichen

---

1134 *PONS*, Kompaktwörterbuch; *Langenscheidt*, Taschenwörterbuch.
1135 ΚΑΪΣΗΣ, Rechtswörterbuch.

Interpretation der Artt. 5 und 7 EuInsVO nicht gebildet werden kann. Vielmehr spiegelt der Sprachenvergleich die innerhalb der deutschen Fassung aufgezeigten Auslegungsvarianten insgesamt gesehen auch in den sonstigen mitgliedstaatlichen Übersetzungen wider. Anders als bei der deutschen Version kommt in drei Ländern aber jeweils nur eine Verständnismöglichkeit in Betracht, wonach dingliche Rechte vom Verfahren entweder nicht beeinträchtigt werden dürfen oder dieses auf sie (überhaupt) keine Wirkungen entfaltet.

2. *Systematik*

Der Untersuchung des engeren und weiteren Rechtstextzusammenhangs der Artt. 5, 7 EuInsVO soll zunächst ein kurzer Überblick über die Struktur und den Aufbau der Verordnung vorangestellt werden. Die EuInsVO besteht aus fünf Kapiteln. Das erste Kapitel beinhaltet allgemeine Vorschriften. So legt Art. 1 den Anwendungsbereich der VO fest, Art. 2 definiert verschiedene in der EuInsVO verwendete Begriffe, Art. 3 regelt die internationale Zuständigkeit und Art. 4 macht Vorgaben hinsichtlich des anwendbaren Rechts. Im Anschluß an diese Bestimmungen beschäftigt sich die VO mit einzelnen Sachfragen: mit dinglichen Rechten Dritter (Art. 5), mit der Aufrechnung (Art. 6) und dem Eigentumsvorbehalt (Art. 7). Den Abschluß des ersten Kapitels bilden die Vorschriften der Artt. 8 bis 15 EuInsVO, die spezielle Probleme im Zusammenhang mit Insolvenzen behandeln. Kapitel II normiert die Voraussetzungen für die Anerkennung der Insolvenzverfahren. Ein drittes Kapitel ist den Sekundärinsolvenzverfahren gewidmet, in Kapitel IV finden sich Regelungen über Rechte und Pflichten der Gläubiger und Kapitel V schließlich enthält Übergangs- und Schlußbestimmungen.

Die Anordnungen der Artt. 5 und 7 EuInsVO sind im ersten Kapitel bei den allgemeinen Vorschriften aufgeführt und schlicht mit „Dingliche Rechte Dritter" (Art. 5) bzw. „Eigentumsvorbehalt" (Art. 7) überschrieben. Im Gegensatz dazu enthält Art. 4 EuInsVO die Überschrift „Anwendbares Recht". Gem. Art. 4 I EuInsVO gilt für das Insolvenzverfahren und seine Wirkungen das Insolvenzrecht des Mitgliedstaats, in dem das Verfahren eröffnet wird vorbehaltlich anderweitiger Bestimmungen der VO. Nach dieser Grundkollisionsnorm soll also grundsätzlich das Sach- und Verfahrensrecht des Konkurseröffnungsstaates zur Anwendung kommen. Absatz 2 der Vorschrift zählt – keineswegs abschließend (vgl. „insbesondere") – einzelne Regelungsgegenstände der lex fori concursus auf. Beispielsweise beurteilen sich gem. Art. 4 II d) EuInsVO die Voraussetzungen für die Wirksamkeit einer Aufrechnung ebenso wie die Frage der Nichtigkeit, Anfechtbarkeit und relativen Unwirksamkeit nach dem Konkursstatut (vgl. Art. 4 II m) EuInsVO). Unmittelbar darauf folgt Art. 5 EuInsVO mit seinen Bestimmungen über dingliche Rechte Dritter. Absatz 1 enthält die Aussage, daß ausländische Rechte Dritter von der Eröffnung des Verfahrens unberührt bleiben sollen. Die Absätze 2 und 3 zählen einzelne Rechte auf, die als solche des Absatzes 1 anzusehen (Abs. 2) oder diesen gleichzuachten (Abs. 3) sind. In einem 4. Absatz ordnet die Vorschrift an, daß Abs. 1 der Nichtigkeit, Anfechtbarkeit oder relativen Unwirksamkeit einer Rechtshandlung nach Art. 4 II m) EuInsVO nicht entgegensteht.

a) Engerer Rechtstextzusammenhang

Ungeachtet der Regelung in Art. 5 I EuInsVO entscheidet die lex fori concursus über die Nichtigkeit, Anfechtbarkeit bzw. relative Unwirksamkeit von Rechtshandlungen. Für diesen Bereich soll von der kollisionsrechtlichen Grundregel des Art. 4 I EuInsVO nicht abgewichen werden. Dies stellt Art. 5 IV EuInsVO ausdrücklich klar. Einer solchen Klarstellung bedürfte es nicht, wenn dingliche Rechte Dritter generell dem Recht des Konkurseröffnungsstaates unterstünden. Gerade im Hinblick auf Art. 4 II m) EuInsVO wäre eine solche ausdrückliche Bestätigung der lex concursus überflüssig. Angesichts der Bestimmung des Artt. 5 IV bzw. 7 III EuInsVO liegt der Schluß nahe, daß die Artt. 5 I, 7 I EuInsVO bezüglich der genannten Sicherheiten ein von der lex fori concursus abweichendes Recht berufen.[1136] Ob und in welchem Umfang dies etwa das Situsrecht, das Sicherungsstatut o.ä. ist, geht aus den Bestimmungen nicht hervor. Systematisch gebräuchlich verhielten sich die Artt. 4 ff. EuInsVO bei dieser Deutung im Sinne eines Regel- (Art. 4)- Ausnahmeverhältnisses (Artt. 5 ff.) zueinander. Andererseits wäre es auch möglich gewesen, die von den Artt. 5 und 7 EuInsVO erfaßten Sicherheiten im Hinblick auf die Frage des anzuwendenden Rechts in einem dritten Abatz der Regelung des Art. 4 EuInsVO anzuschließen und etwa zu formulieren: „(3) Diese Vorschrift gilt mit Ausnahme ihres Abatzes 2 Buchstabe m) nicht für dingliche Rechte Dritter, die sich zur Zeit der Eröffnung des Verfahrens im Gebiet eines anderen Mitgliedstaats befinden.“, oder „(3) Dingliche Rechte Dritter, die [...], bleiben von der Vorschrift dieses Artikels mit Ausnahme seines Abatzes 2 Buchstabe m) unberührt.“ Diese Unterlassung des Gesetzgebers spricht wiederum gegen ein Verständnis der Artt. 5 I, 7 I EuInsVO als kollisionsrechtliche Ausnahmebestimmungen. Der Wortlaut des Art. 4 I EuInsVO allerdings erklärt die lex fori concursus nicht zur einschränkungslosen Regel. So gilt das Recht des Eröffungsstaates nur „soweit diese Verordnung nichts anderes bestimmt“. Die Artt. 5 I, 7 I sowie 6 EuInsVO könnten als anderweitige Bestim-

1136 Zutreffend *Taupitz*, ZZP 111 (1998), 315 (335) und *Duursma-Keppelmüller*, in: Duursma-Keppelmüller/Duursma/Chalupsky (Hrsg.), EuInsVO, Art. 5, Rn. 21.

mungen im Sinne dieser Wendung anzusehen sein. Überdies hat der Verordnungsgeber in den Vorschriften der Artt. 8-11, 13, 14 EuInsVO ausdrücklich kollisionsrechtliche Sonderregelungen getroffen, die die lex fori concursus verdrängen. Auch diese Bestimmungen hätte er dann konsequenterweise in gesonderten Absätzen der Vorschrift des Art. 4 EuInsVO angliedern müssen. Dies hätte jedoch zu einer Überfrachtung des Art. 4 EuInsVO geführt und wäre der Übersichtlichkeit abträglich gewesen. Daß die Artt. 5 ff. EuInsVO nicht in die Grundkollisionsnorm des Art. 4 EuInsVO integriert wurden, sondern ihr nachfolgen, und insbesondere auch nicht mit „Anwendbares Recht" überschrieben sind, spricht also nicht unbedingt gegen ihren Gehalt als Ausnahmeanknüpfungen.

Aufschlußreicher ist dagegen der direkte Vergleich der Artt. 5-7 EuInsVO mit den Artt. 8-11, 13, 14 EuInsVO.[1137] Letztere Bestimmungen beschränken sich nicht auf den lapidaren Hinweis, die betreffenden (Gestaltungs-) Rechte unberührt zu lassen, sondern sie enthalten eine eindeutige, unmißverständliche kollisionsrechtliche Anordnung. Daß dies für die Fälle der Artt. 5-7 EuInsVO nicht geschehen ist, kann nur zwei Gründe haben: Entweder wollte man diesen Vorschriften keinen eigenständigen kollisionsrechtlichen Gehalt beimessen[1138], es also insoweit bei dem Recht des Eröffnungsstaates belassen und lediglich diesem Recht bestimmte Verhaltensmaßregeln auferlegen, bzw. die nach der lex fori concursus maßgeblichen Folgewirkungen der Eröffnung nicht vorbehaltlos anerkennen. Oder aber die Artt. 5-7 EuInsVO sollen durchaus als von Art. 4 I EuInsVO abweichende Regelungen fungieren, also die lex fori concursus ausblenden, wobei man sich nur nicht auf das stattdessen anzuwendende Statut (Situsrecht etc.) einigen konnte und sich deshalb auf eine solche kollisionsrechtliche „Minimallösung" beschränkt hat. Bei dieser zweiten Möglichkeit stellt sich demnach unmittelbar die Frage, welches Recht denn nun gelten soll. Daß der Verordnungsgeber diese bedeutende Frage ungeregelt gelassen hat, ist im Hinblick auf die gebotene Rechtssicherheit und Rechtsklarheit kaum vorstellbar. Wahrscheinlicher ist daher, daß es auch für den Bereich der Artt. 5-7 EuInsVO im Sinne des ersten Erklärungsansatzes bei der grundsätzlichen Geltung der lex fori concursus zu bleiben hat und zum Schutz der genannten Rechte eine andere als eine kollisionsrechtliche Lösung gefunden werden soll.

Einer Qualifizierung der Artt. 5 I, 7 I EuInsVO als Nichtkollisionsnormen steht auch nicht die generelle Thematik der Verordnung – Kernbereichsvereinheitlichung auf dem Gebiet des Internationalen Insolvenzrechts – entgegen. Begreift man das IIR als den Inbegriff der Rechtsnormen, die für Insolvenzfälle mit

1137 Einen Vergleich mit den Artt. 8-12 EuInsVO stellt auch *Herchen*, ZInsO 2002, 345 (347) an.

1138 So *Herchen*, ZInsO 2002, 345 (347).

Auslandsbezug festlegen, welches nationale Insolvenzrecht zur Regelung der insolvenzrechtlichen Fragen berufen ist, würde es sich beim IIR um reines Kollisionsrecht[1139] handeln. Danach könnte den Artt. 5 I, 7 I EuInsVO ein kollisionsrechtlicher Gehalt nicht abgesprochen werden. Diese rein kollisionsrechtliche Sichtweise wird jedoch der Eigenart des IIR nicht gerecht. Insbesondere bliebe ein IIR, das nur Kollisionsregeln enthielte, lückenhaft[1140]. Richtigerweise ist das IIR durch ein Nebeneinander dreier verschiedener Normentypen gekennzeichnet[1141]. Es enthält in erster Linie verfahrensrechtliche Vorschriften, die eine Parallele zum IZPR aufweisen. Das sind vorliegend die Regelungen über die Anerkennung einer ausländischen Eröffnungsentscheidung (Artt. 16 ff. EuInsVO). Des weiteren besteht das IIR aus reinen Sachnormen, die materiellrechtliche Fragen regeln. Beispielhaft erwähnt seien hier die Bestimmungen über die Befugnisse des Hauptinsolvenzverwalters im Gebiet eines anderen Mietgliedstaats (Art. 18 EuInsVO). Schließlich beinhaltet das IIR eine Reihe kollisionsrechtlicher Vorschriften, die verbindlich festlegen, welche Rechtsordnung bei grenzüberschreitenden Sachverhalten berufen ist (Artt. 8 ff. EuInsVO). Nur insoweit handelt es sich um dem IPR als reinem Kollisionsrecht nahestehende Bestimmungen. Da sich das IIR richtigerweise also nicht auf reines Kollisionsrecht beschränkt, ist eine Qualifizierung der Artt. 5, 7 EuInsVO als Kollisionsvorschriften keineswegs zwingend.

Legen die systematische Stellung sowie die Gesamtschau aller Verordnungsvorschriften sonach eine nichtkollisionsrechtliche Deutung der Artt. 5-7 EuInsVO nahe[1142], ist weiter unklar, ob die entsprechenden Sicherheiten vom Anwendungsbereich der Insolvenzverordnung unter Fortbestand der gläubigereigenen individuellen Zugriffsrechte gänzlich ausgenommen, dieser zwar unterstellt, aber von einzelnen (belastenden) Folgewirkungen der Konkurseröffnung befreit oder lediglich vom Recht des Konkurseröffnungsstaates durch Unanwendbarkeit gewisser materiellrechtlicher Regelungen nicht beeinträchtigt werden dürfen.

1139 In diesem Sinne *Jahr*, in: Jaeger, KO, §§ 237, 238 KO, Rn. 34f.; *Lüer*, in: Kuhn/Uhlenbruck, KO, §§ 237, 238, Rn. 1; *Nussbaum*, S. 4; *Schmidt*, S. 9; *Seeliger*, S. 23 ff.

1140 Zutreffend *Favoccia*, S. 7.

1141 Für eine Unterteilung in formelles (Insolvenzverfahrensrecht) und materielles (Insolvenzprivatrecht) Internationales Insolvenzrecht *Gottwald*, in: Gottwald (Hrsg.), Insolvenzrechtshandbuch, § 127, Rn. 12 sowie *Favoccia*, S. 6f. mwN.Vgl. auch *Haubold*, IPRax 2002, 157 (159): „neben materiell- und kollisionsrechtlichen Regelungen [...] internationalverfahrensrechtliche Vorschriften".

1142 Zu diesem Ergebnis kommen auch *Kolmann*, S. 308 und *Duursma-Kepplinger*, in: Duursma-Kepplinger/Duursma/Chalupsky (Hrsg.), EuInsVO, Art. 5, Rn. 18; ferner *Herchen*, ZInsO 2002, 345 (347).

Ist bei wörtlicher Auslegung unter gedanklicher Ergänzung der jeweiligen Absätze 1 der Artt. 5, 7 EuInsVO eine Interpretation in der Weise, daß die betreffenden Sicherheiten sachlich von vornherein gar nicht unter die EuInsVO fallen, wohl noch möglich, so scheidet eine solche Deutung dieser Vorschriften nach der engeren Systematik der Verordnung aus. Den Anwendungsbereich dieses Sekundärrechtsaktes regelt Art. 1 EuInsVO, wie sich aus seiner Überschrift ergibt. Dessen Absätze 1 und 2 stellen ausdrücklich klar, inwieweit die Verordnung gelten (Abs. 1) bzw. nicht gelten (Abs. 2) soll. Hätten auch die in den Artt. 5-7 EuInsVO aufgeführten Rechte vom Anwendungsbereich ausgenommen werden sollen, wäre dies ohne weiteres in der Bestimmung des Art. 1 EuInsVO durch einen entsprechenden Hinweis geschehen.

Bekräftigt wird hingegen ein auch nach der grammatischen Interpretation mögliches Verständnis der Artt. 5 I, 7 I EuInsVO in der Weise, die dortigen Sicherheiten lediglich von der automatischen Erstreckung sämtlicher Folgewirkungen der Konkurseröffnung in den Belegenheitsstaat auszunehmen.[1143] Vergleicht man Art. 17 I EuInsVO mit Art. 4 I EuInsVO, so wird die Parallele offensichtlich: Art. 17 I EuInsVO ordnet die automatische Wirkungserstreckung in den Situsstaat an, wobei diese Wirkungen der lex fori concursus zu entnehmen sind, „sofern diese Verordnung nichts anderes bestimmt". Und in Art. 4 I EuInsVO steht geschrieben, daß das Recht des Eröffnungsstaates vorbehaltlich einer anderen Bestimmung der Verordnung für das Insolvenzverfahren *und seine Wirkungen* zu gelten habe. Die Verordnung sieht also ausdrücklich Ausnahmen vom Grundsatz der automatischen Wirkungserstreckung nach Maßgabe des Rechts des Eröffnungsstaats vor. Zwar geht aus Art. 17 EuInsVO nicht unmittelbar hervor, daß es sich gerade bei den Regelungen der Artt. 5, 7 EuInsVO um anderweitige Bestimmungen in diesem Sinne handelt. Allerdings enthält die Anschlußvorschrift in Art. 18 EuInsVO einen konkreten Hinweis auf diese Vorschriften. Gem. Art. 18 I 1 EuInsVO kann der für das Hauptverfahren bestellte Insolvenzverwalter im Gebiet eines anderen Mitgliedsstaats grds. alle Befugnisse ausüben. Er darf insbesondere die zur Masse gehörenden Gegenstände aus dem Gebiet des Mitgliedstaats entfernen, in dem sich die Gegenstände befinden. Dies gilt jedoch nur „vorbehaltlich der Artikel 5 und 7". Insoweit enden die Befugnisse des Verwalters grds. an der Staatsgrenze. Sonach führt die Eröffnung des Hauptverfahrens im Belegenheitsstaat nicht automatisch sämtliche Rechtsfolgen herbei, die sie im Hauptverfahrensstaat auslöst. Entgegen Art. 4 II f) EuInsVO verbleibt das Befriedigungsrecht aus der Sicherheit beim Gläubiger. Zugleich liefert diese

1143 A.A. *Herchen*, ZInsO 2002, 345 (347) unter Hinweis auf die Überschriften der Kapitel I und II der VO.

Vorschrift den Gegenbeweis für den ausnahmeuniversalistischen Ansatz[1144], indem klargestellt wird, daß die Verfahrenseröffnung überhaupt Wirkungen im Ausland zeitigen soll und (auch) dingliche Vermögenswerte für die Masse beansprucht werden. Eine systematische Betrachtung der Artt. 5 I, 7 I EuInsVO im Zusammenhang mit den Artt. 17 ff. EuInsVO läßt also durchaus eine Deutung dieser Bestimmungen im Sinne einer Ausnahme von der generellen Wirkungserstreckung der Insolvenzeröffnung zu.

Allerdings streitet die Systematik zugleich gegen ein solches Verständnis der Artt. 5 I, 7 I EuInsVO.[1145] Stellten diese Vorschriften Sonderregelungen zum Umfang der Wirkungserstreckung der Konkurseröffnung nach Maßgabe der lex fori concursus dar, so hätte es nahegelegen, diese Vorschriften von vornherein ausschließlich zum Gegenstand des zweiten Kapitels zu machen. Der Verordnungsgeber hat die Regelungen über Sicherheiten jedoch in das erste Kapitel mit seinen allgemeinen Vorschriften eingefügt. Zwar stehen die einzelnen Kapitel regelmäßig nicht beziehungslos zueinander. Einem allgemeinen systematischen Grundsatz zufolge weist aber jedes Kapitel einen unterschiedlichen Regelungsgehalt auf, so daß es eher unwahrscheinlich ist, daß die EuInsVO dieselbe Materie (Umfang der Wirkungserstreckung) in beiden Kapiteln behandelt und noch dazu die speziellere Regelung (Artt. 5 I, 7 I) der allgemeinen (Art. 17 I) voranstellt. Aus diesem Grund entkräftet eine Gesamtschau der Artt. 5 ff. EuInsVO mit den Artt. 17 ff. EuInsVO keineswegs eine Inhaltsbestimmung der Artt. 5 I, 7 I EuInsVO in der Weise, gegenüber der auch für dingliche Rechte maßgeblichen lex fori concursus lediglich einen Verhaltensbefehl auszusprechen und dessen konkrete Umsetzung dem Eröffnungsstaat zu überlassen.

b) Weiterer Rechtstextzusammenhang

Vermag eine Betrachtung des engeren Kontextes einerseits eine Interpretion der Artt. 5 I, 7 I EuInsVO als Kollisionsregeln und andererseits als generelle Ausnahme vom Anwendungsbereich der Verordnung bzw. vom Universalitätsprinzip zurückzudrängen, schafft möglicherweise eine Analyse des entfernteren Rechtstextzusammenhangs weitere Klarheit. Bei der obigen Darstellung der systematischen Auslegung von Rechtsakten des sekundären Gemeinschaftsrechts wurde bereits dargelegt, daß hierfür insbesondere auf die der auszulegenden Verord-

1144 Gemeint ist also die Interpretationsweise, wonach in Ausnahme zum Universalprinzip dinglich gesicherte Gläubiger vollumfänglich aus dem Hauptverfahren herausgehalten werden und im Belegenheitsstaat ungeachtet der Insolvenz wegen ihrer persönlichen Forderungen auf das schuldnerische Vermögen im Wege der Klage sowie der Zwangsvollstreckung befriedigen können.

1145 *Herchen*, ZInsO 2002, 345 (347).

nung oder Richtlinie innewohnenden Prinzipien abgehoben wird. Eine wichtige Rolle spielen dabei auch die in dem betreffenden Rechtsbereich bereits ergangenen oder geplanten sonstigen Regelwerke, etwa ergänzendes Richtlinienrecht. Besondere Bedeutung kommt ferner der sog. primärrechtskonformen Auslegung zu, wonach der fragliche Sekundärrechtsakt im Lichte der Zielvorstellungen der Gründungsverträge, namentlich des EG-Vertrages sowie des ungeschriebenen Gemeinschaftsrechts auszulegen ist. Da eine Untersuchung der in der Präambel, den Eingangsvorschriften (Artt. 2, 3 EGV) und den speziellen Einzelbestimmungen einschließlich der Rechtsgrundlage des Sekundärakts verankerten Ziele vor allem im Rahmen der teleologischen Interpretation stattfindet, sollen diesbezügliche Erläuterungen nicht im Rahmen der systematischen Auslegung wiederholt werden; verwiesen wird also insoweit auf die dortigen Ausführungen (s.u.). Die Betrachtung des weiteren Kontextes beschränkt sich daher auf eine Heranziehung des zur EuInsVO thematisch nahe stehenden Sekundärrechts.

aa) Die Richtlinie 2000/35/EG zur Bekämpfung von Zahlungsverzug im Geschäftsverkehr

Flankierend zur Insolvenzverordung existiert relativ umfangreiches Richtlinienrecht, das gleichfalls den internationalen Konkursfall ins Blickfeld nimmt und unter anderem Regelungen über dingliche Rechte Dritter sowie Eigentumsvorbehalte vorsieht. Zu nennen ist zunächst die bereits an anderer Stelle zitierte Richtlinie zur Bekämpfung von Zahlungsverzug im Geschäftsverkehr (Richtlinie 2000/35/EG vom 29.7.2000)[1146] mit ihrer eigenständigen Regelung für Eigentumsvorbehalte.[1147] Nach ihrem Art. 4 Abs. 1 soll jeder Gläubiger in den Stand versetzt werden, innerhalb des Binnenmarktes einen einfachen Eigentumsvorbehalt im Sinne des Art. 2 Nr. 3 geltend zu machen, falls dieser nach den einschlägigen, durch das Kollisionsrecht berufenen nationalen Vorschriften rechtswirksam vereinbart wurde.[1148] In Art. 4 III 2 des Geänderten Richtlinienvorschlags der Kommission vom 30.10.1998[1149] war darüber hinaus die Insolvenzfestigkeit

---

1146 ABl. EG L 200 vom 8.8.2000, S. 35 ff.

1147 Zum EV im Richtlinienvorschlag insbesondere: *Gsell*, ZIP 1998, 1569 (1576f.); *Kieninger*, WM 1998, 2213 (2219f.); *Lehr*, EWS 1999, 241 (243); *Leible*, in: Scholz (Hrsg.), S. 90 (95f.); *Knapp*, RabelsZ 63 (1999), 295 (326f.); *Schmidt-Kessel*, JZ 1998, 1135 (1140 ff.); *Hänlein*, EuZW 2000, 680 (681).

1148 Die in Art. 4 Abs. 1 der Zahlungsverzugsrichtlinie verankerte Pflicht, den einfachen EV anzuerkennen, ist ein erster wichtiger Schritt zur Angleichung dieses Rechtsinstituts innerhalb des Binnenmarktes. Diese sekundärrechtliche Mindestvorgabe wird im deutschen Recht bereits erfüllt. Vgl. *Leible/Staudinger*, KTS 2000, 533 (554).

1149 Vgl. Art. 4 in der Fassung des geänderten Vorschlags der Kommission für eine Richtlinie des Europäischen Parlaments und des Rates zur Bekämpfung von Zahdes (einfachen) Eigentumsvorbehalts festgeschrieben. Im Gemeinsamen Standpunkt des Rates vom 29.7.1999[1150] wurde diese Regelung jedoch ersatzlos gestrichen, da laut Begründung unter anderem Eingriffe in das innerstaatliche Eigentums- und Insolvenzrecht befürchtet wurden.[1151] Die von der EG-Kommission und dem Europäischen Parlament angestrebten weitergehenden Bestimmungen über die Anerkennung einheitlicher Klauseln über den Eigentumsvorbehalt, die obligatorische Formfreiheit seiner Vereinbarung und insbesondere dessen Insolvenzfestigkeit kommen lediglich andeutungsweise in Erwägungsgrund 21 der verabschiedeten Richtlinie zum Ausdruck. Dort wird es für „wünschenswert" gehalten, daß sichergestellt ist, daß Gläubiger einen nach den jeweiligen Vorschriften wirksam vereinbarten Eigentumsvorbehalt auf „nichtdiskriminierender Grundlage" in der ganzen Gemeinschaft geltend machen können. Für die Interpretation des Art. 7 I EuInsVO bietet die RL 2000/35/EG nur einen groben Anhaltspunkt. Offenbar soll der Vorbehaltsverkäufer in der Insolvenz seines Vorbehaltskäufers seiner Sicherheit nicht verlustig gehen. Ob und bis zu welchem Grade er aber gewisse Beeinträchtigungen durch den Eröffnungsstaat hinzunehmen hat, bleibt offen. Ausgeschlossen ist lediglich eine vollständige Entwertung seines Rechts, da in diesem Fall wohl eine Diskriminierung im Sinne des 21. Erwägungsgrundes anzunehmen wäre.

Von weitaus größerer Bedeutung für die Auslegung der Artt. 5, 7 EuInsVO sind hingegen die Richtlinien über die Sanierung und Liquidation von Versicherungsunternehmen (Richtlinie 2001/17/EG vom 19. März 2001)[1152] bzw. Kreditinstituten (Richtlinie 2001/24/EG vom 4. April 2001)[1153] sowie über die Wirksamkeit von Abrechnungen in Zahlungs- sowie Wertpapierlieferabrechnungssystemen (Richtlinie 1998/26/EG vom 19. Mai 1998)[1154]. Übereinstimmend enthalten diese Richtlinien Vorschriften über dingliche Sicherheiten, in denen sich die aus Artt. 5 I, 7 I EuInsÜ/EuInsVO bekannte Formulierung „nicht berührt" wiederfindet.

---

lungsverzug im Handelsverkehr, ABl. EG 1998, Nr. C 374, 4, sowie Art. 3 a in der Fassung der Stellungnahme des Europäischen Parlaments vom 13./16. 12. 1999. Dem Harmonisierungsschritt zustimmend: *Kaufhold*, S. 205f.; zum geänderten Richtlinienvorschlag jüngst auch *Rott*, S. 146 ff.; *Schmidt-Kessel*, ZNotP 1999, 95; *Drobnig*, in: Kreuzer (Hrsg.), S. 9 (35).

1150 Gemeinsamer Standpunkt (EG) Nr. 36/1999 vom Rat festgelegt am 29. 7. 1999, ABl. EG 1999, Nr. C 284, 1 (17). Der Rat hatte von jeglicher Erwähnung des EV in der Richtlinie absehen wollen.

1151 *Leible/Staudinger*, KTS 2000, 533 (554); kritisch hierzu *Leible*, in: Scholz (Hrsg.), S. 90 (95f.).

1152 ABl. EG L 110 vom 20.4.2001, S. 28 ff.

1153 ABl. EG L 125 vom 5.5.2001, S. 15 ff.

1154 ABl. EG L Nr. 166 vom 11.6.1998, S. 45 ff.

bb) Die Richtlinie 1998/26/EG über die Wirksamkeit von Abrechnungen in Zahlungs- und Wertpapierlieferabrechnungssystemen

Die maßgebliche Bestimmung in der RL 1998/26/EG bildet die Regelung des Abschnitts IV, der sich mit dem „Schutz der Rechte der dinglich gesicherten Gläubiger vor den Auswirkungen einer Insolvenz des Sicherheitsleistenden" beschäftigt. Dessen (einziger) Artikel 9 ordnet in Abs. 1 an, daß die Rechte [...] an dinglichen Sicherheiten durch ein Insolvenzverfahren gegen den Sicherungsgeber „nicht berührt" werden (vgl. Art. 9 I 1). Satz 2 stellt klar, daß dingliche Sicherheiten zur Befriedigung der gesicherten Forderungen verwertet werden können (vgl. Art. 9 I 2). Nach Art. 9 II bestimmen sich die Rechte der so gesicherten Gläubiger „nach dem Recht des betreffenden Mitgliedstaats", in dem die Sicherheit an den Wertpapieren in einem Register eingetragen, auf einem Konto oder bei einem zentralen Verwahrsystem verbucht ist. Dem Abschnitt IV (und damit Art. 9) unmittelbar vorangestellt ist der dritte Abschnitt mit seinen „Bestimmungen betreffend das Insolvenzverfahren", Artt. 6-8. Erwähnenswert ist hier Art. 8, der vorschreibt, daß im Fall der Eröffnung eines Insolvenzverfahrens gegen einen Teilnehmer des Systems die Rechte und Pflichten, die sich aus der Teilnahme des betreffenden Teilnehmers an diesem System oder in Verbindung damit ergeben, „durch das für das System maßgebliche Recht bestimmt" werden. Nach Art. 2 a) Spiegelstrich 2 können die Teilnehmer das auf die förmliche Vereinbarung (= „System", vgl. Art. 2 a) Spiegelstrich 1) anwendbare Recht in den dort genannten Grenzen frei wählen. Stimmt dieses Recht nicht mit dem Recht überein, welches für die Bestellung der dinglichen Sicherheit maßgeblich war, führt Art. 9 II zu einer Abweichung von der grundsätzlich berufenen Rechtsordnung.

Bemerkenswert ist zunächst, daß Art. 9 I – anders als die EuInsVO und die RL 2001/17/EG bzw. RL 2001/24/EG – nicht zwischen einer Inlands- und Auslandsbelegenheit des dinglichen Rechts unterscheidet. „Nicht berührt" wird nach dem Wortlaut die Sicherheit unabhängig davon, ob sich diese im Eröffnungsstaat oder in einem sonstigen Staat befindet. Art. 7 Abs. 2 des Kommissionsentwurfs enthielt demgegenüber noch eine Art. 5 I EuInsVO entsprechende Vorschrift, wonach Sicherheiten, die von Drittstaatenteilnehmern gestellt wurden, unberührt bleiben sollten, sofern sie sich in einem Mitgliedstaat befanden. Im weiteren Verlauf der Verhandlungen wurde die Einschränkung auf im Nichteröffnungsstaat belegene Sicherheiten aufgegeben. Aus diesem Grund spricht viel dafür, Art. 9 I so zu verstehen, daß mit dieser Norm eine generelle Insolvenzfreistellung der Sicherheiten unabhängig vom Ort der Belegenheit erreicht werden soll.[1155] Ob der von Art. 9 I bezweckte Schutz indes so weit geht, die betreffenden Siche-

1155 So auch *Keller*, WM 2000, 1269 (1273); *Hasselbach*, ZIP 1997, 1491 (1494).

rungsrechte von jeglichen Wirkungen des Insolvenzverfahrens freizustellen, quasi in Ausnahme zum Universalitätsprinzip bereits die Anerkennung der Eröffnungsentscheidung in bezug auf diese Rechte zu leugnen, ist nicht ganz klar.[1156] Auf eine solche Interpretation des Art. 9 I deutet die in der Überschrift des IV. Abschnitts enthaltene Formulierung hin, wonach die dinglich gesicherten Gläubiger vor den *Auswirkungen* einer Insolvenz des Sicherheitsleistenden geschützt werden sollen. Insbesondere spricht sie pauschal von „Auswirkungen" und nicht etwa von „belastenden Wirkungen". Auf dieser Linie liegen auch die allgemeinen Begründungserwägungen der Kommission zur geplanten Finanzrichtlinie[1157], sofern ausgeführt wird, die Richtlinie über die Wirksamkeit von Abrechnungen schotte Sicherheiten von Konkurswirkungen ab.[1158] In Art. 9 I selbst ist allerdings lediglich vom „Insolvenzverfahren" die Rede. Auch der 18. Erwägungsgrund will die Sicherheiten nur „von der Anwendung des *Insolvenzrechts*" unberührt lassen, nicht aber sämtliche verfahrens- und materiellrechtlichen Wirkungen der Verfahrenseröffnung auf dingliche Sicherheiten ausblenden. Erwägungsgrund (4) führt aus, daß es „wünschenswert" sei, die *Beeinträchtigung* eines Systems im Fall von Insolvenzverfahren gegen einen Teilnehmer des betreffenden Systems „so gering wie möglich" zu halten. Die Verringerung des Systemrisikos erfordert nach Ansicht des Richtliniengebers insbesondere die *Verwertbarkeit* dinglicher Sicherheiten (vgl. EG 9), nicht aber deren vollumfängliche Abschottung und Immunisierung gegen den grenzüberschreitenden Konkurs. Gegen ein so umfassendes Schutzkonzept des Art. 9 I 1 streitet ferner Art. 9 I 2, der feststellt, daß dingliche Sicherheiten zur Befriedigung der betreffenden Forderung verwertet werden *können*. Offensichtlich geht die Richtlinie also gerade nicht davon aus, daß das Verwertungsrecht zwingend beim gesicherten Gläubiger liegen *muß*.[1159]

Im Ergebnis spricht mehr dafür, Art. 9 I so auszulegen, daß dingliche Sicherheiten im Rahmen von Systemen und zugunsten von Zentralbanken in der Insolvenz in zumutbarer Weise realisiert, nicht aber generell von den Wirkungen der Konkurseröffnung ausgenommen werden sollen.[1160] Da Art. 9 I für den Umfang seines Schutzes gerade nicht zwischen der Inlands- bzw. Auslandsbelegenheit des dinglichen Rechts differenziert, und eine solche Unterscheidung dieser Vorschrift

---

1156 Eine solche Interpretation hält *Wimmer*, in: FK-InsO, Art. 102 EGInsO, Anh. I, Rn. 215, für möglich.

1157 Dazu eingehend siehe unten unter C. III. 2. b) dd).

1158 Vgl. die allgemeine Begründung der Kommission zum Vorschlag der Kommission für eine Richtlinie des Europäischen Parlaments und Rates über Finanzsicherheiten vom 27. 03. 2001, KOM (2001), 168.

1159 So aber *Wimmer*, in: FK-InsO, Anh. I, Art. 102 EGInsO, Rn. 216.

1160 Vgl. *Keller*, WM 2000, 1269 (1269); *Löber*, BKR 2001, 118 (119); *Hasselbach*, ZIP 1997, 1491 (1494).

mit Blick auf ihre Entstehungsgeschichte auch nicht unterstellt werden kann,[1161] könnten solche Sicherheiten andernfalls auch in einem inländischen Verfahren ungeachtet des anhängigen Hauptinsolvenzverfahrens verwertet werden, obwohl das maßgebende Recht und die insolvenzrechtliche Behandlung der Sicherheit einschließlich etwaiger Beschränkungen den Gläubigern von vornherein bekannt waren. In der Folge wären so gesicherte Gläubiger gegenüber der Situation eines reinen Inlandskonkurses privilegiert, wo sie sich im Zeitpunkt der Bestellung der Sicherheit auf bestimmte Einschränkungen ihres Rechts einstellen mußten. Ein schutzwürdiges Vertrauen ist daher nur in bezug auf solche Eingriffe anzunehmen, die das ihnen bekannte Recht nicht vorsieht. Ein darüber hinausgehender Vertrauenstatbestand, ihr Recht von jeglicher nachteiliger Einwirkung des ausländischen Insolvenzrechts auszunehmen, besteht dagegen nicht. Das Vertrauen wäre nicht enttäuscht, wenn die betreffende Sicherheit gewissen Beschränkungen unterworfen würde, die sich aus dem Recht ergeben, für das sich die Sicherungsnehmer gem. Art. 2 a) Spiegelstrich 2 i.V.m. Art. 8 entschieden haben. Im Interesse der Gläubigergleichbehandlung sollte der Schutzgehalt des Art. 9 I 1 nicht überdehnt werden.[1162] „Unberührt" muß daher so verstanden werden, die Sicherheit durch die Anwendung des unbekannten bzw. bekannten Insolvenzrechts nicht zu entwerten.[1163] Gewisse Einschränkungen, wie etwa ein Verfahrenskostenbeitrag, die auch andere vergleichbare Sicherheiten nach dem gem. Art. 8 anwendbaren Recht hinzunehmen haben, sind somit noch zulässig.[1164] Für diese Sichtweise streitet auch der 4. Erwägungsgrund, der *Beeinträchtigungen* eines Systems im Fall von Insolvenzverfahren *minimieren* will. Sieht das nach Art. 9 II für die Verwertung geltende Recht jedoch wesentliche Einschränkungen vor, so deuten die weite Fassung des Art. 9 I und der ausdrückliche Verweis des Art. 9 II auf Abs. 1[1165] darauf hin, derart gravierende Eingriffe nicht zuzulassen, um die in

1161 So aber *Wimmer*, in: FK-InsO, Art. 102 EGInsO, Anh. I, Rn. 215f., der auch eine differenzierende Umsetzung des Art. 9 I für möglich hält, je nachdem, ob es sich um ein in- oder ausländisches Verfahren handelt. Während bei einem ausländischen Verfahren dingliche Sicherheiten ausnahmslos insolvenzfrei verwertbar sein sollen, erwägt *Wimmer* für den Fall des inländischen Verfahrens, die Sicherheiten gewissen Einschränkungen, die nach dem nach den Artt. 8, 2 a) Spiegelstrich 2 maßgebenden Recht vorgesehen sind, zu unterwerfen.

1162 Vgl. auch *Hasselbach*, der die Berechtigung der Richtlinie im Hinblick auf die durch die Richtlinie bewirkte vollkommene „Abschottung der Zahlungssysteme gegenüber hieran nicht beteiligten Gläubigern und den Konkursverwaltern insolventer Teilnehmer" in Zweifel zieht, vgl. a.a.O., S. 1495.

1163 Für eine solche Auslegung auch *Wimmer*, a.a.O.,Rn. 216.

1164 *Wimmer*, a.a.O.

1165 So spricht Art. 9 II von einer „dingliche(n) Sicherheit[...]gemäß Absatz 1".

Art. 9 I verankerte Regelung nicht zu unterlaufen.[1166] Ergänzend trägt die in Art. 9 II enthaltene Sachnormverweisung[1167] auf das Recht der maßgeblichen Wertpapierkontenführung dafür Sorge, daß die Sicherheit dem Zugriff aller anderen Gläubiger des betreffenden Systemteilnehmers sowie des Konkursverwalters entzogen ist.[1168] So soll sich nach dieser Vorschrift die *Gültigkeit und Verwertbarkeit* der dinglichen Sicherheit sowohl gegenüber dem System und dessen Betreiber, als auch gegenüber jeder anderen Person *ausschließlich* nach dem Recht des betreffenden Mitgliedstaats bestimmen.[1169] Darüber hinaus betont Erwägungsgrund 21, daß nur das Recht des jeweiligen Mitgliedstaats für die *Anerkennung und Verwertbarkeit* derartiger dinglicher Sicherheiten maßgeblich ist. Dagegen soll Art. 9 II der *Wirkungsweise und den Auswirkungen des Rechts* des Mitgliedstaats, in dem die Wertpapiere begeben wurden, oder des Rechts des Mitgliedstaats, in dem die Wertpapiere möglicherweise in anderer Weise belegen sind, gerade nicht vorgreifen.[1170] Somit bestätigen auch die Erläuterungen zu Art. 9 II die oben dargestellte Sichtweise zum Inhalt und zur Reichweite des nach Art. 9 I gewährten Schutzes.

Nicht eindeutig ist, ob Art. 9 I dingliche Sicherungsrechte erst bei ihrer Verwertung oder aber bereits in der Phase ihrer Bestellung insolvenzfest stellt. Gegen eine Vorverlagerung des Schutzes auf den Zeitpunkt ihrer Begründung spricht Erwägungsgrund 13, wonach Rechte und Ansprüche aus dem zugrunde liegenden Geschäft bestehen bleiben sollen[1171]. Auch Erwägungsgrund 9 stellt für eine Verringerung des Systemrisikos lediglich auf die *Verwertbarkeit* der Sicherheit, nicht aber auf einen früheren Zeitraum ab. Eine Insolvenzanfechtung könnte daher mit Art. 9 durchaus vereinbar sein. Entscheidend gegen eine solche Interpretation streitet jedoch der Vergleich mit Artt. 5 IV, 7 III EuInsVO und Artt. 20 IV, 21 III RL 2001/17/EG bzw. Artt. 21 IV, 22 III RL 2001/24/EG, die neben der „unberührt"-Klausel in den jeweiligen Absätzen 1 in einem eigenständigen Absatz die Anfechtungsvorschriften explizit für anwendbar erklären.[1172] Eine

---

1166 *Wimmer*, a.a.O., Rn. 218.

1167 Vgl. *Keller*, WM 2000, 1269 (1274). Nach Ansicht von *Keller* stellt Art. 9 II wie auch Art. 8 keine kollisionsrechtliche Gesamtverweisung, sondern nur eine Sachnormverweisung dar mit der Folge, daß nur auf das materielle Insolvenzrecht des Verweisungslandes, nicht aber auch auf dessen internationales Insolvenzrecht (Kollisionsrecht) verwiesen wird, um eine kollisionsrechtliche Rück- oder Weiterverweisung („*renvoi*") auszuschließen.

1168 *Hasselbach* ZIP 1997, 1491 (1494).

1169 Vgl. Erwägungsgrund 19.

1170 Vgl. Erwägungsgrund 21.

1171 Auf Erwägungsgrund 13 der Richtlinie weist auch *Keller*, WM 2000, 1269 (1273), hin.

1172 *Keller*, WM 2000, 1269 (1273).

solche Klarstellung zur Insolvenzanfechtung findet sich in Art. 9 nicht. Daraus kann nur geschlossen werden, daß auch die Anfechtungsregelungen des nach Artt. 8, 2 a) Spiegelstrich 2 grundsätzlich berufenen Rechts ausgeblendet werden sollen. Da sich auch der Wortlaut des Art. 9 I 1 nicht auf die Verwertung der Sicherheit beschränkt, setzt dessen Schutzwirkung schon im Zeitpunkt der Bestellung des dinglichen Rechts ein.[1173]

cc) Die Richtlinien über die Sanierung und Liquidation von Versicherungsunternehmen (2001/17/EG) bzw. Kreditinstituten (2001/24/EG)

Übereinstimmend enthalten diese Regelwerke eine an Art. 5 I EuInsVO angelehnte Bestimmung über „Dingliche Rechte Dritter". Gem. Art. 20 I der RL 2001/17 und Art. 21 I der RL 2001/24 wird das dingliche Recht eines Gläubigers [...] an Gegenständen des Versicherungsunternehmens oder des Kreditinstituts, [...] die sich zum Zeitpunkt der Einleitung von Sanierungsmaßnahmen bzw. der Eröffnung des Liquidationsverfahrens im Gebiet eines anderen Mitgliedstaates befinden, von der Einleitung von Sanierungsmaßnahmen bzw. der Verfahrenseröffnung „nicht berührt". Eine gleichlautende Regelung sehen die Artt. 21 I (RL 2001/17) und 22 I (RL 2001/24) für den Eigentumsvorbehalt vor. Die betreffenden Vorschriften befinden sich jeweils im IV. Titel über „Gemeinsame Vorschriften für Sanierungsmaßnahmen (und Liquidationsverfahren)". Dieser Titel wird in beiden Richtlinien eingeleitet mit einer Bestimmung über die *Wirkungen* einer Sanierungsmaßnahme oder der Eröffnung eines Liquidationsverfahrens „auf bestimmte Verträge und Rechte" (vgl. Artt. 19, 20 der RL). Hierbei handelt es sich um Kollisionsnormen, die in Abweichung von der grundsätzlich maßgeblichen lex fori concursus (vgl. Artt. 4 II, 9 I RL 2001/17 und Artt. 3 II, 10 I RL 2001/24) eine andere Rechtsordnung berufen. Neben diesen Kollisionsnormen verfügen beide Richtlinien über Vorschriften zum anwendbaren Recht, vgl. Artt. 4 II, 9 RL 2001/17 und Artt. 3 II, 10 RL 2001/24. Berufen wird regelmäßig das Recht des Herkunftsmitgliedstaats[1174], also die lex fori concursus.[1175] Während sich Artt. 3 II und 10 II der RL 2001/24 auf die bloße Feststellung, das Recht des Konkurseröffnungsstaates sei nur ausschlaggebend „soweit diese Richtlinie nichts anderes bestimmt", beschränken und insbesondere offenlassen, ob die Regelung der Artt. 21, 22 RL 2001/24 eine Ausnahme im genannten Sinn macht,

1173 Zutreffend *Keller*, WM 2000, 1269 (1273).

1174 „Herkunftsmitgliedstaat" ist nach der Legaldefinition des Art. 2 e) RL 2001/17 der Mitgliedstaat, in dem ein Versicherungsunternehmen gem. Art. 6 der Richtlinie 73/239/EWG oder Artikel 6 der Richtlinie 79/267/EWG zugelassen wurde. Vgl. auch Art. 2 Spiegelstrich 1 der RL 2001/24.

1175 Vgl. Erwägungsgrund 5 der RL 2001/17.

sind die entsprechenden Bestimmungen der RL 2001/17 eindeutig. Dort wird in den Artt. 4 II und 9 I ausdrücklich auf die anderweitigen Bestimmungen der Artikel 19 bis 26 verwiesen. Die Artt. 20, 21 RL 2001/17 stellen daher Sonderregelungen zur Grundkollisionsnorm dar. Das Recht des Eröffnungsstaates mitsamt seiner insolvenzbedingten Einschränkungen gilt für den Bereich der dinglichen Rechte Dritter und Eigentumsvorbehalte nicht. Welches Recht stattdessen anzuwenden ist, lassen diese Vorschriften offen. Einen ausdrücklichen Verweis auf das Insolvenzrecht des Belegenheitsstaates enthält aber Art. 24 der RL 2001/24. Danach ist für die Ausübung von Eigentums- oder anderen Rechten das Recht des Mitgliedstaats maßgeblich, in dem sich das Register, das Konto oder die zentrale Verwahrstelle befindet, in dem bzw. bei der die betreffenden Rechte eingetragen wurden. Bei der Geltung des Situsrechts bleibt es auch im Fall von Transaktionen im Rahmen eines geregelten Marktes, für die ausschließlich das Recht maßgeblich ist, das auf derartige Transaktionen anwendbar ist.[1176] Eine Parallelbestimmung, die gleichfalls mit „lex rei sitae" überschrieben ist, findet sich in der RL 2001/17 indes nicht. Sie beschränkt sich neben den Artt. 20, 21 auf eine Regelung über „Geregelte Märkte" in Art. 23. Artikel 23 I ordnet an, daß für die Wirkungen einer Sanierungsmaßnahme oder der Eröffnung eines Liquidationsverfahrens auf die Rechte und Pflichten der Teilnehmer an einem geregelten Markt „unbeschadet des Art. 20" ausschließlich das Recht maßgeblich ist, das für den betreffenden Markt gilt. Diese Kollisionsregel ist also nur für die von Art. 20 nicht erfaßten Rechte von Bedeutung. Der Bereich des Art. 21 („Eigentumsvorbehalt") untersteht demnach uneingeschränkt dem jeweiligen Marktrecht. In der Richtlinie 2001/24 wird dagegen durch Art. 24 die lex rei sitae umfassend für die Ausübung von Eigentumsrechten oder sonstigen Rechten zur Anwendung gebracht. Diese Bestimmung tritt in unmittelbare Konkurrenz zu Art. 21 der RL. Beide Bestimmungen lassen sich wie folgt abgrenzen: Ein Verweis auf das lokale Insolvenzrecht durch Art. 24 ist eher zu verneinen, obwohl der Wortlaut darauf hindeutet. So ist die isolierte Anwendung des örtlichen Insolvenzrechts auf einzelne Sachen wenig sinnvoll, weshalb sich der Richtliniengeber bei Gegenständen außerhalb des Eröffnungsstaates einhellig für die „unberührt-Formel" entschieden hatte.[1177] Zum anderen würde eine solche Interpretation des Art. 24 zu einer Schlechterstellung von Wertpapiersicherheiten im Vergleich zu sonstigen Auslandssicherheiten führen. Während erstere dem Insolvenzrecht am Ort der Depotführung unterstünden und dessen insolvenzbedingten Einschränkungen ausgesetzt wären, unterlägen letztere wegen Art. 21 keinem Insolvenzrecht und

1176 Vgl. Art. 27 [„Geregelte Märkte"]: „unbeschadet des Artikels 24".

1177 *Keller*, BKR 2002, 347 (350). Vgl. auch *Deipenbrock*, EWS 2001, 113 (117), derzufolge eine „einfache Lösung" gewählt wurde.

wären voll verwertbar.[1178] Abgesehen von den negativen praktischen Folgen für den internationalen Wertpapierverkehr[1179] spricht gegen ein solches Verständnis des Art. 24 auch dessen Entstehungsgeschichte.[1180] Näher liegt daher, Art. 24 im Sinne einer Klarstellung des Art. 21 auszulegen: Die (Eigentums-) Rechte der Kunden[1181] sollen im Fall der Depotführung durch ein ausländisches Institut nicht durch das Heimatinsolvenzrecht des Instituts entwertet werden.[1182]

Der Bestimmung über das anwendbare Recht in Art. 4 II der RL 2001/17 bzw. Art. 3 II der RL 2001/24 ist im jeweiligen Abs. 1 eine Klarstellung zum Grundsatz der Universalität vorgeschaltet. So heißt es in Artt. 4 I; 3 I, daß die Behörden (oder Gerichte) des Herkunftsmitgliedstaats allein befugt sind, über Sanierungsmaßnahmen in anderen Mitgliedstaaten zu entscheiden. Eine entsprechende Regelung enthält Art. 8 I bzw. Art. 9 I für Liquidationsverfahren. In diesen Richtlinienbestimmungen wird die grundsätzlich einschränkungslos angestrebte Universalität und Einheit des Verfahrens in sehr viel strengerer Weise umgesetzt, als in der EuInsVO mit ihren Vorschriften über die nationalen Sekundärverfahren (vgl. Artt. 27 ff.). Nach den Richtlinien können dingliche Rechte nicht von einem lokalen Sekundärinsolvenzverfahren erfaßt werden.[1183] Der Schutz der Artt. 20, 21 bzw. 21, 22 im Fall der Insolvenz von Kreditinstituten und Versicherungsunternehmen reicht daher weiter als bei Nichtfinanzunternehmen nach der Insolvenzverordnung.[1184] Die stringente Durchführung des Insolvenzverfahrens nach den Grundsätzen der Universalität und Einheit ist der Gleichbehandlung der Gläubiger geschuldet[1185], wird jedoch auch in den genannten Richtlinien – wie die Bereichsausnahmen zum anwendbaren Recht zeigen – nicht konsequent durchgehalten.[1186] Zwar sei – so die Begründung – für die verfahrens- und materiellrechtlichen Wirkungen von Sanierungsmaßnahmen oder

---

1178 *Keller*, BKR 2002, 347 (350).

1179 *Keller*, a.a.O. spricht in diesem Zusammenhang die Abwicklung internationaler Wertpapiergeschäfte durch gewerbliche Zwischenverwahrer (z.B. Euroclear S. A. in Brüssel bzw. Clearstream Banking Luxembourg S. A.) an, für die stets belgisches oder luxemburgisches Insolvenzrecht zu gelten hätte.

1180 Vgl. *Keller*, BKR 2002, 347 (350 Fn. 28).

1181 Gem. § 6 DepotG vermittelt das (Mit-)Eigentum im Fall der Verwahrerinsolvenz nach deutschem Insolvenzrecht ein Aussonderungsrecht nach § 47 InsO.

1182 *Keller*, BKR 2002, 347 (350). Nach Ansicht *Kellers* war dies wohl auch das Verständnis eines Teils der Ratsdelegation.

1183 *Keller*, BKR 2002, 347 (350).

1184 *Keller*, BKR 2002, 347 (350).

1185 Vgl. Erwägungsgrund 16 der RL 2001/24 und Erwägungsgrund 9 der RL 2001/17.

1186 Vgl. auch EG 10 der RL 2001/17, wonach nur „in der Regel" alle Vermögenswerte und Verbindlichkeiten des Versicherungsunternehmens in das Liquidationsverfahren einbezogen werden.

Liquidationsverfahren grds. das Recht des Herkunftsmitgliedstaats (lex fori concursus) maßgeblich. Im Hinblick darauf, daß diese Wirkungen im Widerspruch zu den üblicherweise für die wirtschaftlichen und finanziellen Tätigkeiten des Kreditinstituts und seiner Zweigstellen in den übrigen Mitgliedstaaten geltenden Vorschriften stehen könnten, sei jedoch die Bezugnahme auf das Recht eines anderen Mitgliedstaats in bestimmten Fällen eine „unerläßliche Abschwächung des Prinzips, daß das Recht des Herkunftsmitgliedstaats maßgeblich ist".[1187] Diese Abschwächung wird insbesondere für erforderlich gehalten, um die Sicherheit der Geschäfte mit bestimmten Vermögensgegenständen zu gewährleisten sowie die Integrität der geregelten Märkte aufrechtzuerhalten.[1188] Ähnliche Ausführungen macht Erwägungsgrund (24) der RL 2001/17. Um den Vertrauensschutz und die Rechtssicherheit in bezug auf bestimmte Transaktionen in anderen Mitgliedstaaten als dem Herkunftsmitgliedstaat sicherzustellen, habe man „einige Ausnahmen von der allgemeinen (Kollisions-[1189]) Regel" vorgesehen. Diese Ausnahmen – so der EG – beträfen die Wirkungen solcher Sanierungsmaßnahmen und Liquidationsverfahren auf bestimmte Verträge und Rechte, die dinglichen Rechte Dritter etc. Zugleich sollen die Ausnahmen von der lex fori concursus nach der Konzeption beider Richtlinien auf ein Minimum beschränkt bleiben. Entsprechend führen die Erwägungsgründe (17) der RL 2001/24 und (25) der RL 2001/17 aus, daß die Ausnahme betreffend die Wirkungen von Sanierungsmaßnahmen und Liquidationsverfahren auf bestimmte Verträge und Rechte (vgl. Art. 20) sich auf diese Wirkungen beschränkt und nicht für andere Aspekte wie die Anmeldung, Prüfung und Feststellung der Forderungen im Zusammenhang mit diesen Verträgen und Rechten und die Festlegung ihrer Rangfolge sowie die Vorschriften für die Verteilung des Erlöses aus der Verwertung des Vermögens gilt; insoweit soll es bei dem grundsätzlich maßgeblichen Recht des Herkunftsmitgliedstaats bleiben. Eine universelle Freistellung dieser Rechte von den verfahrens- und materiellrechtlichen Wirkungen der lex fori concursus ist also nicht beabsichtigt. Dies bestätigt auch Erwägungsgrund (7) der RL 2001/24, wonach unbedingt sichergestellt werden müsse, daß die von den Behörden oder Gerichten des Herkunftsmitgliedstaats und deren Organen angeordneten Maßnahmen zur Sanierung von Kreditinstituten in allen Mitgliedstaaten wirksam würden. Als Maßnahmen in diesem Sinne sind ausweislich des Erwägungsgrundes (7) auch Maßnahmen anzusehen, die eine Aussetzung der Zahlungen, die Aussetzung von Vollstreckungsmaßnahmen oder eine Kürzung der Forderung erlauben, sowie alle anderen Handlungen, die „die bestehenden Rechte Dritter *beeinträchtigen*

1187 Vgl. Erwägungsgrund 23 der RL 2001/24.
1188 Vgl. Erwägungsgrund 24 der RL 2001/24.
1189 Ergänzung des Autors.

könnten". Nach der Konzeption der RL werden die Inhaber dinglicher Sicherheiten sonach sehr wohl in das ausländische Insolvenzverfahren einbezogen und mit gewissen Einschränkungen konfrontiert. Eine Entwertung des dinglichen Rechts durch die lex fori concursus ist jedoch ausgeschlossen.

dd) Die Richtlinie über Finanzsicherheiten (2002/47/EG)

Hinzuweisen ist schließlich auf die Richtlinie 2002/47/EG über Finanzsicherheiten[1190]. Sie soll vor allem die Richtlinie 1998/26/EG über die Wirksamkeit von Abrechnungen in Zahlungs- sowie Wertpapierlieferabrechnungssystemen ergänzen.[1191] Die bislang einzige gemeinschaftsweite Regelung zur Behandlung grenzübergreifender Sicherheiten im Zusammenhang mit Finanztransaktionen erfaßt nur einen Teilaspekt der Nutzung von Kreditsicherheiten. Insbesondere bleiben in der RL rein bilaterale Geschäfte unberücksichtigt. Darüber hinaus haben die Mitgliedstaaten vornehmlich die kollisionsrechtlichen Regelungen unterschiedlich umgesetzt.[1192] Ziel der Richtlinie ist es, eine gemeinschaftsweite Regelung für die Nutzung von Wertpapieren und Barguthaben als Sicherheit in Form von Übertragungs- und Pfandtechniken zu schaffen.[1193] Erfaßt werden alle Geschäfte zwischen Instituten des Finanzsektors untereinander sowie – optional[1194] – zwischen Finanzinstituten und sonstigen juristischen Personen (= Bank-Kunden-Beziehung). In Betracht kommen alle nach dem Recht der Mitgliedstaaten zulässigen Sicherungstechniken[1195] mit Barguthaben und Finanzinstrumenten[1196] als

1190 ABl. EG L 168 vom 06.06.2002, S. 43 ff. Siehe auch Kommissionsvorschlag vom 27.3.2001, ABl. EG Nr. C 180 E, S. 312 ff. in der Fassung des gemeinsamen Standpunkts des Rats vom 5.3.2002. Der Vorschlag enthält zugleich eine ausführliche Begründung des Vorhabens.

1191 Vgl. allgemeine Begründung des Richtlinienvorschlags durch die Kommission, KOM (2001), 168.

1192 *Löber*, BKR 2001, 118 (119). Siehe beispielsweise für Deutschland: § 17 a DepotG als Umsetzung von Art. 9 II der RL. Im Einzelnen hierzu *Keller*, WM 2000, 1269 (1275 ff.).

1193 *Löber*, BKR 2001, 117 (118). Vgl. auch die allgemeine Begründung des Kommissionsvorschlags, KOM (2001), 168.

1194 Die Anwendung der Richtlinie im Verhältnis Bank-Kunde ist den Mitgliedstaaten freigestellt.

1195 Erfaßt werden alle Sicherungstechniken unabhängig von ihrer Ausgestaltung als Vollrecht oder als beschränktes dingliches Sicherungsrecht, wobei nachweislich der Besitz oder die Kontrolle hinsichtlich des Sicherungsgutes seitens des Sicherungsnehmers verschafft worden sein muß.

1196 Die Anregung der Europäischen Zentralbank, entsprechend Art. 2 lit. m der Richtlinie 98/26 sonstige Aktiva wie insbesondere Forderungen einzubeziehen, fand keinen Eingang in den Entwurf.

Sicherungsgut. Inhaltlich schafft die Richtlinie vor allem (europäisches) materielles Insolvenz- und Privatrecht (vgl. Artt. 3-8[1197]).[1198] So darf das nationale Recht weder die materielle noch die prozessuale Wirksamkeit einer Sicherheit von der Erfüllung von Formerfordernissen[1199] abhängig machen (Art. 3). Die Verwertung der Finanzinstrumente erfolgt durch Verkauf, die der Barguthaben durch Aufrechnung („*close out netting*")[1200] (Art. 4). Insbesondere Sicherheiten im ersteren Sinne müssen ohne größere Formalitäten[1201] und trotz eines Insolvenzverfahrens realisierbar sein (Art. 4). Diese Bestimmung begründet quasi ein europäisches Absonderungsrecht für Finanzsicherheiten.[1202] Eingeführt wird weiter ein bislang nicht in allen Mitgliedstaaten[1203] bekanntes Verfügungsrecht bzw. ein Recht zur Weiterverwendung einer Finanzsicherheit in Form eines be-

---

1197 In der Fassung des Gemeinsamen Standpunkts des Rates (= überarbeitete Fassung).

1198 *Keller*, BKR 2002, 347 (352).

1199 Jegliches Erfordernis einer notariellen Ausfertigung, Registrierung, Anmeldung, öffentlicher Bekanntgabe, Anzeige oder sonstiger förmlicher Nachweise (*data certa*) entfällt. Dies betrifft namentlich den Zwang zur Verwendung zugelassener Vertragsformulare (so in Frankreich für Wertpapierpensionsgeschäfte), die Registrierung im company register in Großbritannien und Irland oder die Notwendigkeit eines Poststempels in Italien.

1200 „Aufrechnung infolge Beendigung" (= „close out netting") bezeichnet die Verpflichtung des Sicherungsnehmers zur Lieferung einer gleichwertigen Sicherheit. Diese wird auf der Grundlage aktueller Marktwerte als Barbetrag ausgedrückt und gegen die gesicherte Verbindlichkeit des Sicherungsgebers gegenüber dem Sicherungsnehmer aufgerechnet, wobei nur der Nettosaldo von einer Partei an die andere zu zahlen ist. Vgl. Erläuterung des Kommissionsvorschlags, KOM (2001), 186.

1201 Die Verwertung erfolgt durch Selbsthilfe im Wege des freihändigen Verkaufs oder der Aneignung, d.h. ohne die Notwendigkeit einer Verkaufsandrohung, einer gerichtlichen oder sonstigen Zustimmung, öffentlichen Auktion oder der Einhaltung von Wartefristen.

1202 *Keller*, BKR 2002, 99 (100).

1203 In einer Reihe von Mitgliedstaaten können Sicherungsnehmer über die verpfändeten Vermögenswerte durch Weiterverpfändung an einen Dritten verfügen, sofern die Rechte des Sicherungsgebers auf Rückgabe des Vermögenswertes nach Rückzahlung des Kredits in jeder Hinsicht gewahrt bleiben. In anderen Mitgliedstaaten kann der Sicherungsgeber dem Sicherungsnehmer die Möglichkeit geben, die verpfändeten Vermögenswerte so zu verwerten, als ob der Sicherungsnehmer der Eigentümer dieser Vermögenswerte wäre. Im deutschen Recht ist die Idee eines Verfügungsrechts bereits in Form des ungeschriebenen Rechtsinstituts des unregelmäßigen Pfandes sowie der unregelmäßigen Verwahrung nach § 700 BGB bzw. §§ 15, 17 DepotG bekannt. Nach der europäischen Regelung handelt es sich jedoch um ein regelmäßiges Pfand, das zugleich eine Ermächtigung an den Sicherungsnehmer zur Weiterverwendung oder sonstigen Verfügung über die Sicherheiten beinhaltet. Zum Vergleich mit der deutschen Rechtslage *Löber*, BKR 2001, 118 (122) und *Keller*, BKR 2002, 347 (353).

schränkten dinglichen Rechts (Art. 5). Der Sicherungsnehmer wird dadurch in die Lage versetzt, über das Sicherungsgut wie ein Eigentümer zu verfügen. Darüber hinaus wird die Übereignung für Sicherungszwecke als rechtswirksam und insolvenzfest anerkannt (Art. 6). Eine Umwidmung solcher Sicherheiten in Verpfändungen scheidet aus.[1204] Mit dieser Regelung soll der *besitzgebundenen*[1205] Sicherungsübereignung bzw. Zession in allen Mitgliedstaaten zum Durchbruch verholfen werden.[1206] Gewährleistet wird ferner die materielle Wirksamkeit und Konkursfestigkeit von Aufrechnungsvereinbarungen (Art. 7). Demgegenüber sind eine Insolvenzanfechtung sowohl für die Erstbestellung einer Sicherheit, als auch bei Nachschuß- oder Austauschsicherheiten sowie die automatische Insolvenzrückwirkung bei Finanzsicherheitengeschäften ausgeschlossen (Art. 8). Die Vorschriften der Artt. 7 und 8 bewirken also einen Ausschluß bestimmter Insolvenzauswirkungen.[1207] Inhaltsgleich zu Art. 9 II der Richtlinie 98/26/EG[1208] gilt für grenzüberschreitend verwahrte Wertpapiere, die im Effektengiro übertragbar sind, in Ersetzung der nach allgemeinem Kollisionsrecht grundsätzlich geltenden lex rei sitae[1209] das Recht des Landes, in dem das maßgebliche Konto geführt

---

1204 Die Folge einer Umwidmung wäre in den Fällen, in denen die Vorschriften zur Stellung von Sicherheiten im Wege der Eigentumsübertragung anders wären als die Anforderungen bei einer Pfandrechtsbestellung, daß diese Vorschriften nicht erfüllt würden und die gesamte Sicherheit bei einer Umdeutung in ein Pfandrecht daher nichtig sein könnte. Dieses Nichtigkeitsrisiko soll durch diese Regelung gerade verhindert werden. Vgl. die Erörterung des Kommissionsvorschlags, KOM (2001), 168.

1205 Im deutschen Recht ist darüber hinaus selbst die besitzlose Sicherungsübereignung zu den Bestellungmodalitäten eines Pfandrechts anerkannt. So kann Sicherungseigentum neben §§ 929, 930 BGB auch unter den Voraussetzungen der §§ 929, 931 BGB begründet werden, vgl. *Quack*, in: MüKo, BGB, Anh. Zu §§ 929-936, Rn. 12; *Bassenge*, in: Palandt, BGB, § 930, Rn. 15.

1206 *Keller*, BKR 2002, 347 (353).

1207 *Löber*, BKR 2001, 118 (122).

1208 Sowie zu § 17 a DepotG als deutsche Umsetzungsnorm der Finalitätsrichtlinie.

1209 Die Ersetzung der in allen Mitgliedstaaten anerkannten lex rei sitae-Regel, wonach die Gültigkeit und damit die Durchsetzbarkeit einer Sicherheit gegenüber Dritten nach dem Recht des Landes zu beurteilen ist, in dem die Sicherheit belegen ist, führt insbesondere bei Finanzsicherheiten zu erheblichen Schwierigkeiten. Da es sich bei den Finanzsicherheiten zumeist um im Effektengiro übertragbare Wertpapiere handelt, die auf Depotkonten bei Zentralverwahrern oder anderen Intermediären zum Teil über längere Verwahrketten gehalten werden, kann die Frage der Belegenheit der Sicherheit oftmals nicht oder nur mit erheblichem Aufwand bzw. durch Fiktion (so beispielsweise im Fall stückeloser Wertpapiere) beantwortet werden. Vgl. Begründung der Kommission zu Art. 10 des Kommissionsvorschlags vom 27. 03. 2001 KOM (2001), 168 sowie *Löber*, BKR 2001, 118 (122).

wird (Art. 9 I).[1210] Die kraft Sachnormverweisung[1211] berufene „lex conto sitae"[1212] entscheidet danach über die Begründung, die Rangordnung, die Formerfordernisse zum Erwerb gegenüber Dritten und die Verwertung von Finanzsicherheiten (vgl. Art. 9 II).

Wie gesehen, enthält die Finanzrichtlinie keine den Artt. 20, 21 der RL 2001/17/EG bzw. Artt. 21, 22 der RL 2001/24/EG oder Art. 9 I der RL 1998/26/EG vergleichbare Vorschrift, die jeweilige Sicherheit unberührt zu lassen. In der maßgeblichen Bestimmung des Art. 4 (Verwertung der Sicherheit)[1213] heißt es lediglich, daß der Sicherungsnehmer im Verwertungs- bzw. Beendigungsfall jedes beschränkte dingliche Recht an einer Finanzsicherheit vereinbarungsgemäß realisieren können soll (vgl. Art. 4 I). Art. 4 V schreibt vor, die Verwertbarkeit von Finanzsicherheiten bei Liquidationsverfahren[1214] oder Sanierungsmaßnahmen[1215] durch die Mitgliedstaaten sicherzustellen. Von diesem Artikel „nicht berührt" bleiben nach Maßgabe des Art. 4 VI jedoch etwaige gesetzliche Verpflichtungen, Finanzsicherheiten nach wirtschaftlichen Gesichtspunkten zu ver- oder bewerten. Daraus kann gefolgert werden, daß nach der Konzeption der Richtlinie Finanzsicherheiten im Beendigungs- bzw. Insolvenzfall ohne förmliche Hindernisse und ohne nennenswerte Einbußen verwertbar sein müssen. Die Art und Weise der Realisierung seines Rechts ist jedoch nicht völlig ins Belieben des Sicherungsnehmers gestellt, sondern erfolgt in den Grenzen des Art. 4 VI.

1210 Bei der Formulierung dieser Kollisionsregel hat sich die Kommission eng an den Wortlaut des Arbeitsentwurfs der Haager Konferenz (vgl. Annex C, Artt. 4 und 5, des Berichts des Treffens der Expertengruppe vom 15. bis. 19. Januar 2001) angelehnt.

1211 Vgl. Erläuterung des Kommissionsvorschlags, KOM (2001), 168.

1212 So die Bezeichnung von *Keller* erstmals in WM 2000, 1269 (1274); *ders.*, BKR 2002, 99 (100).

1213 = Art. 4 in der überarbeiteten Fassung des Gemeinsamen Standpunktes.

1214 „Liquidationsverfahren" bezeichnen nach der Legaldefinition des Art. 3 I lit. j (= Art. 2 lit. o der überarbeiteten Fassung) insbesondere Gesamtverfahren, bei denen das Vermögen verwertet und der Erlös unter den Gläubigern, Aktionären oder Gesellschaftern aufgeteilt wird und eine Behörde oder ein Gericht tätig werden müssen.

1215 „Sanierungsmaßnahmen" bezeichnen nach der Legaldefinition des Art. 3 I lit. k (= Art. 2 lit. p der überarbeiteten Fassung) Maßnahmen, die das Tätigwerden einer Behörde oder eines Gerichts mit dem Ziel beinhalten, die finanzielle Lage zu sichern oder wiederherzustellen, und die die bestehenden Rechte Dritter beeinträchtigen; dazu zählen unter anderem auch Maßnahmen, die eine Aussetzung der Zahlungen, eine Aussetzung der Vollstreckungsmaßnahmen oder eine Kürzung der Forderungen erlauben.

Darüber hinaus lassen sich aus den allgemeinen und besonderen Begründungserwägungen sowie aus der Gesamtschau der Richtlinienbestimmungen gewisse Rückschlüsse für die insolvenzrechtliche Behandlung (dinglicher) Sicherheiten ableiten, die auch für die Auslegung der Artt. 5, 7 EuInsVO fruchtbar gemacht werden können. So liegt ein Hauptziel der künftigen Finanzrichtlinie darin, einen „begrenzte(n) Schutz vor bestimmten konkursrechtlichen Vorschriften, insbesondere solchen, die der Verwertung der Sicherheit entgegenstehen oder Zweifel an der Wirksamkeit von Techniken [...] wie der Bestellung zusätzlicher Sicherheiten [...] und des Ersatzes der Sicherheit begründen würden“, zu gewährleisten. Ein weiteres Hauptanliegen besteht in der Schaffung von „Rechtssicherheit bezüglich der kollisionsrechtlichen Behandlung [...] durch Ausweitung des Grundsatzes in Art. 9 II der Richtlinie über die Wirksamkeit von Abrechnungen:[1216] d.h. Ergänzung der Auslegung der allgemein anerkannten ‚lex rei sitae'-Regel [...]“. Bei der Kommentierung des Art. 5 des Richtlinienvorschlags[1217] wird ausgeführt, diese Bestimmung schlösse aus, daß Form- und Verfahrensvorschriften für die Verwertung einer Finanzsicherheit erlassen werden. Zugleich schütze er die Verwertung vor dem Insolvenzrecht. Er mache deutlich, daß die im Zusammenhang mit einer Sicherheit festgelegten Bestimmungen gültig seien, und schreibe vor, daß die Verwertung von Sicherheiten nicht ausgesetzt würde, wie es in der Regel bei Insolvenzverfahren und Sanierungsmaßnahmen vorgeschrieben werde. Dies – so die Begründung – ermögliche es dem Sicherungsnehmer, die Sicherheit bei Ausfall des Sicherungsgebers umgehend und damit ohne erhebliche Einbußen zu verwerten. Aus der Kommentierung der Kollisionsvorschrift des Art. 10[1218] ergibt sich, daß der Gesetzgeber grundsätzlich von der Situs-Regel ausgegangen ist, angesichts der Schwierigkeiten bei der Bestimmung des Belegenheitsortes von Finanzsicherheiten aber diese durch die Berufung des Rechts des Ortes der maßgeblichen Depotkontenführung ersetzt hat.

Abgesehen von diesen allgemeinen Erläuterungen des Gesetzgebungsvorhabens, die dem Richtlinienvorschlag vorangestellt sind, haben auch die eigentlichen Begründungserwägungen für die Auslegung Bedeutung. Hier ist zunächst die fünfte Erwägung hervorzuheben. Im Interesse der Rechtssicherheit sollen Sicherheiten „von *bestimmten* Vorschriften ihres Insolvenzrechts ausgenommen“[1219] werden, was insbesondere für Bestimmungen gelten soll, „die der *effektiven* Verwertung der Sicherheit“ im Wege stehen. Ebenso seien nach Erwä-

1216 Zur Auslegung des Art. 9 II der RL 1998/26/EG siehe oben unter C. III. 2. bb).

1217 = Art. 4 der in Kraft getretenen Fassung sowie des Gemeinsamen Standpunktes (= überarbeitete Fassung).

1218 = Art. 9 der geltenden Fassung.

1219 Erwägungsgrund (9) spricht in diesem Zusammenhang von einer „Freistellung“.

gungsgrund (12) „Sicherheiten (nur)[1220] in *begrenztem* Umfang von *bestimmten* Vorschriften des Insolvenzrechts“ freigestellt. Die Erläuterung der Kollisionsregel der Richtlinie weist zunächst auf die lex rei sitae hin.[1221] Als Belegenheitsort ist das Land anzusehen, in dem das maßgebliche Konto geführt wird. Hält der Sicherungsnehmer nach dem Recht dieses Landes eine gültige Sicherheit, soll nach Ansicht der Kommission auch die Durchsetzbarkeit gegenüber konkurrierenden Titeln oder Rechten und die Verwertbarkeit der Sicherheit ausschließlich dem Recht des Landes unterliegen, um so einer etwaigen, durch unvorhergesehene Rechtsvorschriften verursachten Rechtsunsicherheit vorzubeugen.[1222] Demgegenüber stellt Erwägungsgrund (10) klar, daß sich die Position eines Gläubigers infolge eines Konkurses keinesfalls verbessern darf. Ausdruck des nur begrenzten Schutzkonzepts der Richtlinie ist ferner die in Art. 8 getroffene Regelung zur „Nichtanwendung *bestimmter* Insolvenzbestimmungen“. Entsprechend beschränkt sich der Sachnormverweis in Art. 9 auf die „lex conto sitae“[1223] auf die enumerativ aufgeführten Regelungsgegenstände (vgl. Art. 9 II). Nur die Begründung eines dinglichen Sicherungsrechts, die Formerfordernisse oder sonstigen Rechtshandlungen im Zusammenhang mit dem Erwerb eines solchen Rechts gegenüber Dritten sowie die zu dessen Realisierung nach Eintritt des Verwertungs- bzw. Beendigungsfalls notwendigen Schritte unterliegen dieser Rechtsordnung. Im übrigen verbleibt es dagegen bei der grundsätzlich maßgeblichen lex fori concursus.

Nach allem kann festgehalten werden, daß die Richtlinie über Finanzsicherheiten an das bereits durch die Vorgängerrichtlinien 1998/26/EG, 2001/17/EG und 2001/24/EG verfolgte Konzept anknüpft.[1224] Dingliche (Finanz-) Sicherheiten sollen außerhalb des Insolvenzverfahrens nach den allgemeinen Regeln verwertbar und weitgehende Werteinbußen im Zuge der Realisierung ausgeschlossen sein. Gestärkt werden soll auf diese Weise das Vertrauen im Umgang mit Sicherheiten und in deren Verläßlichkeit im Bewährungsfall. Aus diesem Grund richtet sich die Verwertung in Ausnahme zur lex fori concursus nach dem Recht des kontoführenden Landes. Allerdings soll sich der Sicherungsnehmer durch den Konkurs keinesfalls sanieren, weshalb er bei der Verwertung an bestimmte Rechtspflichten gebunden ist.[1225] Ausgeblendet werden die verfahrens- und materiellrechtlichen Wirkungen des Konkurses nach Maßgabe des Rechts des Eröff-

1220 Ergänzung des Autors.
1221 Vgl. Erwägungsgründe 7 und 8.
1222 Vgl. Erwägungsgrund 8.
1223 Unter Rückgriff auf die durch *Keller* gebrauchte Formulierung, vgl. *Keller*, WM 2000, 1269 (1274).
1224 Vgl. Erwägungsgrund (4) der Richtlinie.
1225 Vgl. Art. 4 VI.

nungsstaates daher nur insoweit, wie sie eine wirksame Verwertung des dinglichen Rechts behindern oder die Wirksamkeit der derzeit genutzten Mechanismen in Frage stellen. Die Sicherungsnehmer werden zu diesem Zweck weder von vornherein vom Insolvenzverfahren ausgenommen. Noch können sie sich im Sinne eines deutschen Aussonderungsrechts auf die Nichtzugehörigkeit des Sicherungsgutes (Wertpapiere) zur Insolvenzmasse berufen. Dies ergibt sich bereits aus der in Art. 9[1226] verankerten Kollisionsregel, bei der Verwertung die „lex conto sitae" anzuwenden, sowie aus Art. 4 VI. Würden die Sicherungsnehmer nicht dem Insolvenzverfahren unterworfen, erübrigte sich diese Anordnung zur Maßgeblichkeit des Kontenprinzips und zur Bereichsausnahme von der lex fori concursus. Vielmehr kommt den Sicherungsnehmern (nur) – um bei der deutschen Terminologie zu bleiben – der Status von Absonderungsberechtigten zu.[1227]

ee) Zwischenergebnis

Die Betrachtung des (geplanten) Richtlinienrechts hat folgendes ergeben: Eine generelle Freistellung der dinglich gesicherten Gläubiger vom Insolvenzverfahren ist nicht zu verzeichnen. Das Sicherungsgut wird im Sinne des Universalitätsprinzips vom Insolvenzbeschlag erfaßt. Zur Anwendung kommt grds. die lex fori concursus, die über die prozessualen und materiellrechtlichen Folgewirkungen der Verfahrenseröffnung entscheidet. Durch das Recht des Eröffnungsstaates darf jedoch weder die Wirksamkeit, noch die Durchsetzbarkeit dinglicher Sicherheiten in der Insolvenz des Sicherungsgebers in Frage gestellt werden. Im Kern geht es also um den Schutz vor wesentlichen Beeinträchtigungen. Sicherheiten müssen ohne förmliche Hindernisse und ohne nennenswerte Einbußen verwertbar sein. Zu diesem Zweck sollen einerseits bestimmte Vorschriften dieser Rechtsordnung, die dieses Gefahrenpotential tragen, unangewendet bleiben. Andererseits erfolgt insbesondere auch im Interesse der Rechtssicherheit und des Vertrauensschutzes eine kollisionsrechtliche Ausnahmeberufung der lex rei sitae bzw. der lex conto sitae, nach der sich vor allem die Begründung und Verwertung der Sicherheit richtet. Demgegenüber bleiben die sonstigen Aspekte (z.B. Anmeldung, Prüfung und Feststellung der Forderungen, die Rangfolge und die Erlösverteilung) der lex fori concursus vorbehalten.

Im Ergebnis streitet auch die Analyse des weiteren Rechtstextzusammenhangs gegen eine Interpretation der Artt. 5 I, 7 I EuInsVO als generelle Ausnahmen vom Anwendungsbereich der Verordnung bzw. vom Universalitätsprinzip. Be-

---

1226 = Art. 9 n.F.

1227 Ebenso *Keller*, BKR 2002, 99 (100).

kräftigt wird dagegen die Auslegungsvariante, die von den Artt. 5, 7 EuInsVO erfaßten Sicherheiten von der automatischen Erstreckung sämtlicher prozessualer und materiellrechtlicher Folgewirkungen der Verfahrenseröffnung in den Belegenheitsstaat nach Maßgabe der lex fori concursus auszunehmen, soweit andernfalls nicht unerhebliche Beeinträchtigungen im Rahmen der Verwertung zu besorgen sind. Zweifelhaft ist indes, ob auch die Interpretationsvariante der Artt. 5, 7 EuInsVO als kollisionsrechtliche Sonderregelungen bestätigt wird. So sehen die Richtlinien für den Bereich dinglicher Sicherungsrechte Sonderanknüpfungen an die Belegenheit im Wege eindeutiger kollisionsrechtlicher Verweise vor. Bei der EuInsVO hat es demgegenüber mit der „Nichtberührt"-Formel sein Bewenden.

3. *Teleologie*

Bereits im Rahmen der systematischen Auslegung wurde festgestellt, daß der Gesetzeszweck und -sinn oftmals erst aufgrund einer Betrachtung des weiteren Rechtstextzusammenhangs transparent wird, oder aber umgekehrt, gerade teleologische Erwägungen die Systematik des zu interpretierenden Rechtsakts erhellen. Im folgenden Abschnitt sollen daher die den Artt. 5 I, 7 I EuInsVO zugrunde liegenden Zielvorstellungen herausgearbeitet werden. Ausgegangen wird hierfür zunächst von den Begründungserwägungen. Herangezogen wird sodann der weitere Kontext (primärrechtskonforme Auslegung). Hier werden namentlich die die Ziele der Gemeinschaft zum Ausdruck bringenden Vorschriften des EG-Vertrages einschließlich der Rechtsgrundlage der EuInsVO beleuchtet. Auch das ungeschriebene Gemeinschaftsrecht in Gestalt der allgemeinen Rechtsgrundsätze verdient in diesem Zusammenhang Beachtung.

a) Erwägungsgründe

Die EuInsVO enthält weder eine die allgemeinen Ziele des Rechtsakts beschreibende Eingangsbestimmung, noch lassen die Artt. 5, 7 EuInsVO explizit den Sinn und Zweck erkennen, den der Gemeinschaftsgesetzgeber mit diesen Vorschriften im Auge hatte. Dem eigentlichen Verordnungstext sind jedoch 33 Erwägungsgründe vorangestellt, die in Erfüllung der Begründungspflicht des Art. 253 EG die wichtigsten rechtlichen und tatsächlichen Gesichtspunkte erkennen lassen, die zur Beschlußfassung geführt haben. Sie fungieren als Leitlinien für die Auslegung[1228] und machen darüber hinaus Ausführungen zur Verhältnismäßig-

1228 Vgl. *Dresel*, DSWR 2000, 278 (278).

keit der EuInsVO.[1229] Dargelegt werden die Regelungsziele, die Grundkonzeption der Verordnung und deren Anwendungsbereich. Zum Teil werden die einzelnen Bestimmungen des Verordnungstextes erläutert und die dahinter stehende Interessenlage geschildert.

aa) Regelungsziel und Konzeption der EuInsVO: Beschränkte Universalität

Ziel der Europäischen Union ist die Schaffung eines Binnenmarktes.[1230] Grundlage hierfür ist ein Raum der Freiheit, der Sicherheit und des Rechts. Eine wesentliche Rolle spielen effiziente und wirksame grenzüberschreitende Insolvenzverfahren.[1231] Insbesondere soll nach Ansicht des Gesetzgebers verhindert werden, daß der Schuldner bei Eröffnung eines Inlandskonkurses im Inland belegene Vermögensgegenstände ins Ausland verbringt, um sie dem Zugriff des nationalen Insolvenzverwalters zu entziehen und auf diese Weise eine verbesserte Rechtsstellung zu erlangen, sog. *forum shopping.*[1232] Zur Vermeidung einer Anhäufung insolvenzfreien Vermögens muß in das Konkursverfahren das gesamte, in allen Mitgliedstaaten belegene Vermögen einbezogen (sog. Universalität) und der Verwertung durch ein einheitliches Konkursverfahren zugeführt werden (sog. Einheit des Verfahrens). Eine Verengung des Konkurses auf die Grenzen des Eröffnungsstaates (sog. Territorialität) und die parallele Zulassung verschiedener Insolvenzverfahren in den Mitgliedstaaten je nach Vermögensbelegenheit (sog. Pluralität) sind diesem Ziel abträglich.

Dieser Idealvorstellung eines einheitlichen Konkursverfahrens mit universaler Wirkung[1233] entspricht die Anwendung nur einer Rechtsordnung, aus der sich sämtliche insolvenzrechtlichen Folgen erheben. Wird dagegen ausschließlich oder kumulativ eine ausländische Rechtsordnung berufen, so bringt dies angesichts der erheblichen Abweichungen der mitgliedstaatlichen Insolvenzrechte die unterschiedliche Beurteilung ein und derselben Fragestellung mit sich, was bei Geltung nur einer Rechtsordnung vermieden werden kann. Diesem Anspruch wird eine allseitige Kollisionsregel gerecht, die in allen Insolvenzfällen stets dieselben Rechtsvorschriften zur Anwendung bringt: die Vorschriften des Konkurs-

---

1229 Das Protokoll zum EGV über die Anwendung der Grundsätze der Subsidiarität und der Verhältnismäßigkeit im Anhang zum Vertrag von Amsterdam (ABl. 1997 Nr. C 340/105) verpflichtet die Kommission in seinen Ziffern 4 und 9, in ihren Vorschlägen für gemeinschaftliche Rechtsvorschriften zu begründen, daß die Grundsätze der Subsidiarität und Verhältnismäßigkeit eingehalten wurden.

1230 Vgl. Erwägungsgrund (1).

1231 Vgl. Erwägungsgrund (2).

1232 Vgl. Erwägungsgrund (4).

1233 Vgl. Erwägungsgrund (11).

eröffnungsstaates. Eine so formulierte Kollisionsregel findet sich in Art. 4 I EuInsVO, wonach für das Insolvenzverfahren und seine Wirkungen das Insolvenzrecht des Mitgliedstaats gilt, in dem das Verfahren eröffnet wird. Korrespondierend entfaltet die Eröffnung des Verfahrens in jedem anderen Mitgliedstaat automatisch die Wirkungen, die das Recht des Staates der Verfahrenseröffnung diesem beilegt (vgl. Artt. 16 und 17 EuInsVO). Allerdings gelten diese Grundsätze nur insoweit, als die Verordnung nicht anderes bestimmt (vgl. Artt. 4 I und 17 I EuInsVO). Im Prinzip folgt die EuInsVO damit der Universalität und Einheit des Verfahrens. Dies bestätigt auch der 12. Erwägungsgrund, der ausdrücklich auf die „universale Geltung" und das Gebot der „Einheitlichkeit des Verfahrens" verweist. Diese Grundsätze werden jedoch teilweise durchbrochen, weshalb der EuInsVO lediglich eine zutreffend als „beschränkte Universalität" bezeichnete Konzeption zugrunde liegt. Diese Einschränkung wird im 11. Erwägungsgrund mit der Tatsache begründet, daß aufgrund der großen Unterschiede im materiellen Recht ein einziges Insolvenzverfahren mit universaler Geltung für die gesamte Gemeinschaft nicht realisierbar sei. Die ausnahmslose Anwendung des Rechts des Staates der Verfahrenseröffnung, zumal hinsichtlich der Sicherungsrechte, würde vor diesem Hintergrund zu Schwierigkeiten führen. Diesem Umstand sei auf zweierlei Weise Rechnung zu tragen: Zum einen durch *Sonderanknüpfungen für besonders bedeutsame Rechte* – hier erwähnt der Erwägungsgrund die dinglichen Rechte – und zum anderen durch die Zulassung von Territorialverfahren außerhalb des Konkurseröffnungsstaates. Welche Rechtsordnung über die zivilrechtliche Wirksamkeit der Sicherheit und deren insolvenzrechtliche Wirkung zu entscheiden hat, insbesondere ob insoweit die lex rei sitae berufen ist, führt der 11. Erwägungsgrund nicht aus. Dieser beschränkt sich vielmehr auf die Aussage, daß eine ausnahmslose Anwendung der lex fori concursus auszuscheiden habe. Damit ist aber die Frage nach der für die ausländischen Sicherheiten maßgeblichen Rechtsordnung noch nicht gelöst, da mit der Konzeption von der beschränkten Universalität sowohl eine durch die lex rei sitae modifizierte Anwendung der lex fori concursus[1234] als auch eine alleinige Geltung des Belegenheitsstatuts vereinbar wäre. Knüpft der Begriff der beschränkten Universalität in erster Linie an den Umstand der Zulassung territorialer Zweitverfahren, nicht aber an die Ausnahmebehandlung insolvenzrechtlicher Einzelfragen an, wäre nach dem Regelungsziel der Verordnung (Universalität und Einheit des Verfahrens, s.o.) auch eine ausschließliche Berufung der lex fori concursus im Hinblick auf dingliche Sicherheiten denkbar. Die Erwägungsgründe der EuInsVO zu Konzeption und Regelungsziel der Verordnung sind somit mehrdeutig.

1234 Das Konkursstatut gilt dann ja gerade nicht ausnahmslos.

bb) Die Zulassung von Territorialverfahren

Art. 3 I EuInsVO knüpft die internationale Zuständigkeit der Gerichte des Mitgliedstaats für die Eröffnung des Insolvenzverfahrens an das Vorhandensein des Interessenmittelpunkts des Schuldners im Konkurseröffnungsstaat.[1235] Daneben weist Art. 3 II EuInsVO den übrigen Mitgliedstaaten die internationale Zuständigkeit zu, wenn der Schuldner im Gebiet eines anderen Mitgliedstaates eine Niederlassung hat. Je nachdem, ob das Territorialverfahren vor oder nach Eröffnung des Hauptkonkurses eingeleitet wird, handelt es sich um ein Partikular- (vgl. Art. 3 IV EuInsVO) oder Sekundärinsolvenzverfahren (Art. 3 III EuInsVO). In beiden Fällen sind die Wirkungen des Verfahrens auf das im Gebiet dieses Mitgliedstaates belegene Vermögen des Schuldners beschränkt, enden also an der Staatsgrenze (vgl. Art. 3 II EuInsVO). Sowohl die zivilrechtliche Vorfrage der wirksamen Bestellung als auch die insolvenzrechtliche Wirkung der dinglichen Sicherheiten beurteilt sich nach dem dortigen Recht (Artt. 28, 4 I EuInsVO). Da es sich um ein rein inländisches Verfahren handelt, gilt das Recht des Staates, in dem das Hauptverfahren eröffnet wurde, nicht. Als Grund für die Zulassung solcher territorial beschränkter Verfahren verweist Erwägungsgrund (19) neben dem Schutz der inländischen Interessen vor allem auf Schwierigkeiten der Abwicklung eines einheitlichen Hauptinsolvenzverfahrens, wenn das Vermögen des Schuldners zu verschachtelt ist, um als Ganzes verwaltet zu werden, oder aber die nationalen Regelungsunterschiede sehr groß sind. Die Eröffnung von Territorialverfahren hängt allerdings vom Vorhandensein einer Niederlassung des Schuldners im betreffenden Mitgliedstaat ab. D.h. eine Gerichtszuständigkeit besteht nicht bereits bei bloßer Belegenheit von Vermögen. Befinden sich in einem Staat Vermögensgegenstände, ohne daß der Schuldner dort auch eine Niederlassung besitzt, scheidet ein Territorialverfahren aus.

Verstünde man die Regelungen der Artt. 5 I, 7 I EuInsVO so, daß dinglich gesicherte Gläubiger in das Hauptverfahren nicht einbezogen werden dürfen, sich also unter Fortbestehen ihres Einzelverfolgungs- und –vollstreckungsrechts summenmäßig unbeschränkt befriedigen können, und wäre zudem mangels Niederlassung im Belegenheitsstaat auch ein territoriales Zweitverfahren ausgeschlossen, so würde aufgrund des Fehlens eines allgemeinen Vermögensgerichtsstands ein insolvenzfreier Rechtsraum geschaffen. Ein solcher Zustand soll mit Blick auf Regelungsziel und Konzeption der Verordnung gerade verhindert werden. Dies spricht dafür, so gesicherte Gläubiger nur insoweit vom Konkurs und

1235 Nach der gesetzlichen Vermutung ist dies bei Gesellschaften und juristischen Personen der satzungsmäßige Sitz (vgl. Art. 3 I 2), bei natürlichen Personen regelmäßig der Wohnsitz.

seinen Wirkungen zu verschonen, wie ihr dingliches Recht reicht, sie aber im übrigen dem Verfahren zu unterwerfen. Da sich die Privilegierung der Artt. 5, 7 EuInsVO überdies nur auf das dingliche Recht, nicht aber auch auf die Gegenstände erstreckt, an denen die Sicherheit haftet, wird das Sicherungsgut selbst ohne weiteres zur Konkursmasse gezogen. Dies ergibt sich bereits aus dem von der Verordnung befürworteten und praktizierten Grundsatz der Universalität des Verfahrens. Der Umstand, daß im Sekundärverfahren nicht nur auf das Sicherungsgut selbst, sondern auch auf das dingliche Recht zugegriffen werden kann und insbesondere sämtliche nach dem Insolvenzrecht des Situsstaates zulässigen Beschränkungen zur Anwendung kommen, spricht dafür, im Hauptverfahren den Schutz des dinglichen Rechts ernst zu nehmen, d.h. jegliche Beschränkungen – unabhängig, ob sie die lex fori concursus und/oder die lex rei sitae vorsehen – auszuschließen. Andernfalls liefe die in Artt. 5, 7 EuInsVO getroffene Regelung leer, und der in Erwägungsgrund (25) enthaltene Hinweis auf die Möglichkeit territorialer Zweitverfahren ergäbe keinen Sinn.[1236] Ausgeschlossen sein müssen mit Blick auf die Sekundärverfahren zumindest solche insolvenzrechtlichen Bestimmungen, die zu einer Entwertung des dinglichen Rechts führen. Ob die durch Artt. 5, 7 EuInsVO bewirkte Privilegierung allerdings so weit reichen muß, daß die von diesen Vorschriften erfaßten Rechte von jedweden insolvenzrechtlichen Regelungen der lex fori concursus auszunehmen sind, wird auch durch die Erwägungen zum Sekundärverfahren nicht deutlich.

cc) Anwendbares Recht

Möglicherweise ergibt sich eine Antwort auf die kollisionsrechtliche Frage aus den Erwägungsgründen, die Aussagen zum anwendbaren Recht enthalten. Erwägungsgrund (23) wiederholt zunächst die allgemeine kollisionsrechtliche Grundnorm des Art. 4 I EuInsVO, wonach – vorbehaltlich anderweitiger Anordnung – das Sach- und Verfahrensrecht des Staates der Verfahrenseröffnung Anwendung findet. Bei ausnahmsloser Geltung der lex fori concursus könne es jedoch – so

1236 Auch *Duursma-Kepplinger* entnimmt den Begründungserwägungen hinsichtlich der Sekundärverfahren entscheidende Hinweise für die insolvenzrechtliche Behandlung dinglicher Sicherheiten im Hauptverfahren. So stelle EG (19) in Verbindung mit EG (25) klar, daß ein Sekundärinsolvenzverfahren neben dem Schutz der inländischen Interessen noch anderen Zwecken dienen könne, wobei vor allem auf im Nichteröffnungsstaat belegene Sicherheiten hingewiesen werde. Wäre eine Einbeziehung derartiger Sicherheiten im Hauptverfahren ohnehin möglich, ergäbe die Bezugnahme auf die Verwertungsmöglichkeit im Territorialverfahren keinen Sinn, vgl *Duursma-Kepplinger*, in: Duursma-Kepplinger/Duursma/Chalupsky (Hrsg.), EuInsVO, Art. 5, Rn. 18.

der Erwägungsgrund – zur Kollision mit den Vorschriften anderer Mitgliedstaaten für die Vornahme von Rechtshandlungen kommen. Um in den anderen Mitgliedstaaten als dem Staat der Verfahrenseröffnung Vertrauensschutz und Rechtssicherheit zu gewährleisten, müsse daher eine Reihe von Ausnahmen zur allgemeinen Vorschrift vorgesehen werden. Ein besonderes Bedürfnis für eine *vom Recht des Eröffnungsstaates abweichende Sonderanknüpfung* besteht nach Meinung des Verordnungsgebers bei dinglichen Rechten angesichts deren erheblicher Bedeutung für die Bewilligung von Krediten.[1237] Wörtlich heißt es sodann im 25. EG: „Die *Begründung*, *Gültigkeit* und *Tragweite* eines solchen dinglichen Rechts sollten sich deshalb regelmäßig nach dem Recht des Belegenheitsortes bestimmen und von der Eröffnung des Insolvenzverfahrens nicht berührt werden. Der Inhaber des dinglichen Rechts sollte somit sein Recht zur Aus- bzw. Absonderung an dem Sicherungsgegenstand *weiter geltend machen* können."

Entscheidende Hinweise für die Behandlung ausländischer Sicherungsrechte könnten sich zunächst aus dem Satzteil „Begründung, Gültigkeit und Tragweite" ergeben. Dabei ist zu beachten, daß insoweit verschiedene Fragenkreise auseinandergehalten werden müssen. Die erste Frage betrifft die zivilrechtliche Vorfrage der wirksamen sachenrechtlichen Bestellung der Sicherheit. Die zweite dagegen, welche Bedeutung der wirksamen und vom Eröffnungsstaat anerkannten Sicherheit im Fall der Insolvenz zukommt, namentlich ob sie ein Aus- oder lediglich ein Absonderungsrecht vermittelt. Denkbar ist daher, daß der Ausdruck „Begründung" die Vorfrage der wirksamen Bestellung anspricht, „Gültigkeit" sich auf die Anerkennung ausländischer Sicherheiten durch den Eröffnungsstaat bezieht und der Begriff „Tragweite" hingegen die insolvenzrechtliche Wirkung der Sicherheit im Sinne eines Aus- oder Absonderungsrechts meint.[1238] Daß das Situsrecht zumindest über die Bestellungsmodalitäten entscheidet, entspricht einem allgemeinen kollisionsrechtlichen Grundsatz (s.o.). Da sich nach dem 25. Erwägungsgrund diese Fragenkeise „regelmäßig nach dem Recht des Belegenheitsortes bestimmen", könnte die EuInsVO so zu verstehen sein, daß die lex rei sitae einheitlich auch für die Anerkennungs- und Wirkungsfrage zur Anwendung kommen soll (sog. Einheitslösung), das Konkursstatut also für den Bereich dinglicher Sicherheiten vollständig verdrängt ist.[1239] Der Folgesatz des 25. Erwä-

---

1237 Vgl. Erwägungsgrund (25).

1238 *Duursma-Kepplinger*, in: Duursma-Kepplinger/Duursma/Chalupsky (Hrsg.), EuInsVO, Art. 5, Rn. 18 geht zutreffend davon aus, daß sich diese Formulierung nicht auf das insolvenzrechtliche Schicksal des dinglichen Rechts bezieht; insbesondere werde nicht von einer Verwertung des belasteten Gegenstands durch den Insolvenzverwalter gesprochen.

1239 Für *Duursma-Kepplinger*, in: Duursma-Kepplinger/Duursma/Chalupsky (Hrsg.), EuInsVO, Art. 5, Rn. 18 liegt der entscheidende Hinweis gegen eine kollisionsgungsgrundes[1240] wäre bei dieser Deutung lediglich von klarstellender Bedeutung. Allerdings schließt sich an die Wendung („sollten sich deshalb regelmäßig nach dem Recht des Belegenheitsortes bestimmen") der Satzteil „und von der Eröffnung des *Insolvenzverfahrens* nicht berührt werden" an. Von der Unanwendbarkeit des *Insolvenzrechts* des Eröffnungsstaates ist gerade nicht die Rede. Nicht völlig fernliegend ist daher die Vermutung, daß dingliche Sicherheiten überhaupt nicht vom (Haupt-) Insolvenzverfahren einschließlich seiner verfahrens- und materiellrechtlichen Wirkungen erfaßt werden sollen. Darauf deutet auch der Folgesatz hin, der ausdrücklich die Möglichkeit der Eröffnung eines Sekundärinsolvenzverfahrens anspricht. Sollen die vorausgegangenen Ausführungen des 25. Erwägungsgrundes klarstellen, daß dinglich gesicherte Gläubiger unter keinen Umständen in das Hauptverfahren einbezogen werden können, ergibt der Hinweis auf die Territorialverfahren im unmittelbaren Anschluß Sinn.[1241] Bei dieser Rechtslage bestünde die einzige Zugriffsmöglichkeit für den im Hauptverfahren tätigen Insolvenzverwalter darin, im Belegenheitsstaat die Eröffnung eines Zweitverfahrens zu beantragen.[1242]

dd) Zwischenergebnis

Im Ergebnis schafft auch die Betrachtung der Erwägungsgründe der Verordnung in der Frage der insolvenzrechtlichen Behandlung dinglicher Sicherheiten durch die Artt. 5, 7 EuInsVO kein klares Bild.[1243] Insbesondere läßt der 25. Erwägungsgrund eine Deutung der Artt. 5, 7 EuInsVO als Kollisionsnormen unter Be-

---

rechtliche Qualifikation des Art. 5 unter Berufung der lex rei sitae in der Verwendung des Wortes „regelmäßig" im 25. EG. So gelange das Belegenheitsrecht zwar häufig, aber keineswegs zwingend zur Anwendung. Selbst bei einer kollisionsrechtlichen Deutung könne diese Vorschrift wegen dieser Einschränkung allenfalls als Gesamtverweisung auf das Situsrecht aufgefaßt werden, was jedoch angesichts der Regelungstechnik der Verordnung sehr ungewöhnlich sei. Zum anderen – so *Duursma-Kepplinger* – stehe bei einer entsprechenden Verweisung nicht fest, daß auch das Insolvenzrecht des Belegenheitsstaates über die insolvenzrechtliche Behandlung der Sicherheit zu befinden hat, da mit der Wendung „Begründung, Gültigkeit und Tragweite" das insolvenzrechtliche Schicksal des dinglichen Rechts gerade nicht gemeint sei. In der Verwendung der Begriffe „Ab- und Aussonderungsrecht" sieht sie dagegen eher ein Argument für eine kollisionsrechtliche Berufung des jeweiligen Sitzrechts.

1240 „Der Inhaber des dinglichen Rechts sollte somit sein Recht zur Aus- bzw. Absonderung an dem Sicherungsgegenstand weiter geltend machen können."

1241 Zutreffend *Duursma-Kepplinger*, a.a.O., Art. 5, Rn. 18.

1242 So beispielsweise *Duursma-Kepplinger*, a.a.O., Art. 5, Rn. 24.

1243 *Duursma-Kepplinger*, in: Duursma-Kepplinger/Duursma/Chalupsky (Hrsg.), EuInsVO, Art. 5, Rn. 15.

rufung des Rechts des Belegenheitsstaates zu, steht aber auch einem solchen Verständnis nicht entgegen, wonach in Ausnahme zum Universalitätsprinzip dingliche Sicherheiten bereits vom Insolvenzbeschlag ausgenommen sind. Angesichts ihrer primärrechtlichen Wurzeln – die EuInsVO geht zurück auf Artt. 61 lit. c), 67 Abs. 1 EGV[1244] – führt an dieser Stelle möglicherweise eine Untersuchung der Rechtsgrundlage, und darüber hinaus eine Auslegung der Artt. 5, 7 EuInsVO im Lichte der Zielbestimmungen des EG-Vertrages einschließlich des ungeschriebenen Gemeinschaftsrechts weiter (sog. primärrechts- bzw. vertragskonforme Auslegung).

b) Auslegung der Artt. 5, 7 EuInsVO im Lichte des Primärrechts

aa) Artt. 61 lit. c), 67 Abs. 1 EGV

Die EG-Kommission hat die EuInsVO auf Artt. 61 lit. c), 67 Abs. 1 EGV gestützt.[1245] Art. 61 lit. c) EGV verweist allgemein auf die Vorschrift des Art. 65 EGV, die ihrerseits wiederum – keinesfalls abschließend[1246] (arg.: „schließen ein") – verschiedene Ermächtigungsgrundlagen vorsieht. Offenbar wollte sich der Verordnungsgeber nicht endgültig auf einen der in Art. 65 lit. a)-c) EGV enthaltenen Kompetenztitel festlegen, sondern führt die Insolvenzverordnung generell auf diese Bestimmung zurück.[1247] Präzisierend wird in der Literatur überwiegend Art. 65 lit. c) als Rechtsgrundlage zitiert.[1248]

Die Artt. 61 ff. EGV begründen Zuständigkeiten der EG zum schrittweisen Aufbau eines Raums der Freiheit, der Sicherheit und des Rechts. Dieser Titel unterwirft insbesondere die bisher in der Dritten Säule angesiedelte justizielle Zusammenarbeit in Zivilsachen (Art. K.1 Nr. 6 EUV[1249]) nach Art. 65 den Instrumenten des EG-Rechts.[1250] Art. 65 EGV ermöglicht Maßnahmen im Bereich

---

1244 Dazu sogleich.

1245 Vgl. Verordnung (EG) Nr. 1346/2000 des Rates vom 29. 05. 2000 über Insolvenzverfahren, ABl. EG L 160/1 vom 30. 06. 2000.

1246 Zutreffend *Wiedmann*, in: Schwarze (Hrsg.), EU-Kommentar, Art. 65 EGV, Rn. 8; *Brechmann*, in: Callies/Ruffert (Hrsg.), EUV/EGV, Art. 65 EGV, Rn. 1.

1247 So auch *Wiedmann*, in: Schwarze (Hrsg.), EU-Kommentar, Art. 65 EGV, Rn. 19.

1248 Vgl. *Brechmann*, in: Callies/Ruffert (Hrsg.), EUV/EGV, Art. 65 EGV, Rn. 9; *Eidenmüller*, IPRax 2001, 2 (2). Ebenso *Fritz/Bähr*, DZWiR 2001, 221 (222). A.A. offenbar *Kemper*, die sich im Zusammenhang mit der Darstellung der Rechtsgrundlage der EuInsVO lediglich auf Art. 65 lit. a) EGV bezieht, vgl. *Kemper*, ZIP 2001, 1609 (1610). Allgemein auf Art. 65 EGV verweist für die EuInsVO auch *Wiedmann*, in: Schwarze (Hrsg.), EU-Kommentar, Art. 65 EGV, Rn. 19.

1249 Vertrag über die Europäische Union vom 07. 02. 1992, BGBl. II 1993, 1947.

1250 *Kemper*, ZIP 2001, 1609 (1610).

der justiziellen Zusammenarbeit in Zivilsachen mit grenzüberschreitenden Bezügen, die – soweit sie für das reibungslose Funktionieren des Binnenmarktes erforderlich sind – v.a. die Anerkennung und Vollstreckung gerichtlicher und außergerichtlicher Entscheidungen in Zivil- und Handelssachen einschließen (vgl. Art. 65 lit. a)). Art. 65 lit. b) erfaßt das Internationale Zivilverfahrensrecht und das Internationale Privatrecht[1251], sofern er Rechtssetzungsakte zur Förderung der Vereinbarkeit der in den Mitgliedstaaten geltenden Kollisionsnormen und Vorschriften zur Vermeidung von Kompetenzkonflikten vorsieht.[1252] Buchstabe c) des Art. 65 schließlich berechtigt zu gesetzgeberischen Maßnahmen zum Zwecke der Beseitigung der Hindernisse für eine reibungslose Abwicklung von Zivilverfahren, erforderlichenfalls durch Förderung der Vereinbarkeit der in den Mitgliedstaaten geltenden zivilrechtlichen Verfahrensvorschriften.

Von der Rechtsgrundlage des Art. 65 EGV sind sonach in erster Linie alle das Gemeinschaftsgebiet betreffenden Regelungen des Internationalen Privatrechts einschließlich des Internationalen Zivilverfahrensrechts gedeckt, welche für ein reibungsloses Funktionieren des Binnenmarktes, d.h. den freien Verkehr von Waren, Personen, Dienstleistungen und Kapital zwischen den Mitgliedstaaten, unerläßlich sind[1253]. Entgegen der Überschrift des IV. Titels („Visa, Asyl, Einwanderung und andere Politiken betreffend den freien Personenverkehr") kommen hierfür nicht nur Regelungen betreffend die Personenfreizügigkeit in Betracht.[1254] Ebensowenig stehen nach zutreffender Ansicht[1255] die Begriffe „Zusammenarbeit" bzw. „Förderung" der Vornahme verbindlicher Maßnahmen durch die Gemeinschaftsorgane, etwa dem Erlaß einer Verordnung i.S.d. Art. 249 EGV, entgegen.[1256] Zu einer abweichenden Auslegung zwingt insbesondere nicht die Tatsache, daß der Kommissionsentwurf vom September 1996 lediglich von einer

1251 Daß es unter Buchstabe b) des Art. 65 EGV wirklich um Bestimmungen des Internationalen Privat- und Verfahrensrechts geht, legt die englische Fassung, die der Aushandlung des Amsterdamer Vertrages zugrunde gelegen hat, nahe: Die Rede ist dort von „rules applicable in the Member States concerning the conflict of laws and of jurisdiction"; vgl. *Jayme/Kohler*, IPRax 1997, 385 (386).

1252 *Röben*, in: Grabitz/Hilf, Art. 65 EG, Rn. 8; *Deipenbrock*, EWS 2001, 113 (114).

1253 *Wiedmann*, in: Schwarze (Hrsg.), EU-Kommentar, Art. 65 EGV, Rn. 9; *Brechmann*, in: Callies/Ruffert (Hrsg.), EUV/EGV, Art. 65 EGV, Rn. 1.

1254 So die wohl überwiegende Ansicht. Vgl. etwa *Brechmann*, in: Callies/Ruffert (Hrsg.), EUV/EGV, Art. 65 EGV, Rn. 1 sowie *Leible/Staudinger*, System der EG-Kompetenzen, S. 225.

1255 A.a. offenbar *Bechmann*, in: Callies/Ruffert (Hrsg.), EUV/EGV, Art. 65 EGV, Rn. 8 für Art. 65 lit.b), wonach eine vollständige Harmonisierung ausgeschlossen sei.

1256 So bereits *Malangré*, Bericht zum Übereinkommen, PE 228.795/end., S. 9; *Wiedmann*, in: Schwarze (Hrsg.), EU-Kommentar, Art. 65 EGV, Rn. 7.

„Angleichung“ sprach.[1257] Denn der Gemeinschaftsgesetzgeber hat immer dann, wenn er die Handlungsformen des Art. 249 EGV auf unverbindliche Maßnahmen beschränkt wissen wollte, dies unmißverständlich klargestellt (vgl. etwa Artt. 129, 149 IV, 151 V, 152 IV EGV). Art. 65 EGV enthält eine entsprechende Einschränkung aber gerade nicht. Aus der Gesamtschau des Art. 65 EGV mit wortlautähnlichen Handlungsermächtigungen (vgl. nur Artt. 127 I, 149, 151, 152 EGV) ergibt sich somit, daß für die Auslegung dieser Bestimmung letztlich nichts anderes gelten kann.[1258] Eine Angleichung der materiellen mitgliedstaatlichen Zivilrechte (beispielsweise des Insolvenzrechts) kann dagegen nicht auf Grundlage des Art. 65 EGV, sondern allenfalls nach Art. 95 EGV erfolgen.[1259] Dies ergibt sich bereits aus dem Wortlaut („zivilrechtliche[n] *Verfahrens*vorschriften“, vgl. Art. 65 lit. c) EGV). Überdies nimmt Art. 65 EGV mit dem Erforderlichkeitskriterium direkt auf die in Art. 5 EGV verankerten Grundsätze der Subsidiarität und Verhältnismäßigkeit Bezug[1260], weshalb die umfassende Harmonisierung bzw. sogar Vereinheitlichung ganzer Rechtsbereiche im Rahmen des IV. Titels schon aus diesem Grund zweifelhaft ist. Des weiteren formuliert lit. b), daß die Maßnahme fördernder, also nicht abschließender, namentlich einheitsrechtlicher Natur zu sein hat (vgl. „*Förderung* der Vereinbarkeit“).[1261] Die Schaffung kollisionsrechtlichen bzw. sachrechtlichen Einheitsrechts durch das Instrument der Verordnung ist nach Maßgabe des Art. 65 EGV allenfalls punktuell möglich. Zwar spricht lit. c) von einer „*Beseitigung* der Hindernisse“, was ein finales Element im Sinne der Schaffung eines endgültigen Rechtszustands zum Ausdruck bringt. Unmittelbar daran schließt sich jedoch die Wendung „*erforderlichenfalls* durch *Förderung* der Vereinbarkeit“ an, womit klargestellt wird, daß darunter derart weitreichende gesetzgeberische Maßnahmen gerade nicht zu verstehen sind. Bestätigt wird diese Überlegung durch den seit dem „*Cassis de Dijon*“-Urteil des EuGH[1262] eingeleiteten „neuen Ansatz“[1263], was die Gesetzgebungstätigkeit der EG betrifft.[1264] Erachtete man zuvor die gemeinschaftsweite

---

1257 *Bardenhever*, in: Lenz (Hrsg.), EG-Vertrag, Art. 65, Rn. 4; *Wiedmann*, in: Schwarze (Hrsg.), EU-Kommentar, Art. 65 EGV, Rn. 7.

1258 So bereits *Malangré*, Bericht zum Übereinkommen, PE 228.795/end., S. 9f. Überzeugend *Wiedmann*, in: Schwarze (Hrsg.), EU-Kommentar, Art. 65 EGV, Rn. 7; *Bardenhever*, in: Lenz (Hrsg.), EG-Vertrag, Art. 65 EGV, Rn. 4; *Besse*, ZEuP 1999, 107 (115).

1259 *Brechmann*, in: Callies/Ruffert (Hrsg.), EUV/EGV, Art. 65 EGV, Rn. 1.

1260 So auch *Brechmann*,a.a.O., Rn. 2.

1261 Zutreffend *Brechmann*, a.a.O.,Rn. 8.

1262 EuGH, Rs. 120/78, Slg. 1979, 649 ff.

1263 Entschließung des Rates vom 07.05.1985, ABl. EG 1985 Nr. C 136.

1264 *Taupitz*, JZ 1993, 533 (536 ff.); *Basedow*, RabelsZ 59 (1995), 1 (4); *Kreuzer*, in: Müller-Graff (Hrsg.), S. 455 ff.; v. *Hoffmann*, ZfRV 1995, 45 (47).

Vereinheitlichung des Sachrechts[1265] unter dem Blickwinkel der Binnenmarktverwirklichung als Ideal[1266], hat sich diese Überzeugung spätestens mit der Aufnahme des Subsidiaritäts- und Verhältnismäßigkeitsgedankens in Art. 5 EGV, sowie angesichts des Prinzips der begrenzten Einzelermächtigung (vgl. Art. 249 EGV: „nach Maßgabe dieses Vertrags")[1267] geändert.[1268] Der neue Ansatz der Integrationspolitik hat das Gewicht von der Rechtsvereinheitlichung bzw. – harmonisierung auf die gegenseitige Anerkennung und funktionelle Gleichwertigkeit äquivalenter mitgliedstaatlichen Regelungen verlagert.[1269] Dieser Ansatz ist damit im wesentlichen kollisionsrechtlicher Natur:[1270] Die *second best solution* liegt in einer europaweiten Vereinheitlichung bzw. Angleichung der mitgliedstaatlichen Kollisionsrechte.[1271] Einheitliches Kollisionsrecht vermeidet von Land zu Land divergierende Entscheidungen über denselben Fall, hinkende Rechtsverhältnisse und reduziert die Möglichkeit des *forum shopping*[1272].[1273] Zugleich werden so der internationale Entscheidungsgleichklang gefördert und die

1265 Ziel der Sachrechtsvereinheitlichung ist die Herstellung gleicher materieller Normen für bestimmte Sachverhalte, so daß die zu entscheidenden Fälle in der Sache in allen beteiligten Rechtsordnungen gleich entschieden werden. Demgegenüber besteht die Aufgabe des Kollisionsrechts darin, in grenzüberschreitenden Fällen eine der in Betracht kommenden kollidierenden Rechtsordnungen auszuwählen. Ergebnis eines europaweit einheitlichen Kollisionsrechts ist es demzufolge, daß die Gerichte, egal welches nationale IPR sie zugrundelegen, bei gleichen Sachverhalten stets zur Anwendung derselben Rechtsordnung kommen.

1266 Von einem „Wert an sich" spricht beispielsweise *Schmidhuber*, Binnenmarkt, S. 75 (79).

1267 Dieses Prinzip besagt, daß die Organe der Gemeinschaft nur Recht setzen dürfen, soweit sie der Vertrag dazu ausdrücklich ermächtigt.

1268 *Heiss*, ZfRV 1995, 54 (54); *Kreuzer*, in: Müller-Graff (Hrsg.), S. 455 ff.; *Kirchner*, in: Grundmann (Hrsg.), S. 99 (106, 108f.).

1269 *Jayme*, IPRax 2000, 165 (166f.).

1270 *Basedow*, RabelsZ 59 (1995), 1 (4); *Taupitz*, JZ 1993, 533 (538); den integrationspolitischen Aspekt des Kollisionsrechts betonen auch *Brödermann/Iversen*, Rn. 548 Fn. 5.

1271 *Kreuzer*, in: Müller-Graff (Hrsg.), S. 455 ff. Zum überragenden praktischen Gewicht des Binnenmarktkollisionsrechts eingehend *Grundmann*, RabelsZ 64 (2000), 457 ff. Ähnlich *Sonnenberger*, JZ 1998, 982 (984).

1272 Unter *forum shopping* versteht man in diesem Zusammenhang das systematische Ausnutzen in mehreren Staaten nebeneinander existierender internationaler Zuständigkeiten um bestimmter rechtlicher oder tatsächlicher Vorteile willen. Insbesondere macht der Kläger von seinem Recht Gebrauch, unter mehreren zuständigen Gerichten eines auszuwählen. Dies versetzt ihn in die Lage, über den Gerichtsstand mittelbar Einfluß auf das Kollisionsrecht und das anwendbare materielle Recht zu nehmen. Vgl. *Schack*, IZVR, § 8, Rn. 221.

1273 *Kropholler*, Internationales Einheitsrecht, § 13, S. 178; *Remien*, JZ 1992, 281; *Kreuzer*, in: Müller-Graff (Hrsg.), S. 455 ff.

Anerkennung und Vollstreckung ausländischer Entscheidungen erleichtert.[1274] Voraussetzung für die Akzeptanz fremder Rechtserscheinungen ist eine Ähnlichkeit der Wertungen, nicht dagegen die Identität der nationalen Rechte, wofür eine Mindestharmonisierung genügt.[1275]

Die EuInsVO enthält zahlreiche Verfahrensvorschriften, Kollisionsnormen aber auch sachrechtliche Bestimmungen. Sie beschränkt sich auf die Vereinheitlichung wesentlicher Teilfragen des grenzüberschreitenden Konkurses und ist damit von Art. 65 EGV gedeckt.[1276] Hinsichtlich des Charakters der Artt. 5 I, 7 I EuInsVO als Kollisions- oder Sachnormen ist mit Blick auf lit. b) ein kollisionsrechtlicher Inhalt denkbar. Da Art. 65 EGV nicht nur zum Erlaß solcher in den Buchstaben a)-c) ausdrücklich benannter Maßnahmen berechtigt, könnten die Artt. 5 I, 7 I EuInsVO aber auch Sachrecht zum Gegenstand haben, d.h. Vorschriften zur Bewältigung von Kollisionskonflikten zwischen dem Recht des Eröffnungs- und dem des Belegenheitsstaates darstellen. Zwingend ist mit Blick auf die Ermächtigungsgrundlage weder die eine noch die andere Variante, so daß im Ergebnis auch die Betrachtung des kompetenziellen Ursprungs für die Bestimmung des Regelungsgehalts keine entscheidenden Rückschlüsse ermöglicht.

bb) Gemeinschaftsziele und allgemeine Rechtsgrundsätze

Wie bereits erwähnt, zieht der EuGH für die Interpretation der in den Sekundärrechtsvorschriften verwandten mehrdeutigen Begriffe häufig die Regelungen des Primärrechts heran.[1277] Die Notwendigkeit einer primärrechtskonformen Auslegung ergibt sich aus dem EG-Vertrag selbst, da die Gemeinschaftsorgane nur

---

1274 *Kropholler*, Internationales Einheitsrecht, § 13, S. 178. Zu den Vorteilen der Kollisionsrechtsvereinheitlichung im Bereich des Privatrechts eingehend *Kreuzer*, in: Müller-Graff (Hrsg.), S. 373 (398); *v. Hoffmann*, ZfRV 1995, 45 (47).

1275 Ähnlich *v. Hoffmann*, ZfRV 1995, 45 (46). Im Gegenteil hat sich inzwischen die Überlegung durchgesetzt, daß Unterschiede im Recht der Mitgliedstaaten u. a. im Interesse eines Wettbewerbs der Rechtsordnungen geradezu erwünscht sind, vgl. *Heiss*, ZfRV 1995, 54 (54); *Taupitz*, JZ 1993, 533 (537).

1276 Insbesondere folgt die Erforderlichkeit von Regelungen betreffend den europaweiten Konkurs auf Grundlage des Art. 65 EGV für das reibungslose Funktionieren des Binnenmarktes aus dem Umstand, daß im Fall der Belegenheit von Vermögensgegenständen des Insolvenzschuldners im EU-Ausland potentiell mehrere Rechtsordnungen betroffen sind, so daß binnenmarktschädliche Reibungen zu besorgen sind. So auch allgemein *Wiedmann*, in: Schwarze (Hrsg.), EU-Kommentar, Art. 65 EGV, Rn. 10.

1277 Vgl. EuGH, Rs. 25/67, Slg. 1968, 311 (330); Rs. 218/82, Slg. 1983, 4063 (4075); Rs. 15/81, Slg. 1982, 1409 (1434); Rs. 201 und 202/85, Slg. 1986, 3477 (3510); Rs. 205/84, Slg. 1986, 3755 (3812). *Kutscher*, Thesen, S. 40, bezeichnet dies als „harmonisierende Auslegung“.

„zur Erfüllung ihrer Aufgaben" Recht setzen können, vgl. Art. 249 EGV. Die Aufgaben der Gemeinschaftsorgane sind für den EG-Vertrag insbesondere in Art. 2 EGV niedergelegt[1278] und werden durch Art. 3 EGV konkretisiert[1279], wobei die in Art. 3 EGV genannten Tätigkeiten ihrerseits in speziellen Vorschriften des Vertrages eine weitere Ausformung erfahren[1280]. Von Bedeutung ist insoweit auch die Präambel zum EGV[1281] als Zusammenfassung der bei der Gründung der Gemeinschaft allen Vertragspartnern gemeinsamen Ziele, Grundsätze und politischen Bekenntnisse. Da die EU den äußeren, strukturellen Rahmen für die EG bildet (vgl. Art. 1 Abs. 3 EUV) und die allgemeinen Bestimmungen des EU-Vertrages für alle Bereiche einheitlich gelten[1282], müssen die Rechtsakte der Gemeinschaft zudem im Lichte der Aufgaben- und Zielbestimmungen des Art. 2 EUV einschließlich seiner Präambel[1283] gedeutet werden.[1284] Daneben spielt Art. 6 EUV als „zentrale materielle Norm des allgemeinen Unionsrechts"[1285] eine entscheidende Rolle.

Die mit Blick auf die Artt. 5 I, 7 I EuInsVO relevanten Zielvorstellungen normieren vornehmlich Art. 2 EUV, Spstr. 1 und 4. Dort werden u.a. die Förderung des wirtschaftlichen Fortschritts bzw. Zusammenhalts sowie die Herbeiführung einer ausgewogenen und nachhaltigen Entwicklung, insbesondere durch Schaffung eines Raums ohne Binnengrenzen, anvisiert. Parallel dazu stellt auch die Präambel auf die Verwirklichung des Binnenmarktes sowie die Gewährleistung von Fortschritten bei der wirtschaftlichen Integration ab. Der vierte Anstrich des Art. 2 EUV trägt – ebenso wie die Präambel – eine Weiterentwicklung der Union zu einer vollständigen Vergemeinschaftung („Raum der Freiheit, der Sicherheit und des Rechts") auf. Insbesondere die Präambel sowie Art. 1 Abs. 2 EUV bringen das nachdrückliche Bestreben um die Schaffung einer immer engeren Union der Völker Europas zum Ausdruck, um derentwillen alle weiteren Schritte unternommen werden sollen, um die europäische Integration voranzutreiben (vgl. auch Art. 1 Abs. 2 EUV).

Die Zielvorstellungen des EG-Vertrages focussieren zwar auf wirtschaftliche Aspekte, entsprechen aber sonst im wesentlichen denen des EU-Vertrages. So

---

1278 Nach Ansicht von *Ukrow* stellt Art. 2 EGV die „zentrale Maßstabsnorm" bei der für das EG-Recht typischen teleologischen Auslegung dar.

1279 Dies ergibt sich aus dem Verweis des Art. 2 EGV auf die Artt. 3, 4 EGV.

1280 Vgl. *Hatje*, in: Schwarze (Hrsg.), EU-Kommentar, Art. 3 EGV, Rn. 1.

1281 *Ukrow*, in: Callies/Ruffert (Hrsg.), EUV/EGV, Art. 2 EGV, Rn. 2.

1282 *Stumpf*, in: Schwarze (Hrsg.), EU-Kommentar, Art. 2 EUV, Rn. 26.

1283 Stumpf, in: Schwarze (Hrsg.), EU-Kommentar, Art. 2 EUV, Rn. 26.

1284 *Klein*, in: HdKomm, Art. B, Rn. 10.

1285 So die Bezeichnung von *Stumpf*, in: Schwarze (Hrsg.), EU-Kommentar, Art. 6 EUV, Rn. 1.

steht die dynamisch fortschreitende Verdichtung und Vertiefung der Integration auch hier im Zentrum der Bemühungen (vgl. Präambel: „einen immer engeren Zusammenschluß der europäischen Völker"). Insbesondere geht es ausweislich der Präambel darum, „die trennenden Schranken" im zwischenstaatlichen Wirtschaftsverkehr zu beseitigen. Korrespondierend erhebt Art. 2 EGV die Errichtung eines Gemeinsamen Marktes sowie eine harmonische, ausgewogene und nachhaltige Entwicklung des Wirtschaftslebens zum Fernziel[1286]. In einem engeren Sinne sieht der in Art. 3 EGV enthaltene Katalog der Nahziele[1287] in lit. c) eine Tätigkeit der Gemeinschaft für die Schaffung eines Binnenmarktes vor, der durch die Beseitigung der Hindernisse für den freien Waren-, Personen-, Dienstleistungs- und Kapitalverkehr zwischen den Mitgliedstaaten und durch eine Stärkung des wirtschaftlichen Zusammenhalts (Art. 3 lit. k) EGV) gekennzeichnet ist. Art. 3 lit. h) EGV bringt den Gedanken der Angleichung der innerstaatlichen Rechtsvorschriften, soweit diese für das Funktionieren des Gemeinsamen Marktes erforderlich ist, zum Ausdruck. Art. 4 Abs. 1 EGV schließlich steckt den groben Rahmen für eine künftige Wirtschaftspolik ab. Diese beruht auf einer engen Koordinierung der mitgliedstaatlichen Wirtschaftspolitiken, dem Binnenmarkt und der Festlegung gemeinsamer Ziele, die dem Grundsatz der freien Marktwirtschaft mit freiem Wettbewerb verpflichtet ist.

Darüber hinaus beschränkt sich das primäre Gemeinschaftsrecht nicht nur auf die Benennung der Zielvorstellungen und die Festlegung der anstehenden Aufgaben, sondern macht auch konkrete Vorgaben für deren Umsetzung im einzelnen. Beispielsweise verpflichtet Art. 3 EUV die Handlungsträger der Union dazu, die ergriffenen Maßnahmen zielorientiert aufeinander abzustimmen, was eine in sich stimmige, weitestgehend widerspruchsfreie Gestaltung der Einzelakte erforderlich macht.[1288] Dieses Gebot der sog. Maßnahmekohärenz[1289] gilt dabei nicht nur im Bereich des EU-Vertrages, sondern als grundlegendes Rechtsgestaltungsprinzip auch für den EG-Vertrag (vgl. Art. 2 EGV: „Konvergenz der Wirtschaftsleistungen"). Darüber hinaus steht die Aufgabenerfüllung unter den Vorbehalten des Art. 5 Abs. 2 EGV (Subsidiaritätsprinzip) und des Art. 5 Abs. 3 EGV (Verhältnismäßigkeitsgrundsatz), wonach die Maßnahmen der Gemeinschaft nicht über das für die Erreichung dieser Ziele erforderliche Maß hinausgehen dürfen, vgl. Art. 2 EUV i. V. m. Art. 5 Abs. 3 EGV.

1286 *Hatje* bezeichnet die in Art. 2 EGV genannten Ziele als Fernziele, vgl. in: Schwarze (Hrsg.), EU-Kommentar, Art. 2 EGV, Rn. 8.

1287 Demgegenüber stellen die in Art. 3 EGV genannten Zielvorstellungen sog. Nahziele dar, vgl. *Hatje*, in: Schwarze (Hrsg.), EU-Kommentar, Art. 2 EGV, Rn. 8.

1288 *Callies*, in: Callies/Ruffert (Hrsg.), EUV/EGV, Art. 1 EUV, Rn. 42. Allgemein zum Kohärenzgebot *Pechstein*, EuR 1990, 249 ff. sowie *Sick*, S. 17 ff.

1289 Zum Teil auch als sog. inhaltliche Kohärenz bezeichnet.

Naturgemäß ist es angesichts der Aufgabenvielfalt unmöglich, alle Ziele gleichzeitig, mit gleicher Intensität und im Sinne maximaler Kohärenz zu verfolgen. Nicht selten benennen die genannten Vorschriften miteinander nur schwer vereinbare bzw. sogar gegenläufige Belange, weshalb es oftmals zu Zielkonflikten kommt.[1290] Häufig geht einer organschaftlichen Maßnahme daher eine umfassende Abwägung[1291] der widerstreitenden Interessen voraus. Sofern sich ein sinnvoller Ausgleich nicht herstellen läßt, muß dem einen oder anderen Anliegen unter Beachtung des Grundsatzes der Verhältnismäßigkeit[1292] der Vorrang eingeräumt werden[1293], wobei nicht selten die marktintegrativen Erwägungen den Ausschlag geben[1294]. Die konkret durch den europäischen Gesetzgeber getroffene und dem Abwägungsergebnis entsprechende Entscheidung darf nicht durch ein Auslegungsergebnis in Frage gestellt werden, das vornehmlich die für nachrangig befundenen Ziele berücksichtigt, oder aber umgekehrt einseitig den für bedeutender gehaltenen Interessen Rechnung trägt.

Primärrechtskonform kann nach allem nur eine solche Interpretationsvariante sein, welche die soeben dargestellten Grundsätze beachtet. Insbesondere muß sich der für die Bestimmungen des abgeleiteten Gemeinschaftsrechts ermittelte Inhalt in die Gesamtkonzeption der EU, namentlich der Errichtung des Gemeinsamen Marktes bzw. eines Binnenmarktes als „wesentliche[n] Gegenstand des Vertrages"[1295], einfügen.

Die EG hat in den Vorschriften der Artt. 5 I, 7 I EuInsVO eine gesetzgeberische Wertentscheidung zugunsten der dinglich gesicherten Gläubiger getroffen. An sich spricht das Anliegen eines wirklichen Binnenmarktes unter Beseitung jeglicher, auch rechtlicher (vgl. Art. 3 lit. h) EGV) Beschränkungen im zwischenstaatlichen Wirtschaftsverkehr, sowie der Abbau der Hindernisse für den freien Waren-, Personen und Kapitalverkehr für eine Abwicklung grenzüberschreitender Insolvenzfälle nach den Grundsätzen der Einheit und vor allem der Universalität des Konkurses. Danach müßte das gesamte Verfahren der sachlich naheliegendsten Rechtsordnung, namentlich den insolvenzrechtlichen Vorschriften des Eröffnungsstaates, unterstellt werden. Die Vermögensgegenstände des

1290 *Stumpf*, in: Schwarze (Hrsg.), EU-Kommentar, Art. 2 EUV, Rn. 23; *Ukrow*, in: Callies/Ruffert (Hrsg.), EUV/EGV, Art. 2 EGV, Rn. 30.

1291 *Stumpf* will insoweit mit Hilfe der aus dem deutschen Verfassungsrecht bekannten sog. praktischen Konkordanz die Zielkonflikte auflösen. vgl. in: Schwarze (Hrsg.), EU-Kommentar, Art. 2 EUV, Rn. 23.

1292 *Hatje*, in: Schwarze (Hrsg.), EU-Kommentar, Art. 2 EGV, Rn. 24.

1293 *Ukrow*, in: Callies/Ruffert (Hrsg.), EUV/EGV, Art. 2 EGV, Rn. 30.

1294 EuGH, Rs. 15/81, Slg. 1982, 1409, Rn. 33; *Basedow*, FS Everling, S. 49 (54, 58f.); *Immenga*, EuZW 1994, 14 (15).

1295 Vgl. EuGH, Rs. 129/86, Slg. 1987, 3697, Rn. 10.

Schuldners müßten überdies unabhängig vom Ort ihrer Belegenheit zur Insolvenzmasse gezogen werden einschließlich etwaiger daran bestellter dinglicher Rechte zugunsten im Nichteröffnungsstaat ansässiger Sicherungsnehmer. Auch das Ziel, den Wettbewerb innerhalb des Binnenmarktes vor Verfälschungen zu schützen (vgl. Art. 2 lit. g) EGV), legt es nahe, die verbleibenden Vermögenswerte unter größtmöglicher Wahrung des Grundsatzes der Gläubigergleichbehandlung zu verteilen.

Andererseits erweist sich die Privilegierung dinglicher Sicherungsnehmer mit Blick auf die anvisierte beständige und nachhaltige Wirtschaftsausweitung als durchaus sinnvoll, wenn nicht sogar geboten. So werden die zur Finanzierung wirtschaftlicher Vorhaben benötigten Kredite regelmäßig nur unter gleichzeitiger Besicherung von Vermögensgegenständen der Vorhabensträger bewilligt. Diese oftmals dinglichen Sicherheiten werden ausschließlich zu dem Zweck bestellt, das finanzielle Verlustrisiko im Falle der Insolvenz abzufedern. Würde im Ernstfall die Sicherheit vollumfänglich der Konkursmasse zugeschlagen, wäre der Sicherungseffekt gleich Null. In der Folge würden die nicht zuletzt zur europaweiten Investition unverzichtbaren Kredite nur noch im Ausnahmefall gewährt. Der wirtschaftliche Wachstumsprozeß käme letztlich zum Erliegen. Eine ausnahmslose Gleichbehandlung aller Wirtschaftssubjekte ist somit auch nach der Konzeption des EG-Vertrages nicht um jeden Preis geboten. Darüber hinaus hat sich die EU ausdrücklich die in den Mitgliedstaaten anerkannten allgemeinen Rechtsgrundsätze zu eigen gemacht (vgl. Art. 6 I, II und Präambel des EGV). Neben den Grundrechten und grundrechtsgleichen Rechten im engeren Sinne sowie den grundrechtsähnlichen Verfahrensrechten dienen hier vor allem die rechtsstaatlichen Prinzipien, zuvörderst das Gebot der Rechtssicherheit und die mit ihm eng zusammenhängende Gewährleistung des Vertrauensschutzes[1296], als übergeordnete Auslegungs- und Gültigkeitsmaßstäbe.[1297] Haben sich die Kreditgeber nach den ihnen bekannten zivilrechtlichen Vorschriften des Belegenheitsstaates eine Sicherheit bestellen lassen und dabei auf den Fortbestand, die Akzeptanz und die Durchsetzungskraft ihres dinglichen Rechts vertraut, wäre es nicht sachgerecht, diesem im Bedarfsfall die erwartete oder sogar jede Wirkung abzusprechen. Vielmehr wurde im Zeitpunkt der wirksamen Bestellung des dinglichen Rechts eine gesicherte Rechtsposition begründet, die nicht durch die von Art. 4 EuInsVO berufenen insolvenzrechtlichen Regelungen des Eröffnungsstaates ohne

---

1296 Dazu etwa EuGH, verb. Rs. C-104/89, 37/90, Slg. 1992, I-3061, Ls. 2; Rs. C-177/90, Slg. 1992, I-35, Rnrn. 13, 16; Rs. C-90/95, Slg. 1997, I-1999, Rnrn. 35 ff. mwN. Vgl. Ferner EuGH, Rs. 21/74, Slg. 1975, 463 (473): „wohlerworbene Rechte". Vom „Schutz wohlerworbener Rechte" als Rechtsstaatsprinzip ausdrücklich auch *Schweitzer/Hummer*, EuropaR, Rn. 791.

1297 *Wegener*, in: Callies/Ruffert (Hrsg.), EUV/EGV, Art. 220 EGV, Rn. 32.

weiteres wieder zunichte gemacht werden darf. Einer Entziehung oder überraschenden Beschränkung der vermögenswerten Rechte im Sinne der Artt. 5 und 7 EuInsVO steht somit der Vertrauensschutzgrundsatz entgegen.[1298]

Diese Überlegung spricht im Ergebnis dafür, die Artt. 5 I, 7 I EuInsVO als Ausprägungen dieses Grundsatzes einzuordnen und im Hinblick auf das betreffende Recht die lex rei sitae auch für die Frage der insolvenzrechtlichen Wirkung zur Anwendung zu bringen. Einem derart weitgefaßten Vertrauensschutz entspräche sonach eine Qualifizierung dieser Bestimmungen als kollisionsrechtliche Sonderanknüpfungen. In der Folge richtete sich die Durchschlagskraft des dinglichen Rechts im Konkurs nach den jeweiligen mitgliedstaatlichen Vorschriften. Der vom Eröffnungsstaat eingesetzte Insolvenzverwalter müßte sich gegebenenfalls für die Feststellung des Umfangs eines etwaigen Zugriffsrechts mit verschiedenen, ihm regelmäßig nicht nur fremden, sondern zum Teil auch stark differierenden Regelungen auseinandersetzen. Daß eine solche Lösung eher binnenmarktfeindliche als –förderne Züge trägt und auch die Effizienz der grenzüberschreitend tätigen Organe (vgl. Präambel des EUV) hemmt, liegt auf der Hand. Rechtsschutzintensiver – und damit noch binnenmarktbehinderndér – wäre schließlich eine dahingehende Deutung der Artt. 5 I, 7 I EuInsVO, dinglich gesicherte Gläubiger in Ausnahme zum Universalitätsprinzip von vornherein aus dem Insolvenzverfahren herauszunehmen und sie gegen jegliche Ansprüche der Konkursmasse zu immunisieren.

Einer solchen Privilegierung der dinglichen Sicherungsinhaber gegenüber den übrigen Insolvenzgläubigern steht nicht etwa der auch im Gemeinschaftsrecht geltende allgemeine Gleichheitssatz[1299] und der daraus resultierende Gedanke der Wettbewerbsgleichheit[1300] entgegen. Zwar handelt es sich formal um vergleichbare Gruppen von Wirtschaftsteilnehmern. Allerdings sind die Kreditgeber finanziell in ungleich höherem Maße vom Schicksal der Unternehmung des Schuldners abhängig und haben ein weitaus größeres Verlustrisiko übernommen, was

---

1298 Das Verhältnis des Vertrauenschutzprinzips zu dem gleichfalls im Gemeinschaftsrecht anerkannten Eigentumsgrundrecht ist nicht eindeutig. Von der Sache her müßten die in Artt. 5, 7 EuInsVO bezeichneten Positionen von der gemeinschaftsrechtlichen Eigentumsgarantie umfaßt sein. Zu den einzelnen Ansichten eingehend *Müller-Michaels*, S. 37 ff. Der EuGH trägt wohl den Vertrauenserwartungen des Eigentümers im Rahmen des allgemeinen Vertrauensschutzgrundsatzes Rechnung, nicht jedoch bei der Untersuchung einer Verletzung der gemeinschaftlichen Eigentumsgarantie. Zum Verhältnis eingehend *Milczewski*, S. 104 ff. und 280 ff.

1299 EuGH, Rs. 810/79, Slg. 1980, 2747, Rn. 16. Vgl. Im einzelnen *Kischel*, EuGRZ 1997, 1 ff.

1300 Vgl. EuGH, Rs. C-18/88, Slg. 1991, I-5941, Rn. 25. Siehe auch *Ukrow*, in: Callies/Ruffert (Hrsg.), EUV/EGV, Art. 3 EGV, Rn. 11: „Chancengleichheit der einzelnen Wirtschaftsteilnehmer".

sie besonders schutzwürdig und –bedürftig macht. Daß ihnen umgekehrt im Konkurs in Gestalt ihres dinglichen Rechts ein Wettbewerbsvorteil eingeräumt wird, ist daher nicht etwa willkürlich, sondern sachgerecht.[1301]

Allerdings lassen der Grundsatz der Verhältnismäßigkeit, die vom EuGH auch für das Gemeinschaftsrecht bestätigte Interpretationsregel, Ausnahmebestimmungen eng auszulegen[1302] sowie binnenmarktorientierte Gesichtspunkte (s.o.) an einer (interpretatorischen) Überdehnung des durch die Artt. 5 I, 7 I EuInsVO gewährten Schutzes zweifeln.

Zusammenfassend hat die Betrachtung der Gemeinschaftsziele und der Prinzipien des Primärrechts für die Interpretation der Artt. 5 I, 7 I EuInsVO nachstehendes ergeben: Eine kollisionsrechtliche Berufung der lex rei sitae durch die Artt. 5 und 7 EuInsVO ist eher nicht anzunehmen. Wahrscheinlicher ist es, entsprechend des Grundsatzes von der Einheit des Konkurses gem. Art. 4 EuInsVO auch den Bereich dinglicher Sicherheiten dem Recht des Eröffnungsstaates zu unterstellen. Im Hinblick auf binnenmarktintegrative und wirtschaftswachstumsfördernde Aspekte (Absicherung der Vergabe von Krediten!) verbietet sich jedoch die Anwendung solcher Vorschriften der lex fori concursus, die zu einer Entwertung der im Gegenzug für die Kredite bewilligten Sicherheiten führen würden. Dem steht bereits der Grundsatz des Schutzes wohlerworbener Rechte[1303], also Vertrauensschutzgesichtspunkte als Ausfluß des Rechtsstaatsprinzips, entgegen. Ein erforderlicher und zugleich ausreichender Schutz der so gesicherten Gläubiger besteht mit Blick auf die grundsätzlich erstrebte Einheit des Konkurses nicht in einer ausnahmslosen bzw. partiellen Berufung des Heimatrechts über den Bestellungszeitpunkt hinaus auch für die insolvenzrechtliche Durchsetzung, sondern in der Mäßigung des Eröffnungsstaates. Überdies verbietet der Leitgedanke der Universalität des Konkurses eine gänzliche Freistellung dinglich gesicherter Gläubiger vom Konkursgeschehen. Ausgesprochen wird durch die Artt. 5 I, 7 I EuInsVO die sachrechtliche Verpflichtung, derartige Rechte im Falle des Konkurses in ihrem Bestand unbeeinträchtigt zu lassen.

Dieses Auslegungsergebnis wird bestätigt durch das in Art. 5 Abs. 3 EGV verankerte Verhältnismäßigkeitsprinzip, wonach die durch die Artt. 5 I, 7 I Eu-

---

1301 Vgl. auch Pape/Uhlenbruck, II, Kap. 14, Rn. 126, wonach „par conditio creditorum“ nicht bedeute, daß alle Gläubiger auf die gleiche Befriedigungsquote zu reduzieren sind, sondern im Gegenteil eine differenzierende Behandlung gerade Ausfluß des Gleichheitssatzes sei. Siehe auch *Stürner*, in: Baur/Stürner, InsolvenzR, Rn. 5.37.

1302 Vgl. EuGH, Rs. 167/73, Slg. 1974, 359, Rn. 17/23. Vgl. auch *Ukrow*, a.a.O., Art. 2 EGV, Rn. 9.

1303 Ausdrücklich zur Geltung dieses Grundsatzes im EG-Recht *Schweitzer/Hummer*, EuropaR, Rn. 791.

InsVO bewirkte Privilegierung dinglicher Sicherungsrechtsinhaber auf das unbedingt erforderliche Maß beschränkt werden muß. Die Bestimmungen der Artt. 5 I, 7 I EuInsVO als Ausnahmeregelungen bezogen auf den idealiter einheitlichen und universellen europäischen Konkurs verlangen somit nach einer restriktiven Interpretation. Als Leitgedanke zur Auslegung der Artt. 5 I, 7 I EuInsVO kann danach in etwa formuliert werden: Soviel Schutz der dinglich gesicherten Kreditgeber wie nötig und sowenig Preisgabe binnenmarktrelevanter Interessen wie möglich.

4. Historie

Im Ergebnis hat sich die Analyse der den Artt. 5 und 7 EuInsVO zugrunde liegenden Zielvorstellungen unter besonderer Berücksichtigung des Binnenmarktkonzeptes des EG-Vertrages als hilfreich erwiesen, die Bandbreite der möglichen Interpretationsvarianten der Artt. 5 I, 7 I EuInsVO einzugrenzen. Liegen der fraglichen Bestimmung aber – wie im Fall der Artt. 5 I, 7 I EuInsVO – diametrale Interessenlagen zugrunde, so vermitteln teleologische Erwägungen allein keine abschließende interpretatorische Sicherheit. Vielmehr bedarf es zusätzlich zur Abrundung des Auslegungsprozesses insbesondere noch einer entstehungsgeschichtlichen Betrachtung, zumal wenn es um die Auslegung von Vorschriften des sekundären Gemeinschaftsrechts geht.

Zu untersuchen sind daher im Folgenden die der Schaffung der Europäischen Insolvenzverordnung vorausgegangenen europäischen Kodifikationswerke unter besonderer Berücksichtigung der Regelungen zu (dinglichen) Rechten Dritter. Untergliedert wird die Quellenanalyse in drei Abschnitte. Dargestellt werden zunächst die Arbeiten der EG-Kommission zur Ausarbeitung eines gemeinschaftsweiten Konkursübereinkommens (EuInsÜ) mit seinen Vorentwürfen aus den Jahren 1970, 1980 und 1984. Daran schließt sich die Betrachtung des in dieser Richtung vom Europarat 1990 initiierten Projekts (EuRÜ) an. Bevor die im Zuge der letzten Kodifikationsetappe hervorgebrachten Vorentwürfe der EG-Kommission zu einem europäischen Regelwerk für grenzüberschreitende Insolvenzfälle beleuchtet werden, die 1995 mit der Fertigstellung des EuInsÜ ihren vorläufigen Abschluß fanden, wird eingehend die parallel verlaufende deutsche Reformdiskussion zu einem Insolvenzrecht sowie zu einem deutschen IIR nachgezeichnet. Dies erklärt sich daraus, daß die deutsche Reformdiskussion in Gestalt ihrer Kodifikationsentwürfe die Arbeiten der EG-Kommission an einem EuInsÜ entscheidend befruchtet haben. Insbesondere wurde die Anfang 1990 mit der Ausarbeitung eines EuInsÜ beauftragte Ad-hoc-Gruppe „Konkursübereinkommen" unter deutschem Vorsitz gebildet. Da während dieser Zeit auch die Ratspräsidentschaft in deutscher Hand lag, sind die europäischen Gesetzgebungsarbeiten nachhaltig durch deutsche Rechtsvorstellungen geprägt.[1304] Diese Tatsache erfordert einen Blick auf die zeitlich etwas früher anlaufende deutsche Reformdiskussion namentlich zu einem deutschen IIR. Dabei ist hervorzuheben, daß auch der seit 1988 einsetzende deutsche Novellierungskurs im Bereich des Insolvenzrechts stets die europäische Entwicklung im Hinblick auf ein EuInsÜ im Auge hatte und dieser insbesondere nicht vorgreifen wollte. Inspiriert wurden die deutschen Regelungen zum IIR neben den Vorentwürfen von 1970, 1980 und 1984 in erster Linie von den Bestimmungen des Europaratsübereinkommens. Letztlich sind die in Deutschland hervorgebrachten Regelungen zu einem deutschen IIR als Vorreiterregelungen zur Gemeinschaftslösung anzusehen. So wurde die in § 390 des Referenten- bzw. Regierungsentwurfs eines Einführungsgesetzes zur InsO aus dem Jahre 1990 getroffene Lösung zur insolvenzrechtlichen Behandlung dinglicher Rechte Dritter von der Kommission aufgegriffen und nahezu wortlautidentisch in die Vorentwürfe zu einem EuInsÜ übernommen.[1305]

Insgesamt ist die Entstehungsgeschichte zur EuInsVO bzw. zum EuInsÜ – wie im einzelnen noch gezeigt werden wird – nicht nur zeitlich, inhaltlich und systematisch, sondern auch personell untrennbar mit den im Zuge der deutschen Reformdiskussion im Bereich des (internationalen) Insolvenzrechts ausgearbeiteten Kodifikationsentwürfen verknüpft. Eine Betrachtung des europäischen Regelungsvorhabens muß daher notwendiger- und sinnvollerweise mit der Untersuchung der deutschen Entwicklung einhergehen. Zwar wurde im Rahmen des allgemeinen auslegungsdogmatischen Überblicks zur historischen Methode bereits angesprochen, daß das nationale Herkommen für die Interpretation einer Gemeinschaftsrechtsnorm grundsätzlich nicht herangezogen werden sollte. Gezeigt wurde aber auch, daß dies unter engen Voraussetzungen im Einzelfall durchaus zulässig sein kann. Ein solcher Ausnahmefall liegt für die Artt. 5, 7 EuInsVO vor. Dies ergibt sich zum einen aus dem Umstand, daß eine zweifelsfreie Inhaltsermittlung mit Hilfe der grammatischen, systematischen und teleologischen Auslegung allein nicht möglich ist. Zum anderen tragen die unklaren Bestimmungen der Artt. 5 I, 7 I EuInsVO unverkennbar deutsche Züge. Einzustellen ist in den Auslegungsvorgang somit das Verständnis der den Artt. 5 I, 7 I EuInsVO ent-

1304 Dies belegt beispielsweise die Tatsache, daß im EuInsÜ bzw. in der EuInsVO im Erläuterungsbericht bzw. in den Begründungserwägungen mit den Begriffen „Aussonderung" und „Absonderung" ganz offenkundig deutsche Fachtermini verwendet wurden.

1305 *Herchen*, ZInsO 2002, 345 (346) spricht in diesem Zusammenhang zutreffend von einer Vorbildwirkung des § 390 Abs. 1 RegE InsO. Zu dieser Vorschrift im einzelnen siehe unten unter C. III. 4. d) aa) ddd).

sprechenden Regelungen, wie es sich im deutschen Recht nach einem längeren Entwicklungsprozeß durchgesetzt hat.

a) Die Vorentwürfe zu einem EuInsÜ – Kodifikationsbemühungen bis zur Ausarbeitung des EuRÜ

aa) Der Vorentwurf (VE) von 1970

Erstes Ergebnis der Arbeiten im Rahmen der Schaffung eines EG-Konkursübereinkommens war der „Vorentwurf eines Übereinkommens über den Konkurs, Vergleiche und ähnliche Verfahren" vom 16. Februar 1970[1306].[1307] Mit detaillierten Regelungen in 82 Artikeln, zwei Anlagen, einem Protokoll sowie einer Anlage zum Protokoll stellt dieser Entwurf den ehrgeizigen Versuch dar, alle Probleme eines internationalen Konkurses wenigstens auf EG-Ebene in einem Anlauf zu beseitigen.[1308]

Dem Entwurf von 1970 liegt das Prinzip der Einheit und Universalität des Konkurses zugrunde. Zuständig zur Eröffnung eines sich auf die Vertragsstaaten beziehenden Insolvenzverfahrens ist grundsätzlich das Gericht am Ort des Geschäftszentrums des Schuldners. So heißt es in Art. 2, der mit „Einheit des Konkurses" überschrieben ist: „Die von diesem Übereinkommen erfaßten Verfahren äußern, sofern sie in einem Vertragsstaat eröffnet worden sind, ohne weiteres ihre Wirkungen in dem Hoheitsgebiet der übrigen Vertragsstaaten und stehen dort der Eröffnung eines jeden anderen Verfahrens entgegen." Die Möglichkeit der Eröffnung von Territorialverfahren ist danach ausdrücklich ausgeschlossen.

Gemäß Art. 33 I („Universalität des Konkurses") erstrecken sich die Wirkungen eines im Übereinkommen mit diesem Übereinkommen eröffneten Konkurses grundsätzlich auf das gesamte im Hoheitsgebiet der Vertragsstaaten belegene Vermögen des Gemeinschuldners. Korrespondierend bestimmt Art. 19 im dritten Titel des Entwurfs („Anwendbares Recht"), daß das Recht des Konkurseröffnungsstaates den Ablauf des Verfahrens (Abs. 1) sowie – vorbehaltlich gegentei-

---

1306 KTS 1971, 167-192 = RabelsZ 36 (1972), 734-767.

1307 Dem VE von 1970 gingen umfangreiche Ausschußarbeiten für ein europäisches Übereinkommen auf der Grundlage von Art. 220 EWGV voraus. So wurde bereits seit 1960 an einem Übereinkommen gearbeitet, das neben der gerichtlichen Zuständigkeit, der Anerkennung und Vollstreckung von Entscheidungen in Zivil- und Handelssachen und der Vollstreckung öffentlicher Urkunden auch die Regelung grenzüberschreitender Insolvenzfälle einschließen sollte. Die Tätigkeit des hinsichtlich der Konkursproblematik zusätzlich gebildeten Ausschusses mündete letztlich in den Entwurf eines EuInsÜ von 1970. Vgl. *Lüer*, in: Uhlenbruck, InsO, Art. 102 EGInsO, Rn. 22.

1308 In diesem Sinne *Aderhold*, S. 160.

liger Vorschriften des Titels IV – die Wirkungen des Konkurses sowie die Wirksamkeitsvoraussetzungen gegenüber Dritten regele (Art. 19 II). Das Einheitsprinzip mit der grundsätzlichen Geltung der lex fori concursus wird jedoch nicht konsequent eingehalten. So sieht der Entwurf in Abschnitt V und VI im Hinblick auf die Behandlung von Kaufverträgen mit Eigentumsvorbehalt (Art. 39) sowie Sicherheiten, besondere Vorrechte und Zurückbehaltungsrechte (Art. 43) Sonderanknüpfungen vor.

aaa) Eigentumsvorbehalte

Nach Art. 39 I S. 1 bestimmt das Recht des Konkurseröffnungsstaates im Falle des Konkurses des Käufers die *Wirkung* eines in Zusammenhang mit den in Art. 38[1309] bezeichneten Verträgen vereinbarten Eigentumsvorbehalts. Dieses Recht habe zumindest zuzulassen, daß der Eigentumsvorbehalt [...] den Gläubigern des Käufers gegenüber wirksam ist, sofern der Eigentumsvorbehalt durch ein vor der Lieferung ausgestelltes Schriftstück festgestellt sei (vgl. Art. 39 I S. 2). Im Fall des Konkurses des Verkäufers verweist Art. 39 II für die Wirkungen des Eigentumsvorbehalts auf Artikel 6[1310] der Anlage 1. Nicht eindeutig ergibt sich aus dem Wortlaut des Art. 39 I, ob mit „Wirkung“ die insolvenzrechtliche Wirkung des Eigentumsvorbehalts im Sinne eines Aussonderungsrechts gemeint ist. Für diese Deutung läßt sich anführen, daß im unmittelbaren Folgesatz des Art. 39 I 1, also in Art. 39 I 2, von der „Wirksamkeit gegenüber Dritten“ die Rede ist, die dann zu bejahen ist, wenn bestimmte Formerfordernisse beachtet sind. Offensichtlich meint der VE mit „Wirkung“ und „Wirksamkeit“ zwei verschiedene Dinge. Zudem findet sich auch in Art. 38 die Formulierung „Wirkungen des Konkurses“, was dafür streitet, daß sich Art. 39 I 1 auf die insolvenzrechtliche Wirkung bezieht. Diese legt die lex fori concursus fest. Welche Rechtsordnung dagegen über die wirksame zivilrechtliche Vereinbarung des Eigentumsvorbehalts (also die Vorfrage) entscheiden soll, läßt sich weder Art. 39 noch Art. 38

1309 Art. 38 I lautet: „Die Wirkungen des Konkurses von Verkäufer oder Käufer auf den Kaufvertrag bestimmen sich nach dem Recht des Vertragsstaates, in dessen Hoheitsgebiet sich das Geschäftszentrum des Gemeinschuldners befindet, wenn der Vertrag mit dem Geschäftszentrum geschlossen wurde. Ist der Vertrag mit einer Niederlassung des Gemeinschuldners geschlossen, bestimmen sich die Wirkungen des Konkurses nach dem Recht des Vertragsstaates, in dessen Hoheitsgebiet sich diese Niederlassung befindet. In allen anderen Fällen bestimmen sie sich nach dem Recht des Konkurseröffnungsstaates.“

1310 Art. 6 (Kauf unter Eigentumsvorbehalt) lautet: „Beim Kauf unter Eigentumsvorbehalt bildet der nach Lieferung eintretende Konkurs des Verkäufers keinen Grund für die Auflösung des Vertrags und steht dem Eigentumserwerb des Käufers an der gekauften Sache nicht entgegen.“

entnehmen. Zwar spricht Art. 39 I von der „Wirkung eines in Zusammenhang mit den in Art. 38 bezeichneten Verträgen vereinbarten Eigentumsvorbehalts“. In Art. 38 I ist jedoch auch nur von den „Wirkungen des Konkurses“ die Rede. Auch Art. 39 I 2 gibt hierfür nichts her, da mit „Wirksamkeit gegenüber den Gläubigern des Käufers“ gerade nicht die Frage der wirksamen Entstehung des Eigentumsvorbehalts angesprochen ist. Ob die Beurteilung der Vorfrage somit auch der lex fori concursus oder aber dem jeweiligen Sachstatut untersteht, bleibt nach dem Wortlaut unklar.

bbb) Sicherheiten und besondere Vorrechte[1311]

Andere kollisionsrechtliche Vorgaben macht dagegen Art. 43 für Sicherungsrechte: Berufen ist bei der Verteilung des Erlöses aus der Verwertung der Masse hinsichtlich *Grundlage*, *Umfang* und *Rang* der Sicherheiten und der besonderen Vorrechte das Recht des Vertragsstaates, in dessen Hoheitsgebiet der Gegenstand, auf den sich die Sicherheit bezieht, am Tage der Konkurseröffnung belegen war (Art. 43 I). Für Hypotheken, Pfandrechte, besondere Vorrechte und ganz allgemein für alle sonstigen Sicherheiten findet das Recht des Staates Anwendung, in dem die Gegenstände eingetragen, eingeschrieben oder registriert sind (vgl. Art.43 II).

1311 Bei der Untersuchung, welchem Recht Bestand und Wirkung von Sicherungsrechten sowie Privilegien im Konkurs unterliegen, unterscheiden die Vorentwürfe zum EuInsÜ von 1970, 1980, 1984 – anders als das EuInsÜ von 1995 und die EuInsVO – nach dem Gegenstand des Vorzugsrechts. Das deutsche Recht kennt zum einen Rechtspositionen, die dem Gläubiger eine vorrangige oder ausschließliche Befriedigung aus einem bestimmten Gegenstand des Schuldnervermögens erlauben (Bezeichnungen: besondere Vorrechte, besondere Vorzugsrechte, Sonderungsrechte, dingliche Vorzugsrechte). Zum anderen existieren Rechte auf vorzugsweise Befriedigung aus der Gesamtmasse (Bezeichnungen: allgemeine Privilegien, relative Vorzugsrechte, Vorrechte, allgemeine Vorrechte, allgemeine Vorzugsrechte). Eine Zwischenstellung nehmen die dem deutschen Recht unbekannten gegenständlich beschränkten Vorrechte ein, die ein Recht auf vorzugsweise Befriedigung aus einer bestimmten Teilvermögensmasse gewähren (auch sie werden häufig als allgemeine Vorrechte bezeichnet; Hauptfälle sind die gesetzlichen *privilèges généraux* des französischen Rechts sowie die rechtsgeschäftlich bestellte anglo-amerikanische *floating charge*). Die zuerst genannte Gruppe der dinglichen Vorzugsrechte, also derjenigen, die sich auf einen bestimmten Gegenstand beziehen, verschaffen ihrem Inhaber eine bestimmte Rechtsposition auch außerhalb des Konkurses und lassen sich in zwei Gruppen unterteilen: Während mit der Aussonderung die Nichtzugehörigkeit des fraglichen Gegenstands zur Masse geltend gemacht wird, richtet sich die Absonderung auf vorrangige Befriedigung aus einem Gegenstand, dessen Massezugehörigkeit nicht bestritten wird, aufgrund eines Pfand- oder Zurückbehaltungsrechts. Vgl. zum Ganzen *Metzger*, S. 109f.

Eine nähere Bestimmung der in Abs. 1 gebrauchten Formulierung „Grundlage, Umfang und Rang“ findet sich im Entwurfstext nicht. Mit „Grundlage“ könnte zum einen das Bezugsobjekt des Rechts gemeint sein. Als Belastungsgegenstand kämen danach sowohl Mobilien als auch Immobilien in Betracht. Nicht ausgeschlossen ist aber auch, daß der Begriff „Grundlage“ gedanklich durch den Terminus „Begründung“ zu ersetzen ist und damit die eigentliche sachenrechtliche Vorfrage anspricht. Dagegen streitet allerdings die Deutung dieses im Folgeentwurf von 1980 gleichfalls verwendeten Ausdrucks, welcher so verstanden wird, daß damit tatsächlich das Bezugsobjekt bezeichnet wird.[1312] Daraus ergibt sich, daß Art. 43 die Vorfrage nicht regelt. „Umfang“ betrifft wohl die Frage der Höhe des Sicherungsrechts. Der Begriff „Rang“ dagegen bezieht sich ersichtlich auf spezifisch insolvenzrechtliche Aspekte, namentlich auf den Stellenwert des Sicherungsrechts im Konkurs.

Unklar ist nach dem Gesetzestext, welche Rechtsordnung über die insolvenzrechtliche Wirkung des Rechts befinden soll, namentlich ob es ein Aus- oder lediglich ein Absonderungsrecht vermittelt, bzw. ob es überhaupt in irgendeiner Weise Bestandskraft in der Insolvenz hat. Daß der Terminus „Rang“ diese Frage erfaßt, erscheint nach dem Wortlaut fernliegend. Zumindest für die Bestimmung der Insolvenzkraft könnte es der VE von 1970 damit bei der Anwendung der lex fori concursus belassen. Dafür spricht jedenfalls die in Art. 19 II angeordnete grundsätzliche Geltung des Rechts des Eröffnungsstaates für die (auch materiellrechtlichen) Wirkungen des Konkurses sowie die Voraussetzungen für die Wirksamkeit gegenüber Dritten.

ccc) Zwischenergebnis

Der Entwurf von 1970 zu einem EuInsÜ unterscheidet in der Frage der kollisionsrechtlichen Behandlung ausländischer dinglicher Sicherheiten zwischen dem Eigentumsvorbehalt und sonstigen Sicherungs- und Vorrechten. Ersteren unterstellt er für die insolvenzrechtliche Wirkung der lex fori concursus, letztere dagegen bezüglich „Grundlage, Umfang und Rang“ der jeweiligen lex rei sitae. Hinsichtlich der eigentlichen Hauptfrage nach der insolvenzrechtlichen Wirkung des Rechts enthält der VE mit Blick auf die in Art. 43 genannten Rechte keine Regelung. Möglich erscheint daher, auch diesen Bereich entsprechend Art. 43 der lex rei sitae zu unterstellen. In Betracht kommt aber auch eine Berufung der lex fori concursus (vgl. Art. 19 II). Eindeutig ist nach dem Entwurfstext lediglich die Maßgeblichkeit des Konkursstatuts für die insolvenzrechtliche Wirkung auslän-

---

1312 Vgl. *Lemontey*, Erläuterungsbericht, [115], S. 175. Eingehend dazu siehe unten unter C. III. 4. a) bb) bbb).

discher Eigentumsvorbehalte. Jedenfalls insoweit setzt der Entwurf von 1970 den Grundsatz der einheitlichen Abwicklung des Konkurses in nur einem Verfahren unter der Geltung nur einer Rechtsordnung – der lex fori concursus – um. Ungeregelt bleibt dagegen für die in Artt. 39 und 43 genannten Rechte die Vorfrage. Insoweit ist nach der allgemeinen Grundregel des Internationalen Privatrechts von der Maßgeblichkeit des Internationalen Sachenrechts des Eröffnungsstaates auszugehen.

bb) Der Vorentwurf (VE) von 1980

Der Entwurf von 1970 stieß auf heftige Kritik.[1313] Diese entzündete sich insbesondere an der vorgeschlagenen Untermassenlösung[1314] (vgl. Art. 41 des Entwurfs). So wurde die Erfassung der Konkursvorrechte durch die Einführung von sechs verschiedenen Untermassen mit entsprechend unterschiedlicher nationaler materiell-rechtlicher Behandlung so diffizil, daß die in den Prinzipien der Universalität und Einheit des Verfahrens liegenden Vorzüge des Übereinkommens insgesamt in Frage gestellt bzw. diese Grundsätze quasi schon zur Ausnahme[1315] gemacht wurden. Der Entscheidung des Ausschusses zur Behandlung der Vorrechte und Sicherheiten wurde nicht zuletzt eine wirtschaftliche und zeitraubende Schwerfälligkeit[1316] entgegengehalten. Zu den Bedenken gegenüber weiteren Bestimmungen des Entwurfs kam schließlich die Veränderung der tatsächlichen Situation durch den EWG-Beitritt Dänemarks, Englands und Irlands hinzu.[1317] In der Folge wurde der Entschluß gefaßt, den Entwurf noch einmal gründlich zu überarbeiten.

Die im Jahre 1980 ausgearbeitete Fassung enthält zwar zahlreiche Änderungen im Detail, behält aber im wesentlichen die Grundkonzeption des Entwurfs von 1970 bei. So beinhaltet Titel I des Entwurfs unter der Überschrift „Anwendungsbereich und Allgemeines" einen Art. 2, der den Grundsatz der Einheit des

---

1313 Der Entwurf wurde vor allem in der deutschen Fachöffentlichkeit überwiegend kritisch aufgenommen. Die deutsche Fassung erschien als „mitunter geradezu ins Peinliche gehende bloße Übersetzung" der den Beratungen offenbar zugrunde gelegten französischen Fassung. Vgl. *Jahr*, RabelsZ 36 (1972), 620, (624) und die Stellungnahme des *DAV*, KTS 1975, 59 ff.

1314 Und zwar soll gemäß Art. 41 des Entwurfs für jeden Staat das dort belegene Vermögen zu einer Untermasse zusammengefaßt werden, die für die Befriedigung der nationalen Vorzugsgläubiger nach dem betreffenden nationalen Recht zur Verfügung steht. Für den Fall, daß ein Vorzugsrecht sich auf Vermögen in mehreren Staaten erstreckt, gibt Art. 41 III einen konkreten Verteilungsschlüssel.

1315 So Stellungnahme *DAV*, KTS 1975, 59 (65).

1316 Vgl. Stellungnahme *DAV*, KTS 1975, 59 (64, 66 ff.).

1317 *Aderhold*, S. 161; *Wimmer*, in: FK-InsO, Anh. I, Art. 102 EGInsO, Rn. 63.

Verfahrens festschreibt und keine Nebeninsolvenzen zuläßt. Der IV. Abschnitt, der sich mit den Wirkungen des Konkurses auf das Vermögen des Schuldners beschäftigt, enthält des weiteren eine dem Art. 33 des Vorentwurfs vergleichbare Vorschrift zur Universalität des Konkurses (vgl. Art. 34). Nach dessen Abs. 1 „erstrecken sich vorbehaltlich des Artikels 10 Absatz 2 und des Artikels 66 die Wirkungen eines in Übereinstimmung mit diesem Übereinkommen eröffneten Konkurses auf das gesamte im Hoheitsgebiet der Vertragsstaaten belegene Vermögen des Gemeinschuldners."

Auch im Hinblick auf das anwendbare Recht, das in Titel III geregelt ist, findet sich eine dem Vorentwurf vergleichbare Grundkollisionsnorm, die grundsätzlich die lex fori concursus beruft (vgl. Art. 18).[1318] Ein inhaltlicher Unterschied besteht nur insoweit, als nach Art. 18 II „vorbehaltlich gegenteiliger Vorschriften des Titels IV das Recht des Konkurseröffnungsstaates, *gegebenenfalls einschließlich des internationalen Privatrechts*[1319], die Wirkungen des Konkurses sowie die Voraussetzungen für die Wirksamkeit des Konkurses gegenüber Dritten bestimmt.[1320] Sonderanknüpfungen macht der Entwurf entsprechend der Vorauflage für die kollisionsrechtliche Behandlung ausländischer Sicherungs- und Vorrechte.[1321] Beibehalten wird die Trennung von Eigentumsvorbehalt und sonstigen dinglichen Sicherheiten.[1322]

1318 Daß der Entwurf tatsächlich von der alleinigen Maßgeblichkeit der lex fori concursus ausgeht, wird von *Thieme* bezweifelt, vgl. *Thieme*, in: Kegel (Hrsg.), Vorschläge und Gutachten, S. 214 (245).

1319 Hervorhebung des Autors.

1320 Scharfe Kritik übt *Thieme* hinsichtlich des „nebulösen" Zusatzes in Art. 18 II, da dieser aus seiner Sicht verschiedene Deutungsmöglichkeiten zuläßt. Seiner Meinung nach beruft Art. 18 II das Internationale Insolvenzrecht der lex fori concursus, vgl. *Thieme*, in: Kegel (Hrsg.), Vorschläge und Gutachten S. 214 (277).

1321 Nach Meinung *Drobnigs* durchbricht der VI. Abschnitt des Vorentwurfs mit seinen Ausnahmeanknüpfungen an die lex rei sitae weitgehend den Grundgedanken der Universalität des Konkurses. So blieben alle Vorzugsrechte der Rechtsordnungen der Vertragsstaaten unangetastet und kämen im jeweiligen Territorium rechtlich voll zum Zuge, vgl. *Drobnig*, in: Kegel (Hrsg.), Vorschläge und Gutachten, S. 357 (357f.).

1322 Nach Ansicht von *Drobnig* liegt der Grund für diese Differenzierung in einem primär vertraglichen Verständnis der Eigentumsvorbehalte, was auch die Überschrift des Art. 41 „Kaufvertrag mit Eigentumsvorbehalt" verdeutliche. Er spricht sich dagegen für eine systematische Einordnung als dingliches Recht aus und befürwortet eine gemeinsame Regelung mit den übrigen Sicherungsrechten, vgl. a.a.O., S. 374f.

aaa) Der Entwurfstext

(I) Eigentumsvorbehalte

Anders als im Vorentwurf von 1970 ist die Bestimmung zum Eigentumsvorbehalt nicht als endgültige Regelung mit der verbindlichen Entscheidung für eine Rechtsordnung (die lex fori concursus, s.o.) verfaßt, sondern enthält für eine mögliche Ausgestaltung der drei Absätze des Art. 41 jeweils verschiedene kollisionsrechtliche Varianten.

(1) Die Regelungsvarianten des Abs. 1

Der erste Absatz des Art. 41 hat die Bestimmung des „für die *Gültigkeit*[1323] von Kaufverträgen mit Eigentumsvorbehalt" maßgeblichen Rechts zum Inhalt. Nach der ersten Variante gilt das *nach den Regeln des internationalen Privatrechts des Konkurseröffnungsstaates* anzuwendende Recht. Berufen ist demnach über die allgemeine ipr-rechtliche Anknüpfung regelmäßig das jeweilige Vertragsstatut. Die zweite Variante stellt dagegen auf *das auf den Vertrag anzuwendende Recht*, also gleichfalls auf das Vertragsstatut, ab. Die dritte Variante schließlich macht keine spezielle kollisionsrechtliche Vorgabe, sondern verweist insoweit auf die Grundkollisionsnorm des Art. 18, wonach die lex fori concursus bzw. deren IPR gilt.

(2) Die Regelungsvarianten des Abs. 2

Abs. 2 des Art. 41 beschäftigt sich mit der „*Wirksamkeit*[1324] von Eigentumsvorbehaltsklauseln den Konkursgläubigern gegenüber beim Konkurs des Käufers oder Verkäufers" (Variante 1) bzw. der „*Wirksamkeit*[1325] des Eigentumsvorbehalts [...] im Konkurs des Käufers" (Variante 2). Für das anwendbare Recht verweist die erste Variante auf Artikel 3 der Anlage I. Dieser ordnet in Abs. 1 S. 1 an, daß „das Recht des Konkurseröffnungsstaates zumindest zuzulassen hat, daß der Eigentumsvorbehalt [...] den Gläubigern des Käufers gegenüber wirksam ist, sofern der Eigentumsvorbehalt vor der Lieferung durch schriftliche Vereinbarung [Telegramm], Fernschreiben oder durch eine mündliche vom Käufer schriftlich bestätigte Vereinbarung festgestellt ist." Maßgeblich ist hiernach also die lex fori concursus. Die zweite Variante dagegen beruft die lex rei sitae, soweit es heißt:

1323 Hervorhebung des Autors.
1324 Hervorhebung des Autors.
1325 Hervorhebung des Autors.

„Für die Wirksamkeit des Eigentumsvorbehalts gilt im Konkurs des Käufers das Recht des Vertragsstaates, in dessen Hoheitsgebiet sich im Zeitpunkt der Konkurseröffnung die Sache befindet, die Gegenstand des Eigentumsvorbehalts ist." Die dritte Variante schließlich trifft in der Frage des anzuwendenden Rechts keine spezielle Bestimmung, sondern beläßt es bei der kollisionsrechtlichen Grundnorm des Art. 18 und damit der lex fori concursus bzw. deren IPR.

(3) Die Regelungsvarianten des Abs. 3

Der dritte Absatz des Art. 41 behandelt den Konkurs des Vorbehaltsverkäufers. Nach der Regelung der Variante 1 rechtfertigt dessen Insolvenz „nicht die Auflösung des Vertrages und steht dem Eigentumserwerb des Käufers an der gekauften Sache nicht entgegen." Die Variante 1 ist nicht als Kollisionsnorm ausgestaltet, sondern hat sachrechtlichen Gehalt: Das Anwartschaftsrecht des Vorbehaltskäufers wird insolvenzfest gestellt. Erst mittelbar leiten sich daraus kollisionsrechtliche Folgen ab. Wäre nach der gemäß Art. 18 II grundsätzlich maßgeblichen lex fori concursus ein Erwerb des Käufers infolge der Vertragsauflösung ausgeschlossen, soll diese Regelung keine Anwendung finden. Wurde der Kaufvertrag im ausländischen Belegenheitsstaat wirksam geschlossen, so ändert die Eröffnung des Konkursverfahrens im Inland über das Vermögen des Verkäufers daran nichts. Entsprechende Vorschriften des Konkursstatuts sind danach außer Kraft gesetzt.

Die zweite Variante unterstellt die Beurteilung dieser Frage der Grundregel des Art. 18 II.

(4) Wertung

Zu beachten ist zunächst, daß die jeweiligen ersten und zweiten Varianten der Absätze 1 und 2 mit *Gültigkeit* und *Wirksamkeit* unterschiedliche Begriffe verwenden. Mit der Formulierung „Gültigkeit von Kaufverträgen" ist offensichtlich das wirksame Zustandekommen des Kaufvertrages unter Eigentumsvorbehalt gemeint. Die Wendung „Wirksamkeit von Eigentumsvorbehaltsklauseln bzw. des Eigentumsvorbehalts" bezieht sich hingegen auf die insolvenzrechtliche Wirkung des Eigentumsvorbehalts. Zwar ist anders als im VE von 1970 nicht mehr von der „Wirkung" (vgl. Art. 39 I 1) bzw. den „Wirkungen des Konkurses" (vgl. Art. 39 I 2) die Rede. Die nachfolgende Entwurfsfassung wollte jedoch an der Grundkonzeption des früheren Entwurfs nichts Grundlegendes ändern. Daß also –abgesehen von der eigentlichen Vorfrage – auch die Hauptfrage nach der insolvenzrechtlichen Wirkung des Eigentumsvorbehalts im Sinne eines Aussonderungsrechts in Art. 41 (Abs. 2) nicht geregelt werden sollte, ist daher unwahrscheinlich. Zwingend ist diese Deutung angesichts des zu Art. 39 I abweichenden Wortlauts jedoch nicht. Regelt Art. 41 II die Hauptfrage tatsächlich nicht, so ist an einen Rückgriff auf die allgemeine kollisionsrechtliche Grundregel (Art. 18 II) zu denken, wobei dann nicht eindeutig ist, ob die lex fori direkt oder nur deren IPR unter Berufung der lex rei sitae gelten soll.

Über die Gültigkeit des Vertrages entscheidet das Vertragsstatut.[1326] Die insolvenzrechtlichen Wirkungen beurteilen sich dagegen nach der lex rei sitae[1327] oder aber nach dem Konkursstatut[1328]. Beide Fragen können im Ergebnis einheitlich nach der lex causae[1329] gelöst werden. Möglich ist aber auch, die Differenzierung der Regelungsgegenstände auch kollisionsrechtlich beizubehalten und eine Kumulativanknüpfung vorzunehmen, d.h. für die Gültigkeit des Eigentumsvorbehaltskaufvertrages die lex causae und für die insolvenzrechtliche Wirkung die lex fori concursus zu berufen.

Offen bleibt dagegen, welchem Recht die Vorfrage nach der wirksamen Begründung der Sicherheit untersteht. Da diese Frage durch Art. 41 unbeantwortet bleibt, kommt insoweit ein Rückgriff auf die allgemeine kollisionsrechtliche Grundregel des Art. 18 II in Betracht. Ob der Eigentumsvorbehalt wirksam entstanden ist, richtet sich somit nach dem IPR der lex fori und damit regelmäßig nach der lex rei sitae.

Unbefriedigend ist überdies die Ausgestaltung der jeweiligen 3. (zu Art. 41 Abs. 1 und 2) bzw. 2. Variante (zu Art. 41 Abs. 3), die keine kollisionsrechtliche Lösung vorschlägt, sondern vielmehr eine rein materielle einheitsrechtliche Lösung vorsieht. Mangels Sonderbestimmung unterliegt das Sachgebiet „dem Recht des Konkurseröffnungsstaates gemäß Art. 18 des Übereinkommens." Verwiesen wird insoweit auf Art. 18 Abs. 2, der die Wirkungen des Konkurses sowie die Voraussetzungen für die Wirksamkeit des Konkurses gegenüber Dritten behandelt (vgl. Art. 18 Abs. 2). Berufen ist nach Art. 18 Abs. 2 „das Recht des Konkurseröffnungsstaates, *gegebenenfalls einschließlich des internationalen Privatrechts*[1330]." Durch diesen Zusatz ergeben sich je nach Lesart unterschiedliche kollisionsrechtliche Anknüpfungen. So könnte er zum einen bei terminologischer

1326 Direkt nach der 2. Variante des Absatzes 1, oder indirekt aufgrund Verweises des IPR des Konkursstatuts, vgl. 1. Variante bzw. 3. Variante – Art. 18 II: IPR der lex fori unter Verweisung auf die lex contractus.

1327 2. Variante des Absatzes 2 des Art. 41 bzw. 3. Variante über die Verweisung des IPR der lex fori, vgl. Art. 18 II.

1328 1. Variante bzw. 3. Variante.

1329 Lex contractus und lex rei sitae.

1330 Hervorhebung des Autors.

Ungenauigkeit[1331] lediglich „IPR des Konkurses" im Sinne von „Konkurskollisionsrecht" und damit eine Gesamtverweisung meinen.[1332] Der Zusatz könnte sich aber auch auf das eigentliche IPR, also das Kollisionsrecht für das materielle Privatrecht, beziehen. Im letzteren Fall hätte für materielle Konkurswirkungen jedenfalls nicht automatisch die lex fori concursus als Konkurs- und Gesamtstatut zu gelten, sondern die lex causae als Sach- und Einzelstatut des IPR.[1333] Gerade für die insolvenzrechtliche Wirkung des ausländischen Eigentumsvorbehalts ist diese Unterscheidung weichenstellend: Bei Geltung der lex fori würde diesem unter Umständen jegliche Bedeutung im Fall der Insolvenz abgesprochen oder nur unter erheblichen Beschränkungen zugestanden. Käme dagegen die lex causae und damit regelmäßig die lex rei sitae zur Anwendung, so würde er – wie auch im reinen Inlandskonkurs[1334] – volle Wirkung entfalten. Angesichts dieser Rechtsunsicherheit ist die jeweils letzte Variante des Art. 41 mit ihrem unklaren Verweis auf Art. 18 als rechtstechnisch verfehlt zu bewerten.

Anzumerken ist weiter, daß Abs. 2 des Art. 41 die insolvenzrechtliche Wirkung des Eigentumsvorbehalts kollisionsrechtlich an eine Unterscheidung zwischen dem Konkurs des Käufers bzw. des Verkäufers knüpft. Die erste Variante bringt in beiden Fällen die lex fori concursus zur Anwendung. Die zweite Variante dagegen verweist auf die lex rei sitae ausdrücklich nur im Konkurs des Käufers, trifft aber keine Aussage darüber, ob diese Sonderanknüpfung auch für den Verkäuferkonkurs gelten soll. Angesichts der bewußten Beschränkung der kollisionsrechtlichen Regelung auf die Insolvenz des Vorbehaltskäufers wird man es in diesem Fall bei der grundsätzlich berufenen lex fori concursus belassen müssen.

Kritisch zu bewerten ist überdies die in der 1. Variante des Art. 41 Abs. 2 vorgeschlagene Lösung zur insolvenzrechtlichen Wirkung des Eigentumsvorbehalts. Aufgrund der Verweisung auf Anlage I Artikel 3 soll ein Eigentumsvorbehalt im Konkurs des Käufers zumindest dann insolvenzrechtliche Wirkung entfalten, wenn er durch ein vor der Lieferung der Sache ausgestelltes Schriftstück bewiesen ist. Strenggenommen handelt es sich bei diesem Schriftformerfordernis nicht um eine speziell insolvenzrechtliche, sondern vielmehr um eine allgemein-

---

1331 Wie bereits oben dargestellt, herrscht über den Begriff Internationales Insolvenzrecht Streit. Namentlich in der älteren Literatur findet sich häufig eine Gleichsetzung des klassischen IPR mit dem Konkurskollisionsrecht mit der Folge, daß IIR stets Kollisionsrecht im Sinne des IPR wäre.

1332 Eingehend zu dieser Frage *Thieme*, s.u.

1333 Siehe hierzu auch *Thieme*, s.u.

1334 Dies gilt natürlich nur unter der Voraussetzung, daß das Belegenheitsrecht den EV insolvenzfest stellt.

sachenrechtliche Bestimmung.[1335] So geht es bei diesem am italienischen Recht[1336] orientierten Publizitätserfordernis um Warn- und Schutzzwecke[1337] und damit um Aspekte der Beweiserleichterung. Rein materiellrechtliche Inhalte werden aber nach der im IPR üblichen allgemeinen Anknüpfungsregel der lex causae beurteilt. Nur dort, wo sich spezifisch insolvenzrechtliche Fragen bzw. Unwirksamkeitsgründe[1338] stellen, namentlich Anfechtung und Rückschlagsperre, ist eine Berufung des Insolvenzstatuts denkbar. Geht es aber – wie hier – um bloße allgemein-sachenrechtliche Unwirksamkeitsgründe wie Formvorschriften und Publizitätserfordernisse, ist für eine Anwendung der lex fori concursus kein Raum. Die Frage, ob der ausländische Eigentumsvorbehalt durch ein Schriftstück beweisbar ist, betrifft damit primär die Vorfrage der zivilrechtlich wirksamen Bestellung der Sicherheit und weniger das Problem der Bewährung im Konkursfall. Unabhängig von der Frage, ob ein solches Publizitätserfordernis überhaupt aufgestellt werden sollte, ist die Ausgestaltung der ersten Variante des Art. 41 Abs. 2 systematisch verfehlt und hätte eigenständig, beispielsweise in Abs. 1, geregelt werden sollen.

(II) Sicherheiten und Vorrechte

Wie auch im Entwurf von 1970 unterscheidet der Vorentwurf von 1980 in der Frage der kollisionsrechtlichen Behandlung ausländischer Sicherheiten bei Eröffnung des Inlandskonkurses Eigentumsvorbehalte und sonstige Sicherheiten. Hinsichtlich der sonstigen Sicherheiten wird aber – anders als bisher – weiter zwischen allgemeinen und besonderen Vorrechten differenziert. Art. 45 regelt das auf die allgemeinen Vorrechte anzuwendende Recht: Bei der Verteilung des Erlöses aus der Verwertung der Masse entscheidet das Recht des Vertragsstaates, in dem sich das Vermögen bei Konkurseröffnung befindet, über *Grundlage*, *Umfang* und *Rang* der allgemeinen Vorrechte. Art. 46 trifft eine inhaltsgleiche An-

1335 Diese Unterscheidung zwischen allgemein-sachenrechtlichen und speziell-insolvenzrechtlichen Unwirksamkeitsgründen trifft auch *Favoccia*, S. 47f.

1336 Nach italienischem Recht allerdings muß das Schriftstück ein gerichtlich oder notariell beglaubigtes vor der Konkurseröffnung liegendes Datum tragen (Art. 1524 und 2094 des Handelsgesetzbuches). Auf dieses Erfordernis verzichtet dagegen der Entwurf. So hielt man dieses Erfordernis für mit der Handelspraxis nur schwer vereinbar (vgl. *Lemontey*, Erläuterungsbericht, S. 167).

1337 Schutz der Parteien vor Übereilung sowie Schutz der Gläubiger vor falscher Einschätzung der Kreditwürdigkeit.

1338 Insolvenzrechtliche Unwirksamkeitsgründe sind solche, die nicht das Entstehen der Sicherheit verhindern, sondern die bereits entstandene Sicherheit aus Gründen, die die Erreichung der Insolvenzzwecke sicherstellen sollen, wieder vernichten. Vgl. *Favoccia*, S. 49.

ordnung für die Sicherheiten und besonderen Vorrechte. Berufen ist also nach beiden Vorschriften die lex rei sitae.[1339] Eine hiervon abweichende kollisionsrechtliche Behandlung scheidet aus; Artt. 45, 46 beschränken sich im Gegensatz zu Art. 41 nicht auf den Vorschlag verschiedener kollisionsrechtlicher Lösungsmöglichkeiten in Form von Varianten, sondern sind verbindlich. Schließlich soll das Belegenheitsstatut auch für die an Seeschiffen, Binnenschiffen und Luftfahrzeugen bestehenden besonderen Sicherheiten gelten (vgl. Art. 47). Eine Erläuterung der Begriffe „Grundlage“, „Umfang“ und „Rang“ erfolgt wie auch im Rahmen des Art. 43 des VE von 1970 durch den Entwurfsverfasser nicht, so daß bezüglich des möglichen Begriffsinhalts auf die Ausführungen zum VE 1970 verwiesen wird. Nach welcher Rechtsordnung sich die insolvenzrechtliche Wirkung der Sicherheiten und Vorrechte richtet, bleibt somit weiterhin unklar.[1340]

(III) Zwischenergebnis

Festzustellen ist, daß der Vorentwurf von 1980 an der grundsätzlichen Konzeption des Vorentwurfs von 1970 mit den Prinzipien der Einheit und Universalität des Verfahrens festhält. Speziell für die Frage der kollisionsrechtlichen Behandlung ausländischer Sicherungsrechte wird die gesonderte Beurteilung von Eigentumsvorbehalt und sonstigen Sicherheiten aufrechterhalten. Anders als in der Vorauflage trifft der Entwurf von 1980 aber keine Entscheidung zugunsten einer bestimmten Rechtsordnung für die kollisionsrechtliche Anknüpfung von Eigentumsvorbehalten. Vielmehr werden verschiedene Varianten wahlweise zur Verfügung gestellt. Für die sonstigen Sicherheiten ist es bei der unbefriedigenden Formulierung „Grundlage, Umfang und Rang“ und damit bei der unvollkommenen Regelung spezifisch insolvenzrechtlicher Fragestellungen – von der Rangfrage einmal abgesehen – geblieben.[1341]

1339 Kritisch insoweit *Thieme*, der alle „Konkursprivilegien“ im Sinne der Artt. 43-52 allein der lex fori concursus unterstellen und den Anwendungsbereich der lex rei sitae auf die Vorfrage beschränken will. Wenigstens habe dies – so *Thieme* – für alle „öffentlich-rechtlichen und vom öffentlichen Interesse geprägten Konkursprivilegien“ zu gelten, vgl. a.a.O., S. 282f. Bei den rein privatrechtlichen Privilegien, also bei den dinglichen Sicherungsrechten, sei dagegen „eher an eine Anwendung auch des Konkursrechts der lex rei sitae“ zu denken. Allerdings hält *Thieme* dies nicht für zwingend, weshalb im Einzelfall auch hier die durch Substitution und Anpassung modifizierte lex fori concursus vorrangig sein könne, vgl. a.a.O., S. 284.

1340 Unzutreffend *Leitner*, S. 97, wonach die VEe von 1980 und 1984 alle Vorrechte und Sicherheiten nach „Grundlage, Umfang, Rang *und konkursrechtlichen Auswirkungen* nach der lex rei sitae“ beurteilten.

1341 Grundlegende Kritik am VE 1980 äußert *Thieme*, in: Kegel (Hrsg.), Vorschläge und Gutachten, S. 214 ff.

bbb) Der Erläuterungsbericht von Lemontey

Dem Vorentwurf von 1980 ist ein ausführlicher Bericht von *Lemontey*[1342] beigefügt, der die einzelnen Entwurfsbestimmungen erläutert. Er gliedert sich in verschiedene Kapitel. Die ersten beiden Kapitel enthalten zunächst allgemeine Vorbemerkungen zum Entwurf und benennen die Regelungsgründe. Kapitel III macht Ausführungen zum Anwendungsbereich des Übereinkommens, Kapitel IV befaßt sich mit der gerichtlichen Zuständigkeit. Ein weiteres V. Kapitel nimmt ausführlich Stellung zum anwendbaren Recht und zu den Wirkungen des Konkurses. Es folgen Erläuterungen in den sich anschließenden Kapiteln VI-XIV, auf die hier aber nicht näher eingegangen wird.

Beachtung verdient bereits die eingehende Darstellung der Entwurfsgründe. Ausgehend von den grundlegenden Unterschieden des Internationalen Konkursrechts in den Mitgliedstaaten (Abschnitt A) einerseits und den bestehenden Mängeln der zumeist bilateralen Staatsverträge zwischen verschiedenen Mitgliedstaaten andererseits (Abschnitt C), wird im Vorfeld die große wirtschaftliche Bedeutung, die ein europäisches Konkursabkommen bei dieser Sachlage hätte, herausgearbeitet (Abschnitt B). Sodann folgt eine Schilderung des Aufbaus des Übereinkommens (Abschnitt D). Ausgegangen wird von der Überlegung, daß es neben der Ausarbeitung eines europäischen Insolvenzübereinkommens auch die Möglichkeit gegeben hätte, gestützt auf Art. 100 EG (a.F.), das mitgliedstaatliche Recht wenn zwar nicht zu vereinheitlichen, so doch zumindest zu harmonisieren oder anzugleichen.[1343] Angesichts der erheblichen Abweichungen der nationalen Personen-, Gesellschafts-, Vermögens-, Verfahrens-, Vollstreckungs- und vor allem Schuldrechte, die mit dem Konkurs eng verknüpft sind, seien die Mitglieder des Ausschusses schon seit Beginn ihrer Arbeiten der Auffassung gewesen, daß jeder Versuch einer systematischen Vereinheitlichung des Konkursrechts sehr lange Zeit in Anspruch genommen hätte.[1344] Für realistischer hielt man die Ausarbeitung eines Übereinkommens basierend auf den Prinzipien der Einheit und Universalität des Konkurses. Bezweckt sei weder, einen Konkurs „europäischen Typs" zu schaffen, noch die materiellen Bestimmungen der nationalen Rechte zu ändern.[1345] In erster Linie gehe es vielmehr darum, den Konkursen auf europäischer Ebene Wirkung zu verleihen durch eine Regelung der Kollisionen zwischen

1342 *Jacques Lemontey*, Bericht über das Übereinkommen über den Konkurs, Vergleiche und ähnliche Verfahren, EG-Dok. – III/D/222/80 – DE – [von 1980], abgedruckt in: Kegel (Hrsg.), Vorschläge und Gutachten, S. 93 ff.

1343 Vgl. [10], S. 101.

1344 Vgl. [10], S. 102.

1345 Vgl. [10], S. 102.

den einzelstaatlichen Rechtsordnungen und der Kompetenzkonflikte zwischen Gerichten verschiedener Vertragsstaaten.[1346]

Im Folgenden setzt sich der Erläuterungsbericht mit der Frage des anwendbaren Rechts auseinander. Der Einheit und Universalität des Konkurses entsprechend müsse grundsätzlich die lex fori concursus zur Anwendung kommen.[1347] Wegen der sachlichen Verschiedenheit der einzelstaatlichen Rechte sei es aber erforderlich, den Schutz von Gläubigern und Dritten zu gewährleisten. Dies habe den Ausschuß bewogen, ein anderes Recht zu wählen. In so bedeutsamen Bereichen wie der Aufrechnung und der insolvenzrechtlichen Wirkung von Eigentumsvorbehaltsklauseln den Konkursgläubigern gegenüber habe es auch nicht genügt, es bei einer Kollisionsnorm zu belassen.[1348]

Sodann zeigt der Bericht die denkbaren kollisionsrechtlichen Lösungen auf. Verworfen wird die Anwendung des die Aufrechnung oder den Kaufvertrag beherrschenden Rechts, da dessen Geltung große Unsicherheit und eine diskriminierende Behandlung innerhalb des gleichen Konkursverfahrens mit sich brächte. Untauglich sei aber auch das Recht des Konkurseröffnungsstaates, da dieses vom Ort der Verfahrenseröffnung abhängen und daher die Sicherheit des Handelns geopfert würde.[1349] Aus diesem Grund seien einheitsgesetzliche Vorschriften ausgearbeitet worden, die mit Inkrafttreten des Übereinkommens an die Stelle der entsprechenden Bestimmungen des innerstaatlichen Konkursrechts treten müßten.

Im Ergebnis spricht sich der Erläuterungsbericht für eine kollisionsrechtliche Entscheidung im Sinne der Variante 1 des Absatzes 2 des Art. 41 aus: Berufen ist das nach den Regeln des IPR des Konkurseröffnungsstaates anzuwendende Recht. Ausländische Eigentumsvorbehalte – die Wirksamkeit des Vorbehaltsvertrages vorausgesetzt – haben daher unter Maßgabe der lex fori concursus zumindest bei Einhaltung bestimmter Publizitätserfordernisse insolvenzrechtliche Durchschlagskraft.

Im Anschluß wendet sich der Erläuterungsbericht der Bestimmung des auf Sicherheiten und Vorrechte anwendbaren Rechts zu. Hierbei unterscheidet der Bericht – wie auch der Entwurfstext – zwischen den allgemeinen Vorrechten auf der einen und den Sicherheiten und besonderen Vorrechten[1350] auf der anderen Seite. Während die Anwendung der lex rei sitae auf die zweite Gruppe der Sicherungsrechte den Kollisionsrechten der verschiedenen Länder entspreche und nach An-

1346 Vgl. [10], S. 102.
1347 Vgl. [12], S. 103.
1348 Vgl. [12], S. 103.
1349 Vgl. [12], S. 104.
1350 Das deutsche Recht kennt den Begriff der „besonderen Vorrechte" nicht, sondern nur die Absonderung bestimmter Gegenstände zugunsten bestimmter Gläubiger aus der Konkursmasse.

sicht des Ausschusses keine großen Schwierigkeiten bereite, sei die Behandlung der ersten Gruppe umstritten.[1351] Nach einer Darstellung der hierzu vertretenen Auffassungen[1352] verweist der Bericht auf die Entscheidung des Ausschusses, wegen der Unmöglichkeit einer vollauf befriedigenden Lösung in Form einer Vereinheitlichung der Vorrechte den Status quo der innerstaatlichen Handhabung zu verankern und die Beurteilung von *Grundlage, Umfang und Rang* der allgemeinen Vorrechte dem Recht des Belegenheitsstaates zu überlassen. Ausgeführt wird weiter, daß die Anwendung des Belegenheitsstatuts die Bildung rechnerischer Untermassen erforderlich mache. Die sich daraus ergebende Einschränkung des Grundsatzes von der Einheit des Konkurses sei hinzunehmen und werde in gewisser Weise durch die Ausarbeitung recht genauer Verteilungsvorschriften ausgeglichen.[1353] Der Erläuterungsbericht stimmt damit im Ergebnis der durch den Entwurf angeordneten Geltung des Rechts der Belegenheit auf Sicherheiten und Vorrechte zu.

Nach diesen grundsätzlichen Überlegungen zur Konzeption des Übereinkommens folgt eine Kommentierung der einzelnen Entwurfsbestimmungen. In diesem Zusammenhang von Bedeutung sind allein die in Kapitel V enthaltenen Ausführungen zum anwendbaren Recht und zu den Wirkungen des Konkurses.

Unter der Überschrift *„Allgemeines und Untersuchung von Titel III des Übereinkommens"* wird zunächst die Grundkollisionsnorm des Entwurfs (Art. 18) erörtert. Eingegangen wird insbesondere auf die in Art. 18 II enthaltene Formulierung „gegebenenfalls einschließlich des internationalen Privatrechts", um die die kollisionsrechtliche Grundnorm des Art. 19 der Entwurfsfassung aus dem Jahre 1970 erweitert wurde. Dem Bericht zufolge ist diese Wendung so zu verstehen, daß jenes Recht berufen sei, welches von den Kollisionsnormen des das Verfahren eröffnenden Gerichts bezeichnet werde, es sei denn, daß Titel IV die Bezeichnung bereits selbst vornehme. Dies sei im Regelfall das innerstaatliche Recht des Konkurseröffnungsstaates, also dessen Sach- und Verfahrensrecht. Nach Auffassung des Berichts führt Art. 18 II die Anwendung der Regeln des IPR des forum concursus wieder ein und erklärt sie allgemein für anwendbar bei der Bestimmung der Wirkungen des Konkurses[1354] (vgl. [61] S. 137).

1351 Vgl. [13], S. 104.
1352 Ausschließliche oder kumulative Anwendung der lex rei bzw. lex fori.
1353 Vgl. [13], S. 104.
1354 Vgl. [61], S. 137.

(l) Die Kommentierung der Entwurfsbestimmungen über den Eigentumsvorbehalt

Unter der Überschrift „*Untersuchung der Abschnitte des Titels IV des Übereinkommens*" werden sodann die Ausnahmen im Sinne des Art. 18 II behandelt. Die Erläuterung des Art. 41 erfolgt dabei in drei Abschnitten und ist jeweils mit „Die erste Variante", „Die zweite Variante" usw. überschrieben. Ob es dabei um die jeweiligen Varianten des ersten Absatzes oder der beiden Folgeabsätze des Art. 41 geht, ist oftmals unklar und wird vom Erläuterungsbericht nicht eindeutig unterschieden. Die Darstellung der Kommentierung folgt daher der durch den Bericht vorgenommenen Untergliederung.

Der Bericht geht zunächst von der Tatsache aus, daß die Rechtsordnungen im Bereich des Konkursrechts hinsichtlich der Wirksamkeit von Klauseln, die den Eigentumsübergang von der vollständigen Zahlung des Kaufpreises abhängig machen, weit auseinander gehen[1355].[1356] Angesichts der beträchtlichen Entwicklung der Abzahlungs- oder Kreditkäufe beweglicher Sachen sowie der wirtschaftlichen Vorteile, die manche Rechtsordnungen mit der vollen Wirksamkeit des Eigentumsvorbehalts im Konkursfall verbinden, sei eine Vereinheitlichung der diesbezüglichen Konkursvorschriften erforderlich, da die kollisionsrechtlichen Lösungen zu ungewiß seien und zu unterschiedlichen materiell-rechtlichen Lösungen führten.[1357] Da im Ausschuß aber keine Einigung erzielt werden konnte, habe man drei Lösungsvorschläge entwickelt, zwischen denen gewählt werden müsse. Diese erläutert der Bericht im Folgenden.

1355 Die nationalen Regelungsunterschiede in der Frage der insolvenzrechtlichen Wirkung des EV belegt der Bericht mit Beispielen. Namentlich wird auf die Rechtslage in Belgien und Luxemburg verwiesen, wonach solche an sich zulässigen Vorbehaltsklauseln nach der derzeitigen Rechtsprechung den Gläubigern des Käufers gegenüber unwirksam sind, weil sich daraus wegen der Zurückbehaltung der Kaufsachen eine falsche Beurteilung der Zahlungsunfähigkeit ergeben kann. Italien dagegen verlangt das Vorliegen eines Schriftstücks, dessen Datum gerichtlich oder notariell beglaubigt sein muß. In Deutschland, Dänemark und den Niederlanden ist der EV im Konkurs wirksam. Zwar ist der EV seit 1980 auch in Frankreich wirksam. Dies gilt jedoch nur, wenn er schriftlich vereinbart ist. In England wiederum hängt die Wirksamkeit der Klausel davon ab, wie der Richter die Frage beurteilt, ob die unter Vorbehalt erlangte Sache unter Umständen erworben ist, die erkennen ließen, daß ihr Käufer als Eigentümer gelten soll.

1356 Vgl. [101], S. 165.

1357 Vgl. [102], S. 166.

(1) Die erste Variante

Eingeleitet wird die Kommentierung der 1. Variante mit der Feststellung, daß es nicht das Ziel des Ausschusses gewesen sei, eine Vereinheitlichung der Bestimmungen der nationalen Rechte hinsichtlich der Voraussetzungen für eine *gültige Vereinbarung* des Eigentumsvorbehalts herbeizuführen. Vielmehr sei es dem Ausschuß ausschließlich darum gegangen, die internationalen[1358] Konkursrechte der Vertragsstaaten zu vereinheitlichen, um damit in der Frage der *insolvenzrechtlichen Wirkung* des Eigentumsvorbehalts Entscheidungsgleichklang zu erreichen.[1359] Die Vorfragenproblematik nach der sachenrechtlich wirksamen Entstehung des Rechts selbst wurde damit von vornherein aus dem Vereinheitlichungsbemühen ausgeklammert. Vielmehr finden sich lediglich Regelungen zur Beurteilung des nach allgemeinem Zivilrecht wirksamen Zustandekommens des Kaufvertrages („Gültigkeit").[1360] Um im Insolvenzfall durchzudringen, müssen nach Ansicht des Berichts zwei Voraussetzungen erfüllt sein: Der Kaufvertrag muß gültig sein[1361] und den Erfordernissen des Rechts entsprechen, das für sein Zustandekommen maßgebend ist. Zum anderen müssen die in Art. 41 Abs. 1 vorgesehenen Formerfordernisse beachtet worden sein.[1362] Zugleich hebt der Bericht hervor, daß dies nur für einfache Eigentumsvorbehalte gelte und alle übrigen Formen[1363] ausgeschlossen seien.[1364] Die etwaige Wirksamkeit solcher Erweite-

---

1358 Eigene Ergänzung des Autors.

1359 Vgl. [102], S. 166.

1360 A.A. *Drobnig*, wonach der Ausdruck „Gültigkeit" auf die Vorfrage der wirksamen Begründung des EV zu beziehen sei, vgl. *Drobnig*, in: Kegel (Hrsg.), Vorschläge und Gutachten, S. 357 (363 und 367: „Bestand"), wenn es a.a.O. wie folgt heißt: „Für die Masseansprüche sind jedoch diese Fragen – „Gültigkeit und konkursrechtliche Wirkung" – durch Art. 44 beantwortet. Bereits den Tatbestand der in Art. 41 Abs. 1 gemachten Vorschläge hält *Drobnig* für zu weitgehend, da eine einheitliche Regelung für die Frage der Gültigkeit von Verträgen in Art. 8 des IPR-Vertragsübereinkommens der EG-Staaten von 1980 (Übereinkommen über das auf vertragliche Schuldverhältnisse anzuwendende Recht vom 19.6.1980, ABl. EG 1980 L 266) vorliege, der eine Sonderregel für Verbraucherverträge enthalte. Daher bestehe – so *Drobnig* – für eine abweichende Regelung kein Bedürfnis, a.a.O., S. 375.

1361 Eine Ausnahme hiervon macht der Bericht für das deutsche Recht, wonach die Einigung über die Übertragung des Eigentums ein vom Kaufvertrag unabhängiger Vertrag ist und es somit vorkommen kann, daß die Einigung trotz Fehlerhaftigkeit des Kausalgeschäfts gültig ist.

1362 Vgl. [103], S. 166.

1363 Insoweit verweist der Bericht auf die vor allem im deutschen Recht gebräuchlichen Klauseln (verlängerter oder erweiterter Eigentumsvorbehalt), die bei einer Verarbeitung der Weiterveräußerung Anwendung finden können oder andere als Preisforderungen sichern.

rungsformen gegenüber den Konkursgläubigern beurteile sich nach dem Recht des Konkurseröffnungsstaates.[1365] Sind diese beiden Voraussetzungen jedoch erfüllt, so kann nach Meinung des Berichts dem ausländischen Eigentumsvorbehalt eine insolvenzrechtliche Wirkung im Staat der Verfahrenseröffnung durch die maßgebliche lex fori concursus zumindest dann nicht abgesprochen werden, sofern der Eigentumsvorbehalt durch schriftliche Vereinbarung, Fernschreiben oder schriftlich bestätigte Vereinbarung festgestellt ist.[1366]

Im Ergebnis bezieht sich die Erläuterung auf die einheitliche materiellrechtliche Lösung der ersten Variante des Art. 41 II. Ausländische Eigentumsvorbehalte sind nach Ansicht der Kommentierung auch unter der Geltung des Rechts des Eröffnungsstaates bei Einhaltung bestimmter Publizitätsvoraussetzungen insolvenzfest. Welche konkrete Wirkung der Eigentumsvorbehalt im Insolvenzfall hat, namentlich ob er zur Aussonderung berechtigt, läßt der Bericht offen. Voraussetzung für die Bestandskraft in der Insolvenz ist jedoch die Beachtung der in Art. 41 I normierten Anforderungen für die zivilrechtliche Gültigkeit des Vorbehaltskaufvertrages nach Maßgabe der lex contractus.[1367]

(2) Die zweite Variante

Im Anschluß wird die 2. Variante erörtert, die der Erläuterungsbericht als „die im IPR bekannteste Lösung" bezeichnet. Gemeint ist offensichtlich die 2. Variante des Art. 41 II. Diese beruft für die Wirksamkeit des Eigentumsvorbehalts im Konkurs des Käufers das Recht des Staates, in dessen Hoheitsgebiet sich im Zeitpunkt der Konkurseröffnung die Vorbehaltssache befindet (lex rei sitae). Dabei geht der Bericht davon aus, daß diese Variante – wie auch die erste Variante [des Art. 41 II[1368]] – zwischen dem auf die *Wirksamkeit* des Vertrages und dem für die *Wirksamkeit gegenüber den Konkursgläubigern* maßgeblichen Recht unterscheidet.[1369] Das erstgenannte Recht[1370] bestimme sich nach den Kollisions-

---

1364 Ebenso *Drobnig*, der sich allerdings auf Art. 41 Abs. 2, 2. Variante bezieht. Nach der Grundregel des Art. 18 II unterliege die konkursrechtliche Wirksamkeit besonderer Eigentumsvorbehaltsformen dem Recht des Eröffnungsstaates. Wiederum sei dann aber wegen der offenen Formulierung in Art. 18 II unklar, ob insoweit nur dessen materielles Recht, oder auch sein IPR gemeint sei. Vgl. *Drobnig*, in: Kegel (Hrsg.), Vorschläge und Gutachten, S. 357 (376).

1365 Vgl. [103], S. 166.

1366 Vgl. [103], S. 167.

1367 Art. 41 I, 2. Variante bzw. 1. Variante: IPR des Eröffnungsstaates unter Berufung der lex causae = lex contractus.

1368 Eigene Anmerkung des Autors.

1369 Vgl. [104], S. 167.

1370 D.h. das für die „Gültigkeit" des Vertrages maßgebliche Recht.

normen des Rechts des Konkurseröffnungsstaates, die das für den Kaufvertrag maßgebende Recht für anwendbar erklären (vgl. Art. 41 Abs. 1, 1. Variante). Das „letztgenannte Recht“, also das für den Kaufvertrag maßgebliche Recht, werde, da es sich insoweit um eine allgemeine Frage handele, identisch definiert.[1371] Da im Ergebnis nach dieser Sichtweise dieselbe Rechtsordnung – berufen ist entweder unmittelbar (Art. 41 Abs. 1, 2. Variante) oder mittelbar (über das IPR des Konkursstatuts, vgl. Art. 41 Abs. 1, 1. Variante) die lex causae – seien die beiden [ersten] Untervarianten des Art. 41 Abs. 1 in materieller Hinsicht gar keine Varianten. Vielmehr stellten sie in Wirklichkeit nur im Hinblick auf die „unvermeidliche Anwendung des IPR des Konkurseröffnungsstaates“ zwei redaktionelle Varianten dar.[1372] Die Wirksamkeit der Eigentumsvorbehaltsklausel gegenüber den Gläubigern des Käufers soll sich dagegen nach dem Belegenheitsstatut (lex rei sitae) richten.[1373]

Im Ergebnis kommentiert der Erläuterungsbericht unter der Überschrift „Die zweite Variante“ somit die beiden ersten Regelungsvarianten des Art. 41 I. Für die 2. Variante des Abs. 2 beschränken sich die Ausführungen auf die Wiedergabe des Gesetzestextes. Nicht eindeutig ist, ob sich die Wendung „Wirksamkeit im Konkurs“ in Art. 41 Abs. 2, 2. Variante tatsächlich auf die (Haupt-) Frage der Drittwirksamkeit des Eigentumsvorbehalt bezieht.[1374] Wiederum läßt der Erläuterungsbericht (auch) offen, welcher Rechtsordnung die Vorfrage der wirksamen Bestellung des dinglichen Rechts vorbehalten ist. Für eine Anwendung der lex conctractus gibt die Kommentierung nichts her. Maßgeblich sein könnte mit Blick auf die Äußerung „unvermeidliche Anwendung des IPR des Konkurseröffnungsstaates“ sowie Art. 18 II („gegebenenfalls einschließlich seines IPR“) die lex rei sitae.

(3) Die dritte Variante

Auf die dritte Variante des Art. 41 geht der Erläuterungsbericht nur kurz ein. So unterliege mangels Sonderbestimmung das ganze Sachgebiet dem IPR des Konkurseröffnungsstaates (Art. 18 II), was der Lösung der 2. Variante entspreche oder aber zur Anwendung der lex fori concursus führe.[1375] Der Erläuterungsbericht kommentiert hier offenbar die 3. Variante des Art. 41 II oder des Art. 41 I.

1371 Vgl. [104], S. 167f.
1372 Vgl. [105], S. 168.
1373 Vgl. [104], S. 168.
1374 Dies verneint beispielsweise *Drobnig*. Seines Erachtens regelt Art. 41 Abs. 2 ebensowenig wie die Artt. 45, 46 die Frage der insolvenzrechtlichen Wirkung des Rechts, vgl. *Drobnig*, in: Kegel (Hrsg.), Vorschläge und Gutachten, S. 357 (377).
1375 Vgl. [105], S. 168.

Auf welche 2. Variante welchen Absatzes des Art. 41 sich der Bericht dabei bezieht, bleibt offen. Eine solche kollisionsrechtliche Anknüpfung sieht nur die 2. Variante des Art. 41 III vor. Ferner ist unklar, welche Fragestellungen „das ganze Sachgebiet" umfaßt. Angesichts dieser offenen Formulierung könnte somit auch die Vorfrage nach der wirksamen Entstehung des Eigentumsvorbehalts dem IPR der lex fori zu unterstellen sein.

(4) Zwischenergebnis

Positiv fällt zunächst auf, daß der Erläuterungsbericht recht umfangreiche Ausführungen zu der rechtlichen Behandlung ausländischer Eigentumsvorbehalte im Inlandskonkurs enthält. Allerdings schafft der Erläuterungsbericht in dieser Frage im Ergebnis mehr Unklarheit als Transparenz. So ist oftmals nicht eindeutig, auf welche Variante welchen Absatzes sich der Bericht gerade bezieht. Eine chronologische Stellungnahme zu den einzelnen Absätzen entsprechend den Gesetzesüberschriften erfolgt gerade nicht. Die Erläuterung orientiert sich aber auch nicht an der von der Überschriftenbezeichnung abweichenden Bezifferung des Entwurfsverfassers innerhalb der Absätze des Art. 41. Bedauerlicherweise geht der Erläuterungsbericht ebensowenig wie der Entwurfstext selbst auf die Vorfrage der zivilrechtlich wirksamen Begründung des Eigentumsvorbehalts ein.[1376] Ob Art. 41 Abs. 2 zumindest die Hauptfrage der insolvenzrechtlichen Wirkung behandelt, ist zweifelhaft.[1377] Im Ergebnis ist damit die Stellungnahme des Erläuterungsberichts zu Art. 41 wenig aufschlußreich.

(II) Die Kommentierung zu den Entwurfsbestimmungen über Sicherheiten und Vorrechte

Im Anschluß an die Kommentierung zum Eigentumsvorbehalt setzt sich der Erläuterungsbericht eingehend mit dem Problem des auf ausländische Sicherheiten und Vorrechte anwendbaren Rechts bei Eröffnung eines Inlandskonkurses aus-

---

1376 A.A. *Drobnig*, a.a.O., S. 363 und 367.

1377 Verneinend *Drobnig*. Seiner Ansicht nach regelt keiner der Absätze des Art. 41 die insolvenzrechtlichen Wirkungen des EV. Insbesondere sei diese Frage nicht identisch mit derjenigen seiner Wirksamkeit, da nur ein wirksamer EV überhaupt Wirkungen im Konkurs entfalten könne, vgl. *Drobnig*, a.a.O., S. 357 (377). In dieser Frage schlägt *Drobnig* zwei kollisionsrechtliche Lösungen vor. Mangels ausdrücklicher Regelung sei – entsprechend der Lösung des Entwurfs für Art. 46 – entweder die Grundregel des Art. 18 II anzuwenden, also das Recht des Eröffnungsstaates („gegebenenfalls" einschließlich seines IPR). Denkbar sei aber auch, den EV als Sicherheit im Sinne des Abschnitts VI, namentlich des Art. 46, zu qualifizieren und damit für die insolvenzrechtliche Wirkung das Belegenheitsstatut zu berufen.

einander. Vor der Erläuterung der maßgeblichen Regelungen erfolgt eine dezidierte Darstellung der Gründe für die getroffene kollisionsrechtliche Wahl. Aufgezeigt werden zunächst die grundsätzlich in Betracht zu ziehenden kollisionsrechtlichen Lösungen.

Ausweislich der Erläuterung können die vertraglichen oder gesetzlichen Sicherheiten im Fall des Konkurses drei Rechtsordnungen unterliegen: Dem für die Forderung maßgebenden Recht, dem Recht der belegenen Sache und schließlich dem Recht des Konkurseröffnungsstaates.[1378] Festgestellt wird weiter, daß sich die Rechtslehre nicht darüber einig sei, welchem dieser Rechte der Vorrang gebühre, insbesondere gebe es praktisch keine Rechtsprechung. Zugrunde gelegt würden in der Literatur bzw. in den internationalen Abkommen[1379] nachstehende Regelungen[1380], die im einzelnen aufgezählt werden: der Territorialitätsgrundsatz (lex rei sitae); kumulativ das Recht des Konkurseröffnungsstaates und das Situsrecht, wobei letzteres für die Begründung der Vorrechte keine Rolle spielen dürfe; die lex fori concursus bei Vorrechten, die sich auf bewegliche Sachen beziehen, und die lex rei sitae, wenn die Vorrechte unbewegliche Sachen betreffen; das für die Forderung maßgebliche Recht für die allgemeinen Vorrechte und das Belegenheitsrecht für die Sondervorrechte; schließlich das Recht des Konkurseröffnungsstaates für die allgemeinen Vorrechte und das Recht der Belegenheit der als Sicherheit gegebenen Sache für die Sondervorrechte.

Der Erläuterungsbericht führt weiter aus, daß der Ausschuß zu der Überzeugung gelangt sei, daß keine der vorgeschlagenen kollisionsrechtlichen Lösungen voll befriedige und daß die einzig wirkliche Lösung in einer Vereinheitlichung des Rechts der Vorrechte und Sicherheiten bestehe. Die Ausarbeitung eines solchen einheitlichen Gesetzes durch den Ausschuß hält der Bericht in kompetenzieller sowie in zeitlicher Hinsicht für bedenklich.[1381] Daher habe man sich auf eine „am wenigsten unvollkommene und vielschichtige Lösung“ verständigt und beschlossen, alle Vorrechte und Sicherheiten dem Recht des Staates zu unterstellen, in dem die Gegenstände belegen oder lokalisiert sind. Hierbei müsse eine gewisse Einschränkung des Grundsatzes der Einheit des Konkurses durch die Bildung von Aktiv- und Passivuntermassen in Kauf genommen werden.[1382]

1378 Vgl. [106], S. 168f.
1379 Entsprechende Nachweise sind im Erläuterungsbericht angegeben.
1380 Vgl. [106f.], S. 169.
1381 Vgl. [108], S. 170.
1382 Vgl. [109], S. 170f.

Nach diesen allgemeinen Ausführungen zu den Gründen für die gewählte kollisionsrechtliche Lösung erläutert der Bericht im einzelnen die insoweit maßgeblichen Entwurfsbestimmungen der Artt. 45 und 46.[1383]

(1) Die allgemeinen Vorrechte[1384]

Gemäß Art. 45 bestimmen sich Grundlage, Umfang und Rang der allgemeinen Vorrechte an Sachen und Forderungen grundsätzlich nach dem Recht des Vertragsstaates, in dem die Sachen oder Forderungen am Tag der Konkurseröffnung belegen oder lokalisiert sind. Nach Auffassung des Berichts betrifft der Ausdruck „Umfang" die zeitliche und betragsmäßige Reichweite des Vorrechts; der Begriff „Grundlage" bezeichne dagegen das Bezugsobjekt des Vorrechts, d.h. dessen Erstreckung auf bewegliche oder unbewegliche Gegenstände.[1385] Mit „Rang" sei schließlich die Rangordnung zwischen den Vorrechten und somit also die Befriedigungsreihenfolge gemeint. Welcher Rechtsordnung dagegen die Vorfrage der zivilrechtlich wirksamen Entstehung des allgemeinen Vorrechts untersteht, insbesondere ob hierfür das Sachenrecht und allgemeine Zivilrecht des Belegenheitsstaates berufen ist, läßt der Bericht offen.[1386] Der Erläuterungsbericht spricht lediglich von der umfassenden Anwendung der konkursrechtlichen Bestimmungen der lex rei sitae, nicht aber insgesamt von der Geltung dieser Rechtsordnung. Unklar bleibt auch, nach welchem Recht die Beurteilung der Insolvenzfestigkeit

---

1383 Auf die speziellen Sicherheiten für Seeschiffe, Binnenschiffe und Luftfahrzeuge nach Art. 47 soll an dieser Stelle nicht eingegangen werden, da dies zu weit führen würde. Insoweit ergeben sich im übrigen in der Frage des anwendbaren Rechts keine Abweichungen von den Art. 45, 46.

1384 Wie bereits oben ausgeführt, kennt das deutsche Recht keine allgemeinen Vorrechte in diesem Sinne. Die zum Zeitpunkt der EuInsÜ-Vorentwürfe geltende KO sah – wie auch die derzeit geltende InsO – jedoch eine gewisse Rangordnung der Ansprüche vor. Mit allgemeinen Vorrechten im Sinne des Übereinkommens sind die Masseschulden des § 59 Absatz 1 Unterabsatz 3 und 4 KO (bzw. Masseverbindlichkeiten nach §§ 53 ff. InsO) gleichzusetzen: Wegen der Rückstände für die letzten 6 Monate vor der Eröffnung des Verfahrens die Ansprüche der Arbeitnehmer auf die Bezüge aus einem Arbeitsverhältnis, die Ansprüche der Träger der Sozialversicherung und die Ansprüche der Berechtigten auf Leistungen aus der Altersversorgung. Diese Ansprüche waren vor der Reform von 1974 nur mit allgemeinen Vorrechten ausgestattet. Vgl. Erläuterungsbericht, S. 171 (Rn. 107f.).

1385 Vgl. [115], S. 175. Zustimmend *Drobnig*, der jedoch den Terminus „Grundlage" durch „Gegenstand" ersetzen will, vgl. *Drobnig*, a.a.O., S. 357 (363).

1386 Zutreffend *Drobnig*, a.a.O., S. 357 (367). Allerdings hält er eine ausdrückliche Regelung – anders als bei den besonderen Vorrechten und Sicherheiten – durch Art. 45 für entbehrlich, vgl. a.a.O., S. 363. So ergebe sich aus Art. 44 I 1 und II 1, daß insoweit das Recht des Lageortes maßgeblich sein soll.

erfolgen soll. Die Bemerkung „umfassende Anwendung der Konkursbestimmungen der lex rei sitae" spricht dafür, diese (Haupt-) Frage dem Insolvenzrecht des Situsstaates zu unterstellen. Andererseits bezieht sich dieser Satzteil unmittelbar auf die Begriffe „Grundlage", „Umfang" und „Rang", die gerade nicht die Aus- oder Absonderungskraft eines solchen Rechts betreffen.[1387] Maßgeblich sein könnte daher gem. Art. 18 II das Recht des Konkurseröffnungsstaates.

(2) Die Sicherheiten und besonderen Vorrechte

Im Hinblick auf Sicherheiten und besondere Vorrechte verweist der Bericht im wesentlichen auf den Wortlaut des Art. 46 mit seiner Berufung des Insolvenzrechts des Belegenheitsstaates. Ob diese Rechtsordnung auch für die Vorfrage der wirksamen Begründung des betreffenden Rechts gilt, läßt der Bericht offen.[1388] Unklar bleibt zudem, ob die lex rei sitae überdies für die Bestimmung der insolvenzrechtlichen Wirkung im Sinne eines Aus- oder Absonderungsrechts zuständig ist. Angesichts der identischen Wortwahl „Grundlage, Umfang und Rang" ergibt sich auch hier nichts Näheres. Die vom Erläuterungsbericht angegebene Definition der drei Begriffe legt nahe, daß die Frage der Drittwirksamkeit der Sicherheit im Konkurs davon gerade nicht umfaßt ist.[1389] Das Situsrecht dürfte daher insoweit nicht anwendbar sein. Insofern wäre an eine Maßgeblichkeit des Art. 18 II zu denken.[1390] Hingewiesen wird im Erläuterungsbericht noch auf den Umstand, daß Art. 46 des Übereinkommens nicht zwischen gesetzlichen und vertraglichen Sicherheiten unterscheidet.[1391]

1387 Auch nach Ansicht *Drobnigs* regelt Art. 45 nicht die Hauptfrage der insolvenzrechtlichen Wirkung des Rechts. Hierfür verweist er wiederum auf Art. 44 mit seiner Maßgeblichkeit des Lageortrechts, vgl., a.a.O., S. 357 (367): „beide Fragen".

1388 So auch *Drobnig*, a.a.O., S. 367. Während für die allgemeinen Vorrechte Art. 44 (Recht des Lageortes) zur Anwendung kommen soll (s.o.), soll die Gültigkeit im Rahmen des Art. 46 wohl „dem internationalen Privatrecht der lex fori überlassen" bleiben, vgl. a.a.O., S. 368.

1389 So auch *Drobnig*, der davon ausgeht, daß die Hauptfrage von Art. 46 ebensowenig wie von Art. 45 geregelt werde, vgl. a.a.O., S. 368.

1390 Ebenso *Drobnig*, a.a.O., S. 368. Er hält es jedoch für besser, sowohl die Frage der zivilrechtlich wirksamen Bestellung als auch der Drittwirksamkeit von Rechten im Sinne des Art. 46 in Übereinstimmung mit Art. 45 dem Recht des Lagestaates zu unterstellen. Zur Begründung verweist er auf die in Art. 28 des Entwurfs enthaltene spezielle Regelung für eintragungspflichtige Gegenstände und Sicherheiten.

1391 Vgl. [123f.], S. 181f.

(III) Zwischenergebnis

Festzuhalten ist im Ergebnis, daß der Erläuterungsbericht trotz seines beträchtlichen Umfangs wenig Klärung hinsichtlich des auf ausländische Sicherheiten anwendbaren Rechts bringt. Offen bleibt sowohl für Eigentumsvorbehalte als auch für sonstige Sicherungsrechte die kollisionsrechtliche Anknüpfung der Vorfrage. Für eine Berufung des Situsrechts über den in Art. 18 II enthaltenen allgemeinen Verweis auf das IPR der lex fori spricht sich der Erläuterungsbericht – wie gesehen – zwar nicht ausdrücklich aus, steht einer solchen Lösung aber letztlich nicht entgegen. Auch die insolvenzrechtliche Wirkung der Sicherheit bleibt für die in Artt. 45, 46 genannten Rechte ungeregelt. Daß der VE dieses Problem zumindest für den (einfachen) Eigentumsvorbehalt in Art. 41 Abs. 2 (Variante 2: lex rei sitae) behandelt, kann nicht einfach unterstellt werden.[1392] In dieser Frage bietet sich wiederum ein Rückgriff auf Art. 18 II an. Maßgeblich wäre also die lex fori concursus bzw. – bei Berücksichtigung des Zusatzes – deren IPR unter regelmäßiger Berufung der lex rei sitae. Zu oft beschränkt sich der Erläuterungsbericht auf eine Wiedergabe des Entwurfstextes und ist damit für die Beantwortung der hier interessierenden Fragestellungen wenig hilfreich.

cc) Der Entwurf von 1984

aaa) Der Entwurfstext

Ende Juni 1980 war der von der Sachverständigengruppe bei der EG-Kommission im Frühjahr 1980 fertiggestellte Entwurf nebst erläuterndem Bericht (s.o.) dem Rat der EG übermittelt worden. Im Rat beschloß der Ausschuß der Ständigen Vertreter alsbald, beim Rat eine Ad-hoc-Arbeitsgruppe mit dem Auftrag zu berufen, die Unterzeichnung des Entwurfs auszuhandeln.[1393] Ursprünglich hatte man nur an die Aushandlung einiger im Entwurf von 1980 offengebliebener Fragen sowie im übrigen an eine mehr oder weniger technische Überarbeitung aufgrund der seitens der Mitgliedstaaten eingegangenen Stellungnahmen gedacht. Es kam jedoch sogleich und auch in der Folgezeit zu grundsätzlichen Diskussionen über das gesamte Vorhaben[1394], ausgelöst durch den „allgemeinen Vorbe-

---

1392 *Drobnig* zufolge regelt die in Art. 41 Abs. 2 behandelte „Wirksamkeit im Konkurs" gerade nicht die Hauptfrage der insolvenzrechtlichen Wirkung des Eigentumsvorbehalts, vgl. *Drobnig*, a.a.O., S. 357 (377).

1393 Siehe „Fünfzehnter Gesamtbericht über die Tätigkeit der Europäischen Gemeinschaften 1981" (1982) Nr. 145 (auf S. 97).

1394 So hatte sich im ausländischen Schrifttum und in der EG-Kommission ebenfalls Kritik geregt, vgl. *Thieme*, in: Kegel (Hrsg.), Vorschläge und Gutachten, S. 469 ff.

halt“ der Bundesrepublik Deutschland.[1395] Der deutsche Vorbehalt[1396] stützte sich auf drei Hauptgesichtspunkte: die Komplexität und mangelnde Praktikabilität des Übereinkommens nach dem Entwurf, die ungenügende Harmonisierung des Insolvenzsachrechts in- und außerhalb des zukünftigen Übereinkommens, und die Ungewißheit über Ergebnisse und Auswirkungen der nationalen Insolvenzrechtsreformen in den Mitgliedsstaaten.

In der Folgezeit beriet die Ad-hoc-Gruppe von 1982 bis 1984 neben Grundsatzfragen über eine ganze Reihe spezieller Änderungsvorschläge und Vorbehalte mit dem Ergebnis eines revidierten Entwurfs vom 30.7.1984[1397]. Wenn auch in Detailfragen zahlreiche wesentliche Änderungen vorgenommen worden sind, blieben jedenfalls Aufbau, Gliederung und Grundkonzeption des geplanten EG-Konkursübereinkommens seit dem ersten Entwurf von 1970 sowie der Fassung von 1980 nahezu unverändert. So beruht auch die revidierte Fassung auf den Prinzipien der Einheit und Universalität. Das Hoheitsgebiet der Vertragsstaaten soll bei der Ausübung der Insolvenzrechtspflege weitgehend als einheitliches Territorium behandelt werden. Primäres Ziel ist dabei die räumlich unbegrenzte Wirksamkeit nationaler Insolvenzverfahren auf europäischer Ebene und der weitgehende Ausschluß doppelter Verfahren. Im allgemeinen geht der Entwurf sowohl im Hinblick auf das Verfahren als auch bezüglich der materiellen Rechtsfolgen vom Grundsatz der Maßgeblichkeit der lex fori concursus aus. Nicht bezweckt ist hingegen die Vereinheitlichung der nationalen Konkursrechte oder gar die Schaffung eines eigenen (europäischen) Insolvenzverfahrenstyps. Auch der Entwurf von 1984 sieht eine große Zahl von Ausnahme- und Sonderregeln vor, die durch Besonderheiten im jeweiligen Recht der Mitgliedstaaten bedingt sind. Abstriche von der einheitlichen Abwicklung nach dem Recht des Eröffnungsstaates macht der Entwurf dabei vor allem bei der Behandlung der Sicherungsrechte.

1395 *Thieme*, Allgemeine Stellungnahme zum revidierten Entwurf, in: Kegel, Vorschläge und Gutachten, S. 465 ff. (467).

1396 „Deutsche Stellungnahme zu dem Entwurf eines Übereinkommens über den Konkurs, Vergleich und ähnliche Verfahren“, undatiert [Jahreswende 1981/82], 7 S. = EG-Dok. 4640/82 DRS 9 (CFC) (4.2.1982). Später sind dann noch verschiedene spezielle und ergänzende Stellungnahmen zu Einzelfragen gefolgt. Zusammenfassend dann unter Aufrechterhaltung der grundsätzlichen Bedenken die ausführliche „Deutsche Stellungnahme zu dem Entwurf eines Übereinkommens über den Konkurs, Vergleich und ähnliche Verfahren“, undatiert [Sommer 1983] 45 S. = EG-Dok. 8899/83 DRS 39 (CFC) (8.8.1983).

1397 Entwurf des Übereinkommens der Mitgliedstaaten der Europäischen Gemeinschaften über den Konkurs, Vergleiche und ähnliche Verfahren von 1984, Rats-Dok. 8759/84.

(l) Die Regelung des Eigentumsvorbehalts (Art. 41)

Wie bereits aus dem Vorentwurf von 1980 bekannt, unterscheidet der revidierte Entwurf zwischen der Regelung des Eigentumsvorbehalts einerseits und der Regelung der Sicherheiten andererseits. Während für Sicherheiten gem. Art. 42 des EG-Entwurfs ausschließlich Titel IV, Abschnitt VI über „Vorrechte, Sicherheiten und Masseansprüche, die auf einen Geldbetrag gerichtet sind" gilt, ist der Eigentumsvorbehalt im Abschnitt V über „Wirkungen des Konkurses auf Rechtshandlungen und laufende Verträge" geregelt, wodurch die vorwiegend schuldrechtliche Betrachtungsweise des Eigentumsvorbehalts beibehalten wird. Die dingliche Seite wird lediglich insoweit angesprochen, als es um die Wirksamkeit des Eigentumsvorbehalts im Konkurs des Käufers geht. In Abweichung zur Vorauflage hat sich die EG-Kommission aber auf eine endgültige Regelung verständigt und damit die Ausgestaltung in Form verschiedener Regelungsvarianten aufgegeben.

Nach Art. 41 Abs. 1 gilt für die *Gültigkeit* von Kaufverträgen mit Eigentumsvorbehalt das auf den Vertrag anzuwendende Recht. Mit der Berufung des Vertragsstatuts hat sich die 2. Variante des Art. 41 I durchgesetzt. Die *Wirksamkeit* des Eigentumsvorbehalts im Konkurs des Käufers beurteilt sich nach dem Recht des Vertragsstaates, in dessen Hoheitsgebiet sich im Zeitpunkt der Konkurseröffnung die Vorbehaltssache befindet (vgl. Art. 41 Abs. 2). Abs. 2 des Art. 41 folgt damit der in Variante 2 des Art. 41 II der Vorentwurfsfassung vorgeschlagenen kollisionsrechtlichen Lösung.[1398] Soweit Art. 41 Abs. 3 anordnet, daß der nach Lieferung über das Vermögen des Verkäufers eröffnete Konkurs nicht die Auflösung des Vertrages rechtfertigt und dem Eigentumserwerb des Käufers an der gekauften Sache nicht entgegensteht, wurde hier die 1. Variante eines Abs. 3 des Art. 41 der Vorauflage umgesetzt. Zu der weiteren Frage, welche *Wirkungen* der Konkurs auf den Eigentumsvorbehalt als dingliches Recht haben soll, schweigt Art. 41 dagegen.[1399] Insbesondere gibt hierauf nicht bereits Art. 41 Abs. 2 eine Antwort.[1400] Auch die Vorfrage bleibt nach wie vor ungelöst; insbesondere ist diese nicht in Art. 41 I („Gültigkeit") geregelt.[1401]

1398 Diese Lösung befürwortet im wesentlichen *Drobnig*. Die Berufung der lex rei sitae sei gegenüber der materiellen Rechtsvereinheitlichung zwar nur die zweitbeste Lösung. Da eine Rechtsvereinheitlichung jedoch in absehbarer Zeit unwahrscheinlich sei, die Anwendung des Belegenheitsstatuts mit den allgemeinen Grundsätzen des Internationalen Sachenrechts in Einklang stehe und auch den Vertrauensschutzinteressen der Vorbehaltseigentümer entspeche, sei dieser Regelung zuzustimmen. Vgl. *Drobnig*, in: Kegel (Hrsg.), Vorschläge und Gutachten, S. 497 (498).

1399 Vgl. *Favoccia*, S. 130. Ebenso *Drobnig*, a.a.O., S. 497 (499).

1400 So zutreffend bereits *Drobnig* für die frühere Fassung, s.o.

1401 So aber *Drobnig* für den VE 1980 (s.o.).

(II) Die Regelung über Vorrechte und Sicherheiten

Abgesehen von einer systematischen Neuordnung hat sich an der Regelung der Sicherheiten gegenüber den Entwürfen von 1970 und 1984 kaum etwas geändert. So bestimmen sich bei der Verteilung des Erlöses aus der Verwertung der Masse *Grundlage*, *Umfang* und *Rang* der allgemeinen Vorrechte (Art. 45) bzw. der Sicherheiten und besonderen Vorrechte (Art. 46) nach dem Recht des Vertragsstaates, in dem sich das Vermögen bzw. der Sicherungsgegenstand bei Konkurseröffnung befand. Die Kollisionsnormen der Artt. 45 und 46 wurden damit inhaltlich unverändert in die revidierte Fassung übernommen. Beibehalten wurde neben der Unterscheidung zwischen allgemeinen und besonderen Vorrechten sowie sonstigen Sicherheiten auch das Prinzip der Bildung rechnerischer Untermassen (Artt. 43 ff.). Im Ergebnis ist es auch für diesen Bereich bei der unbefriedigenden Rechtslage geblieben: Wegen der wortlautidentischen Übernahme der Artt. 45, 46 a.F. kann für den Regelungsgehalt und –umfang dieser Bestimmungen auf die Entwurfsfassung von 1980 verwiesen werden: Weder die Vorfrage nach der wirksamen Begründung der in den Artt. 45, 46 bezeichneten Rechte noch die Hauptfrage nach deren Wirkung in der Insolvenz wurde ausdrücklich geregelt.

(III) Wertung

Im Hinblick auf die Bestimmungen über die ausländischen Sicherungsrechte ergeben sich gegenüber der Vorauflage von 1980 keine wesentlichen Neuerungen. Die Regelungen der Artt. 45, 46 über allgemeine und besondere Vorrechte sowie sonstige Sicherheiten wurden vollständig beibehalten. Eigentumsvorbehalte wurden nunmehr einer endgültigen, aber nach wie vor separaten Regelung zugeführt unter Berufung der jeweiligen lex causae: Das Vertragsstatut entscheidet über die Gültigkeit (Art. 41 I) und das Belegenheitsstatut über die Wirksamkeit (Art. 41 II). Offen bleiben in den Artt. 41, 45 und 46 die insolvenzrechtliche Wirkung und wirksame Bestellung des Sicherungsrechts. Aufgrund des Fehlens einer ausdrücklichen Regelung bietet sich für die Behandlung der Hauptfrage die allgemeine kollisionsrechtliche Grundnorm des Art. 18 II n.F. an: Maßgeblich ist danach das Recht des Konkurseröffnungsstaates. Da der umstrittene Zusatz („gegebenenfalls einschließlich seines IPR“) erfreulicherweise gestrichen wurde, ist offenbar allein die lex fori concursus berufen. Somit beurteilt sich die insolvenzrechtliche Wirkung der in den Artt. 41, 45 und 46 bezeichneten Rechte ausschließlich nach dem Insolvenzstatut, nicht aber (auch) nach der lex rei sitae. Für die Vorfrage dagegen erscheint eine solche Lösung nicht sachgerecht; Art. 18 II ist mangels insolvenzspezifischer Problematik unanwendbar. Einschlägig ist daher richtigerweise die lex rei sitae, berufen durch das IPR der lex fori concursus.

bbb) Der Erläuterungsbericht des Bundesministeriums für Justiz (BMJ)

Das Bundesministerium für Justiz hat in einem erläuternden Bericht[1402] zu den einzelnen Änderungen des revidierten Entwurfs gegenüber der Vorentwurfsfassung aus dem Jahre 1980 Stellung genommen.

(I) Inhalt

Hinsichtlich der Deutung der Grundkollisionsnorm des Entwurfs in Art. 18 II ist mit dem Satz „Die Streichung der Worte *„gegebenenfalls einschließlich des internationalen Privatrechts*" schließt sich dem Sprachgebrauch in Artikel 17 und 18 Absatz 1 an", nichts gewonnen. Beurteilungsgrundlage ist somit allein der Wortlaut des Art. 18 II n.F.: Gewollt ist offenbar die alleinige Berufung des materiellen Rechts der lex fori concursus, nicht aber eine Gesamtverweisung auch auf deren IPR. Ebenso wenig Klärung bringt der Erläuterungsbericht hinsichtlich der kollisionsrechtlichen Behandlung ausländischer Vorzugsrechte, namentlich deren insolvenzrechtlicher Wirkung. Da die Regelungen der Artt. 45 und 46 unverändert geblieben sind, macht das BMJ hierzu keine Ausführungen. Bedauerlicherweise ist auch die „Kommentierung" des Art. 41 mehr als dürftig. So findet sich zu Art. 41 Abs. 1 lediglich der Hinweis, die ad-hoc-Gruppe habe eine solche Regelung für erforderlich gehalten und sich bei der Fassung eines ersten Absatzes des Art. 41 für die zweite Variante entschieden. Gleichermaßen kurz ist die Bemerkung zu Abs. 2 des Art. 41, wo es heißt: „Im Hinblick auf die unterschiedlichen Auffassungen über die künftige Behandlung des Eigentumsvorbehalts im Konkurs des Käufers wurde die zweite Variante übernommen." Eine Klarstellung, ob mit „Behandlung im Konkurs" die Frage der Drittwirksamkeit, oder aber etwa die der Anerkennung des Eigentumsvorbehalts durch den Eröffnungsstaat gemeint ist, läßt der Bericht leider offen. Ausführungen zu Abs. 3 des Art. 41 beschränken sich auf die Feststellung, daß für den Konkurs des Käufers die einheitsrechtliche Regelung der ersten Variante gelten solle. Unverständlich ist dieser Satz zu Abs. 3 des Art. 41 insoweit, als sich Art. 41 III mit dem Konkurs des Verkäufers, nicht aber mit dem des Käufers beschäftigt[1403]. Entweder handelt es

1402 Abgedruckt bei *Kegel* (Hrsg.), Vorschläge und Gutachten, S. 449 ff.

1403 So lautet Art. 41 Abs. 3 des Entwurfs von 1984: „(3) Der nach Lieferung über das Vermögen des Verkäufers eröffnete Konkurs rechtfertigt nicht die Auflösung des Vertrags und steht dem Eigentumserwerb des Käufers an der gekauften Sache nicht entgegen."

sich daher bei der Kommentierung des Art. 41 Abs. 3 um ein Redaktionsversehen – tatsächlich gemeint ist der Verkäuferkonkurs – oder aber das BMJ bezieht sich mit der Formulierung „die einheitsrechtliche Regelung der ersten Variante" auf Art. 41 Abs. 2, der für den Konkurs des Käufers oder Verkäufers auf die Bestimmungen des Art. 3 Anlage I verweist und die lex fori beruft.

(II) Wertung

Festzuhalten ist, daß der Erläuterungsbericht des BMJ in der Frage der kollisionsrechtlichen Behandlung ausländischer Vorzugsrechte nicht weiterhilft. Insbesondere bleibt die Problematik der Wirkungen der Sicherungsrechte im Konkurs sowie der wirksamen Begründung dieser Rechte, welche die maßgeblichen Entwurfsbestimmungen (Artt. 41, 45, 46) nicht regeln (s.o.), nach wie vor ungeklärt.

b) Zusammenfassung: Die Behandlung ausländischer Sicherheiten durch die Vorentwürfe zu einem EuInsÜ von 1970, 1980 und 1984

Geht es darum zu beurteilen, wieviel die Analyse der Vorentwürfe zu einem EG-Konkursübereinkommen hinsichtlich des Schicksals von im Nichteröffnungsstaat belegenen Sicherheiten gebracht hat, so ist das Ergebnis eher enttäuschend. Die Hauptfrage der insolvenzrechtlichen Wirkung der Sicherungsrechte wird durchgehend von den maßgeblichen Bestimmungen nicht behandelt. Eindeutig läßt sich dies zunächst für die Sicherheiten i.S.d. Artt. 41, 45, 46 VE 1980/1984 bzw. Art. 43 VE 1970 sagen. Eine ausdrückliche Regelung unter Berufung der lex fori concursus insoweit zumindest in Art. 39 I VE 1970 für Eigentumsvorbehalte anzunehmen, ist jedenfalls nicht zwingend (s.o.). Mangels expliziter Regelung der dinglichen Wirkung dieser Rechte im Konkurs verblieb regelmäßig nur ein Rückgriff auf die jeweilige entwurfsimmanente Grundkollisionsnorm der Artt. 19 II VE 1970 bzw. 18 II VE 1980/84 unter Berufung des Rechts des Konkurseröffnungsstaates. Schwierigkeiten für die Bestimmung des anzuwendenden Rechts resultierten aus dem verwirrenden Zusatz („gegebenenfalls einschließlich seines IPR"), wie er der Entwurfsfassung von 1980 beigefügt wurde. Mit dessen Streichung in Art. 18 II n.F. (VE 1984) kehrte man jedoch wieder zu der 1970 in Art. 19 II gebrauchten ursprünglichen Formulierung und ihrer alleinigen Berufung der lex fori concursus zurück. Aus diesem Grund spricht viel dafür, die Ermittlung der Aus- bzw. Absonderungskraft und des Umfangs insolvenzbedingter Einschränkungen von Eigentumsvorbehalten und sonstigen Sicherheiten dem Insolvenzrecht des Eröffnungsstaates zu überlassen.

Ungeregelt blieb auch die Vorfrage der wirksamen Begründung des Rechts. Da es sich hierbei um ein allgemein sachenrechtliches Problem handelt, kann insoweit nicht auf die Regelungen der EG-Entwürfe zu einem Konkursübereinkommen abgestellt werden. Vielmehr muß es bei der Geltung der allgemeinen Grundsätze des Internationalen Sachenrechts und damit letztlich der lex rei sitae bleiben. Hervorzuheben ist für diese frühe Phase der Kodifikationsbemühungen die Trennung von Eigentumsvorbehalt und sonstigen Sicherheiten und damit der Qualifizierung des Eigentumsvorbehalts als nicht-dingliches Recht.

Da sich die relevanten Bestimmungen der Vorentwürfe sprachlich, strukturell und konzeptionell erheblich von den aktuellen Vorschriften der Artt. 5, 7 EuIns-VO unterscheiden, führen sie bei der Auslegung des europäischen Rechts praktisch nicht weiter.

c) Das Europaratsabkommen von 1990 (EuRÜ)

aa) Grundsätzliches

Nachdem sich abzeichnete, daß das EG-Konkursübereinkommen in der Form der damals vorliegenden Entwürfe kaum zu verwirklichen sein würde, hat sich auch der Europarat, angeregt durch eine Initiative der Schweiz[1404] aus dem Jahre 1980, mit der Rechtsangleichung auf dem Gebiet des Internationalen Insolvenzrechts befaßt.[1405] Im Gegensatz zu den allzu ehrgeizigen Vorentwürfen zu einem EG-Konkursübereinkommen wurde nur eine „kleine Konkurskonvention" angestrebt, eine europäische Minimallösung mit einem Mindestmaß an gemeinsamen Regeln.[1406]

1404 Conférence des Ministres européens de la justice, Rapport présenté par la Suisse, VPB 48 (1984), 237.

1405 Ende Mai 1984 sprach die 14. Europäische Justizministerkonferenz folgende Empfehlung an das Ministerkomitee des Europarats aus: „Das Ministerkomitee möge den Europäischen Ausschuß für die juristische Zusammenarbeit beauftragen: a) zu versuchen, bestimmte grundlegende Prinzipien der nationalen Gesetzgebungen der Mitgliedstaaten, die den Konkurs und Verfahren zur Sanierung des Schuldners betreffen, zu harmonisieren, wobei den grundsätzlichen Unterschieden zwischen der Konzeption des Liquidationskonkurses und der Konzeption der auf Erhaltung eines schuldnerischen Unternehmens ausgerichteten Verfahren Rechnung getragen werden soll; b) Lösungen für die Probleme anzustreben, die sich in den internationalen Beziehungen ergeben, wenn der Konkurs in einem Staat eröffnet wird und sich Gläubiger und Vermögen des Schuldners in den Gebieten anderer Staaten befinden." Vgl. Conférence des Ministres européens de la justice, Résolution No. 1, VPB 48 (1984), 252 ; deutsche. Übersetzung nach *Arnold*, IPRax 1986, 133f. (Fn. 5).

1406 Zum Europaratsübereinkommen vgl. *Spahlinger*, S. 230 ff.; *Aderhold*, S. 163 ff.; *Metzger*, S. 4 ff.; *Stummel*, S. 137 ff.

Der 1984 erstellte Vorentwurf[1407] sowie der revidierte Entwurf 1986[1408] behandeln in 12 Artikeln zwei Problemkreise: Zum einen die grenzüberschreitenden Befugnisse des Konkursverwalters, zum anderen die gleichmäßige Wahrung der Rechte aller Gläubiger insbesondere durch eine internationale Bekanntmachung des Konkurses. 1988 wurde ein Vorschlag vorgelegt, der gegenüber seinen vorausgegangenen Fassungen inhaltlich erheblich weitergeht.[1409] Hinzugekommen ist die Regelung eines Sekundärkonkurses, der als ergänzendes Parallelverfahren zu dem in einem Vertragsstaat eröffneten (Haupt-) Konkurs in anderen Vertragsstaaten eingeleitet werden kann. Dieser Vorschlag wurde 1989 noch einmal überarbeitet. Ferner wurde ein erläuternder Bericht zu dem Übereinkommen verfaßt.[1410] Der nunmehr verbindlich festgelegte Vertragstext stimmt mit dem zuletzt vorgelegten Entwurf vom Dezember 1989 überein.[1411]

Während ursprünglich das Vorhaben des Europarats lediglich als Ergänzung eines EG-Übereinkommens ins Auge gefaßt worden war, lag mit dem Konzept 1989 der erste realistische Ansatz eines europäischen Konkursübereinkommens vor.[1412] Im Februar 1990 hat das Ministerkomitee des Europarats das Abkommen als „European Convention on certain international aspects of bancruptcy“ bzw. „Convention européenne sur certain aspects internationaux de la faillite“[1413] verabschiedet. Wegen des erhofften Inkrafttretens eines Übereinkommens über Insolvenzverfahren der EU ist es jedoch nie ratifiziert worden.

bb) Inhaltsüberblick und Grundzüge des Übereinkommens

Wie der Titel des Abkommens signalisiert, strebt das Istanbuler Übereinkommen[1414] innerhalb seines Anwendungsbereichs keine umfassende Ordnung für

1407 Abgedruckt ZIP 1984, 1152-1155; dazu *Arnold*, ZIP 1984, 1144 ff.

1408 Dazu *Arnold*, ZIP 1986, 135 ff.

1409 Dazu ZIP-Report ZIP 1988, 946f.; *Flessner*, ZIP 1989, 750; Stellungnahme DAV, EuR-Entwurf 1988, S. 2 ff. = AnwBl. 1988 (*Kespohl-Willemer*), 575f.; *Wiesbauer*, S. 64 ff., S. 71 zur eventuellen Kollision eines EuR-Abkommens mit dem deutsch-österreichischen Konkursvertrag.

1410 Die Papiere sind nicht öffentlich zugänglich gemacht worden.

1411 *Favoccia*, S. 154.

1412 Am Entwurf beteiligt haben sich: Österreich, Belgien, Zypern, Dänemark, Finnland, Frankreich, Bundesrepublik Deutschland, Griechenland, Irland, Island, Italien, Liechtenstein, Luxemburg, Malta, Niederlande, Norwegen, Portugal, San Marino, Spanien, Schweden, Schweiz, Türkei, Großbritannien.

1413 Im Folgenden zitiert als EuRÜ.

1414 Am 5. Juni 1990 wurde das Übereinkommen in Istanbul von fünf Mitgliedstaaten des Europarates gezeichnet und wird daher entsprechend nach dem Ort der Zeichnung genannt.

transnationale Insolvenzfälle an. Gegenstand des Übereinkommens ist sonach nicht die Regelung eines einheitlichen, universellen Konkursverfahrens, sondern nur die Regelung „bestimmter internationaler Aspekte des Konkurses". Art. 1 II nennt die drei Regelungsbereiche des Abkommens.[1415] An diesen Regelungsbereichen orientiert sich der Aufbau des Abkommens.

Das Abkommen besteht aus einer Präambel, 44 Artikeln, die in fünf Kapitel gegliedert sind, und zwei Anhängen. Während das erste Kapitel allgemeine einleitende Vorschriften enthält, treffen Kapitel II und III Sonderregelungen. In seinem Kapitel II hält das EuRÜ Vorschriften bereit, welche die Ausübung gewisser Verwaltungs- und Verfügungsbefugnisse des in einem Vertragsstaat ernannten Konkursverwalters in den anderen Vertragsstaaten sicherstellen sollen. Den zweiten Schwerpunkt des Übereinkommens bildet das Kapitel III, daß die Möglichkeit zur Führung eines Sekundärkonkurses vorsieht. Kapitel IV schreibt die internationale Veröffentlichung eines Konkurses vor und soll für die Gläubiger die tatsächliche Möglichkeit garantieren, ihre Forderungen in einem außerhalb ihres Heimatstaates eröffneten Konkurs rechtzeitig sowie ordnungsgemäß anzumelden. Das fünfte Kapitel schließlich enthält Schlußbestimmungen zum Inkrafttreten des Abkommens.

Das EuRÜ ist geprägt durch eine dualistische Grundstruktur.[1416] So kombiniert das Abkommen in den Kapiteln II und III unterschiedliche Regelungsmodelle. Kapitel II enthält Elemente eines Einheitsmodells und Kapitel III ein System mit sekundären Insolvenzverfahren. Ziel dieser Regelung ist es, zwischen Rechtsordnungen, die dem Territorialitätsprinzip anhängen, und solchen, die das Universalitätsprinzip befolgen, einen Mindeststandard rechtlicher Zusammenarbeit auf dem Gebiet des Insolvenzwesens durchzusetzen, ohne den Prinzipienstreit zu entscheiden.[1417] Die Entscheidung wird vielmehr den einzelnen Mit-

---

1415 „When a bankruptcy is opened in a Party, this Convention shall govern: a. the exercise in other Parties of certain powers of the liquidator concerning the administration of the debtor's assets (grenzüberschreitende Befugnisse des Konkursverwalters); b. the opening of secondary bankruptcies in other Parties (Eröffnung von Sekundärkonkursen im Ausland); c. the information to be given to creditors residing in other Parties and the lodgement of their claims (internationale Bekanntmachung des Konkurses und Forderungsanmeldung).

1416 Dazu *Spahlinger*, S. 232f.; *Hanisch*, FS Walder, S. 489; *ders.* ZIP 1994, 8; *Metzger*, S. 6.

1417 Vgl. Begründung zum Referentenentwurf für ein Einführungsgesetz zum Gesetz zur Reform des Insolvenzrechts vom 1.9.1990 in: *Stoll*, Stellungnahmen und Gutachten, S. 286 (289).

gliedstaaten überlassen.[1418] Entsprechend kann sich gem. Art. 40 jeder beitretende Staat vorbehalten, Kapitel II oder III des Übereinkommens nicht anzuwenden. Umgekehrt bleibt es den Vertragsstaaten aber auch unbenommen, den ausländischen Konkurs in weitergehendem Umfang anzuerkennen als dies nach dem EuRÜ vorgesehen ist.[1419]

Während sich einzelne, im Übereinkommen näher bezeichnete Wirkungen des in einem Mitgliedstaat eröffneten Insolvenzverfahrens auf die anderen Staaten erstrecken sollen, insbesondere der in einem Staat bestellte Insolvenzverwalter seine Befugnisse auch in den anderen Mitgliedstaaten ausüben kann, äußert sich das EuRÜ zur extraterritorialen Geltung der meisten Konkursfolgen nicht. Die Eröffnung von Zweitkonkursen über das Vermögen des Schuldners, das sich in anderen Staaten befindet, bleibt möglich und wird ausführlich geregelt. Viele andere, zum Teil grundlegende Fragen des grenzüberschreitenden Konkurses sind gar nicht, oder nur fragmentarisch entschieden. Insbesondere fehlen Vorschriften zum anwendbaren Recht in materiell-einheitlicher oder zumindest kollisionsrechtlicher Form. So bestimmt das Übereinkommen beispielsweise nicht, welchem Recht die Wirkungen des Verfahrens auf noch nicht erfüllte Verträge des Gemeinschuldners, die Aufrechnung im Konkurs, die Zulässigkeit der Konkursanfechtung unterliegen, ob und unter welchen Voraussetzungen eine vergleichsweise Insolvenzbereinigung zulässig ist, oder ob auch ohne sie eine Restschuldbefreiung eintritt. Auch die Problematik der ausländischen Sicherungsrechte behandelt das EuRÜ nicht unmittelbar. Selbst insoweit, wie der Entwurf Regelungen enthält, können die beitretenden Staaten in gewissem Umfang ihre Nichtanwendung vorbehalten (s.o.).

cc) Die Behandlung von Sicherungsrechten nach dem EuRÜ

Das Europaratsübereinkommen enthält weder Vorschriften zur materiellen Rechtsvereinheitlichung noch zur Kollisionsrechtsvereinheitlichung im Hinblick auf ausländische Sicherungsrechte. Das heißt jedoch nicht, daß diese Problematik vollständig aus dem Übereinkommensentwurf herausgelassen worden wäre. So finden sich Anhaltspunkte für die Behandlung der Vorzugsrechte in verschiedenen Einzelbestimmungen des Kapitels II bei der Ausgestaltung der Befugnisse des Konkursverwalters. Aber auch im Zusammenhang mit dem im dritten Kapitel geregelten Sekundärkonkurs ergeben sich insoweit Hinweise.

1418 Art. 40 Abs. 1 des Abkommens läßt jedem Konventionsmitglied eine wichtige Wahlmöglichkeit. Bei der Zeichnung des Abkommens oder bei der Ratifikation kann jeder Staat erklären, daß er Kapitel II oder III nicht anwenden wird.

1419 *Favoccia*, S. 154.

aaa) Die Ausgestaltung der Befugnisse des Insolvenzverwalters nach Kapitel II des EuRÜ

Bevor speziell auf die einzelnen Vorschriften des Kapitels II eingangen wird, die auf dingliche Sicherheiten Bezug nehmen, sollen zunächst die Befugnisse des Insolvenzverwalters nach der Konzeption des EuRÜ grob skizziert werden, da diese gleichfalls Hinweise für die Stellung dinglich gesicherter Gläubiger enthalten.

Ist der eröffnende Vertragsstaat gem. Art. 4 des EuRÜ international zuständig, die Konkurseröffnung im Eröffnungsstaat wirksam[1420], und liegt auch kein offensichtlicher Verstoß gegen den *ordre public* des Staates vor, in dem der Verwalter handeln will oder in dem ein Sekundärkonkurs eröffnet werden soll (vgl. Art. 3 EuRÜ), kann der Verwalter des in einem Vertragsstaat eröffneten Konkursverfahrens entsprechend den Vorschriften des Kapitels II auf dem Gebiet der anderen Vertragsstaaten tätig werden (Art. 7). Danach ist eine Art „eingeschränkte Wirkungserstreckung" vorgesehen.[1421] Der Verwalter hat sich einerseits im Rahmen der Befugnisse zu halten, die ihm nach der lex fori concursus in seiner Eigenschaft als Verwalter zustehen (Art. 10). Andererseits unterliegen die Verwaltungs- und Verfügungshandlungen[1422] dem Recht des Staates, in dessen Gebiet das Vermögen des Schuldners belegen ist (Art. 10 II). Dabei erhält der Verwalter die volle Rechtsstellung erst nach Ablauf einer Frist von zwei Monaten, die mit der Bekanntmachung seiner Ernennung in dem Staat, in dem er handeln will, beginnt (Art. 11). Bis dahin ist er auf vorläufige Maßnahmen zur Sicherung und Erhaltung des Schuldnervermögens beschränkt. Es ist ihm insbesondere verboten, Gegenstände aus dem Gebiet des Belegenheitsstaates herauszuschaffen (Artt. 8, 10, 11). Während der Zweimonatsfrist können gem. Art. 11 II nur noch bevorrechtigte Gläubiger sowie Gläubiger mit öffentlich-rechtlichen oder niederlassungsbezogenen Forderungen Maßnahmen der Einzelzwangsvollstreckung betreiben. Nach Ablauf dieser Frist ist nur noch der Verwalter dazu berechtigt (Art. 11 III). Der Verlust der Verwaltungs- und Verfügungsbefugnis wird dagegen nach wie vor nicht anerkannt. Der Gemeinschuldner bleibt im Zweitstaat dispositionsbefugt, es sei denn, die einzelnen Vertragsstaaten erkennen den ausländischen Konkurs von sich aus in weitergehendem Umfang an. Hier setzt das vom Übereinkommen alternativ zur Anerkennung der Verwalterbefugnisse vorgesehene Konzept der Eröffnung eines „Sekundärkonkurses" an.

1420 Rechtskraft oder sonstige Endgültigkeit wird dagegen nicht vorausgesetzt, vgl. Bericht-EuR, Nr. 21.

1421 In diesem Sinne *Favoccia*, S. 154.

1422 Das Übereinkommen definiert diese Begriffe nicht, sondern überläßt die Abgrenzung dem Recht des Staates, auf dessen Gebiet der Verwalter tätig werden will (vgl. Bericht-EuR, Nr. 47).

Zentrale Vorschrift hinsichtlich der Behandlung ausländischer Sicherungsrechte ist Art. 14 Abs. 2 lit. a[1423], wonach der Verwalter in einem anderen Staat als dem der Konkurseröffnung keine Handlungen vornehmen darf, die nach dem Recht dieses Staates wirksam bestellte oder anzuerkennende dingliche Sicherheiten[1424] oder sonstige dingliche Rechte einer anderen Person als der des Schuldners *beeinträchtigen*.[1425] Der Verwalter muß also auch ein Sicherungsrecht beachten, das nach dem Recht des Eröffnungsstaates nicht konkursfest wäre.[1426] Fraglich ist, wann eine Maßnahme des Verwalters ein Sicherungsrecht im Sinne des Art. 14 „beeinträchtigt". Dies könnte bereits dann der Fall sein, wenn sie die Position des Sicherungsnehmers gegenüber der vor Verfahrenseröffnung bestehenden schmälert. Eine Beeinträchtigung könnte andererseits aber auch erst dann vorliegen, wenn die Maßnahme nach dem Insolvenzrecht des Belegenheitsstaates unzulässig wäre. Entscheidend ist also, ob Art. 14 Abs. 2 lit. a jede Maßnahme des Verwalters ausschließt, die für den Dritten irgendwie nachteilig ist, oder nur eine, die nicht auch dem inländischen Verwalter offenstünde.[1427]

1423 Eine gleichlautende Fassung enthält der Entwurf eines Europäischen Übereinkommens über den Konkurs von 1984 in Art. 8 Abs. 2 lit. a): „Der Verwalter darf in einem anderen Vertragsstaat eine Handlung nicht vornehmen, die dingliche Rechte oder Sicherheiten beeinträchtigt, die nach dem Rechte dieses Staates bestellt oder anzuerkennen sind."

1424 Der Begriff der Sicherheiten ist nach dem Recht des Staates auszulegen, auf dessen Gebiet der Verwalter tätig werden will. Unter „Sicherung" ist auch die deutsche Vormerkung zu verstehen. Aus Art. 14 Abs. 2 lit. a ergibt sich, daß ein ausländischer Verwalter einen nach deutschem Recht begründeten Eigentumsvorbehalt an einer in Deutschland belegenen Sache nicht mit der Begründung unbeachtet lassen könnte, im Staat der Konkurseröffnung sei der Eigentumsvorbehalt nicht zulässig oder nicht konkursfest. Vgl. *Arnold*, IPRax 1986, 133 (137 Fn. 28) sowie ZIP 1984, 1144 (1150f.) zu Art. 8 Abs. 2.

1425 Art. 14 Abs. 2 lit. a lautet in der englischen Fassung: „2. The liquidator cannot perform in another Party an act which is: a. *contrary to* any security held by any person other than the debtor over land or other property established or recognised by the law of that Party." Abgedruckt bei *Metzger*, S. 216 ff. Vgl. auch die ins Deutsche übersetzte Fassung des Vorentwurfs aus dem Jahre 1984, abgedruckt in ZIP 1984, 1152 ff. mit der zu Art. 14 Abs. 2 lit. a gleichlautenden Vorschrift des Art. 8 Abs. 2 a): „Der Verwalter darf in einem anderen Vertragsstaat eine Handlung nicht vornehmen, die a) dingliche Rechte oder Sicherheiten *beeinträchtigt*, die nach dem Rechte dieses Staates bestellt oder anzuerkennen sind.

1426 *Arnold*, IPRax 1986, 133 (137); *ders.* ZIP 1984, 1144 (1150f.); *Leipold*, in: FS Waseda Universität, S. 787 (818). Kritisch zu Art. 13 Abs. 2 lit. a Europaratsentwurf 1988 = Art. 14 Abs. 2 lit.a EuRÜ: *DAV*, Stellungsnahme zum ERats-Entwurf 1988, 3.

1427 Zutreffend *Metzger*, S. 115.

Den englischen bzw. französischen Formulierungen der maßgeblichen Übereinkommensbestimmung in der jüngsten Fassung von 1990 selbst, ausgeschlossen seien Maßnahmen *„contrary to any security"* bzw. *„au détriment des suretés"* , läßt sich Genaueres nicht entnehmen. Gleichfalls keine Gewißheit bringt die Parallelbestimmung im Vorentwurf vom 23.2.1988[1428], nach der Art. 13 Abs. 2 lit. a) in der deutschen Übersetzung wie folgt lautet: „Der Verwalter kann in einer anderen Partei[1429] keine Handlungen vornehmen, die *im Widerspruch* zu dinglichen Sicherheiten anderer Personen als des Schuldners, wie sie nach dem Recht dieser Partei bestehen oder anerkannt sind."

In der Begründung zum Entwurf vom Februar 1990 heißt es jedoch: „According to the terms of paragraph 2, sub-paragraph a, the rights of a liquidator acting in a Party other than that in which the bankruptcy was opened *will be superseded* by[1430] the rights of persons holding in rem rights on the estate of the bankrupt person and the rights of creditors having the guarantee of security rights attached to that same estate" ("le syndic[...]*voit ses droits primés* par[1431]").[1432] Dingliche Rechte Dritter genießen also gegenüber den Befugnissen des ausländischen Verwalters absoluten Vorrang.[1433]

Ein sachenrechtlich wirksam begründetes Recht an einer außerhalb des Eröffnungsstaates belegenen Sache bleibt somit nach Art. 14 Abs. 2 lit. a von Zugriffsrechten des Verwalters völlig unberührt. Darauf, ob das am Lageort geltende Insolvenzrecht die Sicherheit im Fall eines Inlandskonkurses denselben Einschränkungen und Zugriffsrechten unterwerfen würde, kommt es nicht an.[1434] Für insolvenzrechtliche Einschränkungen der Rechte Dritter an Gegenständen der Insolvenzmasse gelten weder die lex rei sitae oder die lex fori concursus, noch werden die Voraussetzungen beider Rechtsordnungen kumuliert.[1435] Vielmehr sind grenzüberschreitende Konkurswirkungen insoweit ganz ausgeschlossen.[1436] Die

---

1428 Abgedruckt bei *Wiesbauer*, S. 116 ff.

1429 Die Entwurfsfassung von 1988 meint mit dem Begriff „Partei" den jeweiligen Eröffnungsstaat.

1430 *Be superseded by* = abgelöst werden von.

1431 *Primer* = übertreffen.

1432 Begründung zum Europaratsabkommen, Ziff. 84 (zu Art. 14).

1433 Zutreffend *Metzger*, S. 115.

1434 *Kolmann*, S. 78. Siehe auch Explanatory Report, Nr. 84, wonach der ausländische Verwalter selbst solche Maßnahmen nicht treffen darf, die auch das Insolvenzrecht des Belegenheitsstaates vorsieht.

1435 Zutreffend *Metzger*, S. 116.

1436 Zutreffend *Metzger*, S. 115f sowie *Kolmann*, S. 78 und *Gottwald*, Grenzüberschreitende Insolvenzen, S. 33. Vgl. auch *Drobnig*, in: Stoll (Hrsg.), Stellungnahmen und Gutachten, S. 51 (65 und 68f.); *ders.*, a.a.O., 177 (178 Fn. 5). Wie *Drobnig* auch *Favoccia*, S. 156, die den eigentlichen Regelungsgehalt des Art. 14 Abs. 2

einzige Möglichkeit, ausländische Sicherungsinhaber ins Konkursverfahren einzubinden, besteht in der Eröffnung eines Sekundärinsolvenzverfahrens im Belegenheitsstaat unter Herrschaft der dortigen Rechtsordnung.

Art. 14 Abs. 2 lit. a trifft im Ergebnis zwei Grundaussagen: Zum einen soll im Sinne der allgemeinen internationalprivat-rechtlichen Grundregel das Recht des Lagestaates darüber entscheiden, ob das Sicherungsrecht wirksam bestellt wurde.[1437] Zum anderen – und hierin liegt die eigentliche Bedeutung der Vorschrift – wird einem Vertragskonkurs bezüglich der Sicherungsrechte Dritter an außerhalb des Eröffnungsstaates belegenem Vermögen keinerlei Wirkung zugestanden.[1438] Vorbehaltlich einer über das Abkommen hinausgehenden Anerkennungsbereitschaft des Lagestaates stellt sich die Rechtslage für im Nichteröffnungsstaat belegene Sicherheiten grds. genauso dar, wie wenn ein Insolvenzverfahren überhaupt nicht eröffnet worden wäre.[1439] Schließlich folgt aus Art. 14 Abs. 2 lit. a, daß der Inhaber einer dinglich gesicherten Forderung zu dem Kreis derjenigen Gläubiger gehört, die auch während des Zweimonatsmoratoriums (Art. 11 I) berechtigt sind, Maßnahmen der Einzelrechtsverfolgung zu beginnen oder fortzusetzen.[1440] Zwar nennt Art. 11 II lediglich die Inhaber von bevorrechtigten, öffentlich-rechtlichen und niederlassungsbezogenen Forderungen. Daß aber dingliche Sicherungsinhaber diesen gleichzuachten sind, folgt aus deren ausdrücklicher Einbeziehung im Vorentwurf vom Juni 1988 (vgl. Art. 10 II a.F.) sowie aus dem Erläuterungsbericht. Letzterer führt aus, daß nach Art. 14 Abs. 2 lit. a der Verwalter zu keiner Zeit, also auch nicht während der Frist des Art. 11 II, befugt ist, eine Handlung vorzunehmen, welche die im Ausland belegenen Sicherungsrechte der Gläubiger beeinträchtigt.[1441] Der Umstand, daß die Verfasser des Übereinkommens von einer expliziten Erwähnung der dinglich gesicherten Gläubiger in Art. 11 II abgesehen haben, hat daher keine inhaltliche, sondern eine rein redaktionelle Bedeutung.[1442]

---

lit. a des Europaratsabkommens darin sieht, daß dieser dem eröffneten Vertragskonkurs bezüglich der Sicherungsrechte Dritter an außerhalb des Eröffnungsstaates belegenem Vermögen keinerlei Wirkung zugesteht. Ferner *Stummel*, S. 146f.

1437 Vgl. "nach dem Recht dieses Staates wirksam bestellte oder anzuerkennende dingliche Sicherheiten".

1438 Vgl. *Favoccia*, S. 156. Etwas anderes gilt nur, wenn der Belegenheitsstaat den ausländischen Konkurs von sich aus in weitergehendem Umfang anerkennt, vgl. Art. 15 des Europaratsübereinkommens.

1439 *Favoccia*, S. 157; *Kolmann*, S. 78.

1440 Vgl. *Favoccia*, S. 157. Für die Gleichstellung der dinglich gesicherten Gläubiger mit den ausdrücklich in Art. 11 II genannten auch *Leitner*, S. 134.

1441 Bericht-EuR, Nr. 62.

1442 Zutreffend *Favoccia*, S. 157.

bbb) Die Konzeption des Sekundärkonkurses nach Kapitel III des EuRÜ

Auch das dritte Kapitel des Übereinkommens enthält in seinen Bestimmungen über die Durchführung von Sekundärkonkursen Hinweise auf die Behandlung ausländischer Sicherungsgläubiger. So sind die Inhaber einer dinglich gesicherten Forderung im Falle eines Sekundärkonkurses im Gegensatz zu den Gläubigern solcher Forderungen, denen dieser besondere räumliche Bezug zu dem im Staat des Sekundärkonkurses belegenen Vermögen des Gemeinschuldners fehlt, nicht darauf angewiesen, ihr Recht im Hauptkonkurs zu verfolgen (Art. 21). Ihr Recht gehört gem. Art. 21 des Übereinkommens zu der Kategorie der als wirtschaftlich und sozial besonders schutzwürdig erachteten Forderungen, die, soweit die Sicherung reicht, im Sekundärkonkurs entsprechend den insolvenzrechtlichen Bestimmungen des Sekundärkonkursstaates (Art. 19) vorab zu befriedigen sind, ehe ein etwaiger Erlösüberschuß in die Masse des Hauptkonkurses transferiert wird. Darüber hinaus enthält Art. 5 des Übereinkommens, wonach sich die Gläubiger jede in einem Vertragsstaat erzielte Quote auf die ihnen in einem anderen Vertragsstaat für dieselbe Forderung zustehende Quote anrechnen lassen müssen, einen Vorbehalt zugunsten dinglich gesicherter Gläubiger. Dingliche Sicherungsrechtsinhaber werden mit ihrer Forderung bei der Verteilung des Masseerlöses in einem anderen Vertragsstaat also unabhängig davon berücksichtigt, ob die anderen Gläubiger die gleiche Dividende erhalten, wie sie dem Gläubiger mit dinglicher Sicherheit kraft seines dinglichen Rechts durch ein Verfahren in einem anderen Vertragsstaat zugeflossen ist.[1443]

dd) Wertung

Zusammenfassend ist festzustellen, daß dinglich gesicherte Gläubiger nach dem Willen der Verfasser des Europaratsübereinkommens durch dessen Anwendung keine Nachteile erfahren sollen.[1444] Diese Grundentscheidung kommt in verschiedenen Vorschriften der Kapitel II und III zum Ausdruck. Die Zentralnorm ist hier Art. 14 Abs. 2 lit. a, wonach die dort genannten Rechte nicht „beeinträchtigt" werden dürfen. Ein ausländischer Verwalter könnte daher beispielsweise einen nach deutschem Recht an einer in Deutschland belegenen Sache bestehenden Eigentumsvorbehalt nicht mit der Begründung unbeachtet lassen, im Staate der Konkurseröffnung sei der Eigentumsvorbehalt nicht insolvenzfest.[1445] Anders als

---

1443 Vgl. *Favoccia*, S. 157.

1444 Vgl. Bericht-EuR, Nr. 35, 64. Siehe auch *Favoccia*, S. 156.

1445 Vgl. *Arnold*, ZIP 1984, 1144 (1150f.) sowie *ders.*, IPRax 1986, 133 (137) für Art. 8 Abs. 2 a).

die Vorentwürfe zum EU-Konkursübereinkommen differenziert das EuRÜ nicht zwischen Eigentumsvorbehalten und sonstigen Vorzugsrechten und bietet damit umfassenden Schutz. In Abweichung zu den Kodifikationsentwürfen der EG-Kommission ist ferner die ausdrückliche Festschreibung der nach Internationalem Sachenrecht geltenden kollisionsrechtlichen Regel für die Beurteilung der wirksamen Begründung des Rechts (Vorfrage) zu begrüßen. Gem. Art. 14 II lit. a gilt die lex rei sitae. Vorbehaltlich einer über das Abkommen hinausgehenden Anerkennungsbereitschaft des Lagestaates werden ausländische Sicherheiten grundsätzlich so behandelt, als wenn ein Konkursverfahren überhaupt nicht eröffnet worden wäre.[1446] Die einzige Möglichkeit des ausländischen Insolvenzverwalters, dinglich gesicherte Gläubiger in das Insolvenzverfahren einzubinden, besteht darin, die Eröffnung eines Sekundärkonkurses zu beantragen. Das Schicksal entsprechender Vorzugsrechte bestimmt sich in diesem Fall nach dem Belegenheitsstatut (vgl. Art. 19). Allerdings wird durch das EuRÜ nur die Sicherheit, nicht aber auch der Vermögensgegenstand, für den das Vorzugsrecht bestellt ist, privilegiert.[1447] Verwertbar ist dagegen nach wie vor das Sicherungsgut selbst. Die Art und Weise der Verwertung der dinglich belasteten Sache richtet sich dann nach dem Belegenheitsstatut (vgl. Art. 10 II).[1448]

Das Europaratsübereinkommen geht im Ergebnis weit über das durch die Vorentwürfe von 1970, 1980 und 1984 zum EU-Konkursübereinkommen bezweckte Schutzniveau zugunsten ausländischer Sicherungsgläubiger hinaus. Während diese mangels ausdrücklicher Regelung ausländische Sicherungsrechte der allgemeinen kollisionsrechtlichen Grundregel (Artt. 19 II bzw. 18 II) der lex fori concursus unterstellen und damit die betreffenden Rechte zumindest den insolvenzrechtlichen Beschränkungen des Insolvenzeröffnungsstaates aussetzen, verfolgt das EuRÜ einen anderen Ansatz.[1449] Mit Rücksicht auf sein inhaltlich beschränktes Konzept fehlt eine den Artt. 18, 19 VE EG-Konkursübereinkommen von 1970, 1980, 1984 vergleichbare kollisionsrechtliche Grundnorm für die auf den Hauptkonkurs anzuwendende Rechtsordnung. Geregelt ist lediglich das Statut für Nebenverfahren (vgl. Art. 19). Die Unterstellung ausländischer Si-

---

1446 So auch *Favoccia*, S. 157.

1447 Zu weitgehend daher *Spahlinger*, der davon ausgeht, Art. 14 Abs. 2 lit a führe im Ergebnis dazu, daß Gegenstände, an denen derartige Rechte Dritter bestehen, nicht zur Masse des grenzüberschreitenden Insolvenzverfahrens gezogen werden könnten, vgl. S. 240.

1448 *Leitner*, S. 135; *Arnold*, IPRax 1986, 135; *Boll*, S. 85; *Breitenstein*, S. 20.

1449 Unzutreffend *Stummel*, S. 147, wonach die Vorschrift des Art. 8 Abs. 2 lit. a (bzw. Art. 14 Abs. 2 lit a) sachlich weitgehend auf dasselbe hinauslaufe, was in den Bestimmungen des Vorentwurfs zu einem EU-Konkursübereinkommen 1984 (vgl. Artt. 29 Abs. 1, 33 Abs. 1 und 2, 45, 46) geregelt worden sei.

cherheiten unter das Recht des Eröffnungsstaates einschließlich seiner Beschränkungen scheidet danach aus. Vielmehr hält das EuRÜ für im Nichteröffnungsstaat belegenes dinglich gesichertes Schuldnervermögen eine sachenrechtliche Lösung bereit. Nach der Übereinkommenspolitik des EuRÜ sollen dinglich gesicherte Gläubiger durch die Anwendung des Übereinkommens keine Nachteile erfahren.[1450] Entsprechend sind dem Insolvenzverwalter sämtliche Handlungen untersagt, die geeignet sind, solche Rechte zu beeinträchtigen. Im Ergebnis sind damit insolvenzrechtliche Einschränkungen dieser Rechte weder nach Maßgabe der lex fori concursus bzw. der lex rei sitae, noch aufgrund kumulativer Anwendung von Insolvenz- und Belegenheitsstatut zulässig; diese unterliegen – vorbehaltlich der Eröffnung eines Sekundärverfahrens unter Geltung des dortigen Rechts – keinerlei Einschränkungen.

Steht somit fest, daß das EuRÜ den Schutz ausländischer Sicherungsrechte nicht kollisionsrechtlich, sondern sachrechtlich („nicht beeinträchtigt") bewerkstelligt, bleibt noch zu klären, wie das Abkommen dieses Schutzanliegen praktisch umsetzt. In Betracht kommt zunächst, hierfür bei den Anerkennungswirkungen des Hauptinsolvenzverfahrens anzusetzen. Denkbar ist aber auch, bereits den extraterritorialen Geltungsanspruch des Eröffnungsstaates einzugrenzen und entsprechende Rechte von vornherein aus dem internationalen Konkurs herauszuhalten. Das EuRÜ folgt offenbar dem 2. Ansatz. Der Haupteröffnungsstaat verzichtet in Ausnahme zum Universalitätsprinzip auf die Einbeziehung im Ausland belegener dinglicher Rechte in die Masse; diese werden vom Konkursstaat nicht beansprucht. Genau genommen werden sie vom Übereinkommen nicht erfaßt.[1451] Daß das EuRÜ nicht lediglich in bezug auf derartige Rechte die Erstreckung der Anerkennungswirkungen bei deren grundsätzlicher Einbeziehung begrenzt, ergibt sich bereits daraus, daß das EuRÜ nicht von einer automatischen Wirkungserstreckung sämtlicher Konkurswirkungen ausgeht. Im Sinne einer zutreffend als „eingeschränkte Wirkungserstreckung"[1452] bezeichneten Lösung entfalten lediglich einzelne, durch das EuRÜ konkret festgelegte Einzelfragen Wirkung in den übrigen Mitgliedstaaten.[1453] Dies folgt nicht zuletzt daraus, daß so gesicherte Gläubiger – zumindest während des 2-Monats-Moratoriums – ungehindert in das schuldnerische Vermögen vollstrecken und damit ihre Sicherheiten voll verwerten können (vgl. Art. 11 II), der Verwalter des Eröffnungsstaates dagegen solange auf vorläufige Maßnahmen beschränkt ist und insbesondere das Sicherungsgut nicht zur Masse ziehen kann (Artt. 8, 10, 11).

1450 Explanatory Report, Nrn. 35, 64.

1451 So auch *Drobnig*, in: Stoll (Hrsg.), Stellungnahmen und Gutachten, S. 177 (178 Fn. 5).

1452 So *Favoccia*, S. 154.

1453 *Leitner*, S. 130.

Trotz der sprachlichen und konzeptionellen Unterschiede zwischen den relevanten Bestimmungen des EuRÜ und den Artt. 5, 7 EuInsVO bietet das EuRÜ im Ergebnis für die Interpretation des europäischen Rechts gewisse Anhaltspunkte. Eine kollisionsrechtliche Sonderregelung für den Bereich dinglicher Rechte ist nicht gewollt. Vielmehr sollen die betreffenden Vermögenswerte in Ausnahme zum Universalitätsprinzip offenbar von vornherein vom Insolvenzbeschlag ausgenommen und der freien Disposition durch den Sicherungsnehmer überlassen bleiben.

d) Das EuInsÜ – Kodifikationsbemühungen seit der Ausarbeitung des EuRÜ

aa) Die Reform des deutschen IIR[1454]

Nachdem die Entwürfe 1970, 1980, 1984 für ein EG-Konkursübereinkommen in ihrer Grundkonzeption als gescheitert angesehen werden mußten und das EuInsÜ für den EG-Raum als nicht zweckmäßig erachtet wurde, hat Anfang 1990 der Ausschuß der Ständigen Vertreter beim Rat der EG eine Ad-hoc-Gruppe „Konkursübereinkommen" unter deutschem Vorsitz[1455] gebildet, die im März 1991 einen „Vorentwurf eines Übereinkommens über Insolvenzverfahren" vorlegte. Eine überarbeitete Fassung des „Entwurfs eines EG-Konkursübereinkommens" vom 3.4.1992 sowie eine nochmalige Überarbeitung vom 17.11.1994 wurden in der Folgezeit veröffentlicht. Diese Kodifikationsversuche sind wegen der deutschen Präsidentschaft bis Ende 1994 maßgeblich durch deutsche Rechtsvorstellungen geprägt und enthalten daher für die Auslegung der europäischen Gemeinschaftsakte entscheidende Hinweise. Bevor die Entwurfsfassungen von 1992 und 1994 zu einem EuInsÜ untersucht werden, soll daher im Anschluß an einen kurzen Überblick über den Verlauf und die Etappen der Reformdiskussion zunächst auf die nationalen Reformbemühungen zur Novellierung des Insolvenzrechts und des deutschen IIR insbesondere mit Blick auf die Behandlung ausländischer Sicherheiten eingegangen werden.

Die deutsche Konkursordnung vom 10.2.1877[1456] enthielt wie die meisten anderen nationalen Konkursgesetze nur vereinzelte Vorschriften des Internatio-

---

1454 Vgl. umfassend zur Geschichte der Insolvenzrechtsreform *Pape/Uhlenbruck*, InsolvenzR, I Kap. 8, Rnrn. 35 ff.

1455 *Manfred Balz* (Deutschland) wurde zum Vorsitzenden des Sachverständigenausschusses ernannt. Von ihm stammen auch hauptsächlich die verschiedenen Entwürfe, über die während der Verhandlungen beraten wurde, vgl. *Virgós/Schmidt*, Erläuterungsbericht, in: *Stoll* (Hrsg.), Vorschläge und Gutachten, S. 33 (34).

1456 RGBl. 351.

nalen Konkursrechts.[1457] Im wesentlichen regelte die KO nur gewisse Sachverhalte mit Auslandsberührung durch Sachnormen.[1458] (Allseitige) Kollisionsnormen gab es hingegen keine. Bedeutsame Einzelfragen[1459] wurden überhaupt nicht behandelt.[1460] Den Rahmen für die nähere Ausgestaltung des Internationalen Konkursrechts bildeten lediglich die durch akademische und richterliche Meinungen überladenen[1461] §§ 237, 238 KO[1462].

Dieser Mangel an einschlägigen Normen in der deutschen KO in Verbindung mit der Neuorientierung der deutschen Rechtsprechung[1463] machte eine Neukodifikation des deutschen Internationalen Insolvenzrechts erforderlich. Die Diskussion um diese Neuregelung wurde in die schon lange andauernden Bestrebungen, eine große Insolvenzrechtsreform zu schaffen, eingebunden.[1464] Obwohl die vom deutschen Bundesministerium für Justiz eingesetzte Kommission für Insolvenzrecht über eine Reform des Internationalen Insolvenzrechts beraten hatte, wurden

1457 Vgl. *Leitner*, S. 140 mit Nachweisen.

1458 Selbst die dogmatische Grundfrage, ob sich die KO zum Universalitäts- oder zum Territorialitätsprinzip bekennt, bleibt unbeantwortet. § 1 I KO besagt nur, daß das inländische Konkursverfahren das gesamte, einer Zwangsvollstreckung unterliegende Vermögen des Gemeinschuldners, welches ihm zur Zeit der Eröffnung des Verfahrens gehört, umfaßt.

1459 So wird zum Beispiel die kollisionsrechtliche Behandlung der Konkursanfechtung nicht geregelt.

1460 Gesetzentwurf, BR-Drucks. 1/92, 233; so schon die Begründungen zu den Vorentwürfen abgedruckt in *Stoll* (Hrsg.), Stellungnahmen und Gutachten, S. 14 und 287.

1461 So die Einschätzung von *Leitner*, S. 142.

1462 § 237 KO lautet: „Besitzt ein Schuldner, über dessen Vermögen im Ausland ein Konkurs eröffnet worden ist, Vermögensgegenstände im Inlande, so ist die Zwangsvollstreckung in das inländische Vermögen zulässig. Ausnahmen von dieser Bestimmung können nur unter Zustimmung des Bundesrats durch Anordnung des Reichskanzlers getroffen werden." § 238 KO lautet: „ Das Konkursverfahren umfaßt nur das im Inlande befindliche Vermögen, wenn der Schuldner im Deutschen Reiche eine gewerbliche Niederlassung, aber keinen allgemeinen Gerichtsstand hat. Hat ein Schuldner im Deutschen Reiche weder eine gewerbliche Niederlassung noch einen allgemeinen Gerichtsstand, so findet ein Konkursverfahren über das im Inlande befindliche Vermögen des Schuldners statt, wenn er im Inlande ein mit Wohn- und Wirtschaftsgebäuden versehenes Gut als Eigentümer, Nutznießer oder Pächter bewirtschaftet. Für das Verfahren ist das Amtsgericht ausschließlich zuständig, in dessen Bezirke das Gut sich befindet. Ist im Auslande ein Konkursverfahren eröffnet, so bedarf es nicht des Nachweises der Zahlungsunfähigkeit zur Eröffnung des inländischen Verfahrens."

1463 So vollzog der BGH in seiner Entscheidung vom 11.7.1985 die Wende zum Grundsatz der Universalität auch für ausländische Konkurse. Dem Trend des ausgehenden 19. Jahrhunderts entsprechend war zuvor das Territorialitätsprinzip herrschend in Rechtsprechung und Lehre.

1464 Vgl. *Leitner*, S. 153.

in ihrem abschließenden Bericht keine diesbezüglichen Gesetzgebungsvorschläge gemacht.[1465] Begründet wurde dies mit dem Abwarten der laufenden Rechtsvereinheitlichungsbemühungen im Rahmen der EG und des Europarats bzw. mit dem Abwarten der praktischen Erfahrungen nach der innerdeutschen Rechtsprechungswende. Daher klammerte der im August 1988 vom BMJ vorgelegte „Diskussionsentwurf eines Gesetzes zur Reform des Insolvenzrechts" das Internationale Insolvenzrecht aus.[1466] Nach einem baldigen Meinungsumschwung arbeitete das Ministerium einen „Vorentwurf von Vorschriften zur Neuordnung des Internationalen Insolvenzrechts"[1467] vom 1.3.1989 mitsamt einer Neufassung vom 22.9.1989 aus und ersuchte den Deutschen Rat für Internationales Privatrecht, Beratungen darüber durchzuführen. Die nach zwei Tagungen im Juli und Oktober 1989 vorgelegte Stellungnahme der Sonderkommission des Deutschen Rates[1468] wurde bei der Erarbeitung des „Referentenentwurfs eines Einführungsgesetzes zum Gesetz zur Reform des Insolvenzrechts"[1469] vom 1.9.1990 berücksichtigt.[1470] Dieser Entwurf eines Einführungsgesetzes ergänzt den „Referentenentwurf eines Gesetzes zur Reform des Insolvenzrechts" vom 1.11.1989. Dabei ausformulierte Grundsätze sind auch in § 22 Gesamtvollstreckungsordnung[1471] (GesO) vom 6.6.1990 eingeflossen, der das Internationale (und Interlokale) Insolvenzrecht in den neuen fünf Bundesländern und Ostberlin bis zum Inkrafttreten des gesamtdeutschen Insolvenzrechts am 1.1.1999 regelte.[1472]

1465 Vgl. *BMJ*, Bericht 2, S. 14f.; sowie *Kurzinformation*, RabelsZ 49 (1985), 788.

1466 *Arnold*, in: Gottwald (Hrsg.), Insolvenzrechtshandbuch, § 121, Rn. 29; *Kurzinformation*, RabelsZ 50 (1986); *Landfermann*, FS Merz, S. 375 (375); *Leipold*, in: FS Waseda Universität, S. 787; *Lüer*, in: Stoll (Hrsg.), Stellungnahmen und Gutachten, S. 96 (100f).

1467 Die Fassung vom 1.3.1989 ist mitsamt der Begründung abgedruckt in: *Stoll* (Hrsg.), Stellungnahmen und Gutachten, S. 2 ff., ebenso deren Neufassung vom 22.9.1989 ebd. S. 146 ff.

1468 Abgedruckt mitsamt den Gutachten in *Stoll* (Hrsg.), Stellungnahmen und Gutachten, S. 14 ff., 156 ff. und 265 ff.

1469 Abgedruckt mitsamt der Begründung in *Stoll* (Hrsg.), Stellungnahmen und Gutachten, S. 278 ff.; sowie nur mit der allgemeinen Begründung in ZIP 1990, 1298 ff.

1470 BR-Drucks. 1/92, 235; *Stoll*, a.a.O., Vf.

1471 Diese Verordnung der DDR wurde nach deren Änderung durch den Einigungsvertrag vom 31.8.1990 zum formellen Gesetz erhoben und nach anderen Novellen am 23.5.1991 neu bekanntgemacht: BGBl. 1991 I, 1185, vgl. Näheres bei *Arnold*, in: Gottwald (Hrsg.), Insolvenzrechtshandbuch, Nachtrag 195f.; *Landfermann*, in: Stoll (Hrsg.), Stellungnahmen und Gutachten, S. 314 Fn. 2. Vgl. auch den Abdruck des Textes und einschlägiger Materialien in ZIP 1990, 1231 ff; *Schmidt*, in: Kilger (Hrsg.), KO, Rnrn. 64 ff. mwN.

1472 BR-Drucks. 1/92, 234; *Hanisch*, in: Fletcher (Hrsg.), S. 124; *Landfermann*, in: FS Merz, S. 375 (375f.); *ders.* in: *Stoll* (Hrsg.), a.a.O., S. 321 und *Stoll*, a.a.O., VI

In der weiteren Folge wurden die Vorschriften über das Internationale Insolvenzrecht als Neunter und letzter Teil in den „Entwurf einer Insolvenzordnung“[1473], der am 21.11.1991 vom Bundeskabinett verabschiedet wurde, aufgenommen. Diese Bestimmungen des Regierungsentwurfs (§§ 379-399) entsprechen im wesentlichen[1474] denen des Referentenentwurfs.[1475] Aufgrund der Beschlußempfehlung des Rechtsausschusses des Deutschen Bundestages wurde dann dieser Teil aus der „Insolvenzordnung“ (InsO) gestrichen und die stark gekürzte Regelung wiederum in das am 21.4.1994 beschlossene „Einführungsgesetz zur Insolvenzordnung“ (Art. 102 EGInsO) integriert. Auf die im Regierungsentwurf vorgesehene umfassende Neuregelung des deutschen Internationalen Insolvenzrechts wurde verzichtet, da der Rechtsausschuß von dem baldigen Abschluß der Arbeiten an dem EuInsÜ ausging, dem durch ausführliche nationale Bestimmungen nicht vorgegriffen werden sollte. Es wurde die Ansicht vertreten, daß für diese Übergangszeit die Festschreibung der wichtigsten durch die Rechtsprechung und Rechtswissenschaft entwickelten Grundsätze des Internationalen Insolvenzrechts genüge.[1476]

Nach einer langen und intensiven Phase der Reformdiskussion zur Neuordnung des Insolvenzrechts und Internationalen Insolvenzrechts hat der Gesetzgeber am 21.04./17.06.1994 die neue Insolvenzordnung (InsO) nebst Einführungsgesetz (EGInsO) verabschiedet. Nach der Ausfertigung am 05.10.1994 und der Verkündung am 18.10.1994 ist sie am 1.1.1999 in Kraft getreten.[1477]

1473 Enthalten in Gesetzentwurf der Bundesregierung, Entwurf einer Insolvenzordnung (InsO), BR-Drucks. 1/92 vom 3.1.1992; sowie samt der Stellungnahme des BR und der Gegenäußerung der BReg in der BT-Drucks. 12/2443 vom 12.4.1992 (diese sind auch wiedergegeben in *Kübler-Prütting*, Neues InsolvenzR I sowie *Uhlenbruck*, Neues InsolvenzR, S. 221 ff.); vgl. zu den Beratungen des BT auch ZIP-Dokumentation, Regierungsentwurf eines Einführungsgesetzes zur Insolvenzordnung, ZIP 1992, 1190.

1474 Vgl. aber §§ 386f. und 390 Abs. 2.

1475 *Stoll* (Hrsg.), Stellungnahmen und Gutachten, VI; ZIP-Dokumentation, Regierungsentwurf einer neuen Insolvenzordnung vom 21.11.1991, ZIP 1991, 1660f.

1476 Beschlußempfehlung und Bericht des Rechtsausschusses (6. Ausschuß) zu dem Gesetzentwurf der BReg, Entwurf eines Einführungsgesetzes zur Insolvenzordnung (EGInsO), BT-Drucks. 12/7303, 117 (diese ist auch wiedergegeben in *Kübler-Prütting*, Neues InsolvenzR II sowie *Uhlenbruck*, Neues InsolvenzR, S. 844 ff.).

1477 BGBl. I, 2866.

aaa) *Der Vorentwurf des BMJ zur Neuordnung des Internationalen Insolvenzrechts (VE) vom 1.3.1989*

(I) *Inhaltsüberblick*

Ausgangspunkt der nationalen Gesetzgebungsakte zur Reform des deutschen Insolvenzrechts und des deutschen IIR ist der Vorentwurf zur Neuordnung des Internationalen Insolvenzrechts (VE) vom 1.3.1989. Dem Umstand Rechnung tragend, daß sich in der Insolvenzordnung verfahrensrechtliche und materiellrechtliche Vorschriften vermengen, faßt der Entwurf sowohl internationalverfahrensrechtliche als auch internationalprivatrechtliche Gegenstände zusammen und kodifiziert das deutsche IIR erstmals umfassend.[1478]

Dem Entwurf liegt das Universalitätsprinzip zugrunde. Dieses findet seinen Niederschlag insbesondere in der Grundnorm des Art. 2 und in den Vorschriften des Zweiten Abschnitts (Artt. 9 ff.). Ein von einem international zuständigen ausländischen Gericht eröffnetes Insolvenzverfahren ist demnach im Inland regelmäßig anzuerkennen (vgl. Art. 9 I). Ein besonderes Anerkennungsverfahren ist nicht vorgesehen. Die Wirkungen des ausländischen Verfahrens unterliegen grundsätzlich dem Recht des Staates, in dem das Verfahren eröffnet ist (Art. 2).

Soweit der Entwurf vom Vorrang eines inländischen Insolvenzverfahrens ausgeht, findet ein Einheitsverfahren über das gesamte in- und ausländische Vermögen des Schuldners nicht statt. So sind etwa die Insolvenzfähigkeit der Schuldner, die Behandlung dinglicher Sicherheiten und der Rang der Forderungen sowie deren Anmeldbarkeit im Verfahren unterschiedlich ausgestaltet.[1479] Ein nationales, territorial beschränktes Sekundärverfahren (vgl. Artt. 1 II, 9 I, 26), das nach der deutschen InsO abgewickelt wird, kann bei inländischer Niederlassung (Art. 26 I) oder bei bloßer Vermögensbelegenheit im Inland (Art. 26 II) eröffnet werden, wenn der Wert des inländischen Vermögens nicht außer Verhältnis zu den Kosten des Verfahrens steht, die Durchführung eines Sekundärverfahrens also nicht offensichtlich unwirtschaftlich wäre. Die eigentliche Abwicklung des Inlandsverfahrens wird dabei den Belangen des anerkannten Auslandsverfahrens in dem Maße untergeordnet, wie es die schutzwürdigen Interessen der inländischen Verfahrensbeteiligten gestatten.[1480] Der Entwurf führt damit Lösungsansätze weiter, die das Kapitel über Sekundärkonkurse des Europaratsübereinkommens beeinflußt haben.[1481]

1478 Vgl. Begründung zum Vorentwurf vom 1.3.1989, in: *Stoll* (Hrsg.), Stellungnahmen und Gutachten, S. 14 [35].

1479 Vgl. Begründung, a.a.O., S. 19 [42].

1480 Vgl. Begründung, a.a.O., S. 22 [47].

1481 Begründung, a.a.O., S. 22 [47].

(II) Die Behandlung ausländischer Vorzugsrechte nach dem Entwurfstext

Der Grundkollisionsnorm des Art. 2 zufolge werden das Insolvenzverfahren und seine Wirkungen grundsätzlich dem Recht des Staates der Verfahrenseröffnung unterworfen. Eine abweichende Kollisionsregel enthält Art. 3 hinsichtlich der insolvenzrechtlichen Behandlung dinglicher Rechte, insbesondere dinglicher Kreditsicherheiten. So unterliegt die *Ausübung* eines dinglichen Rechts insolvenzrechtlichen Beschränkungen (der lex fori concursus) nur, wenn der Gegenstand des Rechts bei der Eröffnung des Verfahrens im Staat der Verfahrenseröffnung belegen war (vgl. Art. 3).

(III) Die Entwurfsbegründung vom 14./15. 07. 1989

Dem Vorentwurf (VE) von Vorschriften zur Neuordnung des IIR vom 1.3.1989 ist eine recht umfangreiche Begründung beigefügt, die neben allgemeinen Ausführungen zum Regelungsbedürfnis, zum wesentlichen Inhalt und zur Vorgeschichte der Reform zu den einzelnen VE-Bestimmungen Stellung nimmt.

Dem Entwurf liegt nach Auffassung der Begründung die Grundentscheidung für das Universalitätsprinzip zugrunde (vgl. Artt. 2, 9 ff.). Dieser gestehe dem ausländischen Verfahren grds. die gleichen internationalen Wirkungen zu, die er im Falle eines Inlandsverfahrens für dieses beanspruche (vgl. Art. 21 S. 1).[1482] Eine schrankenlose Anerkennung der insolvenzrechtlichen Wirkungen von Auslandsverfahren lehnt die Begründung jedoch ab; dies käme einem „Sprung ins Dunkle" gleich und sei rechtspolitisch nicht zu verantworten[1483].

Unter der Überschrift „Allseitige Kollisionsnormen für einzelne, besonders bedeutsame Regelungsgegenstände" wird Art. 3 erwähnt. Nach Meinung der Begründung werden dingliche Rechte nach dieser Vorschrift insolvenzrechtlichen Beschränkungen nur dann unterworfen, wenn das Insolvenzstatut und das für dingliche Rechte grds. maßgebliche Belegenheitsstatut[1484] zusammenfielen.[1485] Auf diese Weise würden schwierige Anpassungsprobleme, die sich bei der Berücksichtigung fremdartiger dinglicher Rechte ergäben, vermieden.

1482 Begründung, S. 17 [39].

1483 Begründung, S. 17 [39].

1484 Bei Rechten an Sachen verursacht das Tatbestandsmerkmal der Belegenheit keinerlei Schwierigkeiten. Bei Rechten an Forderungen oder an anderen Rechten, etwa an Immaterialgüterrechten, ist nach allgemeinen kollisionsrechtlichen Grundsätzen darüber zu befinden, in welchem Staat der Rechtsgegenstand belegen war. Vgl. Begründung, a.a.O., S. 29 [57].

1485 Begründung, S. 24 [50] und S. 28 [56].

Art. 2 bezeichnet die Begründung als „Grundnorm des deutschen IIR". Das Insolvenzverfahren und seine Wirkungen werden – so die Stellungnahme – grds. dem Recht des Staates der Verfahrenseröffnung unterworfen.[1486] In Art. 3 erblickt die Erläuterung dagegen eine „allseitige Kollisionsnorm", die die insolvenzrechtliche Behandlung dinglicher Rechte, insbesondere dinglicher Kreditsicherheiten, regele.[1487] Gem. Art. 3 sollen insolvenzrechtliche Beschränkungen der Rechtsausübung nur dann wirken, wenn der Rechtsgegenstand bei der Verfahrenseröffnung im Eröffnungsstaat belegen war.[1488] Nach Meinung der Begründung müssen das Insolvenzstatut und das für dingliche Rechte grds. maßgebliche Belegenheitsstatut also identisch sein.[1489] Hierdurch wird ausweislich der Stellungnahme ein „weitgehender Schutz der dinglichen Rechte vor den *Auswirkungen*[1490] fremder Insolvenzverfahren" gewährleistet.[1491] Zugleich werde die Abwicklung des Verfahrens erleichtert, da nur solche Rechte in das Verfahren eingebunden würden, auf welche dieses zugeschnitten sei. Anpassungsprobleme, wie sie die Berücksichtigung fremdartiger dinglicher Rechte zur Folge hätte, würden weitgehend vermieden.[1492]

Nach Ansicht der Begründung regelt Art. 3 lediglich insolvenzrechtliche Beschränkungen der Ausübung eines dinglichen Rechts, nicht aber dessen Bestand oder Rang.[1493] Die Frage beispielsweise, ob das Insolvenzverfahren die Befugnisse des Inhabers eines dinglichen Rechts erweitert, regele diese Vorschrift nicht. Auch auf die Frage, ob ein dingliches Recht „konkursfest", also im Insolvenzverfahren überhaupt wirksam ist, gibt Art. 3 nach Meinung der Erläuterung keine Antwort.[1494] So sei es nicht der Sinn der Vorschrift, etwa einem nach französischem Recht begründeten verlängerten Eigentumsvorbehalt, dem in Frankreich keine Drittwirksamkeit im Konkurs zukomme, diese in einem Inlandsverfahren beizulegen, wenn sich der Gegenstand bei Verfahrenseröffnung im Inland befand.[1495]

1486 Vgl. Begründung, S. 28 [55].

1487 Begründung, S. 28 [55].

1488 Wird der Gegenstand eines dinglichen Rechts nach der Verfahrenseröffnung aus dem Eröffnungsstaat verbracht, so soll es allerdings der Begründung zufolge bei der Anwendung der insolvenzrechtlichen Beschränkungen bleiben, vgl. Begründung, a.a.O., S. 28 [56].

1489 Vgl. Begründung, S. 28 [56].

1490 Hervorhebung des Autors.

1491 Begründung, S. 28 [56].

1492 Begründung, S. 28 [56].

1493 Begründung, S. 29 [57].

1494 Begründung, S. 29 [57].

1495 Begründung, a.a.O.

(IV) Wertung

Festzuhalten ist zunächst, daß der Entwurf – anders als die bereits besprochenen Vorentwürfe zu einem EG-Konkursübereinkommen von 1970, 1980, 1984 – von seiner Konzeption deutlich der aktuellen europäischen Regelung des EuInsÜ/der EuInsVO angenähert ist. So geht der deutsche Reformentwurf vom Grundsatz der eingeschränkten Universalität des Insolvenzverfahrens aus. Zugelassen werden erstmals – in Anlehnung an das EuRÜ – territoriale Zweitverfahren (vgl. Artt. 28 ff.), wobei allerdings nicht danach unterschieden wird, ob das Inlandsverfahren vor oder nach dem anzuerkennenden Auslandsverfahren eröffnet worden ist. Die maßgebliche Bestimmung für die Behandlung ausländischer Sicherungsrechte – Art. 3 („Dingliche Rechte") – ist in den ersten Abschnitt („Allgemeine Vorschriften") vorgezogen und in unmittelbaren Anschluß an die Grundkollisionsnorm des VE (Art. 2) gestellt. Grundsätzlich unterliegen das Insolvenzverfahren und seine (verfahrens- und materiellrechtlichen) Wirkungen dem Recht des Staates, in dem das Verfahren eröffnet worden ist. Art. 3 ist offensichtlich als Ausnahmebestimmung zu der generellen Maßgeblichkeit der lex fori concursus für derlei Wirkungen konzipiert. Danach unterliegt die *Ausübung* eines dinglichen Rechts insolvenzrechtlichen Beschränkungen nur, wenn der so gesicherte Gegenstand im Verfahrensstaat belegen ist. Wegen des unmittelbaren Bezugs zu Art. 2 stellt Art. 3 daher eine – wenn auch indirekte – Kollisionsnorm dar. Nach Ansicht des Verfassers unzutreffend bezeichnet die Begründung Art. 3 als „allseitige Kollisionsnorm" (s.o.). Da sich der Regelungsgehalt dieser Vorschrift darauf beschränkt festzulegen, wann das Recht des Eröffnungsstaates anzuwenden ist, nicht aber die Geltung ausländischen Rechts (insbesondere der lex rei sitae) bei Belegenheit von Sicherungsgut im Nichteröffnungsstaat anordnet, handelt es sich lediglich um eine einseitige Kollisionsnorm.

Bedauerlicherweis macht Art. 3 nur Vorgaben für die Ausübung des fraglichen Rechts mit Blick auf insolvenzbedingte Einschränkungen. Nach den eindeutigen Ausführungen der Entwurfsbegründung wird dagegen die (Haupt-) Frage der insolvenzrechtlichen Wirkung im Sinne einer Entscheidung über die Insolvenzfestigkeit dinglicher Rechte nicht behandelt. Mangels ausdrücklicher Regelung ist auch insoweit – vergleichbar mit den Vorentwürfen zu einem EuInsÜ von 1970, 1980, 1984 (s.o.) – an einen Rückgriff auf die kollisionsrechtliche Grundnorm des Art. 2 mit ihrer Berufung des Rechts des Eröffnungsstaates zu denken; lediglich insolvenzbedingte Beschränkungen der lex fori concursus scheiden wegen Art. 3 eindeutig aus. Im übrigen werden aber dingliche Sicherheiten ins Verfahren einbezogen.

Gleichfalls nicht geregelt wird im VE – anders als im EuRÜ (s.o.) – die Vorfrage nach dem für die wirksame Begründung maßgeblichen Recht. Hier muß es demzufolge bei der Geltung des IPR und damit der lex rei sitae bleiben.

Bemerkenswert ist, daß der VE die separate Regelung von Eigentumsvorbehalten und sonstigen Sicherheiten ausdrücklich aufgibt. Allerdings ist angesichts der Überschrift des Art. 3 VE („Dingliche Rechte“) zweifelhaft, ob auch Eigentumsvorbehalte dem Schutz dieser Bestimmung unterfallen, den dinglichen Rechten also insoweit gleichgesetzt werden sollen. Daß der Gesetzgeber die Situation des lediglich aufschiebend bedingten Eigentumserwerbs im internationalen Konkursfall inzwischen als nicht mehr schutzbedürftig bzw. – würdig angesehen hat, wird man aber wohl nicht unterstellen können. Zudem findet sich im eigentlichen Text des Art. 3 VE die Beschränkung auf dingliche Rechte gerade nicht.

Für die Auslegung der Artt. 5, 7 EuInsVO enthalten die Vorschriften der Artt. 2, 3 VE zumindest insoweit eine Orientierungshilfe, als der Schutz der dinglichen Rechte nicht durch eine kollisionsrechtliche Ausnahmeberufung etwa der lex rei sitae gewährleistet werden soll. Für unanwendbar erklärt werden im Belegenheitsstaat durch Art. 3 VE lediglich solche Vorschriften der lex fori concursus, die für die uneingeschränkte Verwertbarkeit nachteilige Folgewirkungen der Verfahrenseröffnung normieren und sich damit für den ausländischen Sicherungsnehmer als nachteilig erweisen. Entsprechende Beeinträchtigungen aufgrund der Anwendung des Rechts des Eröffnungsstaates enden an der Staatsgrenze. Eine generelle Ausnahme zum Universalitätsprinzip bezogen auf den Bereich der Sicherungsrechte liegt darin jedoch nicht, da Art. 3 an der universellen Beschlagnahmewirkung nichts ändern soll.

bbb) Der Vorentwurf des BMJ zur Neuordnung des IIR (VE), Neuformulierung einzelner Bestimmungen vom 22.9.1989

(I) Inhaltsüberblick

Änderungen gegenüber dem Vorentwurf vom 1.3.1989 hinsichtlich der konkursrechtlichen Behandlung ausländischer Vorzugsrechte enthält die Vorentwurfsfassung vom 22.9.1989, die einzelne Bestimmungen des Vorentwurfs vom 1.3.1989 neu formuliert.

Zunächst findet sich auch in diesem Vorentwurf zur Neuordnung des deutschen IIR eine Sondervorschrift für Sicherungsrechte, vgl. Art. 3 n.F.: „(1) Das Recht eines Dritten an einem Gegenstand des Schuldnervermögens unterliegt den

Wirkungen[1496] des Insolvenzverfahrens nur, wenn sich der Gegenstand des Rechts bei der Eröffnung des Verfahrens im Staat der Verfahrenseröffnung befand.“ Verglichen mit Art. 3 a.F. des VE weist sie jedoch erhebliche Abweichungen auf. Abs.1 der neuen Regelung ist zum einen allgemeiner gehalten. Während die Vorauflage eine Ausnahme von der grundsätzlichen Geltung der lex fori concursus nur in bezug auf *insolvenzrechtliche Beschränkungen* der *Ausübung* eines dinglichen Rechts anordnete, werden nach der Neufassung Rechte Dritter umfassend von den *Wirkungen* des Insolvenzverfahrens freigestellt, sofern der Gegenstand bei Eröffnung des Verfahrens außerhalb des Eröffnungsstaates belegen war. Genereller bezieht sich Art. 3 n.F. zum anderen nunmehr auf „Rechte Dritter“. Art. 3 a.F. war dagegen mit „Dingliche Rechte“ überschrieben. Der Eigentumsvorbehalt wird damit zweifellos in den Schutzbereich des Art. 3 n.F. einbezogen. Weniger bedeutsam in diesem Zusammenhang ist demgegenüber die Erweiterung des Art. 3 um einen weiteren – inhaltsgleichen – Absatz für Luft-, Wasser- und Schienenfahrzeuge.

Entscheidende Änderungen enthält der neue VE überdies mit den die Vorschrift des Art. 3 n.F. flankierenden Bestimmungen der Artt. 17, 17 a n.F. Diese regeln die Behandlung von Rechten Dritter, die am unbeweglichen (Art. 17 n.F.) bzw. am beweglichen Vermögen (Art. 17a n.F.) belegen sind. Art. 17 Abs. 1 ordnet an, daß im Falle der Zwangsversteigerung aus einem solchen Recht, das in einem inländischen Insolvenzverfahren ein Absonderungsrecht gewähren würde, das Vollstreckungsgericht auf Antrag des Insolvenzverwalters das Versteigerungsverfahren auf die Dauer von bis zu 3 Monaten einstellen kann, wenn 1. der Gegenstand für eine Fortführung des Unternehmens oder für die Vorbereitung der Veräußerung eines Betriebs oder einer anderen Gesamtheit von Gegenständen benötigt wird, oder 2. in sonstiger Weise durch die Versteigerung die angemessene Verwertung der Insolvenzmasse wesentlich erschwert würde. Besteht das Recht an einer Sache, so ist der Verwalter nicht berechtigt, diese ins Ausland zu verbringen (vgl. Art. 17 I 2). Art. 17a I n.F. hingegen legt einem Gläubiger, der an einem im Inland befindlichen und zur Insolvenzmasse gehörenden Gegenstand ein Recht hat, das im Inlandskonkurs zur abgesonderten Befriedigung berechtigen würde, eine Unterlassungspflicht auf. So hat er auf Verlangen des Insolvenzverwalters die Verwertung des Gegenstandes auf bis zu 3 Monate zu unterlassen, wenn ein inländischer Verwalter berechtigt wäre, den Gegenstand beim Schuldner in Besitz zu nehmen oder vom Gläubiger herauszuverlangen, zu nutzen und zu verwerten. Für den Fall, daß das Recht an einer Sache besteht, ist der Verwalter nicht berechtigt, diese ins Ausland zu verbringen. Besitzt der Gläubiger die Sache, so kann er diese auf Kosten der Insolvenzmasse hinterlegen oder

1496 Hervorhebung des Autors.

angemessen verwahren lassen. Die jeweiligen Absätze 2 der Artt. 17, 17 a statuieren die Pflicht, dem betroffenen Sicherungsgläubiger die Zinsen zu zahlen. Die Artt. 17 III, 17 a III enthalten eine den Absätzen 1 vergleichbare Regelung bei der Durchführung von Zwangsvollstreckungsmaßnahmen auf Veranlassung des Gläubigers. Nach Art. 17 a IV schließlich soll die Bestimmung des Art. 3 unberührt bleiben, wobei dieser 4. Absatz – wie auch Art. 17 III – mit Klammern versehen ist.

(II) Die Anmerkungen zur Neuformulierung einzelner Bestimmungen vom 22.9.1989 seitens des BMJ

Der revidierten Vorentwurfsfassung vom 22.9.1989 wurden Anmerkungen des Bundesministeriums für Justiz (BMJ) beigefügt. Was den Regelungsgehalt der neuen Fassung des Art. 3 angeht, insbesondere welche Rechtsordnung über die Hauptfrage insolvenzrechtlicher Wirkungen bzw. die Vorfrage der wirksamen Begründung von Rechten Dritter entscheiden soll, schweigt sich die Anmerkung leider aus. Vielmehr beschränkt sich die Erläuterung auf die Feststellung, diese Bestimmung trage dem Beschluß der Kommission inhaltlich Rechnung.[1497] Im übrigen wird [„zur Abfederung"] auf die Kommentierung der Artt. 17, 17 a verwiesen. Unklar ist daher vor allem, ob für die Deutung zumindest des Art. 3 I n.F. die Begründung in Art. 3 a.F. Geltung beansprucht, oder aber mit der Neufassung eine wesentliche Inhaltsänderung verbunden ist.

Die Artt. 17, 17 a stellen der Gesetzesanmerkung zufolge „Abfederungsklauseln" zu Art. 3 für Absonderungsrechte an Immobilien bzw. Mobilien dar.[1498] Danach solle durch Sachnorm sichergestellt werden, daß ein ausländischer Verwalter – unabhängig vom Insolvenzstatut – ein „Minimalrecht zur Einwirkung" auf so gesicherte Massegegenstände habe. Dieses solle der Masse lediglich eine „Atempause" und Zeit für Verhandlungen verschaffen.[1499] Ein eigenes Verwertungsrecht des Verwalters sei nicht vorgesehen. Die Interessen des Sicherungsgläubigers sollen daher – so die Anmerkung – durch die in Artt. 17 II, 17 a II auferlegte Pflicht zur Zinszahlung (lückenlos) geschützt werden.[1500] Art. 17 III hält die Erläuterung möglicherweise für entbehrlich.[1501] Für den gleichfalls eingeklammerten Art. 17 a IV, wonach Art. 3 VE unberührt bleiben soll, hebt die Anmerkung hervor, daß nach Abs. 4 weitergehende Befugnisse des Verwalters

1497 Vgl. Anmerkung, S. 151 [27].
1498 Vgl. Anmerkung, S. 153 [10, 11].
1499 Vgl. Anmerkung, S. 153 [10, 11, 12].
1500 Vgl. Anmerkung, a.a.O.
1501 Anmerkung, S. 153 [10].

für den Fall des nach Eröffnung erfolgten Statutenwechsels nach dem Insolvenzstatut erhalten bleiben sollen.[1502]

(III) Die Stellungnahme der Sonderkommission „IIR" des Deutschen Rates für IPR vom 27./28.10.1989 zu den VEen des BMJ zur Neuordnung des IIR von 1989

Wesentlich aufschlußreicher für die kollisionsrechtliche Behandlung ausländischer Sicherungsrechte ist die zu beiden Vorentwürfen von 1989 ergangene zusammenfassende Stellungnahme der Sonderkommission.[1503]

Einleitend wird zunächst darauf hingewiesen, es werde eine „gewisse Abstimmung der nationalen Vorschriften mit dem Entwurf des Europarates für ein Europäisches Übereinkommen über gewisse Aspekte des Konkurses von 1989" angestrebt.[1504] Sodann geht die Stellungnahme auf die Einzelbestimmungen der Vorentwürfe ein. Hinsichtlich der kollisionsrechtlichen Grundnorm des Art. 2 beschränkt sich die Würdigung auf die Feststellung, die Kommission habe der in Art. 2 getroffenen Grundentscheidung, daß das Insolvenzverfahren und seine Wirkungen im allgemeinen dem Recht des Staates der Verfahrenseröffnung als dem „Insolvenzstatut" unterliegen, zugestimmt.[1505] Unter der Überschrift „Dingliche Wirkungen des Insolvenzverfahrens (Art. 3)" erläutert die Stellungnahme im Anschluß die Regelung über (dingliche) Rechte Dritter. Erläutert wird offensichtlich Art. 3 n.F., da Art. 3 a.F. der eindeutigen Gesetzesbegründung zufolge die Frage der dinglichen Wirkung des Rechts gar nicht regelt (s.o.).

Nach Meinung der Sonderkommission geht der VE davon aus, daß das Insolvenzstatut (Art. 2) auch insoweit, als es mit der Verfahrenseröffnung dingliche Wirkungen verbindet, universelle Geltung habe, gleichviel wo die betroffenen Gegenstände des Schuldners sich befänden.[1506] Daraus ergebe sich insbesondere, daß die Beschlagnahmewirkung eines anzuerkennenden ausländischen Hauptverfahrens auch das im Inland belegene Schuldnervermögen erfasse. Hervorgehoben wird, daß „die leicht mißverständliche Vorschrift des Art. 3 VE" an dieser Grundregel nichts ändern wolle.[1507] Sie solle vielmehr – so die Stellungnahme des Deutschen Rates – allein [ausländische] dingliche Rechte Dritter bzw. sonstige Drittrechte[1508] an Gegenständen des Schuldnervermögens von der dinglichen

---

1502 Anmerkung, S. 154 [12].
1503 Abdruck bei *Stoll* (Hrsg.), Stellungnahmen und Gutachten, S. 265 ff.
1504 Sonderkommission, a.a.O., S. 265.
1505 Sonderkommission, a.a.O., S. 268.
1506 Vgl. Sonderkommission, a.a.O., S. 268.
1507 Sonderkommission, a.a.O., S. 269.
1508 Vgl. Sonderkommission, a.a.O., S. 269.

Einwirkung des Insolvenzstatuts[1509] freistellen", [sofern solche Gegenstände bei der Eröffnung des Verfahrens außerhalb des Staates der Verfahrenseröffnung belegen seien].[1510] Nach Ansicht der Kommission würde der Sicherungswert solcher Rechte in Frage gestellt, wenn der Berechtigte verpflichtet wäre, das Sicherungsgut an einen ausländischen Insolvenzverwalter nach Maßgabe des Insolvenzstatuts herauszugeben.[1511] Mit Blick auf die befürchteten außerordentlichen praktischen Schwierigkeiten im Fall der Kumulation von Insolvenz- und Belegenheitsstatut habe man sich somit dafür entschieden, „von vornherein auf jede Einwirkung auf Drittrechte an ausländischen Vermögensgegenständen des Schuldners zu verzichten".[1512] Im Ergebnis – darauf weist auch die Stellungnahme hin[1513] – werden die betreffenden Drittrechte somit bessergestellt als bei inländischer Verfahrenseröffnung. Die dem Recht des Belegenheitsstaates entsprechenden insolvenzrechtlichen Wirkungen könnten aber jederzeit durch Eröffnung eines Partikularverfahrens in diesem Staat herbeigeführt werden.[1514] Angesichts dieser „einschneidenden Wirkung für die Abwicklung des Insolvenzverfahrens, die die Überlassung der außerhalb des Staates der Konkurseröffnung belegenen Gegenstände des Schuldnervermögens an Drittberechtigte" zur Folge habe, sei eine Abfederungsklausel vonnöten, die es dem Insolvenzverwalter gestatte, die Verwertung solcher Gegenstände durch Drittberechtigte für eine befristete Zeitspanne gerichtlich aussetzen zu lassen.[1515]

(IV) Wertung

Eine Untersuchung der Stellungnahme der Sonderkommission des Deutschen Rates zu den maßgeblichen Bestimmungen der Artt. 3 n.F., 17, 17 a VE hat ergeben, daß hinsichtlich der Hauptfrage der insolvenzrechtlichen Wirkung (ausländischer) dinglicher Sicherungsrechte eine gegenüber Art. 3 a.F. wesentliche Formulierungsänderung erfolgt ist: Ausgeblendet wird die lex fori concursus nicht nur in bezug auf insolvenzrechtliche Beschränkungen der Ausübung eines dinglichen Rechts. Vielmehr werden solche Rechte umfassend von den dinglichen Wirkungen der Verfahrenseröffnung sowohl nach Maßgabe der lex fori concursus als auch der lex rei sitae freigestellt.

1509 Hervorhebung des Autors.
1510 Vgl. Sonderkommission, a.a.O., S. 269
1511 Sonderkommission, a.a.O., S. 269.
1512 Vgl. Sonderkommission, a.a.O., S. 269.
1513 Vgl. Sonderkommission, a.a.O., S. 269.
1514 Sonderkommission, a.a.O., S. 269.
1515 Vgl. Sonderkommission, a.a.O., S. 270.

Nicht ganz eindeutig ist jedoch, wie diese „Freistellung der Rechte Dritter von der dinglichen Einwirkung des Insolvenzstatuts"[1516] praktisch umzusetzen ist. Die Begründung zum VE durch das BMJ gibt hierfür nichts her. Nach dem Wortlaut des Art. 3 I geht es um eine Befreiung „von den *Wirkungen* des *Insolvenzverfahrens*". Die Bestimmung könnte somit bei den Anerkennungswirkungen des Verfahrens ansetzen und die Erstreckung der Wirkungen in den Belegenheitsstaat bezogen auf Sicherungsrechte generell verweigern. *Drobnig*[1517] zufolge verzichtet der Eröffnungsstaat von vornherein auf die Einbeziehung entsprechender Rechte ins Verfahren. Seinem Verständnis nach schränkt Art. 3 n.F. bereits den extraterritorialen Geltungsanspruch des Eröffnungsstaates ein und nimmt derartige Rechte damit im Ergebnis von der Beschlagswirkung aus. Nach der eindeutigen Einschätzung der Sonderkommission dagegen soll Art. 3 an der grundsätzlichen (verfahrensrechtlichen) Anerkennung des Eröffnungsbeschlusses und seiner Folgewirkungen im Inland nichts ändern.[1518] Entsprechende Rechte werden daher ins Verfahren einbezogen und vom extraterritorialen Geltungsanspruch des Eröffnungsstaates erfaßt. Diese werden vielmehr lediglich „von der dinglichen Einwirkung des *Insolvenzstatuts*[1519]" zur Erhaltung des Sicherungswertes des Rechts freigestellt.[1520] Es geht also offenbar nur um die umfassende Befreiung von den Wirkungen der lex fori concursus, die in das dingliche Recht eingreifen, d.h. dessen Sicherungswirkung beeinträchtigen. Daß sich die Freistellung auf solche für die Verwertung nachteilige Wirkungen, die aus der Anwendung der lex fori concursus resultieren, beschränkt, wird zwar von der Sonderkommission nicht so ausdrücklich herausgestellt. Da Art. 3 aber an der universellen Beschlagnahme sämtlicher Vermögensgegenstände des Schuldners nichts ändern will, kann diese Bestimmung nur so verstanden werden, daß nicht jedwede materiellen Folgewirkungen der Verfahrenseröffnung nach Maßgabe der lex fori concursus, sondern nur die den Sicherungswert minimierenden Anordnungen dieser Rechtsordnung ausgeblendet werden sollen.

Für die Auslegung der Artt. 5, 7 EuInsVO ergeben sich aus der Analyse des Art. 3 n.F. folgende beachtenswerten Aspekte: Art. 3 n.F. setzt bei den Anerkennungswirkungen des Insolvenzverfahrens und nicht – wie Art. 14 II lit. a EuRÜ – bei dessen universaler Geltung an. Dem VE vom 22.9.1989 liegt damit eine anerkennungsrechtliche Lösung zugrunde. Art. 3 n.F. ist allseitig gefaßt, gilt also für den Inlands- und Auslandskonkurs gleichermaßen. Eine Einschränkung er-

---

1516 Vgl. Stellungnahme der Sonderkommission, a.a.O., S. 269.

1517 *Drobnig*, in: Stoll (Hrsg.), Stellungnahmen und Gutachten, S. 177 (178f. und 180: „Ausklammerung im Ausland belegener Sicherungsrechte").

1518 S.o., a.a.O.

1519 Hervorhebung des Autors.

1520 S.o., a.a.O.

führt Art. 3 durch die Regelungen der Artt. 17, 17 a, die – beschränkt auf den Auslandskonkurs – dem ausländischen Insolvenzverwalter gewisse Einwirkungsrechte auf dingliches Sicherungsgut zugestehen. Da diese einseitig formulierten Bestimmungen ersichtlich deutsche Verwalter in der umgekehrten Situation des Inlandskonkurses von solchen Befugnissen ausschließen, stehen ausländische Sicherungsrechtsinhaber günstiger da.[1521] Was hingegen das Sicherungsgut selbst angeht, wird dieses – der Grundregel des Art. 2 zufolge – in das Verfahren einbezogen und dessen Wirkungen unterstellt.[1522] Hinsichtlich der Vorfrage der wirksamen Begründung des Rechts gilt mangels ausdrücklicher Regelung das IPR der lex fori.

ccc) Der Referentenentwurf eines Einführungsgesetzes zum Gesetz zur Reform des Insolvenzrechts (RefE EGInsO) vom 1.9.1990

(I) Inhaltsüberblick

Im Anschluß an den Vorentwurf des Bundesministeriums für Justiz zur Neuordnung des Internationalen Insolvenzrechts vom 22.9.1990 ist ein Referentenentwurf über ein Einführungsgesetz zum Gesetz zur Reform des Insolvenzrechts (RefE EGInsO) vom 1.9.1990[1523] ergangen. Dieser Gesetzentwurf ergänzt den Referentenentwurf eines Gesetzes zur Reform des Insolvenzrechts (RefE InsO) nach dem Stand vom 1. November 1989, dessen Artikel 1 den Entwurf der Insol-

---

1521 *Drobnig*, in: Stoll (Hrsg.), Stellungnahmen und Gutachten, S. 177 (179). Mit Blick auf die Ungleichbehandlung ausländischer und deutscher Insolvenzverwalter aufgrund der Regelungen der Artt. 17, 17 a n.F. und der daraus resultierenden Privilegierung dinglicher Sicherungsgläubiger im Auslandskonkurs gegenüber denjenigen im Inlandskonkurs hält *Drobnig* die Artt. 3, 17, 17 a n.F. für verfehlt, vgl. a.a.O., S. 179. Richtigerweise – so *Drobnig* – sei Art. 3 im Sinne einer Kumulation von Insolvenz- und Sachstatut wie folgt zu formulieren: „Art. 3: Rechte Dritter: Die Wirkungen des Insolvenzverfahrens auf das Recht eines Dritten an einem Gegenstand der Masse bestimmen sich nur insoweit nach Art. 2, als diese Wirkungen auch nach dem Recht des Staates eintreten, in dem der Gegenstand bei Eröffnung des Verfahrens belegen ist.“ Die Artt. 17, 17 a sollten nach Meinung *Drobnigs* gestrichen werden, vgl. a.a.O., S. 182. Ablehnend für Art. 3 n.F. auch *Thieme*, in: Stoll (Hrsg.), Stellungnahmen und Gutachten, S. 212 (248).

1522 So auch *Drobnig*, in: Stoll (Hrsg.), Stellungnahmen und Gutachten, S. 177 (179) unter Hinweis darauf, daß ein etwaiger Überschuß der Masse zustehe.

1523 Abdruck bei *Stoll*, Stellungnahmen und Gutachten, S. 278 ff. Dieser Gesetzentwurf ergänzt den Referentenentwurf eines Gesetzes zur Reform des Insolvenzrechts nach dem Stand vom 1.11.1989, dessen Artikel 1 den Entwurf der Insolvenzordnung bildet.

venzordnung bildet (EInsO).[1524] Er besteht aus drei Teilen: Den Vorschriften zum Internationalen Insolvenzrecht, den Folgeänderungen im Zusammenhang mit der Insolvenzrechtsreform sowie den Übergangs- und Schlußvorschriften.

Im ersten Abschnitt des ersten Teils „Internationales Insolvenzrecht", der *Allgemeine Vorschriften* enthält, findet sich in Art. 1 eine den Vorentwürfen entsprechende Grundkollisionsnorm des Entwurfs: Nach dem Grundsatz des Art. 1 unterliegen das Insolvenzverfahren und seine Wirkungen, soweit nichts anderes bestimmt ist, dem Recht des Staates, in dem das Verfahren eröffnet worden ist. Grundsätzlich berufen ist hiernach also die lex fori concursus. Eine spezielle Anordnung für dingliche Rechte Dritter trifft der zweite Abschnitt des Referentenentwurfs, der *Ausländische Insolvenzverfahren* zum Gegenstand hat, in Art. 11. Danach wird das Recht eines Dritten an einem Gegenstand der Insolvenzmasse *von der Eröffnung* des ausländischen Insolvenzverfahrens *nicht berührt*, wenn der Gegenstand zur Zeit der Eröffnung im Inland belegen war. Der dritte Abschnitt beschäftigt sich mit der Eröffnung von *Sonderinsolvenzverfahren über das Inlandsvermögen* des Schuldners. Nach Art. 14 kann ein solches Sekundärverfahren unter Maßgabe des Rechts des Belegenheitsstaates bereits bei bloßer Vermögensbelegenheit beantragt werden; das Vorhandensein einer Niederlassung des Schuldners im Inland wird gerade nicht vorausgesetzt (vgl. Art. 14 Abs. 1).

(II) Die Begründung zum Referentenentwurf

Dem Referentenentwurf vom 1.9.1990 ist eine recht ausführliche Begründung beigefügt.[1525] Diese gibt neben allgemeinen Erwägungen zum Begriff des Internationalen Insolvenzrechts, zur Entwicklung des geltenden Rechts und den Bestrebungen zur Rechtsvereinheitlichung zunächst einen Überblick über den geschichtlichen Verlauf zu den Vorarbeiten des Entwurfs. Sodann erfolgt eine Darstellung des wesentlichen Inhalts, der im Folgenden untersucht werden soll.

(1) Grundentscheidung für das Universalitätsprinzip

Unter der Überschrift „Grundentscheidung für das Universalitätsprinzip" betont die Begründung einleitend, der Entwurf halte an dem Grundsatz fest, daß nicht nur inländischen Insolvenzverfahren universelle Wirkungen zukämen, sondern in

---

1524 Vgl. Begründung zum RefE EGInsO, abgedruckt in: *BMJ* (Hrsg.), Referentenentwurf, Einführungsgesetz zum Gesetz zur Reform des Insolvenzrechts, S. 1.

1525 Abdruck bei *Stoll* (Hrsg.), Stellungnahmen und Gutachten, S. 286 ff. Abdruck der Begründung auch in: *BMJ* (Hrsg.), Referentenentwurf, Einführungsgesetz zum Gesetz zur Reform des Insolvenzrechts.

gleicher Weise auch ausländischen Verfahren.[1526] Für ausländische Verfahren findet die Entscheidung für das Universalitätsprinzip nach Auffassung der Begründung ihren Niederschlag in den Vorschriften des Zweiten Abschnitts (Artt.6-13).

In dem Bemühen, die Ausprägung dieses Universalitätsgedankens zu belegen, gehen die Materialien sodann chronologisch auf die einzelnen Bestimmungen des Zweiten Abschnitts ein.[1527] Der Entwurf gesteht dem ausländischen Verfahren ausweislich der Begründung grundsätzlich die gleichen internationalen Wirkungen zu, die im Falle eines Inlandsverfahrens für dieses beansprucht werden.[1528] Auf Art. 11 geht die Begründung in diesem Zusammenhang als einzige Bestimmung des 2. Abschnitts nicht ein. Insoweit liegt der Schluß nahe, daß die Grundentscheidung des Entwurfs für das Universalitätsprinzip durch diese Vorschrift durchbrochen wird.

(2) Grenzen der Anerkennung ausländischer Insolvenzverfahren

Liest man in der Begründung weiter, wird dieser Schluß sogleich bestätigt. So nennt sie im Folgeabschnitt „Grenzen der Anerkennung ausländischer Insolvenzverfahren" Art. 11. Zunächst stellen die Materialien klar, daß „eine schrankenlose Anerkennung der insolvenzrechtlichen Wirkungen von Auslandsverfahren rechtspolitisch nicht zu verantworten" sei.[1529] Verwiesen wird auf die vielgestaltigen Verfahren und Rechtsinstitute in den jeweiligen ausländischen Rechtsordnungen mit ihren unterschiedlichen rechts-, wirtschafts- und sozialpolitischen

---

1526 Vgl. Begründung, *BMJ* (Hrsg.), a.a.O., S. 8.

1527 So ist folgendes zu lesen: „Ein von einem international zuständigen ausländischen Gericht eröffnetes Insolvenzverfahren ist danach im Inland regelmäßig anzuerkennen (Art. 6 Nr. 1). Die Wirkungen des ausländischen Verfahrens unterliegen grundsätzlich dem Recht des Staates, in dem das Verfahren eröffnet worden ist (Art. 1). Ein besonderes Anerkennungsverfahren, wie es in einigen Rechtsordnungen bekannt ist, wird in Übereinstimmung mit dem geltenden deutschen Rechtszustand nicht vorgesehen. Die Bekanntmachung der Verfahrenseröffnung im Inland und die Eintragung der Eröffnung im Grundbuch werden näher geregelt (Art. 7, 8); im Zusammenhang damit stehen die Vorschriften, nach denen der gute Glaube an die Verfügungbefugnis des Schuldners in begrenztem Umfang geschützt wird (Art. 9 Abs. 1, Art. 10). Ein im Inland anhängiger Rechtsstreit, der die Insolvenzmasse betrifft, wird durch die Eröffnung des ausländischen Verfahrens unterbrochen (Art. 12). Wird ein ausländisches Insolvenzverfahren anerkannt, so sind grundsätzlich auch die in diesem ergangenen Entscheidungen und Anordnungen anzuerkennen; ihr Vollzug im Inland setzt jedoch ein besonderes Vollstreckungsurteil voraus (Art. 13). Vgl. Begründung, a.a.O., S. 291 [9].

1528 Vgl. auch Begründung, a.a.O., S. 291 [10].

1529 Vgl. Begründung, *BMJ* (Hrsg.), a.a.O., S. 10 bzw. Begründung, a.a.O., S. 291 [10].

Zwecken. Privatrechtliche Ordnungsaufgaben des Insolvenzverfahrens werden nach Auffassung der Entwurfsbegründung vielfach von Zielen einer gesamtwirtschaftlich orientierten Wirtschaftslenkung oder der Industrie- oder Arbeitsmarktpolitik überlagert, teilweise sogar völlig verdrängt. Insbesondere entsprächen manche ausländische Verfahren nicht den nach deutschen Maßstäben zu stellenden Mindestanforderungen an ein rechtsstaatliches Verfahren.[1530]

Auf der Grundlage dieser Umstände zitiert die Begründung Art. 11: „Im Interesse des Verkehrsschutzes werden dingliche Rechte Dritter an Gegenständen der Insolvenzmasse[1531] *von den Wirkungen* des ausländischen Insolvenzverfahrens nicht berührt, wenn diese Gegenstände im Inland belegen sind." Unmittelbar im Anschluß an die Wiedergabe dieser Vorschrift erfolgen Ausführungen zu den Artt. 9 Abs. 2[1532], 6 Abs. 2[1533] und 14 ff[1534]. Für Art. 9 Abs. 2 wird festgestellt, nach dieser Bestimmung sei „eine Vormerkung an einem inländischen Grundstück[...]auch in einem ausländischen Insolvenzverfahren „konkursfest".

Als Zwischenergebnis der Analyse des wesentlichen Entwurfsinhalts ist in bezug auf die Behandlung dinglicher Rechte Dritter folgendes festzuhalten: Art. 11 wird unmittelbar im Zusammenhang mit solchen Vorschriften genannt, die eine vom grundsätzlich geltenden Universalitätsprinzip abweichende Anordnung tref-

---

1530 Vgl. Begründung, *BMJ* (Hrsg.), a.a.O., S. 10 bzw. Begründung, a.a.O., S. 291f. [10].

1531 Die Begründung hebt an dieser Stelle hervor, daß es sich insbesondere um Kreditsicherheiten der absonderungsberechtigten Gläubiger handelt, vgl. a.a.O., S. 11 bzw. Begründung, a.a.O., S. 292 [11].

1532 Art. 9 (Verfügungen über unbewegliche Gegenstände) Absatz 2 des RefE EGInsO lautet: „ Ist zur Sicherung eines Anspruches im Inland eine Vormerkung im Grundbuch, Schiffsregister, Schiffsbauregister oder Register für Pfandrechte an Luftfahrzeugen eingetragen, so bleibt § 114 der Insolvenzordnung unberührt." § 114 RefE InsO (Durch Vormerkung gesicherte Ansprüche) lautet: „(1) Ist zur Sicherung eines Anspruchs auf Einräumung oder Aufhebung eines Rechts an einem Grundstück des Schuldners oder an einem für den Schuldner eingetragenen Recht oder zur Sicherung eines Anspruchs auf Änderung des Inhalts oder des Ranges eines solchen Rechts eine Vormerkung im Grundbuch eingetragen, so kann der Gläubiger für seinen Anspruch Befriedigung aus der Insolvenzmasse verlangen. Dies gilt auch, wenn der Schuldner dem Gläubiger gegenüber weitere Verpflichtungen übernommen hat und diese nicht oder nicht vollständig erfüllt sind. (2) Für eine Vormerkung, die im Schiffsregister, Schiffsbauregister oder Register für Pfandrechte an Luftfahrzeugen eingetragen ist, gilt Absatz 1 entsprechend."

1533 Art. 6 Abs. 2 schließt die Anerkennung der Eröffnung eines ausländischen Verfahrens aus, wenn sie mit dem deutschen *ordre public* unvereinbar wäre.

1534 Ausweislich der Begründung werden durch die Artt. 14 ff. die Wirkungen eines im Inland anerkannten ausländischen Verfahrens insoweit verdrängt, als über das im Inland befindliche Vermögen des Schuldners ein inländisches Sonderinsolvenzverfahren durchgeführt wird.

fen. Die Begründung ordnet diese Bestimmung offenbar als Ausnahme zur schrankenlosen Anerkennung der insolvenzrechtlichen Wirkungen von Auslandsverfahren und damit als anerkennungsrechtliche Bestimmung ein.

Von Bedeutung für die Einordnung des Art. 11 mit seiner Regelung über dingliche Rechte Dritter ist weiter die Inhaltswiedergabe der Begründung unter der Überschrift „Allseitige Kollisions- und Sachnormen für bestimmte Bereiche".[1535] Die Entwurfsbegründung verweist in diesem Rahmen einleitend auf die dem Entwurf zugrunde liegende Grundnorm des Art. 1. Sodann nennen die Materialien „einige weitere allseitige Kollisionsnormen" im Anschluß an diese Vorschrift. Zitiert werden die Artt. 2 (Miete. Pacht), 3 (Arbeitsverhältnis) und 4 (Insolvenzanfechtung), also sämtlich Vorschriften des Ersten Abschnitts, die jeweils verbindlich die Anwendung einer bestimmten Rechtsordnung (in der Regel die lex causae) festlegen. Art. 5 (Herausgabepflicht. Anrechnung) stellt nach Ansicht der Begründung eine allseitige Sachnorm dar.[1536] Art. 11 wird in diesem Zusammenhang nicht erwähnt. Diese Tatsache legt somit folgenden zweiten Schluß nahe: Art. 11 ist keine Kollisionsnorm.

(3) Allgemeine Vorschriften

Nach diesen allgemeinen Erwägungen geht die Begründung ausführlich auf die einzelnen Entwurfsbestimmungen ein.[1537] Zum Ersten Abschnitt des RefE EGInsO mit seinen *Allgemeinen Vorschriften* bemerkt die Gesetzeserläuterung einführend, es handele sich bei den Artt. 1-5 um „Vorschriften, die für jedes Insolvenzverfahren mit grenzüberschreitenden Wirkungen gelten, unabhängig davon, ob es im Inland oder im Ausland eröffnet worden ist".[1538] Unmittelbar im Anschluß beschäftigt sich die Begründung mit dem mit „Grundsatz" betitelten Art. 1 des Entwurfs: Sowohl für das Verfahrensrecht der Insolvenzabwicklung als auch für die materiell-rechtlichen Wirkungen des Insolvenzverfahrens gilt grundsätzlich das Recht des Eröffnungsstaates.[1539]

Folgende Vorschriften werden von der Begründung als Ausnahmen zu diesem Grundsatz angeführt: Art. 2 (Miete. Pacht), Art. 3 (Arbeitsverhältnis) und Art. 4 (Insolvenzanfechtung). Gemeinsam ist diesen Bestimmungen, daß sie jeweils verbindlich regeln, welche Rechtsordnung in der betreffenden Materie berufen ist. Es handelt sich somit sämtlich um (allseitige) Kollisionsnormen. Wiederum

---

1535 Vgl. Begründung, *BMJ* (Hrsg.), a.a.O., S. 17f . bzw. Begründung, a.a.O., S. 296 [17, 18].
1536 Vgl. Begründung, a.a.O., S. 296 [18] sowie S. 300 [24].
1537 Vgl. Begründung, *BMJ* (Hrsg.), a.a.O., S. 19 ff.
1538 Begründung, a.a.O., S. 297 [19].
1539 Begründung, a.a.O., S. 297 [19].

ist in dieser Aufzählung der Ausnahmen zur lex fori concursus Art. 11 mit keiner Silbe erwähnt. Ein Hinweis auf die Behandlung dinglicher Sicherungsrechtsinhaber findet sich lediglich in der im Anschluß erläuterten Vorschrift des Art. 5 (Herausgabepflicht. Anrechnung), die eine bereicherungsrechtliche Herausgabepflicht für Insolvenzgläubiger statuiert, die durch Zwangsvollstreckung etwas ungerechtfertigt aus dem im Nichteröffnungsstaat belegenen Vermögen erlangt haben (vgl. Abs. 1). Nicht der Regelung des Abs. 1 unterliegen der Begründung zufolge dinglich gesicherte Gläubiger. So dürften so gesicherte Gläubiger „in aller Regel behalten, was aus der Verwertung der Sicherheit im Ausland erlangt" worden sei, denn diese hätten regelmäßig die bevorzugte Befriedigung auch im inländischen Insolvenzverfahren zu beanspruchen, so daß diese insoweit nicht auf Kosten der Masse bereichert seien.[1540]

Auf Art. 11 wird ausführlich erst im Rahmen der Erläuterungen der Bestimmungen des Zweiten Abschnitts (*Ausländisches Insolvenzverfahren*) eingegangen. Nach Ansicht der Begründung regelt der Zweite Abschnitt „die Voraussetzungen, unter denen ein ausländisches Insolvenzverfahren im Inland *anerkannt* wird, weiter die Art und Weise, wie die *Wirkungen* dieses Insolvenzverfahrens im Inland durchgesetzt werden, und schließlich die *Einschränkungen*, denen die *Anerkennung* unterliegt".[1541] Der in diesem Abschnitt verortete Art. 11 mit seiner Regelung über dingliche Rechte Dritter hat danach keinesfalls Kollisionsrecht zum Inhalt. Dies wird, abgesehen von der Kommentierung des Gesetzesentwurfs, durch die systematische Stellung im Kontext mit solchen Bestimmungen bestätigt, die Fragen der Anerkennung der Verfahrenseröffnung (Art. 6), der öffentlichen Bekanntmachung der ausländischen Eröffnungsentscheidung (Art. 7) sowie Publizitätserfordernisse (Art. 8 Grundbuch) regeln.

Hinsichtlich Art. 9 (Verfügungen über unbewegliche Gegenstände)[1542], der an sich weder der Überschrift, noch seinem Inhalt nach Anerkennungsfragen zum

---

1540 Begründung, a.a.O., S. 299 [23].

1541 Vgl. Begründung, *BMJ* (Hrsg.), a.a.O., S. 26 bzw. Begründung, a.a.O., S. 301 [26].

1542 Art. 9 (Verfügungen über unbewegliche Gegenstände) lautet folgendermaßen: „(1) Hat der Schuldner nach der Eröffnung des ausländischen Insolvenzverfahrens über einen unbeweglichen Gegenstand der Insolvenzmasse, der im Inland im Grundbuch, Schiffsregister, Schiffsbauregister oder Register für Pfandrechte an Luftfahrzeugen eingetragen ist, oder über ein Recht an einem solchen Gegenstand verfügt, so bleiben die §§ 892, 893 des Bürgerlichen Gesetzbuchs, §§ 16, 17 des Gesetzes über Rechte an eingetragenen Schiffen und Schiffsbauwerken und §§ 16, 17 des Gesetzes über Rechte an Luftfahrzeugen unberührt. (2) Ist zur Sicherung eines Anspruchs im Inland eine Vormerkung im Grundbuch, Schiffsregister, Schiffsbauregister oder Register für Pfandrechte an Luftfahrzeugen eingetragen, so bleibt § 114 der Insolvenzordnung unberührt."

Gegenstand hat, sondern vielmehr Anordnungen zum maßgeblichen Recht[1543] trifft, stellt die Gesetzesbegründung klar, daß es dennoch genau darum geht: Um die Reichweite der Wirkungen des ausländischen Verfahrens und deren Durchsetzung im Inland. So heißt es in der Kommentierung: „Zum Schutz des inländischen Rechtsverkehrs enthält Art. 9 – ebenso wie einige der folgenden Artikel – Ausnahmen von diesem Grundsatz". Die Begründung bezieht sich damit auf den unmittelbar vorausgehenden Satz, wonach „ein ausländisches Insolvenzverfahren, das nach Art. 6 anerkannt wird, grundsätzlich auch im Inland alle die Wirkungen [äußert], die das Recht des ausländischen Staates vorsieht".[1544]

Bei der Folgebestimmung des Art. 10 (Leistung an den Schuldner)[1545] ergibt sich der verfahrensrechtliche Bezug der Regelung ebenfalls aus der Entwurfsbegründung. Wer nach der Eröffnung eines inländischen Insolvenzverfahrens zur Erfüllung einer Verbindlichkeit gutgläubig an den Schuldner leistet, obwohl die Verbindlichkeit zur Insolvenzmasse zu erfüllen ist, wird durch § 88 RefE InsO vor einer erneuten Inanspruchnahme geschützt.[1546] Art. 10 überträgt diese Regelung – so die Materialien[1547] – mit gewissen Modifikationen auf den Fall der Anerkennung eines ausländischen Verfahrens. Art. 12 (Unterbrechung und Aufnahme eines Rechtsstreits) und Art. 13 (Vollstreckbarkeit ausländischer Entscheidungen) schließlich befassen sich zweifellos mit verfahrensrechtlichen Problemen.

(4) Artikel 11: Dingliche Rechte Dritter

Vor diesem Hintergrund und dem Umstand, daß Art. 11 von Bestimmungen flankiert wird, die die verfahrensrechtliche Anerkennung des Eröffnungsbeschlusses und den Umfang der Wirkungserstreckung der im Eröffnungsstaat ergangenen Entscheidungen zum Gegenstand haben, ist die Vorschrift über dingliche Rechte Dritter zu lesen. Danach wird das Recht eines Dritten an einem Gegenstand der Insolvenzmasse von der Eröffnung des ausländischen Insolvenzverfahrens nicht berührt, wenn der Gegenstand zur Zeit der Eröffnung im Inland belegen war (vgl.

1543 Beibehaltung bestimmter Vorschriften des deutschen Rechts.
1544 Vgl. Begründung, *BMJ* (Hrsg.), a.a.O., S. 31 bzw. Begründung, a.a.O., S. 304 [31].
1545 Art. 10 (Leistungen an den Schuldner) lautet: „Ist im Inland zur Erfüllung einer Verbindlichkeit an den Schuldner geleistet worden, obwohl die Verbindlichkeit zur Insolvenzmasse des ausländischen Insolvenzverfahrens zu erfüllen war, so wird der Leistende befreit, wenn er zur Zeit der Leistung die Eröffnung des Verfahrens nicht kannte. Hat er vor der öffentlichen Bekanntmachung nach Artikel 7 geleistet, so wird vermutet, daß er die Eröffnung nicht kannte."
1546 Vgl. Begründung, *BMJ* (Hrsg.), a.a.O., S. 32 bzw. Begründung, a.a.O., S. 305 [32].
1547 Vgl. Begründung, *BMJ* (Hrsg,), a.a.O., S. 32 bzw. Begründung, a.a.O., S. 305 [32].

Art. 11). Die Begründung leitet die Kommentierung zu Art. 11 mit der Feststellung ein, das deutsche Konkursrecht unterwerfe dingliche Rechte inländischer Gläubiger im Konkursverfahren gewissen Beschränkungen[1548].[1549] Ausgeführt wird weiter, daß ausländische Rechtsordnungen ähnliche Eingriffe in die Rechte der gesicherten Gläubiger vorsähen, ohne jedoch zu gewährleisten, daß der wirtschaftliche Wert der Sicherheit im Insolvenzverfahren erhalten bleibe.[1550] Aufgabe des Art. 11 sei es, den inländischen Geschäftsverkehr vor solchen Eingriffen zu schützen und *alle Wirkungen* eines ausländischen Insolvenzverfahrens auf dingliche Rechte an Gegenständen *auszuschließen*, die im Inland belegen seien. Aus dieser Vorschrift ergebe sich mittelbar – so die Begründung – daß Rechte Dritter am inländischen Vermögen des Schuldners auch nicht dadurch beeinträchtigt werden könnten, daß nach dem ausländischen Insolvenzrecht vorrangige „Generalhypotheken" oder „Superprivilegien" an den Gegenständen der Insolvenzmasse entstünden.[1551] Neben dem Schutz dinglicher Rechte vor den Auswirkungen ausländischer Verfahren diene die Vorschrift zugleich der Vereinfachung der Abwicklung des Insolvenzverfahrens. Angesichts des Formenreichtums im Recht der Kreditsicherheiten der mitgliedstaatlichen Rechtsordnungen verweist die Begründung auf erhebliche Anpassungsprobleme bei Einbeziehung ausländischer dinglicher Rechte in das inländische Insolvenzverfahren.[1552]

Der Folgeabschnitt der Erläuterung enthält die zentralen Aussagen zum Regelungsgehalt des Art. 11: „Die Regelung des Art. 11 schränkt das Universalitätsprinzip ein. Als einseitige *Kollisionsnorm* erscheint sie[1553] zugleich als gewichtige Ausnahme von dem Grundsatz, daß der Entwurf ausländischen Insolvenzverfahren im Inland die gleichen *Wirkungen* zuerkennt, die er für ein inländisches Insolvenzverfahren im Ausland in Anspruch nimmt.".[1554]

1548 Verwiesen wird hier auf die Regelung des § 127 KO, die den Konkursverwalter unter bestimmten Voraussetzungen zur Verwertung berechtigt sowie auf § 30c ZVG, wonach ein Zwangsversteigerungsverfahren nach der Eröffnung des Konkursverfahrens über das Vermögen des Schuldners auf Antrag des Konkursverwalters einstweilen einzustellen ist.

1549 Vgl. Begründung, *BMJ* (Hrsg.), a.a.O., S. 33 bzw. Begründung, a.a.O., S. 305 [33].

1550 Vgl. Begründung zum RefE EGInsO, a.a.O., S. 286 (306 [33]) bzw. *BMJ* (Hrsg.), a.a.O., S. 33 bzw. Begründung, a.a.O., S. 305 [33].

1551 Vgl. Begründung zum RefE EGInsO, a.a.O., S. 286 (306 [34]) bzw. *BMJ* (Hrsg.), a.a.O., S. 34 bzw. Begründung, a.a.O., S. 305 [33].

1552 Vgl. Begründung zum RefE EGInsO, a.a.O., S. 286 (306 [34]) bzw. *BMJ* (Hrsg.), a.a.O., S. 34 bzw. Begründung, a.a.O., S. 306 [34].

1553 Gemeint ist die Regelung des Art. 11.

1554 Vgl. Begründung zum RefE EGInsO, a.a.O., S. 286 (306 [34]) bzw. *BMJ* (Hrsg.), a.a.O., S. 34 bzw. Begründung, a.a.O., S. 306 [34].

Zu beachten ist jedoch, daß der ausländische Insolvenzverwalter nach Art. 17 I stets die Möglichkeit hat, die Eröffnung eines inländischen Parallelinsolvenzverfahrens zu beantragen. In dieses Verfahren sind auch die gesicherten Gläubiger nach den Regeln des deutschen Insolvenzrechts einbezogen. Im Ergebnis schützt der Entwurf die Sicherungsrechtsinhaber also nur vor solchen Einschränkungen der Sicherungsrechte, die über das deutsche Insolvenzrecht hinausgehen.

(III) Wertung

Der Referentenentwurf eines Einführungsgesetzes zum Gesetz zur Reform des Insolvenzrechts (RefE EGInsO) vom 1.9.1990 gebraucht in seiner für die Behandlung deutscher Sicherungsrechte maßgeblichen Bestimmung des Art. 11 verglichen mit den vorausgegangen Entwürfen zur Reform des IIR eine völlig neue Formulierung: Dingliche Rechte sollen *von der Eröffnung* des ausländischen Insolvenzverfahrens *unberührt* bleiben, wenn der betreffende Vermögensgegenstand zu dieser Zeit im Inland (=Deutschland) belegen war. Mit der Wendung („nicht berührt") weist diese Vorschrift erstmals Parallelen zur europäischen Regelung der Art. 5 I bzw. 7 I EuInsVO auf. Die Art und Weise der Deutung dieser Bestimmung ist daher für die Auslegung der gemeinschaftsrechtlichen Lösung von großer Bedeutung.

Entscheidende Hinweise für die Auslegung des Art. 11 RefE EGInsO enthält die Begründung zunächst in ihren Ausführungen zum Regelungsziel der Norm. Sie sieht die Aufgabe des Art. 11 darin, den inländischen Geschäftsverkehr vor solchen, den wirtschaftlichen Wert der Sicherheit in Frage stellenden Eingriffen zu schützen und *alle Wirkungen* eines ausländischen Insolvenzverfahrens auf dingliche Rechte an Gegenständen *auszuschließen*, die im Inland belegen sind.[1555] Die zweite Kernaussage besteht im Verständnis dieser Bestimmung als einseitige Kollisionsnorm und gewichtige Ausnahme von dem Grundsatz, daß der Entwurf ausländischen Insolvenzverfahren im Inland die gleichen *Wirkungen* zuerkennt, die er für ein inländisches Insolvenzverfahren im Ausland in Anspruch nimmt."[1556]

Obwohl nach der neuen Wortlautfassung dingliche Rechte von der *Eröffnung* des ausländischen Insolvenzverfahrens ausgenommen werden, also anders als im Vorentwurf zur Neuordnung des IIR vom 22.9.1989 nicht mehr ausdrücklich auf die Frage der Wirkungserstreckung des ausländischen Insolvenzverfahrens Bezug genommen wird[1557], geht es nach der eindeutigen Kommentierung nach wie vor

1555 Vgl. Begründung zum RefE EGInsO, a.a.O., S. 286 (306 [34]).
1556 Vgl. Begründung zum RefE EGInsO, a.a.O., S. 286 (306 [34]).
1557 Vgl. Art. 3 n.F. VE 1989: „unterliegt den *Wirkungen* des Insolvenzverfahrens".

um die Reichweite der verfahrensrechtlichen Anerkennung der ausländischen Eröffnungsentscheidung und die Erstreckung der mit der Verfahrenseröffnung verbundenen materiellen Folgewirkungen nach der lex fori concursus in den Belegenheitsstaat. Der neuen Formulierung entspricht daher eine Fassung der Vorschrift, die in etwa so lauten könnte: *„In bezug auf das Recht eines Dritten an einem Gegenstand der Insolvenzmasse werden die Wirkungen (der Eröffnung) eines ausländischen Verfahrens, die den wirtschaftlichen Wert der Sicherheit beeinträchtigen, nicht anerkannt, wenn der Gegenstand zur Zeit der Eröffnung im Inland belegen war."*

Die Wortlautänderung des Referentenentwurfs ist somit nicht als Abkehr von der Bezugnahme auf die anerkennungsrechtliche Frage des Umfangs der Wirkungserstreckung zu verstehen, wie sie die Parallelbestimmung des VE vom 22.9.1989 (Art. 3 a.F.) zum Inhalt hatte (s.o.). Nach wie vor werden in Deutschland belegene dingliche Sicherheiten von den Wirkungen des ausländischen Verfahrens ausgenommen, soweit sie zu einer Verringerung oder gar Aufhebung des Sicherungseffekts führen. Ein Verständnis des Art. 11 jedoch in der Weise, in bezug auf dingliche Rechte dem Eröffnungsstaat den extraterritorialen Geltungswillen abzusprechen und damit solche Rechte von vornherein vom Konkurs auszunehmen – vergleichbar der Regelung des Art. 14 II lit. a EuRÜ (s.o.) – liegt dagegen fern. Etwas anderes ergibt sich auch nicht aus dem Hinweis der Begründung auf Art. 17. Der Verweis auf das Sekundärverfahren meint nicht etwa, daß dinglich gesicherte (deutsche) Gläubiger nur im Rahmen eines Zweitverfahrens im (deutschen) Situsstaat einen Zugriff des (deutschen) Insolvenzverwalters auf die Sicherheit zu befürchten haben. Vielmehr ist der Fingerzeig auf Art. 17 so zu deuten, daß nach der Konzeption des Entwurfs und dem Schutzanliegen des Art. 11 die einzige Möglichkeit, deutsche Sicherungsrechtsinhaber mit insolvenzbedingten Einschränkungen ihrer dinglichen Rechte zu konfrontieren, darin bestehen soll, ein Sekundärverfahren nach Maßgabe des (deutschen) Belegenheitsrechts einschließlich seiner insolvenzrechtlichen Beschränkungen (der deutschen InsO) zu initiieren. Verzichtet wird im Rahmen des Hauptverfahrens also nicht generell auf die Einbeziehung dinglich gesicherter Gläubiger, sondern nur auf die Belastung mit Einschränkungen ihrer Rechte aus Anlaß der Insolvenz nach Maßgabe der lex fori concursus und/oder der (deutschen) lex rei sitae. Nicht mehr, aber auch nicht weniger regelt Art. 11 RefE EGInsO. Auf die Frage, ob es insoweit bei der Geltung des grundsätzlich maßgeblichen Belegenheitsstatuts (also deutschen Rechts) verbleibt, oder aber das ausländische Konkursstatut zumindest in dem Maße zum Zuge kommt, wie das deutsche Recht entsprechende Beschränkungen dinglicher Sicherungsrechte vorsieht, kommt es sonach nicht an. Denn ausgeschlossen sind jegliche (erheblichen) insolvenzbedingten Eingriffe.

Hervorzuheben ist, daß sich die Verweigerung der Wirkungserstreckung auf das Recht beschränkt. Hinsichtlich des Sicherungsgutes selbst verbleibt es dagegen bei der verfahrensrechtlichen Anerkennung des Eröffnungsbeschlusses und der Erstreckung seiner Wirkungen[1558].[1559] Zu beachten ist weiter, daß Art. 11 RefE EGInsO zu Unrecht von der Begründung als einseitige Kollisionsnorm bezeichnet wird.[1560] Wie gesehen, trifft diese Vorschrift keine ausdrückliche oder indirekte Anordnung über die Anwendung einer bestimmten Rechtsordnung auf dingliche Rechte. Dies ergibt sich aus der systematischen Stellung im Kontext mit Bestimmungen, die Fragen der Anerkennung des ausländischen Insolvenzverfahrens, den Umfang sowie die Art und Weise der Durchsetzung seiner Wirkungen zum Gegenstand haben. Art. 11 ist danach also eindeutig keine Kollisionsnorm. Richtig ist nur der Hinweis auf die lediglich einseitige Regelung. So steht Art. 11 im Abschnitt über ausländische Insolvenzverfahren und nicht im ersten Abschnitt mit seinen allgemeinen Vorschriften. Diese Bestimmung gilt daher ausschließlich für den Auslandskonkurs bei Inlandsbelegenheit dinglich gesicherten Schuldnervermögens, nicht aber auch umgekehrt für die Situation des Inlandskonkurses (= Konkurseröffnung in Deutschland) bei Auslandsbelegenheit von Sicherungsgut. In diesen Fällen soll es offenbar bei der in Art. 1 normierten generellen Wirkungserstreckung des Verfahrens bleiben. Da Art. 1 allseitig formuliert ist, gilt er für den Inlands- und Auslandskonkurs gleichermaßen.

Vergleichbar dem VE vom 22.9.1989 werden im Ergebnis inländische und ausländische Sicherungsrechtsinhaber unterschiedlich geschützt, jedoch nun[1561] mit umgekehrtem Vorzeichen: Die Lösung des RegE bevorzugt – anders als der VE 1989 – deutsche Sicherungsrechtsinhaber. Eine Einschränkung der Privilegierung deutscher Sicherungsgläubiger erfolgt nicht, insbesondere hat der RegE nicht die in den Artt. 17, 17 a VE vom 22.9.1989 getroffenen Regelungen übernommen.

Wiederum uneindeutig ist mit Blick auf die Überschrift des Art. 11 VE („Dingliche Rechte Dritter"), ob auch der Eigentumsvorbehalt dieser Regelung unterfällt. Angesichts der Tatsache, daß der eigentliche Wortlaut der Bestimmung nicht ausdrücklich auf dingliche Kreditsicherheiten Bezug nimmt, kann nicht da-

---

1558 Insbesondere die Beschlagnahmewirkung, vgl. auch Begründung, a.a.O., S. 268.

1559 Was den Gegenstand der Anerkennung bildet, insbesondere ob er nach verfahrensrechtlichen oder kollisionsrechtlichen Grundsätzen zu beurteilen ist, und welche Folgen die Anerkennung im einzelnen hat (Wirkungserstreckung, Gleichstellung oder Kumulation), ist stark umstritten. Da eine Erörterung den Rahmen dieser Arbeit bei weitem übersteigt, sei hierfür auf die aktuellen eingehenden Untersuchungen von *Homann* verwiesen.

1560 Vgl. Begründung, a.a.O., S. 306 [34].

1561 D.h. im RefE EGInsO.

von ausgegangen werden, daß der Gesetzgeber die Situation des Vorbehaltskaufs vom Schutz dieser Regelung ausnehmen wollte.

Nach wie vor ungeregelt bleibt wiederum die Vorfrage nach dem für die Beurteilung der wirksamen Begründung der Sicherheit maßgeblichen Recht. Mangels ausdrücklicher Regelung im RegE richtet sich diese Frage nach dem IPR der lex fori.

ddd) Der Regierungsentwurf der Insolvenzordnung (RegE InsO) vom 21.11.1991

(1) Inhaltsüberblick

Der dem Referentenentwurf nachfolgende Regierungsentwurf der Insolvenzordnung (RegE InsO)[1562] vom 21. November 1991 faßt die bisherigen Entwürfe zum Insolvenzrecht und zum Internationalen Insolvenzrecht unter einigen inhaltlichen Änderungen gesetzestechnisch zusammen.[1563] Das Internationale Insolvenzrecht ist im neunten, dem letzten Teil des RegE InsO (§§ 379-399), ausführlich geregelt. Der RegE versucht, dem Grundsatz der Universalität des Konkurses in größerem Maße als das Istanbuler Übereinkommen Geltung zu verschaffen: Die Wirkungen des Konkurses außerhalb des Eröffnungsstaates werden erweitert, die Möglichkeit zur Durchführung von Sekundärkonkursen wird dagegen eingeschränkt. Zentrale Vorschrift für Kreditsicherheiten ist § 390 RegE InsO, die wie folgt lautet: „Dingliche Rechte: (1) Das Recht eines Dritten an[1564] einem Gegenstand der Insolvenzmasse wird von der Eröffnung des ausländischen Insolvenzverfahrens nicht berührt, wenn der Gegenstand zur Zeit der Eröffnung im Inland belegen war. (2) Die Eröffnung des ausländischen Insolvenzverfahrens hat auf Rechte an unbeweglichen Gegenständen, die im Inland belegen sind, keine Wirkungen, die im deutschen Recht nicht vorgesehen sind.“ Eine gesonderte, ausdrücklich auf ausländische Eigentumsvorbehalte zugeschnittene Regelung enthält der RegE InsO neben § 390 nicht.

1562 BT-Drucks. 12/2443.

1563 Vgl. *Metzger*, S. 9.

1564 § 390 Abs. 1 verwendet den zivilrechtlichen Begriff des (beschränkten) Rechts „an“ einem Gegenstand, nicht den insolvenzrechtlichen Terminus der Aussonderung oder Absonderung, Damit fallen zwar Pfandrechte Dritter unter § 390 Abs. 1, nicht aber der einfache Eigentumsvorbehalt oder Sicherungsübereignung und Sicherungszession. Es erscheint jedoch kaum vorstellbar, daß der Gesetzgeber gerade die am weitesten verbreiteten Mobiliarsicherheiten vom Verkehrschutz nach § 390 ausnehmen wollte. Zu Recht *Trunk*, KTS 1994, 33 (42) sowie *Laut*, S. 128.

(II) Die Begründung zu § 390 Abs. 1

Auch dem Regierungsentwurf ist eine ausführliche Gesetzesbegründung[1565] beigefügt, die wertvolle Hinweise für die Behandlung dinglicher Rechte nach der Entwurfskonzeption enthält. Sie stimmt in weiten Teilen mit der bereits zum Referentenentwurf veröffentlichten Begründung (s.o.) überein.

Vorangestellt sind der Kommentierung der Einzelvorschriften zunächst – wie aus der Begründung zum RefE EGInsO bekannt – allgemeine Erwägungen zum Begriff des Internationalen Insolvenzrechts, zur Entwicklung des geltenden Rechts bzw. den Rechtsvereinheitlichungsbestrebungen sowie zu den Vorarbeiten hinsichtlich der kollisionsrechtlichen Vorschriften des Entwurfs. An diese Ausführungen schließt sich wiederum eine Darstellung des wesentlichen Entwurfsinhalts an.[1566] Da sich insoweit keine grundlegenden Neuerungen im Hinblick auf die Behandlung dinglicher Rechte Dritter ergeben, kann insoweit auf die obigen Ausführungen verwiesen werden. Wiederholt sei lediglich das gefundene Auslegungsergebnis: Die Begründung des Regierungsentwurfs geht von der Grundentscheidung für das Universalitätsprinzip aus[1567]. Die für ausländische Sicherungsrechte maßgebliche Bestimmung des § 390 RegE InsO wird im Rahmen der allgemeinen Entwurfsbegründung unter dem Stichwort „Grenzen der Anerkennung ausländischer Insolvenzverfahren" genannt[1568] und steht damit im Kontext mit solchen Vorschriften, die Ausnahmen von der schrankenlosen Anerkennung der insolvenzrechtlichen Wirkungen von Auslandsverfahren beinhalten (§§ 384-392). Unter der Überschrift „Allseitige Kollisions- und Sachnormen für bestimmte Bereiche" erfolgt eine Aufzählung der Entwurfsbestimmungen des Ersten Abschnitts (§§ 379-383). Diese, von den Materialien als „Grundkollisionsnorm"

1565 BT-Drucks. 12/2443, Teil B zu § 390, S. 243f. Ein Abdruck der Begründung findet sich bei *Uhlenbruck*, Neues InsolvenzR, S. 221 ff.

1566 Vgl. Begründung zum RegE InsO, in: *Uhlenbruck*, Neues InsolvenzR, S. 735 ff.

1567 Vgl. Begründung zum RegE InsO, in: *Uhlenbruck*, a.a.O., S. 738f.

1568 Anhaltspunkte für die Auslegung des § 390 RegE InsO ergeben sich im Rahmen der allgemeinen Ausführungen der Entwurfsbegründung bedauerlicherweise (noch) nicht. So heißt es in diesem Zusammenhang lediglich: „ Im Interesse des Verkehrsschutzes werden dingliche Rechte Dritter an Gegenständen der Insolvenzmasse – also insbesondere Kreditsicherheiten der absonderungsberechtigten Gläubiger – von den Wirkungen des ausländischen Insolvenzverfahrens nicht berührt, wenn diese Gegenstände im Inland belegen sind (§ 390 Abs. 1). Als weitergehender Schutz von Rechten an unbeweglichen Gegenständen im Inland werden die Wirkungen des ausländischen Verfahrens auf solche beschränkt, die im deutschen Recht vorgesehen sind (§ 390 Abs. 2)." Damit beschränken sich die Ausführungen der Begründung an dieser Stelle mehr oder weniger auf eine Wiedergabe des Gesetzeswortlauts. Vgl. Begründung, in: *Uhlenbruck*, a.a.O., S. 740.

(§ 379) bzw. als „weitere allseitige Kollisionsnormen“ (§§ 380, 381, 382) bezeichneten Vorschriften, legen jeweils verbindlich die Anwendung einer bestimmten Rechtsordnung fest.[1569] § 383 stellt mit Blick auf die Überschrift eine allseitige Sachnorm dar. § 390 wird in diesem Zusammenhang bewußt nicht erwähnt, woraus nur der Schluß gezogen werden kann, daß diese Vorschrift keine Kollisionsnorm ist.[1570]

Nach diesen allgemeinen Ausführungen erfolgt – in Übereinstimmung mit der Begründung des RefE EGInsO – eine Kommentierung der Einzelbestimmungen.[1571] Auch hier ergeben sich keine entscheidenden Abweichungen, von der anderen Paragraphennumerierung einmal abgesehen. Daher kann insoweit auf die oben herausgearbeiteten Erkenntnisse zurückgegriffen werden: Der erste Abschnitt des Regierungsentwurfs (Allgemeine Vorschriften - §§ 379-383) klärt in wichtigen Teilbereichen die Frage des anwendbaren Rechts. Grundsätzlich gilt die lex fori concursus (vgl. § 379); die Folgebestimmungen sehen unter regelmäßiger Berufung der lex causae[1572] „Ausnahmen von diesem Grundsatz“[1573] vor.

Der zweite Abschnitt (§§ 384-392) mit seinen Bestimmungen zu „Ausländische(n) Insolvenzverfahren“ regelt nach Auffassung der Begründung die Voraussetzungen, unter denen ein ausländisches Insolvenzverfahren im Inland anerkannt wird, weiter die Art und Weise, wie die Wirkungen dieses Insolvenzverfahrens im Inland durchgesetzt werden, und schließlich die Einschränkungen, denen die Anerkennung unterliegt.[1574] Ordnet man dieser Inhaltsübersicht Vorschriften zu, so ergibt sich folgendes: Die §§ 384-387 normieren die Voraussetzungen der Verfahrensanerkennung, die §§ 388-392 behandeln den Umfang der Anerkennungswirkungen sowie deren Einschränkungen. § 390 RegE InsO hat nach dieser Zuordnung also keinesfalls kollisionsrechtlichen Charakter, sondern stellt eine Einschränkung der von § 384 zugrunde gelegten umfassenden Wirkungsanerkennung und –erstreckung des ausländischen Insolvenzverfahrens[1575] mit dem nach § 379 RegE InsO grundsätzlich maßgeblichen Insolvenzstatut dar.[1576]

1569 Vgl. Begründung, in: *Uhlenbruck*, a.a.O., S. 744.

1570 In diesem Sinne auch *Trunk*, KTS 1994, 33 (36), wo es heißt: „ Die §§ 379 ff. enthalten sowohl Kollisionsnormen (z.B. §§ 379-382) als auch Sachnormen (z.B. §§ 383, 384-390 Absatz 1, 391f.). *Trunk* stellt klar, daß er mit „Sachnorm“ eine Vorschrift meint, die einen Sachverhalt unmittelbar, nicht nur durch Verweisung auf eine bestimmte nationale Rechtsordnung, regelt.

1571 Vgl. Begründung, a.a.O., S. 744 ff.

1572 In der Regel die lex rei sitae.

1573 Vgl. Begründung, in: *Uhlenbruck*, a.a.O., S. 744.

1574 Begründung, a.a.O., S. 221 (748).

1575 Vgl. Begründung zum RegE InsO, in: *Uhlenbruck*, a.a.O., S. 221 (750), wo es heißt: „Die Anerkennung der Eröffnung des ausländischen Insolvenzverfahrens bedeutet, daß diese unmittelbar, ohne ein besonderes Anerkennungsverfahren, die In-

Im Ergebnis bringt die Analyse der systematischen Stellung des § 390 Klärung in zwei Fragen und bestätigt das obige Auslegungsergebnis: Zum einen stellt die Vorschrift keine Kollisionsnorm dar, sondern hat rein sachrechtlichen Gehalt. Zum anderen liegt die materielle Bedeutung der Bestimmung darin, dem ausländischen Insolvenzverfahren für den Teilbereich der dinglichen Sicherheiten in Ausnahme zu § 384 RegE InsO jegliche Anerkennung zu versagen, soweit die Anwendung von Vorschriften des Rechts des Eröffnungsstaates zu einer Beeinträchtigung des wirtschaftlichen Wertes der Sicherheit führt. Eine Zulassung insolvenzrechtlicher Beschränkungen ist ausschließlich im Wege eines nationalen Sekundärverfahrens unter Maßgabe deutschen Rechts (vgl. §§ 395, 379) möglich.

Deutliche Änderungen zur Begründung des RefE EGInsO sind jedoch bei der Erörterung des § 390 selbst mit seiner Regelung über dingliche Rechte zu verzeichnen. Ursache hierfür ist die Tatsache, daß der zu § 390 Abs. 1 wortlautgleichen Regelung in Art. 11 RefE EGInsO ein weiterer Abs. 2 angefügt wurde, der in der Bestimmung des Referentenentwurfs nicht vorkommt. Diesem Umstand Rechnung tragend, enthält die Begründung des Regierungsentwurfs Ausführungen zum neuen Abs. 2. Zugleich erfolgen Erläuterungen des § 390 Abs. 1, die – im Kontext mit § 390 Abs. 2 gelesen – der Vorschrift möglicherweise eine andere Bedeutung geben. Aus diesem Grund soll trotz der Übereinstimmungen mit entsprechenden Bemerkungen zum RefE EGInsO die Kommentierung zu § 390 eingehend untersucht werden.

Eingeleitet werden die Erläuterungen zu § 390 zunächst mit der Feststellung, das deutsche Recht unterwerfe dingliche Sicherheiten in der Insolvenz zahlreichen Beschränkungen. Weiter gehen die Gesetzesmaterialien davon aus, daß ausländische Rechtsordnungen ähnliche Eingriffe in die Rechte der gesicherten Gläubiger vorsähen, ohne jedoch zu gewährleisten, daß der wirtschaftliche Wert der Sicherheit erhalten bleibe.[1577] Anliegen des § 390 Abs. 1 sei es vor diesem Hintergrund, zum Schutz des inländischen Geschäftsverkehrs vor solchen Eingriffen *alle Wirkungen* eines ausländischen Insolvenzverfahrens auf dingliche

---

landswirkungen entfaltet, die es nach dem maßgeblichen Insolvenzstatut (§ 379) äußert.

1576 Dieses Ergebnis bestätigt im übrigen die Kommentierung zu § 388 RegE InsO (Verfügungen über unbewegliche Gegenstände): „Ein ausländisches Insolvenzverfahren, das nach § 384 anzuerkennen ist, äußert grundsätzlich auch im Inland alle die Wirkungen, die das Recht des ausländischen Staates vorsieht. Das ergibt sich aus dem Grundsatz des § 379. Zum Schutz des inländischen Rechtsverkehrs enthält § 388 – *ebenso wie einige der folgenden Artikel* (also auch § 390) – *Ausnahmen* von diesem Grundsatz.[...]Soweit schon bei der Eröffnung des ausländischen Insolvenzverfahrens Rechte Dritter an einem Gegenstand der Insolvenzmasse bestanden, ist die *Sonderregelung* des § 390 zu beachten.“

1577 Vgl. Begründung zum RegE InsO, Teil B, zu § 390 (S. 243).

Rechte an solchen Gegenständen auszuschließen, die im Inland belegen seien. Überdies – so die Gesetzesbegründung – diene die Vorschrift zugleich der Vereinfachung der Abwicklung des Insolvenzverfahrens.[1578] Hingewiesen wird in diesem Zusammenhang auf die befürchteten Anpassungsprobleme bei Einbeziehung ausländischer dinglicher Rechte in das Insolvenzverfahren aufgrund der Formenvielfalt im mitgliedstaatlichen Kreditsicherungsrecht. Unmittelbar im Anschluß an diesen Vereinfachungsgedanken verweisen die Gesetzesmaterialien jedoch auf die Möglichkeit des ausländischen Insolvenzverwalters, nach § 396 Abs. 1 jederzeit die Eröffnung eines inländischen Parallelinsolvenzverfahrens zu beantragen, in welches auch die gesicherten Gläubiger nach den Regeln des deutschen Insolvenzrechts (und seinen Beschränkungen) einbezogen werden. Die Erwägungen zu § 390 Abs. 1 schließen mit der Bemerkung, Abs. 1 schütze im Ergebnis die gesicherten Gläubiger nur vor solchen Einschränkungen der Sicherungsrechte, die über das deutsche Insolvenzrecht hinausgingen.[1579]

(III) Die Begründung zu § 390 Abs. 2

Eingeleitet wird die Kommentierung des § 390 Abs. 2 mit der Bewertung des Schutzumfangs dieser Bestimmung. Absatz 2 schützt nach Auffassung der Materialien die Rechte an im Inland belegenen Gegenständen „noch weitergehend" vor Beeinträchtigungen durch das ausländische Insolvenzverfahren. Alle Wirkungen des ausländischen Insolvenzverfahrens, die im deutschen Recht nicht vorgesehen sind, sollen in bezug auf solche Gegenstände nicht eintreten.[1580] Insbesondere könnten an einem inländischen Grundstück keine dem deutschen Sachenrecht fremden Generalhypotheken oder Superprivilegien entstehen.[1581] Die Vorschrift gewährleiste, – so die Begründung – daß unbewegliche Gegenstände nur mit dinglichen Rechten der deutschen Rechtsordnung belastet werden könnten. Überdies vermeide Abs. 2 auch eine mittelbare Beeinträchtigung[1582] dieser Rechte durch solche der inländischen Rechtsordnung fremde Rechtsinstitute.[1583] Im Anschluß an die Kommentierung der beiden Absätze des § 390 nimmt die Gesetzesbegründung noch einmal insgesamt zu dieser Vorschrift Stellung. Aus Sicht der Materialien schränkt § 390 das Universalitätsprinzip ein. So bildeten seine „einseitigen Kollisionsnormen gewichtige Ausnahmen von dem Grundsatz,

1578 Vgl. Begründung zum RegE InsO, Teil B, zu § 390 (S. 243).
1579 Vgl. Begründung zum RegE InsO, Teil B, zu § 390 (S. 244).
1580 Vgl. Begründung zum RegE InsO, Teil B, zu § 390 (S. 244).
1581 Vgl. Begründung zum RegE InsO, Teil B,zu § 390 (S. 244).
1582 Eingehend zu mittelbaren Einwirkungen auf Sicherheiten siehe unten unter C. III. 4. d) aa) ddd) (IV) (3).
1583 Begründung, a.a. O., S. 244.

daß der Entwurf ausländischen Insolvenzverfahren im Inland die gleichen *Wirkungen* zuerkennt, die er für ein inländisches Insolvenzverfahren im Ausland in Anspruch nimmt".[1584]

Die Gesamtwürdigung des § 390 RegE EGInsO entspricht damit nahezu wortlautidentisch den zentralen Aussagen zum Regelungsgehalt des Art. 11 RefE EGInsO.[1585]

(IV) Wertung

Bei unbefangener Lektüre des Gesetzeswortlauts unterscheiden sich die beiden Absätze des § 390 in zweierlei Hinsicht voneinander. Zum einen bezüglich des Schutzumfangs: Nach Abs. 1 wird das Recht eines Dritten an einem Gegenstand der Insolvenzmasse von der Eröffnung des Insolvenzverfahrens nicht berührt, wenn der Gegenstand bei Eröffnung des Verfahrens im Ausland belegen war. Ob dies nur dann gilt, wenn es sich bei dem Gegenstand, an dem die Sicherheit bestellt ist, um eine bewegliche oder unbewegliche Sache handelt, läßt § 390 Abs. 1 offen. Abs. 2 dagegen beschränkt sich auf den Ausschluß lediglich solcher Wirkungen, die dem deutschen Recht unbekannt sind. Allerdings trifft Abs. 2 diese Anordnung nach dem ausdrücklichen Wortlaut nur für Rechte an Immobilien. Da § 390 Abs. 2 nicht auf Mobilien Bezug nimmt, liegt der Schluß nahe, daß es sich bei dieser Vorschrift um eine spezielle Regelung für Sicherheiten an unbeweglichen Gegenständen handelt. Unmittelbar damit verknüpft ist bei dem Verständnis des § 390 Abs. 2 als Spezialvorschrift für Immobilien die unterschiedliche Reichweite des Schutzumfangs. Offenbar geht es in § 390 Abs. 1 um den Ausschluß sämtlicher Einschränkungen ausländischer Rechte Dritter. Abs. 2 läßt demgegenüber anscheinend jedenfalls solche Beeinträchtigungen zu, die auch im deutschen Recht existieren und im Falle eines reinen Inlandskonkurses vollen Umfangs durchgreifen würden. Im Ergebnis würden inländische Kreditgeber mit Sicherungsrechten an Immobilien weniger geschützt als die Inhaber von Mobiliarsicherheiten, die von jeglichen Einschränkungen ihrer Rechte freigestellt würden.

Hinzuweisen ist – ausgehend vom Wortlaut – auf einen zweiten Unterschied. § 390 Abs. 1 spricht vom „Recht eines *Dritten* an einem Gegenstand der Insolvenzmasse". § 390 Abs. 2 dagegen gebraucht die Formulierung „Rechte an unbeweglichen Gegenständen". Dem Gesetzeswortlaut zufolge könnte es sich (auch) um Rechte des Gemeinschuldners handeln. Abs. 1 wäre bei dieser Ausle-

1584 Vgl. Begründung zum RegE InsO, Teil B, zu § 390 (S. 244).
1585 Siehe oben unter C. III. 4. d) aa) ccc) (II) (4), Begründung, a.a.O., S. 306 [34].

gung Spezialvorschrift für Sicherungsrechtsinhaber und bei Rechten des Konkursschuldners sonach unanwendbar.

(1) § 390 Abs. 2 als Spezialvorschrift für Immobilien?

Wie bereits ausgeführt, vermittelt die ausdrückliche Bezugnahme auf unbewegliche Gegenstände den Eindruck, § 390 Abs. 2 sei speziell auf Immobilien zugeschnitten und lasse – anders als Abs. 1 – zumindest solche Beschränkungen zu, die auch das deutsche Recht vorsieht. Die Folge wäre ein Gefälle hinsichtlich der Schutzintensität: Inhaber von Rechten an Fahrnisgegenständen blieben generell von jeglichen Beschränkungen verschont, während Inhaber von Sicherungsrechten an unbeweglichen Gegenständen jedenfalls mit solchen Beschränkungen konfrontiert würden, denen sie auch bei Eintritt eines inländischen (deutschen) Konkursverfahrens ausgesetzt wären.

Für eine solche Auslegung spricht, abgesehen vom Gesetzeswortlaut, die Begründung der Gesetzesmaterialien, worin es heißt: „Die Vorschrift[1586] gewährleistet, daß unbewegliche Gegenstände nur mit dinglichen Rechten der deutschen Rechtsordnung belastet werden können.".[1587] Das impliziert zwar den Ausschluß solcher, der deutschen lex rei sitae unbekannter Beschränkungen, erlaubt aber zumindest jene Beeinträchtigungen, die eine deutsche Entsprechung finden. § 390 Abs. 2 normiert bei dieser Deutung lediglich einen Minimalschutz für Rechte an unbeweglichen Gegenständen.

Gegen eine solche Privilegierung von Rechten Dritter an Mobilien gegenüber solchen an Immobilien streiten gleich mehrere Umstände. Zunächst läßt sich der Gesetzesbegründung entnehmen, daß eine Schlechterstellung der Kreditgeber mit Sicherheiten an unbeweglichen Gegenständen keineswegs gewollt ist. Im Gegenteil schützt § 390 Abs. 2 nach Ansicht der Begründung die Rechte an im Inland belegenen unbeweglichen Gegenständen „noch weitergehend" vor Beeinträchtigungen durch das ausländische Insolvenzverfahren.[1588] Die Materialien nehmen dabei unmittelbar auf den vorausgehenden Satz Bezug, der eine Aussage zum Schutzumfang des § 390 Abs. 1 trifft. Und für § 390 Abs. 1 wiederum formuliert die Gesetzesbegründung folgendes: „Zum Schutz des inländischen Geschäftsverkehrs vor solchen Eingriffen schließt § 390 Abs. 1 des Entwurfs *alle Wirkungen* eines ausländischen Insolvenzverfahrens auf dingliche Rechte an Gegenständen aus, die im Inland belegen sind."[1589] Einen Hinweis darauf, daß im

1586 Gemeint ist § 390 Abs. 2.
1587 Vgl. Begründung zum RegE InsO, Teil B, zu § 390 (S. 244).
1588 Vgl. Begründung zum RegE InsO, Teil B, zu § 390 (S. 244).
1589 Vgl. Begründung zum RegE InsO, Teil B, zu § 390 (S: 243).

Rahmen des Absatzes 1 zumindest dem deutschen Recht vergleichbare Eingriffe durch die lex fori concursus zulässig sind, enthält die Begründung nicht.[1590]

Die Feststellung, Abs. 2 gehe über den durch Abs. 1 gewährleisteten Schutzumfang noch hinaus, wäre also bei einer Zulassung entsprechender Beschränkungen unverständlich.[1591] Daß auch § 390 Abs. 2 weiterreichenden Schutz gewähren will, ergibt sich nicht zuletzt daraus, daß nach den Materialien selbst mittelbare Beeinträchtigungen der dinglichen Rechte an unbeweglichen Gegenständen vermieden werden sollen.[1592]

Ein weiteres Argument gegen eine Benachteiligung der Sicherungsrechtsinhaber an Immobilien ergibt sich aus rechtsvergleichenden Überlegungen.[1593] So schützen ausländische Rechtsordnungen tendenziell nicht etwa Sicherheiten an Fahrnisgegenständen, sondern umgekehrt an unbeweglichen Gegenständen stärker vor Eingriffen durch das ausländische Konkursstatut.[1594]

Als Grund, inländische Immobiliarsicherheiten im Auslandskonkurs im Vergleich zu Mobiliarsicherheiten weitergehenden Einschränkungen zu unterwerfen, ließe sich zwar der Umstand anführen, daß hier der Verwalter keine faktische Zugriffsmöglichkeit hat. Dagegen kann er bewegliche Gegenstände leichter zur ausländischen Konkursmasse ziehen. Ist das erst einmal geschehen, besteht keine Gewähr, daß er das Drittrecht bei der Verteilung des Erlöses auch tatsächlich berücksichtigt.[1595] Für ein solches generelles Mißtrauen gegen den ausländischen

---

1590 Daß § 390 Abs. 1 sämtliche Wirkungen des ausländischen Insolvenzverfahrens auf dingliche Rechte an inländischen Gegenständen ausschließt, räumt auch *Trunk*, KTS 1994, 33 (42) ein. Für besser hält er, die Wirkungen des Auslandsverfahrens auf inländische Sicherungsrechte durch eine einseitige Kollisionsnorm dem inländischen Recht zu entnehmen. Vgl. *Trunk*,a.a.O., S. 43.

1591 Diesen Wertungswiderspruch betont auch *Trunk*, KTS 1994, 33 (43).

1592 Vgl. Begründung zum RegE InsO, Teil B, zu § 390 (S. 244).

1593 Auf „schwer verständliche Wertungswidersprüche" in diesem Zusammenhang verweist auch *Trunk*, KTS 1994, 33 (43). So würden im internationalen Privat- und Verfahrensrecht üblicherweise inländische Immobilien stärker geschützt als Mobilien. § 390 dagegen gelange zum umgekehrten Ergebnis: keine Anerkennungswirkungen auf Mobilien, Anerkennungswirkungen bis zur Grenze des deutschen Rechts bei Immobilien.

1594 Vgl. zur umgekehrten Lösung der belgisch-niederländischen und französischen Konkursabkommen – Zuweisung der Sicherheiten an beweglichen Sachen an das Insolvenzstatut und derjenigen an Grundstücken an das Sachstatut. Auch das englische Internationale Insolvenzrecht trennt klar zwischen Mobilien und Immobilien und schützt letztere sehr viel weitergehend vor den Wirkungen der ausländischen lex fori concursus. Insbesondere geht das Eigentum an in England belegenen Grundstücken, anders als das an Mobilien, nicht mit Verfahrenseröffnung auf den ausländischen Verwalter über. Zum Ganzen vgl. *Metzger*, S. 117f.

1595 So die Überlegung von *Metzger*, S. 118.

Verwalter fehlt jedoch jede sachliche Grundlage.[1596] Im übrigen könnte eine Regelung, die dem Auslandskonkurs jegliche Wirkungen auf inländische Sicherheiten verwehrt (§ 390 Abs. 1 RegE InsO), ebensowenig verhindern, daß im Einzelfall inländisches Sicherungsgut zu Unrecht ins Ausland abgezogen und dort verwertet wird, wie eine Regelung, die dem Auslandskonkurs (nur) die vom deutschen Recht vorgesehenen Beschränkungen inländischer Sicherheiten zubilligt (§ 390 Abs. 2 RegE InsO). Hier wie dort kann der Verwalter die Grenzen, die das deutsche Recht seinen Befugnissen setzt, mißachten.

Schließlich läßt sich gegen eine Zulassung weiterreichender Eingriffe in Sicherheiten an Immobilien als in solche an Mobilien, und damit gegen ein Verständnis des § 390 Abs. 2 als lex specialis zu Abs. 1, das Anliegen des § 390 RegE InsO ins Feld führen. So ist es nach den Gesetzesmaterialien erklärtes Ziel der Vorschrift, neben dem Schutz dinglicher Rechte vor den Auswirkungen ausländischer Verfahren zugleich für eine Vereinfachung der Abwicklung des Insolvenzverfahrens zu sorgen.[1597] Dieser Vereinfachung entspricht am ehesten eine einheitliche Behandlung aller Sicherungsgläubiger, unabhängig vom Gegenstand des Rechts. § 390 kann daher nur so verstanden werden, daß sämtliche Beschränkungen, auch wenn sie im deutschen Recht eine Entsprechung finden, ausgeschlossen sind.[1598]

Die dadurch herbeigeführte Überdehnung[1599] des Schutzes inländischer Sicherungsrechtsinhaber wird teilweise – wie die Gesetzesmaterialien selbst betonen[1600] – dadurch wieder ausgeglichen, daß der ausländische Insolvenzverwalter nach § 396 Abs. 1 stets die Möglichkeit hat, die Eröffnung eines inländischen Parallelinsolvenzverfahrens[1601] zu beantragen, in welches dann auch die gesicherten Gläubiger nach den Regeln des deutschen Insolvenzrechts einschließlich seiner insolvenzbedingten Einschränkungen dinglicher Rechte einbezogen wer-

1596 Zutreffend *Metzger*, S. 118.

1597 Vgl. Begründung zum RegE InsO, Teil B, zu § 390 (S. 243).

1598 *Flessner* dagegen meint, zumindest nach deutschem Recht mögliche Wirkungen sollten anerkannt werden. Vgl. *Flessner*, in: Stoll (Hrsg.), Stellungnahmen und Gutachten, S. 201 (207). Unzutreffend *Trunk*, KTS 1994, 33 (42), der § 390 Abs. 2 als Sonderregel für Immobilien versteht.

1599 Überbetonung deshalb, weil im Falle eines reinen Inlandskonkurses solche Beschränkungen, die die deutsche Rechtsordnung kennt, vollen Umfangs durchgreifen würden.

1600 Vgl. Begründung zum EInsO, Teil B, zu § 390 (S. 244). Auf diese Möglichkeit weist auch *Laut*, S. 128 hin.

1601 Da ein Sekundärverfahren nach der Konzeption des § 393 EInsO – anders in der EuInsVO – nicht auf das Vorhandensein einer Niederlassung des Schuldners im Belegenheitsstaat beschränkt ist, sondern bereits bei bloßer Vermögensbelegenheit eröffnet werden kann, kann man insoweit von einem echten Ausgleich sprechen.

den. Unter Zugrundelegung der weitestgehenden Nutzung dieser Möglichkeit schützt § 390 die gesicherten Gläubiger also strenggenommen nur vor solchen Einschränkungen der Sicherungsrechte, die über das deutsche Insolvenzrecht hinausgehen. Zu diesem Ergebnis kommt auch die Gesetzesbegründung.[1602]

(2) § 390 Abs. 1 als Spezialregelung für dingliche Rechte Dritter?

Einzugehen ist noch auf den zweiten Formulierungsunterschied zwischen den beiden Absätzen des § 390 RegE InsO. Wie bereits beschrieben, spricht Abs. 1 vom „Recht eines Dritten an einem Gegenstand der Insolvenzmasse", Abs. 2 dagegen allgemeiner von „Rechte(n) an unbeweglichen Gegenständen", ohne das Recht als solches eines Dritten zu bezeichnen. Dies legt den Schluß nahe, daß § 390 Abs. 2 (auch) für Sicherungsrechte des Konkursschuldners gilt, während Abs. 1 speziell auf Sicherungsrechte zugunsten solcher vom Gemeinschuldner verschiedener Personen anzuwenden ist.[1603] Da die Auslegung des § 390 aber nur mit Blick auf Art. 5 I EuInsVO vorgenommen wird und die europäische Regelung hinsichtlich der Person des Sicherungsrechtsinhabers klare Vorgaben macht, – erfaßt werden nur Gläubiger oder Dritte, nicht aber auch der Gemeinschuldner – ist eine eingehende Erörterung dieses Problems im Rahmen des § 390 RegE InsO nur dann angezeigt, wenn die Bestimmung des persönlichen Schutzbereichs im Rahmen des § 390 RegE InsO zu einer Änderung des Gesamtverständnisses des § 390 führen würde. Darauf deutet jedoch nichts hin. Eine Behandlung dieser Frage ist somit für die Auslegung des Art. 5 EuInsVO nicht sachdienlich und daher entbehrlich.[1604]

(3) Zusammenfassung

Zusammenfassend ist als Ergebnis der Auslegung der widersprüchlichen Gesetzesmaterialien zu § 390 und damit letztlich im Hinblick auf die Interpretation der Artt. 5, 7 EuInsVO folgendes festzuhalten: § 390 Abs. 2 ist keine Spezialvorschrift für Sicherungsrechte an unbeweglichen Gegenständen.[1605] An dem Art. 11 RefE EGInsO innewohnenden Regelungsgehalt hat sich auch für den neuen § 390 RegE EGInsO trotz seines zusätzlichen Absatzes nichts geändert. Dies ist insbe-

---

1602 Vgl. Begründung zum RegE InsO, Teil B, zu § 390 (S. 244).

1603 In diesem Sinne *Trunk*, KTS 1994, 33 (43 Fn. 60); *Hanisch*, ZIP 1992, 1125 (1139f.); *Metzger*, S. 119f.

1604 Hingewiesen sei an dieser Stelle daher lediglich auf die Erörterungen in der Literatur, v.a. *Metzger*, S. 118 ff.

1605 Zum gleichen Ergebnis kommt auch *Laut*, S. 128. Nach seiner Meinung soll Abs. 2 den Abs. 1 nur ergänzen, nicht aber für seinen Anwendungsbereich verdrängen.

sondere für die Auslegung der europäischen Regelung des Art. 5 EuInsVO von entscheidender Bedeutung, da diese Bestimmung im maßgeblichen Abs. 1 mit Art. 11 RegE EGInsO übereinstimmt und ebenfalls auf eine Differenzierung nach dem Gegenstand des dinglichen Rechts verzichtet. Somit kann nicht nur Art. 11 des Referentenentwurfs, sondern auch § 390 (Abs. 1) des Regierungsentwurfs für die Bestimmung des Regelungsgehalts der Gemeinschaftsnorm fruchtbar gemacht werden.

§ 390 RegE EGInsO ist so zu deuten, daß ein gleichmäßiger Schutzmaßstab im Sinne eines vollständigen Ausschlusses einschließlich solcher, dem deutschen Recht bekannter Beschränkungen dinglicher Rechte an Mobilien und Immobilien gewährleistet werden soll.[1606] Diese Vorschrift ist also wie Art. 11 des Referentenentwurfs mit Blick auf ihre systematische Stellung im 2. Abschnitt („Ausländische Insolvenzverfahren") und im Kontext mit solchen Bestimmungen, die Fragen der Reichweite der verfahrensrechtlichen Anerkennung der Wirkungen der ausländischen Konkurseröffnung im Inland zum Gegenstand haben, als anerkennungsrechtliche Vorschrift anzusehen. Die eigentliche Bedeutung des § 390 liegt darin, dem ausländischen Verfahren schlicht die Wirkungserstreckung, d.h. die Anerkennung der materiellrechtlichen Folgewirkungen der Verfahrenseröffnung nach Maßgabe des Rechts des Eröffnungsstaates zu verweigern, sofern sie zu einer Beeinträchtigung des wirtschaftlichen Wertes der Sicherheit führen.[1607] In Ausnahme zu der durch § 379 grds. normierten umfassenden Wirkungserstrekkung werden deutsche Sicherungsinhaber durch § 390 von sämtlichen Belastungen ihrer Rechte – egal, ob sie nach der lex fori concursus und/oder der (deutschen) lex rei sitae zulässig wären – freigestellt. Dies gilt nach der eindeutigen Entwurfsbegründung[1608] insbesondere auch für mittelbare Einwirkungen[1609] auf Sicherungsrechte durch Kürzungen, Streichungen und Umwandlungen der zugrunde liegenden Forderung, die im ausländischen Verfahren rechtswirksam be-

1606 Vgl. auch *Laut*, S. 128, der davon ausgeht, daß Beschränkungen von Sicherheiten an Immobilien nach dem RegEInsO nicht weitergehend anerkannt werden sollen als bei Mobilien. Wohl a.A. *Trunk*, KTS 1994, 33 (43).

1607 Zutreffend *Laut*, S. 128. Ebenso *Favoccia*, S. 82.

1608 Vgl. Begründung zu § 390 RegE InsO, BT-Drucks. 12/2443, S. 244.

1609 Wenn zum Beispiel das Sicherungsstatut für das in Deutschland befindliche Vermögen kraft der Lageortanknüpfung oder, bei Forderungen, kraft Art. 33 EGBGB das deutsche Recht ist, würde eine Streichung, Kürzung oder Stundung der gesicherten Forderung im Insolvenzverfahren schon kraft Gesetzes (so bei Hypothek und Pfandrecht, vgl. §§ 1113, 1137, 1163, 1204, 1210, 1211, 1252 BGB) oder nach der Sicherungsvereinbarung (so bei Grundschuld, Sicherungsübereignung und Sicherungsabtretung) zur Folge haben, daß die Sicherung an den Sicherungsgeber zurückfällt, zurückzugewähren oder einredebehaftet ist.

schlossen werden.[1610] Zwar bezieht sich die Begründung hierfür nur auf § 390 Abs. 2. Da § 390 Abs. 2 aber – wie gesehen – keine Sonderregelung für Immobilien darstellt und dingliche Rechte nach Abs. 1 umfassend von jeglichen Belastungen verschont bleiben sollen[1611], trifft dies gleichermaßen im Rahmen des Abs. 1 zu. Will § 390 Abs. 1 das Sicherungsrecht von der Eröffnung des Insolvenzverfahrens unberührt lassen, so muß dies konsequenterweise auch für mittelbare Berührungen gelten.[1612]

Dabei setzt der Schutz des § 390 nicht bereits bei der extraterritorialen Geltung des Auslandskonkurses, d.h. beim Universalitätsprinzip, sondern erst bei der Reichweite der Wirkungserstreckung nach grundsätzlicher Anerkennung der ausländischen Eröffnungsentscheidung an. Diese Deutung des § 390 als Beschränkung der Anerkennung des ausländischen Verfahrens wird durch § 390 Abs. 2 bestätigt, der ausdrücklich auf dessen Wirkungen Bezug nimmt und nach seinem Wortlaut jedenfalls solche Wirkungen zulassen will, die auch ein Inlandskonkurs auslösen würde. Die einzige Möglichkeit, deutsche Sicherungsrechtsinhaber mit insolvenzrechtlichen Beschränkungen zu konfrontieren, besteht in der Eröffnung eines Sekundärkonkurses nach Maßgabe des deutschen Belegenheitsrechts und seinen insolvenzbedingten Einschränkungen (vgl. §§ 395, 379).

Geblieben ist es – verglichen mit Art. 11 des Referentenentwurfs – auch bei der Ausgestaltung des § 390 (Abs. 1) als einseitige Regelung. § 390 hat somit nur die Situation des Auslandskonkurses bei Belegenheit von Sicherungsgut in Deutschland im Auge. Für den umgekehrten Fall des Inlandskonkurses bei Auslandsbelegenheit dinglich gesicherten Schuldnervermögens gilt daher § 379, d.h. die (deutsche) lex fori concursus mit ihren Beschränkungen dinglicher Rechte.[1613] Dies bestätigt auch die Gesetzesbegründung, wenn einleitend zur Kommentierung des 1. Abschnitts ausgeführt wird, dieser (erste) Abschnitt enthalte Vorschriften, die für jedes Insolvenzverfahren mit grenzüberschreitenden Wir-

---

1610 Zutreffend *Laut*, S. 130f.

1611 Die mittelbare Beschränkung einer Sicherheit kann einerseits dadurch verhindert werden, daß das Erlöschen der gesicherten Forderung nicht anerkannt wird. Andererseits kann das Bestehen der Forderung für die Sicherheit aber auch fingiert werden. Letzteres hat den Vorteil, daß dann, wenn die Sicherheit nicht aus dem Vermögen des Schuldners stammt, sondern von einem Dritten gestellt wird, der Schuldner von einem Forderungserlaß profitieren kann, ohne daß dadurch die Sicherheit verloren geht. So die Überlegung von *Laut*, S. 131.

1612 Für die Anerkennung der Forderungsherabsetzung auch für das Sicherungsrecht dagegen: *Flessner*, ZIP 1989, 749 (755); *ders.* in: Stoll (Hrsg.), Stellungnahmen und Gutachten, S. 201 (206f.) sowie S. 403 (408f.); *ders.*, IPRax 1997, 1 (8); *Favoccia*, S. 79 ff.

1613 In diesem Sinne auch *Metzger*, S. 116.

kungen gelten, unabhängig davon, ob es im Inland oder im Ausland eröffnet worden sei.[1614]

Daß § 390 (Abs. 1) eine einseitige Regelung darstellt, ergibt sich aus ihrem Standort im Abschnitt über ausländische Insolvenzverfahren. Hätte ihr der Gesetzgeber allseitigen Charakter verleihen wollen, so wäre eine Verortung im 1. Abschnitt mit seinen allgemeinen Vorschriften, beispielsweise im Anschluß an § 379, naheliegend gewesen. Was die Qualifizierung des § 390 als Kollisionsnorm angeht, ist dies jedenfalls für Abs. 1 unzutreffend.[1615]

In Übereinstimmung mit Art. 11 RefE findet § 390 (Abs. 1) auch auf den deutschen Eigentumsvorbehalt Anwendung.

Ungeregelt bleibt wiederum die Vorfrage der zivilrechtlich wirksamen Entstehung des dinglichen Rechts, welche sich in Ermangelung einer ausdrücklichen Regelung somit nach allgemeinen Grundsätzen des Internationalen Sachenrechts beurteilt. Maßgeblich ist das IPR der lex fori mit seiner regelmäßigen Berufung der lex rei sitae.[1616]

bb) Der Entwurf zu einem EuInsÜ von 1992

aaa) Inhaltsüberblick

Das Ziel eines gemeinsamen Binnenmarktes hat die Mitgliedstaaten der Europäischen Gemeinschaften im Jahre 1989 veranlaßt, die Arbeit an einem Insolvenzabkommen wieder aufzunehmen. So wurde von der beim Rat der EG/EU[1617] unter deutschem Vorsitz bis Ende 1994[1618] eingesetzten Ad-hoc-Gruppe „Konkursübereinkommen" in den letzten Jahren ein Entwurf für ein Übereinkommen über Insolvenzverfahren erdacht, der mehrfach überarbeitet und fortentwickelt wurde. Nur der Entwurf vom 3. April 1992[1619] ist veröffentlicht worden, alle an-

1614 Vgl. Begründung, a.a.O., S. 744.

1615 Allenfalls § 390 Abs. 2 kann als eine versteckte Kollisionsnorm angesehen werden, da diese Bestimmung gewisse Wirkungen der nach § 379 grds. berufenen lex fori concursus beschränkt.

1616 So auch *Metzger*, S. 120.

1617 Konstituiert am 4.4.1990, vgl. ZIP-aktuell Nr. 177, ZIP 1990, S. A 52; Generalsekretariat des Rates der EG, Bericht 1991, S. 54; S. 619; *Strub*, EuZW 1996, 7.

1618 Insbesondere die deutsche Seite war bestrebt – auch im Hinblick auf die deutsche Insolvenzrechtsreform und die darin vorgenommene Ausgestaltung des deutschen Internationalen Insolvenzrechts – noch unter der deutschen Präsidentschaft bis Ende 1994 zu einem Abschluß der Verhandlungen zu kommen.

1619 Dokument Nr. SN/18312/92 DRS (CFC); deutscher Text in ZIP 1992, 1197 ff. und bei *Hess*, KO, § 237, Rn. 31 ff.

deren Fassungen beispielsweise vom 25. März 1991[1620], vom 25. Juli 1994[1621], vom 17. November 1994[1622] und vom 12. April 1995[1623] sind bisher unveröffentlicht, weisen aber hinsichtlich der insolvenzrechtlichen Behandlung dinglicher Kreditsicherheiten keine Neuerungen auf. Im Folgenden wird daher lediglich auf die Entwurfsfassung vom 3. April 1992 eingegangen.

Der vorliegende Entwurf berücksichtigt als Textvorlagen die bisherigen Arbeiten zur Schaffung eines EG-Konkursübereinkommens und orientiert sich vor allem am Europaratsübereinkommen sowie an der bundesdeutschen Reformdiskussion über den Neunten Teil des RegE InsO (§§ 379-399) zum deutschen Internationalen Insolvenzrecht.[1624] Er besteht aus 56 Artikeln, die in sechs Kapitel (Allgemeine Vorschriften, Anerkennung der Insolvenzverfahren, Sekundärinsolvenzverfahren, Unterrichtung der Gläubiger und Anmeldung ihrer Forderungen, Auslegung durch den Gerichtshof, Übergangs- und Schlußbestimmungen) untergliedert sind, und aus drei Anhängen.

Um den Rechtsschutz innerhalb der Gemeinschaft zu verstärken, wird die direkte internationale Zuständigkeit der Gerichte und Behörden zur Eröffnung der Insolvenzverfahren festgelegt, an die sich die innergemeinschaftlichen Wirkungen der Insolvenzverfahren knüpfen. Unter weitgehender Abstandnahme von dem allzu ehrgeizigen Ziel, Einheitsrecht zu schaffen, werden gewisse Kollisionsnormen für Insolvenzverfahren harmonisiert, die territorial ausgerichtet sind.[1625] In Ausführung des Art. 220 EGV wird die Anerkennung und Vollstreckung von Entscheidungen auf dem Gebiet des Insolvenzrechts gewährleistet. Dem Europaratsübereinkommen bzw. dem deutschen RegE InsO folgend, wird erstmalig die Eröffnung von Sekundärinsolvenzverfahren bei bloßer Vermögensbelegenheit nach Maßgabe des im Eröffnungsstaat geltenden Rechts ermöglicht sowie die Information der Gläubiger bzw. deren Befugnis zur Anmeldung ihrer Forderungen sichergestellt.

Der EG-Entwurf 1992 stellt somit einen Kompromiß zwischen den früheren Bestrebungen der EG und dem Konzept des Europarates dar.[1626] Wie die älteren EG-Entwürfe will er die in einem Mitgliedstaat eröffneten Insolvenzverfahren

---

1620 Der „Vorentwurf" („Preliminary Draft") vom 25. März 1991 wird beschrieben von *Gilliéron*, ZSR 111 (1992), 270 ff.

1621 Ratsdokument Nr. 8540/94 DRS 20 (CFC).

1622 Ratsdokument 10406/94 DRS 28 (CFC).

1623 Ratsdokument Nr. 6497/95 DRS 7 (CFC).

1624 Vgl. *Laut*, S. 43 sowie *Leitner*, S. 164.

1625 Insbesondere wurde das Einheitsprinzip im Sinne eines Ausschlusses der Möglichkeit territorialer Zweitverfahren (so noch die Vorentwürfe zu einem EuInsÜ 1970, 1980, 1984, s.o.) aufgegeben. Vgl. *Laut*, S. 43.

1626 Vgl. *Metzger*, S. 7.

möglichst umfassend mit Auslandswirkung ausstatten, also dem Universalitätsprinzip auf EG-Ebene zum Durchbruch verhelfen.[1627] Andererseits wurde das Ziel der Einheit des Konkurses als zur Zeit nicht durchsetzbar aufgegeben und durch das Modell paralleler Haupt- und Sekundärkonkurse[1628] ersetzt.

bbb) Die Behandlung von Vorzugsrechten nach dem Entwurf

Nach Art. 3 („Anwendbares Recht"), der als Grundnorm des Entwurfs[1629] bezeichnet werden kann, regelt das Recht des Staates der Verfahrenseröffnung nicht nur die verfahrensrechtlichen Fragen, unter welchen Voraussetzungen das Insolvenzverfahren eröffnet wird und wie es durchzuführen und zu beenden ist, sondern auch dessen materielle Wirkungen. Demnach bestimmt die lex fori concursus insbesondere den Verlust der Verwaltungs- und Verfügungsbefugnis des Schuldners, den Übergang dieser Befugnisse auf den Verwalter sowie die Sperre für Einzelrechtsverfolgungen.

Zu der grundsätzlichen Berufung des Konkursstatuts sieht der Entwurf im Anschluß an die Vorschrift des Art. 3 zahlreiche Ausnahmen bzw. Einschränkungen vor, vgl. Art. 4 ff. Hinsichtlich der hier allein interessierenden Behandlung ausländischer Vorzugsrechte treffen die Artt. 4 und 5 in den jeweiligen Absätzen 1 folgende Anordnung: „Das Recht eines Dritten an einem Gegenstand der Masse *wird von der Eröffnung*[1630] des Insolvenzverfahrens *nicht berührt*[1631], wenn der Gegenstand zur Zeit der Eröffnung nicht im Hoheitsgebiet des Staates der Verfahrenseröffnung belegen ist." (vgl. Art. 4 Abs. 1). Für die Wirksamkeit von Ei-

---

1627 So sieht das EuRÜ nur die Anerkennung einzelner Wirkungen ausländischer Konkurse vor, wobei es den Mitgliedstaaten freisteht, auch andere Insolvenzwirkungen anzuerkennen. Nach dem EG-Entwurf 1992 ist das Verfahren dagegen im Hoheitsgebiet aller anderen Vertragsstaaten grundsätzlich umfassend anzuerkennen (Art. 9). Die Erstreckung der Verwalterbefugnisse auf das Ausland wird so von der Einzelfallregelung, die die Mitgliedstaaten zudem abbedingen können, zur Ausprägung eines allgemeinen und für alle Mitgliedstaaten bindenden Grundsatzes der Universalität des Konkurses.

1628 Auch das Sekundärinsolvenzverfahren nach dem EG-Entwurf 1992 ist, anders als das des Istanbuler Übereinkommens, für die Mitgliedstaaten bindend, was darauf hindeutet, daß der EG die umfassende Vereinheitlichung des Internationalen Insolvenzrechts wichtiger war als die punktuelle Durchsetzung der Einheit des Konkurses durch Staaten, die möglicherweise auf die Durchführung von Zweitkonkursen verzichten möchten. Auch in der Ausgestaltung im einzelnen entspricht das Sekundärverfahren des EG-Entwurfs 1992 sehr viel stärker den deutschen Vorstellungen als der Sekundärkonkurs des Europaratsabkommens. Vgl. *Metzger*, S. 8.

1629 So *Leitner*, S. 164.

1630 Hervorhebung des Autors.

1631 Hervorhebung des Autors.

gentumsvorbehalten im Insolvenzverfahren über das Vermögen des Käufers, und für die Wirkungen dieses Verfahrens auf das Eigentum des Verkäufers verweist Art. 5 Abs. 1 auf Art. 4 Abs. 1: Das Vorbehaltseigentum des Verkäufers bleibt also unberührt.

Nach welcher Rechtsordnung sich die konkursrechtliche Wirkung ausländischer Vorzugsrechte beurteilt, regeln die Artt. 4, 5 nicht unmittelbar. Vielmehr ist diesen Bestimmungen nur zu entnehmen, daß entsprechende Sicherheiten durch den Konkurseröffnungsstaat nicht angetastet werden dürfen. Insbesondere ist nur Art. 3 mit „Anwendbares Recht" überschrieben, die Folgebestimmungen dagegen nicht.

Klärung hinsichtlich der Frage des maßgeblichen Rechts bringen weder der Entwurfstext oder die Präambel, noch die recht dürftigen Stellungnahmen in der Literatur zur rechtlichen Behandlung der Vorzugsrechte durch den Entwurf von 1992 bzw. die insoweit gleichlautende Überarbeitung von 1994. Entsprechende Ausführungen beschränken sich auf die Feststellung, der Entwurf weise verschiedentlich Abweichungen von der Grundkollisionsnorm des Art. 3 auf, durch welche Rechtsverhältnisse „entweder von den Wirkungen der lex fori concursus ausgenommen oder nach einem anderen Insolvenzrecht beurteilt werden bzw. besonderen Sachnormen unterliegen sollen."[1632] Bedauerlicherweise existiert zu den Entwurfsfassungen von 1992 und 1994 nach Kenntnis des Autors kein Erläuterungsbericht oder sonstige Kommentierungen. Da die Regelungen über die konkursrechtliche Behandlung ausländischer Vorzugsrechte aber nahezu wortlautidentisch zu den Artt. 5 und 7 des EuInsÜ von 1995 gefaßt sind, und hierzu ein umfangreicher Erläuterungsbericht ergangen ist, wird insoweit auf die nachfolgenden Ausführungen zum EG-Konkursübereinkommen aus dem Jahre 1995 (dazu sogleich) verwiesen.

cc) *Das Übereinkommen über Insolvenzverfahren der Mitgliedstaaten der Europäischen Union (EuInsÜ) vom 23. 11. 1995*

Den vorläufigen Abschluß der Arbeiten an der Schaffung eines EG-Konkursübereinkommen zur Erfassung grenzüberschreitender Insolvenzen bildete das Übereinkommen über Insolvenzverfahren der Mitgliedstaaten der Europäischen Union (EuInsÜ) vom 23.11.1995.[1633]

1632 Vgl. *Hanisch*, ZIP 1994, 1 (8); *Leitner*, S. 165.

1633 Deutscher Text des EuInsÜ vom 23.11.1995 in ZIP 1996, 976 ff. und ZEuP 1996, 331 ff.

aaa) Inhaltsüberblick

Das EuInsÜ gliedert sich in 6 Kapitel mit insgesamt 55 Artikeln. Eine Präambel, die wichtige Angaben zum Anwendungsbereich und zu der Art des Übereinkommens enthält, und drei Anhänge, die Bestandteil des Übereinkommens sind, ergänzen die darin enthaltenen Bestimmungen.

Kapitel I (Artt. 1-15) bestimmt den Anwendungsbereich des Übereinkommens (Artt. 1 und 2), enthält die Vorschriften für die direkte internationale Zuständigkeit (Art. 3) und legt durch einheitliche Kollisionsnormen[1634] das anzuwendende einzelstaatliche Recht fest (Artt. 4-15). Kapitel II (Artt. 16-26) behandelt die Anerkennung und Vollstreckung von Insolvenzverfahren, die in anderen Vertragsstaaten eröffnet werden sowie die Anerkennung der Befugnisse des Verwalters. Das III. Kapitel (Artt. 27-28) enthält Vorschriften für die Sekundärinsolvenzverfahren und deren Koordinierung mit dem Hauptverfahren bzw. mit anderen Sekundärverfahren. Ein IV. Kapitel (Artt. 39-42) sieht mehrere einheitliche Vorschriften für das Recht auf Anmeldung von Forderungen, die Verpflichtung zur Unterrichtung und die zu verwendende Sprache vor. Kapitel V (Artt. 43-46) überträgt die Zuständigkeit für die Auslegung des Übereinkommens dem Gerichtshof der Europäischen Gemeinschaften. Kapitel VI (Artt. 47-55) enthält die Übergangs- und Schlußbestimmungen, einschließlich der Vorschriften über den zeitlichen Geltungsbereich des Übereinkommens (Art. 47), sein Verhältnis zu anderen Übereinkünften (Art. 48) und die Verfahren zur Änderung der Anhänge (Art. 54), in denen die Insolvenzverfahren, auf die das EuInsÜ Anwendung findet, und die Personen bzw. Einrichtungen, die nach dem Übereinkommen als Verwalter anerkannt werden können, aufgeführt sind.

Der breiten Kritik an den vorausgegangenen Vorentwürfen für ein EU-Konkursübereinkommen Rechnung tragend, ist das EuInsÜ um einfachere und flexiblere Lösungen der Problematik internationaler Insolvenzen bemüht.[1635] Zugrunde gelegt wird das Prinzip der Universalität des Verfahrens, das jedoch dadurch eingeschränkt wird, daß gegebenenfalls ein oder mehrere Sekundärinsolvenzverfahren eröffnet werden können, deren Wirkungen auf das Hoheitsgebiet des Mitgliedstaates beschränkt bleiben, in dem die Eröffnung erfolgt ist. Mit der Parallelität zwischen dem Hauptinsolvenzverfahren, das in anderen Ländern anerkannt wird, und dem Sekundärinsolvenzverfahren, das den Gläubigern eines

---

1634 Vgl. *Virgós/Schmit*, Erläuterungsbericht, a.a.O., S. 33 (36). Um eine einheitliche Kollisionsnorm handelt es sich zweifellos bei der Regelung des Art. 4. Auch die Art. 8, 9, 10, 11, 14 und 15 sind Kollisionsnormen. Für die übrigen Bestimmungen (Art. 5, 6, 7, 12 und 13) ist dies fraglich. Zum kollisionsrechtlichen Gehalt der Art. 5 und 7 EuInsÜ eingehend unten.

1635 Vgl. *Virgós/Schmit*, Erläuterungsbericht, a.a.O., S. 33 (36).

anderen Vertragsstaates ein inländisches Instrument zur Wahrung ihrer Interessen an die Hand gibt, vermeidet das EuInsÜ eine zu starre Zentralisierung. Zwingende Bestimmungen über die Koordinierung mit dem Hauptverfahren sollen eine Gewähr für das Erfordernis der Einheitlichkeit in der Gemeinschaft bieten.

bbb) Die Behandlung ausländischer Sicherungsrechte durch das EuInsÜ

Im Anschluß an diesen allgemeinen Überblick über Aufbau und Inhalt des EuInsÜ sollen nun die für die Behandlung ausländischer Sicherungsrechte wesentlichen Bestimmungen wiedergegeben werden.

Nach der kollisionsrechtlichen Grundnorm des EuInsÜ in Art. 4 („Anwendbares Recht") gilt für das Insolvenzverfahren und seine Wirkungen, soweit das Übereinkommen nichts anderes bestimmt, das Insolvenzrecht des Vertragsstaates, in dem das Verfahren eröffnet wird (vgl. Art. 4 Abs. 1). Das Recht des Staates der Verfahrenseröffnung regelt, unter welchen Voraussetzungen das Verfahren eröffnet wird, wie es durchzuführen und zu beenden ist (vgl. Art. 4 Abs. 2). Absatz 2 zählt katalogartig, und keinesfalls abschließend, die Regelungsbereiche der lex fori concursus auf.

Unmittelbar darauf folgen Bestimmungen (Artt. 5-15), die sich mit speziellen insolvenzrechtlichen Fragen beschäftigen: Dingliche Rechte Dritter (Art. 5), Aufrechnung (Art. 6), Eigentumsvorbehalte (Art. 7), Verträge über unbewegliche Gegenstände (Art. 8), Zahlungssysteme und Finanzmärkte (Art. 9), Arbeitsverträge (Art. 10), Wirkung auf eintragungspflichtige Rechte (Art. 11), Gemeinschaftspatente und –marken (Art. 12), Benachteiligende Rechtshandlungen (Art. 13), Schutz des Dritterwerbers (Art. 14) und schließlich Wirkungen des Insolvenzverfahrens auf anhängige Rechtsstreitigkeiten (Art. 15). Sämtliche Bestimmungen sind der Bezeichnung des I. Kapitels zufolge „Allgemeine Vorschriften", bevor in einem II. Kapitel (Art. 16 ff.) Fragen der „Anerkennung der Insolvenzverfahren" geregelt werden.

Hinsichtlich ausländischer Sicherungsrechte trifft das EuInsÜ in Art. 5 folgende Anordnung: „Das dingliche Recht eines Gläubigers oder eines Dritten an körperlichen oder unkörperlichen, beweglichen oder unbeweglichen Gegenständen des Schuldners, die sich zum Zeitpunkt der Eröffnung des Insolvenzverfahrens im Gebiet eines anderen Vertragsstaates befinden, wird *von der Eröffnung* des Verfahrens *nicht berührt* (vgl. Art. 5 I).[1636] Art. 5 Abs. 2 nennt – ohne Anspruch auf Vollständigkeit – Rechte im Sinne des Abs. 1. Ein dritter Absatz stellt das in einem öffentlichen Register eingetragene und gegen jedermann wirksame Recht, ein dingliches Recht im Sinne von Abs. 1 zu erlangen, einem dinglichen

1636 Hervorhebungen des Autors.

Recht gleich. Art. 5 Abs. 4 beruft – ungeachtet der in Abs. 1 getroffenen Regelung – für die Beurteilung der Nichtigkeit, Anfechtbarkeit oder relativen Unwirksamkeit einer Rechtshandlung die lex fori concursus.

Art. 7 enthält in seinem Abs. 1 eine Art. 5 Abs. 1 vergleichbare Regelung für Eigentumsvorbehalte: „Die *Eröffnung* eines Insolvenzverfahrens gegen den Käufer einer Sache läßt die Rechte des Verkäufers aus einem Eigentumsvorbehalt *unberührt*, wenn sich diese Sache zum Zeitpunkt der Eröffnung des Verfahrens im Gebiet eines anderen Vertragsstaates als dem der Verfahrenseröffnung befindet."[1637] Art. 7 Abs. 2 hat den Konkurs des Verkäufers zum Inhalt. In diesem Fall rechtfertigt die Verkäuferinsolvenz nicht die Auflösung oder Beendigung des Kaufvertrages und steht dem Eigentumserwerb des Käufers nicht entgegen. Abs. 3 ist wortlautidentisch zu Art. 5 Abs. 4.

Von Bedeutung ist in diesem Zusammenhang weiter Art. 17 („Wirkungen der Anerkennung"). Danach entfaltet die Eröffnung eines Verfahrens nach Art. 3 Abs. 1 in jedem anderen Vertragsstaat, ohne daß es hierfür irgendwelcher Förmlichkeiten bedürfte, die Wirkungen, die das Recht des Staates der Verfahrenseröffnung dem Verfahren beilegt, sofern das EuInsÜ nichts anderes bestimmt und solange in diesem anderen Vertragsstaat kein Sekundärinsolvenzverfahren im Sinne des Art. 3 Abs. 2 eröffnet ist (vgl. Art. 17 Abs. 1). In der Anschlußbestimmung des Art. 18 über „Befugnisse des Verwalters" sind mit Blick auf ausländische Sicherheiten die Absätze 1 und 3 hervorzuheben. Art. 18 Abs. 1 gesteht dem Verwalter des Eröffnungsstaates im Gebiet eines anderen Mitgliedstaates grundsätzlich alle Befugnisse zu, die ihm nach der lex fori concursus zukommen. Er kann insbesondere, vorbehaltlich der Artt. 5 und 7, die zur Masse gehörenden Gegenstände aus dem Gebiet des Vertragsstaates entfernen, in dem sich die Gegenstände befinden (Art. 18 I 2). Bei der Ausübung seiner Befugnisse hat der Verwalter das Recht des Vertragsstaates, in dessen Gebiet er handeln will, zu beachten, insbesondere hinsichtlich der Art und Weise der Verwertung eines Gegenstandes zur Masse.

Relevant sind schließlich noch die Bestimmungen über die Zulassung nationaler Sekundärverfahren im Nichteröffnungsstaat. Ein solches lediglich territorial wirkendes Sonderverfahren, welches das Vorhandensein einer Niederlassung des Schuldners in diesem Mitgliedsstaat voraussetzt (vgl. Art. 3 Abs. 2, Art. 27 Satz 3) und vom Verwalter des Hauptinsolvenzverfahrens oder jeder anderen Person bzw. Stelle, der das Antragsrecht nach dem Recht dieses Staates zusteht, beantragt werden kann (vgl. Art. 29), ist allein nach Maßgabe des Rechts des Sekundärstaates abzuwickeln (vgl. Art. 28).

1637 Hervorhebungen des Autors.

ccc) „Private" Stellungnahmen der Verfasser des EuInsÜ

Auslegungshinweise zu den Artt. 5 I, 7 I EuInsVO, insbesondere zu dem dahinterstehenden gesetzgeberischen Willen, können unter Umständen „private" Stellungnahmen der Verfasser des EuInsÜ bieten. Entsprechende Äußerungen *Balz*`[1638] bzw. *Virgós*` helfen jedoch wenig weiter. Mitgeteilt wird zwar ein Auslegungsergebnis, es fehlt aber regelmäßig eine begründende Erläuterung.[1639] Oft wird lediglich die Formulierung des EuInsÜ wiedergegeben.

ddd) Der Erläuterungsbericht zum EuInsÜ

Dem EuInsÜ ist ein umfangreicher Erläuterungsbericht[1640] beigefügt, der entscheidende Anhaltspunkte insbesondere für die Behandlung dinglicher Rechte enthält.[1641]

(I) Allgemeine Erwägungen des Berichts

Bereits den allgemeinen Ausführungen, insbesondere zu den Haupt- und Sekundärinsolvenzverfahren, lassen sich Hinweise in bezug auf die Behandlung ausländischer Sicherungsrechte entnehmen. So ist nach Auffassung des Erläuterungsberichts die Vorstellung von einem einzigen Insolvenzverfahren mit universaler Geltung für die gesamte Gemeinschaft schwer zu verwirklichen, ohne daß bereits bestehende Rechte, die nach dem jeweiligen einzelstaatlichen Recht anderer Vertragsstaaten vor dem Konkurs erworben wurden, aufgrund der Anwen-

1638 *Balz*, ZIP 1996, 948 ff.; *ders.*, ZEuP 1996, 328 ff.; *ders.*, Am Bankr L J 70 (1996), 485 ff.; *Virgós*, Forum internationale, No. 25, 1998, 1 ff.

1639 Kritik insoweit äußert auch *Herchen*, S. 85.

1640 *Virgós/Schmit*, Erläuternder Bericht zu dem EU-Übereinkommen über Insolvenzverfahren, in: Stoll (Hrsg.), Vorschläge und Gutachten , S. 33 ff.

1641 Zwar fehlt den Berichten zu Übereinkommen, die auf Art. 293 EGV (= Art. 220 EGV a.F.) beruhen, die rechtsverbindliche Autorität. Die Berichte müssen allerdings vom Rat gebilligt werden und geben somit die Rechtsansicht des Normgebers wieder. Insbesondere in der Rechtsprechung des EuGH sind die Berichte von Bedeutung, da dieser sie zur Auslegung regelmäßig heranzieht (vgl. *Schlosser*, S. 22). Aufgrund des Kapitels V des EuInsÜ hat der EuGH über die Auslegung des Übereinkommens zu entscheiden (insbesondere Art. 43 Abs. 1). Dies rechtfertigt, dem Bericht besondere Beachtung bei der Auslegung des EuInsÜ zu widmen, ohne daß dadurch von Ansichten des Berichtes abweichende Ansichten gehindert wären. Vgl. *Herchen*, S. 83. Auch *Duursma-Kepplinger*, in: Duursma-Kepplinger/Duursma/Chalupsky (Hrsg.), EuInsVO, Art. 18 bezieht sich im Rahmen ihrer Kommentierung des Art. 5 EuInsVO ohne weiteres auf den Erläuterungsbericht.

dung des Rechts des Staates der Verfahrenseröffnung geändert würden.[1642] Dies sei darauf zurückzuführen, daß es in Europa kein einheitliches System von Sicherungsrechten und sehr unterschiedliche einzelstaatliche Vorschriften hinsichtlich der Kriterien für die Vorrechte der verschiedenen Gläubigerkategorien gebe.[1643] Daher – so *Virgós/Schmit* – strebe das EuInsÜ an, die Vorteile des Grundsatzes der Universalität mit dem notwendigen Schutz der inländischen Interessen in Einklang zu bringen. Deshalb habe man sich für eine kombinierte Lösung entschieden, bei der neben einem Hauptinsolvenzverfahren mit universaler Geltung auch innerstaatliche Verfahren (= Partikularverfahren) stattfänden.[1644]

Im Anschluß an diese generellen Vorüberlegungen zu den beiden Verfahrensarten (Haupt- und Sekundärinsolvenzverfahren) beschäftigt sich der Bericht mit dem Hauptverfahren.[1645] Diesem komme *stets universale Geltung* zu. In diesem Zusammenhang zählt der Bericht einige wichtige Rechtsfolgen des Hauptinsolvenzverfahrens auf[1646]: *Außerhalb* des Staates der Verfahrenseröffnung belegenes Vermögen sei *ebenfalls* Gegenstand des Insolvenzverfahrens und unterfalle weltweit ab Eröffnung des Verfahrens der Beschlagnahme (a); *Alle* Gläubiger würden miteinbezogen (b); Ein in einem Mitgliedstaat eröffnetes Verfahren sei im *gesamten* Gebiet der Vertragsstaaten (d.h. der Gemeinschaft) wirksam. Die Anerkennung der Wirkungen des Verfahrens erfolge automatisch kraft Gesetzes[...]. Das Übereinkommen folge dem Modell der *„Ausdehnung" der Wirkungen* auf die anderen Staaten, die sich aus dem Recht des Staates ergäben, in dem das Hauptinsolvenzverfahren eröffnet worden sei (c); Der im Hauptinsolvenzverfahren bestellte Verwalter sei befugt, in allen Vertragsstaaten ohne Exequatur tätig zu werden. Er könne *Vermögensgegenstände* aus dem Land, in dem sie belegen seien, *entfernen*. Bei Ausübung der Befugnisse [...] müsse sich der Verwalter nach den *Gesetzen des betreffenden Staates* richten (d) [...].

Einen gesonderten Abschnitt innerhalb der allgemeinen Erwägungen zum EuInsÜ widmet der Bericht dem „Schutz der inländischen Interessen im Rahmen des Hauptinsolvenzverfahrens".[1647] *Virgós/Schmit* gehen einleitend von der Überlegung aus, daß die umfassende Anwendung der lex fori concursus sowie die automatische Erstreckung aller Wirkungen des Eröffnungsstaates auf alle Mitgliedstaaten der Gemeinschaft zu Überschneidungen mit den Regelungen führen würde, die in anderen Staaten für inländische Rechtsgeschäfte gelten. Aus diesem Grund seien bei der Regelung des Hauptinsolvenzverfahrens im Überein-

1642 Vgl. *Virgós/Schmit*, Erläuterungsbericht, a.a.O., S. 33 (39).
1643 Vgl. *Virgós/Schmit*, Erläuterungsbericht, a.a.O., S. 33 (39).
1644 Vgl. *Virgós/Schmit*, Erläuterungsbericht, a.a.O., S. 33 (39).
1645 Vgl. *Virgós/Schmit*, Erläuterungsbericht, a.a.O., S. 33 (39 ff.).
1646 Vgl. *Virgós/Schmit*, Erläuterungsbericht, a.a.O., S. 33 (40f.).
1647 Vgl. *Virgós/Schmit*, Erläuterungsbericht, a.a.O., S. 33 (41f.).

kommen wichtige inländische Interessen[1648] soweit erforderlich berücksichtigt worden.[1649] Zu diesem Zweck – heißt es im Bericht weiter – seien nach dem Übereinkommen „bestimmte Rechte an in einem anderen Vertragsstaat befindlichen Vermögenswerten *von den Wirkungen des Hauptinsolvenzverfahrens ausgenommen*“ bzw. werde „im Übereinkommen festgestellt, daß diese *Wirkungen* sich *nach dem Insolvenzrecht der betreffenden Staaten* und nicht nach dem Recht des Staates der Verfahrenseröffnung richten“ müßten.[1650]

Diesen Gedanken konkretisierend, benennt der Bericht anschließend solche *„von den Wirkungen des Hauptinsolvenzverfahrens ausgenommene(n) Rechte*: „(a) Von der Eröffnung eines Insolvenzverfahrens werden die bereits bestehenden *dinglichen Rechte* der Gläubiger oder sonstigen Dritten an Vermögensgegenständen, die zum Zeitpunkt der Verfahrenseröffnung in einem anderen Vertragsstaat belegen sind, nicht berührt. Dieselbe Regel gilt auch für *Eigentumsvorbehalte*[...]“.[1651] Unmittelbar im Anschluß ist zu lesen: „Falls das Recht des Staates der Belegenheit der Sicherungsgegenstände den Zugriff auf diese Rechte zuläßt, muß der Verwalter (oder ein hierzu befugter Gläubiger) hierfür die Eröffnung eines inländischen Insolvenzverfahrens beantragen. Die Stellung der gesicherten Gläubiger entspricht dann derjenigen, die sie in einem rein inländischen Insolvenzverfahren hätten. Nur für Sicherheiten in Form eines dinglichen Rechts gilt diese Vorzugsbehandlung.“.[1652]

Virgós/Schmit führen weiter aus, daß das Übereinkommen vorsehe, für bestimmte Wirkungen der Insolvenz *nicht das normalerweise anwendbare Recht* des Staates der Verfahrenseröffnung, sondern das *Recht des betroffenen Staates* zu berufen; auf diese Weise habe ein in einem anderen Vertragsstaat eröffnetes Insolvenzverfahren in einem gegebenen Staat dieselben Wirkungen wie ein inländisches Verfahren.[1653] Welche Fälle dies im einzelnen sind, stellt der Bericht in der Folge klar. Verwiesen wird auf die Regelungen der Artt. 11, 14, 9, 8 und 10.[1654]

1648 Hier verweist der Erläuterungsbericht auf die Aspekte des Vertrauensschutzes und der Sicherheit des Rechtsverkehrs.

1649 Vgl. *Virgós/Schmit*, Erläuterungsbericht, a.a.O., S. 33 (41).

1650 Vgl. *Virgós/Schmit*, Erläuterungsbericht, a.a.O., S. 33 (41).

1651 Hervorhebungen des Autors.

1652 Vgl. *Virgós/Schmit*, Erläuterungsbericht, a.a.O., S. 33 (42).

1653 Vgl. *Virgós/Schmit*, Erläuterungsbericht, a.a.O., S. 33 (42).

1654 Vgl. *Virgós/Schmit*, Erläuterungsbericht, a.a.O., S. 33 (42). Zu lesen ist folgendes: „(a) Für die zulässigen Wirkungen des Insolvenzverfahrens auf die Rechte des Schuldners an eintragungspflichtigen unbeweglichen Gegenständen, Schiffen und Luftfahrzeugen gilt das Insolvenzrecht des Registerstaates (Art. 11); (b) Zum Schutz gutgläubiger Dritterwerber gilt das Recht des Vertragsstaates, in dem das Vermögen belegen ist, wenn der Schuldner nach der Eröffnung eines Insolvenzverfahrens in

Festzuhalten ist, daß das EuInsÜ den Erläuterungen von *Virgós/Schmit* zufolge hinsichtlich der Umsetzung des Schutzes der inländischen Interessen im Rahmen des Hauptinsolvenzverfahrens unterscheidet. Soweit die Regelungen der Artt. 5, 6 und 7 EuInsÜ, also ausländische (Sicherungs-) Rechte, in Rede stehen, werden diese *„von den Wirkungen des Hauptinsolvenzverfahrens ausgenommen"*. Anders wird nach Auffassung des Berichts dagegen der Schutz der inländischen Interessen im Hauptverfahren in bezug auf die in Artt. 8, 9, 10, 11, 14 und 14 EuInsÜ geregelten Bereiche bewerkstelligt. Hier liegt die Lösung, im Gegensatz zu Artt. 5-7 EuInsÜ, nicht im Verfahrensrecht, sondern im Kollisionsrecht: Hier gilt *„für bestimmte Wirkungen der Insolvenz nicht das normalerweise anwendbare Recht des Staates der Verfahrenseröffnung, sondern das Recht des betroffenen Staates"*. D.h. die an sich maßgebliche lex fori concursus wird durch die jeweilige lex causae und damit durch nationales Recht verdrängt.

Im Rahmen der allgemeinen Ausführungen des Berichts zu nationalen Insolvenzverfahren und deren Funktionen[1655] werden dingliche Rechte abermals im Kontext mit der grds. automatischen Wirkungserstreckung genannt. Als „Hilfsverfahren für das Hauptverfahren" habe das Sekundärverfahren v.a. dann Bedeutung, wenn „das System der Ausdehnung der sich aus dem Recht des Staates der Verfahrenseröffnung ergebenden Wirkungen auf die übrigen Staaten, in denen Vermögensgegenstände belegen sind, zu Schwierigkeiten führen" könne. Dies sei immer der Fall, wenn der Verwalter des Hauptverfahrens Zugriff auf die dinglichen Rechte von Gläubigern oder sonstigen Dritten an den zum Zeitpunkt der Verfahrenseröffnung in einem anderen Staat belegenen Gegenständen nehmen wolle.[1656]

---

einem anderen Vertragsstaat einen unbeweglichen Gegenstand veräußert (Art. 14); (c) Um Störungen der nach einzelstaatlichem Recht gegebenenfalls von den normalen Regeln des Konkursrechts ausgenommenen Zahlungssysteme und Finanzmärkte zu vermeiden, gilt für die Wirkungen des Insolvenzverfahrens das Recht des Staates, dem das Zahlungssystem oder der Finanzmarkt unterliegt (Art. 9); (d) Für die Wirkung des Insolvenzverfahrens auf Verträge, die zur Nutzung oder zum Erwerb eines unbeweglichen Gegenstands berechtigen, sowie auf Arbeitsverträge und Arbeitsverhältnisse gilt das Recht des Belegenheitsstaates bzw. das Recht des Staates, das auf den Vertrag anzuwenden ist (Artt. 8, 10).

1655 Vgl. *Virgós/Schmit*, Erläuterungsbericht, a.a.O., S. 33 (43f.).

1656 *Virgós/Schmit*, Erläuterungsbericht, a.a.O., S. 33 (44).

(II) *Die Erwägungen des Berichts zu den einzelnen Übereinkommensvorschriften*

(1) *Präambel*

Im Anschluß an diese allgemeinen Erwägungen zum EuInsÜ kommentiert der Bericht die einzelnen Übereinkommensbestimmungen.[1657] Zunächst bezieht der Bericht recht umfangreich zu den in der Präambel niedergelegten grundsätzlichen Äußerungen Stellung. Besonderes Augenmerk wird in diesem Zusammenhang auf die Art und Weise der Auslegung der Entwurfsbestimmungen gelegt. Der Bericht geht hierfür von zwei Grundsätzen aus: dem Grundsatz der Beachtung des internationalen Charakters der Rechtsnorm und dem der Einheitlichkeit.[1658] Gemeint ist damit v.a. eine autonome, d.h. eigenständige, Auslegung, orientiert an der *Zielsetzung und Ausgestaltung* des Übereinkommens, wobei die besondere *Funktion der Konzepte* im Rahmen des Übereinkommens und die sich aus den einzelstaatlichen Rechtsordnungen der Vertragsstaaten herleitenden allgemeinen Grundsätze zu berücksichtigen seien. Eine einheitliche Auslegung sei notwendig, damit gleiche aus dem Übereinkommen hergeleitete Rechte und Pflichten für die Vertragsstaaten und die davon betroffenen Personen, unabhängig von dem Vertragsstaat, in dem sie sich befinden, gewährleistet seien.

Angesichts der Tatsache, daß das EuInsÜ keine ausdrückliche Regelung für die Beurteilung der Vorfrage, d.h. die wirksame Entstehung der ausländischen Sicherheit, enthält, ist die Äußerung des Berichts von Bedeutung, wonach das Übereinkommen *durch die Vorschriften des internationalen Privatrechts des Staates der Verfahrenseröffnung ergänzt* werden müsse, da es nur eine partielle innergemeinschaftliche Regelung [für insolvenzspezifische Fragestellungen] vorsehe.[1659]

(2) *Artikel 4: Anwendbares Recht*

Sodann beschäftigt sich der Bericht mit den „Allgemeinen Vorschriften" des Kapitels I.[1660] Die zentralen Bestimmungen für die Behandlung ausländischer Sicherungsrechte sind in den Artt. 4, 5 und 7 EuInsÜ enthalten und werden vom Bericht umfangreich erörtert. So formuliere Art. 4 („Anwendbares Recht") eine einheitliche Kollisionsnorm, die die Vorschriften des internationalen Privatrechts

---

1657 Vgl. *Virgós/Schmit*, Erläuterungsbericht, a.a.O., S. 33 (46 ff.).
1658 Vgl. *Virgós/Schmit*, Erläuterungsbericht, a.a.O., S. 33 (47).
1659 Vgl. *Virgós/Schmit*, Erläuterungsbericht, a.a.O., S. 33 (49).
1660 *Virgós/Schmit*, Erläuterungsbericht, a.a.O., S. 33 (50 ff.).

der einzelnen Staaten ersetze.[1661] Der Bericht bezeichnet Art. 4 als „allgemeine Kollisionsnorm". Diese lege fest, welches Recht auf das Insolvenzverfahren und seine Abwicklung sowie auf seine Wirkungen anzuwenden sei: die lex fori concursus. Nach *Virgós/Schmit* regelt die lex fori concursus alle verfahrensrechtlichen[1662] wie materiellen Wirkungen des Insolvenzverfahrens auf die davon betroffenen Personen und Rechtsverhältnisse.[1663] Zu den materiellen Wirkungen zählten – so der Bericht – die Wirkungen, die typisch konkursrechtlicher Art, d.h. notwendig seien, damit das Insolvenzverfahren seinen Zweck erfülle.[1664] Insofern könne das Recht des Staates der Verfahrenseröffnung, vorbehaltlich anderweitiger Anordnungen im EuInsÜ, Vorrang vor dem Recht haben, das normalerweise nach den gewöhnlichen vor Einleitung des Insolvenzverfahrens geltenden Kollisionsnormen auf die betreffende Rechtshandlung anwendbar sei.

Vergegenwärtigt man sich, daß der vordergründige Zweck des Insolvenzverfahrens in der effektiven Verteilung des Schuldnervermögens unter größtmöglicher Gleichbehandlung aller Gläubiger (sog. *par conditio creditorum*) liegt, stehen immer dann, wenn dieser Grundsatz tangiert bzw. durchbrochen wird, spezifisch insolvenzrechtliche Belange in Rede. Die Artt. 5, 7 EuInsÜ als Schutzbestimmungen zugunsten dinglicher Sicherungsrechtsinhaber betreffen somit eine insolvenzspezifische Materie, die konsequenterweise obigen Grundsätzen zufolge der lex fori concursus unterstehen müßte.

(3) Ausnahmevorschriften

Sodann setzt sich der Bericht mit den „*Ausnahmen* von den allgemeinen Kollisionsnormen des Artikels 4" auseinander. Eingeleitet wird die Kommentierung dieser Ausnahmevorschriften mit der Überlegung, daß es bei uneingeschränkter Geltung der lex fori concursus und der automatischen Wirkungserstreckung der Eröffnungsentscheidung auf alle Vertragsstaaten zu Überschneidungen mit den

---

1661 *Virgós/Schmit*, Vgl. Erläuterungsbericht, a.a.O., S. 33 (66).

1662 Nach dem Recht des Staates der Verfahrenseröffnung bestimmen sich alle Voraussetzungen für die Eröffnung, Abwicklung und Beendigung des Insolvenzverfahrens. Es legt unter anderem fest, wer von einem Insolvenzverfahren betroffen sein kann, welches die Anforderungen für die Eröffnung eines solchen Verfahrens sind und wer eine Verfahrenseröffnung beantragen kann; es bestimmt Art und Umfang des Vermögensbeschlags gegen den Schuldner und die davon betroffenen Vermögenswerte; es regelt die Verwaltung der Masse und die Benennung des Verwalters sowie seine Befugnisse; es regelt die Zulässigkeit der Forderungen, die Verteilung und die Vorrechte; es bestimmt die Beendigung des Verfahrens, seine Auswirkungen usw. Vgl. *Virgós/Schmit*, Erläuterungsbericht, a.a.O., S. 33 (66).

1663 Vgl. *Virgós/Schmit*, Erläuterungsbericht, a.a.O., S. 33 (66).

1664 Vgl. *Virgós/Schmit*, Erläuterungsbericht, a.a.O., S, 33 (67).

Vorschriften käme, nach denen Geschäfte in diesen Staaten üblicherweise abgewickelt werden.[1665] Zur Wahrung des Vertrauensschutzes und der Rechtssicherheit des Geschäftsverkehrs in anderen Staaten als dem der Verfahrenseröffnung mache das Übereinkommen eine Reihe von Ausnahmen von der allgemeinen Regel. So schließe das Übereinkommen in manchen Fällen bestimmte Rechte an im Ausland belegenem Vermögen von den *Wirkungen* des Insolvenzverfahrens aus.[1666] Als Beispiel führt der Bericht die Artt. 5, 6 und 7 EuInsÜ an. In anderen Fällen bewirke es – so der Bericht – daß bestimmte Wirkungen des Insolvenzverfahrens *nicht unter das Recht des Staates der Verfahrenseröffnung*, sondern in den Anwendungsbereich des *Rechts des betreffenden Staates* fielen.[1667] Verwiesen wird hierfür auf die Regelungen der Artt. 8, 9, 10, 11, 14 und 15. In diesen Fällen müßten für in anderen Vertragsstaaten eröffnete Verfahren die gleichen Wirkungen gelten, denen gleichartige inländische Verfahren nach dem Recht des betreffenden Staates unterliegen würden.

Damit wiederholt und bestätigt der Bericht die obigen Ausführungen zur Verwirklichung des Schutzes inländischer Interessen im Rahmen des Hauptinsolvenzverfahrens.

Unverständlich ist vor dem Hintergrund dieser soeben vorgenommenen Differenzierung hinsichtlich der praktischen Umsetzung der Ausnahmeregelungen – d.h.für Artt. 5, 6 und 7 ein genereller Ausschluß der prinzipiellen Wirkungserstreckung des Hauptverfahrens auf entsprechende Rechte, und für Artt. 8-11, 14f. eine kollisionsrechtliche Ersetzung der lex fori concursus durch die jeweilige lex causae – folgende Bemerkung des Berichts: „Die Ausnahmeregelungen zu der Anwendung des Rechts des Staates der Verfahrenseröffnung (Artikel 4) sind in den Artikeln 5 bis 15 des Übereinkommens enthalten. Von den Artikeln 6 und 14 abgesehen, die aufgrund systematischer Erwägungen in derselben Weise auszulegen sind, fällt diese Ausnahmeregelung durchweg zugunsten des Rechts eines „Vertragsstaates" aus."[1668] Dieser Äußerung zufolge läge die Bedeutung der Artt. 5, 7 EuInsÜ in einer kollisionsrechtlichen Sonderanknüpfung an das Recht des Belegenheitsstaates. An dieser Stelle setzt sich der Erläuterungsbericht somit in Widerspruch zu der vorausgegangenen Qualifizierung dieser Vorschriften als anerkennungsrechtliche Ausnahmeregelungen.

1665 Vgl. *Virgós/Schmit*, Erläuterungsbericht, a.a.O., S. 33 (68f.).
1666 Vgl. *Virgós/Schmit*, Erläuterungsbericht, a.a.O., S. 33 (69).
1667 Vgl. *Virgós/Schmit*, Erläuterungsbericht, a.a.O., S. 33 (69).
1668 Vgl. *Virgós/Schmit*, Erläuterungsbericht, a.a.O., S. 33 (69).

(4) Artikel 5: Dingliche Rechte Dritter

Auf die ursprüngliche Deutung der Artt. 5 bzw. 7 EuInsVO als Anerkennungssonderrecht kommt der Bericht aber wiederum zurück, wenn es im Rahmen der Kommentierung zu Art. 5 heißt: „Mit dieser Vorschrift werden dingliche Rechte Dritter [...] von den *Wirkungen*[1669] des Verfahrens ausgeschlossen."[1670] Speziell für die gesicherten Vermögensgegenstände selbst läßt das EuInsÜ nach Auffassung des Berichts offen, ob die betreffenden Vermögensgegenstände in die Masse des Hauptinsolvenzverfahrens einzubeziehen oder davon auszunehmen sind.[1671] So bestehe nach dem Übereinkommen lediglich die Pflicht, die dinglichen Rechte Dritter an Vermögensgegenständen zu wahren, die sich in einem anderen Vertragsstaat als dem Staat der Verfahrenseröffnung befänden.[1672] *Virgós/Schmit* zufolge sei das Sicherungsgut selbst vollen Umfangs in das Hauptinsolvenzverfahren einzubeziehen; die Privilegierung beschränke sich auf die daran bestehenden Sicherheiten.[1673]

Direkt im Anschluß greift der Erläuterungsbericht die in den Vorentwürfen zu einem EuInsÜ wiederholt verwendeten Begriffe der „Begründung", „Gültigkeit" und „Tragweite" auf. Die Begründung, die Gültigkeit und die Tragweite eines solchen dinglichen Rechts bestimmen sich – ausweislich des Berichts – „nach dem dafür geltenden Recht (in der Regel der lex rei sitae zum maßgebenden Zeitpunkt) und werden von der Eröffnung des Insolvenzverfahrens nicht berührt." Ob damit die insolvenzrechtliche Wirkung solcher Rechte gemeint ist, oder Aspekte der Vorfrage angesprochen sind, wird nicht näher ausgeführt. Ausweislich der Erläuterung bedeutet dies, daß der Inhaber des dinglichen Rechts alle seine Ansprüche auf die betreffenden Vermögensgegenstände behält, obwohl das Recht des Staates der Verfahrenseröffnung die Massezugehörigkeit aller Vermögensgegenstände vorschreibt. Insbesondere soll der Inhaber des dinglichen Rechts sein Recht auf Aus- bzw. Absonderung des Sicherungsgegenstands von der Masse wahrnehmen und den Vermögensgegenstand zur Befriedigung seiner Forderung gegebenenfalls gesondert verwerten können. Andererseits soll der Verwalter, auch wenn sich der Gegenstand in seinem Besitz befindet, über das

1669 Hervorhebung des Autors.

1670 Vgl. *Virgós/Schmit*, Erläuterungsbericht, a.a.O., S. 33 (69).

1671 Vgl. *Virgós/Schmit*, Erläuterungsbericht, a.a.O., S. 33 (70): „Das Übereinkommen schreibt nicht vor, daß die betreffenden Vermögensgegenstände in die Masse des Hauptinsolvenzverfahrens einzubeziehen sind."

1672 Vgl. *Virgós/Schmit*, Erläuterungsbericht, a.a.O., S. 33 (70).

1673 Vgl. *Virgós/Schmit*, Erläuterungsbericht, a.a.O., S. 33 (42).

Gut ohne Zustimmung des Rechtsinhabers nicht in einer Weise verfügen können, die das daran bestehende dingliche Recht zu beeinträchtigen geeignet ist.[1674]

Danach entfalten die unmittelbaren Folgen des Eröffnungsbeschlusses, namentlich der Ausschluß des Einzelverwertungsrechts und des Rechts zur Zwangsvollstreckung der Gläubiger sowie die Überleitung der Verwertungsbefugnisse vom Schuldner auf den Verwalter, einerseits auch in bezug auf dinglich gesicherte Gläubiger ihre Wirkung. Diese sollen gerade nicht aus dem Verfahren vollständig herausgehalten werden. Andererseits wird durch Art. 5 EuInsVO die Erstreckung bestimmter mittelbarer Folgewirkungen der Verfahrenseröffnung in den Anerkennungs- und Belegenheitsstaat blockiert, sofern eine wirtschaftliche Entwertung des dinglichen Rechts zu besorgen ist. Art. 5 EuInsVO filtert also im Sinne eines Mindestschutzes nur diejenigen materiellrechtlichen Wirkungen nach der lex fori concursus aus, die für die Gläubiger mit Einbußen im Rahmen der Verwertung der Sicherheit verbunden sind. Denn die mit den Sicherungsrechten belasteten Vermögenswerte sind ohne weiteres Massebestandteil, über die der Verwalter zumindest in einer Weise, die die Sicherheit unbeeinträchtigt läßt, verfügen kann. Damit unterliegt der Vermögensgegenstand in Höhe des die Sicherheit übersteigenden Betrages dem Zugriff.

Daß dingliche Sicherungsrechtsinhaber nicht in einem ausnahmeuniversalistischen Sinn gänzlich aus dem Verfahren ausgeklammert werden sollen, wird bestätigt durch den Verweis der Kommentierung an dieser Stelle auf die Erläuterung zu Art. 18 (Befugnisse des Verwalters). Art. 18 stellt klar, daß die Anerkennung eines in einem Vertragsstaat eröffneten Insolvenzverfahrens in erster Linie die Anerkennung seiner Befugnisse in allen anderen Vertragsstaaten zur Folge hat. Aufgrund dieser Anerkennung darf der Verwalter im Gebiet der Nichteröffnungsstaaten alle Befugnisse ausüben, die ihm nach dem Recht des Staates der Verfahrenseröffung übertragen wurden.[1675] Insbesondere kann er sogar Gegenstände aus dem Gebiet des Vertragsstaates entfernen, in dem sie belegen sind – vorbehaltlich der Artt. 5 und 7 EuInsÜ (vgl. Art. 18 I 2). Die Kommentierung versteht diese Einschränkung so, daß die Verbringung dinglich gesicherter Gegenstände in einen anderen Staat von der Zustimmung des Inhabers des dinglichen Rechts abhängig gemacht werden muß, „sofern das dingliche Recht es erfordert."[1676] Nach Meinung von *Virgós/Schmit* können die Gläubiger die tatsächliche Entfernung dieser Gegenstände [nur] durch die Beantragung der Eröffnung

1674 Vgl. *Virgós/Schmit*, Erläuterungsbericht, a.a. O., S. 33 (70).
1675 *Virgós/Schmit*, Erläuterungsbericht, a.a.O., S. 33 (88 [159f.]).
1676 Vgl. *Virgós/Schmit*, Erläuterungsbericht, a.a.O., S. 33 (88 [161]).

eines Sekundärinsolvenzverfahrens verhindern, welches diese Gegenstände erfasse.[1677]

In den nachfolgenden Erläuterungen befaßt sich der Bericht wieder allgemeiner mit der grundsätzlichen Bedeutung von Sicherungsrechten und der ihnen zugrunde liegenden Interessenlage.[1678] Nach *Virgós/Schmit* besteht das politische Grundziel im Schutz des Wirtschaftsverkehrs im Staat der Belegenheit und in der Rechtssicherheit in bezug auf die Rechte, die an diesen Vermögensgegenständen bestehen. Den dinglichen Rechten komme eine sehr wichtige Funktion im Kreditbereich und bei der Mobilisierung von Mitteln zu. Hauptaufgabe sei der Schutz ihrer Inhaber vor der Gefahr der Insolvenz des Schuldners und vor Eingriffen Dritter. Mit ihrer Hilfe sei es möglich, Kredite zu Bedingungen zu erhalten, die ohne diese Art von Garantien nicht eingeräumt würden.[1679]

Unter dem Vorzeichen des besonderen Bedeutungsgehalts von Sicherungsrechten im Wirtschaftskreislauf und einer daraus abzuleitenden hohen Schutzwürdigkeit sind die folgenden Ausführungen des Berichts zu verstehen. So könnten dingliche Rechte ihre Funktion nur dann richtig erfüllen, wenn sie durch die Eröffnung eines Insolvenzverfahrens in anderen Vertragsstaaten *„nicht stärker beeinträchtigt“*[1680] würden als dies bei Eröffnung eines innerstaatlichen Insolvenzverfahrens der Fall wäre.[1681]

Was das konkret bedeutet, insbesondere ob insolvenzrechtliche Beschränkungen zumindest in dem Maße zulässig sein sollen, wie sie auch das Belegenheitsstatut vorsieht, geht aus dem Bericht nicht eindeutig hervor. Vor allem gibt die Formulierung „nicht stärker beeinträchtigt“ keinen Aufschluß über die rechtstechnische Umsetzung dieser Aussage: So würden ausländische Sicherheiten bei unmittelbarer Geltung der lex rei sitae unter Ausschluß der lex fori concursus in diesem Sinne nicht stärker beeinträchtigt als in einem rein inländischen Verfahren, weil dann gerade eine dem Inlandskonkurs vergleichbare Situation vorläge. Diese Anforderung würde aber gleichermaßen erfüllt, wenn es bei der grundsätzlichen Anwendung des Konkursstatuts auch in bezug auf dingliche Sicherheiten bliebe und nur solche Eingriffe auf Grundlage der lex fori concursus zulässig wären, die vergleichbar auch im Belegenheitsstaat existieren. Denkbar wäre überdies die Lösung, insolvenzrechtliche Beschränkungen allein nach der lex fori concursus und ohne Abgleich mit den Eingriffsmöglichkeiten der lex rei sitae für den Fall zu gestatten, daß die lex fori concursus besonders sicherungsrechtsfreundlich ausgerichtet ist und generell dingliche Rechte vergleichsweise gerin-

---

1677 *Virgós/Schmit*, Erläuterungsbericht, a.a.O., S. 33 (88f. [161]).
1678 Vgl. *Virgós/Schmit*, Erläuterungsbericht, a.a.O., S. 33 (70f.).
1679 Vgl. *Virgós/Schmit*, Erläuterungsbericht, a.a.O., S. 33 (70).
1680 Hervorhebung des Autors.
1681 Vgl. *Virgós/Schmit*, Erläuterungsbericht, a.a.O., S. 33 (70).

gen Beschränkungen aussetzt. Abgesehen von diesen kollisionsrechtlichen Ansätzen zur Gewährleistung der Anordnung („nicht stärker beeinträchtigt") ist eine Schädigung auch dann nicht zu besorgen, wenn dingliche Rechte von vornherein gar nicht vom Hauptverfahren erfaßt werden und damit keinerlei Einschränkungen unterworfen sind, für diesen Bereich also eine echte Ausnahme vom Grundsatz der Universalität gemacht wird. Nicht stärker beeinträchtigt werden betreffende Rechte schlußendlich dann, wenn so gesicherte Gläubiger zwar grundsätzlich ins Hauptverfahren einbezogen werden, aber sämtlichen Folgewirkungen der Verfahrenseröffnung in bezug auf dingliche Rechte die Anerkennung versagt wird.

Daß Art. 5 EuInsÜ den Schutz vor insolvenzbedingten Einschränkungen nicht kollisionsrechtlich, sondern sachrechtlich bewerkstelligt, ergibt sich aus den folgenden Bestimmungen, wenn es heißt: „Für die Erreichung dieses Ziels[1682] boten sich Alternativen an, über die in der Gruppe auch beraten wurde. Zur Vereinfachung der Vermögensverwaltung zog allerdings die Mehrheit der Delegationen die *einfache Lösung nach dem jetzigen Artikel 5* vor: Insolvenzverfahren berühren nicht die dinglichen Rechte an in anderen Vertragsstaaten belegenem Vermögen."[1683]

Eine Auslegung des Art. 5 EuInsÜ in der Weise, den ausländischen Sicherungsrechtsinhabern solche Beschränkungen der lex fori concursus zuzumuten, die auch die lex rei sitae kennt, liegt unter dem Aspekt der Verfahrensvereinfachung eher fern. Abgesehen von den sprachlichen Hindernissen würde dies einen Abgleich der betreffenden Belegenheitsrechte mit dem jeweiligen Konkursstatut voraussetzen. Die Folge wären zwangsläufig höhere Kosten und eine längere Verfahrensdauer.

Mit Blick auf die erstrebte Verfahrensvereinfachung käme allenfalls eine kollisionsrechtliche Lösung in der Weise in Betracht, die nach Art. 4 EuInsÜ grundsätzlich berufene lex fori concursus außer Kraft zu setzen und die insolvenzrechtlichen Wirkungen ausländischer Sicherheiten allein dem Belegenheitsstatut zu unterstellen. In diesem Fall würden jedenfalls die mit der Rechtsvergleichung verbundenen Schwierigkeiten vermieden. Allerdings hat sich die Auslegung der Übereinkommensbestimmungen nach Meinung des Erläuterungsberichts an der Zielsetzung und Ausgestaltung des Übereinkommens zu orientieren (s.o.) Das EuInsÜ geht – wie gesehen – von der „stets universale(n) Geltung des Hauptinsolvenzverfahrens" und der generellen Berufung des Rechts des Staates der Ver-

---

1682 Gemeint ist, die in anderen Vertragsstaaten belegenen dinglichen Rechte nicht stärker zu beeinträchtigen als bei Eröffnung eines innerstaatlichen Insolvenzverfahrens.

1683 Vgl. *Virgós/Schmit*, Erläuterungsbericht, a.a.O., S. 33 (70f.).

fahrenseröffnung aus[1684] mit der Folge, daß sich alle verfahrens- und materiellrechtlichen Wirkungen des Insolvenzverfahrens auf die davon betroffenen Personen und Rechtsverhältnisse nach der lex fori concursus richten.[1685] Dieser Aspekt streitet somit gegen eine Sonderanknüpfung an die lex rei sitae im Rahmen des Hauptverfahrens.

Daß diese Auslegungsvariante *Virgós/Schmit* zufolge offenbar auch nicht gewollt ist, bestätigt die Bemerkung, wonach diese Regel [d.h. Art. 5 EuInsÜ] nicht bedeute, daß die dinglichen Rechte bei einer Insolvenz des Schuldners völlig geschützt seien.[1686] Von einer Immunisierung betreffender Rechte geht die Erläuterung nur im Hauptverfahren aus. Sobald aber das Belegenheitsrecht Eingriffe in irgendeiner Form zulasse, sei ein Zugriff im Rahmen eines Sekundärverfahrens möglich.[1687] Ausgeschlossen sind damit jedwede insolvenzbedingten Einschränkungen im Hauptverfahren. Zugleich besagt Art. 5 ausweislich des Erläuterungsberichts nicht, daß sich das Verfahren nicht auf das in anderen Staaten belegene Vermögen erstreckt.[1688] Da das Hauptverfahren von universeller Geltung sei, werde das gesamte Vermögen des Schuldners erfaßt. Dies sei dann wichtig, wenn ein Sicherungsgegenstand die mit dem dinglichen Recht gesicherte Forderung im Wert übersteige. *Virgós/Schmit* zufolge ist der Gläubiger dann verpflichtet, einen überschüssigen Veräußerungserlös wieder der Masse zuzuführen. Ohne daß der wirtschaftliche Wert des Rechtes oder die unmittelbare Verwertbarkeit beeinträchtigt werde, erhalte der Verwalter damit auch die Möglichkeit, sich für die unmittelbare Zahlung der gesicherten Forderung aus der Konkursmasse zu entscheiden und damit den Wertverlust zu vermeiden, zu dem es bei bestimmten Aktiva kommen könnte, wenn sie gesondert verwertet würden.[1689]

Festzuhalten ist somit, daß Art. 5 EuInsÜ insolvenzbedingte Einschränkungen ausländischer Sicherheiten sowohl nach dem Recht des Eröffnungsstaates als auch des Belegenheitsstaates ausschließt. Unzulässig sind jegliche Eingriffe. Der Vorschrift des Art. 5 EuInsVO liegt somit keine kollisionsrechtliche Lösung zugrunde. Vielmehr handelt es sich hierbei um einen Kontrollmechanismus zur Begrenzung des der Verordnung immanenten Prinzips der automatischen Wirkungserstreckung.

Lesenswert für die Deutung des Art. 5 EuInsÜ sind auch die weiteren Ausführungen des Berichts zur Auslegung des Begriffs des dinglichen Rechts. So sei nach Auffassung der Kommentatoren für die Klassifizierung eines Rechts als

---

1684 Vgl. *Virgós/Schmit*, Erläuterungsbericht, a.a.O., S. 40 [17, 18].
1685 *Virgós/Schmit*, Erläuterungsbericht, a.a.O., S. 66 [90].
1686 Vgl. *Virgós/Schmit*, Erläuterungsbericht, a.a.O., S. 33 (71).
1687 *Virgós/Schmit*, Erläuterungsbericht, a.a.O., S. 71 [98].
1688 Vgl. *Virgós/Schmit*, Erläuterungsbericht, aa.O., S. 71 [99].
1689 *Virgós/Schmit*, Erläuterungsbericht, a.a.O., S. 71 [99].

dingliches Recht zu berücksichtigen, „daß Artikel 5 eine wichtige *Ausnahme von der Anwendung des Rechts des Staates der Verfahrenseröffnung und der universalen Geltung des Hauptinsolvenzverfahrens*“[1690] darstelle.[1691] Im darauffolgenden Satz weist der Bericht bei der Auslegung des Art. 5 EuInsÜ darüber hinaus auf den Umstand hin, daß die Eröffnung eines Sekundärinsolvenzverfahrens vom Vorhandensein einer Niederlassung des Schuldners im betreffenden Vertragsstaat abhängt. Vor diesem Hintergrund lehnt der Bericht eine weite Auslegung des Art. 5 EuInsÜ ab.[1692]

Wiederum erwähnen *Virgós/Schmit* diese Vorschrift im Zusammenhang mit der Eröffnung territorialer Sekundärverfahren. Die Einordnung des Art. 5 EuInsÜ als Ausnahme von der universalen Geltung des Hauptinsolvenzverfahrens und der Verweis auf das Sekundärverfahren als zu berücksichtigende Umstände bei der Deutung des Art. 5 EuInsÜ legen folgende Sichtweise des Berichts nahe: Ausländische dingliche Rechte werden in Abweichung zum grundsätzlich geltenden Universalitätsprinzip von den Wirkungen des inländischen Insolvenzverfahrens, soweit sie zu einer Beschränkung der Verwertbarkeit der Sicherheit führen, nicht erfaßt. Die einzige Möglichkeit, ausländische Sicherungsrechtsinhaber mit insolvenzbedingten Eingriffen zu konfrontieren, besteht in der Eröffnung eines Sekundärverfahrens im Situsstaat.

(5) Artikel 7: Eigentumsvorbehalt

Auch die weiteren Erläuterungen des Berichts enthalten vereinzelt Hinweise für die insolvenzrechtliche Behandlung ausländischer Sicherungsrechte. Hervorzuheben ist insoweit die Kommentierung zu Art. 7 EuInsÜ für ausländische Eigentumsvorbehalte. So besteht das Regelungsanliegen des Art. 7 EuInsÜ – wie auch bei Art. 5 EuInsÜ – im Schutz der Interessen des Wirtschaftsverkehrs. Dieser wird nach Meinung des Berichts dadurch bewirkt, daß Eigentumsvorbehalte an Sachen „*vom Geltungsbereich* eines Insolvenzverfahrens *ausgenommen* werden“, die sich zum Zeitpunkt der Eröffnung des Verfahrens in einem anderen Vertragsstaat als dem der Verfahrenseröffnung befinden.[1693] Im übrigen verweist der Bericht für die Deutung des Art. 7 EuInsÜ auf die Anmerkungen zu Art. 5 EuInsÜ. Somit geht der Erläuterungsbericht korrespondierend zu Art. 5 von einer anerkennungsrechtlichen Umsetzung des Schutzanliegens aus; formuliert wird „vom

1690 Hervorhebung des Autors.
1691 Vgl. *Virgós/Schmit*, Erläuterungsbericht, a.a.O., S. 33 (72).
1692 Vgl. *Virgós/Schmit*, Erläuterungsbericht, a.a.O., S. 33 (72).
1693 Vgl. *Virgós/Schmit*, Erläuterungsbericht, a.a.O., S. 33 (74f.).

Geltungsbereich eines Insolvenzverfahrens ausgenommen", nicht aber „vom *Insolvenzverfahren* ausgenommen".

(6) Anerkennung der Insolvenzverfahren

Zu erwähnen ist in diesem Zusammenhang auch die Kommentierung des II. Kapitels über die Anerkennung der Insolvenzverfahren.[1694] Den Erläuterungen des Berichts zufolge sieht das EuInsÜ in Art. 17 ein Anerkennungsmodell vor, wonach die Wirkungen der in einem anderen Vertragsstaat getroffenen Entscheidung auf den gesamten Geltungsbereich des Übereinkommens ausgedehnt werden. Das in einem anderen Vertragsstaat eröffnete Verfahren wird hinsichtlich seiner Wirkungen nicht einem inländischen Verfahren gleichgestellt, sondern in den anderen Vertragsstaaten mit genau denselben Wirkungen anerkannt, die ihm das Recht des Staates der Verfahrenseröffnung beilegt (= „Modell der Ausdehnung").[1695] Anerkennung bedeutet danach also Wirkungserstreckung. Diese erfolgt automatisch, d.h. ohne vorheriges förmliches Anerkennungsverfahren.[1696] Diese Wirkungen – so der Bericht – werden nach dem Recht des Staates der Verfahrenseröffnung und nicht nach dem des ersuchten Staates bestimmt und sind prozessualer wie materieller Natur.[1697] Nach *Virgós/Schmit* bleiben die materiellen Wirkungen aufgrund der allgemeinen Anwendbarkeit einbezogen, die das Übereinkommen für das Recht des Staates der Verfahrenseröffnung vorsieht (Art. 4) und unterliegen daher denselben Ausnahmeregelungen, die das Übereinkommen für die lex fori concursus anordnet (Artt. 5 ff.).

Im Ergebnis stellt der Erläuterungsbericht für die in Art. 17 bezeichneten Ausnahmefälle[1698] von der universellen Wirkungserstreckung die Verknüpfung mit den Regelungen der Artt. 5 ff. her. Die Bestimmungen der Artt. 5, 7 EuInsÜ bilden Ausnahmen von der universalen Erstreckung der Folgewirkungen der Verfahrenseröffnung in den Anerkennungsstaat nach Maßgabe der lex fori concursus.

(7) Befugnisse der Insolvenzverwalter

Hinzuweisen ist noch auf die Ausgestaltung der Befugnisse des Insolvenzverwalters des Hauptinsolvenzverfahrens. Diese erfahren eine Einschränkung, soweit dingliche Rechte Dritter in Rede stehen. So richten sich die Befugnisse des

1694 Vgl. *Virgós/Schmit*, Erläuterungsbericht, a.a.O., S. 33 (85 ff.).
1695 Vgl. *Virgós/Schmit*, Erläuterungsbericht, a.a.O., S. 33 (86).
1696 Vgl. *Virgós/Schmit*, Erläuterungsbericht, a.a.O., S. 33 (86).
1697 Vgl. *Virgós/Schmit*, Erläuterungsbericht, a.a.O., S. 33 (86).
1698 Vgl. Art. 17 Abs. 1: „sofern das Übereinkommen nichts anderes bestimmt".

Verwalters stets nach dem Recht des Eröffnungsstaates und erstrecken sich auf die übrigen Vertragsstaaten (vgl. Art. 18 I 1). Insbesondere kann er Gegenstände aus dem Gebiet des Vertragsstaates entfernen, in dem sie belegen sind. Eine Ausnahme konstatiert Art. 18 I 2 aber für die von Artt. 5 und 7 EuInsÜ geschützten Rechte. In der Kommentierung ist dazu (mit Blick auf diese Vorbehaltsklausel) folgendes zu lesen: „Sofern das dingliche Recht es erfordert, kann die Verbringung dieser Gegenstände in einen anderen Staat von der Zustimmung des Inhabers des dinglichen Rechts abhängig gemacht werden.[1699]

In dieses Schutzkonzept fügen sich schließlich auch die Bestimmungen über die Herausgabepflicht und Anrechnung (Art. 20) ein. Nach Art. 20 I 1 ist ein Gläubiger, der nach der Eröffnung eines Insolvenzverfahrens nach Artikel 3 Abs. 1 auf irgendeine Weise, insbesondere durch Zwangsvollstreckung, vollständig oder teilweise aus einem Gegenstand der Masse befriedigt wird, verpflichtet, das Erlangte an den Verwalter herauszugeben. Im Interesse der gleichmäßigen Befriedigung aller Gläubiger kann der Insolvenzverwalter den erhaltenen Vermögensgegenstand entweder herausverlangen oder aber den entsprechenden Geldbetrag einfordern. Einen Vorbehalt sieht Art. 20 I für die Artt. 5 und 7 EuInsÜ vor. Hinsichtlich dieses Vorbehalts führen *Virgós/Schmit*[1700] aus: „Die vorgenannte Bestimmung[1701] gilt innerhalb des durch die Artikel 5 und 7 des Übereinkommens vorgegebenen Rahmens; hierdurch werden die *dinglichen Rechte* von Gläubigern und Dritten an zum Zeitpunkt der Verfahrenseröffnung belegenen Vermögensgegenständen des Schuldners *vom Anwendungsbereich des Hauptinsolvenzverfahren ausgeschlossen.*[1702] Im Rahmen der Anwendbarkeit dieser Artikel bereichert sich ein Gläubiger, dessen durch dingliche Rechte gesicherte Forderung durch die Verwertung des Sicherungsgegenstands befriedigt wird, nicht auf Kosten der Masse und verstößt auch nicht gegen das Gruppenprinzip (vgl. Erläuterungen zu Artikel 5)."[1703]

1699 Vgl. *Virgós/Schmit*, Erläuterungsbericht, a.a.O., S. 33 (88).
1700 Vgl. *Virgós/Schmit*, Erläuterungsbericht, a.a.O., S. 33 (92).
1701 Gemeint ist Art. 20 EuInsÜ.
1702 Hervorhebungen durch den Autor.
1703 Eine Bezugnahme auf die Artt. 5 und 7 EuInsÜ erfolgt im Bericht noch bei der Erläuterung des Berechnungsverfahrens im Rahmen des Art. 20, wenn es heißt: „ Die einzige Ausnahme von der zweiten Regel (d.h. es ist immer der ursprüngliche Betrag der Forderung – 100% ihres ursprünglichen Wertes – geltend zu machen und nicht die Restforderung) bilden die durch ein dingliches Recht oder eine Aufrechnung garantierten Forderungen, deren garantierter Teil von dem Insolvenzverfahren nicht berührt wird (siehe Artikel 5, 6 und 7). Vgl. *Virgós/Schmit*, Erläuterungsbericht, a.a.O., S. 33 (93). Daraus ergibt sich, daß in Höhe der Sicherheit eine Forderungskürzung zwingend ausscheidet.

Soweit im Erläuterungsbericht von einem Ausschluß der dinglichen Rechte „vom Anwendungsbereich des Hauptinsolvenzverfahrens“ die Rede ist, entsteht angesichts dieser Wortwahl der Eindruck, dingliche Rechte bildeten eine echte Ausnahme vom Grundsatz der Universalität. Tatsächlich mißt die Kommentierung den Artt. 5, 7 eine solche Bedeutung jedoch nicht bei. Zum einen verweist der Erläuterungbericht im Rahmen der Kommentierung des Art. 17 auf die Erläuterungen zu Art. 5[1704] und stellt damit klar, daß die im Zusammenhang mit der Vorschrift über dingliche Rechte getätigten Äußerungen ungeachtet der Artt. 16 ff. Geltung beanspruchen. Den Anmerkungen zu Art. 5 zufolge sind dingliche Rechte aber lediglich von der universalen Wirkungserstreckung, nicht aber vom Verfahren selbst ausgenommen. Zum anderen steht mit der Erläuterung des Art. 17 eine Bestimmung in Rede, die Aussagen zur Anerkennung des Insolvenzverfahrens einschließlich seiner Folgewirkungen zum Inhalt hat, also gerade nicht den Anwendungsbereich des EuInsÜ definiert; Regelungen zum Geltungsbereich trifft Art. 1 („Anwendungsbereich“) in Kapitel I („Allgemeine Vorschriften“).

(III) Wertung

Positiv fällt zunächst auf, daß der Erläuterungsbericht von *Virgós/Schmit* sich nicht auf eine bloße Wiedergabe des Übereinkommenstextes beschränkt, sondern das EuInsÜ sowohl mit Blick auf seine grundlegende Konzeption, als auch hinsichtlich der konkreten Einzelbestimmungen einer eingehenden Untersuchung unterzieht. Insbesondere für die Behandlung ausländischer dinglicher Sicherungsrechte enthält der Bericht wertvolle Auslegungshinweise.[1705] Zwar sind die Ausführungen der Kommentierung nicht frei von Widersprüchen (s.o.). Insgesamt läßt sich jedoch in bezug auf entsprechende Rechte ein recht klares Bild für die Deutung der Formulierung „von der Eröffnung des Verfahrens nicht berührt“ gewinnen:[1706] Die Artt. 5 und 7 EuInsÜ sind im Kontext zu den anerkennungsrechtlichen Vorschriften der Artt. 16 ff. EuInsÜ (und hier v.a. Art. 17 I) zu lesen. Der Bereich dinglicher Sicherheiten ist von der automatischen Erstreckung der Wirkungen der Verfahrenseröffnung in den Belegenheitsstaat ausgenommen. Abgeschirmt werden durch die Artt. 5, 7 EuInsÜ aber nicht sämtliche Wirkungen

1704 Vgl. *Virgós/Schmit*, Erläuterungsbericht, a.a.O., S. 92 [173].

1705 A.A. *Herchen*, ZInsO 2002, 345 (347); *Bork*, ZIP 2002, 690 (693): „insgesamt eher unergiebig“.

1706 A.A. *Duursma-Kepplinger*, in: Duursma-Kepplinger/Duursma/Chalupsky (Hrsg.), EuInsVO, Art. 5, Rn. 15, wonach sich weder anhand des Erläuternden Berichts noch unter Heranziehung der Erwägungsgründe zur EuInsVO eindeutig die Frage beantworten lasse, wie die maßgebliche Wendung „von der Verfahrenseröffnung nicht berührt“ zu verstehen sei. Kritisch auch *Flessner*, FS Drobnig, S. 281.

nach dem Recht des Eröffnungsstaates, sondern nur diejenigen, die eine wirtschaftliche Entwertung oder zumindest eine nicht unerhebliche Einbuße des betreffenden Rechts besorgen lassen. Ob derartige Eingriffe nach der lex rei sitae zulässig wären, kann dahinstehen, da das Recht des Belegenheitsstaates durch Art. 4 EuInsÜ zugunsten der lex fori concursus gerade verdrängt ist und insbesondere auch nicht anderweitig berufen wird. Denn die Artt. 5, 7 sind – anders als Art. 4 – weder Kollisionsnormen, noch stellen sie eine Ausnahme vom Universalitätsprinzip im Sinne eines Verzichts des Eröffnungsstaates auf seinen universellen Geltungsanspruch bezogen auf dinglich gesicherte Vermögenswerte des Schuldners dar. Die in den Artt. 5 und 7 EuInsÜ bezeichneten Rechte werden lediglich von substanzgefährdenden Folgewirkungen der Eröffnungsentscheidung nach Maßgabe der lex fori concursus nicht berührt.

Nicht nur die Vermögensgegenstände des Schuldners selbst, sondern auch die dinglich gesicherten Gläubiger werden ins Hauptverfahren einbezogen. Dies ergibt sich bereits aus dem Grundsatz der Universalität, der dem EuInsÜ zugrunde liegt. Die Artt. 5 und 7 formulieren mit der Wendung „nicht berührt“ einen bloßen Verhaltensbefehl. Im Sinne eines Mindestschutzes werden ausländische Sicherungsnehmer lediglich insoweit privilegiert, wie die dinglich gesicherte Forderung reicht.[1707] Daraus folgt, daß hinsichtlich des die Sicherheit übersteigenden Betrages eine Verwertung der besicherten Gegenstände auch im Rahmen des Hauptverfahrens durch den Insolvenzverwalter möglich bzw. ein überschüssiger Veräußerungserlös an den Verwalter herauszugeben ist.[1708] Im Grundsatz bleibt es damit bei der Erstreckung der Wirkungen der Eröffnungsentscheidung in den Anerkennungsstaat (Art. 17 Abs. 1 EuInsVO). Unzulässig sind im Interesse eines effektiven Schutzes der Sicherheit auch mittelbare Einwirkungen durch Kürzungen, Streichungen und Umwandlungen der zugrunde liegenden Forderung, die im Hauptverfahren ohne Rücksprache mit dem Gläubiger beschlossen werden.[1709]

1707 Daß die Beschränkungen der lex fori concursus nur in Höhe des dinglichen Rechts keinerlei Wirkungen entfaltet, befürworten *Huber*, ZZP 114 (2001), 133 (158); *Leible/Staudinger*, KTS 2000, 533 (553); *Taupitz*, ZZP 111 (1998), 315 (339); *Gottwald*, Grenzüberschreitende Insolvenzen, S. 34f; *Liersch*, S. 45; *Kolmann*, S. 305; *Fritz/Bähr*, DZWiR 2001, 221 (228); *Duursma-Kepplinger*, in: Duursma-Kepplinger/Duursma/Chalupsky (Hrsg.), EuInsVO, Art. 5, Rn. 30.

1708 *Huber*, EuZW 2002, 490 (493); *Kolmann*, S. 305f; *Leible/Staudinger*, KTS 2000, 533 (563); *Herchen*, ZInsO 2002, 345 (348).

1709 So *Herchen*, S. 107 ff.; sowie *ders.*, ZInsO 2002, 345 (348), wonach durch Art. 5 EuInsVO auch wesentliche mittelbare Beeinträchtigungen ausgeschlossen sein sollen. Bedauerlicherweise geht der Erläuterungsbericht auf die Problematik der mittelbaren Einwirkungen nicht ein. Angesichts der Tatsache, daß die Regelung des Art. 5 EuInsÜ im wesentlichen die deutsche Vorschrift des § 390 Abs. 1 RegE InsO kopiert und ausweislich der eindeutigen Entwurfsbegründung [vgl. BT-Drucks.

Die eigentliche Bedeutung des Sekundärverfahrens besteht nach allem nicht darin, erstmalig auch dinglich gesicherte Gläubiger dem Insolvenzverfahren zu unterwerfen, sondern darin, so gesicherte Gläubiger erstmalig mit insolvenzbedingten Einschränkungen nach Maßgabe des Rechts des Sekundärstaates zu konfrontieren und damit gegebenenfalls auch auf das dingliche Recht zuzugreifen.

e) Zusammenfassung der Ergebnisse zur Kodifikationsgeschichte

Gegenstand der ersten Kodifikationsetappe zur Ausarbeitung eines gemeinschaftsweiten Regelwerkes für internationale Insolvenzfälle sind die Vorentwürfe zu einem EuInsÜ aus den Jahren 1970, 1980 und 1984. Die in diesen Vorentwürfen enthaltenen Vorschriften zur Behandlung ausländischer Sicherungsrechte unterscheiden sich von der aktuellen europäischen Regelung der EuInsVO erheblich, so daß sie für die Auslegung der Artt. 5, 7 EuInsVO nur sehr geringe Aussagekraft besitzen.

Als wesentlich hilfreicher für die Interpretation der Artt. 5, 7 EuInsVO erweist sich das EuRÜ. Trotz der sprachlichen und konzeptionellen Unterschiede zwischen den relevanten Bestimmungen des EuRÜ und den Artt. 5, 7 EuInsVO bietet es mit seiner für dingliche Sicherheiten relevanten Vorschrift (vgl. Art. 14 II lit. a: „nicht beeinträchtigt") gewisse Anhaltspunkte für die Deutung des europäischen Rechts. Aufgrund des Fehlens einer den Artt. 18, 19 der Vorentwürfe zu einem EuInsÜ vergleichbaren kollisionsrechtlichen Grundnorm richtet sich die Behandlung ausländischer Sicherheiten nicht selbstverständlich nach dem Recht des Eröffnungsstaates. Vielmehr sollen nach der Übereinkommenspolitik des EuRÜ dinglich gesicherte Gläubiger durch die Anwendung des Übereinkommens keine Nachteile erfahren.[1710] Im Ergebnis sind damit insolvenzrechtliche Einschränkungen dieser Rechte weder nach Maßgabe der lex fori concursus bzw. der lex rei sitae, noch aufgrund kumulativer Anwendung von Insolvenz- und Belegenheitsstatut zulässig. Umgesetzt wird das Schutzkonzept dabei nicht über eine Begrenzung der generellen Erstreckung der Folgewirkungen des Hauptinsolvenzverfahrens in den Anerkennungsstaat. Insbesondere ist dem EuRÜ das Prinzip von der automatischen Wirkungserstreckung sämtlicher Konkurswirkungen unbekannt. Vielmehr sollen dingliche Rechte unter Verzicht auf den extraterritorialen Geltungsanspruch des Eröffnungsstaates und in Ausnahme zum Universa-

12/2443, S. 244] auch mittelbare Zugriffe auf die Sicherheit ausgeschlossen sein sollten, wird man diese Rechtslage wohl auch für die europäische Regelung zugrunde legen müssen.

1710 Explanatory Report, Nrn. 35, 64.

litätsprinzip von vornherein aus dem internationalen Konkurs herausgehalten werden.

In Übereinstimmung mit dem EuRÜ liegt den nationalen Entwurfsfassungen zur Reform des deutschen IIR die Vorstellung von der sog. eingeschränkten Universalität durch Zulassung territorialer Zweitverfahren zugrunde. Festgeschrieben wird zugleich der Grundsatz der automatischen Wirkungserstreckung der Entscheidungen des Eröffnungsstaates. Vorgesehen ist eine positive Regelung des für das Hauptverfahren maßgeblichen Rechts: der Geltung der lex fori concursus. In den Gesetzentwürfen ist eine ausdrückliche Bestimmung für (dingliche) Rechte (Dritter) enthalten, worunter auch Eigentumsvorbehalte fallen. Während in den Vorentwürfen zur Neuordnung des deutschen IIR von 1989 zunächst von der *Ausübung* eines solchen Rechts (vgl. Art. 3 a.F. VE) bzw. den *Wirkungen des Insolvenzverfahrens* auf entsprechende Rechte (vgl. Art. 3 n.F. VE) die Rede ist – die Wirkungen des Hauptverfahrens einschließlich seiner insolvenzbedingten Einschränkungen sollen nur für den Fall der Belegenheit im Eröffnungsstaat auf Sicherheiten durchschlagen – enthalten der spätere Referenten- bzw. Regierungsentwurf eine den Artt. 5, 7 EuInsVO wortlautidentische Formulierung: Gem. Art. 11 RefE EGInsO bzw. § 390 Abs. 1 RegE InsO soll das Recht eines Dritten von der *Eröffnung* des ausländischen Insolvenzverfahrens bei Inlandsbelegenheit *nicht berührt* werden. Anders als beim EuRÜ wird in den deutschen Gesetzesvorschlägen für den Bereich der dinglichen Sicherheiten keine Ausnahme vom extraterritorialen Geltungswillen und damit vom Grundsatz der Universalität, sondern lediglich eine Ausnahme von der universellen Wirkungserstreckung der Eröffnungsfolgen nach Maßgabe der lex fori concursus bei grundsätzlicher Erfassung des dinglich gesicherten Schuldnervermögens unter Einbeziehung der gesicherten Gläubiger ins Hauptverfahren gemacht. Der Schutz dinglicher Sicherungsrechtsinhaber wird also anerkennungsrechtlich bewerkstelligt. Angesichts der mit der EuInsVO übereinstimmenden Konzeption des RefE EGInsO bzw. des RegE InsO (bezogen auf den Auslandskonkurs) und der wortlautgleichen Formulierung („nicht berührt"), haben die letzten Kodifikationsakte zur Reform des deutschen IIR für die Auslegung der Artt. 5, 7 EuInsVO eine präjudizierende Wirkung.

Die Vorentwürfe der zweiten Kodifikationsetappe zu einem EuInsÜ aus den Jahren 1992 und 1994, sowie das EuInsÜ von 1995 selbst weisen hinsichtlich ihrer Gesamtkonzeption, des Aufbaus und der Systematik im Vergleich zu dem RefE EGInsO bzw. dem RegE InsO weitreichende Parallelen auf. Dies gilt namentlich hinsichtlich der für die Sicherheiten zentralen Bestimmungen der Artt. 5, 7 EuInsÜ (= Artt. 4, 5 VE EuInsÜ 1992): Entsprechende Rechte, die sich zum Zeitpunkt der Eröffnung des Verfahrens im Gebiet eines anderen Mitgliedstaates befinden, werden von der *Eröffnung* des Verfahrens *nicht berührt*. Der dem Eu-

InsÜ beigefügte umfassende Erläuterungsbericht bestätigt im wesentlichen das für den RefE EGInsO/RegE InsO gefundene Auslegungsergebnis.

Nach allem hat sich die Analyse der Entstehungsgeschichte für die Auslegung der Artt. 5, 7 EuInsVO als überaus gewinnbringend erwiesen.

5. *Effet utile*

Zuletzt gilt es, den Interpretationsvorgang betreffend die Artt. 5 I, 7 I EuInsVO durch die im Rahmen der allgemeinen Auslegungsdogmatik des EuGH erörterten europarechtsspezifischen Kriterien abzurunden. Von vornherein auszuklammern sind rechtsvergleichende Erwägungen. Selbst wenn man der Rechtsvergleichung einen methodischen Eigenwert bei der Deutung von Gemeinschaftsrechtsnormen zumißt, schafft eine gemeinschaftsweite Untersuchung der Rechtsstellung dinglich gesicherter Gläubiger angesichts der gravierenden Regelungsunterschiede in den mitgliedstaatlichen internationalen Insolvenzrechten nur noch mehr Unsicherheit bei der Auslegung. Aus diesem Grund verdient allein der Effektivitätsgrundsatz eine über den klassischen Viererkanon hinausgehende Beachtung.

Danach kommt von vornherein nur eine solche Interpretationsvariante in Betracht, bei der die Artt. 5, 7 EuInsVO ihre „nützliche Wirkung“ (= „*effet utile*“) entfalten können. Insbesondere darf der Anwendungsbereich dieser Bestimmungen nicht in einer Weise beschränkt werden, die ihre praktische Wirksamkeit auf Null reduziert. Vielmehr ist von mehreren möglichen Auslegungsalternativen grundsätzlich derjenigen der Vorzug zu geben, bei der der praktische Nutzen der Regelung am größten ist und ihre Wirkung am stärksten zum Tragen kommt. Da der *effet utile* zugleich die Funktionsfähigkeit der Gemeinschaft absichern soll, vermag überdies nur ein solches Auslegungsergebnis zu überzeugen, welches die Verwirklichung der Vertrags- und Verordnungszwecke am besten fördert und damit am ehesten zum Gelingen des Integrationsvorhabens beiträgt. Wie auch der teleologischen Methode haftet dem *effet utile* sonach ein integrativ-dynamisches Element an.

Am effektivsten trägt eine Deutung der Artt. 5 I, 7 I EuInsVO ihrer Eigenschaft als Ausnahmebestimmungen Rechnung, die die intendierten Schutzzwecke verwirklicht, zugleich aber auch den Integrationsprozeß im Sinne der Schaffung eines einheitlichen, gemeinschaftsweiten Konkurses fördert. Im Hinblick auf die Sicherungsinteressen der dinglichen Gläubiger wäre ein Verständnis der Artt. 5 I, 7 I EuInsVO optimal, welches diese vor jeglichen insolvenzbedingten Einschränkungen bewahren und trotz des Konkurses für eine ungekürzte Durchsetzung ihres Rechts sorgen würde. Dies ist der Fall, wenn durch die genannten Bestimmungen jegliche Eingriffe in die betreffenden Sicherheiten seitens der lex fori concursus aus Anlaß der Insolvenz verboten werden sollen. Demgegenüber zwingt der *effet utile* nicht zu einer kollisionsrechtlichen Sonderberufung des Rechts des Belegenheitsstaates. Abgesehen von der Tatsache, daß auch nach der lex rei sitae regelmäßig insolvenzrechtliche Zugriffsmöglichkeiten auf dingliche Sicherheiten bestehen, liefe eine Deutung der Artt. 5 I, 7 I EuInsVO als Kollisionsnormen dem Grundsatz der Einheit des Konkurses zuwider. Ebenfalls aus integrationspolitischen Erwägungen scheidet weiter ein Interpretationsergebnis aus, das der Universalität des Konkurses abträglich ist. Daher können die fraglichen Vorschriften nicht so verstanden werden, daß die gesicherten Gläubiger von vornherein gar nicht erst in den Konkurs einzubeziehen oder jedenfalls von den Konkurswirkungen weitgehend ausgenommen sind. Vielmehr spricht der Effektivitätsgrundsatz gerade dafür, unter grundsätzlicher Erfassung auch der Sicherungsinhaber diese lediglich im Umfang ihres Rechts von nachteiligen Wirkungen der Konkurseröffnung freizustellen. Insbesondere darf aus den Artt. 5, 7 EuInsVO nicht ein so weitgehender Schutz herausgelesen werden, der einseitig zu Lasten der übrigen Gläubiger und zu einer Aushöhlung der Masse führen würde. Ihren Zweck, eine gemeinschaftsweite Konkursabwicklung nach einheitlichen Regeln zu schaffen, kann die Insolvenzverordnung nur dann erreichen, wenn nur die Sicherheit privilegiert wird, die besicherten Vermögensgegenstände dagegen im übrigen vom zuständigen Insolvenzverwalter des Eröffnungsstaates für die Masse beansprucht werden können. Aus diesem Grund wird man dem Verwalter zudem ein Ablösungsrecht zugestehen[1711] und die durch die Artt. 5, 7 EuInsVO gewährte Bevorzugung auf ein reines Wertinteresse begrenzen müssen.

Im Ergebnis bestätigt die Interpretation der Artt. 5, 7 EuInsVO im Lichte des *effet utile* den bereits im Rahmen der teleologischen Methode herausgearbeiteten Grundsatz: Soviel Gläubigerschutz wie nötig, so wenig Preisgabe integrationspolitischer Interessen wie möglich.

IV. Ergebnis

Da die EuInsVO aus dem nahezu wortlautidentischen EuInsÜ hervorgeht, d.h. das völkerrechtliche Übereinkommen auf der Grundlage des Art. 293 EGV (= ex-Art. 220 EGV) lediglich der äußeren Form nach in eine EG-Verordnung i.S.d. Art. 249 Abs. 2 EGV umgießt und sich inhaltliche Änderungen daher allein aus

1711 Vgl. *Huber*, EuZW 2002, 490 (493), der zutreffend darauf hinweist, daß der Verwalter den besicherten Gegenstand gegebenenfalls durch Zahlung auf die Forderung ablösen und damit zur Masse ziehen kann. Ebenso *Herchen*, ZInsO 2002, 345 (349); *Fritz/Bähr*, DZWiR 2001, 221 (228); *Taupitz*, ZZP 111 (1998), 315 (339); *Kolmann*, S. 305f.

den mit einer Verordnung verbundenen Besonderheiten[1712] ergeben, kann bei der Auslegung der Artt. 5, 7 EuInsVO sowie der Verordnung allgemein ohne weiteres sowohl auf das EuInsÜ einschließlich seiner europäischen bzw. deutschen Vorarbeiten, als auch auf die insoweit ergangene Literatur zurückgegriffen werden.[1713] Auf der Grundlage der eingehenden Analyse insbesondere der Entstehungsgeschichte ergeben sich hinsichtlich des Regelungsgehalts der Artt. 5, 7 EuInsVO nachstehende Auslegungsergebnisse:

1. Die Artt. 5 und 7 EuInsVO sind keine Kollisionsnormen, sondern haben einen sachrechtlichen Inhalt. Sie normieren einen Verhaltensbefehl.

2. Die Artt. 5 und 7 EuInsVO stehen in Wechselwirkung zu den Artt. 16 ff. EuInsVO.

3. Die Umsetzung des Verhaltensbefehls, ausländische Kreditsicherheiten unberührt zu lassen, erfolgt anerkennungsrechtlich: Zur Anwendung kommt auch für diesen Bereich das Recht des Eröffnungsstaates, vgl. Art. 4 EuInsVO. Korrespondierend bestimmen sich die rechtlichen Folgewirkungen der Verfahrenseröffnung nach der lex fori concursus. Löst die Eröffnung des Insolvenzverfahrens nach dieser Rechtsordnung jedoch solche materiellrechtlichen Wirkungen aus, die die im Ausland belegenen Sicherheiten einschränken, in Frage stellen oder deren Verwertung nachhaltig erschweren, wird ihnen im Situsstaat die Anerkennung verweigert, vgl. Art. 17 I EuInsVO. Entsprechend begrenzt Art. 18 I 2 EuInsVO die Befugnisse des Insolvenzverwalters nach dem Recht des Eröffnungsstaates, der das Sicherungsgut nicht ohne weiteres zur Insolvenzmasse ziehen kann, sondern zur Beachtung der dinglichen Rechte verpflichtet ist.

4. Der EuInsVO liegt das Prinzip der Universalität des Verfahrens zugrunde. Daraus folgt, daß der Schutz der Artt. 5 und 7 EuInsVO nicht so weit reichen kann, die Eröffnungsentscheidung als solche und damit automatisch sämtliche, sich aus der lex fori concursus ergebenden Folgewirkungen der Verfahrenseröffnung zu negieren. Vielmehr wird die mit dem Eröffnungsbeschluß verbundene Gestaltungswirkung in den übrigen Mitgliedstaaten zwangsläufig anerkannt. Dies gilt insbesondere für solche Bestimmungen der lex fori concursus, die den Ausschluß individueller Rechtsverfolgungsmaßnahmen der Gläubiger des Schuldners sowie beliebiger Verfügungen durch ihn selbst anordnen. Leistungsklagen der ausländischen Sicherungsrechtsinhaber vor dem nationalen Prozess- oder Vollstreckungsgericht zur Befriedigung wegen persönlicher Forderungen, die über

---

1712 Vgl. Art. 253 EGV, der bei Verordnungen eine Begründung vorschreibt, weshalb der EuInsVO Erwägungsgründe vorangestellt sind. Demgegenüber bedarf es bei einer Verordnung keiner gesonderten Regelung über die Auslegungszuständigkeit des EuGH, wie sie noch das EuInsÜ in den Artt. 43, 44 vorsah, da sich diese allgemein nach den Artt. 226 ff. – insbesondere nach Art. 234 EGV – richtet.

1713 Zutreffend *Huber*,EuZW 2002, 490 (490); *Bork*, ZIP 2002, 690 (693).

den haftenden Gegenstand hinaus auch sonstige Masseobjekte beanspruchen, ohne sich insoweit dem allgemeinen insolvenzrechtlichen Prozedere zu unterwerfen, sind daher – wie auch im nationalen Insolvenzverfahren – unzulässig. Dies ergibt sich nicht zuletzt aus Art. 4 II f EuInsVO, wonach die EuInsVO vom Verbot individueller Rechtsverfolgungsmaßnahmen keine Ausnahme vorsieht. Solche rechtlichen Folgewirkungen, die nicht zu einer Unwirksamkeit bzw. Nichtigkeit der Sicherheit oder zu wesentlichen Werteinbußen im Rahmen der Verwertung führen würden, entfalten volle Wirkung auch im Anerkennungsstaat.

5. Ausgeschlossen sind im Interesse eines effektiven Schutzes der Sicherheit auch mittelbare Einwirkungen der lex fori concursus oder eigenmächtige, ohne Zustimmung des Gläubigers beschlossene Kürzungen, Streichungen und Umwandlungen der zugrunde liegenden Forderung seitens des Insolvenzverwalters, vgl. Art. 17 II 2 EuInsVO.

6. Die durch die Artt. 5 und 7 EuInsVO sowie Artt. 17 I, 18 I 2 EuInsVO bewirkte Privilegierung beschränkt sich auf das Sicherungsrecht. Sofern das Sicherungsinteresse nicht gerade im Sicherungsgut selbst besteht (Aussonderung), sondern sich lediglich auf den Wert richtet (Absonderungsrecht), wird es vom Insolvenzbeschlag erfaßt und steht damit der Masse zu. Vorbehaltlich der Aussonderungsberechtigten sind die ausländischen Sicherungsinhaber dem Hauptverfahren unterworfen.

7. Als Folge der Einbeziehung der dinglich gesicherten Gläubiger in das Hauptinsolvenzverfahren ergibt sich, daß diese einen die Höhe der Sicherheit übersteigenden Erlös an den Verwalter herauszugeben haben. Dieser hat aber auch die Möglichkeit, sich sogleich für die Ablösung des Rechts zu entscheiden.

8. Der Ausschluß jedweder Eingriffe in die dinglichen Rechte ist auf das Hauptverfahren begrenzt. Im Fall der Eröffnung eines nationalen Sekundärverfahrens können so gesicherte Gläubiger zumindest solchen insolvenzrechtlichen Beschränkungen unterworfen werden, die das Insolvenzrecht des Situsstaates vorsieht. Bei umfassender Initiierung solcher Territorialverfahren werden dingliche Sicherungsrechtsinhaber letztlich nur vor solchen, der lex rei sitae unbekannten insolvenzbedingten Eingriffen geschützt.

V. Wertung

Wegen der herausragenden Bedeutung von Sicherungsrechten für den Wirtschaftskreislauf kann die automatische Erstreckung sämtlicher rechtlicher Folgewirkungen nach Maßgabe der lex fori concursus, die die Eröffnung des Hauptinsolvenzverfahrens nach sich zieht, in bezug auf im Anerkennungsstaat belegene dingliche Sicherheiten nicht einschränkungslos gelten. Mit Rücksicht auf eine möglichst gleichmäßige Verteilung des Schuldnervermögens und auf den Grundsatz der *par conditio creditorum* scheidet andererseits eine Überdehnung des Schutzes ausländischer Sicherungsrechtsinhaber aus. Zugleich muß die gemeinschaftsrechtliche Regelung dem Anliegen der Verfahrensvereinfachung und – beschleunigung Rechnung tragen und für eine effektive Abwicklung des Konkursfalles sorgen.

Die Lösung, für die sich die EuInsVO entschieden hat, führt aufgrund des Ausschlusses sämtlicher (wesentlicher) insolvenzbedingter Eingriffe zu einer Besserstellung dinglicher Sicherungsinhaber gegenüber der Situation des Inlandskonkurses und damit zu einer Ungleichbehandlung im Verhältnis zu den im Verfahrensstaat ansässigen Insolvenzgläubigern. Erstere sind im Umfang der Sicherheit nach Maßgabe des Insolvenzrechts des Eröffnungsstaates zur Verwertung berechtigt, wobei solchen Vorschriften der lex fori concursus, die den wirtschaftlichen Wert des dinglichen Rechts verringern, die Rechtsausübung erschweren oder gefährden, die Anerkennung versagt wird. Die in der Folge befürchtete Überbewertung nationaler Sicherungsinteressen wird jedoch dadurch in gewisser Weise wieder ausgeglichen, daß sich die Privilegierung auf das dingliche Recht beschränkt, der so belastete Gegenstand dagegen, sofern er die Sicherheit wertmäßig übersteigt – vorbehaltlich eines Aussonderungsrechts – voll zur Masse gezogen wird. Zum anderen entsteht ein dem reinen Inlandskonkurs vergleichbarer Rechtszustand durch die von der EuInsVO vorgesehene Möglichkeit der Eröffnung territorialer Zweitverfahren unter umfassender Berufung des Rechts des Zweitstaates einschließlich seiner insolvenzbedingten Einschränkungen dinglicher Rechte. Bedauerlicherweise wird dieser Ausgleich insoweit relativiert, als für die Eröffnung solcher Territorialverfahren die bloße Vermögensbelegenheit nicht ausreicht, sondern der Schuldner im Eröffnungsstaat über eine Niederlassung verfügen muß.[1714] Die Gefahr der Anhäufung insolvenzfreien Vermögens läßt sich jedoch zum einen durch eine weite Auslegung des Begriffs der Niederlassung, und zum anderen durch ein restriktives Verständnis des Terminus des dinglichen Rechts bis zu einem gewissen Grade abwenden. Vorausgesetzt, daß Zweitverfahren umfassend initiiert werden, sind ausländische Sicherheiten letztlich nur vor solchen Beeinträchtigungen geschützt, die die lex rei sitae nicht kennt; zur Schaffung eines insolvenzfreien Rechtsraums wird es in der überwiegenden Zahl der Fälle sonach nicht kommen.

Zu begrüßen ist die durch die EuInsVO gewählte Lösung mit Blick auf die erstrebte Verfahrensvereinfachung. So wird der Schutz dinglich gesicherter Gläubiger gerade nicht kollisionsrechtlich im Sinne einer Sonderanknüpfung an die

---

1714 Auf dieses Problem weist bereits der Bericht zum EuInsÜ hin, vgl. *Malangré*, Bericht zum Übereinkommen, PE 228.795/end., S. 12.

lex rei sitae bewerkstelligt. Dies erspart eine umfangreiche rechtsvergleichende Analyse des jeweiligen Situsrechts, gegebenenfalls noch unter Abgleich mit der lex fori concursus. Ausgeschlossen sind pauschal sämtliche Eingriffe in derartige Rechte aus Anlaß der Insolvenz, unabhängig davon, ob sie nach der lex rei sitae und/oder der lex fori concursus zulässig wären. Das Problem, ob und inwieweit eine andere Rechtsordnung mit ihren Beschränkungen von Sicherheiten berufen ist, stellt sich somit für das Hauptverfahren gar nicht. Und für das Sekundärverfahren ist diese Frage eindeutig beantwortet: Hier ist allein die Rechtsordnung des Zweitstaates anzuwenden, vgl. Artt. 4 Abs. 1, 28 EuInsVO. Die einzige Frage, die in kollisionsrechtlicher Hinsicht sonach aufzuwerfen ist, betrifft die Vorfrage nach der wirksamen Bestellung der Sicherheit. Mangels ausdrücklicher Regelung ist hierfür auf die allgemeine Kollisionsregel des Internationalen Sachenrechts zurückzugreifen. Berufen ist regelmäßig die lex rei sitae, wobei der Einstieg über das IPR erfolgen sollte.

Insgesamt ist dem Gemeinschaftsgesetzgeber mit den Bestimmungen der Artt. 5, 7 EuInsVO ein angemessener Ausgleich zwischen den Individualinteressen der Sicherungsinhaber einerseits und den Masseschutzbestrebungen zugunsten der übrigen Verfahrensbeteiligten andererseits gelungen. Denn diese Vorschriften beantworten die eingangs gestellte „Gretchenfrage" unter Zugrundelegung der anerkennungsrechtlichen Interpretation (s.o.) zufriedenstellend wie folgt: Ein Schutz der Kreditsicherheiten findet nur soweit wie nötig und sowenig wie möglich statt.

Eine andere Frage ist, ob die an und für sich sachgerechte Lösung in den Artt. 5, 7 EuInsVO angesichts des eher nichtssagenden Wortlauts sich tatsächlich in der Praxis behaupten kann. Nach Einschätzung des Verfassers ist dies eher zweifelhaft. Denn mit der Umgießung des Europäischen Insolvenzübereinkommens in eine EG-Verordnung ist die Auslegungskompetenz des EuGH auf Grundlage der Artt. 44, 45 EuInsÜ entfallen. Maßgeblich ist nunmehr der nationale Auslegungshorizont des jeweiligen mitgliedstaatlichen Insolvenzgerichts. Unterschiedliche Ergebnisse sind damit gewissermaßen vorprogrammiert. Eine grammatikalisch und systematisch weniger frei interpretierbare Lösung wäre daher rechtspolitisch wünschenswerter gewesen.

D. Gesamtergebnisse der Arbeit

I. Außerhalb des Anwendungsbereichs der EuInsVO beurteilt sich die Behandlung von Kreditsicherheiten im grenzüberschreitenden Konkurs nach den mitgliedstaatlichen Insolvenzkollisionsrechten. Für das deutsche Internationale Insolvenzrecht überzeugt nach Meinung des Verfassers nachstehende Lösung: Die Frage der wirksamen Bestellung des Sicherungsrechts untersteht der lex rei sitae. Die Aus- und Absonderungskraft dinglicher Kreditsicherheiten bestimmt sich grds. nach der lex fori concursus. Praktische Abhilfe im Fall von Spannungen insbesondere mit dem Belegenheitsrecht schaffen die allgemeinen internationalprivatrechtlichen Instrumentarien in Form der Substitution und Anpassung. Eine kollisionsrechtliche Sonderanknüpfung an die lex rei sitae erfolgt nur in den Fällen, in denen eine vergleichbare Sicherungsrechtskategorie im Forumstaat fehlt und eine Substitution sonach ausscheidet. Ein weiteres Korrektiv gegenüber der einschränkungslosen Berufung des Rechts des Eröffnungsstaates steht, begrenzt auf wenige Ausnahmekonstellationen, auch in Gestalt des *ordre public* zur Verfügung. Einen anderen Weg beschreitet das ca. zehn Monate nach Inkrafttreten der EuInsVO Gesetz gewordene neue deutsche Internationale Insolvenzrecht mit seinen Regelungen im elften Teil der InsO (§§ 335-358). § 351 Abs. 1 ist wie Art. 5 I EuInsVO zu lesen. Die insolvenzrechtliche Behandlung dinglicher Rechte im internationalen Insolvenzfall liegt damit auf der Linie des Europarechts (dazu unter III.).

II. Der EuGH setzt sich bei der Auslegung von Gemeinschaftsnormen mit dem Wortlaut, dem systematischen Zusammenhang sowie dem Sinn und Zweck auseinander. Auch historische Erwägungen spielen im Bereich des Sekundärrechts eine Rolle. Daneben zieht das Gericht weitere Interpretationskriterien heran. Dies sind im einzelnen der *effet utile*, der *effet nécessaire*, der Grundsatz der *implied powers*, die dynamische bzw. evolutive Auslegung und die rechtsvergleichende Sinnermittlung. Eine methodische Eigenberechtigung kommt diesen Prinzipien mit Ausnahme der rechtsvergleichenden Auslegung jedoch nicht zu. Vielmehr handelt es sich hierbei im wesentlichen um europarechtsspezifische Ausprägungen des klassischen Viererkanons. Ihre Aufgabe ist es, die bewährten Regeln auf die Besonderheiten des Gemeinschaftsrechts abzustimmen, fortzuentwickeln und entsprechend zu gewichten.

III. Innerhalb des Anwendungsbereichs der EuInsVO beurteilt sich die Behandlung von dinglichen Sicherheiten und Eigentumsvorbehalten wie folgt: Die

Artt. 5 und 7 EuInsVO sind im Kontext mit den anerkennungsrechtlichen Vorschriften der Artt. 17 ff. EuInsVO zu lesen. Sie nehmen ausländische Kreditsicherheiten nicht etwa vom Anwendungsbereich der Verordnung aus. Ebensowenig setzen sie als Kollisionsnormen die Geltung des Rechts des Eröffnungsstaates unter Berufung der lex causae außer Kraft. Vielmehr bilden sie ein Regulativ für die generelle Anerkennung der sich aus der Eröffnung des Hauptverfahrens ergebenden Wirkungen. Dieses greift immer dann, wenn dingliche Rechte „berührt", d.h. beeinträchtigt würden. Verweigert wird im Anerkennungsstaat, in dem sich dingliche Sicherheiten befinden, die Anerkennung solcher Folgewirkungen aufgrund von Vorschriften der lex fori concursus, die den Bestand und/oder die Durchsetzbarkeit und damit den wirtschaftlichen Wert der Sicherheit gefährden. Dies gilt auch für solche belastenden Folgewirkungen, die sich bei Anwendung der lex rei sitae ebenfalls ergeben würden, da das Belegenheitsrecht durch Art. 4 EuInsVO gerade verdrängt ist. Diejenigen Bestimmungen der lex fori concursus, die ein Verbot für individuelle Rechtsverfolgungsmaßnahmen der persönlichen Gläubiger und für Verfügungshandlungen des insolventen Schuldners selbst aussprechen, gelten wegen des Universalitätsgrundsatzes und der *par conditio creditorum* auch für dingliche Sicherungsinhaber. Nicht nur die Vermögensgegenstände des Schuldners selbst, sondern auch die dinglich gesicherten Gläubiger werden somit ins Hauptverfahren einbezogen. Im Sinne eines Mindestschutzes werden sie lediglich im Umfang ihres Rechts privilegiert. Daraus folgt, daß der die Sicherheit übersteigende Erlös aus der Verwertung des Sicherungsguts der Masse gebührt. Unzulässig sind im Interesse eines effektiven Schutzes der Sicherheit auch mittelbare Einwirkungen durch Kürzungen, Streichungen und Umwandlungen der zugrunde liegenden Forderung, die im Hauptverfahren ohne Rücksprache mit dem Gläubiger beschlossen werden. Die eigentliche Bedeutung des Sekundärverfahrens besteht darin, so gesicherte Gläubiger erstmals mit insolvenzbedingten Einschränkungen nach Maßgabe des Rechts des Sekundärstaates zu konfrontieren und damit gegebenenfalls auch auf das dingliche Recht zuzugreifen. Die Vorfrage nach der wirksamen Entstehung der Sicherheit unterliegt der lex rei sitae, die durch das IPR des Rechts des Eröffnungsstaates regelmäßig berufen wird.

Literaturverzeichnis

Ackmann, Hans Peter/Wenner, Christian, Inlandswirkung des Auslandskonkurses: Verlustscheine und Restschuldbefreiungenn, IPRax 1990, 209 ff.; zit.: Ackmann/Wenner, IPRax 1990, S.

Aderhold, Eltje, Auslandskonkurs im Inland. Entwicklung und System des deutschen Rechts mit praktischen Beispielen unter besonderer Berücksichtigung des Konkursrechts der Vereinigten Staaten von Amerika, England, Frankreichs sowie der Schweiz, Diss. iur., Berlin 1992; zit.: Aderhold, S.

Adler, Hans/Düring, Walther/Schmaltz, Kurt, Rechnungslegung und Prüfung der Unternehmen: Kommentar zum HGB, AktG, GmbHG, PublG nach den Vorschriften des Bilanzrichtlinien-Gesetzes, 5. Aufl., Stuttgart 1992; zit.: Adler/Düring/Schmaltz, §, Rn.

Angelici, Carlo, Garanzie reali: Il Diritto internazionale privato e processuale, in: Treccani (Begr.), Enciclopedia giuridica, Bd. XV, Rom 1991; zit.: Angelici, Garanzie reali, S.

Anweiler, Jochen, Die Auslegungsmethoden des Gerichtshofs der Europäischen Gemeinschaften, Diss. iur., Frankfurt am Main 1997; zit.: Anweiler, S.

Arnold, Hans, Der Europarats-Entwurf eines europäischen Konkursabkommens, ZIP 1984, 1144 ff.; zit.: Arnold, ZIP 1984, S.

Arnold, Hans, Straßburger Entwurf eines europäischen Konkursübereinkommens, IPRax 1986, 133 ff.; zit.: Arnold, IPRax 1986, S.

Badinter, Robert, Les ambitions du législateur, in: Les innovations de la loi sur le redressement judicaire des entreprises, numéro special de la Rev. trim. dr. com. 1986, p. 3 ff.; zit.: Badinter, Rev. trim. dr. com. 1986, S.

Ballarino, Tito, Constituzione e diritto internazionale privato, 1. Aufl., Padova 1974; zit.: Ballarino, Constituzione, S.

Balz, Manfred, Das neue Europäische Insolvenzübereinkommen, ZIP 1996, 948 ff.; zit.: Balz, ZIP 1996, S.

Balz, Manfred, Die Ziele der Insolvenzordnung, in: Kölner Schrift zur Insolvenzordnung – Das neue Insolvenzrecht in der Praxis, S. 3 ff., 2. Aufl., Berlin 2000; zit.: Balz, in: Kölner Schrift zur InsO, S.

Balz, Manfred, The European Union Convention on Insolvency Proceedings, Am. Bankr. L. J. 70 (1996), 485 ff.; zit.: Balz, ABLJ 70 (1996), S.

Bar, Christian von/Mankowski, Peter, Internationales Privatrecht, Bd. I Allgemeine Lehren, 2. Aufl., München 2003; zit.: v.Bar/Mankowski, IPR I, §, Rn.

Bar, Christian von, Internationales Privatrecht, Band I, München 1987; zit.: v. Bar, IPR I, Rn.

Bärmann, Johannes (Hrsg.), Recht der Kreditsicherheiten in europäischen Ländern, Teil 1: Bundesrepublik Deutschland, Untersuchungen über das Spar-, Giro- und Kreditwesen, Abteilung B: Rechtswissenschaft, Band 11, Berlin 1976; zit.: Bearb., in: Bärmann (Hrsg.), Rn.

Basedow, Jürgen, Zielkonflikte und Zielhierarchien im Vertrag über die Europäische Gemeinschaft, in: Due (Hrsg.), Festschrift für Ulrich Everling, S. 49 ff., Baden-Baden 1995; zit.: Basedow, FS Everling, S.

Basedow, Jürgen, Der kollisionsrechtliche Gehalt der Produktfreiheiten im europäischen Binnenmarkt – favor offerentis, RabelsZ 59 (1995), 1 ff.; zit.: Basedow, RabelsZ 59 (1995), S.

Baur, Fritz/Stürner, Rolf, Zwangsvollstreckungs-, Konkurs- und Vergleichsrecht, Band 2, Insolvenzrecht, 12. Aufl., Heidelberg 1990; zit.: Baur/Stürner, InsolvenzR, Rn.

Baur, Fritz/Stürner, Rolf, Sachenrecht, 17. Aufl., München 1999; zit.: Baur/Stürner, SachenR, S.

Bayer, Wilhelm F., Auslegung und Ergänzung international vereinheitlichter Normen durch staatliche Gerichte, RabelsZ 20 (1955), 603 ff.; zit.: Bayer, RabelsZ 20 (1955), S.

Becher, Herbert J., Wörterbuch der Rechts- und Wirtschaftssprache, Teil I Spanisch-Deutsch, 4. Aufl., München 1994; zit.: Becher, Wörterbuch der Rechtssprache, Bd.

Becker, Joachim, Die Anwendbarkeit von der Theorie von den Implied Powers im Recht der europäischen Gemeinschaften, Münster 1976; zit.: Becker, S.

Behrens, Fritz, Rechtsgrundlagen der Umweltpolitik der Europäischen Gemeinschaften, in: Beiträge zur Umweltgestaltung, Heft 55 a, Berlin 1976; zit.: Behrens, Beiträge, S.

Bengoetxea, Joxeramon, The Legal Reasoning of the European Court of Justice, Oxford 1993; zit.: Bengoetxea, S.

Berber, Friedrich, Lehrbuch des Völkerrechts, Band I: Allgemeines Friedensrecht, 2. Aufl., München 1975; zit.: Berber, Völkerrecht I, S.

Bergstrøm-Nielsen, Henrik/Lange, Henrik/Larsen, Henry Verner (Hrsg.), Munksgaards Store Ordbøger, Dansk-Tysk, Ordbog, Munksgaard 1991; zit.: Bergstrøm-Nielsen/Lange/Larsen, Munksgaards Store Ordbøger

Bernhardt, Rudolf, Zur Auslegung des europäischen Gemeinschaftsrechts, in: Grewe/Rupp/Schneider (Hrsg.), Festschrift für Hans Kutscher, S. 17 ff., Baden-Baden 1981; zit.: Bernhardt, FS Kutscher, S.

Bernhardt, Rudolf, Die Auslegung völkerrechtlicher Verträge; insbesondere in der neueren Rechtsprechung internationaler Gerichte, Köln Berlin 1963; zit.: Bernhardt, S.

Bernstorff, Christoph Graf von, Vertragsgestaltung im Auslandsgeschäft: ein Praxishandbuch mit Vertragsmustern, 4. Aufl., Frankfurt a. M. 1997; zit.: v. Bernstorff, Vertragsgestaltung, S.

Berscheid, Ernst-Dieter, Arbeitsverhältnisse in der Insolvenz: Systematische Erläuterungen, Praxishinweise, Text der neuen Durchführungsanweisungen der Bundesanstalt für Arbeit zum Insolvenzgeld, Gesetzestexte, Herne 1999; zit.: Berscheid, S.

Beseler, Dora von/Jacobs-Wüstefeld, Barbara, Deutsch-Englisch, 4. Aufl., Berlin 1991; zit.: v. Beseler/Jacobs-Wüstefeld, Deutsch-Englisch

Besse, Dirk, Die justitielle Zusammenarbeit in Zivilsachen nach dem Vertrag von Amsterdam und das EuGVÜ, ZEuP 1999, 107 ff.; zit.: Besse, ZEuP 1999, S.

Beutler, Bengt/Bieber, Roland/Pipkorn, Jörn/Streil, Jochen, Die Europäische Union: Rechtsordnung und Politik, 4. Aufl., Baden-Baden 1993; zit.: B/B/P/S, S.

Bieber, Roland/Ress, Georg (Hrsg.), Die Dynamik des Europäischen Gemeinschaftsrechts/The dynamic of EC-law, 1. Aufl., Baden-Baden 1987; zit.: Bearb., in: Bieber/Ress (Hrsg.), S.

Bieber, Roland, Zur Rolle der Mitgliedstaaten bei der Ausfüllung von Lücken im EG-Recht, in: Bieber/Ress (Hrsg.), Die Dynamik des Europäischen Gemeinschaftsrechts, S. 283 ff., Baden-Baden 1987; zit.: Bieber, in: Bieber/Ress (Hrsg.), S.

Blank, Josef, Europäische Fusionskontrolle im Rahmen der Art. 85, 86 des EWG-Vertrages, Diss. iur., Baden-Baden 1991; zit.: Blank, S.

Bleckmann, Albert, Die Bindungswirkung der Praxis der Organe und der Mitgliedstaaten der EG bei der Auslegung und Lückenfüllung des Europäischen Gemeinschaftsrechts: Die Rolle des Art. 5 EWG-Vertrag, in: Bieber/Ress (Hrsg.), Die Dynamik des Europäischen Gemeinschaftsrechts, S. 161 ff., Baden-Baden 1987; zit.: Bleckmann, in: Bieber/Ress (Hrsg.), S.

Bleckmann, Albert, Zu den Auslegungsmethoden des Europäischen Gerichtshofs, NJW 1982, 1177 ff.; zit.: Bleckmann, NJW 1982, S.

Bleckmann, Albert, Studien zum Europäischen Gemeinschaftsrecht, Köln Berlin Bonn München 1986; zit.: Bleckmann, Studien, S.

Bleckmann, Albert, Teleologie und dynamische Auslegung des Europäischen Gemeinschaftsrechts, EuR 1979, 239 ff.; zit.: Bleckmann, EuR 1979, S.

Bleckmann, Albert, Nationales und europäisches Souveränitätsverständnis, in: Ress (Hrsg.), Das Souveränitätsverständnis der Europäischen Gemeinschaften, S. 33 ff., Baden-Baden 1980; zit.: Bleckmann, in: Ress (Hrsg.), S.

Bleckmann, Albert, Die Rolle der richterlichen Rechtschöpfung im Europäischen Gemeinschaftsrecht, in: Lüke/Ress/Will (Hrsg.), Rechtsvergleichung, Europarecht und Staatenintegration. Gedächtnisschrift für Léontin-Jean Constantinesco, S. 61 ff., Köln Berlin Bonn München 1983; zit.: Bleckmann, in: GS Constantinesco, S.

Bleckmann, Albert, Probleme der Auslegung europäischer Richtlinien, ZGR 1992, 364 ff.; zit.: Bleckmann, ZGR 1992, S.

Bleckmann, Albert, Europarecht, 5. Aufl., Köln Berlin Bonn München 1990; zit.: Bleckmann, EuropaR, Rn.

Bleckmann, Albert, Grundprobleme und Methoden des Völkerrechts, Freiburg 1982; zit.: Bleckmann, Methoden des Völkerrechts, S.

Bleckmann, Albert, Probleme der Auslegung von EWG-Richtlinien, RIW 1987, 929 ff.; zit.: Bleckmann, RIW 1987, S.

Bleckmann, Albert, Die Freiheiten des Gemeinsamen Marktes als Grundrechte, in: Festschrift für Christoph Sasse, Band II, S. 665 ff., Kehl am Rhein 1981; zit.: Bleckmann, FS Sasse II, S.

Bleckmann, Albert, Die Grundrechte im Europäischen Gemeinschaftsrecht: Ein Beitrag zu den Methoden des EG-Rechts, EuGRZ 1981, 257 ff.; zit.: Bleckmann, EuGRZ 1981, S.

Bleckmann, Albert, Zur Funktion des Gewohnheitsrechts im Europäischen Gemeinschaftsrecht, EuR 1981, 101 ff.; zit.: Bleckmann, EuR 1981, S.

Bleckmann, Albert, Kurzreferat, NJW 1972, 484; zit.: Bleckmann, NJW 1972, S.

Blomeyer, Wolfgang, Der Einfluß der Rechtsprechung des EuGH auf das deutsche Arbeitsrecht, NZA 1994, 633 ff.; zit.: Blomeyer, NZA 1994, S.

Böckenhoff, Johannes, Reform des französischen Insolvenzrechts, in: RIW 1994 (Betriebs-Berater-International: Außenwirtschaftsdienst des Betriebsberaters 1994), S. 1053 ff.; zit.: Böckenhoff, RIW 1994, S.

Bodenstein, Friedel/Eberth, Rolf, Kreditsicherung im Geschäftsverkehr mit dem Ausland, Teil 1: Frankreich; Köln 1977; zit.: Bodenstein/Eberth, S.

Böhm, Reinhard, Kompetenzauslegung und Kompetenzlücken im Gemeinschaftsrecht, Frankfurt am Main 1985; zit.: Böhm, S.

Boll, Valentin, Die Anerkennung des Auslandskonkurses in Österreich, Wien 1990, zugl. Diss. iur. Univ. Innsbruck 1988; zit.: Boll, S.

Bonomi, Andrea, La riserva della proprietà nel diritto internazionale privato, Riv. dir. int. priv. proc. 1992, 777 ff.; zit.: Bonomi, Riv. dir. int. priv. proc. 1992, S.

Bonomi, Andrea von, Der Eigentumsvorbehalt in Österreich und Italien unter Berücksichtigung anderer europäischer Rechtssysteme: eine rechtsvergleichende und kollisionsrechtliche Untersuchung, Berlin 1993; zit.: v. Bonomi, Eigentumsvorbehalt, S.

Borchardt, Klaus-Dieter, Richterrecht durch den Gerichtshof der Europäischen Gemeinschaften, in: Randelzhofer (Hrsg.), Gedächtnisschrift für Eberhard Grabitz. S. 29 ff., München 1995; zit.: Borchardt, GS Grabitz, S.

Bork, Egon, Dansk-Tysk, Ordbog, 9. Aufl., Copenhagen 1995; zit.: Bork, Ordbog

Bork, Reinhard, Die Aufrechnung im internationalen Insolvenzverfahrensrecht, ZIP 2002, 690 ff.; zit.: Bork, ZIP 2002, S.

Braun, Eberhard, Insolvenzordnung, Kommentar, München 2002; zit.: Bearbeiter, in: Braun, InsO, §, Rn.

Bredimas, Anna, Methods of Interpretation and Community Law, Amsterdam New York Oxford 1978; zit.: Bredimas, S.

Breier, Siegfried, Die völkerrechtlichen Vertragsschlusskompetenzen der Europäischen Gemeinschaft und ihrer Mitgliedstaaten im Bereich des Umweltschutzes, EuR 1993, 340 ff.; zit.: Breier, EuR 1993, S.

Breitenstein, Detlef von , Der Eigentumsvorbehalt im französischen Recht, RIW 1980, 682 ff.; zit.: v. Breitenstein, RIW 1980, S.

Breitenstein, Stefan, Internationales Insolvenzrecht der Schweiz und der Vereinigten Staaten , Schweizer Studien zum Internationalen Recht, Band 64, Zürich 1990; zit.: Breitenstein, S.

Brödermann, Eckart/Iversen, Holger, Europäisches Gemeinschaftsrecht und internationales Privatrecht, Tübingen 1994; zit.: Brödermann/Iversen, S.

Brödermann, Eckart, Der Eigentumsvorbehalt in Frankreich und Deutschland, Ursachen des unterschiedlichen Entwicklungsstands – Perspektiven, ZVglRWiss 83 (1984), 178 ff.; zit.: Brödermann, ZVglRWiss 83 (1984), S.

Brötel, Achim, Die Auslegung völkerrechtlicher Verträge im Lichte der Wiener Vertragsrechtskonvention, Jura 1988, 343 ff.; zit.: Brötel, Jura 1988, S.

Brown, Neville L./Jacobs, Francis G., The Court of Justice of the European Communities, 3. Aufl., London 1989; zit.: Brown/Jacobs, S.

Buchberger, D./Buchberger, R., Das System der „kontrollierten" Universalität des Konkursverfahrens nach der Europäischen Insolvenzverordnung, ZIK 2000, 187 ff.; zit.: Buchberger/Buchberger, ZIK 2000, S.

Buck, Carsten, Über die Auslegungsmethoden des Gerichtshofs der Europäischen Gemeinschaft, Frankfurt am Main 1998; zit.: Buck, S.

Bundesministerium der Justiz, Zweiter Bericht der Kommission für Insolvenzrecht, Köln 1986; zit.: BMJ, Bericht 2, S.

Bundesministerium der Justiz, Diskussionsentwurf, Gesetz zur Reform des Insolvenzrechts, Stand: 15. August 1988

Bundesministerium der Justiz, Ergänzungen zum Diskussionsentwurf eines Gesetzes zur Reform des Insolvenzrechts, Stand: 23. Juni 1989

Bundesministerium der Justiz, Gesetz zur Reform des Insolvenzrechts, Referentenentwurf, Stand: 1. November 1989

Burgstaller, Alfred/Keppelmüller, Rudolf, Universalität oder Territorialität – Wirkt der österreichische Konkurs im Ausland? wbl 1996, 285 ff. (Teil 1) und 366 ff. (Teil 2); zit.: Burgstaller/Keppelmüller, wbl 1996, S.

Callewaert, John, Zum Recht der besitzlosen Mobiliarsicherheiten in Belgien: Eigentumsvorbehalt und Auflösungsklausel, RIW 1989, 683 ff.; zit.: Callewaert, RIW 1989, S.

Callies/Ruffert (Hrsg.), Kommentar zu EU-Vertrag und EG-Vertrag, 2. Aufl., Darmstadt 2002; zit.: Bearb., in: Callies/Ruffert (Hrsg.), EUV/EGV, Art., Rn.

Campobasso, Gian Franco, Diritto commerciale, Bd. 3: Contratti, titoli di credito, procedure concorsuali, Turin 1992; zit.: Campobassi, S.

Canaris, Claus-Wilhelm, Die Bedeutung allgemeiner Auslegungs- und Rechtsfortbildungskriterien im Wechselrecht, JZ 1987, 543 ff.; zit.: Canaris, JZ 1987, S.

Capozzi, Guido, Dei singoli contratti, Bd. I, Mailand 1988; zit.: Capozzi, S.

Carpino, Brunetto, Vendita con riserva di proprietà, in: Rescigno (Hrsg.), Trattato di diritto privato, Bd. 11, 2. Aufl., Turin 1988; zit.: Carpino, in: Rescigno (Hrsg.), S.

Cassoni, Giuseppe, La compravendita nelle convenzioni e nel diritto internazionale privato italiano, Riv. dir. int. priv. proc. 1983, 429 ff.; zit.: Cassoni, Riv. dir. int. priv. proc. 1983, S.

Chaput, Yves, La réforme de la prévention et du traitement des difficultés des entreprises, JCP.1994.I.3786; zit.: Chaput, JCP 1994, S.

Chevallier, Roger Michel, Methods and Reasoning of the European Court in its Interpretation of Community Law, CMLRev. Bd. 2 (1964/65), S. 21 ff.; zit.: Chevallier, CMLR 1964/65, II, S.

Chevallier, Roger Michel, Le contentieux des communautés et le droit administratif francais, in: La France et les Communautés européennes, S. 459 ff., Paris 1975; zit.: Chevallier, S.

Chitty, James, On Contracts, Volume II, Specific contracts, 26th ed., London 1989; zit.: Chitty, Contracts II, §

Cintura, P., L'objectivisme juridique et la Cour de Luxembourg, RTDE 1970, 272 ff.; zit.: Cintura, RTDE 1970, S.

Classen, Claus Dieter, Einführung zur Beck'schen Textausgabe zum Europarecht, 17. Aufl. 2001, IX ff.; zit.: Classen, Einführung, S.

Coing, Helmut, Zur Auslegung von Art. 85 EGW-Vertrag, ZHR 125 (1963), 271 ff.; zit.: Coing, ZHR 125 (1963), S.

Coing, Helmut, Juristische Methodenlehre, Berlin 1972; zit.: Coing, Methodenlehre, S.*Coing, Helmut,* Probleme der Anerkennung besitzloser Mobiliarpfandrechte im Raum der EWG, ZfRV 8 (1967), 65 ff.; zit.: Coing, ZfRV 8 (1967), S.

Constantinesco, Léontin-Jean, Die Rechtsprechung des Gerichtshofes, in: Gerichtshof der Europäischen Gemeinschaften (Hrs.), Begegnung von Justiz und Hochschule am 27. und 28. Sept. 1976, S. 808 ff., Luxemburg 1976; zit.: Constantinesco, Rechtsprechung, S.

Constantinesco, Léontin-Jean, Das Recht der Europäischen Gemeinschaften. Bd. 1: Das institutionelle Recht, Baden-Baden 1977; zit.: Constantinesco, Recht der EG I, S.

Cox, H.L. (Hrsg.), Van Dale, Groot woordenboek, Woordenboeken voor hedendaags taalgebruik, Bd. I Duits-Nederlands, Bd. II Nederlands-Duits, 2. Aufl., Utrecht/Antwerpen 1992 (Bd. II) und 1995 (Bd. I); zit.: Cox, Van Dale, Bd.

Dahm, Georg, Völkerrecht. Band III, Stuttgart 1961; zit.: Dahm, Völkerrecht III, S.

Daig, Hans-Wolfram, Auslegung und Anwendung von Art. 177 EGW-Vertrag durch den Gerichtshof der Europäischen Gemeinschaften, in: Grewe/Rupp/Schneider (Hrsg.), Europäische Gerichtsbarkeit und nationale Verfassungsgerichtsbarkeit. Festschrift für Hans Kutscher, S. 79 ff., Baden-Baden 1981; zit.: Daig, FS Kutscher, S.

Daig, Hans-Wolfram, Zu Rechtsvergleichung und Methodenlehre im Europäischen Gemeinschaftsrecht, in: Bernstein/Drobnig/Kötz (Hrsg.), Festschrift für Konrad Zweigert, S. 395 ff., Tübingen 1981; zit.: Daig, FS Zweigert, S.

Daillier, Patrick, Liberté d'accès aux activités professionnelles et droit communautaire, in: Revue trimestrielle de droit européen 1976, p. 439 ff.; zit.: Daillier, Rev. trim. dr. eur. 1976, S.

Dammann, Reinhard, Das neue französische Insolvenzrecht, ZIP 1996, 300 ff.; zit.: Dammann, ZIP 1996, S.

Dänzer-Vanotti, Wolfgang, Der Europäische Gerichtshof zwischen Rechtsprechung und Rechtsetzung, in: Due/Lutter/Schwarze (Hrsg.), Festschrift für Ulrich Everling, Bd. I, S. 205 ff., Baden-Baden 1995; zit.: Dänzer-Vanotti, FS Everling I, S.

Dauses, Manfred A., Handbuch des EG-Wirtschaftsrechts, Loseblatt, München 1993; zit.: Bearb., in: Dauses (Hrsg.), Teil, Rn.

Degan, V. D., Procédés d'interprétation tirés de la jurisprudence de la Cour de Justice des Communautés européennes, RTDE 1966, 189 ff.; zit.: Degan, RTDE 1966, S.

Deipenbrock, Gundula, Das neue europäische Internationale Insolvenzrecht – von der „quantité négligeable“ zu einer „quantité indispensable“, EWS 2001, 113 ff.; zit.: Deipenbrock, EWS 2001, S.

Depser, Ingrid, Eigentumsvorbehalt und Sicherungsübereignung im deutschen und französischen Recht unter besonderer Berücksichtigung konkursrechtlicher Aspekte, Diss. iur., Mainz 1983; zit.: Depser, S.

Derrida, Fernand, La clause de réserve de propriété et le droit des procédures collectives, RDS.1980.Chr.293-308; zit.: Derrida, RDS 1980, S.

Derrida, Fernand/Sortais, Jean-Pierre, La réforme du droit des entreprises en difficulté (premier apercu), RDS.1994.Chr.267-290; zit.: Derrida/Sortais, RDS 1994, S.

Deutscher Anwaltsverein, Stellungnahme des Insolvenzrechtsausschusses des Deutschen Anwaltsvereins e.V. zum Vorentwurf eines Europäischen Übereinkommens über den Konkurs von 1970, KTS 36 (1975), 59 ff.; zit.: DAV, KTS 36 (1975), S.

Deutscher Anwaltsverein, Stellungnahme des Insolvenzrechtsausschusses des Deutschen Anwaltsvereins e.V. zum Vorentwurf eines Europäischen Übereinkommens über den Konkurs (EuR-Entwurf 1988), Bonn 1988; zit.: DAV, EuR-Entwurf 1988, S.

Dietl, Clara-Erika/Lorenz, Egon, Wörterbuch für Recht, Wirtschaft und Politik, Teil I Englisch-Deutsch, 5. Aufl., München 1990; zit.: Dietl/Lorenz, Wörterbuch für Recht, Bd. I

Donner, André, Les rapports entre la compétence de la Cour de Justice des Communautés Européennes et les tribunaux internes, RdC 1965 (Bd. II), 1 ff.; zit.: Donner, RdC 1965 II, S.

Dorlodot, F.-X. de, L'avocat au regard du traité de Rome après l'arrêt de la Cour de Justice du 21 Juin 1974, in: Revue du Marché Commun 1974, p. 473 ff.; zit.: de Dorlodot, Rev. Marché Com. 1974, S.

Dorn, Dietrich-W., Art. 235 EWGV – Prinzipien der Auslegung, Die Generalermächtigung zur Rechtsetzung im Verfassungssystem der Gemeinschaften, Diss. iur., Kehl am Rhein 1968; zit.: Dorn, S.

Dörr, Oliver, Die Entwicklung der ungeschriebenen Außenkompetenzen der EG, EuZW 1996, 39 ff.; zit.: Dörr, EuZW 1996, S.

Dostal, Boris, Französisches internationales Insolvenzrecht, ZIP 1998, 969 ff.; zit.: Dostal, ZIP 1998, S.

Doucet, Michel/Fleck, Klaus E.W., Wörterbuch der Rechts- und Wirtschaftssprache, Teil I Französisch-Deutsch, Teil II Deutsch-Französisch, 4. Aufl., München 1988 (Teil I), 5. Aufl., München 1994 (Teil II); zit.: Doucet/Fleck, Wörterbuch der Rechtssprache, Bd.

Dreher, Meinrad, Ratsprotokollerklärungen, nationale und europäische Publizität und die Umsetzung von EG-Richtlinien, EuZW 1994, 743 ff.; zit.: Dreher, EuZW 1994, S.

Dresel, Ralf, Europäisches Insolvenzrecht, Zum Stand der Harmonisierung europäischer Insolvenzordnungen, DSWR 2000, 278 ff.; zit.: Dresel, DSWR 2000, S.

Drobnig, Ulrich, Mobiliarsicherheiten – Vielfalt oder Einheit? Vergleichender Generalbericht, in: Kreuzer (Hrsg.), Mobiliarsicherheiten – Vielfalt oder Einheit? (1999), S. 9 ff.; zit.: Drobnig, in: Kreuzer (Hrsg.), S.

Drobnig, Ulrich, Die in grenzüberschreitenden Insolvenzverfahren anwendbaren Rechtsordnungen, in: Stoll (Hrsg.), Stellungnahmen und Gutachten zur Reform des deutschen Internationalen Insolvenzrechts, S. 51 ff., Tübingen 1988; zit.: Drobnig, in: Stoll (Hrsg.), Stellungnahmen und Gutachten, S.

Drobnig, Ulrich, Eigentumsvorbehalt, Masseansprüche und Vorrechte sowie Sicherungsrechte an Transportmitteln im revidierten Entwurf eines EG-Konkursübereinkommens von 1984, Stellungnahme zu den Artt. 41, 44 und 47 nach den Vorschlägen zweiter Lesung der Arbeitsgruppe beim Rat der EG, in: Kegel (Hrsg.), Vorschläge und Gutachten zum Entwurf eines EG-Konkursübereinkommens, S. 497 ff., Tübingen 1988; zit.: Drobnig, in: Kegel (Hrsg.), Vorschläge und Gutachten, S.

Drobnig, Ulrich, Vorrechte, Sicherheiten und Eigentumsvorbehalt im EG-Konkursübereinkommen, Stellungnahme zu den Artt. 43-52 sowie Art. 41 des Entwurfs von 1980, in: Kegel (Hrsg.), Vorschläge und Gutachten zum Entwurf eines EG-Konkursübereinkommens, S. 357 ff., Tübingen 1988; zit.: Drobnig, in: Kegel (Hrsg.), Vorschläge und Gutachten, S.

Drobnig, Ulrich, Mobiliarsicherheiten im Internationalen Wirtschaftsverkehr, RabelsZ 38 (1974), 468 ff.; zit.: Drobnig, RabelsZ 38 (1974), S.

Drobnig, Ulrich, Security Rights in Cross-Border Insolvency, in: Fletcher (Hrsg.), Cross-Border Insolvency: National and Comparative studies. Reports delivered at the XIII International Congress of Comparative Law, Montreal 1990, S. 216 ff., Tübingen 1992; zit.: Drobnig, in: Fletcher (Hrsg.), Cross-Border Insolvency, S.

Dröll, Peter, Die deutschen Bundesländer und die Europäische Gemeinschaft: Rechte und Pflichten, dargestellt am Beispiel von Umwelt, Bildung und Kultur, Diss. iur., Pfaffenweiler 1992; zit.: Dröll, S.

Dumon, Fréderic, Die Rechtsprechung des Gerichtshofes: Kritische Prüfung der Auslegungsmethoden, in: Gerichtshof der Europäischen Gemeinschaften (Hrsg.), Begegnung von Justiz und Hochschule am 27. und 28. Sept. 1976, III-S. 1 ff., Luxemburg 1976; zit.: Dumon, Kritische Prüfung, S.

Durquet, Francoise/Turek, Gerhard, Französische Gesetzgebung und Rechtsprechung zum Handels- und Wirtschaftsrecht, RIW 1989, 63 ff.; zit.: Durquet/Turek, RIW 1989, S.

Duursma-Kepplinger/Henriette-Christine/Duursma, Dieter/Chalupsky, Ernst, Europäische Insolvenzverordnung, Kommentar, Wien 2002; zit.: Bearb., in: Duursma-Kepplinger/Duursma/Chalupsky, EuInsVO, Art., Rn.

Duursma-Kepplinger, Henriette-Christine, Eigentumsvorbehalt und Mobilienleasing in der Insolvenz – Eine Darstellung der österreichischen und deutschen Rechtslage, Wien 2002; zit.: Duursma-Kepplinger, S.

Duursma-Kepplinger, Henriette-Christine/Duursma, Dieter, Das Schicksal von dinglichen Sicherungsrechten sowie des Eigentumsvorbehalts nach der Insolvenzverordnung, wbl 2002, 59 ff.; zit.: Duursma-Kepplinger/Duursma, wbl 2002, S.

Ebenroth, Carsten Thomas, Die Inlandswirkungen der ausländischen lex fori concursus bei Insolvenz einer Gesellschaft, ZZP 101 (1988), 121 ff.; zit.: Ebenroth, ZZP 101 (1988), S.

Ehle, Dietrich, Klage- und Prozessrecht des EWG-Vertrages, 5. Ergänzung, Berlin 1972; zit.: Ehle, Art., Rn.

Eichborn, Reinhart von, Der große Eichborn, Wirtschaft Recht Verwaltung Verkehr Umgangssprache, Englisch-Deutsch, 1. Aufl., Gütersloh 1981

Eickmann, Dieter (Hrsg.), Heidelberger Kommentar zur Insolvenzordnung, 2. Aufl., Heidelberg 2000; zit.: Bearb., in: HK-InsO, §, Rn.

Eidenmüller, Horst, Europäische Verordnung über Insolvenzverfahren und zukünftiges deutsches internationales Insolvenzrecht, IPRax 2001, 2 ff.; zit.: Eidenmüller, IPRax 2001, S.

Everling, Ulrich, Richterrecht in der Europäischen Gemeinschaft, Saarbrücken 1988; zit.: Everling, S.

Everling, Ulrich, Rechtsanwendungs- und Auslegungsgrundsätze des Gerichtshofs der Europäischen Gemeinschaften, in: Kruse (Hrsg.), Zölle, Verbrauchsteuern, europäisches Marktordnungsrecht, S. 51 ff., Köln 1988, zit.: Everling, in: Kruse (Hrsg.), S.

Everling, Ulrich, Probleme atypischer Rechts- und Handlungsformen bei der Auslegung des europäischen Gemeinschaftsrechts, in: Bieber/Ress (Hrsg.), Die Dynamik des Europäischen Gemeinschaftsrechts, S. 417 ff., Baden-Baden 1987; zit.: Everling, in: Bieber/Ress (Hrsg.), S.

Everling, Ulrich, Rechtsvereinheitlichung durch Richterrecht in der Europäischen Gemeinschaft, RabelsZ 50 (1986), 193 ff.; zit.: Everling, RabelsZ 50 (1986), S.

Everling, Ulrich, Zur Auslegung des durch EG-Richtlinien angeglichenen nationalen Rechts, ZGR 1992, 376 ff.; zit.: Everling, ZGR 1992, S.

Everling, Ulrich, Vertragsverhandlungen 1957 und Vertragspraxis 1987, in: Festschrift für Hans von der Groeben, S. 111 ff., Baden-Baden 1987; zit.: Everling, FS von der Groeben, S.

Everling, Ulrich, Brauchen wir „Solange III"? EuR 1990, 195 ff.; zit.: Everling, EuR 1990, S.

Ewert, Holm A., Der Beitrag des Gerichtshofs der Europäischen Gemeinschaften zur Entwicklung eines Europäischen Sozialrechts, Diss. iur., München 1987; zit.: Ewert, S.

Favis, Johannes, Lexikon der Rechts- und Wirtschaftsterminologie, Bd. II: Deutsch-Griechisch (Ausgabe D), Athen 1960; zit.: Favis, Rechts- und Wirtschaftsterminologie II, S.

Favoccia, Daniela, Vertragliche Mobiliarsicherheiten im internationalen Insolvenzrecht, Diss. iur., Köln Berlin Bonn München 1991; zit.: Favoccia, S.

Ferid, Murad, Internationales Privatrecht, 3. Aufl., Frankfurt am Main 1986; zit.: Ferid, IPR, §, Rn.

Ferid, Murad/Sonnenberger, Hans Jürgen, Das Französische Zivilrecht, Band 2, Schuldrecht: Die einzelnen Schuldverhältnisse. Sachenrecht, 2. Aufl., Heidelberg 1986; zit.: Ferid/Sonnenberger, S.

Fikentscher, Wolfgang, Methoden des Rechts in vergleichender Darstellung,, Bd. 3: Der mitteleuropäische Rechtskreis, Tübingen 1976; zit.: Fikentscher, Methoden des Rechts, III, S.

Flessner, Axel, Internationales Insolvenzrecht in Europa, in: Kübler (Hrsg.), Festschrift für Theodor Heinsius, S. 111 ff., Berlin 1991; zit.: Flessner, FS Heinsius, S.

Flessner, Axel, Internationales Insolvenzrecht in Deutschland nach der Reform, IPRax 1997, 1 ff.; zit.: Flessner, IPrax 1997, S.

Flessner, Axel, Dingliche Sicherungsrechte nach dem Europäischen Insolvenzübereinkommen, in: Basedow/Hopt/Kötz (Hrsg.), Festschrift für Ulrich Drobnig, S. 277 ff., Tübingen 1998; zit.: Flessner, FS Drobnig, S.

Flessner, Axel, Entwicklungen im internationalen Konkursrecht, besonders im Verhältnis Deutschland-Frankreich, ZIP 1989, 749 ff.; zit.: Flessner, ZIP 1989, S.

Florian, Matthias, Das englische internationale Insolvenzrecht, Diss. iur., Heidelberg 1989; zit.: Florian, S.

Focsaneanu, Lazar, Les langues comme moyen d'expression du droit international, Ann. fr. dr. int. 16 (1970), 256 ff.; zit.: Focsaneanu, Ann. fr. dr. int. 16 (1970), S.

Förger, Hans-Rainer, Die Stellung des Konkursverwalters im internationalen Privatrecht, Diss. iur., Regensburg 1969; zit.: Förger, S.

Frege, Michael C./Keller, Ulrich/Riedel, Ernst, Handbuch der Rechtspraxis, Bd. 3 – Insolvenzrecht, 6. Aufl., München 2002; zit.: Frege/Keller/Riedel, Hdb. InsolvenzR, Rn.

Fritz, Daniel Friedemann/Bähr, Rainer M., Die Europäische Verordnung über Insolvenzverfahren – Herausforderung an Gerichte und Insolvenzverwalter, DZWiR 2001, 221 ff.; zit.: Fritz/Bähr, DZWiR 2001, S.

Fuchs, Angelika, Kulturgüterschutz im Kulturgutsicherungsgesetz, IPRax 2000, 281 ff.; zit.: Fuchs, IPRax 2000, S.

Gayk, Andreas, Restriktionen des Tatbestandes des Art. 85 EWGV – Anwendungsfälle einer rule of reason in der Entscheidungspraxis des Gerichtshofs der Europäischen Gemeinschaften, Diss. iur., Tübingen 1991; zit.: Gayk., S.

Geiger, Rudolf, EG-Vertrag. Kommentar zu dem Vertrag zur Gründung der Europäischen Gemeinschaft, München 1993; zit.: Geiger, EG-Vertrag, Art., Rn.

Geimer, Reinhold/Schütze, Rolf A., Europäisches Zivilverfahrensrecht – Kommentar zum EuGVÜ und zum Lugano-Übereinkommen, München 1997; zit.: Geimer/Schütze, Art., Rn.

Geimer, Reinhold, Internationales Zivilprozessrecht, 4. Aufl., Köln 2001; zit.: Geimer, IZPR, Rn.

Gerth, Axel, Rechtsfragen der Abtretung gesicherter Forderungen nach französischem Recht, WM 1984, 793 ff.; zit.: Gerth, WM 1984, S.

Giacoma, Luisa/Kolb, Susanne (Hrsg.), PONS, Wörterbuch, Italienisch-Deutsch, Deutsch-Italienisch, Stuttgart 2001; zit.: PONS, Wörterbuch

Gilliéron, Pierre-Robert, Qu'y a-t-il de nouveau en matière de faillite internationale?, in: ZSR 111/Band I 1992, S. 259 ff.; zit.: Gilliéron, ZSR 111 (1992), S.

Girsberger, Daniel, Grenzüberschreitendes Finanzierungsleasing, Tübingen 1997; zit.: Girsberger, S.

Glaesner, Hans Joachim, Die Einheitliche Europäische Akte, EuR 1986, 119 ff.; zit.: Glaesner, EuR 1986, S.

Goode, Roy M., Commercial Law, 2. Aufl., London 1995; zit.: Goode, S.

Goode, Roy M., Legal Problems of credit and security, 2nd ed., London 1988; zit.: Goode, Legal Problems, S.

Gottwald, Peter, Grenzüberschreitende Insolvenzen – Europäische und weltweite Tendenzen und Lösungen, München 1997; zit.: Gottwald, Grenzüberschreitende Insolvenzen, S.

Gottwald, Peter, Grenzüberschreitende Insolvenzen, in: Canaris (Hrsg.), 50 Jahre BGH: Festgabe aus der Wissenschaft, Band III, S. 819 ff., München 2000; zit.: Gottwald, in: Canaris (Hrsg.), 50 Jahre BGH, III, S.

Gottwald, Peter (Hrsg.), Insolvenzrechtshandbuch, 2. Aufl., München 2001; zit.: Bearb., in: Gottwald (Hrsg.), Insolvenzrechtshandbuch, §, Rn.

Gottwald, Peter (Hrsg.), Insolvenzrechtshandbuch, 1. Aufl., München 1990; zit.: Bearb., in: Gottwald (Hrsg.), Insolvenzrechtshandbuch, §, Rn.

Grabitz, Eberhard/Hilf, Meinhard, Kommentar zur Europäischen Union, Loseblatt, München 1994; zit.: Bearb., in: Grabitz/Hilf, Art., Rn.

Grasmann, Günther, Inlandswirkungen des Auslandskonkurses über das Vermögen eines im Konkurseröffnungsstaat ansässigen Gemeinschuldners, KTS 51 (1990), 157 ff.; zit.: Grasmann, KTS 51 (1990), S.

Grewe, Wilhelm G./Rupp, Hans/Schneider, Hans (Hrsg.), Europäische Gerichtsbarkeit und nationale Verfassungsgerichtsbarkeit, Festschrift für Hans Kutscher, 1. Aufl., Baden-Baden 1981; zit.: Bearb., FS Kutscher, S.

Groeben, Hans von der/Thiesing, Jochen/Ehlermann, Claus-Dieter, Kommentar zum EWG-Vertrag, Bd. 3: Artt. 110-188, Bd. 1: Artt. 1-84, Bd. 4: Artt. 189-248, 4. Aufl., Baden-Baden 1991; zit.: Bearb., in: v. der Groeben/Thiesing/Ehlermann, EWG-Vertrag, Art., Rn.

Gröniger, Eva-Maria, Das französische Insolvenzsystem nach der Reform von 1967 im Vergleich zum deutschen Recht, Diss. iur., Bielefeld 1984; zit.: Gröniger, S.

Großfeld, Bernhard, Internationales Insolvenzrecht im Werden? Zum Entwurf eines Übereinkommens der EG-Staaten über den Konkurs, Vergleiche und ähnliche Verfahren, ZIP 1981, 925 ff.; zit.: Großfeld, ZIP 1981, S.

Grundmann, Stefan, Die Auslegung des Gemeinschaftsrechts durch den Europäischen Gerichtshofs, Zugleich eine rechtsvergleichende Studie zur Auslegung im Völkerrecht und im Gemeinschaftsrecht, Diss. iur., Konstanz 1997; zit.: Grundmann, S.

Grundmann, Stefan, Binnenmarktkollisionsrecht – vom klassischen IPR zur Integrationsordnung, RabelsZ 64 (19??), 457 ff.; zit.: Grundmann, RabelsZ 64 (19??), S.

Gsell, Beate, Der EU-Richtlinien-Entwurf zur Bekämpfung von Zahlungsverzug im Handelsverkehr, ZIP 1998, 1569 ff.; zit.: Gesell, ZIP 1998, S.

Gündisch, Jürgen, Allgemeine Rechtsgrundsätze in der Rechtsprechung des Europäischen Gerichtshofs, in: Schwarze (Hrsg.), Das Wirtschaftsrecht des Gemeinsamen Marktes in der aktuellen Rechtsentwicklung, S. 97 ff., Baden-Baden 1983; zit.: Gündisch, in: Schwarze (Hrsg.), S.

Habscheid, Edgar J., Grenzüberschreitendes (internationales) Insolvenzrecht der Vereinigten Staaten von Amerika und der Bundesrepublik Deutschland. Systeme und Wechselwirkungen rechtsvergleichend auch zu anderen Rechtsordnungen, insbesondere der Schweiz, Berlin 1998; zit.: Habscheid, S.

Habscheid, Edgar J., § 240 ZPO bei ausländischen Insolvenzen und die Universalität des Konkurses, KTS 59 (1998), 183 ff.; zit.: Habscheid, KTS 59 (1998), S.

Habscheid, Edgar J., Internationales Konkursrecht und Einzelrechtsverfolgung, KTS 50 (1989), 593 ff.; zit.: Habscheid, KTS 50 (1989), S.

Habscheid, Walther J., Entwicklungstendenzen des internationalen Konkursrechts, ZaöRV 50 (1990), 292 ff.; zit.: Habscheid, ZaöRV 50 (1990), S.

Hadding, Walther/Schneider, Uwe H. (Hrsg.), Recht der Kreditsicherheiten in europäischen Ländern, Teil IV: England, Untersuchungen über das Spar-, Giro- und Kreditwesen, Abteilung B: Rechtswissenschaft, Rnrn. 268 ff. und 340 ff., Band 24, Berlin 1980; zit.: Bearb., in: Hadding/Schneider (Hrsg.), Bd. IV, Rn.

Hamblock, Dieter/Wessels, Dieter, Großwörterbuch, Wirtschaftsenglisch, Englisch-Deutsch, Düsseldorf 1990; zit.: Hamblock/Wessels, Wirtschaftsenglisch

Hanisch, Hans, Report for Germany, in: Fletcher (Hrsg.), Cross-border insolvency: national and comparative studies; reports delivered at the XIII International Congress of Comparative Law, Montréal 1990, S. 124 ff., Tübingen 1992; zit.: Hanisch, in: Fletcher (Hrsg.), S.

Hanisch, Hans, Allgemeine kollisionsrechtliche Grundsätze im internationalen Insolvenzrecht, in: Martinek, J. Schmidt, Wade (Hrsg.), Festschrift für Günther Jahr, Tübingen 1993; zit.: Hanisch, FS Jahr, S.

Hanisch, Hans, Das Recht grenzüberschreitender Insolvenzen: Auswirkungen im Immobiliensektor, ZIP 1992, 1125 ff.; zit.: Hanisch, ZIP 1992, S.

Hanisch, Hans, Auslandsvermögen des Schuldners im Inlandsinsolvenzverfahren und vice versa, in: Uhlenbruck/Klasmeyer/Kübler (Hrsg.), Einhundert Jahre Konkursordnung 1877-1977, Festschrift des Arbeitskreises für Insolvenz- und Schiedsgerichtswesen e. V. Köln zum einhundertjährigen Bestehen der Konkursordnung vom 10. Februar 1877, S. 139 ff., Köln 1977; zit.: Hanisch, FS 100 Jahre KO, S.

Hanisch, Hans, Die Wirkungen dinglicher Mobiliarsicherungsrechte im grenzüberschreitenden Insolvenzverfahren, in: Dominicé/Patry/Reymond (Hrsg.), Gtudes de Droit International en l'Honneur de Pierre Lalive, S. 63 ff., Frankfurt am Main 1993; zit.: Hanisch, FS Lalive, S.

Hanisch, Hans, Deutscher Eigentumsvorbehalt im französischen Insolvenzverfahren, IPRax 1992, 187 ff.; zit.: Hanisch, IPRax 1992, S.

Hanisch, Hans, Die Wende im deutschen internationalen Insolvenzrecht, ZIP 1985, 1233 ff.; zit.: Hanisch, ZIP 1985, S.

Hanisch, Hans, Erlöse aus der Teilnahme an einem ausländischen Parallelverfahren – Ablieferung an die inländische Konkursmasse oder Anrechnung auf die Individualdividende? ZIP 1989, 273 ff.; zit.: Hanisch, ZIP 1989, S.

Hanisch, Hans, Deutsches Internationales Insolvenzrecht in Bewegung, ZIP 1983, 1289 ff.; zit.: Hanisch, ZIP 1983, S.

Hanisch, Hans, Einheit oder Pluralität oder ein kombiniertes Modell beim grenzüberschreitenden Insolvenzverfahren? ZIP 1994, 1 ff.; zit.: Hanisch, ZIP 1994, S.

Hanisch, Hans, Internationale Zuständigkeit und Rechtsanwendung in neueren europäischen Insolvenzabkommens-Entwürfen, in: Meier/Riemer/Weimar (Hrsg.), Festschrift für Hans Ulrich Walder, S. 483 ff., Zürich 1994; zit.: Hanisch, FS Walder, S.

Hänlein, Andreas, Die Richtlinie 2000/35/EG zur Bekämpfung von Zahlungsverzug im Geschäftsverkehr und ihre Umsetzung in Deutschland, EuZW 2000, 680; zit.: Hänlein, EuZW 2000, S.

Hartkamp, Arthur, Das neue niederländische Bürgerliche Gesetzbuch aus europäischer Sicht, Kongress: Deutsch-Niederländische Juristenkonferenz, 1992, Nijmegen/NL, RabelsZ 57 (1993), 664 ff.; zit.: Hartkamp, RabelsZ 57 (1993), S.

Hartwieg, Oskar, Mobiliarsicherheiten im grenzüberschreitenden Handel, RabelsZ 57 (1993), 607 ff.; zit.: Hartwieg, RabelsZ 57 (1993), S.

Hasselbach, Kai, Insolvenzprivilegien für Kreditinstitute bei Zahlungssystemen? ZIP 1997, 1491 ff.; zit.: Hasselbach, ZIP 1997, S.

Hassold, Gerhard, Strukturen der Gesetzesauslegung, in: Canaris/Diederichsen (Hrsg.), Festschrift für Karl Larenz, S. 211 ff., München 1983; zit.: Hassold, FS Larenz, S.

Haubold, Jens, Europäisches Zivilverfahrensrecht und Ansprüche im Zusammenhang mit Insolvenzverfahren, IPRax 2002, 157 ff.; zit.: Haubold, IPRax 2002, S.

Heiss, Helmut, Europäisches Vertragsrecht: in statu nascendi?, in: ZfRV 1995, S. 54 ff.; zit.: Heiss, ZfRV 1995, S.

Herchen, Axel, Die Befugnisse des deutschen Insolvenzverwalters hinsichtlich der „Auslandsmasse" nach In-Kraft-Treten der EG-Insolvenzverordnung (Verordnung des Rates Nr. 1346/2000), ZInsO 2002, 345 ff.; zit.: Herchen, ZInsO 2002, S.

Herchen, Axel, Das Übereinkommen über Insolvenzverfahren der Mitgliedstaaten der Europäischen Union vom 23.11.1995, Diss. iur., Würzburg 2000; zit.: Herchen, S.

Herdegen, Matthias, Auslegende Erklärungen von Gemeinschaftsorganen und Mitgliedstaaten zu EG-Rechtsakten, ZHR 155 (1991), 52 ff.; zit.: Herdegen, ZHR 155 (1991), S.

Hess, Harald (Hrsg.), Kommentar zur InsO mit EGInsO, Heidelberg 1999; zit.: Bearb., in: Hess (Hrsg.), InsO, §, Rn.

Heß, Kurt, Konkurs und Vergleich im IPR: Unter besonderer Berücksichtigung der Regelung des auf der 5. Haager Internationalen Privatrechts-Konferenz zustandegekommenen Entwurfs eines Abkommens über den Konkurs und des deutsch-österreichischen Abkommens über die gegenseitige Anerkennung der Konkurse und Vergleiche, Diss. iur., Bochum 1934; zit.: Heß, Konkurs und Vergleich, S.

Hicks, Andrew, Retention of Title – Latest Developments, J.B.L. [1992] 398-415; zit.: Hicks, JBL 1992, S.

Hillgruber, Christian, Grenzen der Rechtsfortbildung durch den EuGH – Hat Europarecht Methode?, in: Danwietz/Heintzen (Hrsg.), Auf dem Wege zu einer europäischen Staatlichkeit, S. 31 ff., Bonn 1993; zit.: Hillgruber, in: v. Danwietz/Heintzen (Hrsg.), S.

Hill-Smith, Alexander, Updating the Romalpa Clause, 130 N.L.J. (1980) 529-530; zit.: Hill-Smith, NLJ 130 (1980), S.

Hirvensalo, Lauri, Deutsch-Finnisches Großwörterbuch, Helsinki 1978; zit.: Hirvensalo, Großwörterbuch

Hoffmann, Bernd von, Richtlinien der Europäischen Gemeinschaft und Internationales Privatrecht, in: ZfRV 1995, S. 45 ff.; zit.: v. Hoffmann, ZfRV 1995, S.

Hoffmann, Bernd von, Internationales Privatrecht einschließlich der Grundzüge des internationalen Zivilverfahrensrechts, 7. Aufl., München 2002; zit.: v. Hoffmann, IPR, §, Rn.

Hoffmann-Becking, Gerhard, Normaufbau und Methode, Tübingen 1975; zit.: Hoffmann-Becking, S.

Hoffmann-Klein, Friederike, Die Anerkennung ausländischer, insbesondere US-amerikanischer Sicherungsrechte an Forderungen in Deutschland, Diss. iur., Frankfurt a. M. 2000; zit.: Hoffmann-Klein, Anerkennung

Hofmann, Carsten, Mortgage und Charge – Gestaltungsmöglichkeiten im englischen Kreditsicherungsrecht, Berlin 2002; zit.: Hofmann, S.

Homann, Stefan, System der Anerkennung eines ausländischen Insolvenzverfahrens, KTS 2000, 343 ff.; zit.: Homann, KTS 2000, S.

Homann, Stefan, System der Anerkennung eines ausländischen Insolvenzverfahrens und die Zulässigkeit der Einzelrechtsverfolgung, Eine Untersuchung der neuen Rechtslage unter Berücksichtigung des Europäischen Insolvenzübereinkommens, Diss. iur., Münster 2000; zit.: Homann, System der Anerkennung, S.

Hommelhoff, Peter, Zivilrecht unter dem Einfluss europäischer Rechtsangleichung, Kongress: Zivilrechtslehrertagung, 1991, St. Gallen/Schweiz, AcP 192 (1992), 71 ff.; zit.: Hommelhoff, AcP 192 (1992), S.

Hopt, Klaus, Harmonisierung im europäischen Gesellschaftsrecht, Kongress: ZGR-Symposium (8), 1992, Kronberg (Taunus), ZGR 1992, 265 ff.; zit.: Hopt, ZGR 1992, S.

Huber, Peter, Die Europäische Insolvenzverordnung, EuZW 2002, 490 ff.; zit.: Huber, EuZW 2002, S.

Huber, Peter, Internationales Insolvenzrecht in Europa, ZZP 2001, 133 ff.; zit.: Huber, ZZP 2001, S.

Hübner, Ulrich/Constantinesco, Vlad, Einführung in das französische Recht, 3. Aufl., München 1994; zit.: Hübner/Constantinesco, S.

Hübner, Ulrich, Internationalprivatrechtliche Anerkennungsprobleme und Substitutionsprobleme bei besitzlosen Mobiliarsicherheiten, ZIP 1980, 825 ff.; zit.: Hübner, ZIP 1980, S.

Hug, Sabine, Die Substitution im internationalen Privatrecht: anhand von Beispielen aus dem internationalen Familienrecht, München 1983; zit.: Hug, S.

Hunnings, N. March, International Law in a Nutshell, London 1959; zit.: Hunnings, S.

Immenga, Ulrich, Wettbewerbspolitik contra Industriepolitik nach Maastricht , Kongress: Walter Eucken Institut, 1993 (Freiburg), EuZW 1994, 14 ff.; zit.: Immenga, EuZW 1994, S.

Ipsen, Hans Peter, Europäisches Gemeinschaftsrecht, Tübingen 1972; zit.: Ipsen, S.

Ipsen, Hans Peter/Nicolaysen, Gert, Europäisches Gemeinschaftsrecht, NJW 1964, 339 ff.; zit.: Ipsen/Nicolaysen, NJW 1964, S.

Jaeger, Ernst (Hrsg.), Konkursordnung mit Einführungsgesetzen, Kommentar, Band 2/2, 6./7. Aufl., Berlin 1936, 8. Aufl., Berlin 1973; zit.: Bearb., in: Jaeger, KO, §, Rn.

Jahn, Uwe/Eberth, Rolf, Kreditsicherung im Geschäftsverkehr mit dem Ausland, Teil 2: Italien; Köln 1980; zit.: Jahn/Eberth, S.

Jahr, Günther, Deutsches internationales Konkursrecht, Sonderausgabe der Kommentierung der Paragraphen 237, 238 innerhalb des Großkommentars Jaeger, Ernst, KO, 8. Aufl., Berlin 1973; zit.: Jahr, in: Jaeger (Hrsg.), §, Rn.

Jahr, Günther, Vereinheitlichtes Internationales Konkursrecht in der Europäischen Wirtschaftsgemeinschaft, RabelsZ 36 (1972), 620 ff.; zit.: Jahr, RabelsZ 36 (1972), S.

Jayme, Erik/Neuss, Jobst-Joachim (Hrsg.), Wörterbuch der Rechts- und Wirtschaftssprache, Teil I Portugiesisch-Deutsch, Teil II Deutsch-Portugiesisch, München 1994 (Teil I) und 1990 (Teil II); zit.: Jayme/Neuss, Wörterbuch der Rechtssprache, Bd.

Jayme, Erik/Hausmann, Rainer, Internationales Privat- und Verfahrensrecht: Textausgabe, 11. Aufl., Stand: 1. Mai 2002; München 2002; zit.: Jayme/Hausmann, IPR, Nr.

Jayme, Erik, Zum Jahrhundertwechsel: Das Kollisionsrecht zwischen Postmoderne und Futurismus, IPRax 2000, 165 ff.; zit.: Jayme, IPRax 2000, S.

Jayme, Erik, Vorfragenprobleme bei der Anwendung portugiesischen Legitimationsrechts durch deutsche Gerichte, ZblJugR 1976, 393 ff.; zit.: Jayme, ZblJugR 1976, S.

Jayme, Erik/Kohler, Christian, Europäisches Kollisionsrecht 1997 – Vergemeinschaftung durch „Säulenwechsel“? IPRax 1997, 385 ff.; zit.: Jayme/Kohler, IPRax 1997, S.

Jayme, Erik, Transposition und Parteiwille bei grenzüberschreitenden Mobiliarsicherheiten, in: Huber/Jayme (Hrsg.), Festschrift für Rolf Serick, S. 241 ff., Heidelberg 1992; zit.: Jayme, FS Serick, S.

Junker, Abbo, Internationales Privatrecht, München 1998; zit.: Junker, IPR, S.

Junker, Abbo, Die IPR-Reform von 1999 – Auswirkungen auf die Unternehmenspraxis, RIW 2000, 241 ff.; zit.: Junker, RIW 2000, S.

Kaiser, Joseph H., Zur Anwendung von Art. 85 III EWG-Vertrag auf Gruppen von Kartellverträgen, Köln 1964; zit.: Kaiser, S.

ΚΑΪΣΗΣ, ΑΘ. Γ., Deutsch-Griechisches Rechtswörterbuch, Bd. I: A-K (1997), Bd. II: L-Z (2002); zit.: ΚΑΪΣΗΣ, Rechtswörterbuch, S.

Kapteyn, P. J. G./Verloren van Themaat, Pieter, Introduction to the Law of the European Communities, Deventer London Dordrecht 1990; zit.: Kapteyn/ Verloren van Themaat, S.

Karl, Joachim, Zur Rechtswirkung von Protokollerklärungen in der Europäischen Gemeinschaft, JZ 1991, 593 ff.; zit.: Karl, JZ 1991, S.

Karl, Wolfram, Die spätere Praxis im Rahmen eines dynamischen Vertragsbegriffs, in: Bieber/Ress (Hrsg.), Die Dynamik des Europäischen Gemeinschaftsrechts, S. 81 ff., Baden-Baden 1987; zit.: Karl, in: Bieber/Ress (Hrsg.), S.

Katara, Pekka/Schellbach-Kopra, Ingrid, Finnisch-Deutsches Großwörterbuch, Helsinki 1975; zit.: Katara/Schellbach-Kopra, Großwörterbuch

Kaufhold, Silvia, Internationales und europäisches Mobiliarsicherungsrecht, Würzburg 1999; zit.: Kaufhold, S.

Kegel, Gerhard, Internationales Privatrecht, 5. Aufl., München 1985; zit.: Kegel, IPR, S.

Kegel, Gerhard/Schurig, Klaus, Internationales Privatrecht, Ein Studienbuch, 8. Aufl., München 2000; zit.: Kegel/Schurig, IPR, §, S.

Kegel, Gerhard (Hrsg.), Vorschläge und Gutachten zum Entwurf eines EG-Konkursübereinkommens. Im Auftrag einer Sonderkommission des Deutschen Rates für Internationales Privatrecht, vorgelegt von Kegel, bearbeitet von Thieme, Tübingen 1988; zit.: Kegel (Hrsg.), Vorschläge und Gutachten

Keller, Christoph, Die EG-Richtlinie 98/26 vom 19.5.1998 über die Wirksamkeit von Abrechnungen in Zahlungs- sowie Wertpapierliefer- und -abrechnungssystemen und ihre Umsetzung in Deutschland, WM 2000, 1269 ff.; zit.: Keller, WM 2000, S.

Keller, Christoph, Die Wertpapiersicherheit im Gemeinschaftsrecht, BKR 2002, 347 ff.; zit.: Keller, BKR 2002, S.

Keller, Christoph, Gemeinsamer Standpunkt des Rates zum Entwurf einer Sicherheitenrichtlinie, BKR 2002, 99 f.; zit.: Gemeinsamer Standpunkt, BKR 2002, S.

Keller, Max/Siehr, Kurt, Allgemeine Lehren des Internationalen Privatrechts, Zürich 1986; zit.: Keller/Siehr, IPR, S.

Kemper, Jutta, Die Verordnung (EG) Nr. 1346/2000 über Insolvenzverfahren, ZIP 2001, 1609 ff.; zit.: Kemper, ZIP 2001, S.

Keppelmüller, Rudolf, Österreichisches Internationales Konkursrecht, Wien 1997; zit.: Keppelmüller, S.

Kespohl-Willemer, Annette, Entwurf eines Europäischen Übereinkommens über den Konkurs – Stellungnahme des Insolvenzrechtsausschusses des Deutschen Anwaltsvereins, AnwBl 1988, 575 ff.; zit.: Kespohl-Willemer, AnwBl 1988, S.

Kessel, Christian, Eigentumsvorbehalt und Rezession in Großbritannien, RIW 1991, 812 ff.; zit.: Kessel, RIW 1991, S.

Kieninger, Eva-Maria, Der Richtlinienvorschlag der Europäischen Kommission zur Bekämpfung des Zahlungsverzugs im Handelsverkehr, WM 1998, 2213 ff.; zit.: Kieninger, WM 1998, S.

Kieninger, Eva-Maria, Mobiliarsicherheiten im Europäischen Binnenmarkt: zum Einfluss der Warenverkehrsfreiheit auf das nazionale und internazionale Sachenrecht der Mitgliedstaaten, Baden-Baden 1996; zit.: Kieninger, Mobiliarsicherheiten, S.

Kilger, Joachim (Hrsg.), Konkursordnung: mit Gesamtvollstreckungsordnung, 16. Aufl., München 1993; zit.: Bearb., in: Kilger (Hrsg.), KO, §, Rn.

Kirchhof, Hans-Peter, Grenzüberschreitende Insolvenzen im Europäischen Binnenmarkt. Insbesondere unter Beteiligung von Kreditinstituten. Teil II, WM 1993, 1401 ff.; zit.: Kirchhof, WM 1993, S.

Kirchner, Christian, Ein Regelungsrahmen für Rechtseinheitlichkeit und Rechtsvielfalt in der Gemeinschaft, in: Grundmann (Hrsg.), Systembildung und Systemlücken in Kerngebieten des Europäischen Privatrechts: Gesellschafts-, Arbeits- und Schuldvertragsrecht, S. 99 ff., Tübingen 2000; zit.: Kirchner, in: Grundmann (Hrsg.), S.

Kischel, Uwe, Zur Dogmatik des Gleichheitssatzes in der Europäischen Union, EuGRZ 1997, 1 ff.; zit.: Kischel, EuGRZ 1997, S.

Kleffens, van A., Die Niederländische Verfassung als Beitrag zur einheitlichen Auslegung des Gemeinschaftsrechts, in: Aubin (Hrsg.), Festschrift für Otto Riese, S. 45 ff., Karlsruhe 1964; zit.: Kleffens, FS Riese, S.

Klein, Christian, Schutzwirkung des Eigentumsvorbehalts im französischen Insolvenzverfahren, RIW 1991, 809 ff.; zit.: Klein, RIW 1991, S.

Klein, Eckart, Vertragsauslegung und „spätere Praxis" Internationaler Organisationen, in: Bieber/Ress (Hrsg.), Die Dynamik des Europäischen Gemeinschaftsrechts, S. 101 ff., Baden-Baden 1987; zit.: Klein, in: Bieber/Ress (Hrsg.), S.

Klein, Eckart, Statusverträge im Völkerrecht, Köln Berlin Bonn München 1980; zit.: Klein, S.

Klein, Eckart/Beckmann, Martina, Neuere Entwicklungen des Rechts der Europäischen Gemeinschaften, DÖV 1990, 179 ff.; zit.: Klein/Beckmann, DÖV 1990, S.

Klevemann, Dirk, Gesetzliche Sicherungsrechte im Internationalen Privat- und Konkursrecht, Diss. iur., Pfaffenweiler 1990; zit.: Klevemann, S.

Klima, Peter Ulrich, Zahlungssicherheiten und Insolvenz in Frankreich, in: v. Boehmer (Hrsg.), Deutsche Unternehmen in Frankreich, Leitfaden für die Rechts- und Wirtschaftspraxis, S. 241 ff., Stuttgart 1991; zit.: Klima, in: v. Boehmer (Hrsg.), S.

Klötzel, Thomas, Der Eigentumsvorbehalt und seine Verlängerungs- und Erweiterungsformen in England, RIW 1985, 460 ff.; zit.: Klötzel, RIW 1985, S.

Klötzel,Thomas, Publizitätslose Mobiliarsicherheiten – verlängerter Eigentumsvorbehalt in England, RIW 1983, 822 ff.; zit.: Klötzel, RIW 1983, S.

Knapp, Andreas, Das Problem der bewussten Zahlungsverzögerung im inländischen und EU-weiten Handelsverkehr, RabelsZ 63 (1999), 295 ff.; zit.: Knapp, RabelsZ 63 (1999), S.

Knieper, Rolf, Konkurs und Sanierung, Zum einhundertjährigen Bestehen der Konkursordnung, in: BB 1977, S. 622 ff.; zit.: Knieper, BB 1977, S.

Koch, Harald/Magnus, Ulrich/Winkler v. Mohrenfels, Peter, Internationales Privatrecht und Rechtsvergleichung: ein Übungsbuch zum internationalen Privat- und Zivilverfahrensrecht und zur Rechtsvergleichung, 2. Aufl., München 1996; zit.: Koch/Magnus/Winkler v. Mohrenfels, S.

Kolmann; Stephan, Kooperationsmodelle im Internationalen Insolvenzrecht. Empfiehlt sich für das deutsche internationale Insolvenzrecht eine Neuorientierung? Diss. iur., Bielefeld 2001; zit.: Kolmann, S.

Kommission der Europäischen Gemeinschaften, Vorschlag für eine Richtlinie des Europäischen Parlaments und Rates über Finanzsicherheiten, vorgelegt von der Kommission am 27.3.2001, KOM (2001) 168 = 2001/0086 (COD)

Kommission der Europäischen Gemeinschaften, Begründung des Vorschlags für eine Richtlinie des Europäischen Parlaments und des Rates über Finanzsicherheiten, KOM/2001/0168 endg.- COD 2001/0086, ABl. Nr. C 180 E vom 26.6.2001, S. 312 ff.

Kranz, Jürgen, Die Ausübung öffentlicher Gewalt durch Private nach dem Europäischen Gemeinschaftsrecht, Ein Beitrag zur Auslegung von Art. 55 Abs. 1 EWG-Vertrag, Frankfurt am Main 1984; zit.: Kranz, S.

Kremer, Thomas, Unternehmenssanierung in Frankreich, Köln 1994; zit.: Kremer, Unternehmenssanierung, S.

Kreuzer, Karl F., Gutachtliche Stellungnahme zum Referentenentwurf eines Gesetzes zur Ergänzung des IPR (außervertragliche Schuldverhältnisse und Sachen), sachenrechtliche Bestimmungen, in: Henrich (Hrsg.), Vorschläge und Gutachten zur Reform des deutschen internationalen Sachen- und Immaterialgüterrechts (1991), S. 37-180; zit.: Kreuzer, Stellungnahme, S.

Kreuzer, Karl F., Die Vollendung der Kodifikation des deutschen Internationalen Privatrechts durch das Gesetz zum Internationalen Privatrecht der außervertraglichen Schuldverhältnisse vom 21.5.1999, RabelsZ 65 (2001), 383 ff.; zit.: Kreuzer, RabelsZ 65 (2001), S.

Kreuzer, Karl F., Die Europäisierung des internationalen Privatrechts – Vorgaben des Gemeinschaftsrechts – , in: Müller-Graff (Hrsg.), Gemeinsames Privatrecht in der EG, S. 455 ff., 2. Aufl., Baden-Baden 1999; zit.: Kreuzer, in: Müller-Graff (Hrsg.), S.

Kreuzer, Karl F., Die Inlandswirksamkeit fremder besitzloser Mobiliarsicherheiten – die italienische Autohypothek und das US-amerikanische mortgage an Luftfahrzeugen, IPRax 1993, 157 ff.; zit.: Kreuzer, IPRax 1993, S.

Kreuzer, Karl F., Europäisches Mobiliarsicherungsrecht oder: Von den Grenzen des Internationalen Privatrechts, in: Stoffel/Volken (Hrsg.), Faculté de droit de l'Université de Fribourg, Conflits et harmonisation/Kollision und Vereinheitlichung/Conflicts and Harmonization, Mélanges en l'honneur d'Alfred E. von Overbeck, S. 613 ff., Freiburg 1990; zit.: Kreuzer, FS Overbeck, S.

Krings, Ernest, Unification législative internationale récente en matière d'insolvabilité et de faillite, Uniform Law Review 1997, 657 ff. ; zit.: Krings, Uniform Law Review 1997, S.

Kropholler, Jan, Problematische Schranken der europäischen Zuständigkeitsordnung gegenüber Drittstaaten, in: Heldrich/Sonnenberger (Hrsg.), Feststchrift für Murad Ferid zum 80. Geburtstag am 11. April 1988, S. 239 ff., Frankfurt a. M. 1988; zit.: Kropholler, FS Ferid, S.

Kropholler, Jan, Internationales Einheitsrecht, Tübingen 1975; zit.: Kropholler, Internationales Einheitsrecht, S.

Kropholler, Jan, Internationales Privatrecht, 5. Aufl., Tübingen 2004; zit.: Kropholler, IPR, §, S.

Kropholler, Jan, Europäisches Zivilprozessrecht: Kommentar zu EuGVO und Lugano-Übereinkommen, 7. Aufl., Heidelberg 2002; zit.: Kropholler, Europ. ZPR, Art., Rn.

Kruse, Heinrich Wilhelm (Hrsg.), Zölle, Verbrauchsteuern, europäisches Marktordnungsrecht. Herausgegeben im Auftrag der Deutschen Steuerjuristischen Gesellschaft e.V., Köln 1988; zit.: Bearb., in: Kruse (Hrsg.), S.

Kübler, Bruno M./Prütting, Hanns (Hrsg.), InsO – Kommentar zur Insolvenzordnung, RWS-Kommentar, Köln 1998; zit.: Bearb., in: Kübler/Prütting, InsO, §, Rn.

Kübler, Bruno M./Prütting, Hans (Hrsg.), Das neue Insolvenzrecht, 2 Bände: InsO und EGInsO, Köln 1994; zit.: Kübler/Prütting, Neues InsolvenzR, Bd., S.

Kuhn, Georg/Uhlenbruck, Wilhelm (Hrsg.), Konkursordnung, Kommentar, 11. Aufl., München 1994; zit.: Bearb., in: Kuhn/Uhlenbruck, KO, §, Rn.

Küsters, Hanns Jürgen, Die Gründung der Europäischen Wirtschaftsgemeinschaft, Baden-Baden 1982; zit.: Küsters, S.

Kutscher, Hans, Thesen zu den Methoden der Auslegung des Gemeinschaftsrechts aus der Sicht eines Richters, in: Gerichtshof der Europäischen Gemeinschaften (Hrsg.), Begegnung von Justiz und Hochschule am 27. und 28. Sept. 1976, S. 35 ff., Luxemburg 1976; zit.: Kutscher, Thesen, S.

Kutscher, Hans, Über den Gerichtshof der Europäischen Gemeinschaft, EuR 1981, 392 ff.; zit.: Kutscher, EuR 1981, S.

Lacy, John de, Reservation of Title and Charges on Company Book Debts: The Death of Romalpa? 54 M.L.R. (1991) 736-738; zit.: de Lacy, MLR 54 (1991), S.

Lagarde, Paul/Hoffmann, Bernd von, Die Europäisierung des Internationalen Privatrechts, Köln 1996; zit.: Lagarde/v. Hoffmann, S.

Laguette, Serge-Pierre, Essai d'une application de l'article 55 du Traité C.E.E. à une profession libérale: la profession avocat, in: Revue trimestrielle de droit européen 1966, p. 242 ff.; zit.: Laguette, Rev. trim. dr. eur. 1966, S.

Lalive, Pierre, Colloque international sur le droit international privé des groupes de societés : Genève: 9-11 mai 1973; organisé par le Centre d'études juridiques européenes de la Faculté de droit de Genève; sous la presidence de Pierre Lalive; rapporteur: Berthold Goldman, Genève 1973; zit.: Lalive, S.

Landfermann, Hans-Georg, Elemente der Insolvenzrechtsreform in der Gesamtvollstreckung, in: Walter/Henckel/Kilger/Kreft (Hrsg.), Festschrift für Franz Merz zum 65. Geburtstag am 3. Febr. 1992, S. 375 ff., Köln 1992; zit.: Landfermann, FS Merz, S.

Landfermann, Hans-Georg, Das Internationale Insolvenzrecht in der Gesamtvollstreckungsordnung, in: Stoll (Hrsg.), Stellungnahmen und Gutachten zur Reform des deutschen Internationalen Insolvenzrechts, S. 314 ff., Tübingen 1992; zit.: Landfermann, in: Stoll (Hrsg.), Stellungnahmen und Gutachten, S.

Lange, Paul, Kreditsicherheiten in der Unternehmenssanierung nach englischem Recht, WM 1990, 701 ff.; zit.: Lange, WM 1990, S.

Langenscheidt-Redaktion (Hrsg.), Wendt, Heinz F., Langenscheidt, Taschenwörterbuch, Neugriechisch-Deutsch, Deutsch-Neugriechisch, 4. Aufl., Berlin und München 2002; zit.: Langenscheidt, Taschenwörterbuch

Langenscheidt-Redaktion (Hrsg.), Langenscheidts, Universal-Wörterbuch, Finnisch-Deutsch, Deutsch-Finnisch, 4. Aufl., Berlin und München 2002; zit.: Langenscheidt, Universal-Wörterbuch

Langenscheidt-Redaktion (Hrsg.), Langenscheidt, Taschenwörterbuch, Portugiesisch-Deutsch, Deutsch-Portugiesisch, Berlin und München 2001; zit.: Langenscheidt, Taschenwörterbuch

Langenscheidt-Redaktion (Hrsg.), Langenscheidt Taschenwörterbuch Dänisch, Dänisch-Deutsch/Deutsch-Dänisch, 6. Aufl., Berlin und München 2002; zit.: Langenscheidt, Taschenwörterbuch

Larenz, Karl, Methodenlehre der Rechtswissenschaft, 6. Aufl., Berlin Heidelberg 1991; zit.: Larenz, Methodenlehre, S.

Lau, Emil, Zur Änderung der Rechtsprechung des Bundesgerichtshofs über die Wirkung des Auslandskonkurses im Inland, BB 1986, 1450 ff.; zit.: Lau, BB 1986, S.

Laut, Thomas, Universalität und Sanierung im internationalen Insolvenzrecht, Diss. iur., Berlin 1997; zit.: Laut, S.

Lecourt, Robert, Le rôle de la Cour de Justice dans le développement des Communautés, Ann. eur. 1976, 19 ff.; zit.: Lecourt, Ann. Eur. 1976, S.

Lecourt, Robert, Le Juge devant le Marché Commun, Genevè 1970; zit.: Lecourt, S.

Lehr, Wolfgang, Die neue EU-Verordnung über Insolvenzverfahren und deren Auswirkungen für die Unternehmenspraxis, KTS 2000, 577 ff.; zit.: Lehr, KTS 2000, S.

Lehr, Wolfgang, Neuer Vorschlag für eine EU-Richtlinie über Zahlungsverzug und Eigentumsvorbehalt im Handelsverkehr, EWS 1999, 241 ff.; zit.: Lehr, EWS 1999, S.

Leible, Stefan/Staudinger, Ansgar, Die europäische Verordnung über Insolvenzverfahren, KTS 2000, 533 ff.; zit.: Leible/Staudinger, KTS 2000, S.

Leipold, Dieter, Miniatur oder Bagatelle: das internationale Insolvenzrecht im deutschen Reformwerk 1994, in: Gerhardt (Hrsg.), Festschrift für Wolfram Henckel, S. 533 ff., Berlin 1995; zit.: Leipold, FS Henckel, S.

Leipold, Dieter, Wege zu einem funktionsfähigen internationalen Konkursrecht, in: Hikakuh (Hrsg.), Recht in Ost und West. Festschrift zum 30-jährigen Jubiläum des Instituts für Rechtsvergleichung der Waseda Universität, S. 787 ff., Tokoyo 1988; zit.: Leipold, FS Waseda Universität, S.

Leitner, Robert, Der grenzüberschreitende Konkurs. Lösungsmöglichkeiten und –modelle aus österreichischer Sicht, Diss. iur., Wien 1995; zit.: Leitner, S.

Lemontey, Jacques, Bericht über das Übereinkommen über den Konkurs, Vergleiche und ähnliche Verfahren, in: Kegel (Hrsg.), Vorschläge und Gutachten zum Entwurf eines EG-Konkursübereinkommens. Zugleich EG-Dok. III/D222/80-DE von 1980, Tübingen 1988; zit.: Lemontey, Erläuterungsbericht, S.

Lenz, Carl Otto/Erhard, Rita, Das Gemeinschaftsrecht – System, Entstehung, Anwendung, in: Lenz (Hrsg.), EG-Handbuch, S. 45 ff., Berlin 1991; zit.: Lenz/Erhard, in: Lenz (Hrsg.), S.

Lenz, Carl-Otto (Hrsg.), EG-Vertrag. Kommentar zu dem Vertrag zur Gründung der Europäischen Gemeinschaften, in der durch den Amsterdamer Vertrag geänderten Fassung, 2. Aufl., Köln 1999; zit.: Bearb., in: Lenz (Hrsg.), EG-Vertrag, Art., Rn.

Liersch, Oliver, Sicherungsrechte im Internationalen Insolvenzrecht, Unter besonderer Berücksichtigung der Vereinbarkeit von Art. 5 und Art. 7 EuInsVO mit dem deutschen Insolvenzrecht, Frankfurt am Main 2001; zit.: Liersch, S.

Lingard, J. R., Bank Security Documents, 3. Aufl., London 1993; zit.: Lingard, Bank Security Documents, Rn.

Lipstein, Kurt, Some Practical Comparative Law: The Interpretation of Multilingual, Treaties with Special Regard to the EEC Treaty, Tulane Law Review 48 (1974), 907 ff.; zit.: Lipstein, TLR 48 (1974), S.

Löber, Klaus, Der Entwurf einer Richtlinie für Finanzsicherheiten, BKR 2002, 118 ff.; zit.: Löber, BKR 2002, S.

Lüer, Hans-Joachim, Überlegungen zu einem künftigen deutschen Internationalen Insolvenzrecht, Kongress: Arbeitskreis für Insolvenz- und Schiedsgerichtswesen (Köln), 1990, Köln, KTS 1990, 377 ff.; zit.: Lüer, KTS 1990, S.

Lüer, Hans-Jochem, Zur Neuordnung des deutschen Internationalen Insolvenzrechts, in: Stoll (Hrsg.), Stellungnahmen und Gutachten zur Reform des deutschen Internationalen Insolvenzrechts, S. 96 ff.; Tübingen 1992; zit.: Lüer, in: Stoll (Hrsg.), Stellungnahmen und Gutachten, S.

Lüer, Hans-Jochem, Deutsches Internationales Insolvenzrecht nach der neuen Insolvenzordnung, in: Kölner Schrift zur Insolvenzordnung – Das neue Insolvenzrecht in der Praxis, S. 297 ff., 2. Aufl., Berlin 2000; zit.: Lüer, in: Kölner Schrift zur InsO, S.

Lüer, Hans-Jochem, Einheitliches Insolvenzrecht innerhalb der Europäischen Gemeinschaften – Die Quadratur des Kreises? KTS 42 (1981), 147 ff.; zit.: Lüer, KTS 42 (1981), S.

Lüer, Hans-Jochem, Art. 102 Abs. 3 EGInsO – eine verpasste Chance, in: Prütting/Vallender (Hrsg.), Festschrift für Wilhelm Uhlenbruck, S. 843 ff., Köln 2000; zit.: Lüer, FS Uhlenbruck, S.

Lüke, Wolfgang, Das europäische internationale Insolvenzrecht, ZZP 111 (1998), 275 ff.; zit.: Lüke, ZZP 111 (1998), S.

Lüke, Wolfgang, Zu neueren Entwicklungen im deutschen internationalen Konkursrecht – gleichzeitig Besprechung von BGH, KTS 1986, 97; KTS 47 (1986), 1 ff.; zit.: Lüke, KTS 47 (1986), S.

Lutter, Marcus, Die Auslegung angeglichenen Rechts, JZ 1992, 593 ff.; zit.: Lutter, JZ 1992, S.

Luttermann, Claus, Rechtssprachenvergleich in der Europäischen Union, EuZW 1999, 401 ff.; zit.: Luttermann, EuZW 1999, S.

Maasch, Beate, Der EuGH und das Chaos, in: Festschrift für Peter Raisch, S. 417 ff., Köln Berlin Bonn München 1995; zit.: Maasch, FS Raisch, S.

Maglio, Valentina, Dott/Thorn, Karsten, Neues Internationales Privatrecht in Italien, Eine kritische Betrachtung, ZVglRWiss 96 (1997), 347 ff.; zit.: Maglio/Thorn, ZVglRWiss 96 (1997), S.

Magnus, Ulrich, Die neue englische Rechtsprechung zum Eigentumsvorbehalt und seinen Erstreckungsformen, RIW 1985, 769 ff.; zit.: Magnus, RIW 1985, S.

Malangré, Kurt, Bericht zum Übereinkommen über Insolvenzverfahren vom 23. November 1995, eingereicht am 23. April 1999, Ausschuss für Rechte und Bürgerrechte, Berichterstatter: Kurt Malangré, Fundstelle: PE 228.795/end. (Internet); zit.: Malangré, Bericht zum Übereinkommen, PE 228.795/end., S.

Malatesta, Alberto, La cessione del credito nel diritto internazionale privato, Padua 1996; zit.: Malatesta, S.

Mann, F.A., Zur Wirkung des Eigentumsvorbehalts in England und Schottland, NJW 1991, 608 ff.; zit.: Mann, NJW 1991, S.

Mansel, Heinz-Peter, Substitution im deutschen Zwangsvollstreckungsrecht, Zur funktionellen Rechtsvergleichung bei der Sachrechtsauslegung, in: Pfister (Hrsg.), Festschrift für Werner Lorenz zum 70. Geburtstag, S. 689 ff., Tübingen 1991; zit.: Mansel, FS Lorenz, S.

Marshall, Enid, Scots Mercantile Law, Edinborough 1983; zit.: Marshall, Rn.

Martel-Tribes, Annick, de, Les clauses de réserve de propriété: deux enseignements tirés d'un échec, JCP 1977, I, 2875 ff.; zit.: de Martel-Tribes, JCP 1977/I, S.

Martin-Serf, Arlette, La faillite internationale: Une réalité économique pressante, un enchevêtrement juridique croissant, in: Journal du droit international 122 (1995), p. 31 ff.; zit.: Martin-Serf, JDI 122 (1995), S.

Martiny, Dieter, Handbuch des Internationalen Zivilverfahrensrechts, Band III/1, Tübingen 1984; zit.: Bearb., in: Martiny (Hrsg.), IZVR III/1, Rn.

Mayer, Pierre, Les conflits de lois en matière de réserve de propriété après la loi du 12 mai 1980, in: JCP 1981, p. 3019 ff.; zit.: Mayer, JCP 1981, S.

McCormack, Gerard, Reservation of title, 2nd ed., London 1995; zit.: McCormack, S.

Meili, Friedrich, Lehrbuch des internationalen Konkursrechts, Zürich 1909; zit.: Meili, S.

Melchior, George, Die Grundlagen des deutschen internationalen Privatrecht, 1. Aufl., Berlin 1932, Nachdruck 1971; zit.: Melchior, Grundlagen, S.

Mengozzi, Paolo, European Community Law, London Dordrecht Boston 1992; zit.: Mengozzi, S.

Merz, Franz, Probleme bei Insolvenzverfahren im internationalen Rechtsverkehr, ZIP 1983, 136 ff.; zit.: Merz, ZIP 1983, S.

Mestre, Jacques, Note sous Cour d'appel de Toulouse, 27 nov. 1984, RDS.1985.J.186-187; zit.: Mestre, RDS 1985, S.

Metallinos, Alexander S., Die europarechtskonforme Auslegung, Diss. iur., Hamburg 1994; zit.: Metallinos, S.

Metzger, Ingrid, Die Umsetzung des Istanbuler Konkursübereinkommens in das neue deutsche Internationale Insolvenzrecht, Diss. iur., Pfaffenweiler 1994; zit.: Metzger, S.

Meyer, Peter, Die Grundsätze der Auslegung im Europäischen Gemeinschaftsrecht, Jura 1994, 455 ff.; zit.: Meyer, Jura 1994, S.

Milczewski, Der grundrechtliche Schutz des Eigentümers im Europäischen Gemeinschaftsrecht, Frankfurt am Main 1994; zit.: Milczewski, S.

Mohrbutter, Harro (Hrsg.), Handbuch der Insolvenzverwaltung, 7. Aufl., Köln 1997; zit.: Bearb., in: Mohrbutter (Hrsg.), Rn.

Monaco, Ricardo, L'efficiacia della legge nello specziato, trattato di diritto civile italiano, in: Vassali (Hrsg.), 2. Aufl., Turin 1964; zit.: Monaco, S.

Morelli, Gaetano, Elementi di diritto internazionale privato italiano, 12. Aufl., Neapel 1986; zit.: Morelli, S.

Morscher, Thomas, Die Verordnung (EG) Nr. 1346/2000 des Rates vom 29.5.2000 über Insolvenzverfahren, Masterthese im Rahmen des Aufbaustudiums European Law an der Donau Universität Krems, Krems 2002; zit.: Morscher, S.

Mosconi, Franco, Diritto internazionale privato e processuale: parte generale e contratti, 1. Aufl., Torino 1997; zit.: Mosconi, Diritto internazionale, S.

Moshinsky, Mark, The assignment of debts in the conflict of laws, in: The law quarterly review, vol. 108 (1992), p. 591 ff.; zit.: Moshinsky, LQ.Rev. 108 (1992), S.

Mosler, Hermann, Die Entstehung des Modells supranationaler und gewaltenteilender Staatenverbindungen in den Verhandlungen über den Schumanplan, in: Festschrift für Walter Hallstein, S. 355 ff., Frankfurt am Main 1966; zit.: Mosler, FS Hallstein, S.

Mössner, Jörg Manfred, Einführung in das Völkerrecht, München 1977; zit.: Mössner, Völkerrecht, S.

Möwers, Bernd/Schmidt-Vockenhausen, Monika, Europäische Medienordnung im Lichte des Fernsehübereinkommens des Europarats und der EG-Fernsehrichtlinie, EuGRZ 1990, 121 ff.; zit.: Möwers/Schmidt-Vockenhausen, EuGRZ 1990, S.

Mühl, Dorothee, Sicherungsübereignung, Sicherungsabtretung und Eigentumsvorbehalt im italienischen Recht: eine rechtsvergleichende Untersuchung, Berlin 1980; zit.: Mühl, S.

Müller, Friedrich, Richterrecht – rechtstheoretisch formuliert, in: Hochschullehrer der Universität Heidelberg (Hrsg.), Richterliche Rechtsfortbildung. Festschrift der Juristischen Fakultät zur 600-Jahr-Feier der Ruprecht-Karls-Universität Heidelberg, S. 65 ff., Heidelberg 1986; zit.: Müller, FS Universität Heidelberg, S.

Müller-Freienfels, Wolfram, Auslandskonkurs und Inlandsfolgen, in: v. Caemmerer/Nikisch/Zweigert (Hrsg.), Festschrift für Hans Dölle, Band 2, Tübingen 1963; zit.: Müller-Freienfels, FS Dölle II, S,

Müller-Michaels, Grundrechtlicher Eigentumsschutz in der Europäischen Union, Berlin 1997; zit.: Müller-Michaels, S.

Münchener Kommentar, Zum Bürgerlichen Gesetzbuch, Band 6: Sachenrecht (§§ 854-1296), 3. Aufl., München 1997; zit.: Bearb., in: MüKo, BGB, §, Rn.

Nadelmann, Kurt, Internationales Insolvenzrecht – die Kosmos-Entscheidung des Reichsgerichts, Leopold Levy und Josef Kohler, KTS 1979, 221 ff.; zit.: Nadelmann, KTS 1979, S.

Neuhaus, Paul Heinrich, Die Grundbegriffe des internationalen Privatrechts, 2. Aufl., Tübingen 1976; zit.: Neuhaus, IPR, S.

Neuhaus, Paul Heinrich, Savigny und die Rechtsfindung aus der Natur der Sache, RabelsZ 15 (1949/50), 364 ff.; zit.: Neuhaus, RabelsZ 15 (1949/50), S.

Neumann, Friedrich, Die Gläubigerautonomie in einem künftigen Insolvenzverfahren: eine rechtsvergleichende Betrachtung, Bielefeld 1995; zit.: Neumann, Gläubigerautonomie, S.

Neumann, Klaus, Der Eigentumsvorbehalt im deutsch-italienischen Rechtsverkehr, Frankfurt am Main 2001; zit.: Neumann, S.

Neumayer, Karl H., Zur Zivilehe eines Spaniers mit einer geschiedenen Deutschen, in: RabelsZ 36 (1972), S. 73 ff.; zit.: Neumayer, RabelsZ 36 (1972), S.

Nicolaysen, Gert, Europarecht I, Baden-Baden 1991; zit.: Nicolaysen, EuropaR I, S.

Niggemann, Friedrich/Gramling, Philippe, Neue Entwicklungen in Gesetzgebung und Rechtsprechung im französischen Wirtschaftsrecht, RIW 1995, 329 ff.; zit.: Niggemann/Gramling, RIW 1995, S.

Nussbaum, Werner, Das internationale Konkursrecht der Schweiz de lege lata et ferenda, Diss. iur., Zürich 1980; zit.: Nussbaum, S.

O'Connel, D., International Law. Band I, 2. Aufl., London 1970; zit.: O'Connel, International Law I, S.

Oehmichen, Alexander, Die unmittelbare Anwendbarkeit der völkerrechtlichen Verträge der EG, Diss. iur., Frankfurt am Main Berlin 1992; zit.: Oehmichen, S.

Oertzen, Christian von, Inlandswirkungen eines Auslandskonkurses, Diss. iur., Mainz 1990; zit.: v. Oertzen, S.

Olbertz, Frank Florian, Auslegungsgrundsätze des Europäischen Gerichtshofs, StVj 1992, 37 ff.; zit.: Olbertz, StVj 1992, S.

Ophüls, Carl Friedrich, Über die Auslegung der Europäischen Gemeinschaftsverträge, in: Greiß/Meyer (Hrsg.), Wirtschaft, Gesellschaft und Kultur. Festgabe für Alfred Müller-Armack, S. 279 ff., Berlin 1961; zit.: Ophüls, FG Müller-Armack, S.

Ophüls, Carl Friedrich, Die Europäischen Gemeinschaftsverträge als Planungsverfassung, in: Kaiser (Hrsg.), Planung I: Recht und Politik der Planung in Wirtschaft und Gesellschaft, S. 229 ff., Baden-Baden 1965; zit.: Ophüls, in: Kaiser (Hrsg.), S.

Ophüls, Carl-Friedrich, Das Wirtschaftsrecht des Schuman Plans, NJW 1951, 289 ff.; 381 ff.; 693 ff.; zit.: Ophüls, NJW 1951, S.

Oppermann, Thomas, Europarecht, München 1991; zit.: Oppermann, EuropaR, S.

Oppermann, Thomas/Hiermaier, Werner, Zur Einführung: Das Rechtsschutzsystem des EWG-Vertrages, JuS 1980, 782 ff.; zit.: Oppermann/Hiermaier, JuS 1980, S.

Ossenbühl, Fritz, Probleme und Wege der Verfassungsinterpretation, DÖV 1965, 649 ff.; zit.: Ossenbühl, DÖV 1965, S.

Palandt, Otto, Bürgerliches Gesetzbuch, 61. Aufl., München 2002; zit.: Bearb., in: Palandt, BGB, §, Rn.

Pape, Gerhard/Uhlenbruck, Wilhelm, Insolvenzrecht, München 2002; zit.: Pape/ Uhlenbruck, InsolvenzR, Teil, Kap., Rn.

Parris, John, Effective retention of title clauses, London 1986; zit.: Parris, S.

Paulus, Christoph G., Änderungen des deutschen Insolvenzrechts durch die Europäische Insolvenzverordnung, ZIP 2002, 729 ff.; zit.: Paulus, ZIP 2002, S.

Pechstein, Matthias, Die Bedeutung von Protokollerklärungen des Rates der EG zu den Rechtsakten der EG, EuR 1990, 249 ff.; zit.: Pechstein, EuR 1990, S.

Peczenik, Aleksander/Bergholz, Gunnar, Statutory Interpretation in Sweden, in: McCormick/Summers (Hrsg.), Interpreting Statutes: A Comparative Study, S. 311 ff., Aldershot Dartmouth 1991; zit.: Peczenik/Bergholz, in: McCormick/Summers (Hrsg.), S.

Pernice, Ingolf, Grundrechtsgehalte im europäischen Gemeinschaftsrecht; Diss. iur., Baden-Baden 1979; zit.: Pernice, S.

Pérochon, Francoise, La réserve de propriété dans la vente de meubles corporels, thèse, Paris 1988; zit.: Pérochon, Réserve de propriété, S.

Pérochon, Francoise, La revendication favorisée (loi n° 94-475 du juin 1994), RDS.1994.Chr.251-254; zit.: Pérochon, RDS 1994, S.

Peruzzo, Giovanni Guido, Das Problem der implied powers der Organe der Gemeinschaft, Marburg 1979; zit.: Peruzzo, S.

Pescatore, Pierre, Les objectifs de la Communauté européenne comme principes d'interprétation dans la jurisprudence de la Cour de Justice, in: Festschrift für Ganshof van der Meersch, Band II, S. 325 ff., Brüssel 1972; zit.: Pescatore, FS van der Meersch II, S.

Pescatore, Pierre, La Cour en tant que jurisdiction fédérale et constitutionnelle, KSE 1 (1965), 519 ff.; zit.: Pescatore, KSE 1 (1965), S.

Petereit, Wolfgang, Die Kreditsicherung aus dem unbeweglichen Vermögen in Frankreich und in der Bundesrepublik Deutschland, Berlin 1978; zit.: Petereit, S.

Pfeiffer, Thomas, Die Entwicklung des Internationalen Vertrags-, Schuld- und Sachenrechts 1997-1999, NJW 1999, 3674 ff.; zit.: Pfeiffer, NJW 1999, S.

Pfeiffer, Thomas, Der Stand des Internationalen Sachenrechts nach seiner Kodifikation, IPRax 2000, 270 ff.; zit.: Pfeiffer, IPRax 2000, S.

Pielorz, Michael, Auslandskonkurs und Disposition über das Inlandsvermögen, Diss. iur., Berlin 1977; zit.: Pielorz, S.

Pielorz, Michael, Inlandsvermögen im Auslandskonkurs. Zur Handlungsbefugnis ausländischer Konkursorgane in Deutschland, ZIP 1980, 239; zit.: Pielorz, ZIP 1980, S.

Plehwe, Thomas von, Besitzlose Warenkreditsicherheiten im internationalen Privatrecht: eine rechtsvergleichende Untersuchung unter besonderer Berücksichtigung der Rechte der USA, Kanadas, Italiens, der Schweiz und der BRD, Bonn 1987; zit.: v. Plehwe, Warenkreditsicherheiten, S.

Plender, Richard, The Interpretation of Community Acts by Reference to the Intentions of the Authors, Yearbook of European Law 1982, 54 ff., Oxford 1983; zit.: Plender, YEL 1982, S.

PONS, Kompaktwörterbuch für alle Fälle, Neugriechisch-Deutsch, Deutsch-Neugriechisch, 1. neubearb. Aufl./Nachdruck 2002, Stuttgart 2000; zit.: PONS, Kompaktwörterbuch

PONS, Standardwörterbuch, Portugiesisch-Deutsch, Deutsch-Portugiesisch, 1. Aufl., Stuttgart 2002; zit.: PONS, Standardwörterbuch

PONS, Großwörterbuch für Experten und Universität, Französisch-Deutsch, Deutsch-Französisch, Nachdruck, Stuttgart 2002; zit.: PONS, Großwörterbuch

Potacs, Michael, Auslegung im öffentlichen Recht, Eine vergleichende Untersuchung der Auslegungspraxis des Europäischen Gerichtshofs und der österreichischen Gerichtshöfe des öffentlichen Rechts, Baden-Baden 1994; zit.: Potacs, S.

Potthast, Klaus-Peter, Probleme eines Europäischen Konkursübereinkommens, Diss. iur., Frankfurt am Main 1995; zit.: Potthast, S.

Prisma, Handwörterbuch, Deutsch-Schwedisch, Schwedisch-Deutsch, 5. Aufl., Berlin 2002/2003; zit.: Prisma, Handwörterbuch

Prütting, Hans, Aktuelle Entwicklungen des internationalen Insolvenzrechts, ZIP 1996, 1277 ff.; zit.: Prütting, ZIP 1996, S.

Quadri, Rolando, Note sulla pubblicità nel diritto internazionale privato italiano, in: Festschrift für Giorgio Balladore Pallieri, Bd. II, S. 506 ff., Mailand 1978; zit.: Quadri, FS Pallieri II, S.

Raape, Leo/Sturm, Fritz, Internationales Privatrecht, Band I: Allgemeine Lehren, 6. Aufl., Frankfurt a. M. 1977; zit.: Raape/Sturm, IPR I, S.

Rabe, Hans-Jürgen, Das Verordnungsrecht der Europäischen Wirtschaftsgemeinschaft, Hamburg 1963; zit.: Rabe, S.

Rabel, Ernst, Gesammelte Aufsätze III, in: Laser (Hrsg.), Die Fachgebiete des Kaiser-Wilhelm-Instituts für ausländisches und internationales Privatrecht, S. 180 ff., Tübingen 1967; zit.: Rabel, in: Laser (Hrsg.), S.

Rasmussen, Hjalte, Der Gerichtshof, in: Kommission der Europäischen Gemeinschaft (Hrsg.), Dreißig Jahre Gemeinschaftsrecht, S. 167 ff., Luxemburg Brüssel 1981; zit.: Rasmussen, S.

Reinicke, Dietrich/Tiedtke, Klaus, Kaufrecht, 5. Aufl., Neuwied Kriftel Berlin 1992; zit.: Reinicke/Tiedtke, KaufR, Rn.

Reithmann, Christoph/Martiny, Dieter, Internationales Vertragsrecht. Das internationale Recht der Schuldverträge, 5. Aufl., Köln 1996; zit.: Reithmann/Martiny, Rn.

Ress, Georg, Die Bedeutung der nachfolgenden Praxis für die Vertragsinterpretation nach der Wiener Vertragsrechtskonvention (WVRK), in: Bieber/Ress (Hrsg.), Die Dynamik des Europäischen Gemeinschaftsrechts, S. 49 ff., Baden-Baden 1987zit.: Ress, in: Bieber/Ress (Hrsg.), S.

Rheinstein, Max, Einführung in die Rechtsvergleichung, 2. Aufl., München 1987; zit.: Rheinstein, S.

Richard, Dagmar, Das englische Konkursrecht im Vergleich zum deutschen Recht , Münster 1983, zugl. Diss. iur. Univ. Münster 1982; zit.: Richard, S.

Riegel, Ralf, Grenzüberschreitende Konkurswirkungen zwischen der Bundesrepublik Deutschland, Belgien und den Niederlanden. Anerkennung, anwendbares Recht, Tatbestandswirkung, Diss. iur., München 1991; zit.: Riegel, S.

Riese, Otto, Das Sprachenproblem in der Praxis des Gerichtshofes der Europäischen Gemeinschaften, in: Festschrift für Hans Dölle, Band II, S. 507 ff., Tübingen 1963; zit.: Riese, FS Dölle II, S.

Roloff, Stefanie, Armour v. Thyssen Edelstahlwerke AG – Die Wirksamkeit eines deutschen Eigentumsvorbehalts in Schottland, IPRax 1991, 274 ff.; zit.: Roloff, IPRax 1991, S.

Rosenne, Shabtai, Interpretation in the Restatement and the International Law Commission's Draft Articles: A Comparison, Columbia Journal of International Law 5 (1966), 205 ff.; zit.: Rosenne, CJIL 5 (1966), S.

Rott, Thilo, Vereinheitlichung des Rechts der Mobiliarsicherheiten, Tübingen 2000, zugl. Diss. iur. Univ. Freiburg 1999; zit.: Rott, S.

Röttgen, Norbert, Die Argumentation des Europäischen Gerichtshofes – Typik, Methodik, Kritik –, Diss. iur., Bonn 2001; zit.: Röttgen, S.

Rüber, Hans-Josef, Der Gerichtshof der Europäischen Gemeinschaften und die Konkretisierung allgemeiner Rechtsgrundsätze, Diss. iur., Köln 1970; zit.: Rüber, S.

Savigny, Friedrich Carl von, System des heutigen römischen Rechts, Band I: Nachdruck der Ausgabe 1949, Bad Homburg 1961; zit.: Savigny, System, S.

Scarano, Jean-Pierre, Opposabilité ou Inopposabilité de la clause de réserve de propriété. Observations de droit comparé et de droit international privé, DPCI.1991.123-150, Scarano, DPCI 1991, 123 ff.

Schack, Haimo, Internationales Zivilverfahrensrecht: ein Studienbuch 3. Aufl., München 2002; zit.: Schack, IZVR, Rn.

Schilling, Theodor, Besitzlose Mobiliarsicherheiten im nationalen und internationalen Privatrecht: Versuch einer vergleichenden Darstellung unter Berücksichtigung der Rechte des deutschen und französischen Rechtskreises sowie des common law, München 1985; zugl. Diss. iur. Univ. Würzburg 1984, zit.: Schilling, S.

Schilling, Theodor J.R., Some European Decisions on Non-Possessory Security Rights in Private International Law, 34 I.C.L.Q. (1985) 87-114; zit.: Schilling, ICLQ 34 (1985), S.

Schlochauer, Hans-Jürgen, Der Gerichtshof der Europäischen Gemeinschaften als Integrationsfaktor, in: Festschrift für Walter Hallstein, S. 431 ff., Frankfurt am Main 1966; zit.: Schlochauer, FS Hallstein, S.

Schlosser, Peter, Europäische Wege aus der Sackgasse des deutschen internationalen Insolvenzrechts, RIW 1983, 473 ff.; zit.: Schlosser, RIW 1983, S.

Schlosser, Peter F., EuGVÜ: Europäisches Gerichtsstands- und Vollstreckungsübereinkommen mit Luganer Übereinkommen und den Haager Übereinkommen über Zustellung und Beweisaufnahme, München 1996: zit.: Schlosser, S.

Schmidhuber, Peter M., Der Binnenmarkt 1992 – eine Herausforderung für die Gesetzgebung der Gemeinschaft und der Mitgliedstaaten, in: Europa-Archiv, Bd. 44 Folge 3 (1989), S. 75-84; zit.: Schmidhuber, Binnenmarkt, S.

Schmidt, Jürgen, System des deutschen internationalen Konkursrechts, Diss. iur., Frankfurt am Main 1972; zit.: Schmidt, S.

Schmidt, Marek, Privatrechtsangleichende EU-Richtlinien und nationale Auslegungsmethoden, RabelsZ 59 (1995), 569 ff.; zit.: Schmidt, RabelsZ 59 (1995), S.

Schmidt-Kessel, Martin, Zahlungsverzug im Handelsverkehr – ein neuer Richtlinienentwurf, JZ 1998, 1135 ff.; zit.: Schmidt-Kessel, JZ 1998, S.

Schmidt-Kessel, Martin, Entwurf der Richtlinie zum Zahlungsverzug und die Folgen für die Vertragsgestaltung, ZNotP 1999, 95 ff.; zit.: Schmidt-Kessel, ZNotP 1999, S.

Schollmeyer, Eberhard, Gegenseitige Verträge im internationalen Insolvenzrecht, Diss. iur., Köln 1997; zit.: Schollmeyer, S.

Schollmeyer, Eberhard, § 240 ZPO und Auslandskonkurs, IPRax 1999, 26 ff.; zit.: Schollmeyer, IPRax 2000, S.

Schulz, Martina, Der Eigentumsvorbehalt in europäischen Rechtsordnungen, Frankfurt am Main 1998; zit.: Schulz, S.

Schurig, Klaus, Der Griff in die Zukunft – BGHZ 45, 95, JuS 1968, 162 ff.; zit.: Schurig, JuS 1968, S.

Schurig, Klaus, Statutenwechsel und die neuen Normen des deutschen internationalen Sachenrechts, in: Festschrift für Hans Stoll, S. 577 ff., Tübingen 2001; zit.: Schurig, FS Stoll (2001), S.

Schwab, Karl Heinz/Prütting, Hans, Sachenrecht, 30. Aufl., München 2002; zit.: Schwab/Prütting, SachenR, §, Rn.

Schwarze, Jürgen, Das allgemeine Völkerrecht in den innergemeinschaftlichen Rechtsbeziehungen, EuR 1983, 1 ff.; zit.: Schwarze, EuR 1983, S.

Schwarze, Jürgen, Die Befugnis zur Abstraktion im europäischen Gemeinschaftsrecht: eine Untersuchung zur Rechtsprechung des Europäischen Gerichtshofes, Baden-Baden 1976; zit.: Schwarze, S.

Schwarze, Jürgen, The role of the European Court of Justice in the interpretation of uniform law among the Member States of the European Communities, Baden-Baden 1988; zit.: Schwarze, European Court of Justice, S.

Schwarze, Jürgen, Grundzüge und neuere Entwicklung des Rechtsschutzes im Recht der Europäischen Gemeinschaft, NJW 1992, 1065 ff.; zit.: Schwarze, NJW 1992, S.

Schwarze, Jürgen (Hrsg.), EU-Kommentar, 1. Aufl. 2001; zit.: Bearb., in: Schwarze (Hrsg.), EU-Kommentar, Art., Rn.

Schwarze, Jürgen (Hrsg.), Das Wirtschaftsrecht des Gemeinsamen Marktes in der aktuellen Rechtsentwicklung, 1. Aufl., Baden-Baden 1983; zit.: Bearb., in: Schwarze (Hrsg.), S.

Schweitzer, Michael/Hummer, Waldemar, Europarecht, 4. Aufl., Neuwied Kriftel Berlin 1993; zit.: Schweitzer/Hummer, EuropaR, S.

Schweitzer/Hummer, Europarecht, 5. Aufl. 1996; zit.: Schweitzer/Hummer, Europarecht, Rn.

Seeliger, Gerd, Konkursfestigkeit dinglicher Mobiliarsicherheiten im deutsch-französischen Warenverkehr, Diss. iur., Frankfurt am Main 1985; zit.: Seeliger, S.

Serick, Rolf, Eigentumsvorbehalt und Sicherungsübertragung, Band I: Der einfache Eigentumsvorbehalt, Heidelberg 1963; zit.: Serick, Eigentumsvorbehalt I, S.

Sick, Sebastian, Das Kohärenzgebot bei Wirtschaftssanktionen der EU: Zum Verhältnis zwischen Gemeinsamer Außen- und Sicherheitspolitik und gemeinschaftlicher Handelspolitik, Baden-Baden 2001

Siehr, Kurt, Der Eigentumsvorbehalt an beweglichen Sachen im Internationalen Privatrecht, insbesondere im deutsch-italienischen Rechtsverkehr, AWD 1971, 10 ff.; zit.: Siehr, AWD 1971, S.

Simler, Philippe, Sûretés personnelles et garanties mobilières, notamment dans les crédits transfrontaliers - Rapport francais, in: Hadding/Welter (Hrsg.), Rechtsfragen bei Bankleistungen im Europäischen Binnenmarkt. Vorträge und Diskussionen der Fachtagung Rechtsfragen bei Bankleistungen im Europäischen Binnenmarkt vom 17./18. Juni 1993 der Europäischen Rechtsakademie Trier, S. 385 ff., Köln 1994; zit.: Simler, in: Hadding/Welter (Hrsg.), S.

Slynn, Sir Gordon, The use of subsequent practise as an aid to interpretation by the Court of Justice of the European Communities, in: Bieber/Ress (Hrsg.),

Die Dynamik des Europäischen Gemeinschaftsrechts, S. 137 ff., Baden-Baden 1987; zit.: Slynn, in: Bieber/Ress (Hrsg.), S.

Smid, Stefan, Grundzüge des Insolvenzrechts, 4. Aufl., München 2002; zit.: Smid, InsolvenzR, §, Rn.

Smid, Stefan, Das Deutsche Internationale Insolvenzrecht und das Europäische Insolvenz-Übereinkommen, DZWiR 1998, 432 ff.; zit.: Smid, DZWiR 1998, S.

Smid, Stefan (Hrsg.), Insolvenzordnung (InsO): mit Insolvenzrechtlicher Vergütungsverordnung (InsVV), Kommentar, 1. Aufl., Stuttgart 1999; zit.: Bearb., in: Smid (Hrsg.), InsO, §, Rn.

Smid, Stefan (Hrsg.), Gesamtvollstreckungsordnung: Kommentar; das Insolvenzrecht der fünf neuen Bundesländer und Ostberlins, 3. Aufl., Baden-Baden 1997; zit.: Bearb., in: Smid (Hrsg.), GesO, §, Rn.

Sonderkommission „Internationales Insolvenzrecht" des Deutschen Rates für Internationales Privatrecht, Zusammenfassung der wesentlichen Verhandlungsergebnisse, in: Stoll (Hrsg.), Vorschläge und Gutachten zur Umsetzung des EU-Übereinkommens über Insolvenzverfahren im deutschen Recht, S. 251 ff., Tübingen 1997; zit.: Sonderkommission „Internationales Insolvenzrecht", in: Stoll (Hrsg.), Vorschläge und Gutachten, S.

Sonderkommission „Internationales Insolvenzrecht" des Deutschen Rates für Internationales Privatrecht, Stellungnahme zum Vorentwurf des BMJ von Vorschriften zur Neuordnung des Internationalen Insolvenzrechts von 1989 (Zusammenfassung), in: Stoll (Hrsg.), Stellungnahmen und Gutachten zur Reform des deutschen Internationalen Insolvenzrechts, S. 265 ff., Tübingen 1992; zit.: Sonderkommission „Internationales Insolvenzrecht", in: Stoll (Hrsg.), Stellungnahmen und Gutachten, S.

Sonderkommission „Internationales Insolvenzrecht" des Deutschen Rates für Internationales Privatrecht, Begründung zum Referentenentwurf eines Einführungsgesetzes zum Gesetz zur Reform des Insolvenzrechts vom 1.9.1990, in: Stoll (Hrsg.), Stellungnahmen und Gutachten zur Reform des deutschen Internationalen Insolvenzrechts, S. 286 ff., Tübingen 1992; zit.: Begründung, S.

Sonnenberger, Hans Jürgen, Französisches Handels- und Wirtschaftsrecht, 2. Aufl., Heidelberg 1991; zit.: Sonnenberger, S.

Sonnenberger, Hans Jürgen, Der Ruf unserer Zeit nach einer europäischen Ordnung des Zivilrechts, JZ 1998, 982 ff.; zit.: Sonnenberger, JZ 1998, S.

Sonnenberger, Hans Jürgen, Das internationale Privatrecht der Mobiliarsicherheiten in Deutschland, Quartalshefte der Girozentrale Wien 1986/IV, S. 9 ff.; zit.: Sonnenberger, Quartalshefte 1986/IV, S.

Spahlinger, Andreas, Sekundäre Insolvenzverfahren bei grenzüberschreitenden Insolvenzen. Eine vergleichende Untersuchung zum deutschen, US-amerikanischen, schweizerischen und europäischen Recht, Diss. iur., Tübingen 1998; zit.: Spahlinger, S.

Spencer, Julie, The Commercial Realities of Reservation of Title Clauses , J.B.L. [1989] 220-232; zit.: Spencer, JBL 1989, S.

Spennemann, Gert, Insolvenzverfahren in Deutschland, Vermögen in Amerika: das Beispiel Herstatt; Fragen des internationalen Privatrechts der BRD und der USA, Düsseldorf 1981; zit.: Spennemann, Insolvenzverfahren, S.

Spickhoff, Andreas, Die Restkodifikation des Internationalen Privatrechts - Außervertragliches Schuld- und Sachenrecht, NJW 1999, 2209 ff.; zit.: Spickhoff, NJW 1999, S.

Staehelin, Daniel, Die Anerkennung ausländischer Konkurse und Nachlassverträge in der Schweiz. Art. 166 ff. IPRG, Basel 1989; zit.: Staehelin, S.

Staudinger, Ansgar, Das Gesetz zum Internationalen Privatrecht für außervertragliche Schuldverhältnisse und für Sachen vom 21.5.1999, DB 1999, 1589 ff.; zit.: Staudinger, DB 1999, S.

Staudinger, Jürgen von (Hrsg.), Kommentar zum Bürgerlichen Gesetzbuch: mit Einführungsgesetz und Nebengesetzen, Teil 10: Einführungsgesetz zum Bürgerlichen Gesetzbuche/IPR. Internationales Sachenrecht, 13. Aufl., 1996; zit.: Stoll, in: Staudinger, EGBGB/IPR, Rn.

Stein, Eric, Lawyers, Judges, and the making of a transnational constitution, in: American Journal of International Law 75 (1981), p. 1 ff.; zit.: Stein, Am. J. Int. L. 75 (1981), S.

Stein, Thorsten, Die Rolle der späteren Praxis als Auslegungselement in der Rechtsprechung des Internationalen Gerichtshofes, des Europäischen Gerichtshofes für Menschenrechte und des Gerichtshofes der Europäischen Gemeinschaften, in: Bieber/Ress (Hrsg.), Die Dynamik des Europäischen Gemeinschaftsrechts, S. 113 ff., Baden-Baden 1987; zit.: Stein, in: Bieber/Ress (Hrsg.), S.

Stein, Torsten, Richterrecht wie anderswo auch? – Der Gerichtshof der Europäischen Gemeinschaften als „Integrationsmotor", in: Hochschullehrer der Universität Heidelberg (Hrsg.), Richterliche Rechtsfortbildung. Festschrift der Juristischen Fakultät zur 600-Jahr-Feier der Ruprecht-Karls-Universität Heidelberg, S. 619 ff., Heidelberg 1986; zit.: Stein, FS Universität Heidelberg, S.

Steindorff, Ernst, Gesellschaftsrechtliche Richtlinien der Europäischen Gemeinschaft und strengeres staatliches Recht, EuZW 1990, 251 ff.; zit.: Steindorff, EuZW 1990, S.

Steindorff, Ernst, Vorlagepflicht nach Art. 177 Abs. 3 EWGV und Europäisches Gesellschaftsrecht, ZHR 156 (1992), 1 ff.; zit.: Steindorff, ZHR 156 (1992), S.

Stewing, Clemens, Subsidiarität und Föderalismus in der Europäischen Union, Köln 1992; zit.: Stewing, S.

Stöcker, Otmar M., Die „Eurohypothek", Berlin 1992; zit.: Stöcker, S.

Stoll, Hans, Zur gesetzlichen Regelung des internationalen Sachenrechts in Artt. 43-46 EGBGB, IPRax 2000, 259 ff.; zit.: IPRax 2000, S.

Stoll, Hans, Anmerkung zu Jochen Schröder: Die Anpassung von Kollisionsnormen und Sachnormen, in: FamRZ 1963, S. 318 ff.; zit.: Stoll, FamRZ 1963, S.

Stoll, Hans (Hrsg.), Stellungnahmen und Gutachten zur Reform des deutschen Internationalen Insolvenzrechts. Im Auftrag der Sonderkommission „Internationales Insolvenzrecht" des Deutschen Rates für Internationales Privatrecht, vorgelegt von Stoll, bearbeitet von Karatzenis und Janke, Tübingen 1992; zit.: Stoll (Hrsg.), Stellungnahmen und Gutachen

Stoll, Hans (Hrsg.), Vorschläge und Gutachten zur Umsetzung des EU-Übereinkommens über Insolvenzverfahren im deutschen Recht. Im Auftrag der Sonderkommission „Internationales Insolvenzrecht" des Deutschen Rates für Internationales Privatrecht, vorgelegt von Stoll, Tübingen 1997; zit.: Stoll (Hrsg.), Vorschläge und Gutachten

Storp, Roger, Eigentumsvorbehalt und Aussonderungsverfahren nach der Reform des französischen Insolvenzrechts – Gesetz Nr. 94-475 vom 10.6.1994, RIW 1996, 464 ff.; zit.: Storp, RIW 1996, S.

Strambaci, H. Troie/Mariani, E. Helffrich, Wörterbuch für Recht und Wirtschaft, Bd. I Italienisch-Deutsch, Bd. II Deutsch-Italienisch, 2. Aufl., München 1999 (Bd. I) und 1997 (Bd. II); zit.: Strambaci/Mariani, Wörterbuch für Recht, Bd.

Strauss, Walter, Der Gerichtshof der Europäischen Gemeinschaften, in: Recht und Wirtschaft im nationalen und überregionalen Recht, S. 203 ff., Berlin 1964; zit.: Strauss, S.

Streinz, Rudolf, Europarecht, 2. Aufl., Heidelberg 1995; zit.: Streinz, EuropaR, Rn.

Strub, Andreas, Das Europäische Konkursübereinkommen, EuZW 1996, 71 ff.; zit.: Strub, EuZW 1996, S.

Strupp, Karl/Schlochauer, Hans-Jürgen, Wörterbuch des Völkerrechts, Band 3: Rappallo-Vertrag bis Zypern, Berlin 1962; zit.: Strupp/Schlochauer, S.

Stummel, Dieter, Konkurs und Integration. Konventionsrechtliche Wege zur Bewältigung grenzüberschreitender Insolvenzverfahren, Diss. iur., Frankfurt am Main 1991; zit.: Stummel, S.

Stumpf, Herbert, Eigentumsvorbehalt und Sicherungsübertragung im Ausland: Recht der Mobiliarsicherheiten im Ausland, 4. Aufl., Heidelberg 1980; zit.: Bearb., in: Stumpf (Hrsg.), Mobiliarsicherheiten, S.

Summ, Cornelia, Anerkennung ausländischer Konkurse in der Bundesrepublik Deutschland. Eine Darstellung am Beispiel englischer, italienischer und französischer Insolvenzverfahren, Diss. iur., Berlin 1992; zit.: Summ, S.

Taupitz, Jochen, Das (zukünftige) europäische Internationale Insolvenzrecht – insbesondere aus international-privatrechtlicher Sicht – ZZP 111 (1998), 315 ff.; zit.: Taupitz, ZZP 111 (1998), S.

Taupitz, Jochen, Privatrechtsvereinheitlichung durch die EG – Sachrechts- und Kollisionsrechtsvereinheitlichung? JZ 1993, 533 ff.; zit.: Taupitz, JZ 1993, S.

Thieme, Jürgen, Der revidierte Entwurf eines EG-Konkursübereinkommens von 1984, Allgemeine Stellungnahme zu den Vorschlägen zweiter Lesung der Arbeitsgruppe beim Rat der EG, in: Kegel (Hrsg.), Vorschläge und Gutachten zum Entwurf eines EG-Konkursübereinkommens, S. 465 ff., Tübingen 1988; zit.: Thieme, in: Kegel (Hrsg.), Vorschläge und Gutachten, S.

Thieme, Jürgen, Grundsätze des EG-Konkursübereinkommens, Allgemeine Stellungnahme zum Entwurf von 1980, in: Kegel (Hrsg.), Vorschläge und Gutachten zum Entwurf eines EG-Konkursübereinkommens, S. 213 ff., Tübingen 1988; zit.: Thieme, in: Kegel (Hrsg.), Vorschläge und Gutachten, S.

Thieme, Jürgen, Partikularkonkurs – Stellungnahme zu den Artt. 1 II, 2, 9, 10, 11 I, 15 I, 16 I, 20, 21 Satz 2, 26-34 des Vorentwurfs zur Neuordnung des Internationalen Insolvenzrechts von 1989, in: Stoll (Hrsg.), Stellungnahmen und Gutachten zur Reform des deutschen Internationales Insolvenzrechts, S. 212 ff., Tübingen 1992; zit.: Thieme, in: Stoll (Hrsg.), Stellungnahmen und Gutachten, S.

Thieme, Jürgen, Inlandsvollstreckung und Auslandskonkurs. Zur Auslegung des § 237 KO, RabelsZ 37 (1973), 682 ff.; zit.: Thieme, RabelsZ 37 (1973), S.

Thieme, Jürgen, Der Entwurf eines Konkursübereinkommens der EG-Staaten von 1980, RabelsZ 45 (1981), 459 ff.; zit.: Thieme, RabelsZ 45 (1981), S.

Tomuschat, Christian, Die gerichtliche Vorabentscheidung nach den Verträgen über die europäischen Gemeinschaften, Diss. iur., Köln Berlin 1964; zit.: Tomuschat, S.

Toth, A. G., The Legal Status of the Declarations Annexed to the Single European Act, CMLRev 23 (1986), 803 ff.; zit.: Toth, CMLR 23 (1986), S.

Trunk, Alexander, Internationales Insolvenzrecht. Systematische Darstellung des deutschen Rechts mit rechtsvergleichenden Bezügen, Tübingen 1998; zit.: Trunk, S.

Trunk, Alexander, Dogmatische Grundlagen der Anerkennung von Auslandskonkursen, KTS 48 (1987), 415 ff.; zit.: Trunk, KTS 48 (1987), S.

Trunk, Alexander, Zur bevorstehenden Neuregelung des deutschen Internationalen Insolvenzrechts, KTS 55 (1994), 33 ff.; zit.: Trunk, KTS 55 (1994), S.

Tubbesing, Günter, „A True and Fair View" im englischen Verständnis und 4. EG-Richtlinie, AG 1979, 91; zit.: Tubbesing, AG 1979, S.

Uhlenbruck, Wilhelm, Insolvenzordnung, Kommentar, 12. Aufl., München 2003; zit.: Bearb., in: Uhlenbruck, InsO, §, Rn.

Uhlenbruck, Wilhelm, Das neue Insolvenzrecht. Insolvenzordnung und Einführungsgesetz nebst Materialien, Berlin 1994; zit.: Uhlenbruck, Neues InsolvenzR, S.

Ukrow, Jörg, Richterliche Rechtsfortbildung durch den EuGH: dargestellt am Beispiel der Erweiterung des Rechtsschutzes des Marktbürgers im Bereich des vorläufigen Rechtsschutzes und der Staatshaftung, Diss. iur., Baden-Baden 1995; zit.: Ukrow, S.

Vagts, Detlef F., Treaty Interpretation and the New American Ways of Law Reading, EJIL 4 (1993), 473 ff.; zit.: Vagts, EJIL 4 (1993), S.

Valentine, D. G., The Court of the European Communities, Band I: Jurisdiction and procedure, London 1965; zit.: Valentine, S.

Venturini, Gian Carlo, Diritto internazionale privato, Bd. II: diritti reali ed obbligazioni, 2. Aufl., 1956; zit.: Venturini, Diritti reali, S.

Venturini, Gian Carlo, Diritto internazionale privato: Diritti reali, in: Enciclopedia del diritto, Bd. XII, Mailand 1964; zit.: Venturini, Enciclopedia, S.

Venturini, Gian Carlo, Diritti reali, in: Diritto internazionale e privato processuale, in: Treccani (Begr.), Enciclopedia giuridica, Bd. XI, Rom 1989; zit.: Venturini, in: Treccani, S.

Verdross, Alfred/Simma, Bruno, Völkerrecht, 3. Aufl., Berlin 1984; zit.: Verdross/Simma, Völkerrecht, S.

Verdross, Alfred/Simma, Bruno, Universelles Völkerrecht – Theorie und Praxis, 3. Aufl., Berlin 1984; zit.: Verdross/Simma, §, Rn.

Virassamy, Georges, Note sous Cass. com., 9 janv. 1990, RDS.1991.J.130-133; zit.: Virassamy, RDS 1991, S.

Virgós, Miguel/Schmit, Etienne, Erläuternder Bericht zu dem EU-Übereinkommen über Insolvenzverfahren, in: Stoll (Hrsg.), Vorschläge und Gutachten zur Umsetzung des EU-Übereinkommens über Insolvenzverfahren im deutschen Recht, Tübingen 1997, S. 32 ff.; zit.: Virgós/Schmit, Erläuterungsbericht, S.

Virgós, Miguel, The 1995 European Community Convention on Insolvency Proceedings: an Insider's View, Forum internationale, No. 25, 1998, 1 ff.; zit.: Virgós, Forum internationale, S.

Vischer, Frank, Internationales Vertragsrecht: Die kollisionsrechtlichen Regeln der Anknüpfung bei internationalen Verträgen, 1. Aufl., Bern 1962; zit.: Vischer, S.

Vitta, Edoardo, Corso di diritto internazionale privato e processuale, 5. Aufl., Torino 1994; zit.: Vitta, Corso, S.

Waelbroeck, Denis/Waelbroeck, Michel, Art. 164-188 CEE Commentaire, in: Mégret (Hrsg.), Commentaire, Le droit de la CEE, Band 10: La Cour de Justice, Les actes des institutions, 2. Aufl., Brüssel 1993; zit.: Waelbroeck, in: Mégret (Hrsg.), Commentaire, Art., Rn.

Wagner, Rolf, Der Regierungsentwurf eines Gesetzes zum Internationalen Privatrecht für außervertragliche Schuldverhältnisse und für Sachen, IPRax 1998, 429 ff.; zit.: Wagner, IPRax 1998, S.

Walker, Gustav, Internationales Privatrecht. Im Auftrag der österreichischen Völkerbundliga gedruckt, 5. Aufl., Wien 1934; zit.: Walker, IPR, S.

Weber, Oskar, Nochmals: Die Urkunde ausländischer, insbesondere englischer Notare und der deutsche Rechtsverkehr, in: NJW 1955, 1784 ff.; zit.: Weber, NJW 1955, S.

Welter, Reinhard, Dingliche Sicherheiten im Auslandsgeschäft, Teil 1: Österreich, Schweiz, USA, Seminarunterlagen, WM-Seminar 13. Oktober 1989, München; zit.: Welter, Dingliche Sicherheiten I, S.

Wengler, Wilhelm/Picone, Paolo, Internationales Privatrecht, Darmstadt 1974; zit.: Wengler/Picone, IPR, S.

Wengler, Wilhelm, Die Vorfrage im Kollisionsrecht, in: RabelsZ 8 (1934), S. 148 ff.; zit.: Wengler, RabelsZ 8 (1934), S.

Westbrook, Jay Lawrence/Trautmann, Donald T., Conflict of Laws Issues in International Insolvencies, in: Rajak (Hrsg.), Insolvency Law, S. 655 ff., London 1993; zit.: Westbrook/Trautmann, in: Rajak (Hrsg.), S.

Westermann, Peter (Hrsg.), Erman, Bürgerliches Gesetzbuch, Handkommentar, 10. Aufl., 2000; zit.: Bearb., in: Erman, §, Rn.

Whittaker, Simon, Retention of Title and Specification, 100 L.Q.R. (1984) 35-41; zit.: Whittaker, LQR 100 (1984), S.

Wiesbauer, Bruno, Die Anerkennung des Eigentumsvorbehalts in Westeuropa, ZIP 1981, 1063 ff.; zit.: Wiesbauer, ZIP 1981, S.

Wiesbauer, Bruno, Neuerungen im internationalen Insolvenzrecht: Deutschland, Liechtenstein, Schweiz, USA, Österreich, Europarat. Referate und Diskussionen; Kongress, Wien 1986, Wien 1988; zit.: Wiesbauer, S.

Wilmowsky, Peter von, Internationales Insolvenzrecht – Plädoyer für eine Neuorientierung, WM 1997, 1461 ff.; zit.: v. Wilmowsky, WM 1997, S.

Wilmowsky, Peter von, Europäisches Kreditsicherungsrecht, Tübingen 1996; zit.: v. Wilmowsky, Europäisches Kreditsicherungsrecht, S.

Wilmowsky, Peter von, Sicherungsrechte im Europäischen Insolvenzübereinkommen, EWS 1997, 295 ff.; zit.: v. Wilmowsky, EWS 1997, S.

Wimmer, Klaus, Die Verordnung (EG) Nr. 1346/2000 über Insolvenzverfahren, ZInsO 2001, 97 ff.; zit.: Wimmer, ZInsO 2001, S.

Wimmer, Klaus (Hrsg.), Frankfurter Kommentar zur Insolvenzordnung, 3. Aufl., Neuwied 2002; zit.: Bearb, in: FK-InsO, §, Rn.

Wittkopp, Ulrich H., Wirtschaftliche Freizügigkeit und Nationalstaatsvorbehalte: eine Untersuchung zu den Artikeln 48 Abs. 4 und 55 Abs. 1 des EWG-Vertrages, Baden-Baden 1977; zit.: Wittkopp, S.

Witz, Claude, La fiducie-sûreté en droit francais. Chronique d'une réforme ajournée, in : v. Westphalen/Sandrock (Hrsg.), Lebendiges Recht – Von den Sumerern bis zur Gegenwart. Festschrift für Reinhold Trinkner, S. 795 ff., Heidelberg 1995; zit.: Witz, FS Trinkner, S.

Witz, Claude/Bopp, Thomas M. (Hrsg.), Einführung in das Thema: Anwendbarkeit französischen Rechts und Vertragstyp, in: Französisches Vertragsrecht für deutsche Exporteure, S. 14 ff., Heidelberg 1995; zit.: Bearb., in: Witz/Bopp (Hrsg.), S.

Wolf, Karl, Auslegungsgrundsätze des Gerichtshofs. Les principes d'interprétation suivis par la Cour, in: Zehn Jahre Rechtsprechung des Gerichtshofs der Europäischen Gemeinschaften. Europäische Arbeitstagung Köln vom 24. bis 26. April 1963, KSE Bd. 1, S. 193 ff., Köln Berlin Bonn München 1965; zit.: Wolf, KSE 1 (1965), S.

Wolf, Manfred, Privates Bankrecht im EG Binnenmarkt, WM 1990, 1941 ff.; zit.: Wolf, WM 1990, S.

Wunderer, Regina, Auswirkungen des Europäischen Übereinkommens über Insolvenzverfahren auf Bankgeschäfte, WM 1998, 793 ff.; zit.: Wunderer, WM 1998, S.

Wuppermann, Michael, Die deutsche Rechtsprechung zum Vorbehalt des ordre public im internationalen Privatrecht seit 1945 vornehmlich auf dem Gebiet des Familienrechts, Schriftenreihe der wissenschaftlichen Gesellschaft für Personenstandswesen und verwandte Gebiete mbH, Bd. 10, S. 45 ff.; zit.: Wuppermann, S.

Zierau, Britta, Die Stellung der Gläubiger im französischen Sanierungsverfahren: im Hinblick auf die Entwicklung des deutschen Insolvenzrechts, Diss. iur., Heidelberg 1991; zit.: Zierau, S.

Zimmermann, Thilo, Das italienische Gesetz Nr. 95 über die außerordentliche Verwaltung der in Krise befindlichen Großunternehmen; 1986; zit.: Zimmermann, S.

Zippelius, Reinhold, Juristische Methodenlehre. Eine Einführung, 6. Aufl., München 1994; zit.: Zippelius, Methodenlehre, S.

Zöllner, Wolfgang (Hrsg.), Kölner Kommentar zum Aktiengesetz, 2. Aufl., Köln 1988; zit.: Bearb., in: Zöllner, AktG, §, Rn.

Zuleeg, Manfred, Die Auslegung des Europäischen Gemeinschaftsrechts, EuR 1969, 97 ff.; zit.: Zuleeg, EuR 1969, S.

Zweigert, Konrad/Kötz, Hein, Einführung in die Rechtsvergleichung auf dem Gebiete des Privatrechts, Band I: Grundlagen, 2. Aufl., Tübingen 1984; zit.: Zweigert/Kötz, Rechtsvergleichung I, S.

Abkürzungsverzeichnis

a.A.	anderer Ansicht
a.a.O.	am angegebenen Ort
A.C.	Appeal Cases Law Reports
a.F.	alte Fassung
ABl.	Amtsblatt
Abs.	Absatz
AcP	Archiv für die civilistische Praxis
AG	Die Aktiengesellschaft
AktG	Aktiengesetz
All E.R.	All England Law Reports
Am. Bankr. L.J.	American Bankruptcy Law Journal
Am. J.Int.L.	American Journal of International Law
Anh.	Anhang
Anm.	Anmerkung
AnwBl.	Anwaltsblatt
App.	Court of Appeal; Corte d'Appello
Art./Artt.	Artikel
Aufl.	Auflage
AWD	Außenwirtschaftsdienst des Betriebs-Beraters/Recht der internationalen Wirtschaft
B.B.L.	British Business Law
BB	Betriebs-Berater
BCC	British Company Law Cases
BCLRC	British Columbia Law Reform Commission
Bd.	Band
Begr.	Begründer
BGB	Bürgerliches Gesetzbuch
BGBl.	Bundesgesetzblatt
BGH	Bundesgerichtshof
BGHZ	Entscheidungen des BGH in Zivilsachen
BKR	Zeitschrift für Bank- und Kapitalmarktrecht
BMJ	Bundesministerium für Justiz
BR	Bundesrat
BR-Drucks.	Bundesrats-Drucksache

BReg	Bundesregierung
BRepD	Bundesrepublik Deutschland
BT	Bundestag
BT-Drucks.	Bundestags-Drucksache
Bull. civ.	Bulletin civil
BVerfG	Bundesverfassungsgericht
BVerfGE	Entscheidungen des Bundesverfassungsgerichts
BVerwG	Bundesverwaltungsgericht
bzw.	beziehungsweise
C.M.L.Rev.	Common Market Law Review
CA	Court of Appeal
Cass. civ.	Cour de cassation, chambre civile
Cass. com.	Cour de cassation, chambre commerciale
CC; c.c.	Code Civil; codice civile
Ch	Chancery Division Law Reports
ch.	Chapter
Chr.	Chronique
Co.	Company
Columbia J. of Transnat. L.	Columbia Journal of Transnational Law
Corp.	Corporation
d.h.	das heißt
DAV	Deutscher Anwaltsverein
DB	Der Betrieb
DepotG	Depotgesetz
ders.	derselbe
Diss.	Dissertation
Dok.	Dokument
DÖV	Die öffentliche Verwaltung
DPCI	Droit et Practique du Commerce International
DSWR	Datenverarbeitung, Steuer, Wirtschaft, Recht; Zeitschrift für die Praxis
DZWiR	Deutsche Zeitschrift für Wirtschaftsrecht
Ed., ed.	Edition, editor
EEA	Einheitliche Europäische Akte
EG	Europäische Gemeinschaft
EGBGB	Einführungsgesetz zum Bürgerlichen Gesetzbuch
EGInsO	Einführungsgesetz zur Insolvenzordnung

EGKS	Europäische Gemeinschaft für Kohle und Stahl
EGKSV	Vertrag zur Gründung der Europäischen Gemeinschaft für Kohle und Stahl
EGV	Vertrag zur Gründung der Europäischen Gemeinschaft
Einl.	Einleitung
EJIL	European Journal of international Law
Enc. giur.	Enciclopedia giuridica
EU	Europäische Union
EuGH	Gerichtshof der Europäischen Gemeinschaften
EuGH	Gerichtshof der Europäischen Gemeinschaft
EuGHE	Gerichtshof der Europäischen Gemeinschaft für Kohle und Stahl. Sammlung der Rechtsprechung des Gerichtshofes
EuGRZ	Europäische Grundrechte-Zeitschrift
EuGVÜ	Brüsseler EWG-Übereinkommen über die gerichtliche Zuständigkeit und die Vollstrekkung gerichtlicher Entscheidungen in Zivil- und Handelssachen v. 27.9.1968 (BGBl. 1972 II, S. 773)
EuInsÜ	Europäisches Insolvenzübereinkommen
EuInsVO	Europäische Insolvenzverordnung
EuR	Europarecht
EURATOM	Europäische Atomgemeinschaft
EuRÜ	Europaratsabkommen
EUV	Vertrag zur Gründung der Europäischen Union
EuZW	Europäische Zeitschrift für Wirtschaftsrecht
EV	Eigentumsvorbehalt
EWGV	Vertrag zur Gründung der Europäischen Wirtschaftsgemeinschaft v. 25.3.1957 (BGBl. II, S. 753, 766)
EWS	Europäisches Wirtschafts- und Steuerrecht
f./ff.	folgend/fortfolgend
FamRZ	Ehe und Familie im privaten und öffentlichen Recht/Zeitschrift für das gesamte Familienrecht
FG	Festgabe

FS	Festschrift
GA	Generalanwalt
ggf.	gegebenenfalls
GO	Geschäftsordnung
GS	Gedenkschrift
HansGZ	Hanseatische Gerichtszeitung/Hanseatische Rechts- und Gerichtszeitschrift
HGB	Handelsgesetzbuch
hM	herrschende Meinung
Hrsg.	Herausgeber
I.R.	International Relations
i.ü.	im übrigen
ICJ Reports	International Court of Justice
IFLRev Special Supplement June	International Financial Law Review
IGH	Internationaler Gerichtshof (Weltgerichtshof)
IIR	Internationales Insolvenzrecht
insbes.	insbesondere
InsG	Insolvenzgesetz
InsO	Insolvenzordnung
Int. C.I.L.	International Corporate Insolvency Law
InVO	Insolvenz & Vollstreckung
IPR	Internationales Privatrecht
IPRax	Praxis des internationalen Privat- und Verfahrensrechts
IPRspr.	Die deutsche Rechtsprechung auf dem Gebiete des internationalen Privatrechts im Jahre/in den Jahren = Sonderheft der Zeitschrift für ausländisches und internationales Privatrecht
IZPR	Internationales Zivilprozessrecht
IZVR	Internationales Zivilverfahrensrecht
J.B.L.	Journal of Business Law
JCP	Jurisclasseur Périodique (La Semaine juridique)
jd.	jemand
JDI	Journal du droit international
jdn.	jemanden
Jura	Jura
JuS	Juristische Schulung
JZ	Juristenzeitung

KB	King's Bench Division Law Reports
KG	Kammergericht
KO	Konkursordnung
KOM	Kommission
krit.	kritisch
KTS	Zeitschrift für Konkurs-, Treuhand- und Schiedsgerichtswesen
Lit.	Literatur
lit.	Buchstabe
LM	Nachschlagewerk des BGH, hrsg. von Lindenmaier/Möhring u.a. (Loseblattslg.)
LQ.Rev.	Law Quarterly Review
Ltd.	Limited
m.a.W.	mit anderen Worten
m.E.	meines Erachtens
M.L.R.	Modern Law Review
McGill L.J.	McGill Law Journal
MDR	Monatschrift für Deutsches Recht
mwN.	mit weiteren Nachweisen
n.F.	neue Fassung
N.L.J.	New Law Journal
n°	Numéro
NJW	Neue Juristische Wochenschrift
NJW-RR	NJW-Rechtsprechungs-Report Zivilrecht
Nr.	Nummer
NVersZ	Neue Zeitschrift für Versicherungsrecht
NZA	Neue Zeitschrift für Arbeits- und Sozialrecht
OLG	Oberlandesgericht
OLGZ	Entscheidungen der OLGe in Zivilsachen einschließlich der Freiwilligen Gerichtsbarkeit
ÖZfRVgl	Österreichische Zeitschrift für Rechtsvergleichung
PCIJ Series	Permanent Court of International Justice (Cases)
QB	Queen's Bench Division Law Reports
qc.	quelque chose
qn.	quelqu'un
RabelsZ	Zeitschrift für ausländisches und internationales Privatrecht
RdC	Recueil des Cours

RDS	Recueil Dalloz Sirey
RefE	Referentenentwurf
RegE	Regierungsentwurf
Rev. crit. dr. int. priv.	Revue critique de droit international privé
Rev. Marché Com.	Revue du marché commun
Rev. trim. dr. comp.	Revue trimestrielle de droit comparé
Rev. trim. dr. eur.	Revue trimestrielle de droit européen
RGBl.	Reichsgesetzblatt
Riv. dir. int. priv. proc.	Rivista di diritto internazionale privato e processuale
Riv. trim. dir. proc. civ.	Rivista trimestrale di diritto e procedura civile
RIW	Recht der internationalen Wirtschaft
RL	Richtlinie
Rn./Rnrn.	Randnummer/n
Rs.	Rechtssache
Rspr.	Rechtsprechung
RTDE	Revue trimestrielle de droit économique
S.	Seite/Satz
s.o.	siehe oben
s.u.	siehe unten
sb.	somebody
Slg.	Sammlung
so.	someone
st. Rspr.	ständige Rechtsprechung
StAZ	Zeitschrift für Standesamtswesen
StIGH	Ständiger Internationaler Gerichtshof
StVj	Steuerliche Viertelsjahresschrift
SÜ	Sicherungsübereignung
teilw.	teilweise
Tulane L.Rev.	Tulane Law Review
u.a.	unter anderem
U.L.R.	Uniform Law Review
UNCITRAL	United Nations Commission on International Trade Law
UNIDROIT	Internationales Institut zur Vereinheitlichung des Privatrechts
Urt.	Urteil
v.	versus; von
Var.	Variante

VE	Vorentwurf
VersR	Versicherungsrecht
vgl.	vergleiche
VO	Verordnung
Vol.	Volume
W.L.R.	Weekly Law Reports
wbl	Wirtschaftsrechtliche Blätter; Zeitschrift für österreichisches und europäisches Wirtschaftsrecht
WM	Wertpapier-Mitteilungen
WVRK	Wiener Vertragsrechtskonvention
YEL	Yearbook of European Law
z.B.	zum Beispiel
z.T.	zum Teil
ZaöRV	Zeitschrift für ausländisches öffentliches Recht und Völkerrecht
ZblJugR	Zentralblatt für Jugendrecht
ZEuP	Zeitschrift für Europäisches Privatrecht
ZfRV	Zeitschrift für Rechtsvergleichung, Internationales Privatrecht und Europarecht
ZfVglRWiss	Zeitschrift für vergleichende Rechtswissenschaft
ZGB	Zivilgesetzbuch
ZGR	Zeitschrift für Unternehmens- und Gesellschaftsrecht
ZHR	Zeitschrift für das gesamte Handels- und Wirtschaftsrecht
ZIK	Publikationen aus dem Zentrum für Informations- und Kommunikationsrecht der Universität Zürich
ZInsO	Zeitschrift für das gesamte Insolvenzrecht
ZIP	Zeitschrift für Wirtschaftsrecht
ZNotP	Zeitschrift für die notarielle Praxis
ZSR	Zeitschrift für Schweizerisches Recht
zust.	zustimmend
zutr.	zutreffend
ZVG	Zwangsvollstreckungsgesetz
ZZP	Zeitschrift für Zivilprozess

Peter Lang · Europäischer Verlag der Wissenschaften

Natascha Kupka

Die Behandlung des Eigentumsvorbehaltes nach der Insolvenzrechtsreform unter besonderer Berücksichtigung der EG-Verordnung über Insolvenzverfahren

Frankfurt am Main, Berlin, Bern, Bruxelles, New York, Oxford, Wien, 2003.
L, 217 S.
Europäische Hochschulschriften: Reihe 2, Rechtswissenschaft. Bd. 3688
ISBN 3-631-50715-1 · br. € 45.50*

Mit Einführung der Insolvenzordnung am 1.1.1999 hat der Gesetzgeber die Behandlung von Vorbehaltskäufen in der Insolvenz erstmals in § 107 InsO spezialgesetzlich geregelt. Hintergrund für die Regelung des § 107 I InsO war es, das Anwartschaftsrecht des Vorbehaltskäufers insolvenzfest zu machen. Damit sollte der Streit um die Anwendung von § 17 I KO in der Verkäuferinsolvenz und die mit dieser verbundenen unbilligen Ergebnisse beigelegt werden. Ob der Gesetzgeber diese Vorgabe erreicht hat, ist angesichts der Formulierung von § 107 I InsO zweifelhaft und wird im ersten Teil der Arbeit untersucht. Der zweite Teil beschäftigt sich mit § 107 II InsO, durch den Fortführungs- und Sanierungschancen gefördert werden sollen. Die Untersuchung zeigt jedoch, dass der Nutzen von § 107 II InsO insbesondere für Unternehmen der verarbeitenden Industrie recht begrenzt ist. Um der gesetzgeberischen Intention Ausdruck zu verleihen und Sanierungschancen nicht von Anfang an im Keim zu ersticken, bedarf es hier der Ergänzung eines Regelungsgeflechts für die Nutzung von Aussonderungsgut, ähnlich dem für Absonderungsgut.

FSC
www.fsc.org
MIX
Papier | Fördert
gute Waldnutzung
FSC® C083411

Kolibri 360 GmbH
Ferdinand-Jühlke-Straße 7
99095 Erfurt, Deutschland
produktsicherheit@kolibri360.de

Druck:
CPI Druckdienstleistungen GmbH
im Auftrag der
Kolibri 360 GmbH
Ferdinand-Jühlke-Str. 7
99095 Erfurt